21世纪法学研究生参考书系列

张世明◎著

经济法学理论演变原论

中国人民大学出版社
·北京·

作者简介

张世明，中国人民大学教授、博士生导师，目前在中国人民大学法学院从事经济法学等方面研究。曾获得北京市第十三届哲学社会科学优秀成果奖特等奖、中国法学会第三届“中国法学优秀成果奖”一等奖等奖项，入选“新世纪优秀人才支持计划”。先后在德国马克斯-普朗克知识产权、竞争法和税法研究所，弗莱堡大学法律系经济法研究所，美国普林斯顿高等研究院，日本东京大学从事学术研究。师从德国著名法学家费肯杰（Wolfgang Fikentscher）教授并翻译了其两卷本《经济法》。主要经济法学著作包括《经济法学理论演变研究》《企业并购法贯通论》《经济法体系化与方法论：竞争法的新发展》等，个人代表作有积十七年的努力所完成的专著《法律、资源与时空建构：1644—1945年的中国》五卷本等。

序　言

经济法学是法学家族中的后起之秀，目前学术上对其仍是诸说纷纭。我一直以为，要使经济法能够站得起、立得住，仅对有关具体经济法律制度进行研究是不够的，而须对经济法学的概念、范畴和基本理论进行系统深入探讨，以奠定其作为一门学科的基本品格。世明教授不惧辛苦，对法学及经济法学界存在的避重就轻倾向和不时滋生蔓延的畏难情绪不以为然，独辟蹊径，对经济法学的理论渊源和流变进行研究，着重梳理经济法学术发展的脉络。此课题兼及法学、社会经济和历史的辩证思维，涉及德日英俄诸语种文献，研究难度和工作量很大，但又是建构经济法学必不可少的一项基础性工程，因此凸显其意义和价值所在，令本书在众多浅显雷同的经济法出版物中崭露头角、独树一帜。

学术著作的生命力不是依靠任何人自夸自擂而得以保持的，必须经受市场考验。理论的创新恰在于不断汲取营养，不断超越自我而最终破蛹化蝶。中国经济法的研究如果作茧自缚，故步自封，那么这个学科的生命力势将难以保持。目前的新书层出不穷，令人目不暇接，但往往急求近功，书被催成墨未浓，缺乏的是真正深思熟虑、精雕细刻的力作。国外的许多著作都是经过一版再版的打磨和修订而成为传世名著的，甚至一部书历经几代人赓续不绝的接力修订，这与中国学术界由于科研成果统计和考核的驱使而偏重出新书的取向大相径庭。古人云：磨砺当如百炼之余，急就者非邃养；施为宜似千钧之弩，轻发者无宏力。殆必千淘万漉后方能自成一家，传诸不朽。学术人的目的不在于写出多少本书，而在于使自己的一两本书经得起时间考验，确切地说，就是能解决一两个问题。只要我们以毕生精力比较好地解决一两个问题，在学术发展的脉络中建立起一个不容绕过的形胜据点，那么这毕生的精力付出就是具有绝对价值的。

目前的课题论证，往往八股文式地开宗明义言其学术价值和现实意义。实际上，如果没有现实意义，则其学术价值为零，两者是不可割裂开来的，甚至在某种程度上是相互成正比关系的。从本质而言，社会科学基本上是“应用科学”，用马克思的话来说，就是不仅用来阐释世界，还要去改造世界。这种阐释也不是就事论事的近视浅见，必须符合学术自身的规律，从大本大源进行四两拨千斤的基点式研究。社会科学的传世之作必在某种程度上是经世之作，绝不可能是对现实心不在焉的逸世之作，逸世之作必然是行之不远的。美国的霍尔姆斯（Oliver Wendell Holmes）大法官曾经说过一句名言：“法律的生命并非逻辑而系经验”（The life of law has not been logic，it has been experience）。清末法学家沈家本也说过：“不明学理，则经验者无以会其通，不习经验，则学理亦无从证其是，经验与学理，正两相需也。”灰色的理论来源于常青的实践。中国在改革开放以后形成了庞大的经济法学研究队伍，这与中国的经济发展和变革的社会现实是密不可分的。丰富的经济和法律实践为经济法学研究提供了沃土，是取之不尽、用之不竭的研究资源。这也是我们研究经济法的本土资源优势所在。我同意作者在本书第一版（中国民主法制出版社 2002 年版）就提出的一个观点，即中国知识分子不能像毛泽东所说尽当"梁上君子"，不能高高在上空谈虚论，而必须扎根于中国的国情之中，面向中国经济和法律改革的实践经验。只有民族的才是世界的。中国经济法学要想真正建立自己的体系，除了积极向国外学习先进的理论之外，另一个重要方面即在于密切关注中国自身经济和法律变革的现实，使经济法学研究真正成为究心体国经野之大者的经国济民之学问。

世明在法学院读书时即与我相过从。我对其在经济法学方面所付出的努力和成果甚为赞赏。在其专著出版之际，承其雅嘱撰序，望其学成，将中国经济法学研究光而大之，乃所至愿。

史际春

2018 年 3 月 15 日

英文摘要

If Economic Law is not to be a castle in the air, a thorough investigation of previous Economic Law should be made to grasp its essence. The attempt to utilize a traditional method directly in establishing a perfect Economic Law is impossible and in vain. Now it is hard for economic law to combat Civil Law, and Economic Law would inflict self-incurred dilemma, if it was to adopt a postive research. This is the goal and the method of this dissertation.

The real founder of Economic Law in the modern sense is Pierre Joseph Proudhon, rather than Ritter. Chinese scholars tend to regard Morrlies and Dezamy as its founders. This is also a mistake. It is Proudlhon who initiated the concept of "droit economique" in history, and his thoughts of Economic Law agree with the present theory to certain extent. Proudlhon should be deemed as the father of modern Economic Law in this sense. Others can be called grandfathers, great-grandfathers or the relatives of modern Economic Law concept. Chinese scholars used to confuse this situation. From Kuhn's paradigmatic theory, we can see that the concept of Economic Law gradually gained its ground when various scholars betray the old paradigm and pursue the new one. This process is long and complicated, which seems not as we used to imagine that it is in some minds as distinguished ideologists. The theory of anti-monopoly moot has led to mistakes of explaining the origin of Economic Law in different countries with different cultures and social structures. The creation of the socialist Economic Law, at first in the former Soviet Union, had virtually nothing to do with the burgeon of the capitalist Economic Law. It is right to regard the existence of socialist thoughts as the anxiety source of the formation and improvement of the capitalist Economic Law. Secondly, socialist Economic Law and capitalist Economic Law are opposites while they are complements in their evolution. Such logic deduction was applauded among Chinese Economic Law experts for a long time: in the phrase of liberal competition capitalism. The theory allowing unrestrained freedom proposed by Adam Smith preempted the dominant status in the theory of Economic Law. With the advent of capitalist monopoly, economic crisis became more and more violent, and besides the "invisible hand", the economy necessarily demands the intervention of the visible hand of the state. The Keynesian economics provided the New Deal of Franklin D. Roosevelt with a theoretical basis, so it became the theoretical foundation for the drafting of Economic Law. However, when people build the genetic cause-and-effect chain for the Keynesian economics, the New Deal of Franklin D. Roosevelt and the creation of

German Economic Law, it is inevitable not to subject to the excruciation of positivism. The author does not believe such an assertion: the Keynesian economics supplied the guiding principle for modern capitalist Economic Law. This assertion is the stanchion of the theory of substantial intervention. Some scholars unilaterally emphasize: the state intervence has always dominate the creation of Economy Law. If the said assertion were true, Economic Law wouldn't have been created and developed in this way. Lacking the inner contradiction, crisis and tension, the research is destined for perdition. I believe that the expansion of administrative power brought us several effects. It was not only the cause of the creation of Economic Law but the also impetus for the formation and development of administrative Law. It is not that Economic Law carves up the administration Law's scope but that the administration Law definitudes its direction of more advancement. Each has its background of origination and sphere of learning, and they drive along different roads, advance together to make progress. Civil Law and Commercial law and Economic Law all serve as a solution to market failure, which caused over-burden in trading expenses. Civil Law and Commercial Law are fundamental laws for market economy, which are substitutes and cooperate in market allocation of resources. Economic Law is the basic law for market economy, which is supplemental in market allocation of resources. It is categorized as "secondary adjustment" law, which readjusts economic relations resulted from the adjustment of traditional civil and commercial law.

Germany is the burgeoning country of doctrine of Economic Law. Early presence of doctrine of Economic Law took the form of "enterprise law". At the early stage of foundation of Economic Law, doctrines of Economic Law in Germany mainly included *Sammel Theorie* (represented by Nusshaum). *Rechtssoziologische Auffassung* (represented by Westhoff, Rumpf, Geller, etc.). *Weltanschauliche Theorie* (represented by Hedemann, Klausing). In my opinion, Chinese academia knew little about doctrines of western Economic Law for lack of literatures. Thus, Chinese academia failed to tell the difference between the the objective theory (represented by Goldschmidt, Kaskel, Haussmann, etc.) and the functional theory (represented by Franz Bohm, Gerd Rinck, Hermann Eichler, etc.). In fact, it is reasonable for Kanazawa Yoshio to differentiate between the 'object theory' and the functional theory, which is not gilding the lily at all. The Freiburger school regarded uniform function of Economic Law to ensure free economic order. Hence the name of 'functional theory'. The postwar doctrines of Economic Law in West Germany basically developed along the lines of the 'functional theory' and Freiburger

School. Since capitalist and socialist countries adopted different basic economic system, under which countries differ greatly in legal systems regulating economic activities, scholars of West Germany in 1950's debated heavily on the subject of law for basic economic system (Wirtschaftsverfassungsrecht), which was used as an important criterion to decide the basic economy system in West Germany. This book give a summary and close examination of the focal issue at debate.

Before the end of World War Ⅱ, theories of Economic Law in Japan had three remarkable characteristics: 1. They were in the period of introducing German Economic Laws. They themselves lacked a specifically theoretical feature. 2. They did not realize, from the methodological angle, that the independence of Economic Law regulating objectives and the consistency in the regulatory principles, most researches under the name of 'Regulatory Economic Laws' were done by their own professional experience, and accepted the proposition as thunder without rain that Economic Laws should be an independent law dimension. 3. Like pre-war German, though there were theories advocating independence of Economic Law with awareness as to the methodology, there was no criterion of value at all on maintaining a competitive order in an economy. Kartell furtherance was the center of the Economic Laws in that period. After World War Ⅱ, theories of Japanese Economic Law made a sudden change, both in format and in pattern. 1. The defeat of Germany and Japan and the occupation by the U. N. army weakened the dependence of Japanese law on German law. 2. Negative theory of Economic Law was gradually off the stage. Economic Law has firmly founded its status as an independent law section. After World War Ⅱ, the independence of Economic Law became an undebatable truth. Theories of Economic Law entered a period of regular academic period of bettering itself. 3. After World War Ⅱ, economic democracy, carried out as a administrative guideline to Japanese people by the U. N. army, brought a revolutionary change to the economic structure in Japan, as well as to the legal system, and the objective of Economic Law. The introduction of engross and forbidden law based on free competition principle and the coexistence of competition restriction law made the unity of the two becoming concepts of Economic Laws a certainty, from which a new theory was derived. The author holds that the debate of the centralization of Japanese Economic Law is the clarification for the system of Economic Law. The latest research tries to suspend the debate and conciliate the relationship between the concepts and the system, as well as between systems, more clearly and better. Among them, power-divided Economic Law of Kubo Kinya and save-from-damage and supplement of market system law of Matsushio Mitsuo should be paid more attention by us.

The tracing of Economic Law study in the Former Soviet Union (FSU) can be divided into two stages. The first stage is that before the 20th conference of Soviet Union Communist Party (SUCP). 'Two Composite Law' theory and pre-war Economic Law theory emerged during this period. The second stage is that from the 1950s till the collapse of the USSR. The unitive economic sector law theory and economic administration theory emerged during this period. The development of Economic Law of FSU was in conflict with the Civil Law. The author thinks that this debate involved political influence. Because the difference between public law and private law was abolished after the soviet revolution, the new principles of soviet law were still under research and construction. Any law school could not clearly offer an insightful examination to the nature of the revolution. The jurists of FSU advocated the Civil Law of the public law system, while they avoided the private law. The establishment of Economic Law will affect the whole system of soviet law, for the soviet Civil Law will have to deal with and be based on the concepts of 'civil people' and 'individuals' which were the key issues of private law. This might endanger the theory of soviet Civil Law. So, the jurists tried their best to avoid the Economic Law. During the cold war, for political and ideological reasons, the soviet civil jurists had to contend with modern economic law school.

The German jurists emphasized the ethical spirits during the development of German Economic Law. The author believes that it is correlative with the style of study. The Goldschmidt's Object Theory had a great impact in the evolution of Economic Law theory in pre-war Japan. Other theories had little influence. During the Pacific war, Japan was almost isolated from other countries. The foreign books were not accessible there until the end of the war. As a result, the German Economic Law theory could not be introduced as much as previously, and Japanese jurists began to resort to their own thoughts. During this period, the Japanese jurists tried to establish their own Economic Law thought system, using their language and thought to explain and criticize Economic Law principle. Some scholars pointed out that during the period of the US occupation and later, the role and status of German law in Japan's law system seemed to be replaced by the American law, so the law principles of Japan and Germany varied further. In fact, the Japanese law principle is still compatible with the German one. The development of Economic Law theory in Japan can be divided by the epoch. After the second war, it becomes a mixed system.

Quite a few economic juristical works in our country provide a sterotyped general delineation of Economic Law from liberalism to state interference with economy, from Roosevelt New Deal to Keynesian economics and so on, in which there is such an absence of any sound analysis of the relationship among Sherman Act, Roosevelt and Keynesian economics that it seems as if Keynesian economics is the only theoretical basis of economic jurisprudence. In fact, the author would rather believe that Freiburg School of economics has exerted, if not more, but never less influence upon Economic Law than Keynesian economics. Chinese economic jurisprudential circle has popularized Keynesian economics without knowing that German Economic Law, instead of recruiting Keynesian economics as a support in its absorption of American anti-trust law, picks up the theory of Freiburg School as a critical weapon to launch an armed attack at Keynesian's state interference theory. The theory of Freiburg School, which is rooted in German culture, is a market economy theory with German characteristics, its distinct feature and contribution doesn't lie in seeking a compromise but taking a clear-cut stance carrying forward and upholding liberal tradition in the anti-liberal historical period. In fact, the mainstream of modern Economic Law is the flexible theoretical system with Freiburg School's new liberalism as its guideline.

The author holds that the controversy of greater Civil Law versus greater Economic Law in the Chinese jurisprudential circle is of tremendous similarity and relevance to that of Civil Law versus Economic Law in the Soviet Union jurisprudential circle except that Chinese jurists are more fortunate in expressing their varying academic opinions without suffering their Russian fellows' misfortunes owing to the democratic academic environment in China since the open and reform policy. The book *On Chinese Economic Law* encompasses as many as five theories: comprehensive Economic Law theory, vertical Economic Law theory, vertical-horizontal Economic Law theory, economic administrative law theory and discipline of Economic Law theory, which are also called five schools of thought in many juristical works. On the other hand, none of the various definitions of Economic Law in these theories can be found free of the influence of the controversy of Civil Law versus Economic Law in the Soviet Union. As early as the mid 80s Mr Huaishi Xie warned that Chinese Economic Law should not take the much-trodded road for the development in Soviet Union economic jurisprudence. Yet, the thought established under the strong influence of Soviet Union in the 50s and 60s upon Chinese jurisprudence has made "object of adjustment" the research focus for all legal branches. Consequently, for nearly 20 years the controversy of Economic Law theories in China, whether close relations theory, economic relation coordination theory or macroeconomic control theory, economic management theory, have mainly focused on the studies of the object of adjustment with little other progress. With the deepening of the reform and opening-up practice and the establishment of market economy system, Chinese Economic Law is drifting further away from the Soviet Union's economic jurisprudence and closer to German and Japanese economic jurisprudence systems; and the anti-trust-law, the dominant theoretical system of Economic Law is gradually gaining ground in place of the planning law at the early stage of the reform.

The rise of social jurisprudence forms basis of the legal philosophy for the emergence of Economic Law. This movement inherits the developing clue of the internal tense relationship between "ought" and "reality" in philosophical realm since Kant, and has enlightening effects on the economic law research, and results in establishment of the economic law research under the current of thought which emphasizes the the interest of the society. Using Max Weber's phraseology, the independence of the economic law research from the traditional law departments such as Civil Law and Commercial Law, which adjust economic relation, is the transformation from the law of "formal rationality" to the law of "substantive rationality". The representative of New Kantianism on Philosophy of Law is Radbruch, who is largely ignored by the law field in China. Japanese scholars of the economic law research, Kanazawa Yoshio and others, have quoted Radbruch's points in their works. But up to now, the Chinese academic circles are overclouded by a current of ignorance and know nothing about Radbruch's academic position in the development of economic law research . The New Kantianism has affinity with the setting up of the economic law research .

Some authorities in the field of Chinese economic law studying believe that the kernel point of V. Laptev's "vertical-horizontal unification theory" is to maintain the highly concentrated economic system in USSR, and the reform is inapplicable at present time for setting up the market economy in China, and they are determined to abandon it. But the author never thinks so. We should not dump the baby with the bath water, especially under the present historic situation of disciplinary burgeoning of Chinese economic law research, it may coincide with the law of the negation of negation better, to enrich the theory "empty structure" of the identity in V. Laptev's "vertical-horizontal unification theory" with new contents of the market economy. During the evolution of the Science of Economic Law, W. Eucken, Böhm and Grossmann, Doerth, Westhoff, and others kept on seeking the theory of economic order for a long time. As to the discussion about economic freedom and economic order, the author holds that it is most intolerable to be limited to dissertting some "big words" or principles again and again, lacking in weight and matter, and become sterling "indigence of pholosophy". Indeed, no society can perform well in the state of absolute order or absolute disorder. The normal state of social stability and development shall only realize freedom in order and order in freedom. Order is the dialectical synthesis of order-disorder. However, we shouldn't stop at the superficial rant of the relationship between freedom and order, it is not easy to gain the balance between freedom and order. Attempting to resolve the contradiction of them with poor theory construction, as what Max Weber said, is just the redundance of ethics of intention, and the absence of ethics of responsibility. At present, order is formed centering on freedom, and freedom evolves inside order. At the present time, foreign scholars pay little attention to the concept of indigenous culture, substitute it with local culture, and transform knowledge into wisdom. But Chinese scholars are still disputing about localization just like the two boys disputing the different sizes of Sun at morning or at noon in the age of Confucius. In fact, the discussion on "Chinese in system, Western in utility", which has lasted over a century, is still under debate. The antinomy of such aphorism will rotate if we advance with practical reason. The aim of Sinicization is to quarry the specificity and characteristics of Chinese society, then to perform social theoretical discovery and verification, with the speciality of Chinese social and historical background and culture tradition at the root. The most important aspect of Chinese economic law research is to make use of methods of law-sociology in profound scrutiny and examination of the operating system of Economic Laws, to set up substantial theory by piecemealing empirical data. Humanism is a precious heritage either in Orient, or in Occident. Though un-humanism such as *material* or *capital* is excluding the living space for Humanism, advocating Humanism for the Economic Law research will not be merely a null outcry.

目　录

第一章

研究旨义和方法导论

第一节　研究意义

不断增长的历史厌倦症成为20世纪下半叶的特征，这不仅在中国学术界如此，在西方亦然。当代社会科学正企图用自以为是的理性思维以及日趋精巧的现代研究方法努力将历史思想的作用驱走，使历史研究日趋“边缘化”。然而，马克思和恩格斯曾提出一个极其重要的命题：“我们仅仅知道一门唯一的科学，即历史科学。”① 马克思是普罗米修斯式的贤人智士，他正是用历史唯物史观之光，照亮了长期在黑暗晦暝中摸索的社会历史领域，揭开了长期覆盖在社会机体上的帷幕。“历史无用论”的确在中国学术界仍然广有市场。实际上，“无用”之物往往有大用，但在急功近利的人眼中无非屠龙之术而已。法国年鉴学派的第二代宗师、被世人称为“历史学教皇”的费尔南·布罗代尔（Fernand Braudel）提出的“大时段”理论强调，犀利的现时性结构分析营建的深刻理论往往所反映的社会“层面”却像剃须刀那样薄，而历史学对总体形象的粗线条勾勒，却能展示社会发展的趋向。② 厚重的历史要求我们不能荒唐地用短尺去丈量，必须以追求通观的态度去探索历史的远因近故。尽管我们的才、学、识可能力有不逮，绠短汲深，但如果我们坐井观天而自矜于闭门造车构筑起的那些高明理论，则势必不免庄子所讥之“朝菌

① 马克思，恩格斯．马克思恩格斯全集：第3卷．中共中央马克思、恩格斯、列宁、斯大林著作编译局编译．北京：人民出版社，1972：20.

② 费尔南·布罗代尔．法兰西的特性．顾良，张泽乾，译．北京：商务印书馆，1994：12.

不知晦朔”①。

经济法学是法学家族中一个比较年轻的成员，关于经济法是否构成一个独立的法的部门，特别是它与民法之间的界限如何划分，在法学界仍聚讼未决、见仁见智。经济法学的产生是法学思潮的一次革命，可是这种法学新思潮的“学术陈涉”们尽管揭竿而起，张旗树帜，可惜毕竟起步较晚，所依凭的理论资源有限，只能“斩木为兵”而已，以致营垒不固，尚未构筑起自身完备的理论大厦，因而目前还难以在理论上自张一军。这些年来，我国经济法学论文著作就数量而言不可谓少，但有分量的学术论著确属寥寥，在学术繁荣的华衣下隐然可见心浮气躁的学术泡沫，殷忧方深。

经济法学体系与经济法体系两个概念是不可混为一谈的。经济法体系是指由经济法部门组成的有机联系的统一整体，经济法学体系是指由多层次的、门类齐全的经济法的分支学科组成的有机联系的统一整体。两者的区别在于：经济法体系的构成要素是经济法部门，而经济法学体系的构成要素是经济法的分支学科；属于经济法体系构成要素范围的只能是各个经济法部门，而属于经济法学体系构成要素范围的经济法的分支学科，除了与各个经济法部门相对应的经济法部门学科以外，还包括经济法基本理论、经济法制史学、比较经济法学等子学科。② 经济法体系固然与经济法学体系存在密切联系，但像拉普捷夫③那样认为“把经济法规范和制度作合乎逻辑的和内部协调一致的安排，就构成经济法的体系”，而“经济法作为部门法的体系，稍加改动，也可以作为经济法学科和教程的体系”④，这样便把经济法体系化约为经济法学体系，从而堵塞了经济法通向理论科学的道路。

“体系”二字从语义学角度来看是可以分解的，构成具有相当容量的“体”是必要条件，构成具有各个“项”之间的逻辑结构的“系”是充分条件，否则不成其为“体系”。按照刘瑞复的观点，“作为经济法科学的学科体系是‘树状’体系。这棵‘多枝树’可以认为是经济法理论科学、经济法解释科学和经济法历史科学的统一。其中，经济法理论科学大致包括：(1) 经济法本位理论；(2) 经济法体制理论；(3) 经济法调整理论；(4) 经济法主体理论；(5) 经济法权限理论；(6) 经济法秩序理论；(7) 经济法量化理论。经济法解释科学包括：(1) 经济法规范解释学；

① 张耿光译注. 庄子全译. 贵阳：贵州人民出版社，1991：3.

② 杨紫烜. 论新经济法体系. 中外法学，1995 (1).

③ 拉普捷夫（Владимир Викторович Лаптев）在 1987 年当选苏联科学院院士。为《国家与法》（Государство и право）以及《经济法》（Предпринимательское право）杂志编委，代表作包括《经济与法》（Экономика и право，Экономика，1981. 中译本. 董晓阳，张达楠，译. 北京：法律出版社，1988 年）、《联合公司的法律问题：工业联合公司和生产联合公司的法律地位》（Правовое положение промышленных и производственных объединений，Наука，1978. 董晓阳，李正乐，译. 北京：北京大学出版社，1982 年）等。

④ В. В. 拉普捷夫主编. 经济法. 中国社会科学院法学研究所民法经济法研究室译. 北京：群众出版社，1987：26.

(2) 经济法制度解释学；(3) 经济法政策解释学。经济法历史科学包括：(1) 经济法立法史；(2) 经济法学说史；(3) 经济法思想史”①。我们对刘瑞复关于经济法理论科学和经济法解释科学的构想内容能否成立姑且不论，但刘的这段论述对我们研究经济法学理论演变无疑具有指点津梁之功用。实际上，建立包括经济法理论、经济法历史、经济法哲学等子学科在内的经济法学科完备体系，早已是许多经济法学者所不谋而合的共识，但大都未能言出即随，剑及履及。社会科学中的“学术”一词大抵相当于自然科学中的科学和技术两个范畴。“学”即理论性或科学性，“术”即针对性或实用性。梁启超曾对“学”和“术”作过分别诠释，“学也者，观察事物而发明其真理者也，术也者，取所发明之真理而致诸用者也……学者术之体，术者学之用”②。我国20世纪90年代的社会科学区别于80年代的社会科学的重要特点之一，即学术思想史研究蓬勃兴起，蔚为风尚，形成了一道引起学术界瞩目的人文景观。学术史不同于思想史。固然，学术史中含有一定思想史的素材，思想史同样也含有一定学术史的内容，但两者毕竟不能等同，思想史往往偏重于对理论思维演变和发展的研究，而学术史则必须研究“学术”，“学术”的载体主要是学术著作。

法国实证主义哲学家孔德在《实证哲学教程》(Auguste Comte, *Cours de Philosophie Positive*, Paris: Bachelier, 1830—1842) 中，十分强调科学史的重要性，主张每一门科学可用不同方式叙述，即先后相继地叙述科学发现的历史的叙述方式和形成概念化的观念体系的学理的叙述方式。一般来说，每一门新兴学科的研究均起于历史的方法，谁要真正熟悉所研究的一门分支学科，谁就必须掌握它的历史。他说：“任何一种观点，都只有通过它的历史发展，才能把它认识清楚。”③ 有学者说，学术衰而学术史兴，是不可移易的历史规律。这种说法值得商榷。就经济法学的发展而言，其研究固然存在能否持续深入发展的危机，但其方兴未艾的学术走势却是毋庸置疑的。按照通说，经济法在全球范围内兴起是在19世纪末、20世纪初，距今已有一个世纪的时光被缓缓历越。在21世纪的转捩期，我们进行学术思想史研究的坐标是指向未来的，具有“述往事，思来者”的情怀和信心，对经济法学在过去一个世纪里的学术道路、学术建树的全面总结，实际上蕴含着对新世纪经济法学新高峰的翘盼。对经济法学理论的历史研究不是过去中国那种“学案”类著作的翻版，它寄寓着佛教“传灯录”式教派史著作那“灯灯相传”的意蕴。尽管哲人已逝，但薪尽火传，他们的思想至今仍闪烁着熠熠光亮，我们当代经济法学者只有站在这些巨人的肩膀上才能“会当凌绝顶，一览众山小”。冯友兰在谈治学问题时曾谓：治学无非“六个字”，即“照着讲”和“接着讲”。“照着讲”说的是继承，“接着讲”说的则是创新。借用《史记·郦生陆贾列传》中“顺守”“逆取”的说法，研究经济法学理论的历史演变就是“逆取”之法，意在从学术的角度来

① 刘瑞复．经济法：国民经济运行法．北京：中国政法大学出版社，1994：9.
② 梁启超．饮冰室合集：第3卷“文集”二十五册（下）．北京：中华书局，1989：12.
③ 孔德．实证哲学教程//洪谦主编．西方现代资产阶级哲学论著选辑．商务印书馆，1964：25.

研究学术遗产，以济目前经济法学理论研究的浮浅与枯窘。经济法理论大厦的营建必须基址坚固才能摩天而立，否则在沙滩上苦心构造出的崇楼峻宇是很容易倾圮的。为了不使经济法理论大厦成为飞地之上的空中楼阁，我们有必要对前辈构建的经济法学进行登堂入室的考究以窥其堂奥，从而庀材精良，肯堂肯构，踵事增华。

第二节 研究现状

许多学者在强调自己研究领域的重要性和自己研究成果的独创性时，往往自视甚高，大都自诩为不依旁人的凿空之作，以填补学术领域空白点而厚自矜伐。梁启超曾谓："学问不厌辩难，然一面申自己所学，一面仍尊人所学，庶不至入主出奴，蹈前代学风之弊。"① 对经济法史学的研究现状，学术界是有目共睹的。目前出版的有关经济法的教科书倒是数不胜数，但几乎千篇一律，缺乏理论深度，表现为对法律法规的注释与解说，属于典型的"注释法学"，而对经济法和经济法学的历史则每每语焉不详。在法律史学三个子学科中，产生时间最早的首推法律史，次为法律思想史，法学史最为晚出，研究的深入程度亦与研究时间的长短成正比。经济法史学的发展极不平衡，经济法学术思想史尚属蓁莽未辟的处女地，经济法制史领域则已有学者进行了筚路蓝缕的开拓性研究，功不可没。主要有：魏向阳《康乾盛世的扛鼎杠杆——康雍乾时期经济立法纵横论》（首都师范大学出版社，1993 年）、张希坡《革命根据地经济立法》（吉林大学出版社，1994 年）、蒋晓伟《中国经济法制史》（上海知识出版社，1994 年）等。而张中秋《法律与经济：传统中国经济的法律分析》（第 1 卷）（南京大学出版社，1995 年）从现代法律学与经济学的角度阐释并分析了先秦至隋唐的土地、赋役、工商、专卖、货币以及对外贸易的法律制度与法律实践，进而从一个侧面透视了传统中国的社会结构和历史文化特点。② 张寿民《外国经济法制史》（华东理工大学出版社，1997 年）声称国内尚未见到已出版的与它类似的专著，而且在外国文献（英、日、俄）中也未见到过相同名称的著作。但据笔者所见，如果不是我们孤陋寡闻的话，那么就是我们的社科文献检索制度窳劣，其实最应值得我们研究的是日本著名经济法学家金泽良雄（かなざわよしお）《经济法史的考察》（金沢良雄『経済法の史的考察』有斐閣、1985 年）。中国学术界仅仅知道金泽良雄为日本经济法学界之泰斗，因为他的作为有斐阁法律学全集系列之一的《经济法》（金沢良雄『経済法』〈法律学全集（52—Ⅰ）〉有斐閣、1980 年）在 1980 年修订后由中国学者满达人翻译成中文③，但人们却鲜知金泽良

① 梁启超. 中国历史研究法（外二种）. 石家庄：河北教育出版社，2000：482.

② 曾宪义. 1995 年中国法律史学研究的回顾与展望. 法学家. 1996（3）.

③ 该书最初于 1961 年出版，1980 年根据日本新的经济形势进行全面修订，满达人译成中文时将原名《经济法（新版）》改为《经济法概论》，由甘肃人民出版社于 1985 年出版。

雄尚有一本经济法历史研究的煌煌大作。不过，金泽良雄的《经济法史的考察》是有关日本经济法的历史，对其他各国的则不予置论，故而是一种后现代主义者所谓的"地域性知识"。弗里茨·里特纳于1991年在《新法律史杂志》中谈及"经济法史"（Wirtschaftsrechtsgeschichte）的状况时指出："这一学科仿佛并不存在，或者说还没有形成，尽管《新法律史杂志》在它的七项栏目中明确将其称为'经济和劳动法历史'."① 这方面的研究成果在目前德国法学界仅有皮彭布罗克1964年出版的《近代文献中直到第一次世界大战时期的经济法思想》②、桑德曼2000年出版的《魏玛共和国时期法学领域中经济法概念及内容的发展》③ 以及费策的《联邦德国建立之后经济法的概念史》④ 等论著。可以毫不夸张地说，目前我国经济法学界对国外经济法学的了解尚系一鳞半爪，德文、日文、法文、英文资料摆在面前简直如读天书，盲人摸象尚能亲近到象的某一部分，而我们连象在哪里还处于伸手不见五指而一团漆黑的状态呢！

第三节　研究方法

胡适曾主张"多研究些问题，少谈些主义"⑤。无独有偶，爱德蒙德·胡塞尔（Edmund Husserl）也常常要求学术研究要少付大纸票，多拿小零钱，就是说不要多说空话大话、未经证实的话，而应就某个问题展开深入研究，争取有所创见。过去学术界对孔德实证主义原则存在误解。究其实，实证原则倡导的实证研究是有别于经验研究的。经验研究与理论研究相对，它通常是指对某一领域的特定经验或现象所作的具体概括和总结，其理论程度较低；而实证研究并不与理论研究相对，它是指在一定理论的指导下，通过系统地收集、整理、分析、解释有关经验资料而对某些问题进行理论化程度较高的研究，且研究的目的在于检验理论、发展理论、创立理论。我们认为，在实证研究面前，一切都必须做"有疑推定"（借用法律"无罪推定"的概念所自创——笔者自注），都是可质疑的，不具有自明性，不允许结论先行。怀疑的态度是科学的起点，放弃怀疑意味着接受思想奴役的开端。研究如果不以问号开头，问号虚无，则研究亦随之丧失其自性而遁入乌有之乡。马克思在

① F. Rittner, Neueste Privatrechtsgeschichte und Wirtschaftsrechtsgeschichte, *Zeitschrift für neuere Rechtsgeschichte*, 1991, S. 174.

② R. Piepenbrock, *Der Gedanke eines Wirtschaftsrechts in der neuzeitlichen Literatur bis zum Ersten Weltkrieg*, Köln: Carl Heymanns Verlag, 1964.

③ H. Sandmann, *Die Entwicklung von Begriff und Inhalt des Wirtschaftsrechts durch die Rechtswissenschaft in der Weimarer Republik*, Frankfurt am Main: Peter Lang, 2000.

④ K. H. Fezer, Zur Begriffsgeschichte des Wirtschaftsrechts seit der Gruendung der Bundesrepublik, in H. Mohnhaupt (hrsg.), *Rechtsgeschichte in den beiden deutschen Staaten* (1988—1990). *Beispiele, Parallelen, Positionen*, Frankfurt am Main: Klostermann, 1991, S. 705-710.

⑤ 朱正编选. 胡适文集：第1卷. 广州：花城出版社，2013：117.

《历史法学派的哲学宣言》中指出，历史法学派的论据与原则都是实证的。① 历史法学派本身就存在法律实证主义的学术取向，后来发展为潘德克顿学派乃是水到渠成的必然结果。萨维尼的弟子普希达（Georg Friedrich Puchta）和温特夏德（Berhnard Windscheid）将逻辑自足观念推而极之，为维持法律逻辑一贯性、体系性，竟不顾社会事实，无视社会的或法律的目的，遂使潘德克顿法学流于被耶林（Rudolf von Jhering）所讥抨的“概念法学”。日本学者碧海纯一（あおみじゅんいち）等编著的《法学史》（碧海純一 伊藤正己 村上淳一編『法学史』東京大学出版会、1976年）一书认为：概念法学的研究成果产生了1900年的《德国民法典》，它被认为是19世纪德意志法学高度发达的标志，以概念法学的实证方法为基础形成了德国的行政法学、刑法学和国家法学，后者为君主立宪制提供了理论依据。在自19世纪到20世纪的转变中，概念法学的方法又发生了动摇，导致20世纪德国的现代法学成为以国家干预为其特征并影响到当前联邦德国的法学。②

古希腊哲学家赫拉克利特曾说过：“我们不能两次走下同一条河。”③ 一切皆流，无物常住。斗转星移，时过境迁，法学思潮正如碧海纯一《法学史》所分析的那样，已与往昔大相径庭，现代民法也与传统民法不可同日而语。然而，现在许多人其实是传统民法理论时代的精神遗民，对理性持有过于自信的乐观心态，泥古不化，否认经济法和经济法学存在的合理性。不可否认，民法历史悠久，理论赅备精深，而经济法作为新兴的部门法不可能在理论建设方面一蹴而就，势必相形见绌，难以望其项背。但从历史上看，“自罗马法至现代西方民法，都不研究民法的调整对象，只有公有制国家的民法学对此进行研究，这是一个进步”④。史际春也指出：“现代大陆法的基本学说，源于文艺复兴时代以来对罗马法的研究及相应的资本主义实践。其法律部门划分并非建立在确切的学说和方法论之上，而仅是某种理念和实践漂移之物。”⑤ 20世纪50年代苏联法学界进行民法调整对象的讨论，对民法理论研究的深化无疑作出了重大贡献，对我国民法学影响至巨，被奉为圭臬。有学者称，民法之于经济关系，如池影月，似影随形。实际上，苏联法律调整对象的理论本身就不自觉地陷入了教条和唯心论的误区，将作为复杂的文化现象的民法简单地归因于经济，有经济决定论之嫌。不仅如此，从知识考古学角度来看，我国民法学者以苏联民法调整对象理论为奥援否定经济法存在合理性，这也是如福柯所说需要“祛魅”的，从而“不妨揭去笼罩在‘部门’概念上的某种光环，以利经济法之发

① 马克思，恩格斯．马克思恩格斯全集：第1卷．2版．中共中央马克思、恩格斯、列宁、斯大林著作编译局编译．北京：人民出版社，1995：231.

② 碧海纯一等编著的《法学史》出版于1976年，当时德国尚未统一。

③ 北京大学哲学系外国哲学史教研室编译．西方古典哲学原著选译．古希腊罗马哲学，北京：生活·读书·新知三联书店，1957：17.

④ 彭万林主编．民法学．北京：中国政法大学出版社，1994：6.

⑤ 史际春．经济法、法律部门划分的主客观统一．中国法学，1998（3）.

展”①。那种认为经济法理论粗糙、只能算作“形而下”的“器”的观点，实质上是黑格尔所批判的反辩证的形而上学。《庄子·天下篇》有一句话极为深刻，即“不幸不见天地之纯，古人之大体，道术将为天下裂。”② 经济法的出现可以毫不夸张地说是法学界天崩地坼的大变革，其蕴含着丰富的辩证法。恩格斯在《反杜林论》中指出：辩证法与形而上学恰恰相反，它“不知道什么绝对分明的和固定不变的界限，不知道什么无条件的普遍有效的‘非此即彼！’，它使固定的形而上学的差异互相过渡，除了‘非此即彼！’，又在适当的地方承认‘亦此亦彼！’”③。回顾历史，我国经济法学研究未能避开苏联经济法学发展的旧辙。在苏联，民法学派与经济法学派胶着于调整对象和调整方法等抽象问题争执不休，遑顾其他，但直到苏联解体时，仍毫无实际结果。中国改革开放以后，经济法学界受传统理论驱使，也投入很大力量与民法学界展开马拉松式争论，在一些老问题上哓哓置辩。事实证明，企图以直捷的传统研究方法、以最少的研究成本建立和完善经济法这样一门新学科是欲速而不达的，是“不经济的”。与其临渊羡鱼，不如退而结网。经济法学在与民法理论这种兔与狮的不对称搏斗中，应该以卧薪尝胆的精神生聚蓄锐，覃心经营，对经济法理论进行实证研究。这种实证研究不是东摭西拾，不是稗贩陈说，而是通过探索前人的“合题”（冯友兰语），为经济法学理论知识的增长和学术传统的重建增砖添瓦。古人云：“水积则生吞舟之鱼，土积则生楩、楠、豫、樟，学积亦有生焉。”④ 我国古代学者在阐发《易系辞》提出的“形而上者谓之道，形而下者谓之器”的命题时，往往主张“据器而道存，离器而道毁”⑤ 的道不离器说。马克思主义认识论也告诉我们，通过去粗取精、去伪存真、由表及里的认识过程，是可以从具体的感性认识上升为抽象的理性认识的。龚自珍在《尊史》中指出，“出乎史，入乎道，欲知道者，必先为史”⑥。在当今喧嚣如鼎之沸的年代，之所以学术界经常出现黄钟毁弃、瓦釜雷鸣的“劣币驱逐良币”的现象，原因就在于缺乏实证研究的学术规范。“画图临出秦川景，亲到长安有几人。”⑦ 按照目前学术界流行的观点经济法学是起源于20世纪初的德国，但德国经济法学家当时说了些什么？他们的思想包括什么？阿图尔·努斯鲍姆（Arthur Nussbaum，1877—1964年）、汉斯·歌德施密特（Hans Goldschmidt，1881—1940年）、瓦尔特·卡斯凯尔（Walter Kaskel，1882—1928年）、弗里德里克·豪斯曼（Frederick Haussmann 1885—1955年）、尤斯图斯·威廉·黑德曼（Justus Wilhelm Hedemann，1878—1963年）、弗兰茨·伯姆（Franz Böhm，1875—1977年）的“集成说”“对象说”

① 史际春，邓峰. 经济法总论. 北京：法律出版社，1998：44.
② 张耿光译注. 庄子全译. 贵阳：贵州人民出版社，1991：599.
③ 马克思，恩格斯. 马克思恩格斯选集：第3卷. 北京：人民出版社，1972：535.
④ 李昉编纂. 太平御览：第5卷. 任明，朱瑞平，李建国校点. 石家庄：河北教育出版社，1994：774.
⑤ 王夫之. 周易外传. 王孝渔点校. 北京：中华书局，1962：32.
⑥ 龚自珍. 尊史//龚自珍. 龚自珍全集. 上海：上海人民出版社，1975：80.
⑦ 郑力民译注. 元好问诗选译. 成都：巴蜀书社，1991：24.

“世界观说”“方法论说”“机能说”等所交锋集矢的焦点何在？大家都知道日本法学界有两个人研究经济法卓然有成，即金泽良雄和江上勋，但在日本明星璀璨的经济法研究大军中，根岸哲（ねぎしあきら）、松下满雄（まつしたみつお）等一大批声名煜赫的方正大家的思想如何评定？谈经济法的中国学者有几人真正研读过原汁原味的德国和日本经济法学著作？正是因为“亲到长安”的艰苦征途上人迹罕至，所以中国经济法学的许多昌昌大言中实事求是的空气淡薄，许多人都好像是在陕北高原的旷野引吭高歌“信天游”，许多人苦思冥想创造出的理论往往是很早以前国外学者就已阐发的观点，结果经济法理论中“全新”的新石器或青铜器因为没有知识的考古而在所难免，更谈不上经济法学理论由器入道的质变。基于此，笔者不讳言自己在这里使用的实证研究的手段。

传统思想形式有两个偏向：一是学而不思，二是思而不学。两者貌似对立两极，实质上都有个共同点，即放弃系统的理论建设。胡适对学术思想史研究方法有详尽论述。他认为，学术思想史首先要通过占有材料做到“述学”两个字；其次，“依时代的先后，看他们传授的渊源、交互的影响、变迁的次序，这便叫做‘明变’；然后研究各家兴废沿革变迁的原故，这叫做‘求因’；然后用完全中立的眼光、历史的观念，一一寻求各家学说的效果影响，再用这种影响效果来批评各家学说的价值，这便叫做‘评判’”①。如果对历史思想作品的内容只是简单地复述或“人头罗列”式地分时期、分阶段介绍思想家的思想，既无有机的内在联系，也看不出思想发展的逻辑规律，那么恐怕很难以“史”相称，只不过是“人物论”的堆砌，是一本零玑碎锦的读书笔记，是没有历史的历史。治学术思想史历来就有“内在解释”和“外在解释”的争论。前者关心的对象是整个思想系统及相关范畴含义的理解及意义演绎，后者则关注这些思想产生的社会条件及历史背景。换言之，前者着重“理由”，后者强调“原因”。“外在解释”可能有助于揭露思想的“真相”，但难以阐明其观念价值。库恩、梁启超等重视对思想史（包括科学与人文）从社会、心理等非纯理角度去理解。这与马克思主义着重从社会利益，特别是经济利益关系角度解释精神（尤其是意识形态）现象有一致之处。卡尔·曼海姆（Karl Mannheim）在《知识现象的意识形态解释与社会学解释》中，便吸收马克思的思想，提出“内在解释”与“外在解释”的区分，认为：前者就思想论思想，没有摆脱特定意识形态的影响，后者则揭露思想（研究对象）的实际（意识形态）功能，是社会学解释，因此要用后者取代前者。② 李达所著的《法理学大纲》认为，西方的诸法学流派不仅是理论学派，而且是各种方法学派。诚哉斯言！西方法哲学流派不仅是对法的本质的本体论，而且是对法的研究的认识论。西方最早对法律学研究方法作出专门论述的是英国19世纪末著名法学家詹姆斯·V. 布赖斯（James Vis-

① 胡适. 中国哲学史大纲. 北京：东方出版社，1996：25.

② Karl Mannheim, *The Ideological and Sociological Interpretation of Intellectual Phenomena*, New York: Oxford University Press, 1971, pp. 116-131.

count Bryce）所著的《历史与法理学研究》。他将法律学研究方法归结为四种，即形而上学或先验方法（纯哲学方法）、分析方法、历史方法和比较方法，指出："上述四种方法都是正当合理的，都能够运用于真正科学的原则之中。因此，其中任何一种方法都是不可忽视或贬低的。"① 在哲学方法、历史方法、分析方法、比较方法以外，还应包括社会学方法。在我们看来，西方法哲学流派对法学研究方法也是存在"内在解释"和"外在解释"两大阵营的对立的。例如，汉斯·凯尔森（Hans Kelsen）的纯粹法学将法学锻造成一种自我封闭的体系，而与其他学科如心理学、伦理学、社会学等彻底区分开来。凯尔森说，纯粹法学"旨在从结构上分析实在法，而不是从心理上或经济上解释它的条件或从道德上或政治上对它的目的进行评价"②。这种法哲学所倡导的法学研究对象仿佛是与外在世界绝缘的、处于真空中的法律。与凯尔森相反，尤根·埃利希（Eugen Ehrlich）就反对"传统的法学研究方法，即法学家习惯于将国家制定的法律条文当作是自己的主要研究对象，因为他们推定全部法律就在这种条文中，所以要研究法律，首先就是要收集各种成文法材料，并以自己的解释来确定这些材料的内容，然后在自己的著作或判决中利用这种解释"③。埃利希的学说代表了欧洲 20 世纪初较早的社会法学，对美国的社会法学和现实主义法学产生了一定影响。庞德也重视对"活法"的研究，强调对法制史应进行社会学的研究，即不仅仅研究法律原理如何演变，仅仅把它们当作法律材料，而且要研究这种法律原理在过去发生了什么社会效果以及是如何发生的。

对于思想史内在理路解释和外部环境解释的争论，我们认为两者相辅相成，同等并重，不可偏欹或缺。辩证唯物主义原理认为世界是普遍联系的。实证主义哲学的鼻祖孔德说："任何社会事实如果不与其他社会事实联系起来，都是没有科学意义的。"④ 黑格尔则声称一只断手不成其为真正意义上的手。一般来说，自然科学在传统上被认为是简单系统，其动态变化可以用数学术语精确地、肯定地加以描述。相反，生物科学、社会科学则被认为是自我组织的或社会的系统，其具体行为如何是很难预见的。在自然科学中，即便生产简单的金属器皿，也涉及热力学、金属学、制图学等多门学科，更不用说高科技产品的研制了。社会科学的科际整合意识目前在我国尚不及自然科学。学术乃天下之公器，不必楚疆汉界，划裂鸿沟。

孔子云：君子不器。学科的不断发展，有拒绝"通才"的意义，然而知识的狭隘永远是科学的天敌。经济法学者要以"不器"为学术追求的目标，以有容乃大的学术胸怀，打破学科畛域的自蔽，这样才能使经济法学摆脱民法学者所谓的"形而

① James V. Bryce, *Studies in History and Jurisprudence*, New York: Oxford University Press, 1901, p. 623.

② Hans Kelsen, *General Theory of Law and State*. Translated by Anders Wedberg. Cambridge: Harvard University Press, 1945, p. XIV.

③ 沈宗灵. 现代西方法理学. 北京：北京大学出版社，1992：275.

④ Auguste Comte, *La Philosophie Positive*, Vol. 3, résumé par Emile Rigolage, Paris: Ernest Flammarion, 1910, p. 105.

下”的“器”的不发达状态。“许多学者认为，外国法制史的研究既涉及法学也涉及史学，而以往的研究比较注重对法律‘文本’的描述，对法律的合理解释则嫌不足。法制史学应该广泛运用‘联系’这种历史学的主要方法来进行研究，即动用多种资源对于法律的发展过程作多层次、多维度的解释。”① 我们认为，章学诚名言“治学者不可无宗主，亦不可有门户”中的“门户”，从今天的眼光加以诠释是大有深意的，它不仅指学术派别的故步自封和党同伐异，更主要可以理解为学科之间的“阡陌相连，鸡犬相闻，老死不相往来”的自给自足状态。经济法学理论大厦并不是法学这台万能机器生产的单一规格的砖料所可垒成的。古希腊哲学家芝诺（Zeno of Elea）说得好：人的知识好比一个圆圈，圆圈越大圆的面积越大，人的知识就越多，但圆圈所接触到的外界的空白也越多，所以越会感到未知的东西很多。研究经济法学理论对学识谫陋的笔者来说无疑是严峻的挑战，但追求宽大复合的学术视野又是笔者无怨无悔的初衷。也许面对如此宽广的论域力难胜任，也许这种执着将会是夸父逐日“未至，道渴而死”的宿命，然而精卫填海的至诚未必不会使我们“取法乎上，仅得其中”。在研究中，笔者将恪守自己奉行的科际整合的研究方法而不典当自己的信念。

本书的中心命题是：经济法学说产生与发展的核心主线（或西方学者所谓的“剧情主线”）在于经营自由与政府干预的冲突与协调。这就是笔者所概括的“经营自由—政府干预”的经济法学发展图式。

① 林榕年，叶秋华，王云霞．1997年外国法律史学研究的回顾与展望．法学家．1998（1）．

第二章

经济法的产生

第一节　作为潜科学的“经济法”概念考辨

一、中国法学界对“经济法”概念起源研究的历程

1983年佟柔在《论我国民法的调整对象及与经济法的关系》一文中指出：“‘经济法’一词，最早来自1906年的德国经济年鉴，德文的经济法Wirtschaftsrecht（德文）中‘经济’这个词，就其字根来讲，主要含义就是‘经济管理’、‘经济核算’。在德文，也另有‘经济’一词，比如经济基础和上层建筑的‘经济’就是另一个词。俄文‘经济法’一词汇为 хозяйсмоеииоолраооа，这个词有‘家庭主妇’、‘经济管理’、‘经济核算’、‘节约’的意思。在俄文中的‘政治经济学’、‘经济基础’中的‘经济’用的另外一个词。”① 佟柔在中国经济法学界关于“经济法”概念起源问题讨论初期便指出德文中“经济”有两个词汇，足见其学问之渊深，可惜后来的研究者都忽视了这段文字而没有循此线索深究。1985年金泽良雄的《经济法概论》中文版问世，使中国学人获益良多。金泽良雄等根据田中耕太郎（たなかこうたろう）在《岩波法律学辞典》（末弘厳太郎・田中耕太郎・末弘厳太郎編『法律学辞典』岩波書店、1937年）之Ⅰ第558页的论述，认为：Wirtschaftsrecht一词在1906年创刊的《世界经济年鉴》（*Die Weltwirtschaft*，

① 《佟柔文集》编辑委员会编．佟柔文集．北京：中国政法大学出版社，1996：110.

Ein Jahr-und Lesebuch)① 中，每年由里特尔（Ritter）用来说明世界经济有关各法，但并不是用在科学意义上的，“经济法”一词在学术上开始使用主要是在第一次世界大战后的德国。② 在当时，中国学者所依凭的资料还有从我国台湾地区学者施启扬、苏俊雄所著《法律与经济发展》（台北：正中书局，1974 年）等文献。

与此同时，中国经济法学者开始了慎终追远的延伸研究。因为空想社会主义者的资料在中国翻译研究较多，所以摩莱里和德萨米被认祖归宗，迎入经济法学大厦的“先贤祠”供奉。梁慧星、王利明著《经济法的理论问题》指出：“近来的研究结果表明，法国的空想共产主义者摩莱里和德萨米早在此（指里特尔使用 Wirtschaftsrecht 一词——引者注）一百五十一年和六十三年之前就分别在《自然法典》（1575 年）和《公有法典》（1843 年）中使用过经济法概念 。十九世纪中叶，蒲鲁东也讲过经济法问题。”③ 《经济法的理论问题》中云“近来的研究成果”是指王家福《经济法学浅论》。王家福认为，经济法这一概念的发明权应归功于摩莱里和德萨米，前者是从分配上讲的经济法，后者是从节约意义上说的经济法。其又谓：“在马克思、恩格斯和列宁的著作中，没有见到过经济法

① 《世界经济年鉴》由恩斯特·冯·哈勒（Ernst v. Halle）等专家所主编，在 1906—1908 年由莱比锡托伊布纳出版社（Teubner Verlag）共出版了 3 卷。实事求是地说，笔者在最初撰写博士论文时未曾见到过其第 1 卷创刊号，曾对有无里特尔此人持怀疑态度。我在 2008 年在弗赖堡大学经济法研究所访学时，这个疑问就一直萦绕在脑际，由于当时忙于翻译费肯杰的两卷本《经济法》和听课，没有及时利用弗赖堡大学法学图书馆的有利条件对此进行彻底调查。到慕尼黑马克斯一普朗克知识产权、竞争法和税法研究所后，我曾经托我在弗赖堡的学生帮助查核，但没有结果。在 2009 年笔者主编《经济法基础文献会要》过程中，收入当代欧洲法律史研究权威海因茨·莫恩豪普特（Heinz Mohnhaupt）所写的一篇极为细腻的早期经济法学发展路径的论文《尤斯图斯·威廉·黑德曼与“经济法”学科的发展》（Justus Wilhelm Hedemann und die Entwicklung der Disziplin“Wirtschaftsrecht”），其中对于此事默无所述。不仅如此，笔者所见的德文经济法学论著也不曾提及此事。相反，此种说法见诸日本学者的论著，而中国学者如风偃草地翕然信从，这便不无蹊跷之处。不过，在 2011 年校注刘文华《中国经济法基础理论》过程中，笔者找到了金泽良雄所说的 1906 年《世界经济年鉴》，数年疑翳，一朝尽去，快如之何！何况此在经济法学发展过程中可谓至关重要的一个环节。据笔者所亲眼目睹的《世界经济年鉴》第 1 卷第 3 期（1906 年）第 346 页以下的确有一篇文章出自卡尔·里特尔（Carl Ritter）博士，题目就叫做《经济法》（Wirtschaftsrecht）。参见 *Weltwirtschaft*：*Ein Jahr-und Lesebuch*，Bd. 1，H. 3.，Leipzig：Verlage von B. G. Teubner，1906，S. 346ff.。从文章的论述来看，作者对于经济法的阐述已经相当深入，绝非如同通常中国学术界所谓的偶尔使用了“经济法”一词。从文章中可以得知，里特尔是汉堡的地方高等法院顾问，生卒年份不详。众所周知，汉堡是海上商贸发达的城市。笔者通过进一步考证，可以肯定里特尔尚有一部非常重要的海商法著作存世。即《海上保险法》（Carl Ritter，*Das Recht der Seeversicherung*：*Ein Kommentar zu den Allgemeinen Deutschen Seeversicherungs-Bedingungen. Im Jahre 1919 hrsg. von den deutschen Seeversicherern nach Beratungen mit deutschen Handelskammern und Fachverbänden unter Vorsitz der Handelskammer Hamburg*，Hamburg：L. Friederichsen，1922）。

② 金泽良雄. 经济法概论. 满达人，译. 兰州：甘肃人民出版社，1985：2.

③ 梁慧星，王利明. 经济法的理论问题. 北京：中国政法大学出版社，1986：130.

这个提法。"①与此同时，陶和谦在其《经济法的产生、发展和未来》中也持相同观点。其后，李昌麒所著《经济法：国家干预经济的基本法律形式》② 更是较详细介绍了摩莱里和德萨米的经济法思想。

1997年商务印书馆翻译出版了阿莱克西·雅克曼等所著《经济法》(Alexis Jacquemin, Guy Schrans, *Le droit économique*, Paris: Presses Universitaires de France, 1970)，对中国经济法学只是开启了窥则国外经济法的一扇窗口。该书指出："从18世纪起，法国重农学派尼古拉·博多 (Nicolas Baudeau, 1730—1792年) 在其名《经济哲学初步入门，或文明状态分析》的著作 (1771年) 中，就使用了'经济法规'这一概念。"③ 在该书作者看来，蒲鲁东 (Pierre-Joseph Proudhon, 1809—1865年) 于1865年出版的《论工人阶级的政治能力》一书提出和使用了"经济法"这一概念，实属首创。正是由于该书认为德文 Wirtschaftrecht 意为经济的法 (法语 droit de l' economie)，因而史际春的《经济法总论》亦将蒲鲁东定位为最早提出经济法概念的人。他指出：根据核查摩莱里《自然法典》和德萨米《公有法典》原著使用"经济法"一词的情况来看，"两位作者所称的'经济法'，并不是指法律或法规，而是指社会运动的法则，用以描述他们设想的理想社会中公平分配财富的原则和方法。既然不是在法的概念和意义上使用'法'的措辞和术语，则不能认为是由这两位空想者首先提出了'经济法'"④。史际春认为里特尔在《世界经济年鉴》中使用的是"经济的法" (Wirtschaftsrecht) 一词。

史际春的《经济法总论》以其戛戛独造的精湛研究而使中国经济法学理论步临新境，该书中这样写道：在经济法的发源地欧陆，德语中的"经济法" (Wirtschaftsrecht) 一词就是关于经济的法的意思，相当于法语的 droit de l' economie，意大利也往往将经济法称为"经济的法" (diritto dell' economia)；用来表达特定的法律门类的经济法一词，是为法语的 droit economique 和意大利语的 diritto èconomico。⑤ 显而易见，史际春的上述文字是受阿莱克西·雅克曼、居伊·施朗斯所著《经济法》商务印书馆中文版的影响，尽管尚不能称之为定谳，却代表了中国经济法学对这一问题长期以来经过艰苦探索所达到的极致，来之不易。中国经济法学界关于"经济法"概念起源的认知谱系可以昭显"往昔峥嵘岁月稠"，凸显史际春《经济法总论》在当时中国独步一时的学术成就。

① 王家福. 经济法学浅论//中国社科院法学研究所民法经济法研究室编. 经济法理论学术论文集. 北京：群众出版社，1985：236.

② 李昌麒. 经济法：国家干预经济的基本法律形式. 成都：四川人民出版社，1995：110-121.

③ 阿莱克西·雅克曼，居伊·施朗斯. 经济法. 宇泉，译. 北京：商务印书馆，1997：2.

④ 史际春，邓峰. 经济法总论. 北京：法律出版社，1998：68.

⑤ 同④32.

二、外国学者对"经济法"概念产生的追溯

从构词学上看，德语 Wirtschaftsrecht 是 Wirtschaft 和 recht 两个名词合成的专有名词，并非形容词修饰名词，焉能解释为"经济的法"？笔者百思不得其解，疑云重重萦绕于心际，请教中国人民大学外语系德语专家，其认为"经济的法"在德语中应为 Das Wirtschaftlich Recht。这与阿莱克西·雅克曼所云法语"经济的法"（droit de l'economie）是相对应的，然而困惑尚不能荡然无存。后来，笔者在中国政法大学图书馆寻找到尘封灰积的日本经济法学者吉永荣助①所著《经济法学的基础》（吉永榮助『経済法学の基礎理論』中央経済社、1974 年），憬然有所得。吉永荣助《经济法学的基础》是研究经济法思想的重要著作，在德国法学家鲁道夫·皮彭布罗克《近代文献中直至第一次世界大战时期的经济法思想》（Rudolf Piepenbrock，*Der Gedanke eines Wirtschaftsrechts in der neuzeitlichen Literatur bis zum ersten Weltkrieg*，Köln：Carl Heymanns Verlag，1964）的研究基础上对"经济法学说前史"进行了翔实的探讨。皮彭布罗克是从最广义的经济法，即经济与法的结合，批评目前从"经济法"法概念确立角度出发、以第一次世界大战立法为基础而不探求源流的学术通说；与通说以实定法的立场自限相对，他的研究分析了各时代学者的经济法学的思考，从中挖掘现今的"经济法"概念的萌芽的产生过程。皮彭布罗克是以官房学派（Kameralisten）为其考察的中心源泉。据皮彭布罗克研究，官房学派学者迪特曼（Justus Christoph Dithman，1677—1737）将法律学作为经济学的基础，并将经济区分为农业经济和都市经济，使用过农业经济法（Landwirtschaftsrecht）等语。官房学中一部无名氏的著作《从特别官房—经济—法学识对若干简单的规定、规律方式的讨论》（*Proben einiger kurzen Sätzen，Regeln und Cautelen aus der besonderen Cameral-Wirtschafts-Rechts Gelehrsamkeit*，1747）从形式上提出了经济法学的考察方式，首次将本来的经济行为与法的经济行为区别开来。

此外，菲舍尔（Friedrich Christoph Johnathan Fischer，1750—1797）在其所著《官房与警察法统一学术概念》（*Lehrbegriff sämtlicher Kameral-und Polizeirechte*，Frankfurt an der Oder，1785）中采用了经济法（Ökonomierecht）的关键词。菲舍尔的经济法是他理解的与农业经济法（Landwirtschaftrecht）、都市经济法相区别的国家经济法（Staatswirtschaftsrecht）。在菲舍尔看来，官房法（Kameralrecht）不仅有保持、增值、经济地利用全体国民财富的机能而且同时亦具有这种义务，这种行为被称为国家经济，在此中间的权利义务的总括即称为国家经济法（Staatwirtschaftrecht）。在当时官房学派中，经济法主要是警察法范围中的经济法

① 吉永荣助（よしなが えいすけ，1912—1998 年）是日本经济法权威，曾任东京商学院商业系教授、一桥大学法学部教授。

(Wirtschaftspolizelirecht)。警察法可谓当今经济行政法的先驱。Polizei 是作为 Polis、Politeia 的同源词来指称统治技术(Regierungskunst)的。在当时,警察是以完全的臣民福祉为企划旨归的。

皮彭布罗克考察了经济法概念在自然法学派文献中的表现。伊克施特(Johannes Adam L. B Von Ickstatt,1702—1776)的学说中有 ius naturae sociale oeconomicum(自然社会经济法)和 jus civile oecomomicum sive camerale(作为官房法的市民经济法)的概念。其自然社会经济法概念与亚里士多德的 oixovopxor aiksiov 以及托马斯·阿奎那(Thomas Aquinas)的 Justum oeconomicum 同类。伊克施特对作为法律学一部分的经济市民法官房经济(ius civile oeconomicum,oeconomic camerale)没有明晰的说明,其似可称为经济官房法理学(iurisprudentia oeconomico-cameralio)。由于这种经济法从根本上经济的概念是与家计本身的财产有关,与持有物、物质的诸财物有关,皮彭布罗克依据目前的经济的法(ökonomisches Recht)的用法将其称为"经济法"(Wirtschaftsrecht)①。达利斯(Joachim George Daries,1714—1791)的自然法的社会法理学中有 iurisprudentia oeconomica specialis(特别经济法理学)和 iurisprudentia oeconomica generals(一般经济法理学)。他将经济学(okonomie)作为法学的一部分理解,经济(学)是有关正与不正(iusta atque iujusta)的学问。因此,吉永荣助认为,伊克施特和达利斯都是从希腊语本来的意义上使用 ouonomie,从而经济法是家计法(Haushaltungsrecht),这与社会的形态相对应揭示出了"经济之法"存在的理由。

国家与社会的区分是近代的产物。皮彭布罗克和吉永荣助都从德国社会学领域探寻经济法学思想萌芽的产生。他们指出,拉伦茨·冯·施泰因(Lorenz von Stein,1815—1890)的经济法理论与其社会理论、国民经济理论以及行政、行政法理论紧密相关。拉伦茨·冯·施泰因将社会形成过程分为三个阶段,即社交、伦理和法秩序。生活领域包括人(肉体)的生活、经济生活(与物质世界相关)、社会(精神)生活以及国家生活,与此相适应,有人法(Personenrecht)、经济的法(wirtschaftliches Recht)、社会的法(gesellschaftliches Recht)以及公法(offentliches Recht)存在。在拉伦茨·冯·施泰因看来,经济法不是独立的领域,而是与社会法密切相关。拉伦茨·冯·施泰因强调实定经济法(positives wirtschaftliches Recht)由相关的社会秩序决定,这在皮彭布罗克看来没有特别新意,但拉伦茨·冯·施泰因将既存社会秩序较之经济法赋予优越性,作为反映当时时代的一个断面,这在吉永荣助看来深具意味。因为吉永荣助认为,日本经济法学说通常把经济法作为社会法一部分,但对经济法与社会法交互作用的认识

① R. Piepenbrock, *Der Gedanke eines Wirtschaftsrechts in der neuzeitlichen Literatur bis zum ersten Weltkrieg*, Köln: Carl Heymanns Verlag, 1964, S. 67.

和把握却很少涉及。[①] 根据皮彭布罗克和吉永荣助对有机的法哲学（organischen Rechtsphilosophie）领域有关经济法思想的研究，海因里希·阿伦斯（Heinrich Ahrens，1808—1874）较其老师弗里德里希·克劳瑟（Karl Christian Friedrich Krause，1781—1832）更详细论述了经济与法的关系，还谈及产业法（Industrie-Recht）、商法（Handelsrecht）和消费者法（Consumtionsrecht）。在1857年公开刊行的《法律辞典》（*Juristische Enzyiklopädie*）中，经济-法（Wirtschafts-Recht）还叫做物财-经济法（Sachguter-W. R）。阿伦斯发展了国民经济法（Volkswirtschaftsrecht）的概念。他认为，技术的经济的诸行动是使物质欲求满足，因此伦理的秉持必不可缺，这样便有伦理的物财-经济法的成立。不过，国民经济法是国民经济学的一部分而非独立的学问。

在经济学领域，皮彭布罗克是从思想史追究经济法学说，而吉永荣助则更强调经济体制和经济秩序、以经济法思想的形成基础作为考察的出发点，即一个为学术史的内部运思理路解释，一个为外部因素解释。在吉永荣助看来，德国历史学派和讲坛社会主义学派所处的时代是自由主义经济流弊已日渐彰显的时代，需要国家干预和发展经济，保障自由和平等。汉斯·冯·谢尔（Hans Von Scheel，1839—1901）在《社会问题理论》（*Die Theorie der Sozialen Fragen*，1871）一书中使用了经济的法形态（wirtschaftliche Rechtsform）和现代经济的法（Recht der modern on Wirtschaft）等用语，但未加以定义。他将立法作为经济关系影响的重要手段之一。古斯塔夫·施穆勒（Gustav Schmoller，1838—1917）代表讲坛社会主义的中间派，他一方面肯定现实资本主义国家的存在，另一方面也主张采取渐进的社会改良主义政策。施穆勒认为近代民族生活的法的限制是必要的，特别是建筑与水运法、工场立法、铁道法、土地征用、租税法等新的、与时代相适应的经济生活限制应该存在。在施穆勒那里，法律和习俗在经济生活中所承担的控制任务，在1874年首次促使了合成概念“经济法”（Wirtschaftsrechts）的诞生。在一次关于“社会问题和普鲁士国家”（Die sociale Frage und der preußische Staat）的演讲中，根据由经济进步导致的社会发展概况，他解释道：“新的经济法，新的劳动法，新的财产和纯正的社会秩序终于在废墟中成长起来了。”[②] 他指的是通过法律和习俗来制

① 吉永榮助『经济法学の基础理论：ドイツ经济法学の生成・发展』第2卷. 中央經濟社，1974：132. 在此方面，费肯杰的观点值得特别关注。他认为，经济法较之劳动法极少表现为在古典图景意义上的社会冲突张力的特征。尽管人们有必要将消费者的保护理解为社会冲突张力的标志，然而对经济法而言，更具有决定性的是经济发展行为，一方面，它的促进或者界定以理性证明的、公平证明的经济发展推动为考量界限（例如通过环境保护对一家化工工厂进行整治），另一方面，通过寻求标准考虑到每个人的供给进行公正的分配，以经济的方式生产商品和服务。因而，它不是很多地涉及社会冲突张力和“社会正义”（soziale Gerechtigkeit），更不仅仅局限于工业，而是涉及“发展正义和供给正义”（Entfaltungs－und Versorgungsgerechtigkeit），在此，两者可以被理解为经济现象部分对立的极点，各自服从于正义的不同方面。一般经济法和特别经济法的区分由此再次得以展露。沃尔夫冈·费肯杰. 经济法：第1卷. 张世明，袁剑，梁君，译. 北京：中国民主法制出版社，2009：第1章.

② G. Schmoller，Die soziale Frage und der preussische Staat，*Preussische Jahrbücher*，Bd. 33，H. 4，1874.

约经济自由。在习俗不能够起到很好的调节和保护作用之处，法律制约必不可少。施穆勒认为，“新的经济法律”，或者说“新时代的经济法”构成了法律强制手段的典范，是通过“技术文化的转换，通过复杂经济关系的新时期”来决定的，并且是必需的。[①] 鉴于技术、铁路、银行、股份公司、工厂的迅猛发展以及不断增加的相关法律规章，施穆勒在 1875 年断言：“我们正陆续在概念上建立新的经济法律，这一法律在内容范围上，如同个人任意所设置的障碍高度一样，可能不亚于旧的行业法……我们今天的大量单独的规章和法律，在不久后会以一个相互关联的体系出现。”[②] 施穆勒认为，“经济法”有着设置限定起调节作用的功能，借助于“强制法律的拐杖”（die “Krücke des Zwangsgesetztes”）达到“经济自由”目标。[③] 可惜的是，这种以强力的国家权力为背景的社会政策具体化的经济法和社会法必要的思想没有被深入展开。据皮彭布罗克考证，施穆勒使用过 wirtschaftliche Rechtsverfassung 的概念，译成中文为“经济的法体制”。

阿莱克西·雅克曼等著《经济法》对皮彭布罗克的研究有所非议，似乎皮彭布罗克的理论具有德国中心主义色彩。诚然，皮彭布罗克使用的资料主要是德文文献，但他对法国学者对经济法概念产生的贡献言之甚详，誉之甚高。我们有必要为皮彭布罗克的不白之冤仗义执言。事实上，皮彭布罗克在这一点上是一个“学术国际主义者”，而非心胸窄隘的“学术民族主义者”，我们认为，衡文论学须以中正之眼光行月旦之职事，否则将制造莫须有的冤假错案。皮彭布罗克通过探微索隐，认为重农学派使用过经济法的理念的表述。众所周知，重农主义译自 Physiocracy 一词，原意为自然的主宰，有服从自然法以求最高福利的意识。“自然秩序”理论是重农主义的哲学基础。作为重农主义开宗立派的代表人物魁奈（Francois Quesnay）的思想，受当时风靡法国哲学界的笛卡尔和斯宾诺莎的唯理论的影响很深，认为自然法是一切实定法的基础。皮彭布罗克申而言之，指出：魁奈将经济的循环过程视为物理法则之一，即自然法，这种过程受到阻害，则社会的、人间的经济欲求就难以满足，从而具有从自然法角度看实定法也是为有利于经济循环而设立的、与自然法相一致的含义。吉永荣助评价说，魁奈尚未言及经济法，因为当时经济法概念并不存在。不过吉永荣助补正皮彭布罗克的研究未曾谈到的问题时写道：重农主义代表人物之一内穆尔（Piere Samuel Dupont de Nemours，1739—1817）“将魁奈的 Maximes（箴言）称之为 code，这相当于今天意义上的经济法典（Wirtschaftsgesetzbuch）”[④]。对于阿莱克西·雅克曼和史际春均提及的重农学派学者尼古拉斯·博多（Nicolas Baudeau，

① G. Schmoller, *Über einige Grundfragen des Rechts und der Volkswirtschaft. Ein offenes Sendschreiben an Herrn Professor Dr. Heinrich von Treitschke*, Berlin: Verlag von Georg Reimer, 1875, S. 51ff.

② 同①49ff.

③ 张世明，刘亚丛，王济东主编. 经济法基础文献会要. 北京：法律出版社，2012：196.

④ 吉永榮助『经济法学の基础理论：ドイツ经济法学の生成・发展』第 2 卷. 中央経済社，1974：120.

1730—1792)，国内的中文资料鲜有记述，仅从1981年商务印书馆出版的《魁奈经济学著作选集》和1983年农业出版社出版的张人价著《重农学派的经济理论》可见，博多与魁奈相过从交游，其余不得而知。尽管阿莱克西·雅克曼对皮彭布罗克的研究的“德国中心主义”提出批评，但两两相较，真正应该受到学术起诉的应是阿莱克西·雅克曼这位原告。因为其关于博多和蒲鲁东的论述均系对皮彭布罗克的叙述的掠美，不过抄而袭之尔尔。阿氏的原著笔者没有寓目亲睹，中译本称博多使用了“经济法规”这一概念，而皮彭布罗克等却指出本系经济立法（Législation economique）一词，根据博多的思想内容来看，阿氏中译本存在鲁鱼亥豕一类错讹舛误亦示可知；至于中文译本声称博多的著作有一章以“经济宪法”为题更属鲁莽灭裂之举。稽诸史料，博多《经济哲学初步入门，或国家政策分析》（*Premiére introductionl a philosophie economique ou analyse de etat polices*，1767）中有一章题曰 La constitution economique des etat policés，正确的中文译述应为“文明开化国家的经济体制”。博多的经济体制法是社会基本法。在他看来，经济社会建立在三种技能之上，即社会技能（art social）、生产技能（l' art productif）和非生产技能（l' art sterile）。上述技能的保有和改良总是善的，反之则为恶，一切经济立法具有唯一、永远、不可变、普遍的性质，属于自然法。博多所谓的“经济立法”的特别之处在于其指经济的基本法（Verfassungsrecht）。德国法学家维利·蒂勒在其《经济宪法入门》（Willi Thiele，*Einführung in das Wirtschaftsverfassungsrecht*，Göttingen：Schwartz，1969）中将博多尊为现代“经济宪法”（Wirtschaftsverfassung）的先驱。

三、提出现代经济法概念的开山鼻祖应为蒲鲁东

真正意义上提出现代经济法概念的开山鼻祖应为蒲鲁东而非里特尔，亦非我国学者所谓摩莱里和德萨米。这不仅因为他首次使用 droit economique，而且因为他的经济法思想与今天我们所说的经济法论理具有某种程度的契合，使他被誉为现代经济法概念之父的殊荣当之无愧，至于其他人则可以称其为现代经济法概念的隔代的祖父、曾祖父或同代的叔伯旁系亲属之侪。我国学者过去对这一点比较模糊。① 史际春是国内对此慧眼独识第一人。

古维奇在《法和经济哲学档案中的蒲鲁东与当代》即已从蒲鲁东的社会理论中探求经济法思想的状况。② 皮彭布罗克将蒲鲁东的学说置于非常重要的地位，将现

① 王保树，等编著. 经济法学研究综述.（天津教育出版社，1989年）第40页中指出：“我们未能在他（指蒲鲁东——引者注）那里找到对现代经济法的科学说明。”其依据材料是蒲鲁东1869年出版的《战争与和平》中阐述过的“经济法权概念”。

② Georges Gurvitsch，Proudhon und die Gegenwart，*Archiv für Rechts-und Wirtschaftsphilosophie*，Bd.21，H.4，1928.

代经济法概念的创始人的桂冠公允地追赠予蒲鲁东。蒲鲁东是以无政府主义者自称的第一人，中国学者多从马克思《哲学的贫困》[①] 和《论蒲鲁东》[②] 对此人耳熟能详。蒲鲁东在《一个革命家的自白》(*Les confessions d'un révolutionnaire*：*pour servir à l'histoire de la révolution de février*，1849）一书中曾写下这样的一句名言："无政府就是无权威的秩序"（l'anarchie，c'est l'ordre sans le pouvoir)。[③] 既然蒲鲁东是彻头彻尾的无政府主义者，在世界上首先使用 Anarchy 一词表述社会的无政府状态，被称为无政府主义之父，那么他却倡言经济法，这在常人眼里似乎凿枘不合，格格不入。蒲鲁东曾经是对法律做过研究的，所以马克思说："他更像尼·兰盖，不过兰盖的《民法论》是一部很有天才的著作。"[④] 蒲鲁东抨击当时的社会云，国家面对着不可胜数的各种利益必须不停地开动立法机器，于是，法律、法令、布告、条例、命令等像冰雹一样落在贫苦大众的头上。然而，法律有什么价值？"对有钱有势的人说来是蜘蛛网，对贫困的人物说来是钢铁砸不断的锁链，在政府手中是渔网。"[⑤] 因此，他宣布，"我不承认任何法律；我反对号称必要的权力想要强加于我的自由意志的任何命令。"[⑥] 蒲鲁东认为，就其原则的本质而言，国家是反革命的，政权是暴政的工具和堡垒，而政党则是它的生命和思想。他不厌其烦地表明：不，不，我不希望有任何国家，即使当作仆役我也不愿意要它。蒲鲁东声称："在一个特定的社会中，人对人的权威是和这个社会所达到的文化发展程度成反比的。"[⑦] 在蒲鲁东的理想中，大家都是国王，谁都不是国王。蒲鲁东并不否认秩序，不过他更强调无政府状态的自由不是秩序之女而是秩序之母。他把国家与社会严格区分开来，将国家仅仅视为力的均衡制度的一个要素。正如马克思所说，蒲鲁东的辩证法背弃了黑格尔的辩证法。蒲鲁东对黑格尔的辩证法颇有"票友"般的心仪与貌合神离的模仿，反复在其关于社会的理论中重申对立的均衡思想，提出基于普遍矛盾的普遍调和（Conciliation universalle par contradiction universalle）公式。为了达到国家与社会的均衡，就必须进行国家的改造和社会的组织化，而构

① 马克思．哲学的贫困：答蒲鲁东先生的贫困的哲学．北京：人民出版社，1961．蒲鲁东在 1846 年出版《经济矛盾的体系或贫困的哲学》(*Système des contradictions économiques ou Philosophie de la misère*，Genève：Slatkine，1846），马克思在 1847 年遂撰写了《哲学的贫困》(*La Misère de la philosophie*）作为回应，尖锐批评这部在法国流行广泛的著作在哲学知识上的缺点。在《哲学的贫困》中，马克思的经济理论初步形成。

② 马克思，恩格斯．马克思恩格斯选集：第 2 卷．中共中央马克思、恩格斯、列宁、斯大林著作编译局编译．北京：人民出版社，1972：140－148.

③ Véronique Kleck，*Numérique & cie*：*sociétés en réseaux et gouvernance*，Paris：Éditions Charles Léopold Mayer，2007，p. 125.

④ 尼·兰盖著有《民法论，或社会的基本原理》(*Théorie des lois civiles ou Principes fondamentaux de la société*，A Londres：S. n.，1767)。该书系匿名出版。

⑤ Proudhon，*Idée générale de la Révolution au dix-neuvième siècle*，Paris：Garnier frères，1851，p. 147.

⑥ 同⑤148.

⑦ 蒲鲁东．什么是所有权．孙署冰，译．北京：商务印书馆，1982：288.

成新社会组织的基础就是经济法（droit economique）。“因为，公法（droit public）和私法（droit privé）都无助于实现这一目标：一个会造成政府过多地限制经济自由的危险，另一个则无法影响经济活动的全部结构。”① 这样，蒲鲁东在《论工人阶级的政治能力》中指出：经济法是作为政治法和市民法之补充和必要的派生物（drot economique，compliment et corollaire du droit politique et droit civil）。他认为，经济法是与政治（公）法相抗颉的必然的均衡力（il faut au droit politique le contre—fort du droit economique）。这种经济法的本质不是别的，而是将经济组织起来，换言之，将与政治经济相对、适用正义而组织起来的相互性制度（le régime de mutualité）。“所谓相互关系，意味着分享土地、划分财产、劳动不受约束、行业分离、职权有特别规定、按个人劳动或集体劳动确定个人负责或集体负责、将管理费用减到最低程度，消灭寄生现象和贫困现象。”② 在蒲鲁东看来，经济法应该是在参加经济活动的各集团之间达成协议之初形成的，是政治法和民法的补充和必然产物。③ 其目的在于维护社会正义。他把经济法作为社会的治疗救济的手段，认为贫困和犯罪的最终原因即在于经济到处被破坏，其救济方法即在遵守相互性法并由此向经济法回归（Le reméde nétait pas plus difficile decouvrir retour au droit economique par l' observation de la loi de mutualite）。阿莱克西·雅克曼评价蒲鲁东的经济法思想云：“蒲鲁东的豁达大度的观点虽然纯属空想，但仍然是对经济法学说的贡献，因而使这种学说发展到了今天这样的地步。经济关于公法和私法传统分类的观点也是如此。同样，参加经济活动的集团之间的协议和章程，显然预示着构成今日经济法特征的‘协商经济’的出现。”④ 笔者认为，蒲鲁东在其生命历程即将结束前夕所著《论工人阶级的政治能力》（*De la capacité politique des classes ouvrières*，1865）中阐发的经济法的思想并非偶然，与其往昔的主张同条共贯，先后一揆。1840年蒲鲁东发表的《什么是所有权？或关于法和权力的原理的研究》（*Qu'est ce que la propriété? Ou recherches sur le principe du droit et du gouvernement*）一书借用法国大革命时期斯布里索（Jacques Pierre Brissot）的一句话对所有权下了一个定义：“所有权就是盗窃！”（la propriété c'est le vol）这种耸人听闻、骇世眩俗的理论是对传统民法物权理论某种意义上的解构。⑤ 米歇尔·奥奇埃-拉里贝（Michel Augé-

① 雅克曼，施朗斯．经济法．宇泉，译．北京：商务印书馆，1997：2.

② 同①114.

③ Pierre-Joseph Proudhon，*De la capacité politique des classes ouvrières*，Paris：E. Dentu，1865，p. 220.

④ 同①3.

⑤ 蒲鲁东分析了资本主义经济的性质和存在的问题。他虽然猛烈批判资本主义，也反对同时代社会主义者对于集体主义的崇拜。《什么是所有权？》在其死后以《财产理论》（*Théorie de la propriété*，Paris：Librairie Internationale，1863—1864）的书名出版。他在该书中首先指出“所有权是盗窃”，但最终指出，“所有权就是自由”（la propriété，c'est la liberté）。他接着解释说，只要所有权包含特权，那么就意味着掠夺，所有权就是盗窃，是指作为特权或垄断私人所有权使得有产者得以不劳而食。在该书中，蒲鲁东还指出：所有权是唯一可以作为抗衡国家的力量（propriété est la seule force qui puisse servir de contre-poids à l'État）。

Laribé）这样写道："关于滥用权利的学说、邻居的起诉权、赔偿责任的扩大、危险的分担，尤其是公用征收、战争期间的法律的征税、关于房屋租金的立法等等已经把《民法法典》对所有权所规定的定义缩减到只成为一种形式上的原则规定了。我们早已没有习惯把所有人的权利当作一种随意使用和滥用的绝对权利，以致我们在今天看来，蒲鲁东有时好像是和空气甚至好像是和风车作斗争似的了。我们不要忘记他写作和时期是1840年，也不要忘记对于现代的法律观点的形成上，他也确有贡献。"① 蒲鲁东在《贫困的哲学》（*Philosophie des Elends*，1846）中关于垄断的论述也是饶有趣味的。他把垄断作为竞争的反题，认为垄断同样存在着"好"和"坏"的二律背反。"垄断是组织健全的社会的原则和富足的条件，同时并在同等程度上也是盗窃和贫穷的原则；从它那里得到的好处愈多，则从它那里受到的灾害也愈多，没有它进步会终止，有了它劳动会僵硬不灵，文明会凋落萎缩。"② 为了限制垄断所起的坏的因素，蒲鲁东指出："由于垄断的结果，使社会财富背弃了劳动阶级而转移到资产阶级的一边，捐税的目的就是缓和这种转移的情势，对掠夺行为进行抵抗，对每一个享有特权者收回相当一部分的财产。"③ 不可否认，蒲鲁东的学说如马克思所说在现实关系的里面只看到睡在"人类的无人身的理性"④ 怀抱里的一些原理和范畴的化身，但我们也应看到"他对当代事物具有非常敏锐的观察力"⑤，我们可以披沙拣金从其良莠混杂的思想中发现合理的真理颗粒，其观点中有些对我们当代经济法研究而言值得再三玩味。蒲鲁东所谓的"经济法"近似于一种经济体制，不过企图把"文明的轴心翻转过来"的蒲鲁东的学说从根本上说迂阔、不合实际，其设计只能是幻想中的"仙山琼阁"。

皮彭布罗克和吉永荣助在他们绵密细致的考证中对法国空想主义者摩莱里和德萨米默无所述，而中国经济法学界却普遍认"经济法"一词的提出肇始于这两位思想先知。摩莱里和德萨米这种"墙内开花墙外香"的学术境遇本身恐怕存在着蹊跷，我们没有看到这两位思想家著作的原版而根据中文译本隔靴搔痒也许不免有郢书燕说之嫌，因此我们认为学术界面临这一学术地雷阵的时候应如履薄冰，深怀战战兢兢的戒惧之心。摩莱里（Étienne-Gabriel Morelly，1717—?）的生平事迹已经无从考稽。⑥ 从摩莱里著作发表的年代可以看出，他与孟德斯鸠、卢梭是同一时代

① 蒲鲁东．什么是所有权．孙署冰，译．北京：商务印书馆，1982．米歇尔·奥奇埃-拉里贝的序言第14页．

② 卢森贝．政治经济学史：第3卷．郭从周，译．北京：生活·读书·新知三联书店，1960：292．

③ 蒲鲁东．贫困的哲学：第1卷．徐公肃，任起莘，译．北京：商务印书馆，1961：272．

④ 马克思，恩格斯．马克思恩格斯选集：第1卷．中共中央马克思、恩格斯、列宁、斯大林著作编译局编译．北京：人民出版社，1972：109．

⑤ 陈汉楚．蒲鲁东和蒲鲁东主义．南京：江苏人民出版社，1981：11．

⑥ 摩莱里一生写过许多著作，如《人类理智论》（*Essai sur l'esprit humain*，1743）、《人心论》（*Essai sur le coeur humain*，1745）、《巴齐里阿达》（*Naufrage des isles flottantes, ou Basiliade du célèbre Pilpai*，1753）等。《自然法典》一书的全名是《自然法典或自然规律的真实精神》（*Code de la Nature, ou le véritable Esprit de ses Loix*），1755年在阿姆斯特丹匿名出版，在很长时期内都被误认为出

的人物。他们的法律理论都属于自然法学的范畴，都在力图为自己设想的社会构筑法制基础，所不同的是，孟德斯鸠和卢梭更多是从法的一般原理阐述法的精神，而对调整社会经济关系的法制没有像摩莱里那样给予充分重视。摩莱里把未来社会的法律——“自然法典”分为基本法和单项法两部分。单项法共 11 项，分别对生产、分配、行政、婚姻与家庭、教育、刑事等方面作出法律规定。这些单项法是：分配法或经济法⑦、市政法、土地法、治理法、取缔奢侈法、政府组成法、行政管理法、婚姻法、教育法、研究法、刑法。摩莱里认为，他的这一“自然法典”是完整的、“合乎自然意图”的法制体系蓝本，在这个法律体系基础上建立的社会，有一个共同的口号，即“理性要求，法律命令！”⑧他从“理性”出发，通过构筑“自然法典”而显现其空想社会主义法哲学的基本面貌，起到承继托马斯·莫尔（Thomas More）、托马索·康帕内拉（Tommaso Campanella），开启通向 19 世纪空想社会主义法哲学思潮顶峰的桥梁作用。⑨他企图用法律的方法来调整社会分配关系，其中所含的国家对经济管理的计划经济思想，仍是现代经济法所要解决的一个最基本问题，在经济法律思想发展史上占有重要的地位。不过应该看到，他使用的“经济法”一词显然并不具有现代经济法的意义。

德萨米（Alexandre Théodore Dézamy，1808—1850）在青年时代学习过医学、法学和哲学，《公有法典》是其唯一的一本重要著作，用 4 年时间呕心沥血完成。他声称自己绝不是一个预报灾福的预言家，而是要作为一个热心的社会秩序的建筑师，以便向自己的同胞提供一些建造未来宫殿即理想社会必需的材料。他大声疾呼：“公有制！公有制！所有可能达到的善和美都概括在这一个名词

（续前）自狄德罗的手笔。直到 1841 年才第一次用摩莱里的名字出版。德萨米说：“至于摩莱里，只不过是个市民出身的人，一个贫苦的小学教师而已，因此，人们拒绝把声望赋予他的著作。当时的资产阶级民主制度要比贵族更热心布置沉默的阴谋去反对《自然法典》，于是该《法典》便被人们置诸脑后。”早期空想社会主义者宣传自己的学说有两种言述方式：一为文学游记形式，如《乌托邦》（Thomas More，*Utopia*，1516）、《太阳城》（Tommaso Campanella，*La Città del Sole*，1602），另一为法律条文形式，其开先河者为温斯坦莱 1652 年出版的《以纲领形式叙述的自由法，或恢复了的真正管理制度》（简称《自然法》，Gerrard Winstanley，*The Law of Freedom in a Platform*：*Or*，*True Magistracy Restored*，1652）。因此，摩莱里在完成以游记文学形式宣扬空想社会主义思想的《巴齐里阿达》后意犹未尽，又采取与《自然法典》相同的方式进一步披陈己见。17 世纪和 18 世纪的哲学家和法律学家，如霍布斯（Thomas Hobbes）、斯宾诺莎（Baruch de Spinoza）、普芬多夫（Samuel von Pufendorf）等人的学说中，就已经形成了比较完备的唯理论世界观的产物——自然法学说。摩莱里是空想社会主义者中理性论的典型代表，“自然”的思想是其思想体系中的中心思想。

⑦ 摩莱里．自然法典，自然法律的一直被忽视或被否认的真实精神．黄建华，姜亚洲，译．北京：商务印书馆，1982：106．摩莱里的《自然法典》原著中此段文字为：Qui couperoient racine aux vices et à tous les maux d'une Société。值得注意的是，摩莱里在书中对于黄建华、姜亚洲译本所译的“分配法或经济法”这一概念所使用的表述为“loix distributives ou économiques”。见于 Étienne-Gabriel Morelly，*Code de la Nature*，*ou le véritable Esprit de ses Loix*，Paris：Paul Masgana，1841，p. 152.

⑧ 摩莱里．自然法典，自然法律的一直被忽视或被否认的真实精神．黄建华，姜亚洲，译．北京：商务印书馆，1982：122.

⑨ 倪正茂．法哲学经纬．上海：上海社会科学院出版社，1996：264.

之中了。"① 德萨米和摩莱里一样都主张实行公有制，不过由于时代的推移，私有制的弊端此时更加暴露无遗，因而德萨米对私有制的认识较之以前所有的空想主义者要深刻得多。如果说德萨米在分配问题上接受了摩莱里的思想，那么他关于未来社会的结构、劳动组织和生活安排等方面便是接受了傅立叶学说的影响。②《公有法典》在形式上同《自然法典》相似，包括作为总纲的基本法和各项具体法，共110条，将"分配法和经济法"作为专章加以论述。③ 王劲松、王运明主编的《中国新经济法学》中认为，摩莱里所讲的"经济法"仅仅相当于"分配法"，德萨米所讲的"经济法"仅仅相当于"劳动法"，两者都不同于现代经济法。④

皮彭布罗克和吉永荣助都曾强调德国经济历史学派的经济法思想。笔者顺藤摸瓜，发现德国经济历史学派有一个很大特点，就是重视统计。例如，对德国经济历史学代表人物卡尔·克尼斯（Karl Knies）的名著《历史方法观的国民经济学》(*Die politische Oekonomie vom Standpunkt der geschichtlichen Methode*，1853）中经济法思想的评价，皮彭布罗克和吉永荣助已有成说在先，兹不复赘。揆诸史料，克尼斯反对在经济学的研究中采取孤立的、抽象的方法，强调历史的统计的分析，主张归纳法才是经济的研究方法，著有《作为独立学科的统计学》(*Die Statistik als selbständige Wissenschaft*，1850）一书。经济历史学派的另一代表人物希尔布兰德（Bruno Hildebrand）和克尼斯一样都是统计学的奠基者，他于1862年曾和康德拉（Johannes E. Conrad）一起创立《国民经济学与统计学年鉴》(*Jahrbücher für Nationalökonomie und Statistik*)，认为统计学在国家家中的地位好像生理学在医学中的地位一样。正是在这种学术氛围和学术传统的影响下，里特尔在《世界经济年鉴》中使用 Wirtschaftsrecht 一词相当顺理成章。正是这样，黑德曼1959年在《经济法——回顾和告别》(*Das Wirtschaftsrecht：Rückblick und Abscheid*）一文中指出："第一次世界大战以前'经济法'一词还无人知晓。虽然那时已有一个不著名的法律和经济协会，并发表了许多文章和著作，但是法律（Recht）和经济（Wirtschaft）这二者之间还是相互独立存在的。这二者合并成一个统一的概念或一个独立的经济法部门并作为法学范围的单独领域还没有成为被考虑的范畴。"⑤

① 泰·德萨米. 公有法典. 黄建华，姜亚洲，译. 北京：商务印书馆，1982：26.

② 同①12.

③ 泰·德萨米. 公有法典. 黄建华，姜亚洲，译. 北京：商务印书馆，1982：29. 德萨米在书中使用的概念与摩莱里一致，具有传承性。Théodore Dézamy，*Code de la communauté*，Paris：Prévost，1843，p. 30.

④ 王劲松，王运明主编. 中国新经济法学. 北京：中信出版社，1995：18.

⑤ Justus Wilhelm Hedemann，Das Wirtschaftsrecht. Rückblick und Abschied，in：Rolf Dietz，Hans Carl Nipperdey und Eugen Ulmer（hrsg.），*Beiträge zum Arbeits-*，*Handels-und Wirtschaftsrecht：Festschrift für Alfred Hueck zum* 70. *Geburtstag* 7. *Juli* 1959，München/Berlin：Verlag C. H. Beck，1959，S. 377－412.

四、作为潜科学的经济法概念的出现是一种范式的转型

马克·布洛赫（Marc Bloch）在《历史学家的技术》中说："在许多情况下，'起源'这尊守护神不过是真历史死敌的化身，或是一种判断癖。"① 1971年，福柯在《尼采，系谱学，历史》（*Nietzsche，la généalogie，l'histoire*）一文中正式揭橥的所谓"系谱学"（genealogy）方法是其重要的哲学方法，以致有学者直截了当地声称福柯的哲学实际上是系谱学。系谱学来自拉丁文 genealogia，法文作 généalogie。福柯的系谱学直接来自尼采《道德系谱学》，"但是，尼采本人并没有明确提出一种系谱学方法论。福柯把尼采各种著作中的许多因素抽取出来，编织在一起，形成一个福柯版本的尼采系谱学方法论"②。在《道德系谱学》（*Zur Genealogie der Moral：Eine Streitschrift*，1887）中，尼采反对理想意义和无限目的论的元历史展开，拒绝有关起源（Ursprung）的研究，认为起源既不是高贵的、珍稀的，也不是真理之所在，而更趋向于使用来源（Herkunft）或出处（Entstehung，英文为 emergence）。如果说本源是一个静止的稳如磐石的单一东西，那么来源则由差异网络构成。福柯融合尼采的观点而把系谱学分析描述为对追寻根源的背道而驰，指出："高贵的起源是'从一种观念中萌生出来的形而上学的蓓蕾，这种观念认为，一切事物在开端时更珍贵、更本质'。人们倾向于认为在起点上，事物是完美的；它们出自造物主之手，流光溢彩，沐浴着黎明时分无阴影的光照。起源总是先于堕落、先于肉体、先于世界和时间；它在众神之侧，讲述它的神谱广为传唱。然而，历史的开端是卑微的。"③ 起源的庄严性不幸遭到历史的嘲笑，在人的入口处站着的其实是猴子，人类最初实际上是龇牙咧嘴地面对未来发展的，所以系谱学家需要历史来祛除起源幻象，其对来源的探讨"是要驻足于细枝末节，驻足于开端的偶然性；要专注于它们微不足道的邪恶；要倾心于观看它们在面具打碎后以另一副面目的涌现；决不羞于到它们所在之外去寻找它们：通过'挖掘卑微—基础'，使它们有机会从迷宫中走出。"④ 如果说黑格尔意义上绝对观念的历史以索赜不以人的意志为转移的普遍规律、总结某种宏大历史叙事脉络为目标，那么福柯的系谱学价值恰在于力图呈现那些被想象成自身一致的东西的异质性，反对历史决定论和目的论，着重凸现历史的非连续性、偶然性。在历史学家忙于认祖归宗，忙于勾画历史发展演变渐进线的当下，福柯系谱学这种关注细枝末节、断裂歧岔的"实际历史"无疑具有解毒剂的功效，这在本质上昭示着认知方法的趋于复杂化和精细化。因此，当我们使用语源学方法时，尤其需要谨防堕入福柯挺矛直刺的历史起源论的泥潭而迷途失津，因为人类社会现象的起源绝非如同探寻长江、黄河源头般容易。

① Marc Bloch，*The Historian's Craft*，Manchester：Manchester University Press，1954，p. 31.

② 刘北成编著. 福柯思想肖像. 上海：上海人民出版社，2001：238.

③ 杜慎编选. 福柯集. 上海：上海远东出版社，1998：1419.

④ 同③150.

经济法的出现也是非常复杂的缓慢过程。近几年，德国法学界关于经济法学发生学的研究最具功力的论文之一是米夏埃尔·施托利斯《一个学科是如何产生的？在第一次世界大战后的经济法和经济行政法》(Michael Stollies，*Wie entsteht ein Wissenschaftszweig? Wirtschaftsrecht und Wirtschaftsverwaltungsrecht nach dem Ersten Weltkrieg*)。施托利斯在此文中指出："无疑，战时经济完成了作为独立的'经济法'型塑的催化作用。例如当理查德·卡恩1918年撰写《战时经济的法律概念：战时经济法奠基的尝试》(Richard Kahn，*Rechtsbegriffe der Kriegswirtschaft，Eine Versuch der Grundlegung des Kriegswirtschaftsrechts*)，或者恩斯特·海耶曼撰写《军事战争经济改革作为新德意志工业法的基础》(Ernst Heymann，*Die Rechtsformen der militärischen Kriegswirtschaft als Grundlage des neuen deutschen Industrierechts*)时，当时世人就已经明鉴于此。在此前一年，阿图尔·努斯鲍姆发表《新德国经济法》。……但是，正如我使用'催化剂'一词所表示的那样，战争并没有产生向经济法的转向，而是仅仅将自1880年以来彰彰甚明的趋势加热和强化了。"[①] 施托利斯也和笔者一样对经济法概念进行了语源学的考察。

亚里士多德在《形而上学》一书中将"潜在"与"现实"作为一对范畴提出来。黑格尔把康德的"自在之物"理解为"潜在之物"，即尚未发展之物。在黑格尔看来，自在存在即潜在存在。对此，列宁的《哲学笔记》中在摘引黑格尔的话时这样批注道："'自在'＝潜在，尚未发展，尚未展开。"[②] 潜科学（potential science）是指科学创造活动中的一种处于待显阶段的特定过程或状态，也可以说是一种处于孕育中的科学。换言之，潜科学有两种含义：一是指孕育中的科学思想，二是指处于待显阶段的科学成果。有学者将科学演化分为四大阶段：准科学——前科学——常规科学——后科学。准科学（Para－Science）的概念最早是由萨尔顿(George Sarton）于1952年提出来的，主要用来指称那些不成熟的科学。[③] 笔者认为这个概念其实和潜科学的含义很接近，都是指科学新发现的"孕育时期"或"潜伏期"。潜科学是相对的，必然会趋显，从而进入前科学（Pre-Science）时期。经验性定律和表象理论的出现标志着前科学的到来。前科学多属表象理论，是研究者从各个不同侧面观察和研究事物表现效应的结果。因而有多少个研究者，就必然有多少种认识。所以前科学时期的特点之一就是诸学蜂起、百家争鸣。另一个特点是

① Michael Stollies，Wie entsteht ein Wissenschaftszweig? Wirtschaftsrecht und Wirtschaftsverwaltungsrecht nach dem Ersten Weltkrieg，in：H. Bauer-D. Czybulka-W. Kahl-A. Vosskuhle（hrsg.），*Umwelt，Wirtschaft und Recht．Symposion für Reiner Schmidt*，Tübingen：Mohr Siebeck，2002，S. 1-13.

② 列宁．哲学笔记．北京：人民出版社，1993：196.

③ George Sarton，*A Guide to the History of Science；A First Guide for the Study of the History of Science，with Introductory Essays on Science and Tradition*，Waltham，Mass.：Chronica Botanica Co.，1952，p. 258.

它不像前科学概念极不确定。相反，前科学时期的概念十分确定，其认识是依局部事实为依据的，是持之有故的科学。前科学时期的概念的这种确定性往往是如此牢固，以致它在百家争鸣中能抵御批评的重炮，提出反驳的理由，找出反驳的事实根据。在前科学时期，科学存在的形式仍是“多重态”的科学。科学一旦失去“多重态”形式，达到相对来说比较统一的认识，形成了共同的科学规范，就意味着前科学时期的终结和常规科学（Normal Science）时期的开始。常规科学是一种带有某种确定科学规范的学问。常规科学时期往往是科学发现的当采时期，经过顽强地打入知识幔层，常规科学的开采度相当高而难以深入，从而进入后科学（Post－Science）时期。笔者认为，经济法概念的产生，包括现代经济法概念的产生，并不意味着经济法学的立即产生，我们不能把经济法概念的产生和经济法学的产生等同起来。但是，经济法概念的产生却为经济法学体系的产生提供了必要的前提，是其前导阶段。我们对经济法学目前的状况是属于前科学时期还是常规科学时期姑且搁置，但可以肯定的是，现代经济法概念产生以前，其都是一种潜科学（或称之为准科学）状态。这是我们可以作出的第一个结论。

库恩（Thomas Kuhn）将研究区分为“非常研究”和“常规研究”。他认为，前者只是在其一专门学科十分特殊的条件下才会出现，而后者属于科学事业的极大部分。在“非常研究”中，确实存在着证伪主义者所强调的针对现行理论的“证伪”、“反驳”和“淘汰”。即使对现行理论证伪的“判决”已经作出，它也不具有一种证伪主义意义上之“判决性”（亦即“被证伪”“被淘汰”）；它在理论上仍有可能要求“上诉”，并且在科学史中有一系列“成功上诉”的例证。相反，大多真正起作用的是以现行理论为博弈规则的“常规研究”。库恩在《科学革命的结构》（*The Structure of Scientific Revolutions*，1962）中提出了“范式”的概念，用以指称某一特定科学团体所采纳的、一般性的理论假定和应用这些假定的定律和技术。在库恩看来，学科的成熟发展是以范式的建立作为起点并从而进入常规科学阶段。在常规科学中，范式协调并指导此一科学共同体的“解决疑难”活动，为在它所支配的科学内的合理工作规定标准。当越来越多的个别研究者放弃旧的范式而转向新的范式时，所谓“专业忠诚”就会由于革命的成功而全面转移，从而使科学进入一个新的意见一致的范式，亦即进入一个新的常规科学发展时期。这种从一种范式向另一种范式的转变是超逻辑的，没有任何纯粹逻辑的理由可以证明一种范式比另一种范式优越。从库恩的“范式”理论我们可以看出，“经济法”概念的产生是在大量研究者对旧有的范式的背叛和对新范式的趋进过程中逐渐产生的，不像我们过去经济法学教材和论著叙述的那样是寥若晨星的个别思想家的偶然一闪念的产物，这个过程是十分丰富、复杂的。这是我们可以得出第二个结论。

第二节　经济法产生的原因

一、对经济法产生原因之“反垄断说”质疑的必要和方法

经济法的产生和发展是一种社会法制现象，它与经济法学的产生和发展确实具有不同的指涉，但两者的辩证统一关系亦不容抹杀。这里有两层含义：其一，正如史际春所说，法的部门就是法的分类，而对任何事物的分类都不可或缺地有人的主观意志渗透，客观本身不可能自足地决定任何分类。经济法学之于经济之现象的主客观关系绝非简单被动的关系，而是在自觉、能动的基础上，主客观交互作用的相辅相成关系。“何况作为经济法学研究对象的经济法属于社会现象，本身就具有意识属性。具体而言，经济法现象和关于经济法的学说这二者共同构成经济法的起点，经济法学科的形成和发展则是经济法部门赖以存在和发展的主观要件。没有经济法学，经济法就无从谈起；有什么样的经济法学，就有什么样的‘经济法’。”① 其二，沃尔什（William H. Walsh）指出：“‘历史’这个词本身就可以作两种解释，其一可指人类以往的全部活动；其二又可指我们现今对这些活动的叙述或描写，即对它们的建构。”② 我们认识经济法产生的历史难免遭遇主观参与性的问题。陆九渊弟子徐仲诚的“镜花之喻”说明如同对“花”的认识离不开明镜一样，认识万物也离不开“吾心”的主体能动作用。再者，“心印”是活物，非明镜之机械光学折射。正是这样，我们对研究中遭遇的主观参与性必须保持高度的警觉与惕息。

法学家通常宣称，法律没有自己的历史，不是法律创造社会，而是社会的发展决定着法律的发生、发展，经济基础决定上层建筑。人类对历史发展的认识经历了预定论、非决定论、辩证决定论三个主要发展阶段。③ 马克思主义的历史决定论，超越此前的一切决定论和非决定论，是历史唯物主义的一元决定论，是彻底的辩证决定论。马克思不惮其烦地教导我们：“法的关系正像国家的形式一样，既不能从它们本身来理解，也不能从所谓人类精神的一般发展来理解，相反，它们根源于物质的生活关系。”④ 经济法学界在解释经济法产生的原因时引经据典，正是以马克

① 史际春，邓峰．经济法总论．北京：法律出版社，1998：33.

② 转引自张志刚．从两位思想巨匠看当代西方历史哲学：纪念汤因比和柯林武德诞辰一百周年．史学理论．1989（3）．在黑格尔看来，历史结合事件的客观和主观的两个方面，意指“已发生行为的叙述”，也指“该行为本身”。史学事实（historiographical fact）是历史学家进行重构的产物，与作为客体的事实概念不同，后者可以称为“历史事实”。历史认识是通过中介客体（史料）不断向本原客体（历史本身）无限接近的渐近线。

③ 预定论肯定历史过程是被决定的，是必然的，有其合理性，但另一方面又离开人、人的主体性而将历史看成是纯粹预成的“自在之物”，以致陷入谬误的沼泽。非决定论提出反历史决定论的观点虽有某些积极意义，却完全否定历史规律的存在，不足为训。

④ 马克思，恩格斯．马克思恩格斯选集：第2卷．中共中央马克思、恩格斯、列宁、斯大林著作编译局编译．北京：人民出版社，1972：82.

思的上述论断作为理论的预设，信手拈来进行贴标签式的抽象推导，认为：从欧洲范围来看，19世纪60年代和70年代是自由竞争发展的顶点，而后便被垄断所代替。经济集中和垄断是经济法产生的内在原因。进入垄断资本主义阶段后，各个垄断集团各据一方、各把一线、各自为政、各行其是，彼此之间不断进行你死我活的斗争，资本主义的自由竞争和资产阶级的经济民主被破坏殆尽，自由放任经济失去自律性而趋于日暮途穷。在资本主义制度存亡继危的生死关头，资产阶级政府及其代表人物，基于资产阶级共同的最高利益的需要和它的阶级本能，就开始决定大量地、直接地、具体地干预经济生活，参与经济关系，控制经济进程。学者为了使这种“反垄断说”更为令人心悦诚服，还穿衣戴帽地征引列宁的论断：“资本主义已把劳动社会化推进得这样远，甚至连资产阶级的著作也大声喊叫必须‘有计划地组织国民经济’了。”①

“1＋1＝2”是每个小学一年级的学生都可以“脱口秀”一般地回答无误的算数题，但“哥德巴赫猜想”中“1＋1＝2”却需要高深的数论去证明，是陈景润等数学家几十年如一日履霜冲雪而不息攀登的数学王国的珠穆朗玛峰。在我们看来，从马、恩、列、斯理论简单推导出的经济法产生原因之“反垄断说”存在如下缺陷。首先，有将马克思主义关于经济基础与上层建筑的“决定作用”与“反作用”神圣化、绝对化而流为经济决定论的嫌疑。诸如“作用”“反作用”“影响”等都具有明显的力学概念色彩，是古典力学在社会科学中扩散的反映。这些概念在马、恩那里并不具有我们理解的绝对的含义。马、恩当时在反驳论敌的围剿中“常常不得不强调被他们否认的主要原则”，未遑对“其他参与交互作用的因素以应有的重视”。恩格斯晚年曾批评那些将经济决定论推至极端的最新的“马克思主义者们，说他们的确引起过惊人的混乱”②。在马、恩那里，经济决定论是历史哲学问题。历史哲学是超历史的，绝非解释一切具体历史现象的灵丹妙药，或汤因比所谓的解决一切具体历史问题的“总键”。批判的武器并不能代替武器的批判，甚至往往成为一些陈词滥调的庇护所。如果以本本主义的心态用马、恩的片言只语“挟天子以令诸侯”，则更不符合哈贝马斯（Jürgen Habermas）所谓“商谈伦理学”的原则。其次，亨利·莱维·布律尔在《法律社会学》（Henri Lévy-Bruhl，*Sociologie du droit*，Paris：Presses Universitaire de France，1961）一书中指出：“历史学家的真理观——必须承认——比法学家更接近于一般的科学真理观。他们力求做到叙述的事物与其现实准确一致，为此，可以说他们所坚持的真理概念是准确的、严格的和道德的，因为它与‘真实性’的概念十分接近。”③ 学术研究既非那种“唯理主义”式的

① 列宁．列宁选集：第1卷．中共中央马克思、恩格斯、列宁、斯大林著作编译局编译．北京：人民出版社，1972：422.

② 马克思，恩格斯．马克思恩格斯选集：第4卷．中共中央马克思、恩格斯、列宁、斯大林著作编译局编译．北京：人民出版社，1972：479.

③ 亨利·莱维·布律尔．法律社会学．许钧译．上海：上海人民出版社，1987：113.

凭空创造，亦不是“浪漫主义”式的天马行空，而是一种在既有的学术传统中所展开的知识增量和在此一传统之外进行反思的工作，其结论必须是具有真实性的直言判断，而非一隅之见。经济法产生原因之“反垄断说”不能圆通无碍地解释：为什么德国在强化垄断的时候产生了经济法和经济法学？中国、苏联经济法和经济法学的产生与西方资本主义国家经济法的产生有何区别？夷考其实，“反垄断说”对文化各殊、社会结构迥异的各国经济法产生原因存在某种失察。天下之事，虑之贵详。“反垄断说”给人史、论乖离成两张皮的感觉，存在未臻思精理熟之象，挂漏甚多。①

布罗代尔指出：“要构建一种科学的对象，首当其冲的是要与常识划清界限，也就是说，与那些被大家共同持有的见解划清界限，不管它是日常生存状态里的老生常谈，还是一本正经的官方见解。这些常识性东西往往嵌入制度之中，从而既体现于社会组织的客观性，又反映在社会组织参与者的思想中。预先构建之物无所不在。”② 胡塞尔生活在19世纪末、20世纪初经济法产生的德国，他的现象学方法一开始就接受了近代哲学的科学方法论前提，这就是：在最直接显现的东西没有得到澄清之前，不得设定任何间接的东西。这是自笛卡尔以来所建立的一条为科学奠基的原则，它由康德的批判主义所深化，而在休谟那里则体现为经验实在论。胡塞尔认为，哲学家要成为真正的理念开拓者，那就必须割断与传统的先入之见的联系，纯然专注于绝对自明的开端。从现象学的观点来看，真正科学的哲学是应当没有任何预先的假设的，也就是没有任何先决条件（前提）的。真正意义的“真理”不是要人“得到”些什么，而是要人“去掉”些什么。现象学要告诉我们的是：必须摆脱、丢掉一些非本质的东西，真理才能显现出来。因此，胡塞尔现象学的着力点主要在否定方面，在于“悬搁”，即把种种假设悬搁起来，使人摆脱这些假设的干扰，“返回事物本身”（Zur Sacheselbst）。在胡塞尔现象学中，返回“始原”必须采取“悬搁”（epoché）。胡塞尔对此有一个形象的说法，叫“加括弧”（Bracketung）。他试图通过把古往今来的一切哲学主张都圈在括弧里，存而不论，来追求绝对自明的开端。现象学还原就是停止判断，它包括两项基本内容：一是对存在加括弧（存在的悬搁），另一是对历史的加括弧（历史的悬搁）。笔者以为，胡塞尔现象学的方法对我们研究经济法产生原因具有借鉴意义。这好比云散日出一样，当烟消云散之后，太阳就会通体透明地显现出来；这也犹如水落石出一样，当我们把所有河水都排干之后，沉在河底的石头才能原封不动地显现在我们面前。通过对各种经济法教科书的崇论宏议悬搁而返回事物本身，我们对经济法的产生原因也许有更加深切的

① 在中国，古代思想家将影响人们对真理认知的因素称为“曲蔽”，在西方，这被称为“假想”。培根认为，扰乱人心的假想有四种：第一种为“种族假想”；第二种为“洞穴假想”，指个别研究者所持有的私人成见；第三种为“市场假想”，指关于语言虐制人心、心意难摆脱语言影响的假象；第四种为“剧场假象”，指与公认的思想体系有关系的假象。

② Pierre Bourdieu and Loïc Wacquant, *An Invitation to Reflexive Sociology*, Chicago: University of Chicago Press, 1992, pp. 235-238.

历史体认。

二、对经济法产生过程中文化因素的考察

穗积陈重（ほづみのぶしげ）所著《法律进化论》（穗積陳重『法律進化論』岩波書店、1927年）云："法原论，论究法现象发生之状态；法势论，阐明法现象变迁之法理。"① 德国作为"经济法的母国"，其最初的经济法据伊从宽在丹宗昭信（たんそうあきのぶ）等编著《现代经济法入门》中说是源于1910年出台的《钾矿业法》。② 由于存在文化背景的差异，非德语国家经济法学者往往不知个中原委款曲。为此，笔者希望从以下两方面加以诠释。

其一，社会经济产业结构。在19世纪的最后30年，德国工业化进程突飞猛进。是时，煤炭工业尤值注目。凯恩斯主义创始人、英国经济学家J.M.凯恩斯（John Maynard Keynes）说过："更真实地说，德意志帝国是建立在铁和煤上而不是建立在铁和血上。"③ 依靠国内外科技进步的推动力量，德国化学工业蒸蒸日上。德国在19世纪初采盐只限于盐泉、盐井。1816年在弗里德希斯哈尔盐场除了饱和的盐水外第一次开采出岩盐，这是此后德国矿盐开采和制盐工业彻底变化和巨大发展的重要转折点。德国在普鲁士、萨克森、图林根、汉诺威和阿尔萨斯等地蕴藏着丰富的盐和钾碱矿层。1860年德国开始采掘钾碱矿层，产量节节上升，至1910年达800万吨。

其二，对卡特尔的态度。所谓卡特尔，一般系指同一行业中同一产销阶段之多数企业，基于共同目的，以合意限制彼此间之营业竞争，而影响生产、商品交易或服务供需的一种企业联合。经济史学家曾经正确指出，早在17、18世纪就已有卡特尔存在；现代卡特尔的经济活动在某些方面与中世纪的行会活动相同，但这并不能改变下述事实：卡特尔基本上是现代经济发展的产物，德国是正统的卡特尔组织国家。研究德国卡特尔的第一部著作发表于1883年，作者是罗马尼亚切尔诺维茨

① 穗积陈重．法律进化论．黄尊三，等译．北京：中国政法大学出版社，1997：1.

② 丹宗昭信・厚谷襄児『現代経済法入門』法律文化社，1981：26.

③ 德国主要的煤田是威斯特伐利亚的鲁尔煤田、萨尔盆地、上西里西亚和下西里西亚以及萨克森的茨维考。莱茵区的褐煤工业（1804年首次出现"褐煤"这个名称，在这以前人们曾认为它是泥炭）主要建立在科隆西面的维勒和魏斯魏勒附近（魏斯魏勒褐煤工业股份公司），1875—1877年开始采用压制煤砖的工艺以后，褐煤工业的重要性日益增加。煤和铁的结合产生了德国雄踞欧洲的强大钢铁工业，如埃森的克虏伯工厂等即为其中翘楚。阿尔弗雷德·克虏伯实际上垄断了普鲁士军队的武器供应，而在普法战争中建立起来的克虏伯大炮的名声又使他从全世界得到订单，成为恶名昭著的"死亡商人"之一。军事工业不仅被视为政治和国家利益所必需，而且被当作经济繁荣的主要依靠之一而备受青睐。甚至自由派经济学家格哈特·冯·舒尔策-格费尔尼茨（Gerhart von Schulze-Gaevernitz）也为之高歌礼赞：德国并没有受到军备的压力，而是军备使德国能继续取得经济进步。德国工业化的特征除了重工业发展空前之外，另一个表现就是以更彻底而有效地利用其他国家的发明为基础。西门子（Ernst Werner von Siemens）和埃米尔·拉特瑙（Emil Rathenau）的崛起即为其有力的明证。电气工业的发展是造成1890年到1902年德国经济繁荣的基本因素。

的经济学教授 F. 克莱因韦希特（*Friedrich von Kleinwächter*）。[①] 德国卡特尔的“官方”辩护人埃米尔·基尔多夫（Emil Kirdorf）曾说，卡特尔的建立是“出于迫切的需要”，而发展卡特尔，只是为了克服工商业不景气状况的影响。实际情况并非如此。正如桑巴特曾指出的，成立卡特尔的极盛时期，正是德国经济高度繁荣的时期。1865 年约有 4 个卡特尔，1875 年约有 8 个，1885 年约有 90 个，1890 年约有 210 个，而 1905 年政府对卡特尔进行调查时已有 366 个。卡尔·艾利希·博恩等在所著《德意志史》第 3 卷中认为，德国卡特尔化的企图同保护关税一样，原则上属于新重商主义的范畴。“1879 年不仅对贸易政策而且对卡特尔政策而言，也是一个纪元年。从那时起，在关税保护下卡特尔协议生效。国内竞争的调整和排除适应对外国竞争的限制，这是充分利用关税保护才能做到的。莱茵—威斯特伐利亚辛迪加（就其影响而言是最重要的辛迪加）经过 40 年自由竞争以后，1893 年开始了卡特尔扩张的新阶段：从前国家视为自己任务的事情（通过确定采掘量和价格保持赢利）又被辛迪加以新的形式加以采纳。因此辛迪加形成一个‘统一的经济力量’（德鲁斯特语），成为国中之国。”[②] 李工真所著《德意志道路——现代化进程研究》一书则指出：建立这类“世界主义大企业”的倾向，固然也同时发生在美国，但它至少在当时是受到美国政府的抑制的，而在德意志帝国则是长期一贯地得到政府鼓励的。除了效率与控制方面的理由外，还有国民经济思想体系方面的其他原因。对帝国当局来说，并没有什么不名誉的集中，恰恰相反，“集中化”被视为“走向一个更为合理的经济体系的重要一步”[③]。

应该说李工真的分析是比较允当的。德国舆论最初觉察到新成立的卡特尔时，对它一般抱怀疑态度。在很多人看来，它是从美国输入的；而在 19 世纪 70 年代，对“美国危险”有许多议论。人们的不安心情十分严重，以致政府从 1902 年 11 月至 1905 年 6 月对卡特尔进行了一次调查。当时德国最重要的社会科学团体——社会政策协会也认为这个问题很重要，于 1905 年 9 月的会议上曾专门讨论“卡特尔与国家的关系”。在德国近代学术和思想史上声名赫煜的古斯塔夫·施穆勒在这次会议上发表演说，对美国托拉斯与德国卡特尔进行比较，指出：“托拉斯化很容易建立起一种劫夺和欺诈的体制，而正当的卡特尔化则可建立起一种多少公正和公平的体制。托拉斯的建立者主要是一些营利之徒，他们是利己主义者，只想装满钱包。卡特尔的指导者则是一些教育家，他们想用一个工业部门的普遍利益来战胜个人的自私利益。托拉斯体制使用的是残酷无情的暴徒，他们大多数没有养成高尚的情操，缺乏同情心和社会感，只是以做生意赚钱为乐……卡特尔体制则同合作社和

① Friedrich Kleinwächter, *Die Kartelle. Ein Beitrag zur Frage der Organisation der Volkswirthschaft*, Innsbruck: Wagner, 1883. 参见 Gustav Schmoller, [Besprechung von] Kleinwächter, Friedr.: Die Kartelle. Innsbruck 1883, in: *Jahrbuch für Gesetzgebung*, *Verwaltung und Volkswirtschaft im Deutschen Reich*, Bd. 7, 1883, S. 333-337。

② Karl Erich Born, Bruno Gebhardt, *Handbuch der deutschen Geschichte*, Bd. 3, Von der Französischen Revolution bis zum ersten Weltkrieg, Stuttgart: Klett-Cotta, 1978, S. 490.

③ 李工真. 德意志道路——现代化进程研究. 武汉：武汉大学出版社，1997：168.

商会一样，是教育商务和技术人员的重要场所，这些人固然想赚钱，但也学会为全体的利益服务，用忠实正直的态度来管理别人的财产。"① 德国律师协会也对此举行了几次会议讨论，虽然讨论热烈，并提出了温和的批评，但在德国，绝没有发生像在美国所发生过的那种反托拉斯运动。弗里德里希·诺曼（Friedrich Naumann）把经济领域里出现卡特尔说成相当于从虚弱而处于无政府养成的小邦中发展出统一的民族国家，他把卡特尔比作邦联，把托拉斯比作联邦。德国舆论非常倾向于诺曼的这种观点，把卡特尔看成是德国的强大而自然产生的事物，尤其看成是促进德国世界贸易繁荣昌盛和国家威望非常有用的工具。尤其值得注意的是一开始对卡特尔抱摇摆不定态度的社会民主党人，后来也满足于或是陈述这样一种理论：工业的这种集中，乃是走向实现社会主义的值得欢迎的一步。在1894年德国社会民主党代表大会上，马克斯·席佩尔（Max Schippel）提出了一项关于卡特尔的决议，该决议初稿犹如对卡特尔唱赞歌，竟把一切控制卡特尔的努力都说成是"反动的立法企图"②。当时德国经济思想为所谓的历史派所支配。而且该学派的核心认识是：以卡特尔是否适应时代状况为标准来判断其是非。因此，德国的经济学者基本上把卡特尔作为积极的制度加以把握，认为卡特尔优于过度竞争、托拉斯的互惠组织形态，不是个人主义、利己主义等的低级庸俗的力量，带来了协调等重要社会价值，把其视为保护竞争者避免因共同抵制而榨取弱者的工具。③

德国近代自由主义的屡受挫折是理解德国近代以来历史的关键。Freiheit（自由）和Einheit（统一）都是自由主义的目标，而且被认为是不可分割的，但后来Einheit压过Freiheit，甚至即使强调Freiheit时，通常也是把它解释成与外部世界对立的民族自由，而不是国内自由和个人自由。对于大企业和各种卡特尔的迅猛发展，德国学者往往归诸德国人根深蒂固的"Genossenschaft"，亦即合作精神的表现，这种精神与盎格鲁撒克逊的个人主义是相对的。④ 德意志帝国政府是世界上最

① *Verhandlungen des Vereins für Sozialpolitik*, H. 116, 1906, S. 267-283.

② Koppel S. Pinson, *Modern Germany: Its History and Civilization*, New York: The Macmillan Company, 1955, p. 239.

③ W. Wiedmann, *Der Begriff "Monoplizing" in einem rechtsvergleichenden System von Wettbewerbsbeschränkungen*, München: Florentz, 1982, S. 230.

④ 费肯杰在《经济法》中举出了一个有趣的例证。在1909年德国国民小学三年级读本中有下面这样一个故事：从前有个村庄，村庄里有四个鞋匠。第一个鞋匠以每双10马克出售其鞋子。第二个以每双9马克出售其鞋子。第三个的价格为8马克，第四个为7马克。因为所有的人都跑到把鞋以7马克出售的鞋匠那边，而其他鞋匠就无以聊生。其他鞋匠说：我们必须以6马克出售我们的鞋子，否则我们就只能枵腹待毙，因为我们的鞋子再也无人问津。他们如是而为，但早先以7马克出售鞋子的鞋匠开始降价至5马克。这样一直持续，直到这个村庄所有的鞋匠几成奄奄饿殍。于是，他们有一天聚会并决定结束这种没有意思的举措。他们达成一致，今后他们每个人出售的每双鞋子要价为12马克。困顿窘境遂告结束，他们又得以能够养家糊口。这篇文章的标题赫然题作"团结就是力量"（Einigkeit macht stark）。这在当时是式法的楷模，说明当时人们普遍认为卡特尔是一种善的社会意识氛围。然而现在的德国法律原则上对此不以为然。费肯杰评论说，在这个故事中，边际成本问题、生产能力问题、非价格竞争、卡特尔租金、消费者保护等均值得探讨，对于寡头理论的说明也是需要的。沃尔夫冈·费肯杰．经济法：第2卷．张世明，译．北京：中国民主法制出版社，2009：171.

早公开赋予资本集中和垄断组织合法性的政府。早在 1878 年德国颁布的公司法中就承认卡特尔协议具有法律效能。① 1897 年，德帝国法院在“木料工厂案”的判决中②，本于契约自由，承认卡特尔属合法有效。1881 年德国的钾盐工业建立了一个具有模范作用的卡特尔，但后来产生了有力的未加入卡特尔的同业者，使该卡特尔濒于崩溃，于是有 1919 年的《钾矿业法》（*Gesetz über die Regelung der Kaliwirtschaft*）③ 的颁行，这项工业成了第一个由政府规定强制参加的卡特尔。

经济法学界认为，美国无经济法之名而有经济法之实。钟建华在 1993 年 7 月 28 日《光明日报》发表的一篇文章中说：“如果从广义上来理解经济法，那么早在 3 000 多年前经济法就产生了。公元前 18 世纪古巴比伦的《汉穆拉比法典》和古罗马的《十二铜表法》已经有了一部分调整经济关系的法律条文，但现代意义上或狭义的经济法却是资本主义从自由竞争进入垄断阶段以后出现的，并以竞争法的产生为标志。学术界比较一致的观点认为，第一部现代意义上的经济法规是 1890 年美国颁布的《谢尔曼法》。④ 经济的法律调整和经济法是有界分的。对经济法的概念的“拉长法”和“拓宽法”都是对经济法的“捧杀”，名尊崇而实罢黜。用庄子的话说就是：“既已为一矣，且得有言矣？既已谓之一矣，且得无言乎？”⑤ 因此，我们对古代的经济法律制度采取陈事不说的态度以免泛滥无归。

托拉斯的发展在某种程度上得益于美国各州政府提供的法律帮助，因此也可以说美国各州政府乃托拉斯之父。从 19 世纪 70 年代末期起，美国的企业联合与兼并活动就像上足了发条的一架机器，不顾一切阻拦地开动起来，到 1897—1904 年间达到了它的第一个高潮。美国企业家认为，垄断比半合法的普尔（Pool）或卡特尔（Cartel）都要好得多。普尔是最早为了取得垄断价格而出现的一种协定。普尔有许多形式，从规定产量、价格或划分销售市场的简单协定，到设立总经销复杂得多的协定等。普尔在 19 世纪 80 年代曾一度风行于美国，但不久便让位于其他形式的协定或联合。其主要原因是这种协定没有法律的强制性约束力。各有关企业可以自由退出或任意违反协议而不受惩处。同时法院也可能认为这种协议是对正常贸易的非法限制。美国人也不喜欢卡特尔和辛迪加（Syndicate），因为它们也是属于普尔似的协议或同盟。而托拉斯（Trust）则不同，它使同一工业部门的许多公司被迫将它们的股本转交给受托人委员会来管理所有的公司。1882 年，美国企业史上第一家大型托拉斯——洛克菲勒的标准石油托拉斯成立。此后，各种托拉斯层出不穷。当时两位美国经济学家描述说：“最近出现的联合仅仅在规模上就足以使那些看到

① David Calleo, *The German Problem Reconsidered: Germany and the World Order, 1870 to the Present*, Cambridge, Massachusetts: Harvard University Press, 1978, p. 64.

② Urteil v. 4. 2. 1897, RGZ 38, 155-Sähsisches Holzstoffkartell.

③ Gesetz über die Regelung der Kaliwirtschaft, 24. April 1919, RGBl. 1919, S. 413-415.

④ 钟建华. 建立以竞争法为核心的经济法体系. 光明日报，1993-07-28.

⑤ 张耿光译注. 庄子全译. 贵阳：贵州人民出版社，1991：33.

它们发展的人们大吃一惊。即使回到石炭纪去，地球上又重新住满了恐龙，这种在动物生活中引起的变化似乎也不会比这些像巨型怪兽一样的公司在企业界引起的变化更大。"① 在弱肉强食的竞争中，为数众多的中小企业面对巨型企业受到严重宰割。垄断企业的肆意妄为，成为社会各阶层的众矢之的。② 长期以来，自由竞争和机会均等的思想盘踞美国民众意识深处。美国人的经济思想传统源于其前宗主国英国。史载，英国早在16世纪都铎王朝后期便出现了反垄断的思想。英国国会1642年通过的《垄断法令》（*The Statute of Monopolies*）是世界上关于垄断问题的第一部成文法规。美国独立战争爆发的触媒"波士顿倾茶事件"即是对封建垄断进行反抗的一次爆发。反垄断的思想在美国建国后一直赓续不绝，一脉相承。自由、机会均等、个人独创精神被奉为立国之本，而垄断权则被视为扼杀这些精神和原则的罪恶之源。19世纪末期，当企业联合和兼并的浪潮铺天盖地席卷而来时，绝大多数美国人尚未做好接受这个事实的思想准备，他们依然故我地恪守着自由竞争的原则和反垄断的习惯。

约翰·谢尔曼指出，托拉斯的建立所造成的财富积累导致了权力的集中，从而威胁到自由、独立和个人行动的传统。如果听任现在的企业垄断趋势发展，那么，美国人不久将面对"一个垄断了一切生产的托拉斯和一个决定一切生活必需品价格的主人"③。因此他主张，在托拉斯威胁到美国民主和自由传统的时候，国会应该立法以保护"个人在反对联合起来的法人集团的财富和权力方面的权利"。尽管谢尔曼大声疾呼，但他于1888年、1889年提出的立法草案没有使参议院作出反应。与此同时，众议院1889年提出16个各种各样的反托拉斯法案，亦无一获得小组委员会的通过。1890年3月，谢尔曼不屈不挠地又一次将其反托拉斯立法草案提交参议院讨论。当时，农工联盟为美国反托拉斯行动的主流，颇具声势，在80年代末拥有44个国会众议员和一些国会参议员的席位。参议院在西部和南部各州农工联盟运动的推动下，经过5天辩论，终于以31票对28票的微弱优势同意将此法案提交参议院司法委员会审议。6天后，参院司法委员会将谢尔曼的原议案中的一些重要条款，如农民和劳工组织根据该法令免于被起诉等，均加以删除，仅保留了过去不成文法中关于禁止垄断和贸易限制的原则，至于如何确定具体的企业联合究竟合

① John Betes Clark and John Maurice Clark, *The Control of Trusts*, New York: The Macmillan Company, 1912, pp. 14-232.

② 早在1888年，查尔斯·埃利奥特（Charles Elliot）就指出：大公司，作为组织单位来说，其规模已远远超过了各州的政府机构；相比之下，各州政府机构小得就像是这些公司的封地。Richard Hofstadter, *The Age of Reform: From Bryan to FDR*, New York: Alfred A. Knopf, 1963, pp. 231-232.

③ Mansel G. Blackford, K. Austin Kerr, *Business Enterprise in American History*, Boston: Houghton Mifflin, 1986, p. 223. 约翰·谢尔曼于1887—1881年在拉瑟福德·海斯（Rutherford B. Hayes）总统任内担任财政部部长，在麦金莱（William McKinley）总统任内曾一度出任国务卿。他自1864年起即在联邦参议院任职，曾任参院财政委员会主席达10年之久。也许正是由于他在财政、经济领域中的任职阅历和经验，使得他对托拉斯可能给美国经济造成的损害有着比其他人更深刻的认识。他从1888年起，每年国会开会期间都提出反对垄断和贸易限制的立法草案。

法还是非法，则留给了法庭来判断。正因如此，谢尔曼本人曾认真地考虑过是否应投票反对这个以他的名字命名的所谓的反托拉斯法案。不过，他也承认，“要用法律语言在合法与非法的企业联合之间划出一条精确的分界线是很困难的，这只能留给法庭在每一个特定的案例中去确定。作为立法者，我们所能做的一切就是公布总的原则”①。谢尔曼最初还是投票支持了这项法律。举世闻名的《谢尔曼法》（*The Sherman Act*，全称为“保护贸易及商业以免非法限制及垄断法案”）② 共 8 项条款，其中最重要的是前两款：(1) 任何意在限制州与州之间或与其他国家之间的贸易活动的合同、联合或阴谋均为非法犯罪行为。(2) 任何企图垄断州与州之间或与其他国家之间的贸易活动的个人或组织，任何企图与他人一起联合或共谋，以垄断州与州之间或与其他国家之间的贸易活动的个人或组织，都将被认为是有罪的。③《谢尔曼法》并未能阻止企业联合与兼并的浪潮，美国企业联合运动的第一个高潮正是在《谢尔曼法》通过后到来的这个事实便是不可掩蔽的证明。不仅如此，在对付企业联合与兼并方面经常显得翕弱无力的《谢尔曼法》却成了法庭和垄断资本家对付工人的有力武器，实为对该法律的一大讽刺。幸亏约翰·谢尔曼本人已于 1900 年病逝，否则真不知会作何感想，无怪乎有的美国律师当时就称《谢尔曼法》为“披着狼皮的羊”④。1914 年，美国国会又通过了《克莱顿法案》（*The Clayton Act*）⑤ 和《联邦贸易委员会法案》（*The Federal Trade Commission Act*）。⑥《克莱顿法案》是《谢尔曼法》的补充和加强，管理企业间的反竞争性兼并，制止某些独家交易安排，将价格歧视、束缚性的契约、合并、连锁董事会四种旨在削弱竞争的垄断行为视为非法。《联邦贸易委员会法》规定，建立联邦贸易委员会，作为反托拉斯的执行机构，委员会有权对跨州的公司进行调查，颁发禁止令以制止“不公平”的贸易，并重申：“对于影响商业的不正当的竞争方式，均就此宣布为非法。”⑦

① Merle Fainosod et al. *Government and the American Economy*, New York: W. W. Norton & Co., Inc., 1959, p. 448.

② The Sherman Antitrust Act, 26 Stat. 209, 15 U. S. C. § § 1-7.

③ 国会当时制定这一法令的动机在于应付农工联盟、消费者和中小企业者关于管制托拉斯的压倒一切的强烈呼声。康涅狄格州的共和党参议员奥维尔·普拉特（Orville H. Platt）在就此法案展开的辩论中指责道：“参议院的做法……并不是真心为了制订一项禁止和惩办托拉斯的法案。它不过是为了搞出一份有那个标题的法案，以使我们可向国人交差。至于法案能否起作用或是如何实施，这个问题在参议院的闲谈中随风去了，全部努力就是搞一份向国人交差法案，标上‘惩处托拉斯法案’的题目就行了。”理查德·霍夫施塔特. 美国政治传统及其缔造者. 崔永禄，王忠和，译. 北京：商务印书馆，2010：212.

④ Harold U. Faulkner, *The Decline of Laissez Faire*, 1897-1917, New York: Rinehart, 1951, p. 161.

⑤ The Clayton Act, Pub. L. 63-212, 38 Stat. 730.

⑥ 1914 年的《克莱顿法案》在其第 7 节包含了合并控制。《克莱顿法案》的第 2 节亦称《鲁宾逊一帕特曼法案》（*Robison Patman Act*），因为这一法案的组成部分在 1936 年被《鲁宾逊一帕特曼法案》所接纳吸收。1914 年《联邦贸易委员会法案》（*Federal Trade Commission Act*）涉及广泛的第 5 节禁止“不公平的竞争方法”（Unfair Methods of Competition）。

⑦ *The Federal Trade Commission Act*, 15 U. S. C. § 41-58.

钱穆曾谓："文化异，斯学术亦异。"[①] 从经济法学理论诸流竞起中，我们不难看出其与经济法起源的法律文化多元性息息相关。经济法理论诸家见仁见智，各有攸宜，然而都是从一定情境中的社会联结出发的。二战以前，德国经济法学家歌德施密特的对象说认为"经济法是组织起来的经济固有之法"，是"以改善生产为目的的国家对交易经济（私人经济）与共同经济进行干预的特有之法"。这种经济法学说在很长一段时间内都影响日本至深，与当时德国民众将大企业视为"有组织的资本主义"发展表现的社会意识和当时德国政府的经济制度价值取向极其吻合。在当时，"有组织的资本主义"被人们所津津乐道，卡特尔等在许多德国人心目中是克服生产无政府状态的有效途径，并没有像垄断组织当时在美国那样积怨甚深。二战以后，由于受美国的影响，德国和日本经济法理论都丕然改变。战后日本经济法学说的重点，不是放在对经济统制法研究上，而是放在以维持竞争秩序限制垄断实行经济民主化、建立自由经济为中心的经济法学上，所以以独占禁止法为中心的经济法占了统治地位。何勤华在《当代日本法学：人与作品》中写道："从总体上看，战后 40 多年日本经济法学的发展，大体是通过峰村光郎、田中诚二、金泽良雄等学者的学说来表现的。这些学者的学说，用日本著名经济法学家松下满雄的话来说，大体可以分成两个类型，即将经济法理解为伴随着资本主义高度发展、国家对经济生活干预程度的加深而制定的法制系统，与将经济法理解为对抗垄断资本的'对抗力'的法。持前一观点的是峰村光郎、丹宗昭信、金泽良雄、今村成和、田中诚二、松下满雄等学者；持后一观点的是正田彬教授。"[②] 核其始末，辨其源流，在德国和美国之间法意识——经济立法——经济法学说这一丝丝入扣的线索隐隐可扪，其间筋摇脉注的玄机昭昭可鉴。从某种程度上说，以反垄断法为"现代经济法的基石"的观念巩化了经济法产生原因之"反垄断说"，堕入循环论证的窠臼亦固其宜。这种原因论其实是战后学术界逐步的话语建构的产物。德国学者哈罗德·拉施（Harold Rasch）在 1946 年发表的《资本主义法秩序的结束》（*Das Ende der kapitalischen Rechtsordnung*，Heidelberg：L. Schneider，1946）中有一个观点值得注意，即在德国资本主义鼎盛期过后，古典的自由经济开始急速变质，与美国努力地向古典的自由经济方向复归，也可以说向好的古典的时代回复的情况不同，也许德国是将其经济体制向未来方向加以修正，我们对历史的事实不能不加以分析。布罗代尔是一位特立独行的学者，以其"常识性批判"卓尔不群。其经过自己的考证后断定马克思著作中并没有使用"资本主义"一词。"资本主义"的概念出现在 20 世纪初，最早见于威纳尔·桑巴特于 1902 年出版的名著《论近代资本主义》（Werner Sombart，*Der moderne Kapitalismus*，Leipzig：Duncker & Humblot，1902）中。人们通常把竞争和垄断视为资本主义市场条件下非此即彼的两极。布罗代尔则不然。在他看来，"资本主义是上层建筑的现象、少数人的现象，是高海拔的现象"[③]。

① 钱穆．现代中国学术论衡．北京：生活·读书·新知三联书店，2009：1.

② 何勤华．当代日本法学：人与作品．上海：上海社会科学院出版社，1991：340.

③ 费尔南·布罗代尔．资本主义论丛．顾良，张慧君，译．北京：中央编译出版社，1997：7.

资本主义历史体系的核心因素不是市场，而是垄断。他认为，近五百年来的历史是市场节节败退的历史。竞争和垄断是势不两立的两种结构，而唯独垄断才称得上是“资本主义”。布罗代尔指出：“资本主义始终拼命依赖法律的或事实垄断，尽管它在垄断问题上受到狂暴的攻击。用今天的话说，垄断性组织继续绕开市场。如果认为这是新事，那就错了。”① 布罗代尔的观点并非没有可以訾议之处，不过确有助于我们对许多陈陈相因的惯性思维定式进行重新检讨和逆向反省。众所周知，企业的集中与垄断是资本主义经济发展的必然趋势，是由资本主义经济的内在驱动力所致，不以人们的意志为转移，是任何人为的手段，包括强有力的立法手段所无法阻止或改变的，由封建专制王朝出售专卖权而形成的人为垄断固然可以被湔祓，资本主义经济发展的自然垄断却无法用人为因素加以剔除无遗。在某种意义上，资本主义不是自由市场，也不是市场规则，而是反市场的力量。权力的市场化和市场的权力化是一种典型的资本主义现象，即使它不是一种现代现象。② 有学者指出：“就反托拉斯立法本身而言，它所包含的防止垄断、恢复竞争的基本思想实际上是从小商品经济中生长出来的自由竞争思想，它所遵循的原则也是自由资本主义发端时期所产生的一种习惯法的原则，用自由竞争来防止或阻止垄断，这种做法正与资本主义经济发展的内在规律背道而驰，因此，也就注定了它失败的命运。”③ 法律不能刚愎自用地向经济发号施令，违拗经济规律的反垄断犹如堂吉诃德与大风车的搏斗，而垄断的出现犹如割韭复生，难以斩草除根。1911 年，在新泽西州诉美国标准石油公司案④和美国诉美国烟草公司案⑤中，美国联邦最高法院接受了“合理法则”（rule of reason），认为谢尔曼法宣布为非法的只是那些不合理的限制贸易的行为，并不禁止“合理的贸易限制”。这一做法曾招致许多人的诟责。然而，从反托拉斯立法的发展来看，尽管最高法院接受“合理法则”保护了垄断，却挽救了反托拉斯法，使之从不实的制止垄断的目标上转变到限制不公平竞争和贸易的现实目标上来，从而避免了反托拉斯法彻底失败的厄运。美国的早期反托拉斯法实际上是一种管理工商经济关系的法律，行政管理法色彩灼然可见，“合理法则”使之具有活灵活现的经济法灵魂。⑥

① 费尔南·布罗代尔．资本主义论丛．顾良，张慧君，译．北京：中央编译出版社，1997：119.

② 汪晖．死火重温．北京：人民文学出版社，2000：24.

③ 胡国成．塑造美国现代经济制度之路．北京：中国经济出版社，1995：69.

④ Standard Oil Co. v. U. S.，221 U. S. 1 (1911).

⑤ United States v. American Tobacco Company，221 U. S. 106 (1911).

⑥ 日本经济法学家江上勋在《经济法·独占禁止法概论》中这样写道：“被称为经济法的许多法规，从 1910 年以后，在整个资本主义进入高度垄断化阶段，作为战时统制法或者作为不景气对策法规，自有其产生的历史过程的。了解到这一点是非常重要的，即经济法的产生具有其必然的社会基础，而主导这一思想方法的是资本主义的垄断化。……战时经济统制与其说是垄断资本主义的恶果，不如说是近代战争的产物。第一次世界大战之后，袭击资本主义国家的长期不景气是前所未有的。而这种长期不景气的根源，就在于垄断的发展。今天，对于这一点，经济学者的看法是一致的。因此，作为经济萧条对策所制定的经济法，也同样出于资本主义垄断化的同一渊源。但是，经济法的内容却未必能具有反垄断的意义，相反，倒很可能扮演保护垄断控制的角色；历史已证明了这一点。”江上勋．经济法（二）．黄来纪，译//周枬主编．经济法．北京：知识出版社，1982：5-6.

梁启超《中国历史研究法》亦谓："因虽夙具，然非众缘凑泊，则事实不能现。"① 笔者认为，道假众缘，待时而熟，岂非经济法产生之谓也？经济法学界把资本主义经济法的发展分为三个阶段，即战时经济法（Kriegswirtschaftsrecht）、经济危机对策法、复兴经济法，认为第一次世界大战的刺激产生了第一批经济法。其实，经济法不仅其产生与战争有不解之缘，而且其发展亦与战争有密切关联。在第二次世界大战期间，美、英、德、日等国因为有第一次世界大战的前辙可鉴，经济立法的规模、程度、技术等可谓蓝出青胜、变本加厉。至于朝鲜战争对日本、德国经济法的影响亦至为攸关，唯经济法学界乏人深究而已。② 日本经济法学家松下满雄指出："在德国，第一次世界大战中制定了许多经济统制法规，当时德国学者将这些经济统制法规总称之为经济法。然而，这些经济统制法规第一次世界大战结束后在德国并没有被取消，而是依然被保存了下来。这种事实表明，许多经济法规仅以第一次世界大战为契机而制定，到这一时代，德国资本主义高度发达，国家经济政策的干预已成为必要，因此有必要为实施这种政策制定大量法规。"③ 世界大战是资本主义矛盾的总爆发，不仅意味着经济危机、政治危机，而且意味着法律危机，经济法是资本主义矛盾的必然产物。战争从文化心理上说本来有加强国家为中心的凝聚力的天然倾向，国家在战争期间以经济法规作为社会动员的利器洵为趋时应势、顺理成章。在第一次世界大战中，为适应战时经济需要，德国成立了战时工业委员会和战时原料供应处（Kriegsrohstoffabteilung，KRA）。英对德宣战后，德国通用电器公司创始人瓦尔特·拉特瑙（Walther Rathenau）受命掌管战时原料供应处，监督原料分配并支持重要原料的生产。拉特瑙本人意识到这种新的经济组织不仅对进行战争，而且在影响今后社会和经济组织方面都有着重大意义。他说："这个体制就其采用的办法而言与共产主义很接近，但是，在本质上，它是有别于从激进的理论中产生出来的预言和要求的。"④ 德国于 1915 年颁布了《确保战时需

① 王德峰，编选. 国性与民德——梁启超文选. 上海：远东出版社，1995：295. 佛教自称其学说为"内明"而用以区别其他学说的特点，就在于其将实相说与缘起说连在一起，以"已作不失、未作不报"的业报法则说明因果关系、解释事物的产生。缘起（Paeica-Sawupada）在英文中叫 Dependent Origination，佛教中的"业"（Kamwa）即因缘（Hetu-Pacaya）。按照笔者的理解，如果祛除佛教的唯心论，"因"即我们辩证唯物主义所说的"内因""缘"则不言而喻为"外因"或条件，包含着丰富的哲学思想。在佛教中，缘分为俱生缘（Sahaiata-Paccaya）、互助缘（Annawauua-Paccaya）、增上缘（Upanissaya Paccaya）等。所谓"缘起"本来指事物间因果关系而言，着重在"缘"字，说"起"不过表示缘的一种功用而已。

② 拉丁法谚云："战争一开始，法律就沉默。"（Inter Arma Enim Silent Leges）。但德国历史学家和政治家特赖奇克（Heinrich Gotthardt von Treitschke）却对此大唱反调，其名言为"战争乃文化之父，创造之母"。佩里·安德森. 绝对主义国家的系谱. 刘北成，龚晓庄，译. 上海：上海人民出版社，2016：155.

③ 松下満雄『経済法概説』東京大学出版会、1986：7.

④ 科佩尔·S. 平森. 德国近现代史（下册）. 范德一，林瑞斌，等译. 北京：商务印书馆，1987：438.

求措施令》①《关于现行契约最高价格生效的通知》② 等法律法规，并在战后根据《魏玛宪法》(*Weimarer Reichsverfassung*，WRV)③ 的社会化条款（第 156 条），于 1919 年制定了对钾和煤炭工业实行社会化的《钾经济法》④ 和《煤炭经济法》。⑤ 这种战时干预法（Kriegsinterventionsrecht）迅速发展，将公法和私法的界限完全突破，以至于形成"国家所创建和国家所控制的组织的迷宫"(Labyrinth von staatsgeschaffenen und staatsgeleiteten Organisationen)⑥。对于这种现象，瓦尔特·拉特瑙本人称之为"生产军事主义"(Produktionsmilitarismus)；默伦多夫(Wichard von Moellendorff) 称之为"共同经济"(Gemeinwirtschaft)；希尔夫丁(Rudolf Hilferding) 和纳夫塔利（Fritz Naphtali）称之为"有组织的资本主义"(organisierten Kapitalismus)；霍伊斯（Theodor Heuss）称之为"战时社会主义"(Kriegssozialismus)。正是这样，格尔德·林克第一次世界大战爆发后德国颁布《经济动员授权法》的 1914 年 8 月 14 日称为"现代经济法诞辰日"(Geburtstag des modernen Wirtschaftsrechts)⑦。

对于这种爆发式激增的新型庞杂法规的出现，德国法学家洞烛其机，敏锐地看到了这些法规的特殊性，将这些法规分类研究⑧，在世界法学研究领域独着先鞭，率先创立了经济法学。卡尔·克勒舍尔在《20 世纪德国法律史》中指出："经济法最初通常以企业法（Fabrikrecht 或 Industrierecht）命名，主要从魏玛时代开始被

① Die Bundesratsverordnung über die Sicherstellung von Kriegsbedarf vom 24. Juni 1915 (RGBl. 357)。参见 Knut Wolfgang Nörr，*Zwischen den Mühlsteinen*：*Eine Privatrechtsgeschichte der Weimarer Republik*，Tübingen：Mohr Siebeck，1988，S. 43。

② Bekanntmachung，betreffend Einwirkung von Höchstpreisen auf laufende Verträge，11. 11. 1915，N2531.

③ Die Verfassung des Deutschen Reichs vom 11. August 1919，Reichsgesetzblatt 1919，S. 1383.

④ Gesetz über die Regelung der Kaliwirtschaft (Kaliwirtschaftsgesetz) vom 24. April 1919 (RGBl. S. 413).

⑤ Das Gesetz über die Regelung der Kohlenwirtschaft vom 23. 3. 191. 该法颁布后次年就出版了这方面的专著：Oswig Lüttig，*Kohlenwirtschaftsgesetz* (*Gesetz über die Regelung der Kohlenwirtschaft v.* 23. *März* 1919) *nebst Ausführungsbestimmungen und Ergänzungsgesetzen*：*Erl. Textausg*，Berlin：Heymann，1920。此外，可以参见 Fritz Rittner，Meinrad Dreher，*Europäisches und deutsches Wirtschaftsrecht*：*Eine systematische Darstellung*，Heidelberg：C. F. Müller GmbH，2008，S. 4. Bernhard Diestelkamp，*Zwischen Kontinuität und Fremdbestimmung*：*Zum Einfluss der Besatzungsmächte auf die deutsche und japanische Rechtsordnung* 1945 *bis* 1950：*Deutsch-Japanisches Symposion in Tokio vom* 6. *bis* 9. *April* 1994，Tübingen：Mohr Siebeck，1996，S. 195. Gerold Ambrosius，*Staat und Wirtschaftsordnung*：*Eine Einführung in Theorie und Geschichte*，Stuttgart：Franz Steiner Verlag，2001，S. 124。

⑥ Fritz Rittner，Meinrad Dreher，*Europäisches und deutsches Wirtschaftsrecht*：*Eine systematische Darstellung*，Heidelberg：C. F. Müller GmbH，2008，S. 6.

⑦ Gerd Rinck，*Wirtschaftsrecht*，5. Aufl.，Köln：Heymann，1977，S. 10.

⑧ Fritz Rittner，Meinrad Dreher，*Europäisches und deutsches Wirtschaftsrecht*：*Eine systematische Darstellung*，Heidelberg：C. F. Müller GmbH，2008，S. 8.

作为独立的法学领域看待。"① 其中最著名的应推海因里希·莱曼（Heinrich Lehmann）在1913年所发表的《德国工业法纲要》(*Grundlinien des deutschen Industrierechts*)。② 有学者称，黑德曼于1916年"在《经济字典》上，第一次从现代意义上使用了经济法一词"③。当时，黑德曼、努斯鲍姆、卡斯凯尔都是在这一崭新领域开一代先河的杰出人物。应该指出的是，"经济法"一词在学术上被确立为一专门术语，并正式归入大学课程，应归功于黑德曼，其1919年于耶拿大学成立的"经济法研究所"（Iustitut für Wirtschaftsrecht）开课讲授"经济法"④，并主持有关经济法杂志与丛书的刊行，直到其1936年赴柏林大学任教，实乃厥功甚伟。⑤ 该研究所的研究成果包括有汉斯·卡尔·尼佩代（Hans Carl Nipperdey）、保罗·吉泽克（Paul Gieseke）、罗兰·弗赖斯勒（Roland Freisler）、乔治·A. 勒宁

① Karl Kroeschell, *Rechtsgeschichte Deutschlands im 20. Jahrhundert*, Göttingen: Vandenhoeck & Ruprecht, 1992, S. 60.

② Heinrich Lehmann, Grundlinien des deutschen Industrierechts, in: *Festschrift für Ernst Zitelmann zu seinem 60. Geburtstage, überreicht von Verehrern und Schülern*, München-Leipzig: Duncker & Humblot, 1913, S. 1ff. 德国此时工业化进展迅速，莱曼将当时迅速发展的公司法、银行法、保险法、商标法、专利法和著作权法等总称为"工业法"。这大多属于工业产权保护和著作权范畴，其在经济法体系中的地位可以参见沃尔夫冈·费肯杰. 经济法：第2卷. 张世明，译. 北京：中国民主法制出版社，2009：425-451.

③ 王明权，主编. 中国经济法情报概览. 武汉：武汉出版社，1989：65.

④ 当时爱德华·罗森塔尔（Eduard Rosenthal）是黑德曼的耶拿大学法律系的同事，与世界著名的光学仪器厂商蔡司公司关系密切，在其撮合下，卡尔·蔡司基金会（die Carl-Zeiss-Stiftung）决定要资助耶拿大学法律系建立一个研究所，以从事有关经济活动的研究。爱德华·罗森塔尔大概在1917年末1918年初草拟的备忘录中规划建立一个"大经济法学研究所（Institut für juristische Erforschungen der Großwirtschaft)"，并陈述了为研究所意在向"卡尔·蔡司基金会"申请资金来源的理由。J. W. Hedemann, Das Wirtschaftsrecht. Rückblick und Abschied, in: R. Dietz-H. C. Nipperdey-E. Ulmer (hrsg.), *Beiträge zum Arbeits-, Handels-und Wirtschaftsrecht: Festschrift für Alfred Hueck zum 70. Geburtstag*, München: Verlag C. H. Beck, 1959, S. 398. 此前虽然明斯特大学也计划设立"大国民经济研究学院"(große nationalökonomische Forschungs-und Lehranstalt)，但耶拿大学成立的"经济法研究所"（Iustitut für Wirtschaftsrecht）是经济法学发展的一个里程碑。可以参见 Hedemann, Geschichte des Jenaer Instituts für Wirtschaftsrecht, in: *Mitteilungen des Jenaer Instituts für Wirtschaftsrecht*, H. 32, 1937, S. 5.。耶拿经济法研究所培养了一批经济法学中坚力量，卡尔·尼佩代（Carl Nipperdey）即出自该所。此外，卡尔·蔡司基金会的成立和运作本身就反映了德国在经济法和劳动法方面的新变化。

⑤ 即尤斯图斯·威廉·黑德曼主编·耶拿经济法研究所通讯(*Mitteilungen des Jenaer Instituts für Wirtschaftsrecht*)：第1—32册，耶拿：1921—1937. 可参见 Mohnhaupt, Heinz, Justus Wilhelm Hedemann und die Entwicklung der Disziplin "Wirtschaftsrecht", *Zeitschrift für Neuere Rechtsgeschichte*, Bd. 25, 2003, S. 238.。黑德曼出生于1878年，1906年被任命为耶拿大学非教席教授，讲授罗马法律、民法以及著作权和专利权法。他在1909年被任命为教席教授后，在20世纪20年代早期又讲授"经济法"等课程。H. Mohnhaupt, Justus Wilhelm Hedemann als Rechtshistoriker und Zivilrechter vor und während des Nationalsozialismus, in: M. Stolleis-D. Simon (hrsg.), *Rechtsgeschichte im Nationalsozialismus, Beiträge zur Geschichte einer Disziplin*, Tübingen: Mohr, 1989, S. 116-126. Hedemann, Geschichte des Jenaer Instituts für Wirtschaftsrecht, *Mitteilungen des Jenaer Instituts für Wirtschaftsrecht*, 1937, H. 32, S. 15.

(George A. Löning) 等人的十余种专著。[①] 经济法乃至耶拿大学由此挤入了德国大学研究和教学的中心。柏林大学、柏林商科大学也相继设置“经济法讲座”。1921年德意志法学会决定设立经济法部 (Wirtschaftsreditlide Abteilung)，以和公法部、私法部相并而立。卡斯凯尔在其所编纂的《法律及国家科学辞典》(*Die Enzyklopädie der Rechts-und Staatswissenschaft*，Berlin：Springer-Verlag，1925年) 也打破了传统的法律分类，在私法、公法之外，另外设立了“劳动法与经济法”。从此以后，经济法便如趵突泉涌般汩汩不息，如雨后春笋般欣欣向荣。

经济法首先在德国产生有其文化背景，这是法学界公认无异辞的定论。[②] 由于德国人擅长抽象的逻辑思辨，近代哲学在德国明星荟萃，云蒸霞蔚，因而学术著作家们不满足于“老是原来的一盆冷饭，一炒再炒，重新端出，以飨大众”[③]，而是设法发现所谓“真理”，创造新的“体系”[④]。另外，德国属大陆法系国家。大陆法系的特点之一即是，注重理论的概括，讲究逻辑的严密，概念明确，体系完备。黑德曼虽然讽刺追求概念、理论和体系的“德国渴望”(die deutsche Sehnsucht)，企图有意识地让新生的经济法概念成为开放性概念，避免过早教条化，把所有一切都定死、造成瘫痪[⑤]，主张直接并且持续地在整个当今法学领域对经济的时代精神作出说明[⑥]；但典型的“德国式爱好是，对于一切生活现象，不仅在事实上接受，而且要同时在精神上感悟，让其在一定程度上穿越灵魂”，然后迅速地致力于“形成一个体系、一种理论”[⑦]。这恰好如金泽良雄所说：“经济法之所以在德国产生，是因为适合了德国的学术土壤，这些新的法律现象对于德国法学中所表现的追求概念结构的缜密性和理论的精辟性来说，的确是个理想的研究对象。”[⑧]

① Hedemann，Geschichte des Jenaer Instituts für Wirtschaftsrecht，*Mitteilungen des Jenaer Instituts für Wirtschaftsrecht*，1937，H. 32，S. 24ff.

② 海涅在《关于德意志的信仰和哲学的历史》中指出：“自莱布尼茨以来，在德国人中间掀起了一个巨大的研究哲学的热潮。”(Heinrich Heine，*Zur Geschichte der Religion und Philosophie in Deutschland*，Berlin：Aufbau Varlag，1959，S. 108.) 他还说：“德国被康德引入了哲学的道路因此哲学变成了一件民族的事业。一群出色的大思想家突然出现在德国的土地上，就像用魔法呼唤出来的一样。”(亨利希·海涅. 论德国. 薛华，海安，译. 北京：商务印书馆，1980：307.)

③ 黑格尔. 法哲学原理. 范扬，张企泰，译. 北京：商务印书馆，1979：2.

④ 俗语云：德国有多少博士就有多少“体系”，虽不免夸大，但却不无道理。

⑤ Wilhelm Hedemann，Wirtschaftsrecht als Rechtsdisziplin und Lehrfach? *Juristische Woche*，1927，Bd. 2，S. 13.

⑥ Wilhelm Hedemann，Wirtschaftsrecht als Rechtsdisziplin und Lehrfach? *Juristische Woche*，1927，Bd. 2，S. 14.

⑦ Wilhelm Hedemann，Wirtschaftsrecht，in *Handwörterbuch der Rechtswissenschaft*，Bd. 6，Berlin：Walter de Gruyter，1929，S. 930.

⑧ 金沢良雄『経済法』〈法律学全集（52—Ⅰ）〉有斐閣，1980：2. 据费肯杰介绍，最初的经济法专论和学术著作有：阿图尔·努斯鲍姆于1920年发表的《新德国经济法：自世界大战爆发以来私法和相邻法域发展的系统审视》(Arthur Nussbaum，*Das neue deutsche Wirtschaftsrecht. Eine systematische Übersicht über die Entwicklung des Privatrechts und der benachbarten Rechtsgebiete seit Ausbruch des Weltkrieges*，Berlin：Springer，1920.)、汉斯·卡尔·尼佩代于1920年发表的《缔约强制与强制合同》(H. C. Nipperdey，*Kontrahierungszwang und diktierter Vertrag*，Jena：G. Fischer，1920.)，

三、资本主义经济法和社会主义经济法的产生具有相关性

现代经济法的两家，资本主义经济法和社会主义经济法，在产生发展以及本质作用方面都不同，但是它们有一般的原因和规律。经济法学界往往对资本主义经济法的产生原因深探力求，但对社会主义经济法产生原因则语焉不详甚至付之阙如。"反垄断说"即未能对社会主义经济法产生原因兼筹并顾，有失偏颇。伯尔曼所著《法律与革命》认为，西方法律传统在其历史过程中由六次重大的革命而改变，即1075—1177年教皇革命（Gregorian Reform）、新教改革运动（在德国具有国内革命的性质）、英国革命（只有到1688—1689年终点时才能开始被称作革命，即光荣革命）、美国革命（独立战争）、法国革命、俄国革命（十月革命），每次革命都代表了对末世论（eschatology）的信仰和信奉，表现了诺曼·科恩在《千禧年的追求》中所说的对"革命的千禧年主义"（revolutionary millenianism）的追求。⑨每次革命最终产生了一种新的法律传统，它体现了革命的某些主要目的，改变了西方的法律传统，但最终它们保持后者的基因于内在的肌理。这种观点与许多西方学者对苏维埃社会主义历史全盘否定并把十月革命视为一切形式社会主义革命的"原罪"的攻击，不啻意见相左如薰莸不同器。无论人们如何毁誉臧否，但都必须承认十月革命意味着法的世界性革命，即"法革命"⑩。

经济法在俄文中称为Экономическое право。在苏联被称为经济法的是：规定社会主义经济领域中经济活动的指针和程序，规定社会主义经济领域中社会主义企业同团体之间以及同其组成部分的各环节之间形成的经济关系的苏维埃法的规范的总和。苏联出版的英文版《苏维埃法概论》把经济法译成Business Law。笔者认为，以苏联为肇端的社会主义经济法的产生与资本主义经济法的产生并非风马牛不相及，而是互相荡摩的产物。这可以从以下两方面加以分析。

首先，社会主义运动对资本主义经济法的产生具有重要的推动作用。

（续前）其于1921年在《耶拿经济法研究所通讯》第2册发表的《关于经济法的概念》（Zum Begriff des Wirtschaftsrechts, *Mitteilungen des Jenaer Instituts für Wirtschaftsrecht*, H. 2, 1921.）；保罗·奥特曼于1921年发表的《行为基础：一个新法律概念》（Paul Oertmann, *Die Geschäftsgrundlage-Ein neuer Rechtsbegriff*, Leipzig: Deichert, 1921.）；卡尔·盖勒于1922年发表的《新经济法的社会组织》（Karl Geller, *Gesellschaftliche Organisationsformen des neueren Wirtschaftsrechts*, Mannheim: Bensheimer Verlag, 1922.）；尤斯图斯·威廉·黑德曼于1922年发表的《经济法初阶》（Justus Wilhelm Hedemann, *Grundzüge des Wirtschaftsrechts*, Mannheim: J. Bensheimer, 1922.）；马克斯·鲁姆普夫于1922年发表的《经济法的意义》（Der Sinn des Wirtschaftsrechts, *Archiv für die civilistische Praxis*, H. 120, 1922, S. 153ff.）；汉斯·歌德施密特于1923年发表的《帝国经济法》（Hans Goldschmidt, *Reichswirtschaftsrecht*, Berlin: Heymann, 1923.）；等等。

⑨ Norman Cohn, *The Pursuit of the Millennium: Revolutionary Millenarians and Mystical Anarchists of the Middle Ages*, London: Temple Smith, 1970.

⑩ Harold J. Berman, *Law and Revolution: The Formation of the Western Legal Tradition*, Cambridge, Massachusetts: Harvard University Press, 1987, pp. 18-34.

中国经济法学界注意到了摩莱里、德萨米、蒲鲁东等社会主义学说史上著名历史人物与经济法产生的渊源，但马克思创立科学社会主义之后，波澜壮阔的社会主义思想和运动对经济法的产生所起的推动作用却鲜为人知。马克思主义在德国本土成为一种具有解释学意义的实践话语和理论话语。阿道夫·劳夫斯在《德国法律发展》中写道：费迪南德·拉萨尔（Ferdinand Lassalle）于1863年成立全德工人联合会，标志着将工人运动和社会主义运动的结合。① 受马克思主义影响较深的、以奥古斯特·倍倍尔（August Bebel）和威廉·李卜克内西（Wilhelm Liebknecht）为代表的爱森纳赫派，于1875年在哥达与拉萨尔派合并，成立“德国社会主义工人党”，1890年以后改称“德国社会民主党”。正如哈贝马斯所说，一部现代德国社会思想史，从一定程度上说是重建马克思学说史的历史。②

爱德华·伯恩斯坦（Eduard Bernstein）对马克思主义进行“修正”，认为随着资产阶级民主制的发展以及普选制度的完善，国家已经成为一种“共同生活的形式”，一种“管理机关”，他声称：“一部好的工厂法可以比几百个企业和工厂的国有化包含更多的社会主义。”③ 考茨基（Karl Kautsky）则将社会主义定义为用民主方式组织经济生活。笔者认为，西方资本主义国家许多经济立法乃至以后的社会经济体制均是对这种改良社会主义思潮的克绍箕裘。在俄国十月革命爆发以后，德国十一月革命便接踵而至，苏维埃在德国如烈火燎原。尽管德国十一月革命在反动派的血雨腥风的淫威之下偃旗息鼓，但正如我国台湾地区经济法学者廖义男所说：“第一次世界大战结束以后，社会主义之思想渐渐抬头，强调社会正义，反对无限制之个人主义，要求对经济霸者加以管制与管理，并积极谋求符合社会主义之经济改革。在此思想影响之下，终于有所谓私人企业‘社会化’（Sozialiserung）之立法以及对抗经济霸者之法规出现。在此同一时期，‘经济法’一词渐被学者所引用。”④ 苏珊·米勒在《德国社会民主党简史》中指出，在德国十一月革命期间，在工人们看来“革命并没有给劳动和生活领域带来充分的变化。他们认识到，除社会化外，苏维埃这一机构也日益成为改革企业并制定一部民主的企业法和经济法以代替旧的统治制度的一个工具”⑤。正是在工人运动的推动下，魏玛共和国于1919年3月23日制定了《社会化法》（*Sozialisierungsgesetz*），规定：（1）将合适的经济企业，特别是那些用以开发自然资源和利用自然力的企业收归公共经济使用；

① Adolf Laufs, *Rechtsentwicklungen in Deutschland*, Berlin: De Gruyter, 1973, S. 309.

② Jürgen Habermas, *Zur Rekonstruktion des Historischen Materialismus*. Frankfurt am Main: Suhrkamp, 1976, S. 154.

③ 中共中央马克思、恩格斯、列宁、斯大林著作编译局资料室编．伯恩施坦言论．北京：生活·读书·新知三联书店，1966：385.

④ 廖义男．企业与经济法．台北：自印行，1980：11.

⑤ Susanne Müller, *Kleine Geschichte der SPD-Darstellung und Dokumentation* 1848-1983, Bonn: Verlag Neue Gesellschaft, 1983, S. 93.

(2) 在急需时，采用公有经济的方式来规定经济物质生产与分配。① 这种"社会化"的规定，嗣后被纳入 1919 年 8 月 11 日颁行的《魏玛宪法》。魏玛共和国时期的经济立法体现着社会主义的理想与社会改革的原则。《魏玛宪法》是最早的德国经济宪法（Wirtschaftsverfassung）。

罗斯福"新政"时期的经济立法被经济法学界称为"危机对策法"。新政的英文 New Deal 中，deal 的词义之一是发牌。美国学者认为新政其实"在很大程度上就是这个词组所含有的意义；不是按新规则玩新游戏，而是重新洗牌——以往洗牌老是作弊，以欺骗工人、农民和小店主。新政确实不能保证这些牌手现在拿到赢牌，但是他们至少有同别的牌手一样的好的机会"②。尽管新政对传统的企业特权有所侵犯，反对新政者诅咒新政"敲诈成功的人"，并且用"苛政"（Raw Deal）的字样代替"新政"（New Deal），但新政绝非白劳德在美国共产党第 10 次代表大会上所作报告中声称的那样具有社会主义因素，继续实施下去，"就自然会而且必然会达到共产主义的全面纲领，达到美国的社会主义改组，达到美国经济的共有共管，为全体利益服务"③。究其实，罗斯福新政正是为了抵制共产主义，走"中间道路"，其路线属于"居中偏左"④。但我们也不可否认，罗斯福新政之所以对"经济金字塔底层被遗忘的人"⑤ 予以一定的关注，与美国"进步主义"运动的推动是分不开的。在新政前夕，美国许多知识分子向左转，甚至许多著名文化人公开拥护共产主义，主张向俄国学习。历史学家梅尔文·杜博夫斯基在回顾当时严峻的形势时说："经济萧条不仅使资本主义经济沦为废墟，还使西方自由民主制度陷入防御地位，并使人们对它将来是否能存在下去产生怀疑。"⑥ 在危如累卵的历史十字路口，罗斯福挽救美国资本主义制度摇摇欲坠的大厦于将倾，使之化险为夷，这是一场"变法"运动，尽管许多立法曾被最高法院判为"违宪"，但新政从本质上说是离其经而未叛其道。罗斯福毫不隐瞒，公开说他以激进对付激进，目的是"保守"资本主义香火不断。正如 E. H. 卡尔所说，"如果我们现在要成为计划者，不管是有意识还是无意识，这在很大程度上就受苏维埃实践成就的影响"⑦。国以敌国，人无患亡。社会主义思潮及其运动的存在被视为资本主义经济法形成与发展的压力源洵为确当之论。

① Sozialisierungsgesetz vom 23. März 1919, Reichsgesetzblatt 1919, Band 1, S. 341f.

② William E. Leuchtenburg, *Franklin D. Roosevelt and the New Deal* 1932—1940, New York: Harper & Row, 1963, Preface.

③ Earl Browder, *Report to the Tenth National Convention of the Communist Party on Behalf of the Central Committee*, New York: Workers Library Publishers, 1938, p. 93.

④ John Morton Blum, *The National Experience: History of the United States*, New York: Harcourt College Publishers, 1981, p. 680.

⑤ S. I. Rosenman (ed.), *The Public Papers and Addresses of Franklin D. Roosevelt*, Vol. 4, New York: Random House, 1938, p. 15.

⑥ Melvyn Dubofsky, *The United States in Twentieth Century*, New York: Prentice Hall, 1978, p. 203.

⑦ Edward H. Carr, *The Soviet Impact on the Western World*, London: The Macmillan Company, 1946, p. 44.

其次，社会主义经济法的产生也与资本主义经济法的产生可谓相济相泄、相反相成。

全苏维埃立法科学研究所经济立法研究室编写的学术著述认为："伟大的十月社会主义革命以后，苏维埃国家的主要任务是建立社会主义的经济，正在诞生中的经济立法正是为保证这一任务的实现服务的。剥夺、剥夺者，土地、银行和辛迪加的国有化，是建立国家社会主义所有制的基础。在弗·依·列宁直接参与下拟定的苏维埃政权第一批法令，奠定了国家管理国民经济的坚实基础。列宁的土地法令是苏维埃国家的第一项法律，它包含着历史上从未有过的法律经济范畴：'全民财产'、'全体劳动者使用'、'全民土地资源'。法令从立法上把土地、森林、矿藏和水流的国有化固定了下来。同时没收了私有者土地上的一切财产，实行国有。苏维埃政权的十月法令建立了负责领导国民经济各部门第一个工农政府，确定了工人对生产实行监督……1917年12月，颁布了关于最高国民经济委员会的法令，规定一切现有的经济管理机构都必须服从该委员会的领导。最高国民经济委员会的职权是：组织国民经济和国家财政，制定调整国家经济生活的一般规范和计划，协调和统一中央和地方管理机关的工作。"① 从文化学的角度来看，苏联的计划经济模式与西方的市场经济模式具有对立的两极性，但我们认为二者并非道不同不相为谋。② 苏联战时共产主义经济立法与德、美诸国在第一次世界大战期间的战时经济立法均属"非常态"的形格势禁的产物。

亚历克·诺夫在《政治经济和苏联社会主义》一书中这样写道："德国的战时经济即拉特瑙模式。列宁在瑞士的时候有许多机会对这种模式进行思考。随着战争的来临，这些托拉斯辛迪加被有效地并入了隶属于国家的战争机器。列宁由此得出结论：谁掌握了政权，谁就能有效地控制这些卡特尔化的工业。人们从他在革命前夜和革命之后所作的许多演讲中都可以看到这样的思路。"③ 亚历克·诺夫的上述观点并非捕风捉影的浮词虚言。列宁确实把德国战时经济中国家有计划的调节看作社会主义萌芽，是组织和计划苏联经济的一个直接的实例。列宁在《论粮食税》一文中有这样一段话：在德国，"那里有现代大资本主义技术的'最新成就'，以及服从于容克资产阶级帝国主义的有计划的组织。如果把这些黑体字删掉，不要军阀的、容克的、资产阶级的、帝国主义的国家，而同样用国家，但已是另一种社会类型、另一种阶级内容的苏维埃国家，即无产阶级国家来代替，那你们就会得到实现社会主义所需要的全部条件"④。西方学者认为，企业和计划这两个法律概念，本

① 苏联国民经济的法律调整（主要阶段）. 韩延龙节译. 法学译丛. 1979（1）.

② 佛经中有"帝网重重"之说。帝字是自然的意思，帝网重重，犹言每一现象，在自然法中，总受其余一切现象的束缚，佛家又以一室中同时有许多灯光，光光相入设譬，亦是此意。唯物辩证法认为世界是普遍联系的，虽然往往被庸俗化地常谈不辍，但确实具有颠扑不破的真理性。

③ Alec Nove，*Political Economy and Soviet Socialism*，London：George Allen & Unwin，1979，p. 58.

④ 列宁. 列宁选集：第3卷. 中共中央马克思、恩格斯、列宁、斯大林著作编译局编译. 北京：人民出版社，1972：544-545.

是西方工业化国家经济法中自两次世界大战以来普遍出现的新概念。笔者认为，列宁和经济法开创者黑德曼等许多人一样都曾见微知著地观察到德国1914—1918年间战时计划所蕴含的社会嬗递的兆候，但这种与德国战时计划的渊源关系本身也埋下了苏联后来的社会经济被称为“准军事型体制”的高度集中统一和指令性计划苛密呆板的种子。① 而布哈林则更明确地把社会主义国家称作国家—经济权力，并解释说：“我们用‘国家—经济’这个词是因为在这个发展阶段‘经济’同‘政治’融合起来，而国家失去了纯政治的性质，并成为经济管理的机关。”② 布哈林的这种经济国家的理念反映了社会主义制度建设的使命感，后来被用于苏联模式中关于国家经济职能强化与未来国家消亡过程趋势的基本解释，和西方资本主义国家的福利国家理念具有反射关系。社会主义经济法是对高度集中的计划经济体制模式的内部张力的舒释缓解，是国家从漫无边际的管理、从包罗万象的计划向适度的经济干预、有效的宏观调控转变的产物。这与资本主义经济法从自由放任向国家公权力介入以补救和矫正市场机制失灵的过程殊途而同归，异虑而一致。如果否认社会主义经济法与资本主义经济法产生的相反相成，否认社会主义经济法的产生过程中有对资本主义经济法他山之石可以攻玉的借鉴，恐怕是有失意识形态矫情饰伪之嫌。实事求是地说，两者在路向态度上是有“共谋”的。

对经济法的产生，笔者认为被宋人称为“十六字心传”的《尚书》中的那段话是恰切至当的：“人心惟危，道心惟微，惟精惟一，允执厥中。”③ 中国很早就有尚中思想。孔子提出了“中庸”的方法论原则。“中庸”实即“中和”之义。《广雅》云：庸，和也。“和”是多种不同因素的和谐统一，它可以形成新质。过去人们往往把儒家的“中”解释为折中主义、调和主义，与辩证法毫不相干。这种认识至少

① 苏联计划经济的法律文化模式的形成除意识形态因素外，我们认为以下两方面原因不容忽视：其一，从文化传统上看，俄罗斯完全没有像英国、法国或德国那样的小自耕农，更不用说有像美国那样的根据19世纪的《土地占有法案》（*Homestead Act*）可以自由耕种密西西比以西的土地因而盛行起来的独立的小农场主了。在俄罗斯土地广袤、人口稀少的独特地理环境里，集体经济长期以来在历史上给人们提供了某种安全保障。美国学者莱亚德等所著《俄罗斯重振雄风》（Richard Layard and John Parker, *The Coming Russian Boom: A Guide to New Markets and Politics*, New York: Free Press, 1996.）在谈到俄国法律传统意识时指出：“特别值得注意的是，直到现在，俄语中也仍没有和‘拥有（own）’意义完全相同的词，只有‘有（to have）’和‘占有’（to possess）’这样的词。”（理查德·莱亚德、约翰·帕克．俄罗斯重振雄风：新俄罗斯经济政治指南．白洁，等译．北京：中央编译出版社，1997：32.）苏联社会主义经济法律文化虽说是亘古未有的汰旧布新的产物，但传统却是挥之不去的，受历史积淀的浸淫亦势所难免。其二，苏联长期处在一个被西方包围的“要塞”里。苏维埃处于襁褓之中便遭致丘吉尔所谓“十四国戟”的武装干涉之厄，1941年德国入侵期间，苏联为第二次世界大战反法西斯事业付出沉重代价，西方国家将二战视为一场国际冲突，俄罗斯人却把它叫作“伟大的卫国战争”，观念的与众不同耐人寻味。“冷战”期间苏联与西方资本主义国家壁垒森然固然有许多贻人诟病之处，但不可否认，第一个社会主义国家长期孤军奋战的客观环境塑模和固化了苏联计划经济的体制。

② 布哈林．过渡时期经济学．余大章，郑异凡，译．北京：生活·读书·新知三联书店，1981：54.

③ 江灏，钱宗武．今古文尚书全译．贵阳：贵州人民出版社，1991：43.

是片面的。[①] 晏婴曾云："和如羹焉。水、火、醯、醢、盐、梅，以烹鱼肉，燀之以薪，宰夫和之，齐之以味，济其不及，以泄其过。"[②] 在中国社会主义经济建设史上，林毅夫等经济学者所称的经济变革的"治乱"循环长期未能有效克服，国家对经济的干预往往"多了死，少了乱，不多不少真难办"，摇摆不定。经济法正是在市场与计划之间寻求黄金分割点，使国家之手和市场之手齐举并用，该出手时就出手，微观经济生机盎然，宏观经济秩序井然，形成和而不同的协调状态。江平指出："绝对的计划经济不需要经济法，绝对的市场经济容不得经济法，而改革开放起步恰恰在于二者的结合，这就是中国强大的经济法思潮的客观原因。"[③] 我们认为，江平的这段话不仅是对中国经济法产生原因的分析，也是对经济法产生的一般规律的概括。

德国历史学家、哲学家德罗伊森（Johann Gustav Droysen）于1858年在《历史概论》（*Grundriß der Historik*，Leipzig：Veit，1858）中首先提出，自然科学的目的在于"说明"（Erklärung），而历史的目的在于"理解"（Verstand）。从此以后，这两个概念成了实证主义和反实证主义方法论之争的焦点。应该承认，任何人在有意识地观察、认知、评价对象时，都带有研究者个人的身家背景在内，都有自己的参照系，即比较稳定的分析结构和观念模式。我们从法律文化学的角度透视经济法产生的原因，从本质上说即是一种主观的选择，是一种"我注六经"的态度。笔者认为，社会变迁中的法，承受着来自社会各种因素的压力，使自身也融化于社会变迁之中，发生着法的变迁。尽管马克思关于经济基础与上层建筑的关系仍是我们研究经济法产生原因的理论指南，但应看到，社会变迁中的法不是只从经济因素那里获得自身变迁的能量的。有学者指出："从'法律的发展概念'（Entwicklungsbegriff des Rechts）而言，法学本身，乃是一种带有文化价值性的科学，这项

① 其实，儒家的"中"并不仅仅是指中间状态，而是讲处理矛盾的适度性问题，其要义是使对立物达成和谐的统一。和是指内部的和谐，同则是表面的同一，二者有质的区别。《国语·郑语》中说"和实生物，同则不继"，认为"和"才能繁荣昌盛，"同"则只会使事业断绝。（左丘明，刘向．国语·战国策．李维琦标点．长沙：岳麓书社，1997：149.）儒家提出："中也者……天地位焉，万物育焉。"（朱熹．四书章句集注．北京：中华书局，1983：18.）儒家"中庸"思想在理论上要求"和"渗"中"肌，"中"入"和"髓。其中"和"是目标和归宿，它强调各种不同或对立的因素通过"济其不足，以泄其过"的转化生成过程，从而达到整体和谐的最佳状态，使"中庸"成为一种普遍的和谐观。"中"则是"中庸"的标准和手段，要求正确合理性，使整个和谐过程保持正确的方向。如果把"中"定位错误，则会出现欲"正"何曾正、云"中"未必"中"的后果。孔子曾总结治乱的为政经验是"执其两端，用其中于民"。所谓"两端"，是指过与不及。毛泽东在1939年2月20日致张闻天的信中指出："'过犹不及'是两条路线斗争的方法，是重要思想方法之一。一切哲学，一切思想，一切日常生活，都要作两条路线斗争，去肯定事物与概念的相对安定的质。（中共中央文献研究室编．毛泽东书信选集．北京：人民出版社，1983：146.）"在西方，马克斯·韦伯的观点和儒家思想颇为接近。韦伯所谓"中道"（"middle course"），并非走折中性中间路线的意思，而是该左则偏左，该右则偏右，该中间则偏中间的"处中之道"。

② 杨伯峻编著．春秋左传注（修订本）．北京：中华书局，1990：1419.

③ 《佟柔文集》编辑委员会编．佟柔文集．北京：中国政法大学出版社，1996：397.

属性庶几是为现代法学界所公认的法律定性。”① 法律是与一定时间、空间的文明相联系的。就过去说，法律是文明的产物；就目前来说，法律是维护文明的手段；就将来来说，法律是促进文明的工具。经济法作为法律在中国传统文化观念看来乃是一种文物制度，现象的复杂而“道心惟微”，笔者从法律文化学角度对经济法产生原因的考察显然力有未逮，属未竟之论。不过，普特南（Hilary Whitehall Putnam）对真理作过这样一个规定：真是合理可接受性的一种理想化，或一种理想的可接受性。具体地说，我们可以假定有一些“认知上的理性状态”，如果一陈述在这种状态下被确定为正当的，它就是“真”的。“认知上的理想状态”就像物理学中的“无摩擦的平面”一样，虽然我们永远不能真正得至，但我们可以永远向它逼近。在我们看来，有时互不相容的解释实际上却可以相互翻译，只有众多独立而不相容的声音和意识呈现，五音齐奏，和而不同，由许多各有充分价值的声音（声部）才能组成真正的复调，演绎出气势磅礴的经济法的宏伟交响乐。儒家“中庸”思想中的“和”与老子“三生万物”的“三”含义相近，学术上的和而不同正是学术太和蒸蒸的繁荣昌明的机括之所在。

第三节　经济法在近代法律构造更化中的地位发微

一、作为公私法融合的经济法是市民社会与政治国家互动的产物

在马克思主义看来，法的真正基础是社会的物质生活条件。对于法的产生，恩格斯曾有过精辟的论述。他说：“在社会发展某个很早的阶段，产生了这样的一种需要：把每天重复着的生产、分配和交换产品的行为用一个共同规则概括起来，设法使个人服从生产和交换的一般条件。这个规则首先表现为习惯，后来便成了法律。”② 按照马克思转主义的观点，“无论是政治的立法或市民的立法，都只是表明和记载经济关系的要求而已”③。从某种意义上说，经济的历史就是法的历史。但

① 苏俊雄. 现代法律学研究的新方向. 台北：正中书局，1980：2. 19世纪70年代以后，新康德主义成为在德国占统治地位的哲学，其中最主要的包括马堡学派和弗赖堡学派。李凯尔特等为代表的弗赖堡学派着重从价值论上解释康德学说，强调哲学的首要问题不是实在问题，而是应有问题即价值问题，认为自然科学是关于事实的科学，社会历史科学是关于价值的科学，前者利用一般化的方法，以探求普遍的规律；后者利用个别化的方法，以描述特殊的事件。德国著名法学家拉德布鲁赫（Gustav Radbruch）秉承新康德主义这一学术理路，进一步细化区分，认为自然科学乃价值无涉立场（die wertfreie Haltung），伦理学乃价值立场（die wertende Haltung），介乎这两者之间的是文化科学中价值关联立场（die wertbeziehende Haltung），居于它们之上的是宗教的价值压抑立场（die wertüberwindende Haltung）。在拉德布鲁赫看来，属于文化的法是一种价值关联的立场，是“具有服从正义这一意义的现实”，只有从它的理念出发，才可能被理解。

② 马克思，恩格斯. 马克思恩格斯选集：第2卷. 中共中央马克思、恩格斯、列宁、斯大林著作编译局编译. 北京：人民出版社，1972：538-539.

③ 马克思，恩格斯. 马克思恩格斯全集：第4卷. 中共中央马克思、恩格斯、列宁、斯大林著作编译局编译. 北京：人民出版社，1958：121-122.

是，法律以及研究它的法学都具有自己相对独立的发展历史。法一旦产生就与经济基础具有如霍克海默（Max Horkreimer）所说的“一个半自治的领域”的性质，也需要我们去认识其“自己的运动”①。

需求乃法律创造之母，无需求的法律供给不具备存在的自性。在人类社会很长的历史时期，社会生产力水平较低，社会经济关系相对简单，所以，法律对经济关系的调整表现为诸法合体的综合调整模式，尚无明确的法的部门划分。尽管叶孝信著《中国民法史》等著作对传统的认为中国古代法律体系诸法合体、民刑不分之说不以为然，但笔者油然产生张若虚脍炙人口的《春江花月夜》中“江畔何人初见月？江月何年初照人?”② 般的困惑，觉得以今人观念臆度古人之心恐怕难免走板失真、戕害历史原貌。蒋晓伟的《中国经济法制史》在这一问题上应该说是颇具有发言权的，他指出：“中国古代由于生产力发展水平低，因此自给自足的自然经济长期占统治地位，商品经济极不发达。这样，社会经济关系综合调整的要求尚不强

① 弗里德曼在《法律制度》中指出：“在法律中，演变的理论意味着首先，人们能认出法律发展的较高和较低阶段，甲、乙、丙阶段；第二，能以经验为根据，对这些阶段的顺序谈出一些有效的东西。”（Lawrence M. Friedman，*The Legal System*：*A Social Science Perspective*，New York：Russell Sage Foundation，1975，p. 280.）梅因（Sir Henry James Sumner Maine）在《古代法》（*Ancient Law*；*Its Connection to the Early History of Society*，*and Its Relation to Modern Ideas*，London：John Murray，1861.）中提出了“从身份到契约”（from Statue to Contract）的法律变迁公式。波洛克爵士以下的一句话充分肯定了梅因在学术史上不朽于世的功绩：“正如孟德斯鸠（Montesquieu）并不因为拿破仑的立法而被遗忘，同样梅因亦不因为现代学者的勤勉与才智而丧失其光芒。”（Frederick Pollock，Sir Henry Maine and his Work. In：*Oxford Lectures and Other Discourses*，London：The Macmillan Company，1890，p. 154.）昂格尔（Roberto Unger）是美国批判法学运动的健将，有人称其为该运动的基督，有人更称其为“但丁式”的人物。他在《现代社会中的法律》一书中提出了这样的法律变迁学说：从部落社会的习惯法发展为贵族社会的官僚法，再转变为自由社会的法律制度，最后导致后自由主义社会法律制度。昂格尔认为，习惯法既描述了实际是什么样子又规定了应该是什么样子，而没有把这两者明确区分。与习惯法不同，官僚政治法既是公共的又是明确的。在官僚法中，工具主义倾向和合法性要求实为南辕北辙。昂格尔所讲的自由社会和后自由社会的法律制度就是指西方资本主义或现代资本主义社会的法律。昂格尔法律变迁类型学中的第三种形态，即法律秩序除了具备公共性和实在性之外还具有独立性和普遍性，它是指“存在一种独特的法律规范体系，一种专业化的法律机构，一种明确的法律理论传统及具有自己相对独立的观点、利益和理想的法学家阶层”。（Roberto Mangabeira Unger，*Law in Modern Society*：*Toward a Criticism of Social Theory*，New York：Free Press，1976，p. 54.）美国加利福尼亚大学伯克利分校的“法与社会研究中心”以其卓尔不群的研究成就斐声学界，诺内特和塞尔兹尼克均系“伯克利观察法”（Berkeley Perspective）学风的代表人物，他们两人联袂撰写的《转变中的法律与社会》（Philippe Nonet，Philip Selznick，*Law and Society in Transition*：*Toward Responsive Law*，London：Routledge，2001.）一书把社会上存在的法律现象分为三种类型：“压制型法”、“自治型法”以及作为改革方向的“回应型法。”笔者认为，法律变迁的历史类型非总体式全瞻“法统”（价值基础）和“法体”（宏观样式），两者不以为功，法学研究者对这一问题仁者见仁、智者见智是其权利，但对这一问题通古今之变而成一家之言则是其不容推诿的“天赋神职”和应尽义务，将其置之度外即是法学研究者的旷职失责。在经济法学领域，刘文华把法律、法学的发展划分为三个阶段即综合一体阶段、分化发展阶段、分合并行阶段，认为经济法既体现着法的分化发展，也体现了法的综合发展，不过就总体看，在法的发展史上，经济法更多地表现了法的综合发展形态；综合是经济法的一项基本属性和特征。

② 张若虚．春江花月夜//彭定求等编．全唐诗：卷117．北京：中华书局，1979：1183.

烈，因而很少形成独立的经济法典。从战国时李悝的《法经》起，直到封建末世的《大清律》，历代具有代表性的法典基本上都是诸法合体的综合性的法典，这一综合性的法典同时包含着民法、经济法、行政法、诉讼法等方面的内容，这种混合编纂的形式，就是通常所说‘民刑不分，诸法合体’。当然，其中某些朝代，如秦、元、明、清等各朝曾经编纂过单行的经济法规，但这种朝代很少，这些单行的经济法规在经济法规则中所占的比重也较小，而且这些单行的经济法规与封建法典绝对是同一体例，仅是单一编纂而已。诸法合体的法律结构形式对经济法规而言，主要表现为两个方面：一是经济法规与其他法规规定在一个法典里，如各朝的户婚律、工律、杂律都是法典的一个组成部分；二是经济法规制裁的手段如同其他部门的制裁手段一样，用刑罚的方法。”① 诸法合体在人类社会早期成文法典中司空见惯，在所多有。古巴比伦王国的《汉穆拉比法典》（*The Code of Hammurabi*）、古印度的《摩奴法典》（*The Code of Manu*）均熔经济、民事、刑事法规于一炉而混沌未分，连许多言必称罗马法的学者也必须承认《十二铜表法》（*Lex duodecim tabularum*）也是内容庞杂，囊括宗教法和世俗法、公法和私法、实体法和程序法，诸法合体的特征昭然若揭。制度经济学派关于社会财富的丰歉程度与法律控制强度关系的理论认为，在社会财富极端稀少时期，法律的控制是通过最大限度的暴力强制。在自然经济占统治地位的条件下，国家对社会经济生活的干预往往仅局限于社会财富的分配领域而不大关心物质财富的生产过程。因此，它并不具有多少组织管理社会生产的职能而只能是一种“超经济的强制”，其实质是依仗国家暴力掠夺社会财富。② 由于统治者可利用资源贫乏，因而法律表现出塞尔兹尼克等所谓的“压制型”特征，泛刑主义普遍，民事内容刑事处罚而两者难以泾渭分明。民刑不分意味着民法尚未能“独立自主，自力更生”，经济法的产生更是前途遐哉邈焉。有些中国经济法学者就认为，无论是现代化的市场经济还是古代的小农经济，政府干预经济这种事实本身没有本质的差别，不论干预的规模大小，都只是存在了经济法产生的必要条件而不是充分条件。

古语云：“使人大迷惑者，必物之相似也。”③ 学者应该如鲁迅所言运用脑量，放出毫光，对这一问题进行更为深入的鉴别和分析。由于希腊—罗马文化注重逻

① 蒋晓伟．中国经济法制史．北京：知识出版社，1991：7.

② 邱本．论经济法的基础．吉林大学社会科学学报，1993（1）．可参见笔者主编的《世界学者论中国传统法律文化》的导论。这是国际上研究中国传统法律的学者所不约而同集矢于焉的核心问题。国内外法学家往往从法文化的角度批评中国传统法律重刑轻民、民刑不分，殊不知近代以前的西方同样没有真正达致严格的民刑分离，这种情形可以从传统社会配置性资源和权威性资源不充分得到一定的诠释。传统社会按照吉登斯的观点处于生存性矛盾之中。在刚性财政制度下的汲取能力的有限性及其权威性资源的稀缺，使清王朝司法资源配置只能以命盗刑案为要务而将户婚田债视为细故，并不自觉地偏好于以低成本的刑事手段处理民事案件，导致民事案件刑事化或泛刑化，正如寺田浩明所说，为了在有限的资源下实现和平共存，有时候除了社会的全体成员各自忍耐之外并无其他更好办法。（寺田浩明．权利与冤抑：寺田浩明中国法史论集．王亚新，等译．北京：清华大学出版社，2012：258.）

③ 刘生良评注．吕氏春秋．北京：商务印书馆，2015：701.

辑、讲究分殊，因而罗马法学家曾从不同的角度把法律进行分类：（1）公法（jus publicum）和私法（jus privatum）；（2）成文法（jus scriptum）和不成文法（jus non scriptum）（3）市民法（jus civilis）、万民法（jus gentium）、自然法（jus naturalis）；（4）市民法（jus civilis）和长官法（jus honorarium）；（5）人法（jus personarum）、物法（jus rerum）、诉讼法（actiones）。① 罗马法中调整商品经济关系的法律即私法完备而发达，为罗马法之菁华所在，故法学家通常把罗马私法（即罗马民法）和罗马法作为同义语。在罗马法中，市民法专门适用于"罗马人民"（populus romanus）或"罗马公民"（populus romulus quiritium），而不适用于外来人；万民法（jus gentium）适用于罗马公民与外来人之间的关系。有学者认为，"民法"一词从词源上说，出自罗马市民法。但作为历史渊源的并非罗马市民法，而是包括万民法在内的，并且主要是由万民法内容组成的罗马法的私法内容。② 罗马法对现代富赡充牣的民法学理论体系植基立础，厥功甚伟。不过我们应该看到，《查士丁尼法典》（*Codex Justinianeus*）仍然是诸法合体，民法仍然没有独立出来。

在14至16世纪，欧洲大陆国家出现了"三R现象"：一是文艺复兴（Renaissance），一是宗教改革（Religion Reform），一是罗马法复兴（Recovery of Roman

① 马克斯·卡泽尔的《罗马私法》一书指出：从公元前3至1世纪，罗马对外扩张其势力，最终占据了欧州西部和南部的全部、小亚细亚、近东、埃及和北非。"在此时期，农村生活方式让位于城市生活方式，决定社会经济结构的是商业、工业和金融。罗马文化和希腊文化相互影响。"（Max Kaser, *Roman Private Law*, translated by R. Dannenbring Softcover, Pretoria: University of South Africa, 1984, p. 168.）罗马帝国时期，已把地中海视为内湖，俨然为海上贸易强国。随着疆域的拓展，行政权力、血缘宗法关系等对交易和价值规律的非经济干扰亦得以纾缓。恩格斯高度评价说：罗马法作为"商品生产者社会的第一个世界性法律"，"对简单商品所有者的一切本质的法的关系（如买主与卖主、债权人和债务人、契约、债务等等）"都作了"无比明确的规定"（马克思，恩格斯. 马克思恩格斯选集：第4卷. 中共中央马克思、恩格斯、列宁、斯大林著作编译局编译. 北京：人民出版社，1995：252.），是当时社会经济生活条件的反映，"是简单商品生产即资本主义前的商品生产的完善的法"（马克思，恩格斯. 马克思恩格斯全集：第36卷. 中共中央马克思、恩格斯、列宁、斯大林著作编译局编译. 北京：人民出版社，1975：169.）。罗马法之所以能够后来光被四海，是因为"罗马人以哲学思想，用于法律，议论切用而不迂远，主义贯彻而不复杂，宜其卓越东西，冠绝古今也。然罗马法之发达，并非罗马人固有之特长，实受希腊哲学之感化，往古哲学著名之国，首推希腊，迨被罗马征服以后，本其理想，灌输罗马，文物制度，焕然改观，同时法学一途，亦以罗马人应用之敏锐，参以希腊人高尚之理想，而蒸蒸日上；在第二世纪，与第三世纪之交，凡以法学家著名者，无一人与希腊无关系，如拔鄙尼亚鲁士（Papinianus）、乌尔鄙亚鲁士（Vlpianus）、抛路士（Paulus）或产希腊地，或师希腊人，其学说皆有'希腊化'，以助长法学之进步，然则罗马法学，合于实用而整然不离法理者，非合罗马人所长，与希腊人所长之结果，畴克至此。"黄右昌. 罗马法与现代. 北平：京华印书局，1930：14.

② 杨振山，斯奇巴尼主编. 罗马法·中国法与民法法典化. 北京：中国政法大学出版社，1995：117. 清末修律时，我国继受大陆法系概念称Jus civile为"民法"，由汉字日语而来。穗积陈重《法窗夜话》中云："'民法'一语，自箕作麟祥博士以其翻释法语'droit civil'以来，开始被普遍使用，所以我们原以为这是箕作博士始创的译语。但是当就此问题请教箕作博士时，博士解释说，这是采用了津田《泰西国法论》所载录之单词，不是自己的发明。于是又去请教津田，回答说，这个单词是他由荷兰语'Burgerlyu Regut'的译语而新创的。"（穗積陳重『法窓夜話』河出書房，1951：108.）

Law)。众所周知，中世纪西欧大陆盛行的是按社会集团不同而划分法律，如领主法、农奴法、商人法等，公、私法划分长期隐然无闻。奥托·冯·吉尔克（Otto von Gierke）所著《德意志私法概论》（*Grundzüge des deutschen Privatrechts*）中就指出：中世纪德意志私法有所谓生活领域特别的法秩序形成的倾向，各种各样依据身份、职业、物的种类的特别法分裂加剧，如家人法、庄园法、都市法、诸侯法、骑士法、商法和营业法、矿业法、堤防法等，这种丰富性使普通法几至消失，是国民法沉疴之因。① 显然，这种丛脞细碎的法律分类是如此杂乱无章、纷繁无绪，到封建社会末期便日趋落后于时代潮流，势所难免遭致淘汰和唾弃。从 8 世纪开始，拂拭去历史的灰尘，运交华盖的罗马法又重新流光溢彩；由于"注释学派"（Glossators）和"评注学派"（the Post－Glossators，亦称为 commentators）绳绳的大力揄扬，闻达于世的罗马法在立法和司法实践中被继受，以至于时人曾谓：如果想清除罗马法而制定一部法典，就如同制定一部没有德国法的德国法典。在《民法法系的演变及形成》一书中，艾伦·沃森指出："启蒙运动确立的信念，使人相信法律可以建立在理性的基础上，这种理性的动机导致了法律变革，导致了理性与民法传统结盟，促成官方编纂法典。随着地方法学和自然法学著作的不断问世，民法传统更倾向接受法典化的观念。"② 拿破仑是一个启蒙思想家的自然法学的信徒，崇尚理性社会。其担任第一执政官后，于 1800 年 8 月发布命令，任命由最高上诉法院院长特朗舍（François Denis Tronchet）、最高上诉法院的政府专员比戈·杜·普勒阿默纳（Bigot du Préameneux）、最高上诉法院的法官马勒维尔（Jacques de Malleville）、捕获法院的政府专员包塔斯（Jean-Étienne-Marie Portalis）四人组成的委员会起草民法典。1804 年，这部民法典以《法国民法典》（*Code civil des Français*）的名称颁布，但为了在法国以外属地施行便利，于 1807 年改称《拿破仑法典》（*Code Napoléon*）。③ 其自 1814 年至 1830 年又恢复使用原来的名称，不过自 1870 年以后，公认的名称是《民法典》（*Code Civile*）。为了方便起见，当初通过时的法典通常叫法是《拿破仑法典》。在此之后，拿破仑又制定了 1806 年的《法国民事诉讼法》（*Code de procédure civile*）、1807 年的《法国商法典》（*Code de commerce*）、1808 年的《法国刑事诉讼法》（*Code de procédure penal*），以及 1810 年的《法国刑法典》（*Code pénal*）共五部法典，完成了拿破仑的法典体系，终酬夙愿，后来被广义地称作"拿破仑法典"。这五部法典加上拿破仑的宪法便被合称为"法国六法"，构成一个完备的成文法体系。可以说，这是一个以罗马法为蓝本，以民法典为基础，以宪法为根本法的有机整体。其出现标志着法国资产阶级法律制度的最终确立。④ 对现代法部门划分的历史渊源，梅利曼的研究值得我们充分重

① オットー・フォン・ギールケ『ドイツ私法概論』石尾賢二訳、三一書房，1990：17.

② Alan Watson，*The Making of Civil Law*，Cambridge：Harvard University Press，1981，p. 123.

③ 野田良之『フランス法概論』有斐閣，1970：679.

④ 杨联华主编．外国法制史．成都：四川大学出版社，1992：147.

视，他认为："罗马私法、教会法和商法，是现代大陆法系各国大部分私法、程序法以及部分刑法中的概念、制度和程序的主要渊源。在资产阶级革命和法律科学的影响下，这些历史渊源从现代法制形式上说，它们被大陆法系各国包含在五个基本的具有代表性的法典，即民法典、商法典、民事诉讼法典、刑法典和刑事诉讼法典之中。"① 根据梅利曼的研究，教会法对大陆法系家庭法、继承法（罗马私法中的两个部分）、刑法以及程序法方面产生了不可忽视的影响。不难看出，到封建社会解体的末期和资本主义形成的初期，由于商品经济广泛迅猛的发展，社会经济关系日趋复杂，加之欧洲大陆国家长达数世纪之久研究《民法大全》（*Corpus Juris Civilis*）的文化积累和理性主义思潮的衍播，法律和法学的部门划分出现了里程碑式的变化。民法典的问世，开辟了一个新纪元。它以新姿态昂然走上历史舞台，取代了查士丁尼《民法大全》以来的法规，它决然斩断了与诸法合体的母体结构的"脐带"，更以中国人所谓的"决袂"的方式脱离了民刑不分的暧昧关系。笔者认为，这时期法律和法学部门的划分是一种地地道道的"清理门户"，分化与综合犹如一个硬币的两面，是一而二的问题，否则中世纪欧洲大陆许多光怪陆离的法律分类的销声匿迹便成为不可思议的事情。在整个资本主义自由竞争阶段，民法尽管已显露出个别不适应之处，但大体上还是满足当时对资本主义市场经济法律调整需求的，所以民法是这一时期经济领域内独执牛耳的大法，拥有独领历史风骚的霸权地位。勒内·达维德就曾经说："在19世纪，民法典在法国一直被视为核心，法律的真正心脏。"② 这时期对民法的尊崇有加在西方学者看来往往简直与"物神崇拜"相埒。

历史的发展常常把人们苦心孤诣构造的精巧珍物无情打碎。拿破仑说："我的光荣不在于打胜了四十个战役，滑铁卢会摧毁那么多的胜利……但不会被任何东西摧毁的，会永远存在的，是我的民法典。"③ 拿破仑将他亲自领导制定的民法典称为"圣匣"，但这位叱咤风云的枭雄却是无论如何也不能像后来福柯那样认识到"我说话，不能让我不死，相反的，正是建立我之死，我写的书，是我的谋杀者"④ 这番醍醐妙论的。有学者认为，1804年民法典颁布之后仅为时三年便有《法国商法典》问世，就是民法典当时已微露不适应的表征，商法是已经渗入了国家对某些问题一定程度的干预的法，已有了经济法的萌芽。资本主义社会进入垄断阶段后，生产高度社会化，经济利益多元化，经济关系错综复杂化，社会矛盾尖锐激烈化，时移势易，与放任主义的市场结构有表里一致关系的近代法（特别是私法）体系，难奏肤功的不适宜迹象日甚一日，于是出现了私法和公法藩篱逐渐消失而经济法脱颖于囊的情况，形成了经、民、刑综合调整模式。有人把现代社会的发展概括为不断的细密化和一体化。现代科学发展到21世纪，也表现出高度分化和高度整体化

① John Henry Merryman，*The Civil Law Tradition*，Stanford：Stanford University Press，1909，p. 49.

② René David，The Civil Code in France To-Day，*Louisiana Law Review*，Vol. 34，No. 5，1974.

③ 拿破仑法典. 李浩培，吴传颐，孙鸣岗，译. 北京：商务印书馆，1979：译者序第3页.

④ Michel Foucault，*The Archaeology of Knowledge*，London：Routledge，1972，p. 130.

的趋势并存的格局；现代科学的分化不再具有封闭性，也成了整体化的表现之一。① 经济法的产生是法律对社会关系的调整日益社会化、精细化和专业化的必然结果，亦是在更高形态上的有机的综合。刘文华将这一时期称为法的分合并行阶段。必须指出，综合固然为经济法的基本特征，但这并非法的早期的诸法合体的“返祖现象”。首先，时光不会倒流，诸法合体是生产力水平低下的时代蒙昧简陋的产物，经济法则是社会化大生产时代经济关系复杂性的必然结果；其次，诸法合体的时代各种不同法律规范“杂居群处”，难以厘清，而经济法是在承认民法、刑法、行政法、劳动法等法律部门划分的基础上，运用不同的法律调整手段“协同动作”，把刑事责任、民事责任、行政责任、经济责任严格区分开来。一言以蔽之，非退化也，实进化也；非不能分也，实分以致合也。

1935 年，日本学者加古祐二郎所著《关于近代法的多元构造》(『近代法体系の多元的構造に就て——所謂私法・公法・社会法の体系に関する疑問』) 提出了法体系上的独特视角。此前，他还发表过《关于近代法的形态性》(『近代法の形態性に就て』、1934 年) 等相关论文。加古的观点有两大特色：一是在法体系有关矛盾的转机中深入探讨法秩序存在的依据；二是包含对法秩序“限界性”的有关尖锐批评。他认为，今日的“社会法原理”是在“市民法原理”内在矛盾的“机能变化”过程中产生的，仅仅始终是同一物“市民法原理”内部有关自己矛盾，其历史的构造可以说是作为“最后的形态”，其限界并没有被超越。加古的论文对具有特殊历史规定的近代法的“形态性”(Gestalt) 进行分析，批评仅仅停留在近代市民法形态分析的“第一阶段”，即对“抽象的单纯商品生产者的社会”的法形态特质的说明，认为这并没有阐释清楚近代法的特殊历史的规定，主张有必要深入“第二阶段”的分析，即对商品资本主义社会的法的形态的特质的说明。加古在论文中指出，近代法的历史形态性，首先应视为类型学上的由近代社会的市民社会和政治社会二元构造（这种对立物的同一性是近代社会的特质）制约的公法、私法（近代法体系最基本的法体系）的二元构造。这样，在近代法形态的“本质的原理”（权利主体性的原则）中，私法体系作为近代社会的“第一次转机”的市民社会的固有的法的原理而第一次存在，这意味着私法体系是近代社会法形态的第一次的原理、一切法体系的 Herzkammer（心室）。公法体系作为近代社会的第二次转机的政治社

① 笔者在五卷本独著《法律、资源与时空建构：1644—1945 年的中国》第 1 卷中提出：学术的发展是由混沌到专业化，再由专业化到细分化。现代学术的潮流表现形式是细分化而不是综合化，综合化仅仅是细分化的手段。细分化按黑格尔正—反—合的三段论的发展逻辑理解，理所当然是在更高阶段上对混沌化的复归，但混沌化已是不可能复辟的老皇历。由此可见，现在许多人认为美国学术界研究有细碎化的倾向，这似乎不足为训，其实大而化之的粗放经营时代已经过去，学术必然走向精耕细作的集约化经营。现代物理学由分子而原子，由原子而粒子，由粒子而纳米技术，其他诸如化学、医学领域的微观世界，大举挺进，而从事社会科学的中国人仍驻足不前，岂能不讲求“最细微心”的修炼？学术只能以分化为前进的主动力，综合通常为同水平的影响或表现为分化的另一体相，学术的分蘖不能如龚自珍《病梅馆记》所言“斫之伐之”。

会（以同质的市民社会为基础、由其内在矛盾而产生的具有异质性的原理的社会）的法的原理，是以公法的原理为其实质的原理的近代法的第二次转机。在垄断资本主义阶段，称作社会法的第三法体系是近代法体系矛盾形态的产物，是近代法体系中公法、私法二元结构的古典形态“动摇变质”的产物，是现代社会产生的历史的“型的概念”，在其属于今日法律秩序的过渡性法制形态上，具有现代的特征。[①] 沼田稻次郎于1953年发表的《市民法与社会法》继承了加古论文有关法体系的历史的形态性的问题意识，认为“市民法”“社会法”“经济法”等的分类与其说全部仅仅表示资本主义法体系的构造要素，毋宁说被作为全体系的历史的性格的阶段的相继承担的分类来把握。[②] 应该说，加古和沼田的研究对我们具有重要的启迪作用。

有学者指出，从古希腊的 Politike Koinonia 到拉丁文的 Societas civils，再到英语的 civil society，最后到德语的 bürgerliche Gessellschaft，每一次移译都不同程度地改变了原词的含义，而这种含义的变化过程，正是市民社会理论的形成和发展过程。《布莱克维尔政治学百科全书》（David Miller，Vernon Bogdanor，ed.，*The Blackwell Encyclopaedia of Political Science*，Oxford：Blackwell，1987）中这样写道：“市民社会一词在14世纪开始就为欧洲人采用，其含义则是西塞罗在公元1世纪便提出的。它不仅指单个国家，而且指业已发达到出现城市的文明政治共同体的生活状况。”[③] 西方历史上的市民社会理论有两大支脉，分别由洛克和孟德斯鸠所开创。洛克一派视社会为外在于政治的实体。在洛克这一派的市民社会理论中，一个自主的和有自己“意见”的公共空间概念与经济因素同等重要。与洛克派的理论不同，孟德斯鸠视野中的社会并不具有外在于政治权力的有效机制，由结构所规定的社会与国家关系中的多元化而不是社会的非政治性便成了关键所在。在自然法学者那里，市民社会乃是与自然状态相对的一种文明状态。黑格尔批判了上述观点，指出了市民社会的历史性。他认为，市民社会是人类伦理生活逻辑展开中的一个阶段，并必将为国家所超越。在黑格尔看来，“市民社会”是处于家庭与国家之间的地带，它不再是只与野蛮或不安全的自然状态相对的概念，更准确地说，它是同时与自然社会（家庭）和政治社会（国家）相对的概念。市民社会并非目的，它是达到其成员私欲的手段，是受到利己性支配的地方，内部充满着矛盾和冲突，是个人私利的战场，是一切人反对一切人的战场，其主要活动或本质活动是攫取性的。基于此，黑格尔认为，市民社会如果要维持其“市民性”，就必须诉诸一外在的但却是最高的公共机构，即国家。显而易见，黑格尔所谓“国家高于市民社会”的架构与洛克式“市民社会先于或外于国家”架构是相反的。恩格斯在说明马克思

① 加古祐二郎著・恒藤恭、沼田稲次郎編『近代法の基礎構造』日本評論社、1964年、216頁以下。亦可参见名和田是彦「加古祐二郎の法哲学と法体系論の課題」『法学志林』第88卷第2号、1991年。

② 沼田稲次郎『市民法と社会法』日本評論新社，1953：78.

③ 戴维・米勒，韦农・格丹诺主编．布莱克维尔政治学百科全书．中国问题研究所，等组织翻译．北京：中国政法大学出版社，1990：125.

的理论思维逻辑时说，"马克思从黑格尔的法哲学出发，得出这样一种见解：要获得理解人类历史发展过程的锁钥，不应当到被黑格尔描绘成'大厦之顶'的国家中去寻找，而应当到黑格尔所那样蔑视的'市民社会'中去寻找。但关于市民社会的科学，也就是政治经济学"①。马克思关于市民社会的理论最初无疑受黑格尔影响。② 马克思认为，在资本主义条件下，政治社会与市民社会的边限变得非常明确。从某种意义上说，国家制度无非就是对政治社会与市民社会的边限的权威性界定，是两者之间的一种契约。笔者认为，尽管不同学科、不同学者所使用的"市民社会"概念难以化约、概括，却具有维特根斯坦（Ludwig Wittgenstein）所说的"家族相似"。市民社会是市场经济对社会结构的改造过程的历史产物。在西方，市民社会与国家的关系经历了三个不同的发展阶段，即体制外对抗——一体化发展——体制内自治。从某种意义上说，市民社会是市场经济的同构体。市场经济的内在要求是，私人的物质生产、交换、消费活动摆脱政府的家长式干预，成为在政治领域之外的纯经济活动。但是，市民社会与政治国家的分离是相对的而不是绝对的。严复在翻译自由主义市民理论代表人物约翰·密尔的《自由论》（John Mill, *On Liberty*, London: Parker & Son, 1859）时把书名译为《群己权界论》，不能不说是深谙此中三昧真义而妙手成春之笔。不过，市民社会与国家的疆址森然绝非一成不变。③ 尽管如阿奇博尔德·麦克利什（Archibald Macleish）在罗斯福新政时期所说，"在这个时代，公共生活已经冲过私人存在的堤防，就像海水在春潮期间冲进清水池，直到池水也有咸水味一样"④，但笔者并不同意随着对国家和市民社会的同质性认识的提高而国家和市民二元性认识已经崩溃的认识。

公法和私法的划分是大陆法系的历史传统，起源于古罗马法。近代法体系关于

① 马克思，恩格斯. 马克思恩格斯全集：第16卷. 中共中央马克思、恩格斯、列宁、斯大林著作编译局编译. 北京：人民出版社，1964：409.

② 马克思著作中译本中的"市民社会"和"资产阶级社会"在德语原著中是同一个词：bürgerliche Gesellschaft，但绝非如有些人所说"市民社会"仅仅是马克思早期思想不成熟时所使用的概念、后来弃而不用以"经济基础""生产关系的总和"等概念取代。事实上，马克思或恩格斯亲自校订的《资本论》第1卷法文版和英文版中，bürgerliche Gesellschaft 一词也分别被译作 société civile（法文"市民社会"）、civil society（英文"市民社会"），société bourgeoisie（法文"资产阶级社会"）、bourgeois society（英文"资产阶级社会"）。马克思《德意志意识形态》中指出："市民社会"这一用语是在18世纪产生的，当时的财产关系已经摆脱了古代和中世纪的共同体。这样的市民社会（solche bürgerliche Gesellschaf，原中译文为"真正的资产阶级社会"），只是随同资产阶级（Bourgeoisie）发展起来的。马克思，恩格斯. 马克思恩格斯选集：第1卷. 中共中央马克思、恩格斯、列宁、斯大林著作编译局编译. 北京：人民出版社，1972：41. 在马恩的德文原著中，根本没有资产阶级社会（bourgeoisie Gesellschaft 或 Gesellschaft der Bourgeois）这样的概念。

③ 有学者指出："国家与市民社会的二元结构是相对稳定的，但其中的'边界'却是经常变动的。这一方面是因为原有的界线随着时势的变化，需要重新划分，另一方面是因为二者交界的边缘有许多新的空间，需要不断地加以'确认'。因此市民社会与国家的关系处在一种永不停息的变化之中。"景跃进. "市民社会与中国现代化"学术讨论会述要. 中国社会科学季刊. 1993（4）.

④ 威廉·爱·洛克滕堡. 罗斯福与新政：1932—1940. 朱鸿恩，刘绪贻，译. 北京：商务印书馆，1993：389.

公法和私法的区分虽然是对罗马法的继受①，但更应该说是19世纪以政治社会和市民社会分离为背景的法治国家的产物，是为了确保以与国家支配相对立的市民社会为基础的自由的私法秩序的自主性。换言之，近代法体系关于公法和私法的分化，其产生是源自近代国家社会构造内在的二元性。日本经济法学家峰村光郎关于这一问题的阐述实际上是延续加古祐二郎（かこゆうじろう）和沼田稻次郎（ぬまたいねじろう）的"话语"由头。峰村光郎指出，与近代国家关于社会关系和国家关系分离的特性相对应，形成了国家法关于公法和私法的分立以及国民经济关于公经济和私经济的分立。以私人经济活动自由为构成原理的市民社会，是以近代法关于私人自治为媒介而得以成立；以私人自治为基本原理的近代法，是以市民社会的存在与发展为依托。峰村光郎把从自由经济到统制经济的国民经济结构的变动视为在自由经济下曾经丧失的政治和经济之间全体性和统一性的回复。他认为，随着资本主义的高度发展，近代法理念的伦理性和社会妥当性丧失，不得不对法秩序进行全面的修正和补苴，以公法和私法的对立为媒介，其矛盾形态的产物就是称为"公法和私法的混合"或"公法和私法相互渗透"的社会法（经济法、劳动法）。② 笔者认为，市民社会不是一个独立的概念，它在与国家的相对关系中获得自身的规定性。市民社会与国家是一合体中的不可分割的两个分体。国家对市民社会的渗透或统合的政治性是不可否认的。在垄断资本主义阶段，市民社会在经济秩序紊乱、失调的情况下，不得不予以认可，或者说不得不在"社会契约"中对国家作出授权以对社会经济生活加以协调，否则它本身就无法维系下去。这就是经济法产生的原因。

卡斯凯尔说："公法和私法是从法技术上来区别，私法制度与公法手段的结合，是现今新法律的特征。经济法也是由两部分组成，但从理论上任何部分均不属于。"③ 歌德施密特说："经济法是包括公法与私法在内的法律分支。认识这一点对考察经济法是绝对必要的。实际上，私法和公法观念的相互渗透正是经济法的精髓。"④ 拉德布鲁赫（Gustav Radbruch）支持歌德施密特的观点，指出："经济法是既不属于私法又不属于公法的完全独立的法。"⑤ 邓尼斯特央斯基（Stanislaus Dnistrjanskyi）的观点更为鲜明："经济法是与过去的私法和公法并列的三位一体，即私法以个人利益为目的，公法以国家安宁秩序的保全为目的，这两者之间存在 so-

① 最早系统提出公法和私法划分原则的是古罗马法学家乌尔比安（Ulpianus）。他指出："公法是关于罗马国家的法律，私法是关于个人利益的法律。"关于公法和私法的划分标准，除了乌尔比安所倡的"利益说"，尚有为德国法学家拉邦德（Paul Laband）所倡的"意思说"和耶律内克（Georg Jellinek）所倡的"主体说"等。

② 峯村光郎『経済法の基本問題』慶応義塾大学法学研究会，1959：179.

③ W. Kaskel，*Begriff und Bestandteile des Wirtschaftsrechts*，Berlin：Stilke，1921，S. 212ff.

④ Hans Goldschmidt，*Reichswirtschaftsrecht*，Berlin：Heymann，1923，S. 14.

⑤ Radbruch，*Einführung in die Rechtswissenschaft*，8. Aufl.，Leipzig：Verlag von Quelle & Meyer，1929，S. 93.

cietas humana，其经济就是经济法的法律规范的着眼点。换言之，私法在人间生活的个别秩序领域起作用，国家法在一般权力秩序领域起作用，经济法在社会的经济秩序领域起作用。私法是个人的王国，公法是国家的王国，经济法是社会的王国。”① 支持经济法作为公法、私法以外的社会法而形成独立法域的日本学者有菊池勇夫（きくちいさお）和常盘敏太等。② 这就是学术界聚讼纷纭的私法、公法与经济法的三分法说。美浓部达吉（みのべたつきち）反对否定过去私法和公法的区别而将经济法视为独立的法律分类，认为在法学体系上公法和私法的系统分类仍有维持的必要。③ 金泽良雄认为美浓部达吉这种反驳意见是不无道理的。中国学者认为金泽良雄主张经济法是独立于公法和私法之外的社会法第三法域，实属一知半解，存在严重的误读。原龙之助（はらりゅうのすけ）的立场与美浓部达吉相近。原龙之助批评峰村光郎既将经济法视为独立的不属于公法或私法的第三法域，又声称经济法是“统制经济的固有的法”，感到“统制经济”到底如何理解十分困难。在原龙之助看来，经济统制正是行政作用的一种，所谓“经济统制法”是行政法，属于公法。④ 笔者认为，不仅原龙之助对峰村的思想有曲解，而且我国学者亦未真正理解“经济统制法”的含义，往往带有先入为主的成见。对于峰村光郎经济法社会法论的另一种批评意见是认为经济法属于私法。津曲藏之丞（つまがりくらのじょう）认为不可将统制经济法与经济法作为同义语使用，大胆地说对经济的统制的法是经济法尚为时过早。⑤ 津曲藏之丞把经济法与作为企业法的商法视为同义语，指出：“经济法经历了自由经济法、自主的（部分的）经济法、国家的（全体的）统制经济法三个发展历史阶段。”他基于统制经济法尽管系私法公法化，但仍然保留了私法色彩的理由，认为“就此而言，统制经济法仍然是私法范围之内的法”⑥。围绕社会法的概念，峰村光郎解释说这并没有仅仅直接否定公法和私法在实定法上的区别，公法和私法的概念是历史的产物，亦是实定法的制度概念。公法和私法的区别作为起源于政治和经济分离特性而来的历史的、制度的概念，尽管历史基础发生变动，在当今实定法上仍然有重要意义。⑦ 以个人为承担者的私法受自由及平等原理支配，国家为承担者的公法受权力支配原理支配，相反以称为国民经济的共同

① 橋本文雄『社会法の研究』有斐阁，1957：159.

② 菊池勇夫『経済統制法』新法学全集：第33卷. 日本評論社，1940：9. 常盤敏太『現代経済法の基礎理論』日本国家科学大系第7卷、実業之日本社，1944：440.

③ 美浓部达吉针对经济法是涉及公法、私法两法域以外的独立法律分支的论点，指出：“为了保持与私经济的行为亦即私经济的法律关系相对的社会经济的健全性，或依国家的权力，或依对企业者相互间的协定暨组合进行规约的公法上的权威，对之加以统制作用，与之有关的法由此称为‘经济统制法’。”经济统制法与文化行政法及劳动行政法并立而构成保育行政法。他说，通常所称的“经济法”，其意义不十分明确，主要是在指称经济行政法时使用这个概念。

④ 原龍之助「経済統制法の地位そ其の性质」『経済学雑誌』第11卷第5号。

⑤ 津曲藏之丞『日本統制経済法』日本評論社，1942：254.

⑥ 同⑤264.

⑦ 峯村光郎『経済法の基本問題』慶応義塾大学法学研究会，1959：180.

经济社会为承担者的经济法受组织的原理支配。[①] 我国台湾地区学者林纪东说："所谓社会法（或称社会立法）者，不外法律社会化最主要之表现而已。就现行法律观察，此种社会化之精神，已分别渗透于公法私法各领域之中，无远而弗届。换言之，旧日之公法与私法，已因法律社会化之现象（亦即所谓社会法之崛起），而一新其面目，故社会法或则渗透于公法私法之中，或则将公法与私法冶于一炉，以公法与私法之结合姿态出现（如土地法规劳动法规等），多为公法与私法之结合，并非于旧有公法私法之外，另有面目迥殊之社会法，参杂于其间。法律三元论者，不察及此，倡为公法私法社会法鼎足而三立论，是旧日之公法与私法，固依然故我，崛起之社会法，与旧有之公法私法亦不相牵联，殊不合于现代公私法面目一新，及社会法精神，影响于全部法律之事实，是所以尊重社会法者，反不足以彰其地位，转使旧日之公法与私法，依然无恙，夫岂确当之论哉?!"[②] 金泽良雄的观点也是与三分说截然不同的。他说："三分说的论据之一是，把国家、个人和社会分别作为公法、私法和经济法的各自法域的支撑点。这种观念，除以公法、私法的现代法意识为前提，并以国家和市民社会的二元论为基础外，还企图把'社会'作为新的法律的支撑。这里所谓'社会'者，不就是建立在把现代市民社会成立的历史和理论出发点固定的观点上的吗?"[③] 金泽良雄的观点用其自己的图式表述为：

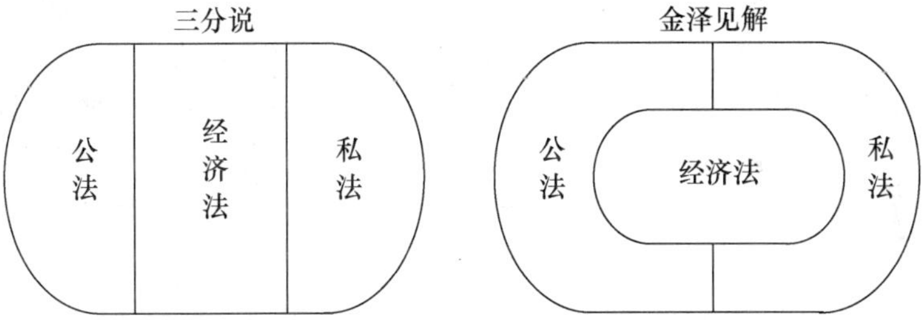

由此可见，金泽不破坏公法和私法的二元结构基础，经济法与公法、私法不是三分说那样平面的三分天下，而是在公法、私法一分为二的基础上，经济法叠加上其上而跨于公法、私法两个领域之上，并也产生着这两者相互牵连以至相互交错的现象，是立体式的划分方法。笔者认为，我们只能说经济法具二元性，将经济法或社会法作为第三法域的三分说主张经济法的独立性固然言之极是，尽管三分说亦不否认公法和私法的二元结构基础，但应该看到三原色与不同原色组合的缤纷斑斓的诸种颜色在结构上并非阶位相同。

① 峯村光郎『経済法の基本問題』慶応義塾大学法学研究会，1959：181.

② 林纪东．行政法．台北：三民书局，1977：20.

③ 金沢良雄『経済法』〈法律学全集（52—Ⅰ）〉有斐閣，1980：27.

二、经济法对民法的溢出与衔接

史际春认为："民法本质上是'自由的财产流转法'。它以民事法律行为和意思表示制度为核心，主要调整当事人意思自治，亦即价值规律自发作用的财产流转关系，并建立相应的主体制度、物权和其他权利制度，与刑法衔接调整较轻微的侵权关系。"① 法国民法典的编纂者曾经设想这部法典会成为像摆在家庭书架上的《圣经》那样家传户诵。不过，据詹姆斯·高德利（James Gordley）的研究，法典中2/3左右的条文与多马（Jean Domat）和18世纪的法学家波捷（Robert Joseph Pothier）的理论有着惊人的近似，该法典没有任何现代的个人主义的东西，在这些条文中最先发现个人主义原则的是19世纪的法典注释者们。在所有的民法典中，最系统、逻辑最为严谨的一部当推1900年开始实施的《德国民法典》（*Bürgerliches Gesetzbuch*）。古斯塔夫·博莫尔（Gustav Boehmer）认为，德国民法典并非20世纪之母而是19世纪之子，该民法典所描述的人像，"乃是植根于启蒙时代，尽可能地自由平等、既理性又利己的抽象的个人（abstrakte Einzelmensch），是兼容市民及商人的感受力的经济人（homo economicus）"②。星野英一（ほしのえいいち）是日本民法学科的学术带头人之一，在其论文集《民法全集》第6卷中指出：私法上的人具有知性和意思，自律地为自己的命运开辟道路，可以说是与经济学上所说的"经济人"（homo economicus）相对应的"法律人"（homo juridicus）③。法学界普遍的观点是：私法中的人是作为被抽象掉了各种能力和财力等的抽象的个人而存在的。④ 人在民法中的资格，被作为平等的主体对待，其经济实力、社会势力、情报收集能力的差异却完全没有被当成问题。这种情况用简·爱（Jane Eyre）的话来说，即我们的精神始终是平等的，当我们穿过坟墓共同站在上帝面前的时候，只是我们无须上帝来评判。⑤ 应该说，作为近代民法所拟制构成的

① 史际春. 社会主义市场经济与我国的经济法——兼论市场经济条件下经济法与民商法的关系问题. 中国法学. 1995（3）.

② Franz Wieacker, *Privatrechtsgeschichte der Neuzeit unter besonderer Berücksichtigung der deutschen Entwicklung*, Göttingen: Vandenhoeck & Ruprecht, 1952, S. 468ff.

③ 星野英一『民法論集』第6卷. 有斐閣，1986：17.

④ 竹内昭夫「消費者保護」竹内昭夫［ほか］『現代の経済構造と法』筑摩書房，1976：17.

⑤ 正是这样，费肯杰在其法朗士名著《经济法》中指出：秩序自由主义（Ordoliberalismus）民主却不反垄断，这的确是自由和平等露宿桥下。基本权的民主在贫穷和富有天定命运的观念中不可能建立。费肯杰在此是依据法国作家、文学评论家、社会活动家阿纳托尔·法朗士（Anatole France）讥讽之辞："法律在其雄伟壮观的平等中禁止富人像穷人一样露宿桥下、行乞街头和偷窃面包"（Das Gesetz in seiner majestätischen Gleichheit verbietet den Reichen wie den Armen, unter den Brücken zu schlafen, auf den Straßen zu betteln und Brot zu stehlen）。阿纳托尔·法朗士系1921年诺贝尔文学奖得主，其代表作有《企鹅岛》（*L'Île des pingouins*, Paris: Calmann-Lévy, 1908）、《诸神渴了》（*Les dieux ont soif*, Paris: Calmann-Lévy, 1912）等长篇小说。阿纳托尔·法朗士讽刺说："公平生来就是使每个人各得其所，对富人来说，得到富足，对穷人来说，得到贫穷。"（转引自彼得·斯坦、约翰·香德. 西方社会的法律价值. 王献平，译. 北京：中国人民公安大学出版社，1990：84.）这和恩格斯的下述名言异曲同工：资产阶级的"法律上的平等就是在富人和穷人不平等的前提下的平等，即限制在目前主要的不平等的范围内的平等，简括地说，就是简直把不平等叫作平等"。马克思，恩格斯. 马克思恩格斯全集：第2卷. 中共中央马克思、恩格斯、列宁、斯大林著作编译局编译. 北京：人民出版社，1957：648.

法主体的自由人与现实具体的社会化的人的游离，正是随后资本主义社会强凌弱、众暴寡等现象的肇因。诚如马克思所言，“要避免所有这些弊病，权利就不应当是平等的，而应当是不平等的”①。正是这样，在现代民法中，差别原则被学术界视为平等原则的深化和必要补充，是平等原则的辅题。资产阶级当时出于反封建的需求，把个人所有权看成是人权之一，与自由不可分离，并在法律上赋予所有权神圣不可侵犯的地位②，形成所有权完全性、所有权弹力性的理论，产生了对“所有权”概念的崇拜心理。这样便难免使资源的优化配置和在运动中实现增值的可能性受到所有人占有欲和支配欲的制约，阻碍国家所组织的大规模的经济建设。所以从20世纪以来，各国法律都加强了对所有权关系的行政干预，使私人所有权呈现出“社会化”的发展趋势。德国学者赫尔穆特·克勒（Helmut Köhler）指出：“对经济发展自由和社会正义公平之间的紧张关系妥善地理解和协调处理，一直是在私法领域内贯彻政府行政法律的首要问题。”③ 私法从个人主义转向集体主义、从权利本位转向义务本位等发展趋势，可以看到经济法正在从地平线上冉冉升起的端倪。据外国学者研究，私法的衍化倾向甚至在私法的核心领域——侵权行为法和合同法中灼然可见。④ 允许合同当事人“意思自治”乃源于维多利亚时代法官们对于边沁主义（Benthanmn dogma）所提倡的不干涉原则（Laissez-faire）的信奉，然而，合

① 马克思，恩格斯．马克思恩格斯选集：第3卷．中共中央马克思、恩格斯、列宁、斯大林著作编译局编译．北京：人民出版社，1972：12.

② 从罗马法到《法国民法典》，财产所有人从个人主义出发被赋予“绝对所有权”。按照罗马法所规定的所有人享有的“滥用权”，“土地所有人可以决定让树上的果实烂掉，可以在他的田里撒上盐，可以把他的母牛放牧到沙地上去，可以把葡萄园变成荒地，还可以把他的菜园变成游猎的园地”（普鲁东．什么是所有权．孙署冰，译．北京：商务印书馆，1982：67.）。这显然不利于社会经济的发展和财富的增加。

③ 海尔穆特·库勒尔．《德国民法典》的过去与现在．孙宪忠，译//梁慧星主编．民商法论丛：第2卷．谢怀栻先生从事民法五十周年特辑（1994年2号），北京：法律出版社，1994：220.

④ 在侵权行为法里，存在着从过失赔偿责任的个人主义原则向社会的、保险的成本利益分析（The cost-benefit analysis）的转变，从而导致了损失分配原则（The principle of loss distribution）的产生。在合同法中，由于立法机关承认社会和经济不平等，确认限制一方当事人权利的格式合同日益侵害了在契约交易中理想的平等和契约意思自治原则。日本学者内田贵认为，现代契约法正经历着从古典契约向关系契约、又从关系契约向契约过程法学的演进。格式合同在法国从萨莱耶（Raymond Saleilles）以后被称为附合契约（contrat d'adhésion），德国法学界将格式合同条款称为普通契约条款（Allgemeine Geschäftsbedingungen，简称AG）。这种法律现象使个人的契约自由常常仅剩下“订立不订立契约的自由”，被人们称为“契约的死亡”。唯此之故，美国契约法学界产生了这样相映成趣的两位风云人物：一位是麦考莱，他于1963年发表《企业中的非契约性关系的初步研究》（Stewart Macaulay，Non-Contractual Relations in Business：A Preliminary Study，*American Sociological Review*，Vol. 28，No. 1，1963）而声名鹊起，宣告了现代正统契约法的“死刑”；一位是同麦考莱一样出身于苏格兰的法学家麦克尼尔出版《新社会契约论》（Ian R. Macneil，*The New Social Contract*：*An Inquiry into Modern Contractual Relations*，New Haven，Conn.：Yale University Press，1981），为契约法死里逃生指出“走关系的后门”。过去法学界对于调整各种人际关系的认识仅停留于将其作为当事人意思和法律规则的背景来把握的境界，而麦克尼尔则不仅将这种背景推到“前景”的位置，而且将其作为契约的首要法源。

同法如凤凰涅槃而脱胎换骨，自由主义契约理论将契约与契约之所以产生的社会关系割裂的做法已不合时宜，唯意志论所主张的建立在抽象人格基础之上的绝对契约自由思想亦成老调陈词，20世纪契约法更强调契约人格的具体化、相对化和契约活动的社会化、过程化。在消费方面，消费者会因为企业家在契约法（定型化契约条款）和责任法（过失责任条款）上占尽便宜而对民法的公正性难以提出质疑，诸如德国法学家诺贝特·赖施（Norbert Reich）遂力倡改变传统一元的民法结构为民法（一般人之间）、商法（企业之间）和消费关系法（企业和消费者之间）的三分私法结构。尽管有学者将消费者保护法视为特别私法[①]，但我们应该看到，对消费者保护法的界定不是一个"事实"问题（quaestio facti）而是"目的"问题（quaestio iuris）。消费者保护法确如麦克尼尔《新社会契约论》（Ian Roderick Macneil, *The New Social Contract*, New Haven, Conn.: Yale University Press, 1980）中"角色保全"（role integrity）思想一样，是对传统民法主体抽象人格的扬弃，是从一个社会的"角色"——消费者出发；尽管其规范的对象是私行为，但即使是对个别消费者的保护，伸张的却是整个市场的正义，既不是传统民法的对等正义，也不同于传统公法的分配正义，所以其本质上必然为经济法的一部分。国外学术界对消费者保护法的合法性基础分为两种意见：一为补充市场典范的消费者保护法，一为批判市场典范的消费者保护法。[②] 其实，这两派学说大同小异，都在不同程度上承认消费者保护法是对市场经济现实的批评，对传统民法体系具有"补白功能"（Lückenbüßerfunktion）。

据我国台湾地区学者曾陈明汝的研究，英美反不正当竞争法是从商标法逐渐脱胎演变而来的。[③] 至于大陆法系国家中第一部反不正当竞争法最早出现在德国（1896年）。早期附丽于普通民刑法的零星竞争法条概念上并不区分不正当竞争和限制竞争，后者至多只是不正当竞争的一种样态。英美和欧陆的反不正当竞争法产生的背景在于，大规模自由市场经济铺天盖地、势吞山河，而旧经济秩序的伦理也随着控制力量（如同业公会）的削弱而濒于崩溃，呼唤法律的维系。从本质上说，反不正当竞争法是适应新经济社会的特别私法（侵权行为法），而滥觞于美国的反垄断法（德国称"反限制竞争法"）自始就在基本架构上倾向于公法，其中"公共

① 德国和日本都根据私法的内容将其区分为一般私法和特别私法。在德国，民法作为一般私法规定着民法（《德国民法典》）及其附从法（如《婚姻法》《住宅所有权法》《消费者信用法》）等中私人之间最为重要的一般法律关系，属于特别私法的有《商法》《公司法》《有价证券法》《竞争法》《著作权法》《个人保险法》《劳动法》。日本划分情况与德国类似。德国学者常混同使用"消费者保护""消费者保护法""消费者法"。

② 德文称为 market konformes oder market korrigierendes Verbraucherrecht。诺贝特·赖施：《市场和法》（Norbert Reich, *Markt und Recht: Theorie und Praxis des Wirtschaftsrechts in der Bundesrepublik Deutschland*, Darmstadt/Neuwied: Luchterhand, 1977）一书中称之为 market komplementäre oder market kompensatorische Konzeption des Verbraucherrechts。

③ 曾陈明汝. 商标法原理. 北京：中国人民大学出版社，2003：151、152.

政策”的因素大于“伦理”的因素。1909 年德国《反不正当竞争法》(*Gesetz gegen den unlauteren Wettbewerb*)增列第 1 条以“善良风俗”为中心概念的概括条款①，使原来仍奠基于自由放任时代思潮的竞争法秩序产生质变，从纯粹商人间侵权行为法扩张到公众利益的保护，以所谓的社会法(Sozialrecht)观点代替了过去的个人法(Individualrecht)观点。在 1958 年联邦德国《反限制竞争法》(*Gesetz gegen Wettbewerbsbeschränkungen*)② 开始施行以前，《反不正当竞争法》在维护经济伦理的范围内已经发挥了一部分保护竞争的功能，在此之后的发展，先是反限制竞争法所包含的新自由主义经济政策规定逐渐“投射”到反不正当竞争法的价值领域，继而反不正当竞争法的保护法益进一步扩张到消费者的利益，反限制竞争法的保护客体相应地也呈现出扩张到保护个别竞争者及消费者的趋势。与此同时，在 20 世纪 60 年代末期以后颁布的《促进经济稳定和增长法》(*Gesetz zur Förderung der Stabilität und des Wachstums der Wirtschaft*，简称 Stabilitätsgesetz，StabG)③ 更赋予各种政策工具使政府更积极地干预市场经济的运行，调整市场结构及控制景气以维系总体经济的均衡，反映在两部竞争法的便是总体经济多元目标逐渐渗入。由于纯粹私法架构的反不正当竞争法在当事人主义的束缚下，实际上已经无法对牵涉的所有法益提供适当周全的保护，所以公力的介入便成了必然的趋向。正是这样，有学者指出：“联邦德国的反不正当竞争法原是企业间的特别侵权行为法，随着恶性竞争的形态不断扩张，法官对所谓‘善良风俗’的评价基准也慢慢在传统商业竞争伦理之外加入了消费者保护政策、自由竞争保护政策等政策性因素，更是学者乐道的‘私法经济法化’的典范。”④ 方流芳在《中西公司法律地位历史考察》中认为，公司是在从自由设立到特许设立的过程中转变为法人的，导致这种转变的原动力是对行政垄断性的追求，而从特许设立到准则设立，是古代公司向近代公司进化的分水岭，随着设立公司的通路依准则向公众敞开，私法主体与公法主体之间产生了清楚的分界线。⑤ 事实上，历史性正是人类存在的基本事实，无论是解释者还是作解释对象的文本，都内在性地嵌于历史性之中。考虑到方流芳所处的语境，我们可以理解其对公司私法主体地位的格外关注。不过，任何事物都是一种有限的存在，超过这一限度就是与自身相异的他在。在 19 世纪，公司法的制定，使公司设立从特许到准则，然而股份公司滥用权利亦日渐引人注目，出现了股份公司的内驱力发展将其引向国家权力的对立面的转折。⑥ 从这个意义上说，公司法的准则制度

① Das Gesetz gegen den unlauteren Wettbewerb vom 7. Juni 1909，RGBl. S. 499.

② Das Gesetz gegen Wettbewerbsbeschränkungen vom 27. Juli 1957，BGBl. Ⅰ 1081.

③ Gesetz zur Förderung der Stabilität und des Wachstums der Wirtschaft vom 8. Juni 1967，BGBl. Ⅰ S. 582.

④ 苏永钦．经济法——已开发国家的任务与难题．中国论坛，1974 (223).

⑤ 方流芳．中西公司法律地位历史考察．中国社会科学，1992 (4).

⑥ N. Horn u. J. Kocka，*Recht und Entwicklung der Großunternehmen im 19. und frühen 20. Jahrhundert. Wirtschafts-，sozial-und rechtshistorische Untersuchungen zur Industrialisierung in Deutschland，Frankreich，England und den USA*. Göttingen：Vandenhoeck，1979，S. 256.

中就已蕴含着后来反垄断法（反限制竞争法）产生的机缘。

民法中的“诚实信用”“公序良俗”“权利不得滥用”等具有“空筐结构”特征的抽象原则条款，正是民法与经济法的接合点与分界线。公序乃法国法上的固有概念，德国民法典制定时之所以删除公序这一概念，一则因为当时德国将此作为法律概念的时机尚不成熟，二则因为善良风俗概念也是一个相当概括的概念，虽以道德为其核心，但诸如营业自由及人权等原则亦被涵摄于焉。法国法、日本法及我国台湾地区法律制度将公序与良俗并列而称。按照法国当前具有代表性的学说，公序分为政治的公序与经济的公序，其中政治的公序为传统的公序，经济的公序为现代的公序。这是因为，第二次世界大战后市场经济的发展及经济政策的变化，导致公序良俗概念的扩张，在传统的政治公序之外，认可了为调整当事人间的契约关系而对经济自由予以限制的经济公序。经济公序分指导的公序和保护的公序。指导的公序是统制经济所产生的概念，以贯彻一定的国家经济政策为目的，从个人间的契约关系中强行排除违反国家经济政策的东西。所谓保证的公序，指保护劳动者、消费者、承租人和接受高利贷的债务人等现代市场经济中的弱者的公序。前者为关于全体人民利益的公序，后者为对市场经济中的弱者个人利益予以特别保护的公序。[①]据徐国栋研究，权利不得滥用的观念虽然起源甚早，但权利不得滥用原则之确立，却是资本主义进入垄断阶段以后在诚信原则名义下推行权利社会化政策的结果。[②]在德文中滥用权利（Schikane）为诚实信用（Treu und Glauben）的反义语。在瑞士民法典中，诚信原则与权利不得滥用原则同为权利义务的行使准则，前者为积极原则，侧重于正面引导，后者为消极原则，侧重于反面禁止[③]，二者异曲同工。由此可以看出，公序良俗、权利不得滥用这种“白地委任型”条款实为一柄利弊兼具的双刃剑，一方面固然可能因这些原则概念的“黑洞”化而为法官恣意破坏法秩序打开方便之门，另一方面这些原则又可能成为克服法律局限性的工具，使“法官被视为适用法律之机械，判决犹如复印，仅能靠逻辑推论”[④] 的刻板性得以化解，在法律生活上降以公平正义之慈雨。正如金泽良雄所说，为了实现“公共性”由潜在化变为“显性化”的要求或者说社会调节的要求，因而出现了填补法的空白状态的新法。经济法的性质即在于填补市民法所剩余的法的空白状态以适应协调社会经济的要求。我们从民法的这些“白地委任型”条款已经可以看出经济法将破门而出的迹象。这些“白地委任型”条款正是民法和经济法两部门法彼此注挹融会贯通的理脉之所在。笔者认为，1900 年《德国民法典》制定时采取提取公因式的办法开篇置列“总则”于其首，以提高法律的逻辑内涵弹性，使这“不寻常的精致的金缕玉

① 梁慧星．市场经济与公序良俗原则．中国社会科学院研究生院学报，1993（6）．

② 徐国栋．民法基本原则解释．北京：中国政法大学出版社，1992：90．

③ 陈锐雄．民法总则新论．台北：三民书局，1982：913．

④ 梁慧星．民法解释学．北京：中国政法大学出版社，1995：196．

衣”更加独具风采，但仅仅注入“几滴社会的润滑油”（Tropfen sozialen Öls）[1] 还是不足以使这号称“优良的法律计算机”（die juristische Rechenmaschine par excellence）在可筹算性（calculability）基础上具有“人工智能”。因此，经济法作为“市场失灵”之后对法律机器的改进便不能不说具有存在合法性了。

三、经济法并非因为行政法发生分化才得以成立

我国经济法学界认为，经济法不仅仅是民法的产物，就连行政法也是经济法形成的基础之一。但史际春却指出：“不能认为经济法是因为行政法发生分化才得以成立的，因为行政法本质上是限制政府滥用权力之法，无论在英国或法国，它都是资产阶级革命以后以判例形式逐渐发展起来的，本来就不关注行政行为之具体社会经济内容，经济法部门的形成与行政法本身的发展之间并无逻辑联系。”[2] 中国行政法学界有的学者由于知识结构的不完善，往往将行政法的产生追溯到英国 17 世纪乃至德国未统一之前帝国法院的成立。这跟经济法学界中追溯经济法起源的“拉长法”如出一辙。如果按照这种思维理路，那么不免有妄自菲薄、数典忘祖之嫌，我国《唐六典》载施政之准则，具法典之体裁，典律分野而为《明会典》《清会典》所垂范，绳绳相继，粲然可观，其悠久历史足以睥睨西方。其实，“近代意义的行政法不仅是指某种行政法律规范的存在，还指国家划分出行政职能以后，有关专门规定行政职能及其行使的法律”[3]。由于受维多利亚时代享有盛誉的宪法学家戴西（Albert Venn Dicey）学说的影响，英国作为实行普通法的国家，长期无视行政法的存在，认为英国没有而且也不应该有行政法。戴西在《宪法研究导论》（*Introduction to the Study of the Law of the Constitution*，London：The Macmillan Company，1885）中指出：行政法是法国的东西，是保护官吏特权的法律，和英国的法治原则不相容，不能在英国存在。英国的法治原则保障一切公民在法律面前平等，官吏在执行公务时不享有任何特权。全国只有一个法律体系，一个法院系统。英国人把法国和欧洲大陆其他国家的行政法院混同于英国革命前的特权法庭，直到 20 世纪初，才发现自己完全误会了：行政法院并非专制的工具，恰恰相反，乃是制约专制的工具。正是这样，在公私法无明确划分的英美法系国家，在国库说的影响下，认为作为财产权主体的国家，原则上适用民法而受普通法院管辖。美国行政法学研究始于 1893 年古德诺（Frank J. Goodnow）所著《比较行政法》（*Comparative administrative Law：An Analysis of the Administrative Systems，National and Local，of the United States，England，France and Germany*，New York：G. P. Putnam's Sons，1897）一书。19 世纪中叶，在全德国范围内，以法治原则为

① Otto von Gierke，*Die soziale Aufgabe des Privatrechts*，Frankfurt am Main：V. Klostermann，1943，S. 10.

② 史际春，邓峰．经济法总论．北京：法律出版社，1998：140.

③ 温晋锋．行政法学概论．南京：南京大学出版社，1998：28.

基础的宪政国家已开始建立，从而为德国现代行政法的产生和发展奠定了基础。

正如德国是经济法母国一样，法国被誉为行政法之母国，德国行政法受法国行政法影响很大。法国于1799年成立行政法院，采取司法二元制。从此，法国基于公法原理的行政法（droit administratif）伴随着行政法院的成立和行政判例的增加而逐渐形成。法国近代行政法学的发展可分为四个阶段："潜在的创造期"（1800年至1818年）、"明显的形成发展期"（1818年至1860年）、"组织化的时代"（1860年至20世纪20年代）和"成熟期"[①]。据兼子仁《法兰西行政法学史》记载，1819年，巴黎大学法学院（Faculte de Droit de Paris）开设"行政法讲座"（Chaire de droit administratif），这一时期行政法学研究中具有重大影响的两大学派是巴黎学派（École de Paris）和普瓦捷学派（Ecole de Poitiers）。[②] 法国初期的行政法学著作以公共权力观念作为行政法学体系的理论基础。但1873年的布朗戈案（L'arrêt Blanco）判决，提出公务观念作为在国家行政机关中适用行政法的标准。[③] 时为波尔多大学教授的莱昂·狄骥（Léon Duguit），在行政法院判例的基础上建立公务学说，形成公务学派，又称波尔多学派。平特纳在《德国普通行政法》（Günter Püttner，Allgemeines Verwaltungsrecht：Ein Studienbuch，Düsseldorf：Werner-Verlag，1971）中指出："现代行政法学产生的最初仅仅是18世纪的国家学和行政学（警察学、财政管理学）的附属部。其中颇为重要的人物有冯·莫尔（Robert von Mohl）。他在1829年发表有关符腾堡王国的国家法理论，并于1832年出版《依法治国原则的警察学》一书。上世纪中叶，行政法学正处于晦暗未明之中，或成为一般非纯法学，而且包括经济学和社会学在内的'行政法'、'行政学说'之分支。这在冯·施泰因（Lorenz von Stein）（从1865年开始）8本同名著作中达到登峰造极的水平。奥托·迈尔（Otto Mayer）从先进的法国行政法中得到启发，作为基于法律抽象的第一人，写成了《德国行政法》（两册，1895年及1896年出版，1924年第3版）完成了从'国家学'向'法学'方式研究的转变，从而使他无愧于德国行政法之父的美誉。"[④] 从笔者接触到的材料来看，德国的警察学、官方学确是德国行政法学生成的渊薮之所在。但正如奥托·迈尔所说，行政权力在警察国是完全无秩序无规则地行使的。罗伯特·冯·莫尔的学说是旧的警察学与新的行政法学相妥协的产物。当时德国行政法学的体系往往与行政学的体系相雷同，如格奥尔格·迈尔（Georg Meyer）和勒宁（Edgar Loening）分别于1883年、1884年各自出版的《德意志行政法教科书》（*Lehrbuch des Deutschen Verwaltungsrechts*）即是如此。[⑤] 奥

① 村上順「フランス行政法学の生誕—復古王政期行政裁判制度論争を中心として—」『神奈川法学』第19卷第2．3号、1983年。

② 兼子仁・村上順・磯部力『フランス行政法学史』岩波書店，1990：13.

③ TC 8 February 1873，Blanco，D. 1873. 3. 17.

④ 平特纳．德国普通行政法．朱琳，译．北京：中国政法大学出版社，1999：6.

⑤ 鵜飼信成『行政法の歴史的展開』有斐閣，1952：157.

托·迈尔批判这种在行政学影响下形成的行政法理论，认为如果把行政法视为有关行政的法，则与各种行政作用相对应，分成工商行政学、卫生行政学、救贫行政学等条块，成为行政辞典，没有内在统一性，仅仅是各种芜杂的法规的模块。奥托·迈尔克服了拉伦茨·冯·施泰因行政法学中警察国的政策学的残余；尽管有人指责奥托·迈尔所谓的法学的方法实质上只不过是民法学的方法，但我们应该看到，奥托·迈尔表面上采用民法的概念并以此构成行政法的基础，实际上却包含着与民法概念全然相异的原理。

笔者认为，从德国行政法的产生历史来看，虽然比经济法略早一些，但两者几乎时间大体相当，行政法当时也正蹒跚起步，不可能在稚气未脱的不成熟阶段孕育分娩另一法律部门——经济法。不可否认，经济法的缔造者的思想与当时行政法的先驱们有密切联系，但这两个领域的开拓应属比翼齐飞，德国行政法学正是在对工商行政学、卫生行政学等部分行政条块集合体系的超越基础上而定位自身和形成体系的。有些学者认为，20 世纪人类政治领域发生的一个显著变化就是，原来由议会领导的“议会国”“法治国”被由行政机关领导的“行政国”所取代，传统的消极行政转变为当代的积极行政，因此行政法日益发达而分裂出经济法，甚至径直称之为“经济行政法”。笔者认为这种观点值得商榷，其逻辑错误即在于把行政权的扩大等同于行政法范围的扩大。诚然，在将个人主义和自由主义奉为金科玉律的时代，行政的目的只能是“秩序的担保者”，时人对专制政治时代犹有余悸，不免有一种孤臣孽子的心肠，操心危而虑患深，摄缄滕而固扃鐍，政府行为被严格限定在法律的范围内，无法律即无行政，行政权受到严重钳制而不能越雷池半步。正如有学者指出，在当时，“政府及其权力行为始终处于一个对象性的地位上，并且是为权利而存在的。只有政府的一切行为都必须用法加以规范，才能保证权力的存在可以正确有效地服务于权利，才能使权利本位的基本价值得到实现”①。在 20 世纪初，行政机关的一个重要变化在于行政司法权的回归。

在美国，“火车头的第一声轰鸣宣告了一场法律革命的开始”②。不仅如此，它还宣告了经济放任主义和法律达尔文主义已经不适合蓓蕾初绽的工业经济。因为假定经济放任主义将被证明足以抑制在铁路建筑过程中发展起的弊端，那将是唐·吉诃德式的幻想。国家之手的介入标志着反垄断运动揭其序幕。值得注意的是，经济法学界将根据《谢尔曼法》设立的美国州际商业委员会的产生视为经济法形成的重要里程碑，而行政法学界亦将此作为美国行政法诞生的标志。这是因为，由于州际商业委员会的权力超出了传统行政的范畴，延伸到立法和司法的领域，此后相继出现了许多具有综合性权力功能的规制的行政委员会，这种现象引起人们对委托立法和准司法权的行使的关注。卡多佐（Benjamin N. Cardozo）大法官于 1935 年批评这

① 陈安明．中国行政法学．北京：中国法制出版社，1992：55．

② 伯纳德·施瓦茨．美国法律史．王军，等译．北京：中国政法大学出版社，1990：157．

种授权没有一个标准，简直无法无天。为了不使行政“灵活性”成为未受制约的权力的伪装，对这种行政权的扩大加以控制也就变得十分重要，美国行政法正是在这种基础上逐步发展起来的。英国的情况亦是如此。20 世纪初以来政府对社会经济生活的干预加强，行政纠纷增多，行政裁判所的数目随之增加，由此行政法的发展获得突破性进展。西方学者认为，19 世纪的行政法仅仅在于维持社会秩序，是一种秩序行政法或“警察行政法”，行政法主体为相对人所提供的某种“好处”或者“福利”只是对相对人的“恩赐”而不是赋予相对人的权利。这样的行政法是一种“保育行政法”。在 20 世纪，提供“从摇篮到坟墓”的服务、给相对人以“生存照顾”是行政主体的职责，享受服务、得到“福利”是相对人的权利，因而行政法被视为一种福利行政法、服务行政法或给付行政法。[①] 不过，我们应该看到，尽管学术界往往把英美法系行政法的特点概括为“控权法”，把大陆法系行政法的特点概括为“保权法”，尽管卡罗·哈露（Carol Harlow）与里查·罗霖斯（Richard Rawlings）提出英国行政法有“红灯论”（Red Light Theories）和“绿灯论”（Green Light Theories）的峻别，但行政权力扩张而昂首阔步向给付行政与服务行政迈进的同时，行政法的主旨在于“政府的强动力引擎机绝不能让它狂奔”[②]。基于此，笔者认为，行政权的扩张一因数果，既是经济法产生的原因，亦为行政法最终形成和发展提供了动力，不是经济法“瓜分”了行政法的势力范围，而是行政法更加明确自己的前进方向，两者各自其来有素，术业有专攻，齐头并进，分途而赴，合力以成。

韩国经济法知名学者权五乘所著《韩国经济法》从全球范围对以上加以概括，指出：“一战时，国家已控制全部经济，对经济法的认识也有所转变。亦有学者主张经济法是组织经济的特有之法。经济法一直被认为以国家对经济的规制为中心，因此被理解为与‘自由经济秩序’相对的概念。但是，第二次世界大战后，经济法朝着同时实现自由经济秩序与和谐社会的方向发展，因此将经济法的概念界定为以上述功能为中心的由国家规制经济的法律。最近有观点认为国家规制经济的目的各有不同，因而将经济法界定为‘国家为协调本国经济运行而规制经济的法律’。”[③] 这一概括大体上是正确的。周奎正等所著《中国当代经济法论纲》早在 1993 年就发现：“西方经济法学者也并非都是经济行政法论者，并不是普遍认为经济法就是

① 福利国（Wohlfahrtsstaatlichkeit，亦被译为“福祉国家”）与社会国（Sozialstaat）的共同意义都是意指一个社会针对其成员的基本需求与福祉，尝试透过制度化与集体化的方式担负起合法、正式以及明确的责任，以对抗在工业化过程中所出现的各种风险。两者区别大体在于：福利国家一般意指国家为满足人民需要而由国家直接提供给付的各种福利服务，故这种形态也被称为“供给国”（Versorgungsstaat，也被译为“供应国家”“照养国家”“扶养国家”等）。然“Versorgungsstaat”一词在语源学上与战后德国国家公务员制度密切相关，往往在语用学上带有否定和贬斥的意味，系德国自从俾斯麦社会立法以来所希望避免的走向。但所谓“社会国”的制度安排并非透过国家直接介入服务提供、财源筹措等，而是主要是将上述任务交付给具有公法人资格的非营利组织，尤其透过社会自治与集体协商的方式来实现。

② William Wade, *Administrative Law*, Oxford: Oxford University Press, 1963, p. 5.

③ 权五乘．韩国经济法．崔吉子，译．北京：北京大学出版社，2009：9.

行政权力渗透到经济领域的结果。许多学者也是用国家、国家权力，而不是用行政权力来解释经济法。如《理论问题》引用过的日本学者金泽良雄、小杉荣一和德国学者林克的话，均可证明。从西方国家经济法实践来看，也并非所有的经济法规都是经济行政法规。世所公认，反托拉斯法是西方经济法的核心，但美国的反托拉斯法并不能算经济行政法。它体现的不只是政府对私人企业的行政干预。"[①] 虽然当时的学者对于国外经济法发展态势了解比较粗浅，但已经明确洞察到不能将经济行政法等同于经济法。有些学者甚至不无偏激地认为，财税法、计划法这些完全以国家管理为内容的法律，其实只是一种经济行政法，是纯公法的内容，在很多市场经济国家也不包括在经济法中，更不应包含在社会法内。[②]

行政法包含所有与公共行政管理相关的法律。公共管理通过经济行政法或专门就整体经制定规则的公共经济法而得以部分的实现。经济行政法作为特别行政法的分支部分，仍然处于行政法的内部关系之中，属于行政法的整体功能领域。而经济法则与此相反，在其整体价值体系中对同样这些确定了经济法的目的及部分手段的制度与规范予以规定，必须相应地考虑到行政法的功能，即高度参与实现特殊的宏观经济的价值判断。这一点尤其适用于组织法基础，但并不适用于关于管理行为的问题等。[③] 罗尔夫·施托贝尔在其《经济行政法概论》（Rolf Stober，*Allgemeines Wirtschaftsverwaltungsrecht*：*Grundlagen des Wirtschaftsverfassungs-und Wirtschaftsverwaltungsrechts*，*des Weltwirtschafts-und Binnenmarktrechts*，Stuttgart：Kohlhammer Verlag，2008）中认为，经济私法调整企业之间、企业与消费者之间、企业与股份所有人之间存在的法律关系，包括商法、公司法、竞争法。在经济宪法和经济行政法调整的法律关系中，一方是各级政府，另一方是企业和消费者。经济宪法和经济行政法还规定国家是否能够以及在多大程度内可以自身经营公共企业。经济制裁法规定违反经济私法和经济行政法的法律后果。[④] 经济私法和经济公法通过各自的特定方式处理产品的生产和分配中的法律问题。例如，与商法和证券法一样，工商法与媒体法也属于经济法。因此，经济法就是私法和公法中与经济有关的组成部分。[⑤] 广义的经济行政法还包括警察法。两者之间的关系是特别法和一般法的关系。在具体情况中，只有在经济行政法的特别规范没有作出规定时，才适用警察法的一般条款（维护公共安全和秩序）。[⑥] 按照罗尔夫·施托贝尔所著《经济行政法概论》的观点，经济法的体系结构可以表示为如下示意图。[⑦]

① 周奎正等. 中国当代经济法论纲. 北京：北京经济学院出版社，1993：236.

② 董保华. "广义社会法"与"中义社会法"——兼与郑尚元、谢增毅商榷. 东方法学. 2013 (3).

③ Fritz Rittner，Meinrad Dreher，*Europäisches und deutsches Wirtschaftsrecht*：*Eine systematische Darstellung*，Heidelberg：C. F. Müller GmbH，2008，S. 22.

④ 罗尔夫·施托贝尔. 经济宪法与经济行政法. 谢立斌，译. 北京：商务印书馆，2008：3.

⑤ 同④25.

⑥ 同④41.

⑦ 同④4.

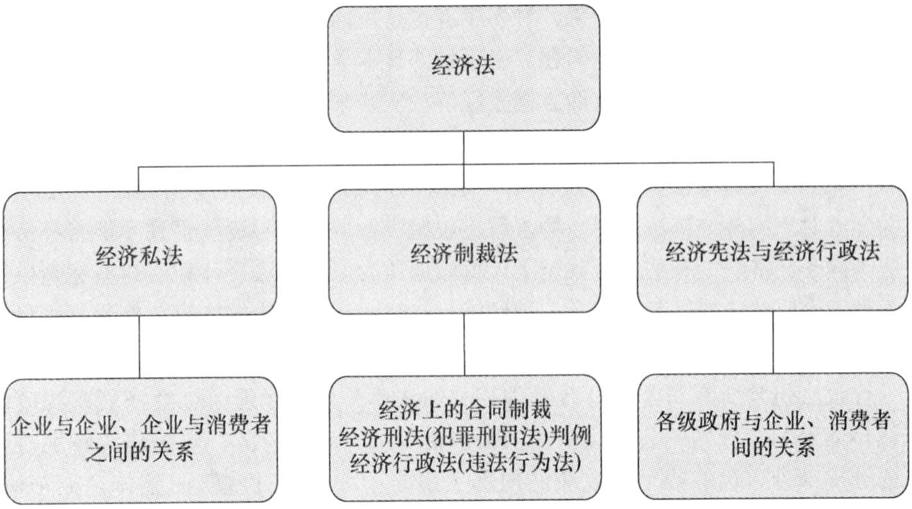

权五乘所著《韩国经济法》认为，经济法上的规制有时通过行政机关干预经济实现。就此点而言，经济法具有行政法的性质。随着资本主义的高度发展，国家对经济的规制逐渐加强，这意味着行政法的扩张，也意味着经济法的扩张。值得注意的是，国家依靠行政权干预、规制经济属于行政法现象，并非完全属于经济法现象。国家对经济的规制中包含经济目的的规制才属于经济法的规制，而经济目的以外的规制则不属于此范畴。例如，同样的营业许可，一般电力事业和发电事业的许可（韩国的《电气营业法》第7条）属于经济法规制，而食品与添加物制造及销售业的许可（韩国《食品卫生法》第22条）则不属于经济法规制。因为前者是具有经济目的的规制，而后者是为保健、卫生目的而进行的规制。国家规制经济的目的有多种，或者基于政治目的，或者基于经济目的。经济法主要是为经济目的而规制，由此区别于经济行政法。①

和苏联一样，在20世纪80年代的中国，“经济行政法”的倡导者都是原来根本反对经济法是一个独立法律部门的民法学者。“经济行政法”观点的提出有其历史背景，是在经济法蓬勃发展势不可遏的情况下，一些民法学者所作出的一种特殊反应。所谓经济行政法，实际不过是行政法的分支而已，是行政法的一部分，与真正意义的经济法并无多少关系，并非现代意义的经济法精髓所在。经济法是经济集中与经济民主协调发展的产物，而不是经济集中法，也不是单纯的经济管理法；不是管死的法，而是管活的法。不这样认识和确立经济法的基本理论，经济法就很难独立地树立起来，最终也不过是一种经济行政法，或者如苏联民法学者所主张的那种从属于行政法的亚系统、亚部门。问题主要还不在于此，更为关键的是这将使我们纵向经济领域的改革难以摆脱旧的桎梏，无法深化下去，这样的后果尤其应该加以警惕。只突出国家之手对经济的调整，势必把经济法改变为所谓的“经济行政

① 权五乘．韩国经济法．崔吉子，译．北京：北京大学出版社，2009：9.

法”，实质是将其并入行政法，因为“经济”只不过是其附加词而已。这与我国要建立完备的社会主义法律体系的目的相违背，亦不利于我国法学事业的繁荣。经济体制改革的主要方向之一就是要改革过去国家直接指挥经营企业的旧体制，就是要改革以行政指令为主的领导体制和领导方法，就是要改变过去把基层经济组织只简单地当作被管理的对象、义务主体、毫无权利可言的行政附庸的地位，国家领导经济生活也由过去的行政手段为主转变到以经济手段和法律手段为主。但经济行政法的主张恰恰与此背道而驰，公然提出经济组织不能作为权利主体，只能作为义务主体，而国家机关只能作为权力主体，对经济组织的领导方法是行政指令为主，只借助于经济方法。这在理论上、实践中都难以行得通。经济法协调国家与市场主体，不是国家协调市场主体。

1986年的《民法通则草案说明》指出：“民法主要调整平等主体间的财产关系，即横向的财产、经济关系。政府对经济的管理，国家和企业之间以及企业内部等纵向经济关系或者行政管理关系，不是平等主体之间的经济关系，主要由有关经济法、行政法调整，民法基本上不作规定。”① 《民法通则》草案的说明把横向经济关系划为民法调整，纵向经济关系由行政法、经济法加以调整，把后两者不再作区分，这给经济行政法提供了立法的根据。这样一来，经济法界的一些人开始紧缩调整范围，“举纵弃横”，向“经济行政法”滑去，画地为牢。一些经济法教材将经济法调整对象明确标举为调整不平等关系、服从关系。国家干预、服从关系、调控受体这些概念被片面地单独使用，被视为经济法的基本概念范畴，被视为经济法的本质与功能的体现。经济法学界的学者过去比较喜欢借用陈云所说的鸟与笼子的关系比喻市场和政府的关系，实际上，国家干预论的经济法学说将经济法本身关进了鸟笼之中，也诱发一般人对经济法的误解。本来，在德国和法国等大陆法系国家，研究经济行政法或经济公法也是名正言顺的，是正经的循名责实，不存在中国经济法理论研究表达与实践的背离、牵混问题。但在中国关于经济行政法和经济法的争论却不能不说具有攸关义利之辩的意蕴，关乎经济法的改旗易帜问题，最终只能造成经济法偏安一隅、以偏概全的器局，造成经济法调整手段的错位，造就“弱发展，强管控”的指令型经济管理体制。

正如美国行政法学家伯纳德·施瓦茨《行政法》(Bernard Schwartz, *Administrative Law*, Boston: Little, Brown and Company, 1976) 所说的，“行政法的要害是程序法，而非实体法”；“在美国行政法要回答的问题是：①行政机关可以被赋予什么权力；②这些权力有什么限度；③用什么方法把行政机关限制在这个限度之内?”② 从经济法的观点看，行政法没有企业制度，因为凡企业都具有经营或经济

① 王汉斌. 关于《中华人民共和国民法通则（草案）》的说明(1986年4月2日在第六届全国人民代表大会第四次会议上//国务院法制办公室编. 中华人民共和国法规汇编 1985—1986：第7卷. 北京：中国法制出版社，2005：211-212.

② 伯纳德·施瓦茨. 行政法. 徐炳，译. 北京：群众出版社，1986：2.

的性质，所谓“行政性”企业正表明公、私法因素在其中是相融的，应属于经济法范畴。实行市场经济，放手国有企业参与市场竞争，要求从理论和观念上将国有企业法等任何企业法独立于行政法，消除其“命令—服从”的性质。尽管在经济法的产生、形成、构成、实施等全过程中，国家通常居于重要的地位，起着主导甚至是决定性的作用，但经济法绝不能紧盯着国家的施为而罔顾企业的地位、意志和利益。离开了在两者之间的协调者的角色，片面强调国家的主导性，夸张企业作为行政附属物的被动性，经济法便与经济行政法无异。在国家与企业这对矛盾中，双方并存共进，互动双赢，才是经济法的本质和目的。一些经济法著作认定在经济法律关系中国家机关是权利主体，企业是基本义务主体，企业在经济法中享受不到实体权利，实体权利到民商法律关系中去享受。这样一来，就把经济法置于企业的对立面，国家机关高高在上对企业进行调控和监督，而企业只能是被动的“受体”。

例如，关于我国《反不正当竞争法》的实施模式，理论与实务中一直存在着行政主导与司法主导的争论。从立法和司法实践上看，我国1993年《反不正当竞争法》在观念上自始被设计为规范市场秩序的“治安管理条例”，监督检查机关被设计为市场警察。这是一种以行政权力为主导并发挥全面监控作用的制度，其实现宗旨的机制是：设立专门的行政执法机关，对具体违法者进行行政处罚，起到威慑作用，同时对其他市场主体起到警戒和教育作用，进而维护市场竞争秩序的正当性。① 显而易见，我国1993年《反不正当竞争法》行政控制模式的特点贯穿全文，这种行政法的立法和执法理念不适用市场经济对经济管理的要求，具有明显弊病：首先，这种模式在监督体制不健全的背景下，容易造成行政部门对经济的过分干预，妨碍经营者的正常经营活动，也为各种权钱交易的腐败现象提供了温床。其次，行政控制模式容易强化市场竞争主体对行政部门的依赖，不利于培养其市场主体的社会意识和法律意识。② 作为经济法，《反不正当竞争法》对经营者行为规制的目的更多的是维护市场竞争的秩序，规范市场行为，保障大多数消费者的利益。行政机关的行政执法行为运用国家权力，能够高效、快速地制止违法行为，打击不法分子，在我国这样一个崇尚行政权力的国家，行政实施在反不正当竞争法适用中确实起到很大作用，而且在今后的很长一段时间仍将发挥重要作用，但行政实施的局限性也昭然可见。对于规范竞争秩序而言，行政执法与民事诉讼相辅相成，缺一不可，但我国1993年《反不正当竞争法》明显存在重行轻民的立法倾向，其立法主要目的是为行政执法提供指导。如第4章“法律责任”共有13条，12条均围绕行政执法，仅有一条涉及民事责任。目前《反不正当竞争法》对于市场正当竞争保护力度固然有待强化，但有些方面该弱化的也应该弱化，低价倾销行为、诋毁商誉行为、搭售行为等不需要尽皆加上行政责任规定。

① 邵建东．竞争法教程．北京：知识产权出版社，2003：26．

② 金福海．论不正当竞争的两种法律控制模式．山东法学．1998（1）．

2011年10月27日国务院新闻办公室发布的《中国特色社会主义法律体系白皮书》对经济法所下的定义即是集“国家论”各说之大成的一个概念。这种“国家干预说”认为经济法是国家干预经济的产物，经济法是“国家干预之法”“国家之手的法”。这些理论有其一定根据和合理之处，但不够全面，不够深刻，绝非完整科学的经济法理论，难以令人允服。经济法如果只坐在“国家”这一头，就可能漠视和失掉企业，丧失在国家与企业之间进行协调的功能，不仅使经济法的作用范围和活动领域大为缩减，而且可能变质、异化为“经济行政法”。同时，这也不符合经济体制的要求和社会发展的趋势。在典型的计划经济中，市场之手相对萎缩、发育不全，能够存在和发挥作用的经济法规，实质上是经济行政法，而不是现代经济法。现代经济法真是在解决经济集中与经济民主的矛盾中诞生，是为平衡协调二者关系而诞生的。不论“国家干预”、“国家管理”、“国家调节”还是“国家协调”，都只是提法不同（可能力度上也有区别），但都是干预、管理、调节、协调，这都是现代国家的经济职能，这些提法都没有错。问题在于这些职能的性质和实施的手段，在于实施这些职能过程中国家的地位和其相对方——企业的地位以及它们之间关系的性质。如果只片面地强调国家主导地位，而忽视企业自主反馈的主动作用和应有的主体地位，则这些干预、管理、调节和协调都和传统国家的行政职能并无二致，这就使经济法和行政法、经济行政法的界限说不清楚，甚至掉入经济行政法的陷阱。作为对经济生活有着最直接影响的经济法应当强调协调主义，即强调市场调节之手和国家或政府调节之手相结合，个体利益和国家利益相结合。

四、经济法与商法的关系

法学界一般认为，在现代民商分立的国家，民法是私法普通法，商法是调整经营活动的私法特别法，民商分立是由历史传统形成的既定事实而非出于理性认识，市场经济极大发展的结果导致人的普遍商化，所以出现了一股民商合一的热潮，称为“民法商化”或“私法统一化”运动。但郭锋在其博士学位论文《商法若干理论问题研究》中指出：“从理论上说，作为普通法的民法的调整对象和调整范围应该涵盖商法的调整对象与范围，但事实上，商法在调整财产关系方面的范围远比民法广泛。”[①] 所以郭锋认为，在构建现代私法体系时，民商合一并不否认商法以单行法规的形式独立存在，民商分立并不意味着必须制定单独的商法典，民商合一和民商分立的传统含义已经过时，不能用两者的传统含义来界定包含民商二法规范的现

① 郭锋.《商法若干理论问题研究》，未刊稿，藏于中国人民大学学位论文阅览室。降及近代，世界上形成了三大商法法系：（1）法国商法（droit commercial）法系以法国商法为核心，以行为主义即客观主义原则为法系的重要特征和商事法律的立法基础；（2）德国商法（Handelsrecht）法系以德国商法为核心，以属人主义即主观主义原则为重要特征和立法基础；（3）英美商法（commerical law or business law）法系以英美国家商法为代表，其特点是商事习惯法、判例法与商事成文立法并存。

代私法体系。笔者认为，尽管学术界对民商分立抑或民商合一各执己见，但如果说由于经济法的出现，最受影响的是商法，这殆非过甚之言。正如我国台湾地区学者张国键在《商事法论》中所说："自经济法的出现，商事法与经济法之立法体制，便成为各国学者研讨之新课题。有以经济法为规范各种职业阶层之经济生活特别关系的法规之总称，其中包括商事法；有以经济法与劳动法，同为社会法内容之一部分；有以经济法为促进民商合一而代替商法的总名称；有以经济法之勃兴，是公法的商化之结果，商事法仍应存在。各说纷纭，迄今尚无定论。"① 学术界关于经济法和商法关系的理论林林总总，大体上可分为三派。

1. 峻别说

据美国学者丹尼斯·托伦（Denis Tallen）的研究，从战时经济历史地发展而来的狭义经济法概念认为经济法是国家直接干预经济的法律，或者说是经济公法。这种狭义概念的"经济法与商法的区别泾渭分明。经济法不包括商法和劳动法，商法只在一个'过渡的和不确定的范围'被保留下来，因此，事实上存在两种不同的部门法，一种与公法有关，一种与私法有关，两者各有自己的独立宗旨；即使不存在商法自治体系的国家，也可能有一种经济法体系"②。在日本，峻别说主要有以下两种。

（1）商法＝商的色彩说（田中耕说）。在日本对于商法和民法区别论述最明确的理论主张者是田中耕太郎。③ 田中认为商法与民法的不同点在于其为带有"商的色彩"的交易法，尽管他没有直接论述商法和经济法的关系，但从田中耕太郎关于经济统制法所论及的观点来看两法的区别是相当明确的：与作为自由主义的交易法的商法相对立，经济统制法是国家权力介入法，而商法和民法都是自由主义交易法。

（2）视商法为技术的中立法说（铃木竹雄说）。铃木竹雄（すずきたけお）认为，在有关企业法规制的样态中，主要存在于两个层面，即以围绕企业的经济主体利益为基础、谋求主体相互间利益的调整，以国民经济的利益为基础、对超越各个经济主体的利益的全体利益加以调整这两个层面构成传统的商法及新兴的经济法各自直接的对象。④ 将商法和经济法的对象和规制目的相区别，在这一点上可以说铃木说属于峻别说。铃木说的特色在于其认为将商法视为自由主义经济法时，统制经济法的发达不能不趋于与商法形成全面的冲突和商法遁入后退一途。铃木的见解与田中说的区别在于把商法作为无色的技术中立法、与经济统制也十分合适的法。这又使将铃木说归入峻别说不无疑问。

2. 融合说

西原宽一（にしはらかんいち）认为，作为商法对象的生活关系在当今社会中不仅是"商"，而且是"企业"，商法可以被界定为"规制企业特有机构和商品流通

① 张国键．商事法论．台北：三民书局，1980：50.

② 丹尼斯·特伦．商法与经济法．方流芳，译//史际春主编．经济法总论·教学参考书．北京：法律出版社，2000：65.

③ 田中耕太郎『改正商法総則概論』有斐閣，1935：5-6.

④ 鈴木竹雄「経済統制法と商法」『国家学会雑誌』第57卷第1号，1943.

过程中特殊活动”的法。由于独占经济的发展和世界大战的爆发，资本主义经济逐渐处于停滞不前状态。为了矫正自由经济的弊害，与企业间权利义务关系的利益调整的商法（=企业法）相对，经济法是超越各个企业的经济主体之上的从全体立场出发计划调整的法。西原宽一认为，作为经济生活主要承担者的企业尽管着眼于各自的利益，但这是国民经济依托的重要存在，从强化企业的存续维持是商法的第一法理念的观点来看，这与“进行国民经济全体的计划调整”为目的的经济法本来并不矛盾。① 当今的经济法是以作为个别资本的企业的存续和调和为基础，而商法也具有阻止经济强者滥用势力和一般公众保护的精神，经济法和商法并非原理全然异质。尽管两法有差异，但从商法的第一法理念是以企业的重要性为前提、而企业的存在维持乃国民经济的依托的角度来看，经济法和商法并不存在基本矛盾，将来将逐步融合。② 所以西原说的主要观点是经济法与商法的综合协调，尤其是通过商法的发展吸收经济法的重要部分，是今后法律学的一个重大任务。

3. 从属说

根据广义经济法观点，经济法是有关经济方面的法律。德国《布鲁克豪斯百科全书》（*Die Brockhaus Enzyklopädie*，17. Auflage，Wiesbaden：Brockhaus，1970）对经济法的定义为：“经济法，通常指的是对工商业者密切相关的各项法律，其中尤其重要的是民法中的财产法及商事法、公司法、票据法、交易所法、保险法、工商业者保障法以及行政法中的某些部分。”③ 显而易见，这种定义是将商事法包括在经济法范围之内的。鲁姆普夫（Max Rumpf）等都持这种观点。美国学者特伦指出，在广义的经济法概念中，有两种倾向值得注意。（1）把经济法作为扩大和更新传统商法的途径，比利时学者雅克曼等人即是如此。所谓“扩大”就是把公法、刑法、社会法中与经济活动有关的规则融合到古典商法之中，所谓“更新”乃是赋予商法一种全新的理论依据。特伦认为，较为稳健的学者之所以这样求助于经济法概念是为了避免人们对传统的商法观点发起的攻击，人们指责这种观点不能适应 20 世纪的经济发展。这种观点旨在保留传统商法体系的基本部分，并使之成为经济法的核心。这也是为商法与其他部门法并立存在而且自成体系寻找根据的一种方法。（2）不必更新商法，也不必在保留商法所有传统特征的同时把它改名为经济法，主张商法完全消失。具有这种理论倾向的学者有荷兰的莫德（Albert Mulder）、法国的克劳德·尚波（Claude Champaud）等人。在这种理论倾向中，经济法构成一个崭新的、自成体系的规范，从先前的部门法中吸取实体内容，但又具有自身的特征，再也不属于原先的部门法。正如特伦所说，这种设想的经济法极力扩大自己

① 西原寛一「企業」尾高朝雄・峯村光郎・加藤新平編『法哲学講座』〈第 8 巻〉現代実定法の基本問題. 有斐閣，1956：26-27.

② 丹宗昭信「商法と経済法」小室直人・本間輝雄編集『企業と法（下）——西原寛一追悼論文集』有斐閣，1995：23.

③ 上海社会科学院法学研究所编译. 国外法学知识译丛·经济法. 北京：知识出版社，1982：1.

的帝国版图，但将如此繁富的内容囊括进来后的经济法便可能注定不能突破或摧毁传统的部门法划分，而这些部门法仍将保持自己的独立地位，广义经济法最终的结果也许是经济法本身归于消亡。的确，这种无限扩张的"经济法帝国主义"的广袤疆域内势必因缺乏整合力而大量存在封疆割土的割据势力。日本学者小岛康裕（こじまやすひろ）认为，"营业自由"是"企业者自由"的别称。"营业自由"是"作为广义的市民法的秩序原理而固定下来的，其具有反垄断的内容。由此看来，独占禁止法是这种市民法思想的嫡流的嫡子，从自由主义经济本来的意义来看，不能将股份公司制度视为仅限于与独禁法理念相反的市民法、商法诸原则是从属于独禁法的原理的"①。另一种从属说则认为，商法与经济法的关系是一般法与特别法的关系。商法是调整企业经济关系的基本法，而经济法乃是这一基本法派生出来的分支，是调整各具体领域、具体部门、具体类别的企业关系的单行法，例如矿业法、农业法、渔业法、森林法、畜牧法、外贸法、银行法等。这一派意见实际认为，所谓经济法即部门经济法。② 例如，卡尔·威兰（Karl Wieland）就主张扩充商法概念为企业法，并将经济法的领域也包括在商法之内。此外，日本民法学者本城武雄（ほんじょうたけお）也认为，民法一般以通常人为对象，商法以商人（营业人、企业人）为对象，是民法的特别法，而从社会总资本的立场谋求企业安定的独占禁止法和各种经济统制法又是商法的特别法。③ 目前，德国法学界许多学者认为，商法已不再是关于商人的特别法，而是关于企业的特别私法，企业应该是商法调整的对象和商法的核心。④ 当代

① 小島康裕『大企業社会の法秩序』勁草書房，1981：144.

② 王书江主编．外国商法．北京：中国政法大学出版社，1987：111.

③ 本城武雄・大坪稔編著『現代社会と民法』京都嵯峨野書院，1989：3.

④ 史际春指出："公司和企业的根本区别，不在于其外延上的差别，而在于二者是从不同的角度来描述某一团体或组织的特性。公司的概念，着重反映某一组织的民事法律地位及其成员和资本的联合性，较具有法律性。人们从'××公司'的名称，一般即可知晓其具有主体和资本的联合性，并可以了解其成员承担民事责任的方式，但无从反映其活动性质。企业的概念，则是着重反映某一组织体具有经营的性质，因而较具有经济性。人们从'××企业'的名称，可以了解该组织须进行经济核算，关注投入产出的效益，但无从了解其民事法律地位。"从公司和法人的关系来看，公司概念反映的是公司内部的组织关系；法人概念则是外在的，它是从形式上、从外部赋予公司或其他组织以独立的名义。史际春．关于公司、企业的若干考证和辨析）．法学家，1996（4）．经济学一般认为，"企业是这样一种经济组织，它把生产要素（如资本、劳动）结合起来生产出产品和劳务"，它是追求利润最大化的经济单元。在古典经济学中，企业只是一个模糊不清的实体，古典经济学没有企业理论。直到"企业理论"（the theory of the firm）兴起之后，人们才对企业有了更深一层的理解。科斯被普遍认为是最早撬开企业"黑箱"的现代企业理论始创者，他在1937年发表的《企业的性质》中认为"企业是价格机制的替代物"（the supersession of the price mechanism）。20世纪80年代以来，企业理论继续发展，形成三种观点：(1)"财产控制权"观点；(2)"议价费用"和"影响费用"的观点；(3)"声誉"观点。曹翔在《企业和企业法——两个概念的法律分析》一文中认为，企业的法律意义不过就是企业法律制度所规定的它的权利和义务。（曹翔．企业和企业法——两个概念的法律分析．法学天地，1997（1）.）企业在英文为enterprise，在德文为Unternehmen，郑立、王益英主编的《企业法通论》和郑家平的《企业法律制度通论》等主要是从商法上的企业概念入手并以之为原型糅合经济学的界说而成。经济法因其基本中心思想为全体社会之经济利益，德日两国经济法学者致力于"企业社会责任"

德国著名法学家卡斯滕·施密特（Karsten Schmidt）的巨著《商法学》（*Handelsrecht*，6. Aufl.，Köln：Heymann，2013）腾誉学界，成为这一学术观点的代表作。但是相当一部分德国学者坚持认为取消商人概念难以令人信服，并不能导致法律的进步。不过值得关注的是，从 2007 年 1 月 1 日起，德国以前适用的《商法典》（*Handelsgesetzbuch*，HGB）已被《企业法典》（*Unternehmensgesetzbuch*，UGB）所取代。《企业法典》继受了《商法典》许多法律条文，其中一个最重要的革新是放弃了以往适用的“商人”概念而采纳消费者保护法所使用的“企业”概念，以有助于法律的统一和简化。范健在《德国商法》中这样写道：“在经济法中，企业的概念起着重要作用，而企业又常常与企业的经营者或权利所有人商人相提并论，由此，《商法典》与经济法之间有核心意义的共同点是商人。当然，如果从广义的角度来理解经济法的概念，并且仅仅从共同经济作用和机能这一角度来考察商法，将其完全置于公共目的之下，那么，人们可以像认识整个私法那样来看待商法的功能，将其看作是经济机制的一个环节和分支，并由此可以将《商法典》犹如整个私法一样置于经济法的概念之下。关于这个问题，德国法学家认为，这一观点作为唯一的法理学上的观察和分析方法是不足取的。因为，它既不是商事立法的基础，也不是法律适用的方法。它违背德国宪法所确认和保障的私法自治原则，违背了私法自治这一《商法典》的立法原则。”⑤金泽良雄认为，关于商法和经济法的关系的争论不能不涉及企业的“公共性”和“营利性”的问题。在自由资本主义阶段，尽管企业的“营利性”可以达到经济繁荣这一侧面已经预示到企业的“公共性”在其背后的存在，但企业中的公共性尚不足以提高到法律的高度加以认识，只

问题的探讨，围绕企业的营利性和公共性形成种种企业的界说。金泽良雄在《经济法》中就认为在今天的资本主义社会尚未达到对企业中的“公共性”和“营利性”是浑然一体的认识程度，因此商法与经济法似乎仍具有着各自存在的理由。笔者基本上同意中村一彦（なかむらかずひこ）《现代企业法总论》（『現代企業法総論』同文舘、1984 年）中的定义：企业是在公共性的制约下，以营利为目的进行持续的生产活动的独立经济单位、一个统一的社会组织体。企业法律形态有两方面含义：（1）企业法律形态是按照具有一定法律意义的标准进行抽象和界定后形成的企业形态或形式；（2）企业法律形态是为法律明确肯定、具有法律效力的企业形态或形式。这两方面同时具备才构成企业法律形态的完整内涵，前者具有实质意义，后者具有形式意义。企业法律形态理论肇始于德国，其主要就在于把企业这个内涵丰富的经济学概念转化和运用到法律方面、以形成相应的法律界定形式。德国学者罗伯特·利夫曼在《受合作化和社会化影响的企业形态》（Robert Liefmann，*Die Unternehmensformen mit Einschluß der Genossenschaften und Sozialisierung*，Stuttgart：Ernst Heinrich Moritz，1912）一书中首创企业形态理论而成为这方面研究的先驱。德国学者沙费尔在 1963 年出版的《企业论》（Erich Schäfer，*Die Unternehmung：Einführung in die Betriebswirtschaftslehre*，Köln：Westdeutscher Verlag，1963）一书中把企业划分为人合企业形态和资合企业形态两大类，成为有关企业法律形态最新分类体系的开始，日本学者占部都美（うらべくによし）的《企业形态论》（『企業形態論』白桃書房、1968 年）、吉永荣助的《企业法律形态和经济形态》（「会社（企業）の法形態と経済形態」『一橋論叢』第 41 巻第 2 号、1959 年）等也对这一问题进行了较深入系统的研究。

⑤ 范健. 德国商法. 北京：中国大百科全书出版社，1993：26.

不过是市民法的自然反射效果而被预示而已，可以说，企业公共性还系一个法律空白状态，经济法的产生是企业潜在化的“公共性”较为明显化的要求的产物，目前企业的“公共性”与“营利性”尚未达到浑然一体的程度，故而经济法与商法仍具有各自存在的理由。

五、经济法的建构与传统法律部门划分理论反思

在西方，柏拉图哲学可以说开主客二分思维模式之先河。但真正意义的主客二分是由笛卡儿开创的近代哲学之事。“主客二分”或称“主客关系”，不仅指主客之间的分离、对立，而且包括通过认识而达到的主客统一。人的意识对客观世界的反映是一个能动的过程，是包含能动作用在内的。因为人的意识的反映要以能动的实践活动为基础，离开了能动的实践就不会有任何反映，而且这种反映不是简单的、直线的、镜子式的，而是一系列的能动的抽象过程。“现象”并不是什么“自在之物”，离开了认识主体的感受形式、思维规定和话语方式，也就离开了观察的主体，就无所谓客体的“显现”，也就不会有“现象”这种东西的发生。

美国哲学家约翰·塞尔曾经这样写道：“为了说明社会实在的客观性，我需要三个基本概念。第一个是建构性规则概念，我在《言语行为》（1969 年）中较为详细地说明了这个概念。第二个是集体意向性概念，指的是人们相互合作开展工作的能力。第三个是功能强加，人们具有把功能强加于那些本质上不具备该功能的实体的能力。我认为，由集体意向性而建构制度实在，其关键要素就是把一定种类的功能强加于实体，在这时候实体不能或不能仅仅按照它们的物理构造来发挥功能，而只能按照足够多的共同体成员对它们作出的持续的集体接受和承认（即承认它们具有一定地位，并由于该地位而具有一定功能）来发挥功能。它们也都是属于‘地位功能’的情况——在这种情况下，这些事实只有凭借集体的接受或者承认，才能够行使它们的功能。”[①] 塞尔通过意向性统摄其所有理论，又改造、化用伊丽莎白·安斯库姆在《论无情性事实》[②] 中的一个观点，将事实区分为无情性事实（brute fact）和社会事实（social fact）。无情性事实指立足于其物理存在，完全独立于观察者的态度、活动而存在的最原初的事实，如力、地球引力、质量、洋流和电压等，无情性事实在本体论上都是客观存在的。虽然塞尔本人为明示自己的观点不同于物理主义、行为主义等唯物主义，声称其哲学是“自然主义的”而不是“唯物主义的”，但他同时认为，社会事实存在于无情性事实中，无情性事实对社会事实享有逻辑上的优先权，制度性事实存在于无情性物理事实之上。塞尔将制度性事实看作是社会事实的一个特殊子类，其社会本体论主要是制度性事实建构论。塞尔关于

① John R. Searle, Meaning, Mind and Reality, *Revue internationale de philosophie*, No 2, 2001.

② G. E. M. Anscombe, On Brute Facts, *Analysis*, Vol. 18, No. 3, 1958.

社会现实的建构理论超出一般社会理论的地方在于，他坚持社会实在是通过集体意向赋予具体的物理实在以功能属性和地位属性而建构起来的，所以，社会现象是以物理现象为基础的，是外在于人的实在，带有浓烈的唯物主义色彩。为了解释在安斯库姆的概念术语中的社会现象，他认为，社会可以被解释为制度性事实，制度性事实产生于集体意向性，表现为“X在C中算作Y”的逻辑规则。在塞尔的理论中，构造制度事实的建构性规则具有“X在C中算作Y”的逻辑结构形式，意谓“在情境C中X被认作为、接受为、用作为、视为Y”。其中，X是无情性事实，Y是人们通过集体意向性将地位功能施加、归属于X后形成的制度事实。“被认作为、接受为、用作为、视为”是指凭借集体意向性对X项施加了地位功能，则X项便过渡到Y项，并由此具有与X项不同的功能。按照塞尔的理论，功能对于某些物理现象来说绝不是内在的属性，而是由外在的有意识的观察者和使用者赋予给它的。简言之，功能是观察者相关的特征。

现实世界中存在着两种事实，一种即塞尔所谓的物理事实，只与物质世界的有形存在有关，其中不包括意识因素，只要用唯知方式就可将这类事实认识和表达出来。另一种是制度事实。如果没有一整套制度作为支撑，美元仅仅是一张张印刷了各种头像的花花绿绿的纸片而已。制度事实也有其发生发展的过程。一个法律体系是法律学说的产物，而不是不受法律学说影响的某种自在的现实。因此，法律部门的产生具有建构主义的色彩。法律当然需要尊重自然法则，但自然法则反映事物间关系的必然性，本身并无正当性可言。

长期以来，我国法学界受苏联法律部门划分理论的影响。1938—1940年，苏联法学界就法的体系问题开展讨论，得出了一个公认的唯物主义法学观点，即法律调整的对象是社会关系，社会关系相互间的有机关系和内容上的差别，则是法的体系及对其加以分门别类的客观依据。法律部门的划分是苏联等社会主义国家普遍采用的对法体系的划分方法，即按照调整对象为主要标准，并辅助调整方法等因素，认为划分法律部门的标准有两个（而且只有两个）：一是客观存在的社会关系，二是调整方法。我国法学界多年来一直将此理论奉为圭臬，奉为“铁律”。客观存在的社会关系确实是法律部门存在的客观基础。但这样的理论又过于武断和不全面。客观存在的社会关系是划分法律部门的基本标准，但它绝非唯一的标准。没有必要把客观标准“神圣化”。我们认为划分法律部门还有另一个基本标准，即统治阶级的主观意志，亦即通过立法机关，立法者表达出的意志。这种立法意志标准对法律部门的出现、存在和变革，常常有着直接的甚至于决定性的作用。在法理上，法的体系及其部门划分与立法体系一样，都属于上层建筑的范畴。历史唯物主义理论一再强调，法律规范是统治阶级意志的体现。既然法的内容是由统治阶级意志决定的，那么，法的形式（部门和体系）为什么不是可由统治阶级意志决定呢？当然，统治阶级的意志归根结底是由它们所处的物质条件决定的，但这和划分法律部门并无直接的联系。传统法律部门划分理论包含着不能自圆其说的矛盾：法律规范是主观意志，而其组成的法律部门以及进一步组成的法律体系却只能依“客观标准”确立。这种理论上的悖论竟多年来存在着、延续着。在事实上，如果仅按“客观标准”办，现阶段许多国家对法律部门的划分都很不一样，即使同类型的国家也不全一样，有的甚至大相径庭。英美法系没有法律部门的划分，既没有经济法，也没有大陆法系的民法。把美国《统一商法典》(*The Uniform Commercial Code*，UCC）说成是民法或是商法都不准确。任何法律部门的形成，都有主客观两方面的条件。在客观方面，需要由社会环境造就出具有某种特殊性的社会关系和法律关系领域，才可能形成相应的法律部门。在主观方面，要形成法律部门，则还需要由法学家来解释和总结。① 经济法理论所主张划分和确立法律部门的标准是两个：客观标准和主观标准。经济法主张主客观标准统一论。据此划分的法律部门应有相对的稳定性，不然就难形成法律科学；但也不是绝对的，根据情势变化，与时俱进，进行改革和改变也是必要的。② 现代社会化市场经济条件下，法对社会关系的调整空前普遍深入细致、技术化、经济化，对法律部门划分具有决定意义的已是法的对象所包含的具体社会内容差异，而不再是表现为法的调整手段差异的抽象的社会关系性质。当这种调整达到一定的深度和规模，形成一定的宗旨和原则，从而对社会关系的客观要求有了较充分的表达——这是客观条件，加上法学家的某种比较科学的解释——这是主观条件，两者结合即可为某一法律部门形成的标志，任何法律部门的形成概莫能外。因此，法律部门划分是一种主客观统一、以主观为主导的一种学术活动。③

《易传》云：“备物致用。”④ 在竞争法中，功能可替代性是划分相关市场的关键所在。相关市场的界定虽然极为困难，但并非漫无边际。因为相关市场的界定在反垄断法中主要取决于需求方和供给方的弹性替代空白地带。吃饭用勺子和用筷子虽然具有相互可替代性，但两者在不同的文化和情境下总具有各自的特殊功用，即存在可替代性的剩余部分。西方人用勺子总是比用筷子顺手，筷子总是无法完全取代勺子，这样，勺子便具有单独的存在价值。用数学上集合关系表示，这是相交关系而非包含关系，在交集之外存在不重合的部分。学科之间存在替代性与竞争法中相关市场产品之间存在替代性是一个道理。学科产品替代链之间最薄弱的空白地带就是两个学科之间的边界所在。学科产品能够满足人们的不同需求，就具有存在价值，就具有自己的市场空间，就能从国家、专业读者乃至普通民众等消费者中吸引资源。学科的划分和相关市场的界定是一样的。需求替代和供给替代是关键所在。

① 史际春．经济法的地位问题与传统法律部门划分理论批判//张世明，刘亚丛，王济东主编．经济法基础文献会要．北京：法律出版社，2012：329.

② 刘文华．中国经济法基础理论（校注版）．北京：法律出版社，2012：21.

③ 程信和，王全兴主编．海阔天空：中国经济法的过去现在和未来：第2集．上海：上海财经大学出版社，2009：19.

④ 徐子宏．周易全译．贵阳：贵州人民出版社，1991：367.

因为存在替代空白，所以独立的学科得以划分出来，否则它们在学术竞争市场上就东游西荡，不知根据，无法分得一杯羹。不同的学科有其交叉之处，更有其各自的界限，涉足一个学科边疆地带的交汇并不能被夸大其词为对于其核心腹地的占领，不能因为甲乙两个学科有交叉处，便将甲学科的观点强加于乙学科。所谓“入得一门深似海”，即是此理。按照卢曼（Niklas Luhmann）的观点，这种学科帝国大一统的思想的最大错误在于，没有认识到“功能”（Funktion）与“功效”（Leistung）的分殊。任何事物都只有一种最基本的功能，正是这种最基本的功能规定了该事物存在的根据。在此功能之外，该种事物可能有多种功效。例如，椅子之功能在于供人坐，椅子即是根据其拥有的这一功能被设计出来的。其固然也可以被临时放置物品，或者被挪作他用，但这些功效均无法替代椅子在设计和制作时所预期的这一功能。任何一个学科都不可能包圆，不可能被替代，超学科并不是以否定现有学科的界限为基础，而是在此基础上的超越。统摄所有学科，使其他学科丧失独立性是不切实际的乌托邦思想。学科分化是科学劳动分工的必要，是保证科学劳动经济性、高效性的手段。如同生产意义上的劳动一样，学术劳动也需要分工。学科制度化过程极为复杂，不仅关联到人文社会科学的边界划定与学科设置问题，还涉及隐含于其间的资源分配与权力争夺。

刘春茂在其《中国法律体系与法学原理》一书认为，“立法实践表明，我国已经初步建立起宪法统率下的六大基本法体系。《中华人民共和国宪法》为国家的根本大法，在宪法之下，有六大基本法，即：民商法、民事诉讼法、刑法、刑事诉讼法、行政法、行政诉讼法”。与此相适应，我国的法学体系应当是：民商法学、民事诉讼法学、刑法学、刑事诉讼法学、宪法行政法学、行政诉讼法学，另外再加上理论法学（法理、法史）和国际法学，即八个部门法学，而经济法学是到处挖其他法律部门的“墙角”的“大杂烩”，是我国完整的法律体系的“破坏者”。在这种法律和法学体系结构中，“经济法学”只不过是“经济行政法学”① 的简称，而私法和公法不分的“经济法”不仅不能登法学大雅之堂，而且被宣判为滋事生非的大逆不道者。笔者秉承孔子“君子不争”的垂训，深信对此哓哓置辩不过是精力和笔墨的徒然枉自浪费。以笔者愚钝不慧之智来看，“法部门”理论并非凛然不可冒犯的“天条”，尽管在中国当时讥议“法部门”理论可能会冒天下之大不韪，但日本学者早对此批欲导窥的理论重构。藤田勇（ふじたいさむ）在《法和经济的一般理论》中指出，“部门”仅是平面的区分，因此他在过去的分类系列中导入“构造阶层”的视角，所谓“构造阶层”论即将规范、制度、部门、体系作为构造的四个阶层，探索从“较低层次”向“较高层次”展开的理论。“部门”的阶层构造论即把各法律部门置放于基层（宪法、民法、行政法、刑法）、第二层（诉讼法、劳动法、土地法、集体农庄法等）、第二次构造（海法、空法、自然保护法等）的位置之上，

① 刘春茂．中国法律体系与法学原理：北京：法律出版社，1997：9-14.

不仅区分相互的领域，而且追求阶层的区分和关联的构造。① 笔者认为，藤田勇的不囿于成见的论述对我们探讨经济法在近代以来法律体系的构造中的地位极具参考价值。2001 年 3 月 9 日，时任全国人民代表大会常务委员会委员长李鹏在《全国人民代表大会常务委员会工作报告》中指出："构成有中国特色社会主义法律体系的基本标志是：第一，涵盖各个方面的法律部门（或法律门类）应当齐全。关于法律部门，法学界有不同的划分方法，常委会根据立法工作的实际需要，初步将有中国特色社会主义法律体系划分为七个法律部门，即宪法及宪法相关法、民法商法、行政法、经济法、社会法、刑法、诉讼与非诉讼程序法。"② 2003 年 4 月 26 日，时任全国人民代表大会常务委员会委员长吴邦国在第十届全国人大常委会第二次会议中指出："中国特色社会主义法律体系，是由七个法律部门、三个不同层次的法律规范构成的。从横向上看，根据法律规范的调整对象和调整方法划分，中国特色社会主义法律体系主要由宪法和宪法相关法、民法商法、行政法、经济法、社会法、刑法、诉讼与非诉讼程序法等七个法律部门组成。从纵向上看，有宪法和全国人大及其常委会制定的法律，国务院制定的行政法规，地方人大及其常委会制定的地方性法规、自治条例和单行条例三个层次。在与专门委员会的同志座谈中，大家认为，这七个法律部门、三个不同层次的法律规范的划分，既是从全国人大及其常委会立法工作的实际需要出发的，也比较符合法律自身的特点和内在规律。"③ 这其实对中国经济法的部门法地位问题的争论作出了历史的定论。

① 藤田勇『法と経済の一般理論』日本評論社，1980：256.

② 全国人民代表大会常务委员会工作报告(2001 年). 资料来源：http://www.npc.gov.cn/wxzl/wxzl/2001—03/19/content_134510.htm，2017-12-05.

③ 吴邦国委员长在十届全国人大常委会第二次会议上的讲话(2003 年 4 月 26 日). 资料来源：http://www.npc.gov.cn/wxzl/gongbao/2003—06/12/content_5327541.htm，2017-12-05.

第三章

纵的考察：经济法理论主要学说的发展与流变

《中国经济法诸论》前言向人们揭示：自经济法学产生后，“世界各国的法学家包括资本主义国家的法学家和社会主义国家的法学家，就经济法问题创造了丰富多彩的理论。比如，在当代的资本主义国家里，联邦德国的梅斯特麦克、林克，日本的金泽良雄、丹宗昭信，法国的让·戴特、沙文，英国的斯密特托夫，奥地利的弗吕勃尔、文格尔，比利时的赛里克基、盖恩特，瑞士的施吕波、吉基，荷兰的波阿特、德姜格等经济法学家创造了国家干预经济法论、国家指导调整经济法论、商法论企业法论、经济公法和经济私法等诸种理论。在当代的社会主义国家里，苏联的拉普捷夫、勃拉图西、马穆托夫、阿列克舍也夫、托尔斯泰，罗马尼亚的斯托内斯库、康斯坦丁内斯库，南斯拉夫的哥尔德斯坦、安东列耶维奇，匈牙利的维拉吉、巴弗洛夫，捷克的斯皮西亚克，波兰的哥尔斯基等法学家也创造了纵横统一经济法论、经济行政法论、综合部门法论、商法论、商品经济法论、规范群体论、学科论等各种理论。尽管这些理论均从不同角度反映了各国国家的实际，都有其长处和优点，但是，无论在资本主义国家里还是社会主义国家里，都还没有一种理论形成了自己完整的科学体系，都尚处于探索创建的阶段”①。经济法学理论目前仍处于群雄并起的春秋战国时期，不同学术流派的存在在客观上形成了一个科学理论的“生存竞争”环境。我们身处资讯时代，按照利奥塔（Jean-François Lyotard）的说法，知识的话语权力已经转化为对资料库的占有权，各学术领域成为自立规则的语言游戏。只有对既往的诸派理论思想含英咀华，才能在经济法理论的发展和重构方面纵横捭阖而游刃有余。

① 《中国经济法诸论》编写组. 中国经济法诸论. 北京：法律出版社，1987：前言 1-2.

第一节 德国经济法学说的演变

1921年，卡斯凯尔尽管详细描述了“经济法的概念和组成部分”，但认为“如何对这一法学领域作出囊括无疑的界定，它具体每个部分应该包含哪些内容，怎样系统地把它建构起来并且加以划分，这些问题都还没有明确的解释”①。阿图尔·努斯鲍姆在1920年发表的《新德国经济法》中讲到，“经济法”这一表达“自然不能被认为是一项新的学科”，而应该“只是一个标题”②。两年后，努斯鲍姆在该书第2版中解释道：经济法“这一概念的明晰至今仍未形成；众多意见产生了很大分歧……是否能找到一个在理论上适合经济法的概念，这是十分成问题的”③。对于德国第二次世界大战以前经济法理论的状况，丹宗昭信《现代经济法入门》有这样一段概述：“从这样的观点来看第二次世界大战结束前德国的经济法学说（第一次世界大战后经济法的学术探讨也最活跃），就会发现在这些学说中，一方面虽然有认为经济法不是独立的法律分科，而只不过是企图指出当时各种经济关系法的倾向的观点，如黑德曼的世界观说和努斯鲍姆的搜集说以及把新的经济关系法包括在行政法体系中而认为其仅仅是经济行政法的胡伯的学说等。但是，另一方面主张经济法是独立的实在的法律分科的学说也不少。”④ 早在1929年，黑德曼将当时德国学术界对经济法定义和具体化所做的努力，概括为三个总结性的理论类型；1930年又概括为“两种观点”⑤：(1)“集合论”(die “Sammeltheorie”)，其所体现的思想是，收集起来的法律事实在其他业已建立的法学领域内无处安放，所以，经济法就仿佛为所有这些不可划分领域的剩余物提供了一个蓄水池；(2)“对象论”(die “gegenständlichen Theorien”)，即需要寻找某一对象，由这一对象出发形成“经济法这个概念”。(3)“世界观论”(die “weltanschauliche Theorie”)，即放弃“对象性的基础”，把经济法看作“一种普遍的时代精神现象”(eine Erscheinung des allgemeinen Zeitgeistes)。对于德国经济法概念的学说，艾希勒《经济法：一个系统性研究》(Hermann Eichler, *Wirtschaftsrecht. Eine systematische Studie*, Nürnberg: Abraham, 1950)一书的分类在学术界获得比较广泛的认同。艾希勒五分法是：(1) Sammeltheorie，原意为集合、聚合、集中、收集、搜集，日本学者

① W. Kaskel, Begriff und Bestandteile des Wirtschaftsrechts, *Recht und Wirtschaft*, 10Jg, H. 11, 1921, S. 212.

② A. Nussbaum, *Das neue Wirtschaftsrecht. Eine systematische Übersicht über die Entwicklung des Privatrechts und der benachbarten Rechtsgebiete seit Ausbruch des Weltkrieges*, Berlin: Springer-Verlag, 1920, Vorwort.

③ 同②S. 1.

④ 参详丹宗昭信·厚谷襄児『現代経済法入門』法律文化社，1981：4.

⑤ Justus Wilhelm Hedemann, *Fortschritten des Zivilrechts im 19. Jahrhundert*, Teil 2, Bd. 1: Das materielle Bodenrecht, Berlin: C. Heymann, 1930, S. 313.

金泽良雄等人称之为“集成说”，但我国学者张守文、于雷著《市场经济与新经济法》认为依此论本意似称之为“集合”理论更为恰切。（2）Wirtschaftsrecht als Recht der organisierten Wirtschaft，即“组织经济法说”。（3）Wirtschaftsrecht als Recht der Unternehmer，即“企业者法说”。（4）世界观说（Weltanschauliche Theorie）和法学研究的社会学方法的见解（Rechtssoziologische Auffassung）。（5）Lenkung der Wirtschaft als Wirtschaftsrechtlicher Zentralbegriff，即“作为经济法中心概念的经济统制”。金泽良雄将艾希勒上述第（2）、（3）合称为“对象说”，将第（5）种学说，即产生较晚的以统制概念为中心的学说称为“机能说”。

一、“工业法”（Industrierecht）时期

德国经济法学体系产生之前多以“工业法”（Industrierecht，日本学者译为“产业法”）称之。黑德曼把经济法这一概念诞生的时间定位第一次世界大战之后。1929年，他这样写道：“战前，经济法这一表述是不为人知的。在战争中，它出现在个别领域。现在，它完全被采纳了。”① 黑德曼认为，经济之法及为经济服务的法律第一次出现要追溯到海因里希·莱曼（Heinrich Lehmann）于1913年发表的《德国工业法纲要》（Grundlinien des deutschen Industrierechts）一文，此为其于1912年11月23日在耶拿发表的关于“工业法”就职演说，被黑德曼视为经济法的先驱②，也是现今在文献中广为流传的观点。③ 海因里希·莱曼在此对工业化中企业的法律问题做了系统的阐述。他认为，自从德国统一以来，经济的巨大繁荣应归功于工业的惊人发展。工业化的进程尚未结束，并将继续向大企业形式的方向发展。在这样的一个时代，立法和法学研究应该如实地呈现这一景象。但是“我们的民法典很少顾及产业上的需求，法学的成果主要集中在民法和罗马法上，对解决现代经济和产业法的问题却很少有人问津”④，因此他呼吁要提高对现实社会生活中的问题的研究。不过，莱曼自身并没有把确立作为新体系部门的工业法视为目标。在这里，莱曼把工业企业置于工业法的中心位置，将工业化中企业的法律问题分为三方面加以探讨：（1）企业的内部关系，换言之，系作为企业之经济基础的企业

① J. W. Hedemann，*Reichsgericht und Wirtschaftsrecht. Ein Bild deutscher Praxis*，Jena：Verlag von G. Fischer，1929，S. 1.

② J. W. Hedemann，Vom Industrierecht zum Wirtschaftsrecht，in：Kölner Rechtswissenschaftlichen Fakultät（hrsg.），*Festschrift für Heinrich Lehmann zum sechzigsten Geburtstag*，Berlin：Weidmann，1937，S. 195，197.

③ Knut Wolfgang Nörr，*Zwischen den Mühlsteinen. Eine Privatrechtsgeschichte der Weimarer Republik*，Tübingen：Mohr，1988，S. 168.

④ H. Lehmann，Grundlinien des deutschen Industrierechts，in：F Stier-Somlo（hrsg.），*Festschrift für Ernst Zitelmann zu seinem 60. Geburtstage，Überreicht von Verehrern und Schülern*，München：Dunker & Humblot，1913，S. 3-46.

家、劳动者、雇工之间的关系；（2）企业外部关系，即相对于自由竞争的关系秩序；（3）企业与整体社会的关系。按照莱曼的观点，企业的经济基础为劳动、自然资源及资本，故应探讨劳动法（Arbeitsrecht）、能源法（Energierecht）、公司法（Gesellschaftsrecht）与契约法（Vertragsrecht）。而在企业与其竞争者之关系中，则应讨论营业竞争法（Wettbewerbsrecht）、知识产权保护（gewerblicher Rechtsschutz）及“卡特尔内部法”（Kartell Innenrecht）。至于企业与整体社会的关系，则探讨大企业发展导致的排除竞争以及利用势力的弊害的克服与补偿（调整），应该研究防止损害及填补损害的责任义务法（Haftpflichtrecht）、经济警察监督法（Wirtschaftspolizeirech）、公营事业法（Recht deröffentlichen Unternehmen）及“卡特尔外部法”（Kartell Außenrecht）等。然而，莱曼更多的是将其视为经济社会现象，而不是从法律体系的高度来认识，因此，“工业法”仍然停留在传统法律体系之外，而他也仅仅对新的法律素材和工业企业的法律问题进行了系统整理。[①] 尽管在莱曼之后德国鲜有使用“工业法”名称的追随者，但绝非像有的学者所言都被经济法和企业法所取而代之，笔者所见尚有恩斯特·海耶曼后来发表的《军事战争经济改革作为新德意志工业法的基础》（Ernst Heymann, *Die Rechtsformen der militärischen Kriegswirtschaft als Grundlage des neuen deutschen Industrierechts*, Marburg: Elwert'sche Verlagsbuchhandlung, 1921）[②]，此外欧根·罗森施托克-许泽（Eugen Rosenstock-Huessy）也在1926年《论工业法：法律的体系性问题》中试图在此意义上用“企业”和“工厂”这些范畴从法律体系上把握“工业法律现实”[③]。笔者认为，莱曼的“工业法”论及企业的经济基础、自由产业关系以及与全体经济相对的关系，实质上与现在的经济法的对象是相同的。格尔德·林克（Gerd Rinck）认为德国在第一次世界大战爆发以前，尚没有一套经济政策与法律体系对经济活动进行系统的管理与引导，因此这一时期尚没有经济法存在。[④] 但诸如黑德曼、施密特·里姆普勒（Schmidt Rimpler）、瓦尔特·施吕普（Walther R. Schluep）、恩斯特·施泰因多夫（Ernst Steindorff）等多数德国学者[⑤]都认为法

① Fritz Rittner, Meinrad Dreher, *Europäisches und deutsches Wirtschaftsrecht: Eine systematische Darstellung*, Heidelberg: C. F. Müller GmbH, 2008, S. 5.

② 海耶曼直到1914年均在马堡大学任教授，此后在柏林大学任民法和商法教授，在该大学法律系成立了外国法和经济法研究所（Institut für Ausländisches-und Wirtschaftsrecht），出版《商法、营业法和农业经济法丛刊》（Schriften zum Handels-Gewerbe-und Landwirtschaftsrecht）。

③ E. Rosenstock, *Vom Industrierecht. Rechtssystematische Fragen; Festgabe Xaver Gretener zum 50 jährigen Doktorjubiläum am* 26. 4. 1926, Berlin: Sack, 1926, S. 12, 16ff., S. 33.

④ Gerd Rinck, *Wirtschaftsrecht*, 4Aufl., Köln: Heymanns, 1974, S. 9.

⑤ Hedemann, Das Wirtschaftsrecht, in: Rolf Dietz; Hans Carl Nipperdey; Eugen Ulmer (hrsg.), *Beiträge zum Arbeits-, Handels-und Wirtschaftsrecht-Festschrift zum 70. Geburtstag von Alfred Hueck*, München: Verlag C. H. Beck, 1959. S. 378; Schmidt-Rimpler, Wirtschaftsstrafrecht, in: Erwin von Beckerath u. a. (hrsg.), *Handwörterbuch der Sozialwissenschaften*, Bd. 12, Stuttgart, Tübingen u. Göttingen: Gustav Fischer / J. C. B. Mohr / Vandenhoeck & Ruprecht, 1965, S. 687; Steindorff, *Einführung in das Wirtschaftsrecht der Bundesrepublik Deutschland*, Darmstadt: Wissenschaftl. Buchgesellschaft, 1977, S. 8ff.

学界在20世纪初以"工业法"的名称所讨论的法律问题，除劳动法之问题已自成独立的法领域外，仍多为现代经济法的研究课题，虽然当时多以私法规定及原理解决之，但仍不失为现代经济法源起的构成部分。

二、经济法学初创时期的理论探索

(一) 集成说

集成说，也被有些学者（如丹宗昭信等）称为"搜集说"。其最著名的代表人物，学术界通常都首推努斯鲍姆，此外尚有学者将埃米尔·韦斯特霍夫（Emil Westhoff）、弗朗茨·多赫夫（Franz Dochow）亦归入此派学说之列，但吉永荣助等以为大谬不然。并且，吉永荣助还认为将努斯鲍姆的学说视为"仅仅对法规的单纯的搜集"是十足的误解。努斯鲍姆是柏林大学的编外教授，其研究的目标有两方面。其一，从面临的混沌的实际的课题出发搜集与民法相对的新兴法律。他认为经济法是一个集合的概念，是一系列法律规范的综合。通过对德国在一战期间及战后出现的新法律现象的研究，他认为民法本质上是以对国民经济予以间接影响为主，以个人生活为其对象，而将对国民经济予以直接影响的法律规范的集合称为经济法。他认为，能被看作为经济法律规范的，只是那些以直接地影响国民经济为目的的法律规范，而那些对国民经济产生间接影响的规范，即那些明确地不以国民经济而只是以个体活动为规制对象的法律规范，则不属于经济法。其二，在经济法领域运用其法律事实探求的方法。努斯鲍姆最初对从这些法规的意义出发推导出理论上行得通的经济法的概念心怀疑虑。努斯鲍姆的法律事实探求方法与社会学的方法是相通的，是与所谓"概念法学"相对的。努斯鲍姆的观点集中反映在其《新德国经济法：自世界大战爆发以来私法和相邻法领域发展的系统审视》（*Das neue deutsche Wirtschaftsrecht. Eine systematische Uebersicht über die Entwicklung des Privatrechts und der benachbarten Rechtsgebiete seit Ausbruch des Welt Krieges*, Berlin: Springer, 1920）一书中。[①] 该书内容如下：第一章，货币资本流通；第二章，商品交换与供给契约；第三章，公经济的扩大；第四章，土地法；第五章，劳动法；第六章，债务者保护与法的保护。从努斯鲍姆的序文可见，其目的很明显是从混乱的材料中选择出最重要的，试着纳入其可以讲得通的系统的体系秩序之中。该书运用经济法的眼光，通过第一次世界大战以来产生的法律条文和现实生活，得出结论，认为：战后法律问题的明显特征是，公法和私法之间相互融合，国家权力进一步干预经济活动、个人的自由受到压制。大多数学者均认为，努斯鲍姆将调整战争和革命所产生的经济现象的一切法规的"储水池"（Sammelbeck-

① 我国学者张守文、于雷所著《市场经济与新经济法》中云努斯鲍姆的观点集中反映于他在1922年出版的《新德国经济法》，此为转引于金泽良雄的《经济法概念》中文版注释，其实努斯鲍姆的著作第1版发表于1920年，1922年为第2版。

en）或“紧急避难所”（Notunterschlupf）总括为“新经济法”，但吉永荣助认为，努斯鲍姆的学说不能简单地贴上“搜集说”的标签，他的学说中已经将“国民经济”作为经济法的对象，这一点与克特根（Arnold KÜöttgen）的学说颇为相近。努斯鲍姆对“社会化”进行阐述，指出：战争的结果，使国家担负起经济的任务，与个人的经济自由相对立而加以压倒性的限制。战后这种现象即便平息下去，但这种广义的社会化之水仍在流淌。努斯鲍姆觉察出了公法私法的混合形态（Mischgebilde aus privatem u. öffentlichen R.），这意味着努斯鲍姆是“私法的公法化”的先驱者，与今天仍将经济法作为公法私法的混合领域的理路相一致。努斯鲍姆认为，不仅在私法领域，而且在公法的范围内也进行着深刻的变化，即公法逐渐地、越来越强烈地充满财产法的要素。需要指出的是，努斯鲍姆将税法和公保险法从经济法中排除出去，其理由是这些都属于纯粹的公法，但我们认为，税法立足于广义的经济政策而实施便可以理解为属于经济法。在努斯鲍姆的学说中，劳动法是包含于经济法之中的，这是由于劳动法亦受战争和革命的强烈影响，在社会化过程中，劳动力以最高的经济财产而呈现，当时的劳动法尚处于形成独立的法律部门的过程之中，尚处于“流动的”状态。总之，努斯鲍姆尽管主张经济法乃当时新兴的兼具公法与私法性质的经济法的总汇，但他也特别强调国家对于经济自由之干预与限制，以及国家对于经济之形成具有直接影响之作为，为经济法之特色。金泽良雄指出，努斯鲍姆的集成说并没有揭示出经济法作为独立的法律部门的理论依据，但它试图以经济生活的实际为根据而对法律事实进行研究，这是引人注目的。

（二）方法论说

从经济法学理论前史可以看出，经济法体系有两大渊源，一为公法私法的总和，把经济法视为公法私法分类的超越或扬弃，对古罗马以来公法私法的分类当否提出质疑，由此而产生了经济法的思想；二为对当时既存的有关经济的各范围和各种经济行为的区别加以认识，对这种实体进行法律的分类和体系的构建。这种经济法的先声主要是对经济事实予以法律分析，追求经济和法律知识的综合，与我们当今所谓“法律经济学”相映成趣，可被称为“经济法律学”。韦斯特霍夫即是这一学术渊源的典型反映。韦斯特霍夫主张将一切有关经济的法律均归属于经济法（unter wirtschaftsrecht das gesamte auf die Wirtschaft bezogene Recht zu verstenden）。[①] 这种简单、广泛的定义具有目的论和方法论的色彩，这一点与努斯鲍姆颇为类似。韦斯特霍夫的代表作为《经济法的体系》（*System des Wirtschaftsrechts*，Leipzig：C. L. Hirschfeld，1926）。我们从以下几方面对韦斯特霍夫的学说加以评介。

第一，他应用法社会学的方法，将经济事实置于法秩序的基础地位，将法学视

① Emil Westhoff，*System des Wirtschaftsrechts*，Bd. 1，Wesen und Grundlage，Leipzig：C. L. Hirschfeld，1926，S. 17.

为直接对经济原始资料进行区分和探究其间关系的工具，由此而向社会学的领域推移，在这里，事实和规范相结合是从实然（Sein）到应然（Sollen）的思维理路。韦斯特霍夫特别对作为商科大学教授科目的经济法极为重视，强调这种作为商科大学的经济法教授科目的实用价值，企图对于官房学派当时的政策，尤其是富国政策的经济法思想及有关知识加以综合。根据韦斯特霍夫的观点，商科大学的法律教授内容必须与听讲者的理解和实际的要求相适应，法律的讲义在将经济事实作为目的的同时，还应直面方法论的以及体系的改造这一难题，他认为经济法即是解决这一难题的利器。对经济进行相应的法的侧面的体系化，同时用法社会学的方法确立经济法的基础。在韦斯特霍夫看来，法与经济的关系是如同结果与原因一般，从这个意义说，法可以理解为精神的努力，不过，严峻的生活事实、经济的贫困等是经济法形成的要因，因此法是经济的关系的结果、经济是法秩序的基础，以经济秩序作为法秩序的基础的学说体系是具有正当性的。吉永荣助认为，自纳粹兴起以来，马克思主义的文献是可以自由引用的，但韦斯特霍夫在这一点上却全然不曾涉及，可见这种思维理路绝非所谓唯物史观，毋宁说与施塔姆勒（Rudolf Stammler）的见解相近。

第二，韦斯特霍夫把个人主义和协同主义（Kollectivism）视为人类基本冲动。在韦斯特霍夫的学说中，个人主义的感情圈（Gefühlkreis）和共产主义的感情圈中派生的经济形式，在法律上可分为私人经济和协同经济两大法域。显然，韦斯特霍夫认为经济法涉及经济生活的全部法规范，并可区分为私人经济、社会的公共经济（sozial Gemeinwirtschaft）、团体的公共经济（genossenschaftliche Gemeinwirtschaft）、总体经济及世界经济（Gesamtheitwirtschaft u. Weltwirtschaft）等法体系。① 在这里，私人经济法与协同经济、全体经济各法体系相对立，个人主义产生资本主义，与资本主义相对的社会主义，是以作为与个人主义相对立的协同精神为出发点，新的经济形式（形态）是以新的经济秩序为前提的。

金泽良雄认为韦斯特霍夫这种最广义上的经济法概念，严格说来不应该被看作是有关经济法“概念”的学说。金泽将鲁姆普夫亦作为方法论说的代表人物。鲁姆普夫的观点集中反映在《经济法的意义》一文。② 此外其代表作还有1929年的《法律科学作为社会科学》（*Rechtswissenschaft als Sozialwissenschaft*）和1920年的《经济法学和经济高等学校》（*Wirtschaftsrecht Wissnschaft und Wirtschaftshochschule*）等。③ 鲁姆普夫学说的特色在于其主张完全法或完全法学（Vollrechtliche od. Vollrechtwissenschaft）。他主张的完全法的学说，是在抽象的法规范的支配下，

① Emil Westhoff, *System des Wirtschaftsrechts*, Bd. 1, Wesen und Grundlage, Leipzig: C. L. Hirschfeld, 1926, S. 47.

② Max Rumpf, Der Sinn des Wirtschaftsrechts, *Archiv für die civilistische Praxis*, H. 120 1922, S. 153f.

③ 宫司正明「私法と経済法」『國士舘大學政經論叢』第57卷第2号，1982.

对当时德国社会生活的事实加以探索的法学。这种观点在法学家中间是其来有自的，与自由法学派是同道者，认为法官的职责即在于把握法规背后特定的文化规范，在法的框界不受损伤的范围内从文化规范出发作出正确的判决。鲁姆普夫主张将对法律领域中经济的客观实际部分所作的法学上的全面探讨，理解为对经济法的研究，企图从这一论点出发，来建立综合民法和商法的经济法的基础，进而在私经济法与公共暨国家的经济法相对立的同时，将两者置于整个体系的统一综合的地位上。鲁姆普夫将商法作为企业法（Handelsrecht als Recht der Unternehmen）。鲁姆普夫还认为，为了积极促进经济生活，因某些企业系危险群体而与利害关系人（如出资者、债权人）利益发生冲突并予以伤害，对这些利益的保障的立法者的努力也属于企业法。鲁姆普夫将经济法归结为对法律领域中经济的客观实际部分所作的完全法的考察和研究方法的适用的主张，虽然在今天看来不足为奇，但在当时以专事抽象的法概念、法条文研究为目的概念法学时代却有重大意义，这是鲁姆普夫所处时代商科大学的法律家和经济学者共同指导的演讨班探索获得的成果。

卡尔·盖勒（Karl Geiler）是金泽良雄所认为的经济法学说方法论说的又一代表人物。盖勒的著作有《新经济法的公司法组织形式》（*Gesellschaftliche Organisationsformen des neueren Wirtschaftsrechts*，Mannheim：Bensheimer Verlag，1922）、《在公司法中的经济的方法》（Die Wirtschaftliche Methode im Gesellschaftsrecht，*Gruchots Beiträge-Beiträge zur Erläuterung des deutschen Rechts*，1927，S. 593－619）等。盖勒认为经济法无非是在有关经济生活的法律领域中，适用法学研究的社会学的方法而已。盖勒根据施塔姆勒的观点将法和经济的关系视为形式与材料的关系，不过与施塔姆勒将形式视为纯粹的范畴的观点不同，盖勒将形式理解为内容有规律的形式化。[①] 在今天，法社会学的方法论未必是经济法领域所特有的方法，但在经济法学中，不容忽视的就是从最初就试图依靠这种方法论对经济现象的法进行把握。

（三）世界观说

卡恩、努斯鲍姆和黑曼等的“集合理论”（Sammeltheorie）在魏玛共和国时期的学术探讨中渐渐失去影响。对经济法的新阐释更多的是法律理论的、方法论的或是法律政治的，而不是体系的。主张这一学说的代表人物是黑德曼、罗森斯托克等。他们使用了“世界观说”的概念。[②] 需要注意的是，黑德曼前后观点是大相异趣的。中国学术界根据金泽良雄的介绍，往往只知其一不知其二。黑德曼前期的观点体现于1922年出版的《经济法的基本特征》（*Grundzüge des Wirtschaftsrechts*，Mannheim：J. Bensheimer，1922），后期的观点体现于1939年出版的《德意志经

① Karl Geiler，Die wirtschaftsrechtliche Methode im Gesellschaftsrecht，Berlin：Verlag von Franz Vahlen，1927，S. 35.

② Fritz Rittner，Meinrad Dreher，*Europäisches und deutsches Wirtschaftsrecht*：*Eine systematische Darstellung*，Heidelberg：C. F. Müller GmbH，2008，S. 5.

济法》(*Deutsches Wirtschaftsrecht*)。[①]

黑德曼的《经济法的基本特征》的出发点完全是实践性的，从"对现实的观察"以及"新近的和最新的现象"来引出论点的[②]，指出："一系列纷繁复杂的现象出现在我们面前……大量独特性东西开始在旧教条主义上面蔓生，简直犹如1500年法典材料面临被掩埋于纯粹的潘德克顿法学的危险一样。但是在这漩涡中凸显出了一些新的东西，诸如经济法这个词。"[③] 1929年，黑德曼对经济法材料的划分可以概括为：(1) 国家和经济法 (Staat und Wirtschaftsrecht)；(2) 财产 (Eigentum)；(3) 经济合同法 (wirtschaftliches Vertragsrecht)；(4) 经济联合会和社团组织 (wirtschaftliches Verbands-und Vereinigungswesen)；(5) 可能是 (黑德曼在此不是很确定) "劳动法的附带部分" (anhangsweise Teile des Arbeitsrechts)[④]。黑德曼解释道："我们根本不需要从材料出发，判定法律材料的某一部分是经济法，而其他部分则不是。我们要从一种基调出发，正如这对于在思想精神上领会自然法是必需的一样。看来，整个法律是由这种基调所决定的……哪怕是最遥远的部分，如家庭法或者教会法。"[⑤] 根据黑德曼的观点，"当今将经济法视为与亲属法、继承法、国家法、教会法、国际法等独立的法部门全然是一种谬见"[⑥]。他把一般现代法中具有所谓"经济性" (Wirtschaftlichkeit) 特征或基调者称为经济法。他认为，"经济法的发生与18世纪自然法的出现同出一辙，犹如18世纪对自然的憧憬给学术带来重大影响一样，值此之时，自然科学兴起，在自然哲学、自然宗教的支配下，一切都自然化地登场于当时的舞台。这与现代相同；一切都具有经济性的基调，呈现出经济化：经济哲学、经济政策、经济史、经济地理、经济部、经济议会、经济法庭不胜枚举。于是与上述并列登场的新的法概念即是经济法"[⑦]。黑德曼指出，我们不必从内容出发来理解具有某一法成分与另一法的成分相区分的经济法的观念，恰如自然法的理解必须从一种基调出发，总之，尽管强弱不同，亲属法、教会法等都受到这样的基调的影响。现代所有的法制中贯穿的基调最为明显地表现于使用经济性的用语。今日所谓的经济性具有高度紧张、无与伦比的不安定、现象的流动、最大效果的标语以及最广泛利用的理念的特征。如此紧张流动的经济性是长期郁积而达到革命的临界点的产物，法律具有这种经济性的特征并受其影响

① 关于赫德曼对于经济法学科发展的贡献，最近的研究可参见 Heinz Mohnhaupt, Justus Wilhelm Hedemann und die Entwicklung der Disziplin "Wirtschaftsrecht", *Zeitschrift für Neuere Rechtsgeschichte*, H. 25, 2003, S. 238ff。

② J. W. Hedemann, *Grundzüge des Wirtschaftsrechts*, Mannheim: J. Bensheimer, 1922, S. 13 und 22.

③ 同②7.

④ Wilhelm Hedemann, Wirtschaftsrecht, in: Fritz Stier-Somlo und Alexander Elster (hrsg.), *Handwörterbuch der Rechtswissenschaft*, Bd. 6, Berlin: Walter de Gruyter, 1929, S. 936.

⑤ J. W. Hedemann, *Grundzüge des Wirtschaftsrechts*, Mannheim: J. Bensheimer, 1922, S. 11.

⑥ 同⑤10.

⑦ 同⑤7-12.

是不证自明的道理，于是固有的法律体系卷入这一漩涡以至于丧失了其绝对性。黑德曼在1929年出版的《帝国法院和经济法》一书中通过对大量帝国法院判例的分析，论证了帝国法院在商法、专利法、商标保护、结社自由、卡特尔法、拘束性合同、劳动法、混合经济和社会化（国家之手）等审判实践中运用“经济法”的原则而冲破原有的私法自由、平等和意思自治的原则，再次强调：经济法首先是历史发展的产物，“我们的时代是经济的时代，今天的法律就是经济的法律，而18、19世纪的法律则缺少这一基本特征”，经济法具有很强的“经济性”和“社会化”特征。[①] 1929年，他谈到了“整个世界观的经济化”（Verwirtschaftlichung des ganzen Weltbildes）[②]。“整个法学看上去”是由一种“基调”得以贯通的，这种“基调”包括“经济作为我们一切现实表述的象征”[③]。可见，黑德曼把经济法只不过理解为“现代法全体的基调”（der Grundton des Rechtsganzen in unserer zeit）或“一般时代思潮的反映”（der Abglanz einer allgemeinen Zeitströmung）。因而在黑德曼看来，经济法和18世纪的自然法一样，不应该被理解为单一的法域、法律部门，而应该被理解为时代精神的基调、世界观。正是这样，他把自己的这种学说主张称为世界观说（Weltanschauungstheorie）。[④] 峰村光郎认为，黑德曼把经济法的基本观念理解为“时代精神的基调”或“经济的世界观”，这不能不说是其深邃卓见，不过，在其所谓世界观说中，尽管经济法是具有经济的时代观（Wirtschaftliche Zeitanschauung）特征的一般法则，但他并没有阐明作为经济法理念的契机的世界观问题与作为经济法现实的契机的国民经济构造的变动问题的关系。松下满雄对黑德曼世界观说的妥当性提出了两点质疑：第一，现代的基调是否为经济性尚有商榷的余地，即使承认在现代社会中经济具有极其重要的作用，它也不是时代唯一的基调，还有可能应该看到其他的现代特征的基调。第二，即使说现代法的特征是经济性、可以称之为经济法，但这种称呼是否有实践的意义是不明确的。[⑤] 金泽良雄则认为黑德曼的世界观说的意义并不在于借经济法的对象明确化以确立其独立的法律分支地位，从而作出概念性的决定，而是包括了相通于方法论的论点。

艾希勒把鲁姆普夫和黑德曼一并列入“世界观说”学派，这是因为鲁姆普夫采取完全法的考察方法的缘故。艾希勒这样的归纳在德国学术界是否为普遍的通说尚难以断言。笔者认为，综观搜集说、世界观说以及方法论说，都强调将经济法作为对经济进行法社会学的方法或者说法律事实探求方法加以把握。在法律体系中，经

① Justus Wilhelm Hedemann, Reichsgericht und Wirtschaftsrecht: *Ein Bild deutscher Praxis*, Jena: G. Fischer, 1929, S. 150.

② Wilhelm Hedemann, Wirtschaftsrecht, in: Fritz Stier-Somlo und Alexander Elster (hrsg.), *Handwörterbuch der Rechtswissenschaft*, Bd. 6, Berlin: Walter de Gruyter, 1929, S. 930.

③ J. W. Hedemann, *Grundzüge des Wirtschaftsrechts*, Mannheim: J. Bensheimer, 1922, S. 10-11.

④ Hedemann, Wirtschaftsrecht, in: Fritz Stier-Somlo und Alexander Elster (hrsg.), *Handwörterbuch der Rechtswissenschaft*, Bd. 6, Berlin: de Gruyter, 1929, S. 932.

⑤ 松下満雄『経済法概説』東京大学出版会，1986：11.

济的事相的地位的重要性，明显从20世纪初开始增加，所谓世界观说，正确地说是黑德曼时代观说所揭示的。这里便遭遇方法优先还是法律部门划分优先的问题。吉永荣助认为，对象说、方法论说以及搜集说具有互动关系，搜集说引起方法论说是理所当然的，而方法论说一旦确立，正好又对搜集的范围和分类加以检讨。吉永荣助批评日本经济法学界长期以来忽视了这两者间的关系。

1936年，黑德曼在接到柏林大学发出的执教聘书时，对由他建立的“经济法研究所”怀有深厚的感情①，希望把经济法研究所也搬到柏林大学去，但这一计划由于不符合卡尔一蔡司基金会的规章而未能实现，所以他在柏林大学执教时也成立了一个同类但规模较小的“经济法研究所”。1937年，黑德曼离开耶拿时，在告别辞中明确地描述了通过“国家社会主义，在经济法的素材内开辟出来的新大陆”，在国家社会主义思想框架内研究“经济法”。1937年，黑德曼强调：“我们总是不停地为经济法‘概念’而苦恼，尤其是在开始之际。然而，我们肯定没有停留在概念上，而是经常把目光投向全部的现实生活，不论在材料选择方面，还是在表述风格方面，均是如此。”② 黑德曼在1939年的新作《德意志经济法纲要》中断言：以往的搜集说、对象说以及自己的世界观说无一具有实效。③ 黑德曼指出：对于经济法本质，不得不采取某种程度臆断的回答。他指出，经济法从难以认识的起源开始，由实际生活无尽源泉充实的结果，逐渐发展成为绝对有力的、独立的法域，由此他开始承认经济法的独立性。在黑德曼看来，经济法作为年轻有生机的资料，是具有从全体加以理解、从高处进行观察的意义的法，因此，劳动法、商法等其他法域势必不能不作为全体构成必不可缺的基本要素而被纳入其范围，而且商法、劳动法、税法等在资料上与经济法极为类似，亦势必不能不为经济法自然而然地吸收。由上述可见，黑德曼的新作仍然未能对经济法的概念加以成功的界定，在论述过程中，他还暗暗地将在其新世界观的基础上确立的经济本质观和国民经济的新构成的思想掺入其中，并由此而进一步深入推衍得出了承认经济法的独立性，即经济法作为独立的法域和单一的法部门而形成的观点。

据笔者之见，属于世界观说的除黑德曼之外并非绝无仅有，克劳辛（Friedrich Klausing）即是同道中人。克劳辛的学说的思维方式是德国人探讨问题方式的典型。克劳辛为了明确经济法的概念、本质，通过经济法概念的生成和发展，对法概念一般的生成、本质、机能进行广泛探求，以新的经济法概念作为问题点而反过来对民法、商法的既成概念加以反省。确切说，克劳辛的学说是通过对各种概念及经

① J. W. Hedemann, Ein Wort des Abschieds, *Mitteilungen des Jenaer Instituts für Wirtschaftsrecht*, H. 32, 1937, S. 1ff.

② Hedemann, Geschichte des Jenaer Instituts für Wirtschaftsrecht, *Mitteilungen des Jenaer Instituts für Wirtschaftsrecht*, H. 32, 1937, S. 26.

③ Hedemann, *Deutsches Wirtschaftsrecht: Ein Grundriss*, Berlin: Junker und Dünnhaupt, 1939, S. 15.

济法概念的哲学的反省，或问题意识的整理，为达到较正确的法体系开辟道路。克劳辛的观点最鲜明表现于其论文《经济法》(*Wirtschaftsrecht*)①，该论文写于1931年，伯姆顺便将此纳入“经济秩序”(Ordnung der Wirtschaft)丛书，于1937年以《作为历史任务和法律拓展成就的经济秩序》(*Die Ordnung der Wirtschaft als geschichtliche Aufgabe und rechtsschöpferische Leistung*)为标题发表。克劳辛的学说要旨如下。

形式的或法律的定义，在通常的场合下以形式的法典或至少形式的法体系为前提，大多由此抽象而来。然而，在经济法中，相反却首先制作经济法的概念和理念，并以此为基础创造法学的体系或独立的法部门，这种意图是很强烈的。这并非单纯为了整理统合过去的经济法关系的法令的概念，而是在将来通过这种法概念和法原理解决诸困难问题。这意味着辛策海默（Hugo Sinzheimer）认为有关经济法研究的观点所阐明的不在于现在而在于将来的态度是正确的。克劳辛对经济法诸学说进行了分类。

在第一类学说中，经济法的对象是以规范（Normen）或制度（Institution）的法的对象为出发点。这其中包括：搜集说这样的与经济的关系有关的法秩序说，或企业有关说，或与之相比更狭义的“组织经济”或“共同经济有关说”。这些学说中存在的问题是，如何从形式上创立经济法独立的法部门，即如何设立其为与民商法、劳动法、行政法并列的法部门？

第二类并像第一类学说一样将其对象置于重要地位，其代表有：黑德曼的旧说以及盖勒的法社会学的方法应用说。在克劳辛看来，这中间还包括鲁姆普夫、辛策海默、克温施泰因（Heinrich Kronstein）的学说。

在检讨以上学说之前，克劳辛稍微改变了思想方向，从实际的观点出发，论述了经济法的学科。他认为经济法是促进实际问题解决的典型的法学。最先，在1930年普鲁士、图林根等法律考试的命令中，与民法商法等考试科目并存的就有被称为“经济法”的科目，而且经济法也包括在获得商业学教师证书的考试科目中。在各地高等商业、高等工业、高等农林等诸专科大学中，经济法是学科的基础部门。此外，即使在纯粹的法律界内，例如第32届法学会大会上除民法外，又设立了税法及经济法部（Abteilung für die Steuer-Wirtschaftsrecht），其在1928年以后又改称为“经济法及财政法部”（Abteilung fur die Wirtschafts-und Finanzrecht）。至此，在德国，经济法在法学及实务界完全确立起来。从以上克劳辛的论述来看，经济法的存在是从实际的必要出发确立的，这意味着实践先行于理论。

克劳辛首先要指出的是，将经济法的存在作为既定的事实，探求这一部门有关的问题并加以解决。在克劳辛看来，为了这一目的，经济法的定义是必要的。因

① Klausing, Wirtschafsrecht, in: Friedrich Klausing, Hans Carl Nipperdey, and Arthur Nussbaum (hrsg.), *Beiträge zum Wirtschaftsrecht*, Marburg: Elwert, 1931, S. 1ff.

此，认为为解决这些问题而定义是必要的，这与经济法学的地位密切相关。克劳辛从将经济法作为科目进行实际教授的角度出发，指出以下三点：(1) 现时代要求的充足，(2) 商科大学系的法科目，(3) 进步的学者的专攻范围。与传统的民法、商法、行政法相对比，经济法涉及现代或时事的法律主题。商科大学、工业大学等关注实质的，也可以说综合的学问的学校，最早认识到经济法的必要性和意义。不被经济法的思考所刺激或鼓舞、不使用经济法的方法并且在经济法时代对经济法的必要性不理解的人是落后于时代的。

其次，克劳辛论述了民法、商法、产业法（Industrierecht)、贸易法（Verkersrecht)、财产法（Vermögensrecht）以及劳动法和社会法（Arbeits-und Sozialrecht）等法领域概念的生成过程。克劳辛认为，这些法领域名称的出现和承认，在很大程度上是由“世界观”所决定的，而非纯粹的法规范的特色所决定的。有关社会生活时局现象的法的重要性的集体价值判断屡屡在法领域中表现出来，特定时代的精神的、伦理的、一般政治的、经济社会的潮流对法律术语和概念的形成或多或少予以强烈影响。

本来，(市）民法的“市民”、商法的“商”均非法律语言而是通俗语。这样的非法律语言一旦变为法律概念，就具有术语特有的持续能力。这可以分为两种样态：其一，在此期间，传统的非法律部分在经济的实践乃至经济理论上与当初相比具有另外的意义（如19世纪的“商”与今日的“商”大不相同)。与此平行的法律概念处于“静态”，与现代的理解相去甚远，遂从实际使用的法律用语中消失。其二，从实定法和法的观念的动态来理解，观念法在许多情况下受到实定法根本变革的影响，从而使现代的意义仅仅是历史的理解。克劳辛探讨了罗马的 jus civile（即罗马的市民法）与民法的关系。古代有将这种 jus civile 和私法同列一起的记载。droit civil 有与 jus civile、jus civitatis 的本来的意义相分离的意识，15、16世纪的法学家将民法（droit civil）与教会法（Canon）相对立、教会法与国家法相区别，从17世纪起又将民法与私法视为同一物。这样的法与今天一样都规范个人的私的利益（interets prives)。

克劳辛将以上的考察方法适用于经济法的概念。他在这里的问题是：这种叫作“经济法”的法律上的术语与其他的诸如经济学、社会学的术语的调和尝试是如何失败的。有种见解认为，这种调和难以实行。即使在各种场合下，通过法律学、经济学、社会学各异的观察方法，成功地得以了解到所谓的“经济”统一的基本的意义，但将这种原初的统一性置于有关诸学科内部，更进一步发展其意义内容在经验上是不可能的。然而克劳辛对这种见解大不以为然，认为这毋宁说是程度问题，即各种学问和术语具有各种固有的常例、法则性，这是不可避免的，但这是一个程度问题。依彼之见，当“经济法”的法律语形成时，“经济”的概念的法律的意味在某种程度上可以实现与通用语的一致。克劳辛通过探求各种术语分化的根源的规律，努力地抽象出定型性和规则性。

克劳辛所秉持的主张是，和民法、商法、行政法、刑法以及劳动法一样，经济法是传统的惯用方法将对象的特定的诸关系赋予特色而精心构造的产物，但他不赞成仅仅将经济法与其他法领域相分离而赋予其具有独自的方法或具有某种对象的特色。经济法与民法不同，与劳动法相通之处在于属于“将来的法”。因此克劳辛还深刻认识到不能不考虑经济法的目标、理念。克劳辛在揭示经济法概念的实质内容时，提出了如下三个相互关联的问题：（1）法律意味的“经济”如何理解，以及在“经济法”中如何理解？（2）为了特殊的法教育的目的，为了法学科的创设，与“经济法”概念相对的课程体系如何建立？（3）作为规范搜集体的“经济法”具有如何的现行法与将来生成法一体的课题和机能？

法规或法制度中的“经济”意味着什么？并且经济法的或经济的法，或者简单说被称为经济法者如何能够确定？在这里同一个“经济”并非作为经济学的独占用语，而是作为通俗语的经济在纳入法学之中应被赋予什么样的内容呢？克劳辛在这里使用的方法是，检讨立法、判例、法学中“经济”这一概念是否有确定的意义和内容。在克劳辛看来，德国立法者主要是在私的、资本主义的（营利的）经济的规制上使用“经济”或“经济的”这两个词。在德国生活中，谈论“经济”时人们主要是指建立私的企业形式并经营营利经济。克劳辛说在这种场合最先出现的是广义上的商人经济，这自身也并不排斥其他的营利经济或企业行为的形态，如农业经济、手工业等。克劳辛所说明的要点是，以上在德国“经济”的概念最确实固定的方向是在商人的或工业的及其他营利的行为，即独立的企业者的营利行为的意义上使用的。这与德国的判例是相同的。

克劳辛将“经济”大体具有独立的企业者的营利经济的用语意义确定之后，便以此对诸学说加以评判。克劳辛将诸学说使用“经济”一词分为三种情形。其一，“经济”的概念被赋予最广泛的意义，经济法是包含与经济关系的规制有关的所有法规范说。其二，经济法构成与营利的企业者的全部法律相对的上级概念，即“经济的法”的含义。这表现为扩张类型的商法，是私经济的营利经济之外新的公共经济的、共同经济的、公私参半的混合经济的规制和组织的影响下所产生的。其三，经济法意味着拘束经济的法秩序。这种情况下公的拘束是其中心。特别是以卡特尔、康采恩根据经济全体的规律加以拘束或一部分乃至全部加以废止的秩序作为其问题。① 克劳辛认为，以上三种学说中，第一种和第二种与一般用语及法令、判例中的有关“经济”或“经济的”概念或多或少相一致，对其关系的见解是正确的。问题是第三种学说。无论一般的用语还是在法令、判决中用语，法律意义上的经济绝没有拘束或组织经济的意味。从法术语的使用方法来看，认可这种学说是存在困难的。但克劳辛并不主张这种学说是错误的、应予以摒弃的。他认为这种学说存在的理由在于，民法

① 当时限制卡特尔的法学主张在德国比较少见，笔者仅看到的是利夫曼《卡特尔、康采恩和托拉斯》（Robert Liefmann，*Kartelle*，*Konzerne und Trust*，Stuttgart：E. H. Moritz，1930）中包含的法律规制论，见该书第 203-204 页关于卡特尔的国家规制（Die Staatliche Regelung der Kartell）。

的名称是政治的（政策的）选择，这种学说探讨了世界观的政治的（政策的）价值（weltanschaulich-politische Wertung）的强烈作用。总之，这种学说指出了，经济法与商法一样，在法领域中出现时，世界观的政治的伦理的要素曾对其强烈影响的事实。这里我们对克劳辛学说不能不注意的是，他所谓世界观的政策的价值，是针对选择经济法这一学科的名称和大学课程而言，并非关于经济法的特殊性。克劳辛所得到的结论是这种经济法的选择具有时代的背景，这使他看到了“国家和经济”的关系。

克劳辛之论述“国家和经济”的关系仅仅主要是阐明商法及经济法的地位。这可以说是提倡一个新的构想和视角。在经济法的范围内，个人主义的营利原则是否全部被否认？或者说如果变为拘束经济或组织经济的话，那么私经济的活动是否不被允许？他对此持否定态度。在他看来，大企业者无论现在还是将来，都不能被理解为全体经济的奉公人，应尽量重视自由经济与商人生产流通的机能。在这个意义，商法的消灭是无稽之谈。其把商法和经济法综合考虑的依据实际上有赖于“国家和经济”关系的认识和政策的观点。

归纳起来，克劳辛的研究成果有以下几方面：（1）以与民法、商法等既存的法体系的对象和其名称的关系为基础或以之为先例，探求经济法的对象与其称呼的关系。这样便看出了其和民商法一样的在历史的事实和政策上存在的理由。经济法和劳动法、社会法同属将来的法。这一点有两个问题：一为经济法的理念，二为与商法的关系，其结局是两法域的将来的应有状态。（2）和民法的市民、商法的商一样，经济法的“经济”的概念在作为法律术语时指“营利经济”，这和一般的德语用法相一致。营利经济的商人、企业家也应重视拘束经济、组织经济的作用。（3）法律科目和法领域的分类归结为“国家和经济”的问题。克劳辛由此思考商法和经济法的融合，选择了作为中间答案的“商法和其他的经济法的原理相共处”（Handelsrecht，nebst Grundzügen des sonstigen Wirtschaftsrecht）为其对象。这就是吉永荣助所谓的克劳辛的商法经济法综合说。①

（四）对象说

这一学说是与集成说相对的学说，认为经济法学的对象乃具有特定的对象，经济法就是以这些法现象为对象进行研究的独立的法律分支。它的代表学说根据金泽良雄的研究有以下两种。

（1）认为经济法是组织经济固有之法的学说，这是歌德施密特所倡导的学说。歌德施密特的出发点是关于国民经济形成的二个互相区别的原理，即经济的或者说交易经济的原理和共同经济的原理。② 这一区分并非歌德施密特自身的创见，而是依据当时经济学者的观点而来，如瓦格纳著《政治经济学基础》第 3 版（Adolph Wagner，*Grundlegung der politischen Öekonomie*，Leipzig：C. F. Winter，1892）

① 吉永榮助『经济法学の基础理论：ドイツ经济法学の生成・发展』第 2 卷．中央経済社，1974：90.

② Hans Goldschmidt，*Reichswirtschaftsrecht*，Berlin：Heymann，1923，S. 7f.

等。根据交易经济的原理，个人之间财物及其劳动力的交换关系得以成立，这种个人的经济交易或多或少受到规制。从这个意义上说所谓被规制的交易经济便产生了。对与此相对的共同经济而言，在作为维持经济共同体和构成成员间分配的管理统一体上与交易经济存在区别。在国民经济如此形成的范围内，共同经济的原理是有妥当性的。根据这一原理，现代的发展就是在服从于对交易经济逐渐广泛的规制之下、共同经济绝对意义增大的产物。共同经济并非要驱逐交易经济，而是以交易经济为代价自身扩大的结果。① 歌德施密特将为了改善生产而规制的交易经济和共同经济简化称为组织经济（organisierte Wirtschaft），将这种“组织经济固有之法”称为经济法。由此可见，歌德施密特将组织经济区别于未受国家规制的私人经济，并且认为经济法是一个独立的法律部门。

歌德施密特将经济法定义为“组织化经济所固有的法”（das “der organisierten Wirtschaft eigentümliche Recht”）的学说②，在德国得到拉德布鲁赫的支持。与歌德施密特略有不同，拉德布鲁赫称之为das Recht der organisierten Wirtschaft。③ 据日本学者米谷隆三（まいたにりゅうぞう）介绍，劳伦佐·莫萨在1935年发表的《公司组合》（Lorenzo Mossa，*L'impresa nell'ordine corporativo：con prefazione di Giuseppe Bottai*，Firenze：GC Sansoni，1935）一书所持观点也属于这一学说。在日本，歌德施密特的学说也有许多追随者，只不过将“组织经济”置换为“统制经济”而已。④ 此外，福光家庆在第二次世界大战后的较早时期，对经济法的概念，试图予以基本的综合性的重新探讨并进而开展经济法本质论研究，在《神户法学杂志》第3卷第2号上发表《经济法概念》。⑤ 福光家庆（ふくみついえよし）的观点基本上与歌德施密特的学说一致，但在经济法与近代法的关系上，则认为有必要对其本质论开展进一步的探讨。⑥

① 峰村光郎译为“取引经济の缩小するてうに自に扩大する”。

② Hans Goldschmidt，*Reichswirtschaftsrecht*，Berlin：Heymann，1923. S. 7-12.

③ Gustav Radbruch，*Einführung in die Rechtswissenschaft*，Leipzig：Quelle und Meyer，1929，S. 92-93.

④ 例如：峯村光郎『経済法の基本問題』慶応義塾大学法学研究会，1959：116. 田中誠二『新版経済法概説』（再全訂版）千倉書房，1978：14.

⑤ 福光家慶「経済法の概念」『神戸法學雜誌』第3卷第2号，1953.

⑥ 歌德施密特的主要著作《帝国经济法》出版于1923年，其主要纲目为：序文。在这里论述了方法和叙述的方式。特别是告诉人们本书使用了什么方法，这对本书极为重要。法学的课题可以说是教义学式的，其方法却仍然是社会学的。总论分九章。第一章是帝国经济法的概念和本质（Begriff und Wesen des Wirtschaftsrecht），在第二节的最后提出了我们通常所说的“组织化经济所固有的法”的概念，原文为：Nennt man die zwecks Verbesserung der Produktion geregelte Verkehrswirtschaft und die Gemeinwirtschaft，kurz “organisierte Wirtschaft”，so ist Wirtschaftsrecht das der organisierten Wirtschaft eigentumliche Recht. 第二章是经济政策的基础、总则的内容的法律规定（Wirtschaftliche Grundlagen. Gesetzliche Bestimmungen allgemeinen Inhalts），在这里说明了三个有关阶级。第三章，经济诸主管部门。第四章，经济的自治。第五章，经济判例。第六章，企业合同。第七章，企业与经营。第八章，经济的契约法，在这里说明了国家对契约缔结及内容的影响，特别是对价格的影响。第九章，经济的物权法。分论分五章。第一章，原料。第二章，土地法。第三章，商业和货币流通的组织。第四章，手工业的组织。第五章，交通法。上述内容尽管十分广泛，但主要着眼在于：国家对经济的影响，而以组织作为其基础。

笔者认为，这里将经济法称为组织经济所固有的法的“固有”是什么意思，组织经济是否果真可以用统制经济加以置换，抑或两者有共通点和不同点，均值得深究。

歌德施密特的组织经济是与人口阶级问题相联系的。他把人口阶级划分为三个：1）大企业的指挥者（die Leiter großer Unternehmen，在该书后面又被称作die leitende personen der Wirtschaft，即“经济的领导人物”），2）劳动者及官吏，3）中小市民（中小阶级）。第一个阶级在战争、过渡期经济以来作为社会的指导者获得对经济生活真正的支配，产生了对卡特尔、托拉斯、利益共同团体支配的寡头政治。第二个阶级大多属于劳动者，其优势在于其所属成员的组织。像社会主义者所教导的那样，作为个人是无力的，但组织起来的全体却具有势力。不过这种结合力伴随与民主主义的结合而暴露出危险，为了克服这一危险，像铁一般的自我训练主义义务观念是有必要的。第三个阶级来自资产者解体的增加，一般说来数量非常大。这一阶级组织起来较困难，尽管从数量上看十分庞大，但政治上不太有势力。原则上属于这一阶级的人奉行着属于第一个阶级的信念，但从实质上说，股东与公司董事等的利益往往绝非一致。歌德施密特的理论对这三个阶级在组织经济中所发挥的各自作用都予以重视。特殊的是，歌德施密特不是回顾过去而是展望未来，他论述了经济生活形成的样态，对于个人主义、社会主义、共产主义的经济组织的不同之处予以基本的、定型化的揭示。歌德施密特认为，推进组织经济的并不是社会主义者，恰恰是他们所尖锐反对的敌人，即第一阶级。这一阶级的成员通过结成卡特尔、托拉斯、利益共同体等推进了这种组织。歌德施密特所说的“组织经济”与桑巴特的“高度资本主义”相同，都是指资本主义的新阶段，但他不喜欢“高度资本主义”这样的名称，因为从自由经济到组织经济出现是一个改革问题，歌德施密特认为组织经济这样的名称是合适的，伴随着组织经济的进展，可以看出资本主义色调消退了。他将经济法理解为组织经济固有的法，这里作为具体的对象的主要是国家对于经济自治、企业合同、企业营业、契约的缔结的影响等。

对于组织经济所“固有”的意义，歌德施密特在书中这样解释：“经济法正是与被规制的交易经济和共同经济相对应的。在这种经济法中，仅仅过去的法分科中未能完全或适当地发现的法规属于其中范围，经济法是本质上崭新的法的界定。当然，如上所述，经济法是新的法分科，这仅仅是在与社会经济的新的种类的经济政策相对应的意义上所说的。”①

歌德施密特把经济政策与经济法、社会政策与劳动法或社会法作了参照对比。在歌德施密特看来，对交易经济的规制由于种种原因而实行。完全无规制的交易经济无论今天还是过去都是不存在的。特别是以对与经济上强者相对的弱者的保护为

① Hans Goldschmidt，*Reichswirtschaftsrecht*，Berlin：Heymann，1923. S. 8.

目的的规制之得以实行，其有关的诸规制措施是包括在社会政策的概念之下的。从这种观点之下出发的诸规定不属于经济法，毋宁说它们在本质上构成广义的劳动法乃至社会法。一方面是劳动法和社会政策，另一方面是经济法和经济政策相对而立。这样，歌德施密特将社会政策的事项与经济政策的事项进行了区别，而这种区别是与组织者有关的诸规准措施所依存的重要基础。在此基础上，歌德施密特分别指出政府组织所管有关事务。重要的是，在社会政策的观点下对交易经济的规制在经济法考察界限之外，但为了生产改良而设定的规制是经济政策和与之相对应的经济法考察的对象。因此将上述"生产改良的目的"这一要素附加于规制之上。这里所说的生产包括商业以及交换，在这一意义上与财产的分配相对立。对交易经济的财产的分配的规制是与对共同经济的财产的分配的规制不相同的，前者并不以经济政策为对象，而是以社会政策为对象。经济政策和经济法与狭义的生产以及财产的流通相关。总之，歌德施密特认为经济法是以改进生产为目的而规制的交易经济以及共同经济的特有的法，亦即组织化经济所固有的法。

对于歌德施密特对象说的分析和评价，日本学者的主要观点有以下几种。

1）金泽良雄的评析

金泽良雄指出："仅就有关经济法概念的规定而言，对象说在探求对象的特殊性和明确性这一点上最为突出。不过，经济法这样具体的法律现象，是以一定的历史和经济社会基础为其产生的基础。对于与这一基础相关联的社会经济实体，至少要放在对象的中心加以考虑。将经济法的对象仅仅一般抽象地求之于'企业'的企业法说，这作为经济法的概念论是欠妥当的。与之相对，歌德施密特的学说及其发展形态的我国学说，可认为，它着眼于资本主义高度发展现象外，又以由此所产生的实质性社会结构（'组织经济'、对国家和个人的'社会'，'统制经济'）为对象，这一点远较企业法说优越……歌德施密特的组织经济学说，立足于国民经济二元化的结构，即'交易经济'和'共同经济'，并将'被规制的交易经济'和'共同经济'一并视为'组织经济'。在此，仅考虑了以市民社会为基础，使作为市民社会本质形态的私人自由（'交易经济）与作为市民社会内在的社会属性所预定的公共性（'被规制的交易经济'与'共同经济'）相对应。此外，为了解决资本主义高度发展的矛盾和困难，把以个人主义原则为基调的市民法（所谓'交易经济'的法）以外的法律（经济法），与按经济政策要求而产生的即所谓经济发展的实态所产生的形成新法的必然性相适应，仅就此而言，这还是比较妥当的见解。可是，在他把经济法作为'组织经济所固有的法'时，是否能把其作为严格意义上的对象说，尚需进行一些探讨。首先就'被规制的交易经济'加以探讨。对象说中的所谓对象，确切说，必须是社会经济实体。可是'被规制的交易经济'中社会经济实体无非是'交易经济'本身。'被规制的交易经济'（geregelte verkehrswirtschaft）就是因交易经济（Verkehrswirtschaft）受国家（或经济团体）的规制（regeln）才产生的。如果这样来认识，这种'组织经济所固有的法'似乎解决了对象明确化的这一学说的实质问题，实际上，已不在于对象而在于规制的目的和方法，而这也就趋同于机能说了。”①

2）松下满雄的评析

松下满雄认为，歌德施密特的对象说主张经济法的对象是与特定的经济相关联的法对象，试图以研究和考察的“对象”为出发点对经济法加以定义，现在德国和日本所流行的学说大部分都是对象说。歌德施密特的学说在提出对象说这一点上可谓厥功甚伟，不过，所谓“组织化经济”一语比较含糊，仅以此对经济法的对象加以完美限定是较困难的。②

3）吉永荣助的评析

吉永荣助将歌德施密特和韦斯特霍夫两位经济法学先驱的观点进行了比较，认为有三点异同之处。其一，韦斯特霍夫的经济法定义过于广泛，这是作为个人主义的经济组织的个别经济被无条件包含其中的结果。但在歌德施密特的学说中，这却并不在经济法对象范围之内，经济法的对象以组织经济所固有的法为限。其二，韦斯特霍夫对法秩序采用服从经济秩序的分类的方法，这是歌德施密特所已尝试过的。歌德施密特在各个场合下，都未十分明确而彻底地思考根据经济学而分类的经济法体系。韦斯特霍夫完成了比歌德施密特更为实在的、经济的分类，但尚未具体加以展开，总之可以看出其是对经济学上的成果原封不动地采用、追随，而将有关法律抽绎出来而已。其三，歌德施密特的学说是从其阶级观出发而论民主主义国家的秩序，可以说具有政治的趋向，与此相对，韦斯特霍夫的学说却是对法和经济的关系进行社会学的探究。③

4）丹宗昭信的评析

丹宗昭信指出：“歌德施密特的组织经济法说和邓尼斯特央斯基的社会法说，则是从‘组织经济’和‘社会’中来寻求经济法的固有对象，主张经济法在分科上的独立性。这种主张的论证方法，具有很强的说服力。托尼斯扬斯基认为，私法是把私人间相互关系作为规制对象的法，公法是把国家对私人的关系作为规制对象的法，而社会法则是把私人和特殊社会（集团）间的关系作为规制对象的法，经济法也是把‘社会’作为规制对象的法。把经济法作为上述社会法的一部分，其余按此模式加以把握也就容易理解了。与此不同，歌德施密特把卡特尔和垄断以及其他的共同经济称为组织起来的经济，并把这种经济作为经济法的对象，对这种经济的规制就是经济法的任务。他把‘为了生产改良而被规制的交易经济以及共同经济所特有的法’作为经济法的定义。他还主张把社会学的方法和经济政策的观点相结合来把握经济法。他心目中的组织经济意味着垄断阶段出现的卡特尔，其中一部分是指

① 金沢良雄『経済法』〈法律学全集（52—Ⅰ）〉有斐閣，1980：15-16.

② 松下満雄『経済法概説』東京大学出版会，1986：12.

③ 吉永榮助『经济法学の基础理论：ドイツ经济法学の生成・发展』第2卷. 中央経済社，1974：201-202.

魏玛时期被称为社会化法的钾矿业法和煤炭业法等强制性辛迪加。在当时还不知道被称为竞争政策的经济政策的德国，类似辛迪加那样的卡特尔，是被视为以改良生产为目的的一种好制度。歌德施密特虽对经济法的对象是卡特尔和托拉斯等的市场支配（即竞争限制）现象这一点是有明确认识的，但当时的德国对这种现象的规制要适合于竞争秩序维持的基本原理（评价标准）却是不了解的。”①

笔者认为，金泽良雄和丹宗昭信对歌德施密特的评析都注意到了其理论背后的文化背景。的确，人必然要存在于一个文化之中，历史与文化先占有了我们，而不是我们先占有了历史和文化。历史性正是人类存在的基本事实，无论是解释者还是作为解释对象的文本，都内在性地嵌于历史性中，真正的理解不是去克服历史的局限性，而是正确地评价和适应这一历史性。西方解释学因此提出寻求“视界融合”乃是文本解释的正途。② 就歌德施密特的理论而言，德国历史文化的深刻影响是灼然可见的。尽管当时德国各种经济法理论绝非仅仅消极地反映现实经济关系的要求或对现有立法仅仅作出某种实证主义的概括，但我们读这些经济法学家的著作，就会产生“好像看到了一个在静态中生气蓬勃的大自然：参天的思想树林，枝头开满了鲜花，在不断地摇摆着，但那无法动摇的树干却深深地扎根在永恒的土壤里”③的感觉。我们在第一章论述德国经济法产生的历史背景时就已经指出，德国著作家们认为德意志人民根深蒂固的、与盎格鲁撒克逊的个人主义相对立的“Genossenschaft”（合作精神的表现）是卡特尔沛然兴起的原因，对德国政府当局来说，并没有什么不名誉的集中，恰恰相反，“集中化”被视为“走向一个更为合理的经济体系的重要一步”。“大而全”的企业被看作是“未来的道路”，被看作是促进民族海外竞争力、避免资本浪费、防止经济震动、确保国内社会和政治结构稳定的最好方法。事实上，一方面相对于大企业来说，国家的干预是一种“超组织的资本主义”，另一方面，相对于国家来说，企业的垄断恰恰是一种“缺组织的资本主义”、一种实际上脱离国家控制的“古典式的自由放任的资本主义”。但在当时，德国连1894年德国社会民主党代表大会都将一切控制卡特尔的努力说成是“反动的立法企图”的思潮（大致相当于德国史学所喜欢用的Zeitgeist，即“时代精神”一词）弥漫充盈之下，歌德施密特心目中的组织经济不能不正如丹宗昭信所说“意味着垄断阶段出现的卡特尔”。笔者同意丹宗昭信的评析：“歌德施密特虽对经济法的对象是卡特尔和托拉斯等的市场支配（即竞争限制）现象这一点是有明确认识的，但当时的德

① 丹宗暁信・厚谷襄児『現代経済法入門』法律文化社，1981：6.

② 西方科学哲学的解释学派认为，一切都不是自明的，都需要人去解释，解释也是一种创造，而且是人的创造性的突出表现。当然，解释过程中有两种倾向需要克服：一是朴素的僭越。“朴素的僭越”指称的是人类思维中的不自觉的诡辩法，即人类常常把被自己理解的对象和自己对对象的理解这两个不同的东西混淆起来。二是寻找未受任何理解“污染”的理解对象，即认为存在一个完全可以与任何理解活动分离而又能自行道出自己意义的对象。

③ 亨利希・海涅. 论德国宗教和哲学的历史. 海安，译. 北京：商务印书馆，2016：67.

国对这种现象规制要适合于竞争秩序维持的基本原理（评价标准）却是不了解的。”① 对于歌德施密特把共同经济纳入组织经济之内的缘故，正如金泽良雄所说的那样，只有了解“当时有着德国的社会制度下德国过去就存在着的共同体意识”②，才能不至于感到雾失楼台而罔知津梁。国外学者在研究歌德施密特的经济法思想背景时就指出：第一，作为经济自体的产物，自由的经济法则的支配引起景气变动，产生恐慌，而且导致企业集中、垄断化的发展，甚至出现经济力的滥用。这些现象在法律上的特征表现为社会法、卡特尔和托拉斯等的企业合同法、业务条款以及劳动协约。这些现象中可以看出国家干涉的萌芽，可以看出经济行为当事者自身要求经济的组织化或经济的秩序意识。第二，1914—1918 年的世界大战期间，自由主义经济一时受阻，从而在相当范围内实行有关独裁意思的统制，由此如众所周知诞生了经济法的新法域。这种经济法中包含着战时经济和法的关系。第三，由于战后不景气的袭击，当时经济学者为这种原因何在而烦恼不已，呼吁增强国家或团体的干涉统制或实现强化社会化的拘束经济，有的则主张向自由主义经济回归。拘束经济、自由经济是当时的中心问题。基于此，笔者认为歌德施密特的理论既是德国历史文化的钟毓，又是当时现实景况的映射。德国经济法学家将歌德施密特与克温施泰因、施默尔德斯（Günter Schmölders）的观点相提并论，认为他们都把经济法概念界定为专注于规制总体国内经济（宏观经济）利益（极少规制个别市场）。③

与丹宗昭信的观点一样，一般学者都把歌德施密特和邓尼斯特央斯基均视为组织经济固有说中的代表人物。但松下满雄认为歌德施密特的学说的变种尚有赫尔曼·海莫乐（Hermann Hiämerle）的学说，而金泽良雄则将海莫乐的观点列入机能说。峰村光郎认为，除了邓尼斯特央斯基将社会有关共同经济的法视为经济法的观点外，还有克特根的经济法是国家对经济支配之法的观点与歌德施密特学说相类似。④ 邓尼斯特央斯基于 1933 年发表的《经济法在法律体系中的地位》论文中，将经济法视为“社会中共同经济的法”（das Recht der Gemeinwirtschaft in der Gesellschaft）⑤。通常大家熟悉的说法将经济法作为“危机的法”，但邓尼斯特央斯基却认为这是经济法在世界经济危机中经受到的法的洗礼。

在论文的前半部分，邓尼斯特央斯基强调的是公法、私法的区别，其承担者以及第三法域的存在和这种存在的承担者。关于这一观念，不得不对邓尼斯特央斯基的比较法论加以玩味和体会。首先，他认为苏联法的经济法体系与西欧存在的同样称呼的体系，仅在这一点上是一致的，即这种概念（指经济法）的成立和发展，取

① 丹宗暁信・厚谷襄児『現代経済法入門』法律文化社，1981：6.

② 金沢良雄『経済法』〈法律学全集（52—Ⅰ）〉有斐閣，1980：17.

③ Winfried Tilmann, *Wirtschaftsrecht*, Berlin: Springer-Verlag, 1986, S. 20.

④ A. Köttgen, Wirtschaftsrecht, im: *Handbuch der Staatswissenschaft*, 4 Aufl., Bd. Ⅳ, Jena: Gustav Fischer, S. 1006.

⑤ S. Dnistrjanskyi, Die Stellung des Wirtschaftsrechts im Rechtssystem, *Archiv für die civilistische Praxis*, Bd. 137. H. 1, 1933, S. 27f.

决于法分为公法和私法。[1] 其次，就苏联公法而言，大陆公法体系在苏联国家资本主义中完全不适合。苏联的学者对法领域的各种分类采取肢解内容以对应各种法域的目的的做法，使苏联在立法上，公法和私法的区别存在名实相违的法体系划分，其中经济法占有特别的位置。

除了说明1922年的民法典即服务于经济法外，邓尼斯特央斯基又进一步从以下几部分加以佐证：1）国家的企业与经营；2）协同组合；3）私经济的结社；4）票据法；5）保障法；6）特许、发明、著作权法；7）国家企业的借贷和认可；8）贸易的法。这样列举乍一看来，可以认为苏联的经济法是一个创作，不能够压缩为一般通用的法规。但这种思维方式正是邓尼斯特央斯基断然反对的。他毅然提出了对苏联经济法特征的概括：苏联的法学家并没有关于经济法名称指称现象的特别法规所设定的特殊倾向，毋宁将问题重点置于对马克思—列宁理论方面的追求。这样，苏联经济法的法理论的实质从基底上被发现就不能不说十分困难。前述民法所显示的基本方向即是，个人的行为和努力，不能不服务于国家的生产力的发展；这一目的方向使经济法扩大到更加广泛的经济领域，除个人的创意外，还包括与之并列的社会和国家的共动。代替个人意见自由的经济的计划性作为法原理被设定，于是经济法便明确地依据事先整备的经济原则。换言之，这样构成的法的经济承担者不仅是个人，特别是为了国家的生产增长的目的作为直接参加者的、具有特权地位的社会团体组织和国家便由此出现了。在邓尼斯特央斯基的学说中，个人、社会、国家三者决定有关趋向经济计划性的法规范的内容。在经济法中，这三者所有的经济倾向，在共同经济的内容和目的方面相融合。邓尼斯特央斯基把德国经济法作为参照系加以比较，苏联经济法的特征便凸显出来。与德国的“计划经济”相比，苏联的计划性是国家命令的产物，德国与之相异，计划性与国家的独裁相分离，仅在对社会直接影响的情况下发挥效果而作为一般法体系之一部分具有妥当性。这是两个世界的世界观不同的缘故。对邓尼斯特央斯基重要的是，即使常言所谓的民主主

① 邓尼斯特央斯基把苏联法的发展分为二个时期。

第一个时期是从十月革命到革命的法律性（德文为die revolutionare Gesetzlichkeit，指法律带有革命的性格）终结的时期。在这一时期，既存的法律崩溃瓦解，在此废墟上建立起新的共产主义政权。一般意义上所使用的私法保护不再被提起，所有的法生活中革命的势力原则事实上在起作用。总起来说，司法委诸革命法庭掌握，这并不依据法律，为了特意使资本主义完全破灭，手续、判决、处分按指令实行，以土地国有化、建筑物社会化为目的。简言之，这一时期，立法停止了对私法的讨论，无视其存在，这里连经济法的痕迹都没有存在的余地。

第二个时期是新经济政策时期。这时无论国家还是民族，都不能不对计划的程序编制的经济工作倾注力量，并且所有的法秩序也不能不在经济的基础上得以底定。支配这种方向的是马克思唯物史观，而且马克思的思想在立法中也得到体现，1922年的民法典即是其例。如果对其民法典加以考察便可看出，在明显继受了许多大陆私法的立法的同时，也有其他民法典所不曾见的性格，即个人法（Individualrecht）并不是西欧的摹本，把与个人的法生活相对照的社会经济置于重要地位。个人任意妄为既然不允许，则不能不进行为协同本体的福祉的经济管理。土地法、劳动法是在革命的遗产上构筑的，除此之外的民法典是对私商法的限定。在这里，邓尼斯特央斯基所强调的是，这部民法典非普通的商法，而是具有与协同本体（Gemeinwesen）的经济目的相对应的特别的意向。这样，邓尼斯特央斯基把1922年的民法典理解为新的构成经济法的主要法源。

义国家，在紧急时刻国家干预的场合下，经济法也缺少其存在的余地。因此，战争期间与国民相对而出现的，基于单方的经济命令的法律并不是经济法，其前提基础在于，当基于自治的共同经济被设定时，真正的经济法才成立。从这一观点出发，他对黑德曼、歌德施密特、卡斯凯尔、鲁姆普夫等学说加以评价，其中对黑德曼的世界观说最为推崇。

在论文的后半部分，邓尼斯特央斯基指出：

> 在个人和国家独自的领域中间，形成了新的以商人为主体的“社会”这又一独自的法领域。其发展领域正是属于将形成的经济法的领域。只是在此之际，这种经济法在两法系的旁边逐渐发展起来，从而，这不仅被认为是对现存法体系的破坏，而且不能不强调其对现存法体系的发展作用。
>
> ……经济法不单纯是仅仅限于在德国的法的问题，私经济之外存在共同经济体系，在法律上，不仅个人和国家，社会也发挥着独自的作用，这一点是所有文明国共通的问题。经济法与过去的公法私法的分类一起构成三位一体，即私法是为了个人，以个人利益为其目的，公法是以保全国家的安宁秩序为宗旨，这两者之间存在着Societa humana①，其经济是经济法进行法律规范的对

① Societa humana是拉丁语，humana是形容词，Societa与德语中Gesellschaft在同样意义上使用，因此societa humana意指人间的社会或人间的结社。英文“society”一词出现在15世纪，是来自法语société。该词在法语中又源于拉丁语societas，意为“友好与他人一起”。西塞罗模仿亚里士多德的Κοινωνία这个词，把societas当作人类的共同体这个意义来使用。在罗马法中，societas意指相对的自然人格的自由契约关系；与此相对立的概念是意指国家社会的universitas。17至18世纪欧洲的自然法论战便是以societas和universitas何者居上这一主题而展开的，其代表人物分别为霍布斯和卢梭。法国社会学家杜尔克姆把社会定为集体表象。在他看来，社会作为一种社会事实，它像客观事实那样，是一个超个人存在的实体（super-individual entity），其主要事实可在文化中，尤其可在制度的强制——来自外界而强加于人的——中发现。在日本，明治七年（1874年），西周转用了汉语“社会”这个词。翌年，福地源一郎把它用作society的译语。当然，当时在日本，这个概念只是一种学术用语，并没有作为日常用语而普遍使用；一般在表达社会这个意思时，全都使用“世间”或“世上”等词句。德语中的社会（Gesellschaft）这个词，原来是指同一房间里的伙伴，后来才用来表示人与人结合的存在关系，进而作为societas这个词的译文，用得越来越抽象。目前在以德语为工作语言的学者中，sozial（社会性）一词比gesellschaftliche更为抽象。Vergesellschaftung系社会学概念，与Sozialisation（社会化）往往不被区别地使用。这一概念是德国社会学创始人之一滕尼斯（Ferdnand Tönnis）最早提出，指称从情感性的、机械联系的共同体（Gemeinschaft）转变为一个有理性规则、有机联系的社会（Gesellschaft），故Vergesellschaftung与Vergemeinschaftung相对称并举。韦伯在讨论社会关系时，亦以共同体化（Vergemeinschaftung，有人译为小区式关系）和社会化（Vergesellschaftung，有人译为联合式关系）来讨论社会行动类型的基础。由于许多文献都将soziales Problem和gesellschaftliches Problem并举，例如洛普克所著《欠发达国家作为经济、共同体和社会的问题》（Röpke，Die unterentwickelten Länder als wirtschaftliches，soziales und gesellschaftliches Problem），这两个词在中文中均往往被译为“社会的”，而没有像德语中那样得以区分。笔者在德国翻译费肯杰两卷本《经济法》时，费肯杰解释：social不等于societal，前者更为personal，即传统的熟人社会、共同体面对面关系，所以soziale Problem通常指性别、家庭成员关系等，而gesellschaftliche则更为categorial，即相当于滕尼斯所谓现代有机社会的关系，所以gesellschaftliche Problem则指诸如罢工等社会问题。

> 象。换句话说，私法是人间生活的个别的法秩序的领域，国家法是一般的权力秩序的领域，与此相比较，经济法是在社会的经济秩序的领域内活动……所谓“社会的”本来是法的根底之所在，但唯有对经济法而言，才开始实现将社会自体直接地作为其线索。①

邓尼斯特央斯基认为，内容上，经济法并不与个人及国家自体的经济有关，而与共同经济有关，即经济法是社会有关共同经济的法。按照邓尼斯特央斯基的观点，对经济生活统制的国家意思，正是经济法形成的原因。即如果着眼于规制的经济生活，则为国家经济；如果着眼于规制的国家意思，则为经济法。吉永荣助在分析邓尼斯特央斯基的理论时指出：公法和私法的混合也是经济法的特色之一，是单纯地视其为不过乃法体系形式上的特色而已，以致仅仅满足于公法私法混合的表面现象，还是对导致这种混合结果的经济的、社会的动因加以探究，这要依据研究态度而定。经济法学者大部分都采取后一种态度，所谓过去的公法学者中采取前一种态度者大有人在，邓尼斯特央斯基可谓是前一种态度学者的代表。吉永荣助认为，公法私法的混合不是仅仅单纯的交汇，而是企图达到某种目的两方面的综合。这一“目的”概念的导入对经济法是很重要的，这从邓尼斯特央斯基的定义来看也是很清楚的。没有“目的”概念的公私法混合说不能不说是皮相之解。因此“目的”是源自作为经济法基础的经济体制，抛开经济体制而欲理解公法私法的混合是不可能的。在邓尼斯特央斯基的论文中，有关经济法的“目的”并未被纳入视野，而且关于共同社会所指向的目的何在亦未加论述。应该说，吉永荣助的批评并非无中生有，堪称炯眼察察。

（2）认为经济法是有关经济性企业者的企业管理之法的学说

这是以卡斯凯尔和豪斯曼为代表所主张的学说。卡斯凯尔本来是劳动法学者，1920年为柏林大学教授，是19世纪20年代德国法学的重要组织者。卡斯凯尔以参与经济过程的人作为核心概念的标的，在独立的法学学科这一意义上，“经济法”被定义为“经济活动中在领导企业方面的企业家的特殊法律”②。由此，他把经济法作为具有与劳动法相对意味的经济的企业者的特别法。关于劳动法是否属于经济法这个不愉快的问题可以解决了，即经济法是企业家的法律，而劳动法则是雇员的法律。这种观点简直鲜有人赞同，不过他从劳动法和企业法以及经济法这三者的关系进行论述这一点引人注目，作为问题点值得充分探讨。当时，对经济法的本质尚无明确定论，如前所述，经济法中包含劳动法的观点颇具势力，因此卡斯凯尔试图阐明经济法和劳动法的关系。卡斯凯尔将经济法作为企业法的特别法的观点，被

① S. Dnistrjanskyi, Die Stellung des Wirtschaftsrechts im Rechtssystem, *Archiv für die civilistische Praxis*, Bd. 137. H. 1, 1933, S. 27f.

② W. Kaskel, Begriff und Bestandteile des Wirtschaftsrechts, *Recht und Wirtschaft*, 10Jg, H. 11, 1921, S. 211-216.

1935 年德国科学部公布的法学修习纲要编纂者所采纳。① 卡斯凯尔的观点主要见于发表于 1926 年的《作为法律原则和学科的经济法的对象和体系构建》等论著。②对于卡斯凯尔的经济法体系，直接文献已无处可查，只有从黑德曼的征引中可窥其概貌，即在总论中，论及法源、基本概念、企业者、契约缔结强制。

在分论中有：1）企业与国家的关系（在这里的资料限定于狭义上的经济警察，并且，国家是从经济的观点出发的斜光照耀下而显现的）；2）企业相互间的关系（在这里的资料始终集中于各种公私法的企业的结合）；3）企业者全体（与作为中心指向点的共同经济同时）；4）形式的经济法（各种经济主管机关、经济裁判所以及其他公共机构）。

按照卡斯凯尔的观点，法大抵都是一些人与人之关系的规制。那么就经济法而言是如何规制人与人之间的关系的呢？这并不是与这种规定的存在单纯有间接关系的人，而是与这种规定有直接关系的人与人之间的关系。也就是说，这种规定并不是直接地对所有人都是妥当的，仅仅是对一定范围的人，即经济的企业者（wirtschaftlicher Unternehmer）具有妥当性。这里所说的经济的企业者，系指为追求自己的核算而进行永续的营利行为的人。所谓经济的企业者的法律关系中有两种不能不加以区别：首先是经济的企业者与消费者相对的关系，即买卖契约、承包契约、租赁借贷契约等的缔结，受民法和商法的规制。尽管这些契约就内容及技术的形式而言部分地因新法而改变，但这不能排除与民法和商法的关联，毋宁说仍然作为过去的法律分科的成分而继续存在，只是在近时法律发展的影响下内容受到改变而已，因此这些并不作为经济法的成分。其次，经济的企业者与职员相对的关系属于劳动法。劳动法是作为被雇佣者的特别法而形成的，同时也对经济的企业者加以规制。不过这并不是对作为经济的企业者的资格而是对作为使用者的资格加以规制，可以说是作为经济的企业者的特别法的经济法之姊妹分科，绝非经济法的成分。因此与经济法有关的关系是指经济的企业者的法律关系中残余的企业管理的事实，或者说仅仅是特别地作为企业者存在而产生的关系。总之，经济法的概念为：对有关经济的企业者的法律上的地位加以规制的特殊规范的总体。③ 卡斯凯尔的对象说（gegenstandliche Theorie）认为经济法是包含固有法理并形成特定法域的特殊的部门法。④

卡斯凯尔的见解虽然和歌德施密特的同属于对象说，但歌德施密特是着眼在国民经济中的"组织"形态，而卡斯凯尔的学说则是着眼于作为经济法对象的"人"，其经济法概念是以经济性企业者为中心。笔者认为，要了解卡斯凯尔的学说，就必

① Haemmerle，Wirtschaftsrecht als Disziplin，*Zeitschrift für die gesamte Staatswissenschaft*，Bd. 97，1936，S. 268.

② W. Kaskel，Gegenstand und systematischer Aufbau des Wirtschaftsrechts als Rechtsdisziplin und Lehrfach，*Juristische Wochenschrift*，H. 55，1926，S. 11ff.

③ W. Kaskel，Begriff und Bestandteile des Wirtschaftsrecht，*Recht und Wirtschaft*，10Jg，H. 11，1921，S. 213-214.

④ 峯村光郎『経済法の基本問題』慶応義塾大学法学研究会，1959：137.

须与德国法学界理论传统结合起来加以照观。诚然，企业的法律形态理论肇始于德国的企业形态理论，其要义就在于把企业这一内涵丰富的经济学概念转化和运用到法律方面，以形成相应的法律界定形式。但德国法学家们又往往认为，在法律上，企业的种类划分并不至关重要，重要的是企业与企业主之间的关系，即企业与商人之间的关系。在经济法学体系产生之前，德国学者多以“工业法”称之，但后来“工业法”大都逐渐被经济法和企业法所取而代之。德国吉森大学法学教授托马斯·赖泽尔在1988年第36卷《美国比较法杂志》上发表的《联邦德国的企业法理论》一文指出：“与大陆法系和英美法系其他国家一样，联邦德国调整经济企业的组织法渊源于19世纪发展而来的商业公司法。企业法的基本规定体现在与民法典同期于1900年生效的商法典中。商法典关于企业组织的核心概念是‘商人’、‘商号’和‘商行为’。在商法典中，关于独资和合伙的规定分别居于第一、二位，而关于股份有限公司的规定则处于末位，这样的体例和立法精神是至关重要的。企业的概念只偶尔出现，且使用时，既无任何解释，也不带一点自成一体的性质。然而，第一次世界大战以来，特别是第二次世界大战以后，‘企业’的概念无论在一般生活中还是法律术语中，都取得极大重要性。‘企业’成为许多法律的一个基本概念和调整的对象，从而取代了‘商人’和‘商号’。在法理学中，它也被广为使用。这样，在法学领域中发展了一套企业法的理论，在其自身的法律适用范围内反映了新的经济、社会和法律的变化，这种理论也因而在一定程度上被认为是处于传统商业公司法相对应的位置。”① 卡斯凯尔经济法的理论既是德国企业法的传统理论的殿军，更是经济法新法域创榛辟莽的先驱，具有鲜明的承前启后的色彩，表现经济法学理论尚未瓜熟蒂落的特质。应该说，经济法独立伊始还属于与母体没有彻底剪断脐带的新生儿。

歌德施密特指出，“经济企业者，以前即已存在”②，以此论点作为反对企业者说的理由，认为将经济性企业者所特有的法称为形成了新法律分科的经济法是不妥当的。按照歌德施密特的观点，经济法不能说是对被称为经济的企业者的特定经济阶级的人进行规制的法的全体，经济法产生的原因并非阶级的对立或阶级对立的激化这一事实，毋宁说是包含着阶级对立的经济机构自体发展的结果。歌德施密特对卡斯凯尔的批评正确与否姑且置之不论，但笔者认为卡斯凯尔学说的遗憾的确在于没有充分讲清楚经济法形成独立的法域和单一的法分科的原因。卡斯凯尔的这一见解，由豪斯曼作了进一步的发展。③ 豪斯曼认为，正如商业活动领域限定传统商法的特定素材一样，现代的经济活动力的重点，不仅限于商业，而且表现在生产、加

① Thomas Raiser, Theory of Enterprise Law in the Federal Republic of Germany, *American Journal of Comparative Law*, Vol. 36, No. 1, 1988.

② Hans Goldschmidt, *Reichswirtschaftsrecht*, Berlin: Heymann, 1923, S. 16.

③ Haussmann, *Rechtstaat und Wirtschaftslenkung*, Basel: Verlag für Recht und Gesellschaft, 1938, S. 138.

工、银行、金融等，这样的企业活动的法和商业的企业活动的法一样，要求具有同等资格。在日本，将经济法看作是企业法的学者亦在所多有，如津曲藏之丞在《日本统制经济法》中就认为经济法是“关于资本形态所有的法”，即“企业法”①。丹宗昭信在《现代经济法入门》中把卡斯凯尔的“企业者法说”和克劳瑟的“企业法说”归于一类。克劳瑟认为，经济法就是关于企业的法，由于商法也是关于企业的法，因而商法和经济法都应被作为企业法来看待，它们应该统一于企业法。克劳瑟的学说抹杀了与商法相对的经济法的独立性，其学说最强有力的支持者在日本应首推西原宽一。显而易见，卡斯凯尔和克劳瑟的观点不尽相同。在卡斯凯尔看来，经济法诚然是关于经济性企业者的法，但关于经济性企业者的法并不全是经济法，只有规制企业管理或完成经济性企业者的事业而产生的关系，才是经济法的对象。笔者认为，黑德曼虽然被后世学者归入“世界观说”，但他在学术思想上与卡斯凯尔有密切关系，无怪乎我们在当今无法亲眼看见卡斯凯尔的“企业者法”说的原貌时只能借助于黑德曼的征引。从德国企业法理论发展的历史来看，笔者认为德国法学家最初注重“商人”，似乎与自由主义思潮有关，当时《德国民法典》未颁布之前，“法人”制度在法律上尚未明诏大号地公之于世，其正式确立与德国进入垄断资本主义有关。与此相联系，19 世纪初叶的德国就已有一种孤立的呼吁，要求将企业作为有关的法律主体替代商人和合伙。只是在第一次世界大战及其以后的岁月里，企业法理论研究才有了新的推动力，于 20 世纪 20 年代末形成了“企业及其内部关联”或者说“企业实体”的学说。在德国，这种学说表现为法律语言就是与所有人和经营人相对而言的企业自治。尽管这种学说没有突破占统治地位的理论的抵制，但对立法者却产生了影响。二战以后，诸如“所有权的社会目的”和“大型企业的公共责任”的概念变得重要，德国法学家开始认识到，传统公司法仅把企业主和股东看成企业内部经济运转的主体，因而未能充分反映实际，企业法与传统公司法相比是一个更广泛的范畴，其有机地从传统公司法中发展而来，在体系上又包括后者。正是这样，德国法学界目前对企业法律本质的研究有经济构成说和社会学构成说的歧异。从德国企业法发展的历史脉络可以看出，卡斯凯尔的学说是德国法学流变的长河中的一朵浪花，映射出新旧嬗递的第一次世界大战前后法学从人向组织、从组织向具有社会性组织的企业法学理论进步的复杂性。

三、机能说：德国经济法学转折的重要环节

这一学说着眼于法律的机能，以经济的统制（Lenkung）作为经济法的中心概念。金泽良雄认为，这是由于不满足于上述各说而较晚产生的一种学说，代表人物有伯姆、海莫乐和林克。日本学者松下满雄继承田中诚二的观点，把伯姆、艾希勒

① 津曲藏之丞『日本統制経済法』日本評論社，1942：47.

和巴勒施塔特（Kurt Ballerstedt）的学说仍列为对象说，认为这种学说以经济统制或国家对经济的干涉为经济法的中心概念。① 具体说，随着国家的经济政策变得愈为重要，经济统制或经济行政日趋盛行，其不过是国家对经济干涉的法的手段而已；并且，这种经济统制或经济行政具有与一般行政相异的特征，可以被称为经济法。田中诚二（たなかせいじ）认为，金泽所谓的机能说，最终应列入对象说。而金泽良雄则指出："该教授所谓对象说的意义，似指'法学研究的对象'，但我在德国学说分类中列举的对象说，并不意味着法学研究的对象，而意味着法律本身的对象，即着眼于作为其一定社会形态概念的对象。我所说的机能说，不是在这一意义上的法的对象，而是着眼于法律机能的学说分类。"② 在笔者看来，金泽良雄所谓的机能说其实是弗赖堡学派③ 法学家们的观点。弗兰茨·伯姆是弗赖堡学派中地位仅次于瓦尔特·奥肯的第二号人物，主要从事经济法方面研究，从法律的角度论证弗赖堡学派的经济政策主张。伯姆主张作为经济法的中心概念，必须考虑到在国家统制经济和特定经济政策意义上的经济秩序以及有关的经济制度。④

① 松下満雄『经济法概說』東京大学出版会，1986：12.

② 金沢良雄『経済法』〈法律学全集（52—Ⅰ）〉有斐閣，1980：9.

③ 2007年9月，笔者从北京来到德国弗赖堡，在弗赖堡大学法学院经济法、劳动法和社会法研究所（Institut für Wirtschaftsrecht，Arbeits-und Sozialrecht）进行学术研究。弗赖堡是个美丽的小城，苍翠的群山绵延起伏，飒飒山风往往夹杂细细的雨丝拂面，令人神清气爽。潺潺的溪流从城市的楼角下、甚至于穿楼而过，特别是在弗赖堡大学那座有悠久历史的老图书馆前的小桥下像湍急的瀑布般发出巨大的喧声，令人依稀觉得这就是徐志摩诗中的康桥的情景。弗赖堡大学法学院图书馆和弗赖堡大学经济学院图书馆在一座大楼，相对而立。每日在弗赖堡大学法学院图书馆看书时，我便想起在本书中所介绍的弗赖堡学派大师们当年在这里的遗泽，内心敬意油然而生。

④ 和瓦尔特·奥肯一样，伯姆出身于第一次世界大战前德国知识界的名门望族。伯姆的父亲是巴登的文化大臣，母亲乃官宦世家的千金，他们使伯姆继承了巴登的传统，将自由主义与基督教关于国家和人的观念结合起来。在第一次世界大战中，伯姆当过军官，其在这次战争前显然就已经形成了国家法学说，认为法治国家的宪法足以限制民族国家的权力，问题在于私人的权力及其在现代国家中的作用。战后他首先在巴登担任检察官，1925年到1931年又在帝国经济部工作，有机会认识到卡特尔制度的实际情况。1927年，他已经提出：企业、工会和其他私人联盟正在变得越来越大，它们的私人权力已经脱离了控制。只有用法律限制了这些私人权力，法律秩序才能存在下去。而这些限制是由正确地制订和运用民法来规定的，它应该限制那些自然人或法人的权势者的行动自由。当瓦尔特·奥肯致力撰写《资本理论研究》（Walter Eucken，*Kapitaltheoretische Untersuchungen*，Jena：Fischer，1935）的同时，伯姆和弗赖堡学派的另一个创始人汉斯·格劳斯曼-道艾尔特（Hans Grossmann-Doerth，1894—1944）也分别提出了经济上的秩序观念。不过他们是在从法律上研究垄断问题时达到这种认识的。伯姆1932—1933年在弗赖堡完成的博士论文和大学授课资格论文中，得出了这样的结论：经济自由的前提应该是，竞争阻止产生经济上的权力，限制现有的权力；因为垄断和卡特尔妨碍价格及时适应市场的需求，竞争则会使企业和价格波动都尽可能好地适应行情波动。据此，他提出了反垄断政策的一些主要原则。无独有偶，汉斯·格劳斯曼-道艾尔特也几乎同时英雄所见略同地指出了有限责任对交换经济的损害，对掌握着私人权力的垄断企业自订营业条件、与国家的法律相抗衡提出批评，强调契约自由不能破坏竞争秩序。实际上，后来弗赖堡学派为竞争秩序提出的大部分反垄断的经济政策原则，都是由汉斯·格劳斯曼－道艾尔特和伯姆在这些年中首先提出的。1933年前后，伯姆和汉斯·格劳斯曼-道艾尔特先后到弗赖堡大学任教，从此开始与瓦尔特·奥肯紧密合作，共同编辑"经济的秩序"（Ordnung der Wirtschaft）丛书。他们三人这时在奥肯的博士生弗里德里希·A. 卢茨（Friedrich. A. Lutz）、卡尔·F. 麦耶尔（Karl Friedrich Maier）等人参与下开始的合作，标志着弗赖堡学派的正式形成。1937年莱昂哈德·米克施（Leonhard Miksch）的著作初版问世，弗赖堡运动由该书标题提出的"竞争作为任务"（Wettbewerb als Aufgabe）的口号而揭其序幕。

我们之所以认为金泽良雄所谓的机能说是弗赖堡学派的经济法学说，不仅是因为伯姆、汉斯·格劳斯曼-道艾尔特（Hans Grossman-Doerth）属于弗赖堡学派的代表人物，而且是因为尽管金泽良雄和松下满雄观点不一致，但金泽良雄所谓的机能说代表人物格尔德·林克，松下满雄所说的艾希勒和巴勒施塔特都属于弗赖堡学派，这一点在国外已有学者论及，非笔者闭门造车的臆断。史际春指出，“机能说”与歌德施密特的“组织经济法说”并无多少差别，二者均着眼于国家意志及其对于经济的积极组织作用，因而是一致的和互补的。笔者认为，中国学术界由于资料所限对国外经济法学说知之甚少，国外经济法学说的只字片言都仿佛是吉光片羽，使中国学术界似乎从远处看两个人时比较模糊和朦胧，不能细察微观，好像两个人都五官俱全而无区别和特征。其实，金泽良雄将“对象说”和“机能说”区别开来是大有道理的，绝不是画蛇添足之举。尽管金泽良雄没有把机能说和弗赖堡学派的经济法学说等同，但笔者认为这主要是与金泽良雄所处时代有关，当时国际学术界对弗赖堡学派的研究风气未开，而只要我们把这两者联系起来，就可以对金泽良雄的划分憬然自觉：如前所述，二战之前，德国经济法可以被称为“集权型经济法”①，把德国经济引入“统制迷路”。当时德国的主流经济法学界并不反卡特尔，歌德施密特的“组织经济说”就是把卡特尔视为推动社会进步的组织经济的表现。无怪乎丹宗昭信说：“在这种意义上，在第二次世界大战结束以前的德国作为竞争法的经济法，通过欧根·乌尔摩尔（Eugen Ulmer）等经济法学者在学术上达到了所能达到的程度。当然，其所说的经济法实际上还是卡特尔助长法或经济统制法。”② 可以说这种规制组织经济固有的法的“规制”是就“规制”而论“规制”，目的性不明显，容易趋向于经济行政法；而弗赖堡学派（Die Freiburger Schule）被许多经济学界学者称为属于新自由主义经济学（der Neoliberalismus），这种学说的“规制”是有目的的，即确保自由主义经济秩序。正是因为弗赖堡学派将确保自由主义经济秩序视为经济法的规制机能，所以称之为“机能说”可谓其来有自。基于此，金泽良雄指出：“基本上可以明确的是，经济法的概念规定，与其说是求之于对象，莫如说求之于它的机能。”③ 下面，我们分别探讨机能说主要代表人物的观点。

（一）格尔德·林克

格尔德·林克（Gerd Rinck，1910—2007年）是德国法学家和政治家，曾在联邦司法部任职，后任教于哥廷根大学法学院，其代表作《经济法》（*Wirtschaftsrecht*）出版于1963年，是德国第二次世界大战后第一部经济法著作，此后多次再版，在德国是一部广泛流传的教科书。林克认为经济法是为了追求总体经济的正确性和社

① 久保欣哉『独占禁止法通論』三峪書房、1994年、4頁以下。

② 丹宗昭信·厚谷襄児『現代経済法入門』法律文化社，1981：6.

③ 金沢良雄『経済法』〈法律学全集（52—Ⅰ）〉有斐閣，1980：17.

会的正义性而对自治的营利行为加以调控、促进或限制的法律及国家诸措施的体系（das System von Gesetzen und staatlichen Maßnahmen zur Lenkung，Förderung oder Begrenzung derselbstständigen Erwerbstätigkeit），与类型学上所称的“市场秩序法”的意义稍有不同。[①] 简言之，经济法系经济指导与管理之法（Wirtschaftsrecht ist das Recht der Wirtschaftslenkung）。[②] 经济法的客体是国家以禁止或命令、以限制或奖励而对生产及消费加以影响的法律。值得注意的是，林克认为有关企业主组织、企业经营的社会责任及国家对企业经营的干预等所谓“企业法”（Unternehmensrecht），不宜纳入经济法体系之内，而应将之归入公司法及“企业作业管理组织法”（Betriebsverfassungsrecht）一并讨论之法域为妥。林克将经济法的内容体系构筑为：（1）经济宪法：讨论职业自由、所有权与“社会化”、社会国家的原则、人格发展的自由、法治国家的原则、“经济政策的中立性”及欧洲共同市场的经济基本体制等。（2）经济指导与管理的措施：包括经济计划、总体经济引导（globale Wirtschaftslenkung）（利用国家预算、税收及对劳资纠纷的协调等方法）、经济管制（Bewirtschaftung）、价格管制、经济辅助及经济刑法等。在经济法上，国家对经济活动的调节与规整，依其消极被动或积极主动的态度，可区分为“经济监督”（Wirtschaftsaufsicht）和“经济引导”（Wirtschaftslenkung）。在经济法讨论调节经济活动的方法时，对“经济监督”应否列专章进行系统说明，学者间存在争论。林克对此持反对态度，而恩斯特·施泰因多夫则主张设专章与专节讨论。此外，林克还将“经济引导”分为直接与间接两种。[③]（3）各种个别经济行业的秩序：包括营业经济（gewerblich Wirtschaft）[④]、交通、能源、农业及货币金融业等。（4）职业工会及经济团体：讨论结社之自由、经济自治及经济团体的组织。

① Fritz Rittner，Meinrad Dreher，*Europäisches und deutsches Wirtschaftsrecht：Eine systematische Darstellung*，Heidelberg：C. F. Müller GmbH，2008，S. 12.

② Rinck，*Wirtschaftsrecht*，5. Aufl.，Köln：Heymanns，1977，Rz. 1.

③ Rinck，Wirtschaftsrecht，4. Aufl，Köln：Heymanns，1974，S. 64ff。在德语法学论著中，Wirtschaftsaufsicht 往往被中国学术界与 Wirtschaftüberwachung 相混淆。前者是对行政机关活动的一种国家内部监督，后者是针对享有结社和个体自由的市场主体的监督。前者被理解为行政机关内部控制，被译为“内部经济监督”，亦有人译为“经济监视”；后者被理解为企业主控制，被译为“外部经济监督”，亦有人译为“经济监督”。但两者在法律法规中有时并不加以区分。所谓“经济监督”，一般是指国家对于自治自律的经济行为，为防范或纠正其对经济秩序或社会整体经济利益产生危害或损害的不良作用，而进行的监督、纠正及制裁措施（Martin Bullinger，Staatsaufsicht in Verwaltung und Wirtschaft，*Veröffentlichungen der Vereinigung der Deutschen Staatsrechtslehrer*，Bd. 22，1965，S. 264. ff）。所谓“经济引导”，则是指国家为达到特定经济政策的目的，对经济活动加以管制、变更、调整、形成或影响等一切措施。两者的区别除了国家机关所处的地位有主动与被动、主要与补充之别外，还在于前者须有监督准则（Aufsichtsmaßstabe）存在，而后者目的并非着眼于使经济行为合乎一定准则的要求，而是因应经济事实的变化，拟就对策，并为达成此政策目的的实现对经济活动加以支配与引导，故其并不受一定既存的准则拘束。

④ 关于营业经济在德国特殊的所指，参见沃尔夫冈·费肯杰．经济法：第 2 卷．张世明，译．北京：中国民主法制出版社，2009．有关德国特殊经济法部分。

林克认为，国家对经济活动的调节与规整，除自设主管官署执行外，亦可将此任务交由独立的公法团体（öffentlich-rechtliche Korperschaft），如各种职业公会（Kammern）、公法上的财团（öffentlich-rechtlich stiftung）自治管理或执行，甚至委由私人或私法团体，即所谓“受托行使公权力之企业者”（beliehener Unternehmer）执行，而国家自身则处于监督地位，对之或加以“法律监督”（Rechtsaufsicht）而审查其行为有无违背法令或章程，或加以“专业监督”（Fachaufsicht）而审查其行为有无合目的性。这种是所谓“经济自治”（Selbstverwaltung der Wirtschaft）问题。林克主张应对“经济自治”与经济团体（Wirtschaftsverbande）为谋求其团体的利益而对经济立法与行政施加影响的行为加以区分。在林克看来，在民主国家与多元化社会中，此等经济团体通过听证会作证、其代表或负责人充当主管官署的“顾问”甚至具有决策权限的行政委员会的成员等渠道对经济立法与行政产生影响，实在不容忽视。（5）不正当营业竞争：讨论《反不正当竞争法》及其相关法规。[①]（6）限制营业竞争行为：讨论《反限制竞争法》。费肯杰在其《经济法》中指出：“林克在其经济法教科书中是这样定义的：‘经济法是经济引导法’。林克将经济引导解释为国家对于生产和消费通过禁止或者命令、限制或促进施加的影响。但是，关于不正当竞争和竞争限制的两个竞争法章节由此只勉强嵌入其总体构想。‘引导’至少在这两个领域不能用其一般的意义加以理解。在竞争法中，涉及的是反对市场条件的限制与扭曲的市场开放的保持。它固然也是国家影响的措施，但它在此并非引导和干预，而是其原则上自我管理、自我引导的程序的法律保障。”[②] 正是在对经济法作为干预法（Wirtschaftsrecht als Interventionsrecht）论的批评基础上，费肯杰建立了自己的经济法学体系。在费肯杰看来，一般经济法在市场经济秩序中致力于市场得以被形成、使用和巩固的法律规则。所以，一般经济法主要的是有关在市场经济中的竞争和财产所有之类法律问题。人们可以用时髦的语言说，一般经济法，恰如其在下面的材料划分得以确立的那样，叙述在经济中的“保护性国家”（protektiven Staat）。特殊经济法与此相对，与市场干预有关。这涉及超越了市场自我调控的保持的经济调控。另外一些人称之为计划或引导。大致上，人们可以将这个范围的经济法称为“生产性国家”致力于经济领域的法。[③] 此外，林克认为颁布经济法典是不可想象的。[④] 持这种观点的理由是，经济法律由于修正频繁，在德国有“措施法”（Maßnahmegesetze）之称，所以经济法“法典化”的主张未免过于天真。但费肯杰却认为，经济法的全面法典编纂并非异想天开。瑞典就制定了一

① 格尔德·林克. 经济法. 1972 年第 3 版的体系与其 1963 年第 1 版的体系不同之处即在于将反不正当竞争法纳入了讨论章节。

② 沃尔夫冈·费肯杰. 经济法：第 1 卷. 张世明，袁剑，梁君，译. 北京：中国民主法制出版社，2009：24.

③ 同②第 3 章 I.

④ Rinck, *Wirtschaftsrecht*, 5. Aufl., Köln: Heymanns, 1977, Rz. 8.

般市场法。如果人们将包括反不正当竞争法和反限制竞争法在内的一般市场法，再补充以特殊经济法作为组成部分，亦即通过诸如“对内”的德国稳定法、“向外”的德国外贸法律等规范的提供，若再将个别调整的一般标准诸如营业许可法和营业运作标准加进去，这就是一部构想中的经济法典。费肯杰甚至说，为德意志联邦共和国制定的一部经济法律典大概须比《商法典》更加统一和清晰。正如法国学者米海伊尔·戴尔马斯一马蒂在《世界法的三个挑战》(Mireille Delmas-Marty, *Trois défis pour un droit mondial*, Paris: Le Seuil, 1998) 中指出：“经济法，首先是作为一种实用性法律来设计的，其特点就是它所具有的灵活性与适应性。经济法已成为一种导航工具，其标志就是，具有强制性法律规范之地位在后退，而让位给确定简单方向的非权威性法律技术。这种‘简单的方向’以要达到的目标、须遵循的导向，或者纯属激励倡导性建议为基础。”① 现代性的风险是经济法产生和发展的依据所在，而这种流动的现代性造成的日新月异的变革的确使经济法的法典化希望似乎越来越渺茫。

(二) 考特·巴勒施塔特

巴勒施塔特 (1905—1977 年)② 也把经济体制作为经济法的基本概念，并在此基础上进行本质的思考。这种经济体制一般界定如下，即因为各种与全体经济有关的行动是有关利益的结社经济为了互相依存而具有共同体的（共通利害）关系，所以在这个范围内不能不与正义的价值标准相适应。他的见解所包含的意义在于：在承认经济共同体（Wirtschaftsgemeinschaft）的基础上，经济法即是以此经济共同体的秩序为目标。

(三) 赫尔曼·艾希勒

赫尔曼·艾希勒在《经济法》一书中指出：经济法中有两种考察方法。一种考察方法是集矢于关联关系，以某种对象置于这种关系之中而与经济有关，不是以法体系的秩序为视角点，也不是基于公法私法的区别，而是被对象置于经济的秩序视角点之下。另一种考察方法是将经济的领域与以往的体系部门诸如商法、宪法、行政法相对，在探讨带来影响的特别的形成作用的视角点下进行研究。他认为这两种观察方法具有完全同等的资格。③ 费肯杰将赫尔曼·艾希勒的观点纳入经济法作为

① 米海伊尔·戴尔马斯-马蒂. 世界法的三个挑战. 罗结珍，郑爱青，赵海峰，译. 北京：法律出版社，2001：85.

② 巴勒施塔特曾在基尔大学、海德堡大学、波恩大学任教，教授经济法，从企业法角度研究雇员共同决定，代表作有《国家宪法和经济自由》(Staatsverfassung und Wirtschaftsfreiheit, *Die Öffentliche Verwaltung*, 1951) 等，通过其著作《论在停业期间代理人造成的缔约过失责任》(Zur Haftung für culpa in contrahendo bei Geschäftsschluß durch Stellvertreter, *Archiv Für Die Civilistische Praxis*, Bd. 151, H. 6, 1950) 对德国民法典缔约过失责任的发展作出了重大贡献。

③ Herrmann Eichler, *Wirtschaftsrecht: Eine systematische Studie*, Nürnberg: Andreas Abraham, 1950, S. 13ff.

与经济关系有关的全体法律规则（Wirtschaftsrecht als umfassende Regelung rechtlich relevanter Wirtschaftsverhältnisse）学说之中，认为艾希勒、韦斯特霍夫等都主张经济法即与经济相关法律之说。

在机能说中，金泽良雄将海莫乐列为代表人物。但国外有学者并不将海莫乐划入弗赖堡学派，而将其与施密特・里姆普勒、保罗・吉泽克作为全体经济说的代表人物。赫尔曼・海莫乐也在很早的时候就将经济法理解为国家为实施公共利益对经济施加影响的表达。① 他和许多德国学者一样，首先谈到了政治思想、协同体精神的涵养、新的民族秩序对精神的基础造成巨大变革，这对法秩序的存在和本质具有至关重要的意义。他认为经济法滥觞于国内外都共处高度资本主义经济秩序（hochkapitalistischen Wirtschaftsordnung）时期。其最初问题的提起可以说从过度资本化、背离个人主义思想所支持的经济而向社会的形体转变时就具有了先声，即假定经济法的问题的性格的出现和经济的政治的社会的拘束之间、经济形态和经济法之间有关联。总之，经济法是在某种政治的经济的形态的前提下才有可能成立的。在这里，海莫乐考察了经济法中由于特殊的有关政治的经济的全体的局势引起的现象。这种现象其实本质上是来自日益强化的国家影响对经济的制约。在这里，有关与政治世界景象相对应的经济和国家关系的观念发生了变化。经济法产生之初，尽管过去具有与被认可的个人的自由权并行的可能的国家介入，但此后为了有利于国家的上位秩序，这种经济的基本权被取消。经济法的出现，是根据政治的利益对私经济的自由加以替换。从此，各经济部门为了国家的利益颁布了一些加以拘束的法令。这种经济法的措施中存在着经济和法的关系的基本的变革。过去的政治和经济的均衡因国家增大的强化力而被放弃，被政治部门的优势所代替。其次，海莫乐提出了在后期资本主义时代定型的经济法能否表现为统一的法规范而存在的问题。对这个问题的回答，海莫乐表示非常困难。这是因为经济法不仅自身是多元形态的、是可变的，而且受到社会的精神的环境的条件的变化的影响。海莫乐可能也受到世界观说的影响，认为经济法的发展与一个世纪以来世界观的变化同步，深深地扎根于和政治的经济的组织体制一样的世界变化界域之中。海莫乐学说的特色在于对经济和法的关系、经济及经济学者的立场十分重视，考察了经济法的萌芽及其发展。在这个过程中，将观念（个人主义的社会观、协同主义观等）和其原理均纳入考虑范围。

四、战后德国经济法学理论焦点问题

由于学术界对德国战后乃至其最新的发展多不了解，因而笔者在此对联邦德国

① Hermann Hämmerle, Wirtschaftsrecht als Disziplin, *Zeitschrift für die gesamte Staatswissenschaft*, Bd. 97, 1936, S. 258.

战后经济法学说的发展图景和轮廓从以下几方面略加绍述。

(一) 关于经济宪法

如前所述，德国战前经济法学说中的“机能说”本质上是弗赖堡学派在经济法学说上的具体表现，而战后联邦德国经济法学说基本上是继续沿着“机能说”或者说弗赖堡学派经济法学思潮向前深入发展。“经济宪法”一词并不是弗赖堡学派的发明。早在第一次世界大战之后，德国行政法学家在对《魏玛宪法》第 151 条至第 165 条解释时即受到国民经济学家的影响而发展出了“经济宪法”（Wirtschaftsverfassung）的术语。这对当时尚十分新近的行政法总则而言可能更为感兴趣。[①] 这个概念在 20 世纪 20 年代被用来宽泛地指一个经济体系的基本特征。例如，在魏玛时期就有人讨论过“资本主义”和“社会主义”经济宪法的相对优劣。[②] 西格弗里德・蒂舍尔施克的《经济宪法》（Siegfried Tschierschky，*Wirtschaftsverfassung*，Breslau：Ferdinand Hirt，1924）是最早探讨经济宪法的专著。经济宪法可以被理解为宪法的一部分，属于宪法的范畴。然而，将经济宪法理解为经济法的一部分，即作为其宪法基础，也同样是正确的。例如，《德意志联邦共和国基本法》（*Grundgesetz für die Bundesrepublik Deutschland*）[③] 第 12 条的规定已经表明，关于从业自由的问题是一个宪法上的问题，但由于其同时也决定了关于许可从事企业行为从而许可其进入市场的问题，因而也成为一个经济法的问题。[④] 鉴于第二次世界大战后资本主义与社会主义国家分别采取不同的经济基本体制，而在不同的经济基本体制下国家对于经济活动进行规制的法令措施体系又大相径庭，因此联邦德国学者在 1950—1960 年代纷纷将用以决定联邦德国经济基本体制的重要规范，即所谓“经济宪法”作为首要课题，展开激烈争论[⑤]，主要有以下三说。

① Michael Stollies，Wie entsteht ein Wissenschaftszweig? Wirtschaftsrecht und Wirtschaftsverwaltungsrecht nach dem Ersten Weltkrieg，in：H. Bauer，D. Czybulka，W. Kahl，A. Vosskuhle（hrsg.），*Umwelt，Wirtschaft und Recht. Symposion für Reiner Schmidt*，Tübingen：Mohr Siebeck，2002，S. 9.

② 参见 Knut Wolfgang Nörr，Auf dem Wege zur Kategorie der Wirtschaftsverfassung：Wirtschaftliche Ordnungsvorstellungen im Juristischen Denken vor und nach dem Ersten Weltkrieg，in：K. W. Nörr & B. Schefold & F. Tenbruck（hrsg.），*Geisteswissenschaften zwischen Kaiserreich und Republik. Zur Entwicklung von Nationalökonomie，Rechtswissenschaft und Sozialwissenschaft im 20. Jahrhundert*，Stuttgart：Steiner，1994，S. 423－452。

③ Grundgesetz für die Bundesrepublik Deutschland vom 23. Mai 1949，BGBl. S. 1.

④ Fritz Rittner，Meinrad Dreher，*Europäisches und deutsches Wirtschaftsrecht：Eine systematische Darstellung*，Heidelberg：C. F. Müller GmbH，2008，S. 22.

⑤ 德国法学界关于经济基本体制法（又称“经济宪法”）的论著连篇累牍，汗牛充栋。如：Nipperdey，Die Grundprinzipien des Wirtschaftsverfassungsrechts，*Deutsche Rechts-Zeitschrift*，Bd. 5，H. 1，1950，S. 193－198；Kurt Ballerstedt，Staatsverfassung und Wirtschaftsfreiheit，*Die Öffentliche Verwaltung*，1951，S. 159ff.；E. R. Haber，Der Streit um das Wirtschaftsverfassungsrecht，*Die Öffentliche*

1. “社会的市场经济”说（Soziale Marktwirtschaft）

此说为汉斯·卡尔·尼佩代[⑥]等所倡导。该说认为 1949 年制定的《德意志联邦共和国基本法》的规定，尤其是第 2 条第 1 款保障人格发展的自由（freie Entfaltung der Persönlichkeit）、第 12 条保障职业自由（Berufsfreiheit）、第 14 条保障所有权以及第 21 条第 1 款所确立的“社会国家原则”（Sozialstaatsprinzip）等，乃旨在确立一种“社会的市场经济”为其经济基本体制，将营业竞争、企业自由及营业自由等作为宪法上的一种制度而加以保障。根据这种学说，国家对经济活动的干预原则上只能依照市场经济的法则（Marktkonformität），并且以排除妨碍营业竞争的因素为其主要目标，只有在这种市场经济无法以竞争为调整经济活动的有效工具时才能使用“市场经济法则外的措施”（nicht-markt-konformer Mittel）来管理引导经济活动。

2. “经济政策中立”说（Wirtschaftspolitische Neutralität）

赫伯特·克吕格尔（Herbert Krüger）在《国家宪法与经济宪法》（Staatsverfassung und Wirtschaftsverfassung，*Deutsches Verwaltungsblatt*，1951，S. 361ff）和《经济宪法、经济管理、法治国家》（Wirtschaftsverfassung，Wirtschaftsverwaltung，Rechtsstaat，*Betriebsberater*，1953，S. 565. ff）[⑦]中认为，联邦德国基本法

Verwaltung，1956，S. 97ff，177ff.；R. Schmidt，*Wirtschaftspolitik und Verfassung*：*Grundprobleme*，Baden-Baden：Nomos Verlagsgesellschaft，1971；Hans H. Rupp，Grundgesetz undWirtschaftsverfassung，Tübingen：Mohr，1974；Willi Thiele，*Einführung in das Wirtschaftsverfassungsrecht*，Göttingen：O. Schwartz，2. Aufl.，1974；Zacher，Aufgaben einer Theorie der Wirtschaftsverfassung，in：Helmut Coing，et al（hrsg.），*Wirtschaftsordnung und Rechtsordnung-Festschrift zum 70. Geburtstag von Franz Böhm*，Karlsruhe：C. F. Müller，1965，S. 63-109. 笔者在翻译费肯杰《经济法》两卷本时使用的是“经济宪法”。费肯杰在《经济法》第 2 卷第 20 章开篇即指出，“宪法”（Verfassung）一词可以在双重意义上使用：作为一个被发现的情况的描述（“我觉得自己的心情不佳”）或作为某一被规范化的范围的章程依据（每个国家需要宪法）。易言之，一种是描述性概念（descriptive concept），一为规范性概念（normative concept）。如费肯杰所说，从描述到规范、从实然到应然的跃迁，使经济法的概念（仅在双重意义上）产生。有人认为 Wirtschaftsverfassung 不应该译为经济宪法，广义上的宪法一般用“Verfassungsrecht”，其实许多德国学者言宪法时在 Verfassung 后往往并不加 Recht。德国的宪法名称是“Grundgesetz”，直译作“基本法”，没有用 Verfassung 一词。这是因为，在第二次世界大战结束后，德国被一分为二，二战后西部德国各州议会代表在波恩所成立的“议会委员会”讨论和制定宪法时，对于分裂事实于心不甘，力图避嫌和推卸分裂国家的责任，把此宪法称为《基本法》（Grundgesetz），意即过渡时期的宪法，选择的首都是非常不起眼的波恩，旨在强调国家的临时性，以待今后统一大业完成再加底定的瞩望寄寓于焉。

⑥ 可以参见如下著作：Hans Carl Nipperdey，*Die soziale Marktwirtschaft in der Verfassung der Bundesrepublik*，Karlsruhe：C. F. Müller，1954；Hans Carl Nipperdey，*Wirtschaftsverfassung und Bundesverfassungsgericht*，Köln：Heymanns，1960。

⑦ 赫伯特·克吕格尔在纳粹期间的思想就与当时官方的联系密切。战后，其工作重心转移到德国经济宪法、国际法，尤其是国外宪法比较，于 1968 年创办杂志《国外宪法与法律》（*Verfassung und Recht in Übersee*）。其于 1964 年发表的《国家学总论》（*Allgemeinen Staatslehre*，Stuttgart：Kohlhammer，1964）洋洋大观，在很大程度上与其战前的思想保持着联系性。其晚期作品主要是《法治国、社会国、国家》（*Rechtsstaat*，*Sozialstaat*，*Staat*，Frankfurt am Main：Metzner Verlag，1975）。

没有像《魏玛宪法》在第151至165条中专门有一章来规定“经济生活”，其之所以没有明确地以某一宪法原则或国家目标的形式把某种经济体制确定下来，乃有意识地就经济基本体制不为决定（Nicht－Entscheidung über die Wirtschaftsverfassung），因此，国家经济政策的措施不能专用于实现某一经济理论或模式，不能认为国家的经济立法必须符合一定的经济模式。

3.“混合的经济基本体制”说（gemischte Wirtschaftsverfassung）

恩斯特·鲁道夫·胡伯（Ernst Rudolf Huber）的《经济行政法》（*Wirtschaftsverwaltungsrecht*：*Institutionen des öffentlichen Arbeits-und Unternehmensrechts*，Tübingen：Mohr Siebeck，1932）在二战前出版第1版之后，于1953—1954年通过全面重述，形成煌煌两卷巨著。胡伯在《经济行政法》[①] 和《经济宪法的争论》[②] 中认为，《德意志联邦共和国基本法》包含着一种充满对立的协调，包含着一种基本权利上的经济自由和社会制约之间的协调。尽管《德意志联邦共和国基本法》没有设立关于经济生活的专节规定，但并非对经济基本体制未加以确定。制宪者对于构成经济基本秩序所抉择的体系，乃表现在对人民基本权利的保障以及这些权利所具有的社会拘束（Sozialbindungen）的结合上。这种宪法所规定的保障人民经济自由与对这种自由加以社会拘束相互平衡与结合的体系，一方面禁止极端个人主义的放任自由经济（ein völligen Wirtschaftsliberalismus），另一方面也禁止极端团体主义的国家全面支配管理的经济（Kommandowirtschaft）。总之，这种观点认为联邦德国基本法计划和自由的因素在原则上同样混合并存。[③]

其实，《德意志联邦共和国基本法》之所以没有将经济生活列为专章进行规范，这是因为，放弃将对经济进行调整的规定写入宪法的立法者认识到，假如要给《德意志联邦共和国基本法》增加这种规定，即使无损于宪法本身的形成，也将大大推迟其颁布的时间。当时人们考虑到将来的德国统一，将联邦共和国及其宪法看作是临时措施。再者，作为协商制定宪法过程中最重要的政党——基民盟和社民党还不知道它们能不能就未来经济发展取得一致意见，因此《德意志联邦共和国基本法》有意让经济宪法问题悬而未决，以便给自由争论和自由裁量留有余地。1952年的《投资辅助法》（Investitionshilfegesetz，IHG）规定，改变工业内部的投资结构以有利于一定“瓶颈领域”（煤炭、铁、能源、水和卡车）。[④] 其合宪性受到这样的质疑，即该法有损于市场经济的原则。在学术界就经济宪法物议纷纷的同时，联邦德国联邦宪法法院在1954年7月20日投资补助案[⑤]等案件判决中就经济基本体制问

① Ernst Rudolf Huber，*Wirtschaftsverwaltungsrecht*，Bd. 1，Tübingen：Mohr Siebeck，1953，S. 18f.，S. 30f.

② Ernst Rudolf Huber，Der Streit um das Wirtschaftsverfassungsrecht，*Die Öffentliche Verwaltung*，1956，S. 97ff，135ff.，172ff.，200ff..

③ 可以参见高橋岩和『ドイツ競争制限禁止法の成立と構造』三省堂，1997：79.

④ Gesetzes über die Investitionshilfe der gewerblichen Wirtschaft vom 7. Januar 1952，BGBl Ⅰ S. 7.

⑤ BVerfGE 4. 7-Investionshilfe.

题确认，基本法既未规定政府及立法权力须保持经济政策的中立性，也未保障必须以合乎市场经济法的措施规制经济活动的“社会的市场经济”。社会的市场经济按照基本法虽然是一种可行的经济制度，但并不是唯一可行的经济制度，在宪法规范的要求及限制范围内，立法者对经济政策有形成的自由（die Gestaltungsfreiheit des Gesetzgebers）。易言之，基本法没有包括固定的经济宪法，而是民主选举的立法者在宪法框架内决定具有经济政策内容的经济宪法。

笔者认为，联邦德国1950—1960年代关于经济基本体制的争论主要是围绕弗赖堡学派早期理论而展开的。弗赖堡学派开山鼻祖奥肯将经济体系分为两种极端相反的理想典型：一种为“市场经济”（Marktwirtschaft）或称“交易经济”（Verkehrswirtschaft），另一种为“计划经济”（Planwirtschaft）或称“中央管理经济”（Zentralverwaltungswirtschaft）。① 这种经济学上对经济体系的分类对于法学家讨论国家“经济宪法”时曾产生了深远影响。伯姆认为，经济宪法是指国家对于经济秩序应该采取何种经济体系的规律方式做政治性的总决定后，将所决定的经济的规律方式实证法化或建立相应的法律制度来实现这种经济体系。② 然而这种主张不无值得商榷之处。首先，经济体系的典型能否有一明确的划分与分类不仅学术上仍存在分歧意见，而且事实上现代国家的经济体系都是一种混合型，难以划然分开。其次，影响经济生活的因素嬗变弗常，因而因应这种情势的变迁或发展而对经济活动进行规制的方式，不应该也不可能毕其功于一役地进行一次性“政治性总决定”，必须保持广泛的法律上的调整和构建的相对开放性。③ 联邦宪法法院的确认逐渐为大多数学者所认同。这样，学者们在探讨国家的经济基本体制时逐步不强调其属于学理上的何种典型或模式（如市场经济和中央管理经济），而直接以对经济活动具有重大作用的宪法规范为基础，探讨国家与经济之间的关系以及因此而形成或实现的经济秩序。正如费肯杰所说，在20世纪60年代以后，第一代的弗赖堡学派之后继起的第二代新自由主义者（der Zweiten Generation der Neoliberalen）在学术上承前启后。比登科普夫（Kurt Hans Biedenkopf）强调主观权利的竞争局限和秩序自由主义所包含的社会思想的局限。麦斯特梅克尔（Ernst-Joachim Mestmäcker）探寻思想的历史基础、市场和合同秩序的关系和反对竞争限制的请求。恩斯特·施泰因多夫尤其深研经济政策的目的确定及其法理意义。霍普曼（Erich Hoppmann）考查经济权力的基础问题。默雪尔（Wernhard Möschel）致力于经济宪法法律问题，伊蒙伽（Ulrich Immenga）从事于经济宪法的法律适用问题，埃梅里希、埃克哈特·科赫（Eckhart Koch）以及费肯杰致力于尽可能精确确定新自由主义中的计划元素，并将新自由主义构想所指导的竞争法以及普通的民法和经济法之间的关系

① 参见Walter Eucken，*Grundlagen der Nationalökonomie*，8. Aufl.，Berlin：Springer，1956，S. 78ff。该书第1版是在1939年。

② Franz Böhm，*Wirtschaftsordnung und Staatsverfassung*，Tübingen：J. C. B. Mohr，1950，S. 9ff.

③ Horst Ehmke，*Wirtschaft und Verfassung*，Karlsruhe：C. F. Müller，1961，S. 12ff.

系统化。[①] 随着学术界这种人事代谢，学者们对“经济宪法”的界说，逐渐改以有关经济秩序的基本法规范称之。对于这种基本法规范是否以宪法上的规范为限，德国学术界又分为狭义（或称形式）说和广义（或称实质）说两派。狭义说或形式说认为，“经济宪法”系指宪法法典中有关形成经济生活秩序的基本原则的规定。此说代表人物有格罗尔德·施密特（Gerold Schmidt）、舒纳（Ulrich Scheuner）、尼佩代、路德维希·弗勒尔（Ludwig Fröhler）[②]、汉斯·察赫尔（Hans Zacher）[③]等。例如施密特和彼得·巴杜拉（Peter Badura）认为广义或实质意义的经济宪法着眼于社会现象，并不具有独特的法律意义。[④] 与此相反，广义说或实质说的代表人物林克、瓦尔特·施吕普、巴勒施塔特等则认为，如果将“经济宪法”限于宪法上的规定，而不包括其他对经济活动的进行具有重大作用的普通法律规范，则对于形成国家经济秩序的真正法基础，就不能得到正确的认识。恩斯特·鲁道夫·胡伯将经济宪法的概念分为两种：一种是指在宪法文件上已经完备或大致上被录列的形式的经济宪法，另一种是实质的经济宪法，系指实际上有关经济上财物、劳动力与企业营业秩序，并随时规整这些因素的相互配合与整体功能的最高法律原则。由于这种所谓经济上财物、劳动力与企业的作用秩序实际上并无严格的法律含义，其概念的界限过于广泛不清，因而林克对实质经济宪法的定义又加以限制，认为这是指国家为了确定经济自由的范围，施行监督或经济统制而所依据的基本法律原则与宪法规范。[⑤] 按照林克的观点，德国的经济宪法除基本法有关职业自由（第 12 条）、所有权及社会化（第 14、15 条）、社会国家原则（第 20、28 条）等之外，还包括居于普通法律地位的《反限制竞争法》及《促进经济稳定和增长法》等。与经济宪法相关的一个问题在于，单独的公民个人是否能直接援引宪法。这是德国学术界所激烈讨论的经济宪法的第三人效力（drittwirkung）问题。

（二）关于经济法体系

民法体系的严整是理性主义的产物，是代复一代法学家思想粹沥的结晶。经济

① 参见沃尔夫冈·费肯杰．经济法：第 2 卷．张世明，译．北京：中国民主法制出版社，2009：20 章Ⅳ. 2. c.

② 其著作有《对已设立及实施企业经营的权利》（*Das Recht am eingerichteten und ausgeübten Gewerbebetrieb: Zugleich ein Beitrag zur rechtlichen Umweltschutzproblematik*, München: Handwerksrechtsinstitut，1972）等。

③ 其著作有：《关于联邦德国现行经济法的报告》（*Bericht über das in der Bundesrepublik Deutschland geltende Wirtschaftsrecht*，Reihe Wettbewerb-Rechtsangleichung，H. 20，Brüssel，1973）；《德意志联邦共和国社会法导论》（*Einführung in das Sozialrecht der Bundesrepublik Deutschland*，Heidelberg: Müller，1. Aufl. 1983，2. Aufl. 1983，3. Aufl. 1985）；《自由的民主制度：历史和国家》（Freiheitliche Demokratie. Geschichte und Staat，Bd. 139/140. München/Wien：Olzog，1969）。

④ Peter Badura，*Wirtschaftsverfassung und Wirtschaftsverwaltung*，*Ein exemplarischer Leitfaden*，Tübingen：Mohr Siebeck，1978，S. 18.

⑤ Gerd Rinck，*Wirtschaftsrecht*，2Aufl.，Köln：Heymanns，1969，S. 23.

法作为一个新兴的部门法自然不可能一蹴而就臻于体系的灿然赅备，何况经济法从既存的法律体系营垒独立门户本身体现着从理性主义向非理性主义转型的时代精神，本身具有打破体系偶像崇拜的革命性，因此，踵武民法体系的后尘而切切为务本身也许就是东施效颦而已。不过，正如非理性主义并不意味着反理性主义，这种体系之美实为一种挡不住的诱惑。经济法学家事实上并不将经济法体系和经济法学体系的建构置之度外，仍长期以来为经济法和经济法学体系的建构孜孜矻矻地努力以赴，仍痴心不改地认为：法律内部应当有某种前唱后和的贯通体系，所有的法律问题均可通过体系解释予以解决。体系在本质上乃是一种形与神兼备的结构。用中国传统学术术语来说，就是"有体有用"之谓也。[①] 在这里，我们可以将"体"解释为"本体""本质""核心理念"等，将"用"解释为"表现""形式""材料"等，体用是相辅相成的，有用必有体，依体起用，摄用而归诸体。德国著名法学家拉伦茨（Karl Larenz）在阐述民法体系时即竭力分殊"外在体系"和"内在体系"二者的区别，即是之谓也。其所谓"外在体系"是指对法律事实和法律制度所作的概念上的整理和阐明，其所谓"内在体系"则是指支配整个民法的基本原则以及这些原则之间的实质联系。费肯杰的学术在许多方面与拉伦茨的学术具有惊人的契合性，认为体系其实必须是有关法域被追求和被执行的价值反射，是一个法域的事实内容的精神脚手架。和日本经济法学在战后主要有"《独占禁止法》中心说"和"非《独占禁止法》中心说"两大派联镳并驾的情形颇为相近，联邦德国在战后的经济法学由于学者的研究重点不同，对经济法的概念及其内容体系的安排亦有所偏欹。另一派以公法学者为主，强调国家管理与引导经济的法令措施是构成经济法的重要内容，因而其内容偏向于"经济行政法"的阐明。此派可以林克为其代表，此外公法学者中曾论述有关经济宪法及经济行政法的著名学者尚有彼得·巴杜拉、荷斯特·耶姆克（Horst Ehmke）[②]、路德维希·弗勒尔、恩斯特·鲁道夫·胡伯、汉斯－彼得·易普森（Hans－Peter Ipsen）、赫伯特·克吕格尔、沃尔夫冈·吕夫纳（Wolfgang Rüfner）[③]、赖讷·施米特（Reiner Schmidt）[④]、汉斯·察赫尔等。另一派以私法学者为主，认为维护竞争秩序的法规以及规整企业的经营组织及其社会责任的"企业法"是经济法的基础。此派可以弗里茨·里特纳（Fritz Rittner）为代表，此外私法学者中曾论述有关经济宪法、营业竞争法及企业法的著名学者尚有巴勒施塔特、伯姆、福尔克尔·埃梅里希（Volker Emmerich）、费肯杰、恩斯特-约阿希姆·麦斯特梅克尔、汉斯·卡尔·尼佩代、瓦尔特·施吕普、恩斯特·施泰因

① 参见颜厥安．规范、论证与行动——法认识论文集．台北：元照出版公司，2004：13．

② 其著作有《经济与宪法》（Horst Ehmke，*Wirtschaft und Verfassung*，Karlsruhe：C. F. Müller，1961）等。

③ 其代表作为《公共行政在经济领域的形式》（*Formen öffentlicher Verwaltung im Bereich der Wirtschaft*，Leipzig：Verlag von Duncker & Humblot，1967）等。

④ 其代表作为《经济政策与宪法》（*Wirtschaftspolitik und Verfassung*，Baden-Baden：Nomos Verlagsgesellschaft，1971）等。

多夫等。面对歧见旁出的战后联邦德国经济法学，我们不得不选择一些代表性学者以示方隅而知其学术发展盈虚消息之理。

1. 恩斯特·鲁道夫·胡伯

胡伯（Ernst Rudolf Huber，1903—1990年）是卡尔·施密特（Carl Schmitt）的学生，在魏玛共和国，他形成了对于宪法实证主义（Verfassungspositivismus）的批判态度。与格奥尔格·达姆（Georg Dahm）、卡尔·拉伦茨、卡尔·米夏埃利斯（Karl Michaelis）、保罗·里特布施（Paul Ritterbusch）等构成支持纳粹政权意义上法律革新的所谓基尔学派（Kieler Schule）。第三帝国崩溃后，胡伯的学术生涯中断了很长一段时间，后来曾执教于哥廷根大学，其代表作有《自1789年以来的德国宪法史》（*Deutschen Verfassungsgeschichte seit* 1789，Stuttgart：Kohlhammer，1957）八卷本和《经济行政法》（*Wirtschaftsverwaltungsrecht*，Tübingen：Mohr，1953—1954），后者是最为重要的教科书之一，在布局和细节上迄今依然是极富有信息量的著作。针对海因里希·莱曼将经济法视为"工业法"的观点，胡伯认为，虽然现代是工业社会，其中的社会和政治变革均以工业为开端，经济法由此被塑造，但用"工业法"勾勒经济法过于狭窄。他主张不应使经济法理论过于狭隘，人们可以将抽象的、一般意义上的"经济法"理解为与经济关系规制有关的这些法律规范的总和，无论这些法律规范是在一般民法之中抑或在具体的经济法规之中。按照胡伯的观点，经济法是反映经济活动中诸力量，即企业者和劳动者等，在经济秩序中，争执其活动得为自由抑或受有拘束的特别法。其特征为个人的自由与团体乃至国家对其所为之拘束间的冲突。因此，经济法系一种"冲突法"（Konfliktsrecht）。胡伯将经济法的内容体系分为以下四部分：（1）经济私法（Wirtschaftsprivatrecht），研究企业法（Unternehmensrecht）及私法自治的原则；（2）经济行政法（Wirtschaftsverwaltungsrecht），研究国家机关对私经济秩序的管理、干预及引导，以及国家自为经济活动的公营事业；（3）经济刑法（Wirtschaftsstrafrecht），研究违反经济法规的刑事惩罚；（4）经济宪法，研究对经济秩序与体系所做的基本决定。①

2. 格哈德·劳申巴赫

格哈德·劳申巴赫的代表作有《经济法及竞争法：法律和经济概论》（Gerhard Rauschenbach，*Wirtschaftsrecht mit Kartellrecht*，*Schäffers Grundrisse des Rechts und der Wirtschaft*，Stuttgart：Kohlhammer，1965）等。他也视经济法为一种冲突法，通过国家干涉的行政手段以达到公共的全体利益的社会协调化的目标。劳申巴赫强调，经济法与民法、商法及劳动法等有所区分，但与宪法及行政法有密切的关系。不过，行政法因仅重视行政机关的行政行为，人民从事企业活动的法基础、组织和作用以及市场竞争功能的维护等，传统上并不属于一般行政法的研究范

① Huber，*Wirtschaftsverwaltungsrecht*，Tübingen：Mohr，Bd. Ⅰ：1953，Bd. Ⅱ：1954.

围，就此而言，经济法的研究范围超越于行政法领域之外。[①] 劳申巴赫将经济法的内容分为四部分：（1）国家与经济的法律关系，研究经济基本体制的形态、经济法中的基本权利以及公共经济活动；（2）经济机构、经济团体及共同决定权，研究经济机构的组织、各种职业公会以及私法上的经济团体；（3）卡特尔法，即研究《反限制竞争法》的规定；（4）经济引导与经济监督，对货币、银行监督与管理、保险业的监督、外贸法规、能源经济、交通经济、价格法律及经济刑法等加以研究。

3. 汉斯·卡尔·尼佩代

尼佩代（1895—1968 年）是耶拿、科隆等大学的民法、商法和劳动法教授，在 1954—1963 年期间出任第一任的联邦劳动法院院长。其《由工会反对企业组织法导致 1952 年 5 月 27—29 日报纸罢工所造成损害之赔偿要求（意见）》[②] 在司法上产生了深远影响，与埃内克鲁斯合著的《民法通论》（Ludwig Enneccerus，Hans Carl Nipperdey，*Allgemeiner Teil des Bürgerlichen Rechts*，Tübingen：J. C. B. Mohr，1959）蜚声学界。尼佩代很早就开始研究经济法，这可以见于其《缔约强制与强制合同》（*Kontrahierungszwang und diktierter Vertrag*，Jena：G. Fischer，1920）、《关于经济法的概念》（Zum Begriff des Wirtschaftsrechts，*Mitteilungen des Jenaer Instituts für Wirtschaftsrecht*，H. 2，1921）和《竞争与生存毁灭》（*Wettbewerb und Existenzvernichtung*，Berlin：Heymanns，1930）等一系列论著中。关于经济法应被归到私法还是公法，学术界一度争论不休。主张私法者，以埃内克鲁斯、尼佩代《民法通论》为代表，主张公法者有海因里希·朗格《德国民法典总论》（Heinrich Lange，*BGB Allgemeiner Teil*，München：Beck，1931）。在经济宪法方面，尼佩代主张基本权对第三人效力理论（die Theorie der unmittelbaren Drittwirkung der Grundrechte）。尼佩代将经济法视为一种"功能法"（funktionales Recht）[③]。他认为，从事实和意义联结看，公法和私法的分类必须加以克服，其理由是因为经济法与过去的法律分科不同并且是具有不同目的的机能的法。即经济法是以保障及促进经济发挥其适当机能为目的而随事制宜的公法及私法。尼佩代将经济法的内容分为：（1）经济宪法，研究有关国家与经济之间关系在政治上的基本决定；（2）经济私法，研究私人企业的组织形态、私人企业财产、企业与其他企业及其顾客间关系的规定；（3）经济行政法，研究国家用以监督、保护、引导、管理及影响经济的法令措施，以及国家自为经济活动的公营事业；（4）经济刑法，研究对于违反经济法规行为的惩罚规定；（5）经济诉讼法，研究裁决有关经

① Gerhard Rauschenbach，*Wirtschaftsrecht mit Kartellrecht*，Stuttgart：Kohlhammer，1965，S. 2ff.

② Nipperdey，*Die Ersatzansprüche für die Schäden，die von den durch die Gewerkscbaften gegen das geplante Betriebsverfassungsgesetz geführten Zeitungsstreik vom* 27. —29. *Mai* 1952 *entstanden sind* (*Gutachten*)，Köln，1953.

③ 赫尔曼·克劳瑟区分了"功能的"经济法（funktionales Wirtschaftsrecht）和"实体的"经济法（sachliches Wirtschaftsrecht）。Hermann Krause，Bericht über Aufgaben und Stand des Wirtschaftsrechts，*Deutsche Rechtswissenschaft*，1937，S. 28.

济法上争端的诉讼种类；(6) 国际经济法，研究用以确保及发挥国际贸易功能为目的的法规范。

4. 施密特·里姆普勒

施密特·里姆普勒与德国战时经济法息息相关，在第一次世界大战末期曾供职于战时原料供应处，此后又在大学从事法学研究。他认为经济法的任务在于探讨总体经济（Gesamtwirtschaft）的进行，是否以及在何等范围内，经由自治自决（Seldstbestimmung）或公权决定（hoheitliche Bestimmung，日文中翻译为“高权的决定”）能达成一正确合理的秩序，以实现法追求正义的价值。法律体系各部门的划分基于各自特殊的法的评论是施密特·里姆普勒的根本思想。在他看来，作为法的课题的经济正确地形成是服从于其各自的评价论和相应的形式，因此在自治决定的法中有民商法、而公权决定的法中有经济法的分类。不过，这样将经济法限定于公权的经济的话，便忽略了对经济法而言，本质的全体经济的形成不仅在公权的秩序中进行，而且在根据自由产业机能的自治决定秩序（民商法秩序）中进行。因此，凡对总体经济的形成具有意义的法规范，不论其系自治决定抑或公权决定的规定，皆为经济法。笔者认为，施密特·里姆普勒以“评价论”（Wertungsgedanke）作为划分法律体系各部门的基础虽难免带有唯心色彩，但确有值得我们再三置意之处。施密特·里姆普勒认为，经济法正因为其重心在追求社会整体的经济利益，有其独有的评价标准及特殊性质，因此可以在法学上形成独立的体系，并因此可与其他的法领域相区别。① 尽管经济法也和民法、商法及公司法等论及所有权、契约制度及企业组织，但其着眼点并非在讨论所有权人的使用收益权限、契约当事人的权利义务或股东与公司间关系等私人利益的维护上，而是从维护与增进社会整体的经济利益为出发点自成领域，别树一帜。笔者认为，施密特·里姆普勒的“评价论”的思想是德国战前经济法学说中“世界观说”的发展。施密特·里姆普勒将经济形成的形态分为竞争秩序与国家的引导管理两种。(1) 竞争秩序的法规，涉及竞争作用的维护、竞争秩序与契约自由的关系、竞争秩序与市场权势、反限制竞争法规及国际上的营业竞争规则等。(2) 国家引导与管理的法规，包括管理经济的机构组织与措施方法的规定。和许多经济法学家一样，施密特·里姆普勒也将引导与管理经济的措施分为直接与间接两种。施密特·里姆普勒认为经济型构（Wirtschaftsgestaltung）与经济引导（Wirtschaftslenkung）、经济统制（Dirigismus）的区别在于，主权秩序被限制在自我决定秩序的规制中。经济引导存在于主权秩序对最初特

① Schmidt-Rimpler，Wirtschaftsrecht，in：Erwin von Beckerath u. a.（hrsg.），*Handwörterbuch der Sozialwissenschaften*，Bd. 12，Stuttgart，Tübingen u. Göttingen：Gustav Fischer / J. C. B. Mohr / Vandenhoeck & Ruprecht，1965，S. 693，特廷格（Peter J. Tettinger）在《法律适用与经济宪法中的法院控制》（*Rechtsanwendung und gerichtliche Kontrolle im Wirtschaftsverwaltungsrecht*，München：Vahlen，1980）中也指出：In diesem Sinne versteht W. Schmidt-Rimpler unter Wirtschaftsrecht alle die Wirtschaft gestaltenden…Rechtssätze，deren Richtigkeitsgewährung ein gesamtwirtschaftliche，sich nicht auf das isoliert gedachte Wirtschaftliche Verhältnis beschränkende ist.

定的自我决定秩序的介入，其涉及范围远远超过自我决定秩序的维护要求。此外，如果主权秩序排斥自我决定秩序，则经济统制存在。在施密特·里姆普勒那里，这种冲突贯穿于各可能性之中，并且被用于经济法的划分。①

5. 弗里茨·里特纳

里特纳青年时期经历坎坷，曾因为服兵役和作为战俘而中断研究近 10 年。他长期执教于弗赖堡大学法学院经济法、劳动法和社会法研究所，是该所德高望重的前辈。其研究领域涉猎广泛，包括民法、商法、经济法和劳动法，但核心在于经济法。笔者在《费肯杰论竞争法》② 开篇提及，自经济法学诞生以来，德国在 20 世纪最负盛名的两部鸿篇巨制式的代表作，一部是里特纳《经济法》(*Wirtschaftsrecht mit Wettbewerbs－und Kartellrecht*：*Ein Lehrbuch*，Karlsruhe：Müller Juristischer Verlag，1979)，另一部就是费肯杰的两卷本《经济法》。里特纳《经济法》和费肯杰的两卷本《经济法》一样，都是教义学式体系化思想（dogmatischsystematisches Denken）和自由信仰的紧密结合。里特纳的经济法方面重要著作还有《竞争法和卡特尔法引论》(*Einführung in das Wettbewerbs－und Kartellrecht*，Karlsruhe：Müller Juristischer Verlag，1981）等。弗里茨·里特纳《论经济法体系》③ 一文对经济法体系的阐述颇受学术界关注。里特纳认为，既然经济法的素材——规定经济进行的法规范——不论其系公法抑或私法性质，都与其他已存在的法域具有不可分离的关联，因此在逻辑上对经济法下一个明确的定义以表明其系独立的法领域而与其他法域相划分则是不可能的，经济法的概念仅可以简单地描述为所有对经济加以形成以及对经济的进行加以规定的法规范的关联结合。在 19 世纪，整个法律被区分为私法与公法两大领域。20 世纪的经济法应超越公法和私法的二分法理解，既不是经济行政法，也不是经济私法，而是独立的法律部门。在里特纳看来，几乎所有的经济法的法律原则和法律制度，在行政法、宪法、合同法、公司法、矿山法等其他的体系关系中也扮演一定的角色，但在经济法中，对它们仅仅从整体经济的正确性思想的角度进行考察，而在其他体系关系中，则要在行政法的、宪法的、合同法的、公司法的、矿山法的以及其他各法的价值判断之下进行考察。④ 尽管里特纳否认经济法具有特定的统一的、某种程度空间的领域，但对其作为一个体系部门却是并不怀疑的。这种体系是指从法思想的划分出发而不是从法秩序的分解出发。

① 沃尔夫冈·费肯杰. 经济法：第 1 卷. 张世明，袁剑，梁君，译. 北京：中国民主法制出版社，2009：第 1 章 II. 8. d.

② 张世明. 费肯杰论竞争法//经济法学评论：第 8 卷. 北京：中国法制出版社. 该文其实不能称为笔者所著，只是编译而已，内容全属费肯杰著作的组合连缀。

③ Fritz Rittner，Zur Systematik des Wirtschaftsrechts，in：Harms，Heckelmann，Knöpfle，Teichmann (hrsg.)，*Entwicklungstendenzen im Wirtschafts-und Unternehmensrecht*：*Festschrift für Horst Bartholomeyczik zum* 70. *Geburtstag*，Berlin：Duncker & Humblot，1973.

④ Fritz Rittner，Meinrad Dreher，*Europäisches und deutsches Wirtschaftsrecht*：*Eine systematische Darstellung*，Heidelberg：C. F. Müller GmbH，2008，S. 17.

里特纳认为，在私法之中，个人之间相互关系中的正确占据主要地位，而在经济法中，更主要的是取决于整体经济的正确性。① 经济法的特殊的价值思想是整体经济的正确性，即俾"经济生活"尽可能公正的制度。② 正如施密特・里姆普勒所言，经济法的任务在于，尽可能地实现《魏玛宪法》第151条意义上的一个"经济生活的公正秩序"③。如果说现有的具有代表性的经济法的概念遭到轮廓不清晰的批评的话，那么这一批评的依据不仅仅是以历史遗留下来的黑板体系（Wandtafelsystem）的坚持，更重要的并且主要的原因在于没有认识到，恰恰是价值原则才能够构成适当的体系化标准。经济法的归类恰恰不是一个"对客观上最紧密地相互关联的规范整体的系统区分"为结果的排他性体系，不是以对迄今为止的法律部门的"歪曲"为基础，而是以一种多维的系统思考为基础。这一系统思考允许存在同时被包含在各个不同的体系关联的法律素材之中的情形，也不需要在经济法面前对私法进行拯救，以避免其凋谢至"一个极度缩水的残余私法"的境地。在一种多维的法律思考中，私法既可以继续其自身的生命，又可以接纳来于经济法的碰撞，还可以毫无困难地自行接纳第三方利益和共利益。④

里特纳认为，经济与社会关系的形成，主要是依靠个人及私法自治，维持与保障此种形成作用的卡特尔法是经济法的基本与主要内容，而国家以行政措施对经济加以引导与管理只不过扮演补充角色而已。经济法将私法制度中的重要制度纳入其体系之中，是指私法制度从而成为经济法构成中的措施。经济法之所以经常把整体经济的任务交给私法自治制度，其中的重要原因之一是基于宪法性的规定。但通过运用各种国家高权性的手段，如行政主管机关的许可以及外部力量的控制，经济法也在同时对这些私法自治制度的结果产生影响。⑤ 里特纳还强调指出，不能将经济法视为仅具有经济政策的工具性质，其体系的安排也不能使经济法成为行政法的特别领域，沦为仅有经济行政法的内容。在里特纳看来，经济法的内容体系应该安排为经济法总论和各论两部分。经济法总论包括：（1）宪法上的基础，研究构成经济基本秩序的要素；（2）企业法，研究企业的组织体制（Uhternehmensverfassung）、企业主体的适格等；（3）经济立法，研究经济上的"措施法"（Maßnahmengesetz）及授权立法（Ermächtigungsgesetzgebung）等问题；（4）经济行政，研究经济监督措施、官署机构及经济团体组织问题；（5）卡特尔法；（6）经济的引导与管理；（7）经济刑法；等等。经济法分论包括：（1）农业与粮食；（2）矿业；（3）钢铁工业；（4）能源经济；（5）银行与证券交易；（6）交通事业；（7）手工艺业；（8）商业；

① Fritz Rittner, Meinrad Dreher, *Europäisches und deutsches Wirtschaftsrecht: Eine systematische Darstellung*, Heidelberg: C. F. Müller GmbH, 2008, S. 20.

② 同①18.

③ 同①17. S. V.

④ 同①18.

⑤ 同①21.

等等。里特纳反对将反不正当竞争法归入经济法的体系之中。① 在德国当代主流经济法学观点看来，包括《反不正当竞争法》与《反限制竞争法》在内的竞争法是一般经济法的重要组成，但里特纳认为，在《反不正当竞争法》自身已经正在与不公平的竞争限制进行斗争的意义上，将这一领域纳入一般经济法的范围更多的是一个实务问题，而不是体系问题。里特纳之所以对此主流观点不予认同，是因为其认为在欧洲和德国的反不正当竞争法中，竞争对手和消费者的保护处于绝对主要的地位，加之不当竞争法与营业法律保护紧密相连，特别是与营业法律保护相类似，即要尽可能完全地放弃行政干预。② 与费肯杰的经济法体系不同，里特纳认为一般经济法还要处理调控的问题，也就是通过国家高权性的规定和其他服务于国家所规定的特殊措施而进行的经济调控措施的整体。这一措施整体中的大部分，只有在特殊经济法范围内才具有实际意义，并且这些局部的特殊规定随着与一般性的竞争法调控距离增加而增加。因而，一般调控法自身先将这些特殊规定集合在一起，尤其在监管法、国家补贴法和价格法中。此外还包括紧急状况法，即在紧急状况下为实现直接的国家调控而进行一般的经济管制。③

（三）在经济法律政策与经济法律理念中间的经济法律理论

1. 将财产保护、竞争保障和个人自由作为经济法的“总论”（Eigentumsschutz，Wettbewerbssicherung und Personenfreiheit als “Allgemeiner Teil” des Wirtschaftsrechts）

费肯杰可谓当今德国经济法学界的第一号学术权威。尽管日本和中国学术界都对费肯杰很少提及，但细心的研究者就会发现沃尔夫冈·费肯杰曾作为慕尼黑大学法律系教授和马克斯·普朗克知识产权、竞争法和税法研究所终身研究员于 1993 年 4 月到南京大学中德经济法研究所讲学，其在南京大学法律系所作的学术报告《中国社会主义市场经济中市场与竞争的意义和作用》亦由邵建东翻译并刊载于 1993 年第 4 卷《中德经济法研究所年刊》。费肯杰生于 1928 年，以债法、经济法和法律方法论研究享誉学界，曾任联合国法律顾问和欧洲共同体的法律顾问。费肯杰成名颇早，其名著《债法》（*Schuldrecht*，Berlin：de Gruyter，1965）据笔者所见目前已经出到第 12 版，早在王泽鉴的著作中就多有引述。近几年来，法学方法论的研究在中国大陆开始受到人们的关注，目前这方面最权威的著作应首推拉伦茨《法学方法论》（Karl Larenz，*Methodenlehre der Rechtswissenschaft*，Berlin：Springer，1960）

① Fritz Rittner，Zur Systematik des Wirtschaftsrechts，in：Harms，Heckelmann，Knöpfle，Teichmann（hrsg.），*Entwicklungstendenzen im Wirtschafts-und Unternehmensrecht：Festschrift für Horst Bartholomeyczik zum 70. Geburtstag*，Berlin：Duncker & Humblot，1973，S. 319ff. 格哈德·劳申巴赫所著《经济法及卡特尔法》（Gerhard Rauschenbach，*Wirtschaftsrecht mit Kartellrecht*，Stuttgart：Kohlhammer，1965）一书中也未将不正当竞争法列入讨论章节。

② Fritz Rittner，Meinrad Dreher，*Europäisches und deutsches Wirtschaftsrecht：Eine systematische Darstellung*，Heidelberg：C. F. Müller GmbH，2008，S. 20.

③ 同②20.

中文译本，此系我国台湾地区学者陈爱娥十年前的译本的大陆简体字版。如果我们稍微留心便可以发现，陈爱娥女士在该书导读（代译序）开篇就谈及萨维尼和费肯杰的学说。费肯杰的五巨册之《法律方法比较论》被拉伦茨誉为“里程碑式的不朽巨作”(monumentalen Werk)，其中第1卷探讨早期法律与罗马法系之法学方法；第2卷探讨英美法系之法学方法；第3卷探讨中欧法系（社会主义法系）之法学方法；第4卷就法学方法之教义论作探讨；第5卷为补述与索引，以之为深入研究的资粮。费肯杰是德国大学教授以百科全书式学者著称于世之典范，不仅在法学各领域的建树鲜人能及，而且在人类学、民族学等领域亦成就非凡。

自20世纪50年代，费肯杰出版了不少经济法的论著，所以这部两卷本《经济法》鸿篇巨制可以说是费肯杰三十多年研究和讲授经济法之集大成者。法文版的阿莱克西·雅克曼所著《经济法》被译成中文本，该书对费肯杰的经济法学理论有一段文字的介绍，写道费肯杰“提出对‘经济的一般法’和‘经济的特别法’加以区别。前一类涉及有关经济活动的根本法律制度（主要是财产法、合同法、竞争法），属于后一类范畴的有政府当局用以对经济活动进行强制性干预的各种具体措施；在后一类中，还可以对职能性（经济的法）（旨在保证贸易和谐进行，或更一般地说，保证经济效率的国家干预）和实用性（经济的法）（与某些特定部门或活动有关的国家干预）加以区别。从涉及的范围看，这样的概念显然超过了那种把经济的法仅仅视为关于管制经济之法的概念，因而得到了某些作者的赞同”①。阿莱克西·雅

① 阿莱克西·雅克曼．经济法．宇泉，译．北京：商务印书馆，1997：56．据笔者所知，阿莱克西·雅克曼与费肯杰私谊颇深。雅克曼是比利时人，但主要工作地和著作发表地均在法国。费肯杰云，在比利时，经济法也开始作为独立的法律学科呈现出来，其中有影响的作者首推雅克曼、施朗斯。参见Jacquemin，Schrans，Notions et principes du droit éonomique-Rapport Beige，in：Rinck（hrsg.），*Begriff und Prinzipien des Wirtschaftsrechts*：*Siebzehn Landesberichte zu einem internationalen Symposion*，Frankfurt am Main：Metzner，1971，S. 91。雅克曼、施朗斯合著的《经济法》乃其代表作。雅克曼、施朗斯的著作还有：《经济法，经济的奴仆乎?》(Jacquemin，Le droit économique，serviteur de l' économie?，*Revue trimestrielle de droit commercial*，1972，pp. 283ss.)、《通向经济法的新途径》(Jacquemin，Pour une nouvelle approche du droit économique，*Revue du marché commun*，1967，pp. 439ss.)、《法律和经济的相互依赖》(A. Jacqemin，G. Schrans，Interdépendance entre le droit et l' économie，*Journal des tribunaux*，1970，pp. 273ss)。对于雅克曼和施朗斯而言，经济法与其说是法学的一个分支，毋宁说是一种方法、一种技术、一种由法学和经济学的结合构成的学科。法国研究经济法的论著从费肯杰收集的文献资料可以知道主要有：卡罗、朱亚、弗洛里的《国际经济法》(D. Carreau，P. Juillard，Th. Flory，*Droit international économique*，2e éd.，Paris：Dalloz，1980)；法加特的《经济法》(Gérard Farjat，*Droit éonomique*，Paris：Presses universitaires de France，1971)和《经济私法》(*Droit privé de l'économique*，Paris：Presses universitaires de France，1975)、墨瑞斯·弗洛里的《国际法的发展》(Maurice Flory，*Droit international du développement*，Paris：Presses universitaires de France，1977)、米歇尔·佛罗蒙的《关于法国经济法的报告》(Michel Fromont，*Bericht über das französische Wirtschaftsrecht*，Brüssel：ohne Verlagsangabe，1973)；安德烈·德·洛巴代尔的《经济公法》(André de Laubadère，*Droit public éonomique*，2. éd.，Paris：Dalloz，1976)；皮埃尔·勒波勒的《条约理论与国内法、税法与国际法托拉斯实践》(Pierre Lepaulle，*Traité thēorique et pratique des trusts en droit interne*，*en droit fiscal et en droit international*，Paris：Rousseau，1934)、罗伯特·萨维的《经济公法》(Robert Savy，*Droit public éonomique*，Paris：Dalloz，1972)、汉斯·约尔根·索嫩贝格尔的《法国的商法和经济法》(Hans-Jürgen Sonnenberger，*Französisches Handels-und Wirtschaftsrecht*，Heidelberg：Verlag Recht und Wirtschaft，1975)。

克曼这段论述的中文译文不免使人误认为费肯杰的学说属于一种“泛经济法说”。的确，费肯杰的这部两卷本《经济法》第1卷为“世界经济法和欧洲经济法”，第2卷为“德国经济法”，从空间范围而言大有包举八荒的气势，加之文本、话语本身即是一种历史事件，从本源语（source language）到译体语（target language）的跨语际重舌九译使理论旅行充满曲折和遮蔽，而诠释者固有的知识行李又是这种理论旅行过程无法卸载的构成要件，所以形成对费肯杰学说的误读不足为怪。在我看来，费肯杰尽管在书的开始对经济法作出自己的界定，但其真正贡献在于构建了自己的经济法体系，这恰恰是中国目前经济法学研究长期顿兵坚城之下的要穴所在。该书分世界经济法（Weltwirtschaftsrecht）、欧洲经济法（europäisches Wirtschaftsrecht）和德国经济法（deutsches Wirtschaftsrecht）三部分，而这三部分又各自分别按照如下体系框架构建，即：

一、总论基础概念（überblick und Grundbegriffe）
二、经济宪法（Wirtschaftsverfassung）
三、一般经济法（Allgemeine Wirtschaftsrecht）
（一）经济人法（Wirtschaftspersonenrecht）
（二）经济竞争法（ das Wirtschaftserwerbsrecht）
（三）经济归属法（ das Wirtschaftszuordungsrecht，亦即财产保护法，Eigentumsschutz）
四、特别经济法（Besonderes Wirtschaftsrecht）
（一）总体调控（Globalsteuerung）
a. 经济统制法（Bewirtschaftungrecht）
b. 经济发展法（Entwicklungswirtschaftsrecht）
c. 经济监督法（Wirtschaftsausichtsrecht）
d. 社会成本经济法（Sozialkostenwirtschaftsrecht）
（二）个别调控（Einzelsteuerung）

显而易见，费肯杰的这一经济法体系颇类于德国民法潘克顿法学体系分为总则（Allgemeiner Teil）、债务关系法（Recht der Schuldverhöltnisse）、物权法（Sachenrecht）、家族法（Familienrecht）和继承法（Ehrecht）五编的形制。[①] 费肯杰在民法方面造诣精湛，深谙西方法学的研究理路，其对经济法体系的探索应该说达到了相当的海拔高度，正是将形与神两方面有机结合的匠心妙运。

费肯杰认为，法律概念自身并没有生命力，如果不考虑其形成背后的法律目的，或者将从形成其的法律目的中剥离出来，则法律概念将生机澌灭。热衷于脱离

① 费肯杰明确地在该书“世界经济法”部分将该法域根据其使用的体系框架划分成四个范围：经济人法；竞争和贸易秩序（如同国际的经济秩序的“债法”）；经济物权法，特别是工业产权保护和著作权；干预的工具。

法律目的的抽象法律概念，不啻生活在耶林所描述的“概念天国”（Begriffshimmel）。耶林在其里程碑式著作《法律目的》中有名言曰：“目的乃一切法律的创造者(Der Zweck ist der Schöpfer des ganzen Rechts)。”目前的价值法学（Wertjurisprudenz）评判目的时并非祛除价值，而是将目的背后的价值纳入考虑的范围。“法律概念之功能，在于规范其所存在之社会行为，为贯彻其规范的功能，不仅不应忽略其规范目的，且应赋予规范使命，使其‘带有价值’，期臻至当。”[①] 按照费肯杰的观点，法律体系的建构如果不考虑载荷价值的目的也同样会沉湎于“体系天国(Systemhimmel)”。一个法域的体系需要将诸多目的概念彼此秩然就序、粲然条贯，必须反映该法域所追求和欲达致的目的，构成该法域事实形态的思想框架。费肯杰认为，耶林的名言在目前的表达中殆须如是言之：“载荷价值的目的是整个法律的创造者”（Wertungsgetragene Zweck ist der Schöpfer des ganzen Rechts）[②]。费肯杰并不隐讳自己的过度“激情”，即对“法律化自由”（Legalize freedom）的终极关怀，并将经济法视为一个特定经济宪法的法律实现。他指出，对于经济法而言，必要贯穿一个特定的经济宪法法律理念。所以，经济法一开始就被称为被确定的经济宪法所影响的法律规定的总和。例如，经济宪法规定，经济法的决策的主要承担者是企业家和消费者抑或计划的机构。因此，客观范围（商品和服务的生产和分配）与经济宪法的基本表述一起构成对于规范分析足够的框架、对于“经济法”体系上独立性的肯定。与德国法学家里特纳将经济法划分为“一般部分”（Allgemeiner Teil）和“特殊部分”（Besondere Teil）不同，费肯杰经济法体系中的“一般经济法”与“特殊经济法”的两大组成部分的概括不是一种简单的外部特征论，而是从法律理念价值出发的体系化形塑。费肯杰之所以将法律规范如是加以划分，乃在于其对经济自由价值理念的一往情深，并非将经济自律的“保护型国家”（protektiver Staat）和经济他律的“生产型国家”（produktiver Staat）等量齐观。他认为，在自由经济的国家，确保市场和财产秩序构成一般经济法的内涵，而总体或个别的管理则构成其特别经济法；在计划经济的秩序中，经济计划法构成其一般经济法，而尽可能在极小范围内“作为干预”肇端的自由经济发展则为特别经济法。[③] 一方面费肯杰所处的特定历史时空使他深受弗赖堡学派（der Freiburger Schule）的新自由主义学说影响；另一方面，他又深感弗赖堡学派将重点几乎置于市场形态学说、经济竞争概念之类的结构经济考虑，而对于程序经济考虑则未遑深论。费肯杰从法学角度致力于将结构和程序经济的考虑统筹兼顾且一以贯之于其经

① 杨仁寿. 法学方法论. 北京：中国政法大学出版社，1999：135.

② 沃尔夫冈·费肯杰. 经济法：第1卷. 张世明，袁剑，梁君，译. 北京：中国民主法制出版社，2009：38.

③ 费肯杰指出，通常一般经济法主要属于私法，特殊经济法主要属于公法。由于一般经济法中卡特尔法的公法性的规定和当违反公法规制经济规定时而发生私法（特别是《民法典》第134条和第817条）上的后果，这种概括是不精确的。在经济法中私法的影响因而是原则上经济维持和例外的经济型构（干涉主义者的）性质。在公法的影响中，则恰好相反：公法安排并且修正在运用私法所发生的结果。因而在这个意义上，按照经济法的划分，经济法可以说是私法和公法在结构上混合的法域。

济法体系的缔构。在费肯杰看来，为了社会和经济体制的目的，新自由主义的私法“功能化”的正确之处在于，生活领域的经济和法律不能像早期自由主义所信奉的那样可以被彼此分开安置。这在一般意义上适用于每个经济宪法。自由经济宪法原则上借助于私人合同，公法配给体系的计划经济借助于根据社会主义者“合同法律”（Vertragsgesetze）的与下级经济主体之间的合同。对于市场经济而言，合同是自由的贯彻施行；对于计划经济而言，合同是计划的贯彻施行。私法合同是在竞争上受到限制的，否则它们遭受具有法律后果的同等紊乱。反过来，竞争秩序通过运用私人合同作为经济和社会的框架秩序被构成。如果人们从根本上损害了合同自由，则经济就会遭受破坏。不过这样竞争法也在一般私法之内获得了一个体系上的地位，它不再被解释为经济政策的个别控制，但从私法的体系上的总体关系角度被解释。费肯杰认为，德国的一般经济法主要关涉经营自由的保障、禁止经济竞争的限制和扭曲、消费者权益的维护和工业产权的基础性规范等，而特殊经济法则关涉通过经济政策调控等间接或短期对经济行为的干预和规制等，一般经济法的内容在于确保经济生活的一般过程不受干扰，而干预管理形式则为特别经济法的范畴。只有在必要情形下方得对经济现象进行国家干预，国家干预的范围受法律限制，即只有在市场失效之处，国家方必须施以援手。市场和财产是一事两相的问题。一切关于自由经济秩序的法律都可以采取“获得”（Erwerben）和“拥有”（Haben）的二分法。费肯杰的这种观点在笔者看来就是将“获得”和“拥有”分别作为人之“行产”和“恒产”。“获得”与“拥有”二者彼此互相制约：人们必须拥有一些东西方能涉入市场，原子主义式的竞争并非真正的竞争，毫无任何“垄断”就无法使竞争秩序得以重组，竞争秩序没有“小型垄断”（kleine Monopole）就不可能被得以建立。“财产权”和市场理论殊途同归于一个目标。因此，除了经济人法是关于竞争的主体性权利（subjektive Recht）的法律规范之外，费肯杰关于一般经济法的另外两大组成部分，即经济竞争法和经济财产法（又称为经济秩序法，Wirtschaftszuordnungsrecht），具有内在的逻辑联系。在经济竞争法中，主要构件有两大组成部分：一为市场生存保护法（Existenzschutz），诸如《反限制竞争法》等；一为市场质量保护法（Qualitätssehutz），诸如《反不正当竞争法》等。费肯杰很早以来就致力于反限制竞争法和反不正当竞争法二者关系的合理化理论解释，是二法统一说代表人物，既指明两法共同的保护法益，即经济活动自由，又同时分析两者之间的不同性质和功能，即反限制竞争法致力于是否自由（das ob der wirtschaftlichen Freiheit），反不正当竞争法则致力于如何自由（das wie der Wirtschaftlichen Freiheit）。

第二次世界大战以后，由于禁止垄断法的中心地位被许多学者所认同，研究竞争法的学者在德国和日本都不乏其人，论著不胜枚举，但这种研究趋向亦存在某种偏颇，使人产生竞争法为经济法代名词的错误印象。费肯杰的《经济法》同样以竞争法为核心，但其卓尔不群之处在于以经济自由为核心理念，采取实证分析法学的方式致力阐明其他法律规范材料与竞争法的网络关系，使诸法之间经脉贯通、浑然一体。费肯杰在将反对限制和扭曲经济竞争以保护经营自由、保护消费者和经济性财产的基础性规范的法律归入“一般经济法”的同时，将通过经济政策性决策的媒介或短期性方式干预管理经济活动的法规称为特殊经济法。其中，特殊经济法又分为总体调控和个别调控两大类。而总体调控包括经济统制法、经济发展法、经济安全法和社会成本经济法四种方式。在德国，对市场进行“短缺分配”（Verteilung des Mangels）的经济统制（Bewirtschaft）是最简单、最原始的经济管理方式。这种方式并不是消除供给短缺，而是使分配尽量公正。与统制经济法不同，发展经济法试图消除短缺，使供给得以增加和调整。这是功能经济法学派最为晚近的一支。守夜人国家（Nachtwächterstaat）的模式是尽量少介入经济，即所谓“管理最少的政府是最好的政府”（The government which governs least governs best），但20世纪以来“福利国家”（Wohlfahrsstaat）的理念深入人心，发展经济成为国家义不容辞的责任，发展经济法遂成为总体调控的另一种重要方式，其主要工具是辅助（Subvention）。所谓“社会成本经济法”是关于流水、空气、生态环境等不适宜私有财产经济法（Wirtschaftrecht der eigentumsungeeigneten）和征用财产的政策决定（politische Entscheidung eigentumsentzogenen Güter）的法律规范，它并不关涉获得或拥有的自由市场，而更多的是避开市场秩序从社会成本范围进行的公正考虑。统制经济法与发展经济法和社会成本经济法的区别在于“经济引导”，经济引导通过“经济监督”得到补充。对于特殊经济法的个别调控，费肯杰从行业经济的角度分别论述农业、矿产、能源、贸易、金融、保险等部门法规，但篇幅较少。

费肯杰两卷本《经济法》所建构的体系具有其鲜明的知识的身家背景和学术研究的实践感，是其在学术场域中凭借长期积累的理论和其他资源的高水准主体性创造，其建构的体系或许在某些地方有所未惬，显然不可谓经济法学体系的终结，仅仅是一种对既往研究所获致状态的概括和总结。在笔者看来，对经济法学体系从结构主义的立场予以解喻本身存在着对历史性轻忽之蔽障。事实上，“经济法学体系的建构”较诸“经济法学体系的建立”更为准确和理性。当我们说“将经济法学体系化”时，这种提法无疑是正确的，但这种言述行为应该与结构主义划清界限。由此以言，所谓“将经济法学体系化”包含两方面含义：一是指我们应该致力于经济法学体系化的当为性和必要性；二是指我们将经济法学体系化的过程性和状态性，即始终处于建构的过程或者说结构化的开放状态之中。费肯杰两卷本《经济法》建构的形神兼备的体系表现为一种体系化的努力，在法律规范与法律价值理念之间采取“目光往返流转”的方法，不骋空说，该书本身亦是经济法学体系化赓续不断的诸多努力的一个环节，并且这种体系化努力具有深刻的涉世性，构成经济法体系化实践的组成部分，甚至可以说洵为经济法学和经济法之“双重体系化”。

从涉及的范围看，这样的经济法概念和体系“显然超过了那种把经济法仅仅视为关于管制经济之法的概念，因而得到了某些作者的赞同。”① 与里特纳将经济法分为“一般部分”和“特殊部分”不同，里特纳是从外部特征来看问题，费肯杰的这种划分不是根据事物的本性（aus einer Natur der Sache），而是根据经济政策的基本区别（aus einer Wirtschaftspolitichen Grundentscheidung）。德国有些经济法学者已经指出，这种划分中混杂了法律素材和带有价值观的经济法理论观点，而后者隐蔽于一种事实，说明形式之中（ineiner Art Tatsachenfeststellung）。费肯杰使财产、市场经济和个人自由置于国家干预之前而具有优先权。不仅如此，费肯杰对财产、竞争和个人自由作为“形式区别”的强调更推及于欧洲经济法和世界经济法的相同划分。费肯杰的这种划分体系的内在矛盾在于，一方面强调这种在德国、欧洲和大多数世界经济法（至少计划经济国家除外）所能够看到的竞争、财产和个人自由是近于本来面貌的反映，另一方面又明确表现出这种法学家的自由划分使竞争和财产因素优先于计划状态。

2. *经济法因“市场失灵”而作为统制法*（Wirtschaftsrecht als Lenkungsrecht wegen Marktversagen）

几乎所有的经济法学者都认为，经济法产生于国家对经济的统制措施以矫正市场效率的弱化。这种统制或公法的干预被费肯杰概括为“特殊部分”，这种私法为了兼顾经济决策者的必要性（尤其是为了保障市场）而网开一面，自新自由主义学派（die neoliberalen Schule）以后已牢固地掌握了经济法理论。这种经济法理论的统制学派（die Lenkung Schule zur Wirtschaftstheorie）视经济法仅有两个功能，即调整经济和影响经济（Regelung für die Wirtschaft-Einflußnahme auf die Wirtschaft），他们将国家视为权威力量，将国家对经济的影响理解为单向轨道。然而法律和经济媒介的相互作用却是十分复杂的。德国经济法学家已经指出，法对经济不仅是行为工具作为生产要素，而且是对内部经济利益冲突和普遍条件的调节工具，经济法的功能不是二元而是多元的，因为各种经济团体对经济法产生的作用是显而易见的，诸如企业行会（Unternehmensverbände）、工会（Gewerkschaften）和利益联盟（Interessenverbände）等，根本谈不上是“国家”（Staat），而应该说类似“国家的”（staatlich）部分，这也是经济法的内容。笔者认为，德国经济法学家对此问题的探讨发人深省，中国法学界一些学者也常常将经济法理解为国家干预经济的法，这其实与统制学派（die Lenkung-Schule）殊无二致，德国经济法学界对统制学派的异议无疑对中国经济法学界“干预说”同样起到“祛魅”的作用而不啻一剂解毒的良药。

3. *经济法是对强势者的控制和对弱者的保护的具体化*（Wirtschaftsrecht：Materialisierung als Machtkontrolle und Schutz der Schwachen）

这种观点的代表人是迪特尔·哈特（Dieter Hart）和克里斯蒂安·耶尔格斯

① 阿莱克西·雅克曼，居伊·施朗斯. 经济法. 宇泉，译. 北京：商务印书馆，1997：56.

(Christian Joerges)，其代表作为迪特尔·哈特、克里斯蒂安·耶尔格斯等在1980年出版的《经济法作为私法的批判：论经济理论》(Heinz-Dieter Assmann，Gert Bruggemeier，Dieter Hart，Christian Joerges，*Wirtschaftsrecht als Kritik des Privatrechts*，*Beiträge zur Wirtschaftstheorie*，Bodenheim：Athenäum Verlag，1983)。在对上述关于经济法是国家统制法的流派（die Denkschule des Wirtschaftsrechts als Recht der staatlichen Lenkung）的反思过程中，另一法律理论流派试图在“经济法”的名号下界定国家和法的交互作用的内容，即控制经济的强势者（这里不仅仅是作为“市场失灵”的调节和修理）和保护经济弱者（同样独立于市场的效率性）。格特·布律哥麦耶（Gert Brüggemeier）认为，市民法以其形式性和抽象性、积极性和一致性而作为私人自治的交易经济的经济法，存在于没有强权市场和放弃国家干预的条件下。这种初始状态在19世纪末便不复适宜，至迟在1878年前后便发生了“保护主义和国家干预主义的转变”(protektionistische und staatsinterventionistische Wende)，自此，社会现实使“非市民的、有组织的资本主义”(nicht-bürgerliche，organisiert-kapitalistische）经济法因此成为必要，目的在于控制经济权势的滥用，调整天然的社会经济的发展，为国家干预的危机管理奠定基础。迪特尔·哈特和克劳斯·奥特（Claus Ott）并没有完全忽略作为经济法的规制对象的经济的自我管理的想法，但他们基本上将重点放在干预范围之内的作为控制机制的工具化之上。另一个同样困难的具体化事实是通过哈特和耶尔格斯的突出的研究得以解释的，即消费者法通过对市场参与者预设更高的消除阻碍影响的要求和其他内容从而得以落实。[①] 总之，经济法由个别调整(Einzelfallreglungen）代替了抽象平等的一般性（Generalität）。哈特等人的观点在日本学者中亦有所见略同者。

4. 经济法作为国家和经济之间相互依存的中介（Wirtschaftsrecht als Vermittlerin der Interdependenz zwischen Staat und Wirtschaft）

这种观点的代表人物是海因茨-迪特尔·阿施曼（Heinz-Dieter Assmann)。阿施曼的著作主要有《在混合经济中的经济法》(H.-D. Assmann，*Wirtschaftsrecht in der Mixed Economy*，Bodenheim：Athenäum Verlag，1980）和与基什内尔、申安泽主编的《法律的经济分析》(H.-D. Assmann，Christian Kirchner，Erich Schanze (hrsg.)，*Ökonomische Analyse des Rechts*，Heidelberg：C. F. Müller Juristischer Verlag，1978）等。阿施曼认为，经济法被视为企业法或被视为国家统制法的思想都已经过时。经济法必须被表述为国家和经济之间相互的影响和关系。它既非仅仅作为工具法，也非仅仅作为秩序法。通过法律调整仅仅是一方面的意义，

① D. Hart，Joerges，Verbraucherrecht und Marktökonomik，eine Kritik ordnungstheoretischer Eingrenzungen der Verbraucherpolitik，in：Christian Joerges，Heinz-Dieter Assmann，Gert Brüggemeier & Dieter Hart (hrsg.)，*Wirtschaftsrecht als Kritik des Privatrechts*：*Beiträg zur Privat-und Wirtschaftsrechtstheorie*，Königstein：Athenaäum，1980，S. 83ff..

干预的反馈必须加以考虑。上层和下层秩序在国家与经济之间的关系中并非固定不变。因此，阿施曼认为经济法应视为国家和经济之间特有的交叉关系的表现（als Ausdruck diese，eigentümlichen Verschränkungsverhältnisses zwischen Staat und Wirtschaft）。阿施曼的上述观点与日本经济法学界新生代松下满雄的经济法是“市场机构的保全和补充的法”的观点一样，都代表着当今经济法学最前沿的理论探索收获。

第二节　日本的主要经济法学说

一、战前日本经济法学理论的主要流派

日本的经济法学，起源于第一次世界大战期间及结束初期日本经济法制建设的实践和对德国经济法理论的继受。有学者曾谓：文化之进，起于相竞，法律之平，始于争执。日本经济法学在近一个世纪的发展过程中学派林立，论战迭起。在日本，仅报刊杂志上头角峥嵘、自成一体的经济法学说就不下 20 余家，其荦荦大端者有美浓部达吉学说、田中二郎学说①、桥本文雄学说②、加古祐二郎学说、大隅健一郎学说③、大森忠夫学说④、吉永荣助学说、菊池勇夫学说、孙田秀春学说、米谷隆三学说、津曲藏之丞学说、西原宽一学说、铃木竹雄学说、福光家庆学说⑤、金泽良雄学说、今村成和学说、正田彬学说、峰村光郎学说、丹宗昭信学说、布村勇二学说⑥、阿久津富学说⑦、高田源清学说⑧、舟田正之学说、富山康

① 田中二郎（たなかじろう，1906—1982 年）是行政法、税法领域的著名法学家，曾任日本最高法院法官。是美浓部达吉的弟子。

② 桥本文雄（はしもと－ふみお，1902—1934 年），是日本昭和初期的著名法学家。

③ 大隅健一郎（おおすみけんいちろう，1904—1998 年），是日本商法学权威。

④ 大森忠夫（おおもり－ただお，1908—1972 年），以保险法研究著称。

⑤ 福光家庆认为，“近代所有权法”的体系和品格系针对近代法而言，其妥当性虽应予以肯定，但与社会经济的变迁相适应，作为其反省形态的“社会所有权法”的体系和品格，业已超出近代法的体系，累积成为新的“经济的法”。

⑥ 布村勇二认为，经济法是对近代市民法为基础的资本主义经济自动调节作用加以限制或抵制，依据基于国民经济要求的经济政策用国家之手加以调节的法律。参见布村勇二『経済法——公正競争の法』ミネルヴァ書房、1968 年、27 頁。

⑦ 阿久津富（あくつしじゅう）认为，经济法是仅在自由竞争的基础上，国家干预的权力在最低限度内，发挥企业家的创造力，以通过公平竞争发展经济为目标的法律。参见阿久津実『経済法入門』东洋经济新报社、1969 年、19 頁。

⑧ 高田清源指出，“所谓经济法，是从整体国民经济的立场来约束经济的法”，从整体国民经济的立场出发，对此资本主义经济加以约束，加以掣肘，令其改变方向而遵循那一政治目的、立法目的。而且这一所谓“整体国民经济的立场”即“是以维护整体国民经济的利益为目的”的立场，而“所谓整体国民经济的利益，则被解释为既不是从纯粹的个体的立场出发，亦不是从纯粹的国家的立场出发，而是应该将大多数的私有经济与公有经济整合其中的私有利益”。高田清源『日本経済法・上卷』評論社，1963 年：1-2.

吉学说①、松下满雄学说等，洵为百家争鸣，百花齐放。和德国经济法学的发展一样，第二次世界大战亦是日本经济法学前后迥然不同的两个时期的分水岭。归纳起来，自 20 世纪 30 年代至二战结束，日本经济法学主要理论流派有以下几种。

（一）对象说

这一学说，是在德国歌德施密特学说影响下，一方面着眼于高度发展的资本主义阶段的经济现象，并采纳了社会法的观点，另一方面又按照法的适用对象规定了经济法的概念，承认它为独立的法律分支（进而将公法、私法和经济法三法分立），同时，为适应国家对经济统制的普遍化现象，又把经济法看作是"统制经济固有的法"。据金泽良雄等人介绍，按照社会法来研究经济法、在公法和私法之外还承认经济法的代表论著有：桥本文雄《社会法与市民法》（橋本文雄『社会法と市民法』岩波書店、1934 年）、菊池勇夫《近代法与经济的关系——经济法序论性研究》②及其专著《经济统制法》（菊池勇夫『経済統制法』有斐閣、1938 年），等等。菊池勇夫认为，"经济法的固有对象是垄断资本主义时代的统制经济立法。这种立法的指导思想是社会法学理论，经济基础是国家在宏观上对经济的统制政策。由于经济法具有这种特性和固有的对象，因此，它是超越私法、公法之外的一个独立的法域"③。

高田源清认为，经济法是从全国民经济的立场出发以拘束经济为对象，即从全国民经济的立场出发，以对资本主义的自然倾向加以拘束并修正其轨道为内容的

① 富山康吉虽然支持正田彬的经济法理论，但二者未必是完全一致的。（富山康吉「経済法の諸問題」長谷川正安、宮内裕、渡辺洋三編『安保体制と法』三一書房、1962 年、165 頁。）富山经济法理论的问题意识在于：以"私有矛盾展开的逻辑，即虽是私有但也逐渐扩大其社会性质的逻辑"，能否阐明经济法的现象，所以，在现在实定的经济法中，作为对国民利益起极大作用的法，唯有独占禁止法。独占禁止政策是具有对国民利益有利一面的现实政策，但另一面应充分认识其界限，应成为法的实践的终极目标如以法学表现出来，便是生存权。为这一目的的实现，必须将竞争和计划、有效竞争和公有化结合起来采取立体的政策体系。这样，作为经济秩序法之一的独占禁止法的位置和其他的经济政策立法之间的关系就浮出了水面。富山康吉「法と経済理論に関する若干の問題」『経済法』第 12 号、1969 年。富山康吉『現代資本主義と法の理論』法律文化社，1969 年：309.

② 菊池勇夫「近代法と経済との関係－経済法の序論的考察」小野清一郎編『牧野教授還曆祝賀：法理論集』有斐閣．1938：609-655.

③ 何勤华．当代日本法学——人与作品．上海：上海社会科学出版社，1991：339．菊池勇夫毕业于东京帝国大学法律系，其老师即为日本第一代民法学者末弘严太郎（すえひろいずたろう）。菊池勇夫毕业后在九州帝国大学法文学院担任社会法讲座教官，并以文部省在外研究员身份于 1926—1928 年间在法国、德国留学。回国后，菊池勇夫创设了九州大学法学院，曾于 1937 年开始讲授经济法律概论。在这一段时间，他发表了不少经济法方面的论文，诸如《近代法和经济的关系：经济法的序论的考察》（「近代法と経済との関係―経済法の序論的考察」小野清一郎（编）『法理論集：牧野教授還暦祝賀』有斐閣、1938 年）、《战时经济统制法的特质及其体系》（「戦時経済統制法の特質とその体系」『法政研究』第 9 巻第 2 号、1939 年）、《转型期的社会、经济法》（「転換期における社会・経済法」『比較法雑誌』第 2 号、1941 年）。菊池勇夫在战前的著作主要有：《经济统制法、森林法、渔业法》（菊池勇夫・薗部一郎・井出正孝『経済統制法・山林法・漁業法』日本評論社、1940 年）、《劳动法的主要问题》（『勞働法の主要問題』有斐閣、1943 年）等。战后，勇夫出任九州大学第一任总长，

"经济的法"④。在这里，我们着重评析桥本文雄的经济法学说。

桥本文雄认为，经济法的概念是由于战争、革命，由经济生活的转变而产生的，与政治法、宗教法、家族法的概念相并列，基于对经济生活进行规范的国家意思的观点而统一的法律分科。由此，经济法的概念似乎带有与国家经济的概念相对应的体系的意义。在桥本看来，现在的"财政以及社会、经济政策都是依照国家的意思，着眼于形成受统制的经济生活方面，这都可以包括在国家经济的概念之中。对经济生活进行着眼于国家经济和规制的国家意思，这便是经济法。于是，国家经济和经济法的关系宛如实质和形式的关系"⑤。由此可见，桥本文雄认为，经济法是作为国家经济的法制形成的独立的法域，是独立的法律部门。不过，桥本文雄在界定经济法概念的时候，是将经济法视为歌德施密特特意摒除的关于交易经济的财产分配有关的规制亦包括在内意义上的组织经济的固有的法。换言之，我们在前面提及歌德施密特所谓"被规制的交易经济"是仅仅特别地以生产改良为目的的立场，是对于与经济强者相对的经济弱者的保护的社会政策的立场的排斥，与此不同，桥本文雄认为应将财政及社会政策也作为经济法的基础。但日本经济法学界也有反对意见认为桥本文雄将财政及社会政策作为经济法基础的观点难以令人苟同。桥本文雄是对歌德施密特的观点加以修正，而黑板骏策则是对歌德施密特的观点的修正的再修正，是对歌德施密特学说的支持。桥本文雄在将财政作为经济法的基础加以肯定的过程中指出：现时的财政与昔日关于君主的官房财政是不同的，与其说意味着作为与家计并列的个别经济、国家固有的经济，毋宁说意味着作为公经济或共同经济的私经济的上位经济、基于对社会生活进行规制的国家意思的经济，并且税赋的转嫁现象作为财政和国民经济的接合点在财政上具有重要意义，财政是以根据对财产的强制分配对个人活动进行调节作为其本质。但黑板骏策则反驳说："无论财政对社会经济具有何等重要的关系，但其本来是国家固有的经济生活，因此应置于经

行政事务增加，基本专于社会法理论。其在战后的主要著作有《社会法综说：劳动法、社会保障法和经济法》（『社會法綜説：勞働法・社會保障法・經濟法』（有斐閣，1959 年）、《社会法的基本问题：劳动法、社会保障法和经济法的体系》（『社会法の基本問題：労働法・社会保障法・経済法の体系』有斐閣、1968 年）、《战后劳动法二十年》（『戦後労働法の二十年』（一粒社、1969 年）、《社会保障法的形成》（『社会保障法の形成』有斐閣、1970 年）等。此外，可以参见《劳动法与经济法的理论：菊池勇夫教授六十年庆贺纪念论文集》（菊池勇夫教授六十年祝賀記念論文集刊行会編『労働法と経済法の理論：菊池勇夫教授六十年祝賀記念論文集』有斐閣、1989 年）。菊池勇夫认为：社会法是规范社会的阶级均衡关系的国家法规及社会的诸规范的统一名称。社会改良主义是社会法的基本理念，社会法的体系包括经济法、社会保险法、社会事业法和劳动法（丹宗昭信「社会法理論の発展」菊池勇夫編『社会法綜説（上)』有斐閣、1959 年、30 頁以下)。对于社会法之"社会"，菊池勇夫就持"全体社会说"，认为社会法领域只有在统合受到社会正义激励的劳动法、社会保障法乃至经济法时方得成立，而持"部分社会说"的沼田稲次郎等人则不把经济法放在社会法领域之列。沼田稲次郎「社会法体系と人间像」沼田稲次郎『社会法理論の総括』勁草書房、1975 年、379 頁。

④ 高田源清『経済法』〈改訂版〉評論社，1955.

⑤ 橋本文雄『社会法の研究』岩波書店，1935：31-32.

济法之外。”[1]

（二）经济法否定说

这一学说认为，历来的法律领域，就没有特殊承认经济法本身的充分依据，因而否定了经济法的存在。如果依此见解，则不过把经济法解释成经济法令（它分属于历来的公法、私法等各自法律领域）汇集综合的名称而已。据金泽良雄研究，美浓部达吉《对于经济法的一般研究》（経済法に付いての一般的考察」『法律時報』第12卷第8号、1940年）、田中耕太郎《“民法的商法化”与商法的自主性》（田中耕太郎「『民法の商化』と商法の自主性」田中耕太郎（编集）『法学協会五十周年記念論文集』法学協会、1933年）是这种观点的代表。[2] 但在笔者看来，日本在第二次世界大战前，否定经济法学说主要有二种倾向。一是从私法观点出发来理解经济法的学说。该说以企业法为中心，认为经济法就是企业法或企业者法，将商法与经济法作为企业法来统一理解、把握。其代表人物是商法学者米谷隆三、西原宽一、大隅健一郎、津曲藏之丞等人。二是从行政法观点出发来理解经济法的学说。该学说的特点是在理论上否认经济法概念的存在。例如，美浓部达吉就指出：“所谓经济法的概念，仅仅是在对关于经济的纷繁复杂的国家法律体系予以系统总结，才在实际上可以被承认，从法律学角度出发，在理论上则是不能被承认的”；“作为法律学，维持公法与私法的传统分类是正当的，提出经济法的概念并使其取代前两者（公法与私法）在理论上并无正当的理由”[3]。中国学术界一般都对美浓部达吉比较熟悉，他被称为“明治宪法下最伟大的公法学者”。他受德国学者耶林和盖尔伯（Carl Friedrich von Gerber）等人所主张的国家也是法人的观点影响，提出“天皇机关说”，主张缩小天皇大权，扩大议会权限，坚持民主主义、立宪主义的宪法解释论，对起源于明治时代穗积八束（ほづみやつか）、上杉慎吉（うえすぎしんきち）等人的官僚主义行政法学研究提出批判，于1935年因菊池武夫（きくちたけお）在贵族院发难遭受攻讦，被污为“学匪”和“缓慢的谋反”，著作被查禁，史称“天皇机关说”事件。从家永三郎（いえながさぶろう）的《美浓部达吉的思想史的研究》中可以看出，在战时统制对国民生活的所有领域都扩大的时期，接二连三的非常立法将国民的自由极度缩小，美浓部达吉在《日本矿业法原理》（美濃部達吉『日本鑛業法原理』日本評論社、1941年）、《经济刑法的基础理论》（美濃部達吉『経済刑法の基礎理論』有斐閣、1944年）等著作中对伴随着国家统制的

① 黒板駿策「経済法の基礎的考察」『早稲田法学』第13卷第1号、1933年。

② 田中耕太郎（たなかこうたろう，1890—1974），日本具有代表性的商法学家、法哲学家。他是东京大学教授，曾领导1938年公司法大修订的工作。1946年任吉田内阁的文部大臣，1950—1960年担任最高法院院长。1961—1969年任国际审判法庭审判官，1974年获得大勋位菊花大绶章，其学生有铃木竹雄、西原宽一等日本著名的商法学者。论著有《世界法的理论》（『世界法の理論』〈全三卷〉岩波書店、1932—1934年）等。

③ 美濃部達吉「経済法に付いての一般的考察」『法律時報』第12卷第8号、1940年。

扩大而产生的权力滥用激化提出批判①，反对当时的“严罚主义”。笔者认为，美浓部达吉正是出于对公权力的泛化的忧惧，所以不主张公法、私法混合的第三法域社会法，而从其公法学，亦即行政法学的本位立场理解经济法。

与金泽良雄的观点不同，笔者认为日本二战前经济法否定说的最典型的代表应首推孙田秀春（そんだひではる）。② 日本学术界最早采用的对经济法的界定就出自孙田秀春的观点，即经济法是“社会化经济制度的全体”。这个观点恰好与将劳动法界定为“社会化劳动制度的全体”相对应。在这种意义上，如同劳动法制是由一个劳动法域形成而产生，经济的法制也无疑是由固有的经济法域的形成而产生。这意味着经济法不仅仅局限于生产组织的问题。假如分配问题、消费问题也受到社会化思想（Sozialisierungsgedanke oder—idee）影响，那么就可以纳入总的经济法的范围。劳动法是贯穿着人格主义、团体主义的阶级的特别法。企业法和经济法相同都属于社会法的范围，由资本主义精神乃至企业精神加以统一，与劳动法相对立。孙田秀春认为，与社会的经济中的两大阶级存在对立一样，法律上也是这两大阶级法的对立的观点并存。

孙田秀春指出：“社会法是指法学上有特定范围的经济的非独立者的职业阶级法。换言之，这是用来称谓以经济的支配阶级和隶属阶级的社会对立及利害的相反为基础的社会化法律制度的全体。”“这样理解的社会法的范围不仅仅包括上述劳动法，其他凡是以社会的阶级观念为基础的一切社会的法制均包含其中，如佃农法、住宅法、消费者法、债务者保护法、共同经济法等等。这样，后一种法制在本质上是以经济制度自身的社会化为目的，在这一点上与以隶属的劳动为导向原理的劳动法可以明确区分开来。从符合这种意义出发，我认为可以把劳动法以外的一切的社会法制用经济法的观念加以统括。据笔者卑见，劳动法和经济法尽管可以如此区分，但无论如何其基于的根本思想是一致的，作为相对应的姊妹法具有共同构成社会法全法域的关系。”③ 孙田秀春和卡斯凯尔一样都是着眼于人、从其法律关系方面对经济法的概念加以规定，从而其必然的结论就是经济法是专门以阶级观念为基础的经济法制的系统的全体。这样不能不产生以下值得质疑之处：首先，如黑板骏策所说，孙田秀春博士“将经济法的对象置于‘新的秩序’并不怀疑。但为何在这种场合的经济法必须建立于阶级观念之上呢？固然我对现实社会中经济的阶级对立事实并不否定，不过经济法产生的原因，与其说是阶级的对立或其对立激化的事

① 家永三郎『美濃部達吉の思想史的研究』岩波書店，1964：258.

② 孙田秀春（1886—1976 年）是日本劳动法学的开创性人物。在 1924 年出版的《劳动法总论》（孫田秀春『労働法総論』改造社、1924 年）中，孙田秀春以基尔克的人格概念作为法理论的中枢，提出了以完善勤劳人格为劳动法基础理论的独特的人格主义劳动法学观点。其于 1951 年曾任日本劳动法恳谈会副会长。详细资料可参见孙田秀春米寿祝贺纪念论集刊行会编：《经营与劳动的法理——孙田秀春米寿祝贺纪念论集》（孫田秀春米寿祝賀記念論集刊行会編『経営と労働の法理——孫田秀春米寿祝賀記念論集』専修大学出版局、1975 年）。

③ 孫田秀春『労働法通義』評論社，1929：43.

实，毋宁说是包含着阶级对立的经济机构自体的发展”①。其次，将佃农法、住宅法、消费者法、债务者保护法等包括于经济法之中，而与它们各自有关的多数规定在过去的民法或商法就存在，如何在这一点上加以区别？最后，孙田秀春博士尽管将经济法规定为特殊法部门形成的产物，但从其认为“经济法不仅仅局限于生产组织的问题。假如分配问题、消费问题也受到社会化思想的影响，那么就可以纳入总的经济法的范围”② 的观点来看，其与黑德曼一派认为经济法是对与经济生活有关的法域中的社会学的方法的适用这种见解相接近，其最终结果就不能认为经济法具有独立的法域。

（三）统制经济法说

这一学说基本上是基于经济法否定说的立场，除了避免尚无定论的“经济法”这一用语之外，其主要特色在于着眼于经济统制的实定法的集积，将其置于“经济统制法”的名称下作为对象加以研究。在第二次世界大战结束之前，除了东京帝国大学的法学家多数基本立足于自由主义之外③，日本法学家自身被作为庞大的立法说明、解说工具的“法解释学”或“解说法学”所驱遣。④ 1939 年 11 月成立的日本经济法学会在二战结束前共计召开 4 届大会，出版《日本经济法学会年版》（『日本経済法学会年報』）。⑤ 日本经济法学会于 1940 年召开的第 2 届大会的主题就是“新体制和经济法”（「新体制と経済法」）。在日本经济法学会中，东京帝国大学法学部处于边缘化地位，而担纲日本经济法学会庶务的东京商科大学经济法研究所则计划编辑出版《经济法研究丛书》和杂志《统制经济》（『統制経済』），在东北帝国大学的津曲藏之丞《日本统治经济法》（『日本統制経済法』（日本評論社、1942 年）等出版时，《统制经济》均发表书评予以呼应。在这一时期，日本各个法学领域中的学者都从自己的独特视角出发开展了经济统制法的研究。例如：在公法学领域，有田中二郎的《经济统制法》（田中二郎「経済統制法」『国家学会雑誌』第 53 卷第 10 号）、杉村章三郎（すぎむらしょうざぶろう）⑥ 的《战时统制法与公法》（杉村章三郎「戦時統制法と公法」『国家学会雑誌』第 57 卷第 3 号）；在刑法学领域，有牧野英一（まきのえいいち）的《经济统制法与刑法》（「経済統制法と刑法」『国家学会雑誌』第 57 卷第 3 号）；在民法学领域，有川岛武宜（かわしまたけよし）的《经济统制法与民法》（川島武宜「経済統制法と民法」『国家学会雑

① 黑板駿策「経済法の基礎的考察」『早稲田法学』第 13 巻第 1 号、1933 年。

② 峯村光郎『経済法の基本問題』慶応義塾大学法学研究会，1959：146.

③ 出口雄一「戦時・戦後初期の日本の法学についての覚書（1）—『戦時法』研究の前提として—」『桐蔭法学』第 19 巻第 2 号、2013 年。

④ 利谷信義『日本の法を考える』東京大学出版会、1985 年、52 頁以下。

⑤ 丸山泰男『戦争の時代と一橋』如水会学園史刊行委員会、1989 年、59 頁以下。

⑥ 杉村章三郎也是日本财政法学的奠基人，代表作有《财政法》（『財政法』有斐閣、1959 年）等。相关资料可参见日本税法学会编：《税法学论文集——杉村章三郎古稀祝贺》（日本税法学会編『税法学論文集—杉村章三郎古稀祝賀』京都：三晃社、1970 年）。

誌』第 57 卷第 3 号)、《统制经济中的法与伦理》(「統制経済における法と倫理」『経済統制法年報』第 1 卷第 1 集)；在商法学领域，有铃木竹雄的《经济统制法与商法》(鈴木竹雄「経済統制法と商法」『国家学会雑誌』第 57 卷第 3 号)。

中国经济法学界对日本经济法学思想恰如李商隐《咏怀寄秘阁旧僚》诗中所云，“典籍将蠡测，文章若管窥”[①]，而其赖以管窥蠡测的工具比较窳劣，因为金泽良雄《经济法》的中文译本在这一问题上又令人如坠五里云雾之中不知所云。其实，江上勋《经济法·独占禁止法概论》(江上勲『経済法・独占禁止法概論』税務経理協会、1983 年) 在这一问题上完全沿袭金泽良雄的观点，但他将金泽良雄所谓的“对象说”径直称为“统制经济固有的法说”，这样便与作为否定经济法说的“统制经济法说”划然清楚了。不过，笔者认为，要深入研究日本经济法学说，在这里不能不对“统制”这一日本经济法学中的重要概念进行一番厘清和爬梳。

“统制”这一概念，以 20 世纪 30 年代的危机为契机，着眼于以对自由经济实施的统制经济为特征的国民经济状态进而产生。其后，随着向战时统制经济的过渡而被最终固定下来。作为法律用语最早始于 1931 年的《重要产业统制法》[②]，其后许多经济立法，诸如 1932 年的《商业组合法》[③] 和 1937 年修订的《工业组合法》[④] 等，为了表示其一般的立法目的也惯用“统制”一词，但未必将其作为明确的法律概念使用。查默斯·约翰逊在《通产省与日本奇迹》一书中彰彰甚明地追溯了“统制”一词的源起。[⑤]

从查默斯·约翰逊的论述可以看出，1931 年的《重要产业统制法》的“统制”主要是各企业本身在各行业内以卡特尔协议为形式的所谓“自我控制”，该法视 1925 年成立的中小企业协会为典范，但加强了政府对这些协会的控制，并将这种控制扩展到大企业中去。笔者认为，尽管“统制”一词在日本可能追溯到军方，但经济法上的统制最初的含义应为卡特尔统制，也就是企业间的自我控制或协调，并不具官方色彩，《重要产业统制法》就具有从卡特尔统制向政府统制过渡的色彩。日本学者波多野鼎(はたのかなえ)在第二次世界大战期间所著的《日本统制经济概要》就指出：从自由经济到卡特尔的统制经济、景气的统制经济，再到战时的统制经济、建设的统制经济，是日本统制经济演变的历程。由于经济危机造成的恐慌，故为达成营利目的计，反觉非限制自由不为功矣。即如所谓卡特尔、托拉斯、康采恩等以自由之自律的拘束为鹄的之组织，盖由是而生。卡特尔经济可谓近代历史上最初出现的统制经济。卡特尔经济作为一种统制经济是以追求营利为鹄的的统

① 李商隐. 朱鹤龄笺注. 李商隐诗集. 田松青点校. 上海：上海古籍出版社，2015：289.

② 『重要産業ノ統制ニ関スル法律』昭和 6 年 3 月 31 日法律第 40 号。

③ 『商業組合法』昭和 7 年 9 月 6 日法律第 25 号。

④ 『工業組合法』大正 14 年 3 月 30 日法律第 28 号。

⑤ Chalmers Johnson, *Miti and the Japanese Miracle*: *The Growth of Industrial Policy*, 1925—1975, Stanford: Stanford University Press, 1982, p. 154.

制经济。易言之，这是对于自由经济所产生足以妨害营利的恐慌进行消极抵抗。因此之故，趋向卡特尔的统制经济的动机，“抑又可谓原已胚胎于营利本体之中，从而所谓统制，则又不能不谓为合乎本来意义之自律的统制”①。中国经济法学界对德、日经济法学界所谓的“统制”往往望文生义、先入为主地认为“统制”就是二战期间德、日穷兵黩武的畸形经济管理体制。其实，金泽良雄早就指出：“关于‘统制’概念的见解虽不一致，但一般可以理解为，它具有‘将经济纳入一定的方针’或‘为引导经济以实现特定目的’的含义。这一种见解的‘统制’，基本上与德国 Lenkung 的概念相通，但德国 Lenkung 的概念，包括消极的（权利限制）和积极的（促进保护）两个方面，还包含极权式的和非极权式的两种，理解的范围极其广泛。”“但在日本，统制从来都被理解为朝一定方向进行国家权力的干预，从而形成了一定的独特的概念。”② 尽管德国纳粹时期全体经济的高权规制（hoheitliche Regelung der Wirtschaft iu sinne eines Ganze）几乎窒息了市场规律的作用，尽管西方学者认为希特勒具有“将所谓的‘经济自治管理责任制’和国家一般干预相结合的”的“新的经济体制”③ 的观点文过饰非的倾向，但施密特·里姆普勒就认为经济法所谓的本质上的全体经济的形成不仅仅是在高权的秩序中运行的，而且是在依据自由产业机能而自己决定的秩序（民商法秩序）中运行的。笔者认为，由于日本的法律文化传统是“官治”而不是“法治”，受西方民主思想浸润濡染远不如德国，所以日本“统制”的概念如金泽良雄所说“从来都被理解为朝一定方向进行国家权力的干预”④；这是日本经济法学说中“统制”概念的特殊性之所在。

不过，日本学者基本上都将统制经济（Control of Industry，Regelung der Wirtschaft）与计划经济（Economic planning，Planwirtschaft）或管理经济（Verwaltung der Wirtschaft）相区别。恒藤恭（つねとうきょう）指出：“比较精确地说，复合制经济可以分为统制经济和自由经济。”⑤ 统制经济和自由经济的分类与单一制经济无关，仅仅对于复合制经济来说是妥当的分类。在恒藤恭的理论中，所谓单一制经济是某种总体社会的经济生活由单一的经济单位经营，所谓复合制经济是指复数的经济单位经营；在实行由多数的主体基于各自意志决定进行经济活动的

① 波多野鼎．日本统制经济概要．舒贻上，译述．北平：国立华北编译馆，1948：2．

② 金沢良雄『経済法』〈法律学全集（52—Ⅰ）〉有斐閣，1980：87．金泽为了避免过分强烈的权力干预色彩而用“规制”一词代替“统制”的概念。“规制”一词在汉语中较诸“统制”更强调程序性、固定性。《新唐书·高霞寓传》云：“霞寓虽悍而寡谋，统制尤非所善。”见欧阳修，宋祁．新唐书．卷一四一．北京：中华书局，1975：4662．在我国古代文献中，宋人使用“统制”一词较多，这是因为宋制在出师征讨时选一人为都统制，以总辖诸将，不作官称，后更改为正式官名。范仲淹《再进前所陈十事》云：“请密定规制，相时而行。”见范能濬编集．范仲淹全集（上册）．薛正兴点校．南京：凤凰出版社，2004：488．

③ 卡尔·哈达赫．二十世纪德国经济史．扬绪，译．北京：商务印书馆，1984：68-69．

④ 金沢良雄『経済法』〈法律学全集（52—Ⅰ）〉有斐閣，1980：40．

⑤ 恒藤恭「自由経済法と統制経済法」『経済学雑誌』第4巻第4号。

场合下成立。究其实质，前者是指原始的民族社会和基于共产主义思想的经济形态。在恒藤恭看来，统制经济尽管与自由经济相对立，但至少并不与自由经济相矛盾，并不全面废弃和否定生产资料的私人所有、交易的自由和营业自由，一般的市场经济仍然存在。日本学者本位田祥男（ほんいでんよしお）、向井鹿松（むかいしかまつ）、赤松要（あかまつかなめ）等也都认为，作为经济的国家统制的统制经济，是从所谓国民经济的全体经济的立场出发对个别经济主体的活动自由加以统制，但又意味对这种被作为统制的对象的活动自由某种程度上存续的承认，换言之，承认其存续的同时加以修补。于是，法律由自由的法律秩序向被拘束的法律秩序（gebundene Rechtsordnung）转化，由以保障自由竞争可能为目的的法律秩序向以统制为目的的法律秩序发展。但无论如何，统制经济绝非全体经济活动由国家统一意志的发动而得以遂行的管理经济。

与自由经济及管理经济两者区别开来的统制经济的概念，仍然是经济学上的概念，而非从法律上加以理解。金泽良雄所说的日本二战前经济法学理论中的“经济统制法说”，这是指对统制经济的存续有影响的法律，而非仅仅指统制经济所固有的意义上的经济法。这种学说将财政法、租税法、关税法、公企业法、许可企业法以及经济上的保护法及救护法等亦纳入其中。虽然这种意义上的统制经济法是在统制经济阶段的经济统制法，但并不认为它形成了独立的法域以及单一的法律分科。向井鹿松就是这种学说的代表。他认为，在统制经济中，国家从外部利用卡特尔、价格决定、劳动法、银行法以及其他行政的手段对经济组织加以统制，或从内部利用在经济组织内部占有的某种重要地位，或者作为债权者或股东对经济过程施加影响，甚至诉诸其他各种资本主义的统制方法对各种经济加以规整、统制，这样的对经济的国家统制意志的规整即是“经济统制法”。这种以法律的规整为基础的权力统制分为两种：1. 直接的统制。（1）国有乃至公有，把一产业部门的全体作为国家及其他公共团体所公有；（2）将一定的经济行为向国家的独占、管理转移，或实行免许制度；（3）特定产业的补助、促进；（4）禁止对公共利益损害的经营或行为。2. 间接的统制。（1）将国家的行政机能委托于特定的经济机关行使的统制；（2）附加给特定的经济机关以强制权的场合；（3）金融统制；（4）其他的依据国家租税政策、关税及其他贸易政策的统制。[①] 向井鹿松的划分是从国家对经济如何采取统制方法的角度加以研究的。而原龙之助则从现行法的立场出发对各种统制样态加以区分：1. 国家及其他公共团体自己经营企业的场合（公企业）；2. 企业经营保留在国家之手，在特定场合下对该企业经营进行特许或监督取缔的场合；3. 对私经济的生活从国家的观点出发加以统制的场合。[②] 不能不指出的是，日本学者一般都注意到了以经济统制为目的的国家行政的作用与其他各种行政作用性质上的差

① 向井鹿松『統制経済原理』改造社，1933：294.

② 原龍之助「経済统制の概念及其の法律形態」『公法雑誌』第5卷第5号、1939年。

异，认为：经济法为了达到其目的尽管要依靠公的行政作用，但其重点并不在于国家行政的协助力量，而在于国民经济自体的组织原理及其活动，经济法里依靠行政权的规制，应属于经济政策性的干预，是从经济观点积极满足社会协调的要求来调整并建立经济秩序的，因此虽然同样被称为依靠行政权的统制，但必须与各种财务行政、军务行政以及一般的警察行政区别开来加以考察。这种意义上的统制经济的法律上的概念被美浓部达吉界定为："以确保国民经济的供需的持续调整为直接目的利用国家的权力的手段对国民的私经济生活行动、特别是私法的法律关系加以干预作用。"① 由此可见，统制经济在法律上的概念的特征有以下几点。其一，其直接目的是用于国民经济的调整，这应在法律上加以确认。这样，即便在经济上可以对统制经济发挥作用，但在法律上表现为以公经济为目的的视角的场合是必须排除在外的。如租税和关税的加征或国家以企业经营之类法律的形式出现时，它们尽管在经济上可以作为统制经济的基柱，但不能被称为法律意义上的统制。其二，其手段是具有国家权力的作用。这样，不是依据权力的手段的国家保护奖励作用之类，即使对统制经济产生效果，但应与权力的统制作用相区别。其三，这是对国民的私经济生活、特别是私法上的关系加以干预。这样，干预的对象是私经济生活乃至私法关系，是本来具有私的性质的而非由国家才开始赋予的。

史际春在《经济法总论》中指出：金泽良雄所谓日本战前的否定经济法存在的经济统制法或统制经济法说"与我国的经济行政法说相似。但它在不承认经济法的同时，以实事求是的态度对有关经济统制之实在法进行实证研究，就此而言，它的实践价值和科学性要超出我国的经济行政法说"②。笔者却愚而自用地认为这种类比恐怕不符合事实。实际上，这种经济统制法说是一种泛经济法说。江上勋用"统制经济所固有的法说"（对象说）与"经济统制法或统制经济法说"相区别，峰村光郎用"统制经济阶段的法"（简称"统制经济法"）与"统制经济所固有的法"（即"对象说"，并且正如金泽良雄所说含有"机能说"的含义）相区别。在笔者看来，否定经济法存在的统制经济法说本质上是指与统制经济有关或相关的法，而非指统制经济所固有的法；是从统制经济的经济学上的概念出发，而非以统制经济的法律上的概念为出发点。正是这样，才如史际春所写到的那样，"有学者从公法或行政法的角度研究经济统制法，如田中二郎、美浓部达吉；有学者从刑法角度研究经济统制法，如牧野英一；有学者从经济统制及其与民商法关系的角度进行研究，如川岛武宜和铃木竹雄等"③。在这种情况下，"统制经济法说"中的统制经济法是一个人人得以置喙的泛概念，它寄人篱下或者说附丽于其他法领域而无自性，并没有改变原有的法律体系结构。这种"统制经济

① 美濃部達吉「統制経済の法律形態」『国家学会雑誌』第52巻第12号、5頁。

② 史际春，邓峰．经济法总论．北京：法律出版社，1998：106.

③ 同②106.

法说”所研究的对象除了统制经济所固有的法，还包括财政法、租税法、军政法、公企业法、特殊会社法、特许企业的监督取缔以及经济上的保护救助等有关法律领域。

峰村光郎（みねむちみつろう，1907—1978年），庆应义塾大学法学部毕业，历任该大学副教授、教授、法学部长，日本法律哲学学会理事长，日本学士院会员。峰村光郎的经济法学说，主要体现在他的《经济法》（峯村光郎『経済法』三和書房、1953年）与《经济法的基本问题》（『経済法の基本問題』東洋书館、1948年）等著作之中。笔者认为，峰村光郎可谓日本经济法学从战前到战后发展的过渡性人物。因为他在1931年出版的《法与统制经济》（峯村光郎『法と統制経済』東洋书館、1931年）中就形成了自己的思想体系①，所以金泽良雄将其亦列为日本经济法学战前的“对象说”中的代表人物。峰村光郎认为，经济法是以调整国民经济中的需要与供给为目的，以国家对私人企业实行统制为内容的法域，它的形成与资本主义由自由竞争阶段向垄断阶段过渡、国家实行统制经济相适应，是对自由资本主义之法——市民法作修正的产物。② 经济法是在与资本主义社会传统的公法与私法的对立、混合、交叉的过程中形成、发展起来的，属于在超越公法和私法分界的基础上在两者之外另形成的社会法领域。在二战之前，峰村光郎就坚持经济法是“统制经济所固有的法”的观点。他认为，作为新的法现象的经济法，以调整所谓的国民经济的共同经济为己任，在这一点上与以调整公经济为己任的有关财政、军政、公企业等的行政法以及以调整私经济为己任的私法是相区分的。③ 经济法与公法、私法并列，一起构成三位一体的现代国家的法律体系：传统的私法作用于人间生活的个别的秩序的领域，公法作用于一般的权力秩序的领域，与此相反，经济法具有作用于共同秩序的领域的特色。换言之，以个人为动力的私法受自由及平等的原理支配，以国家为动力的公法受权力原理的支配，而以共同社会为动力的经济法则受组织的原理支配。在峰村光郎的“统制经济固有法说”中，他认为统制经济在法律上的概念和在经济上的概念是不相符的，按照统制经济法律上的概念，财政法、租税法、军政法、公企业法等仅仅是统制经济存续的条件，而非统制经济所固有的法。不过，峰村光郎也承认对这些与经济有关的法作统一理解在实际中有权宜处理的必要性。而史际春则较之峰村光郎更加鞭辟入里地指出：“如此宽泛地理解经济法，无疑是不科学的，但其也并非空穴来风。究其何以能够长久存续的原因，约略有三：其一，它表明了经济法现象之于民商法等传统经济之法具有质的新颖性和强大的吸引力，得以长期吸引各领域持各种立场之人士对其加以关注；其二，这种情况表

① 此外，峰村光郎在战前的经济法著作还有《战时国家的经济法》（『戦時国家の経済法』千倉書房、1937年）、《经济统制法》（『経済統制法』〈新法律学全書21〉三笠書房、1941年）等。

② 峯村光郎『経済法』三和書房，1953：144.

③ 峯村光郎『法と統制経済』東洋书館，1931：16.

明，在社会化条件下，公私法因素相融合程度之高，以至于纯粹之私的经济领域基本上已不复存在，也即法之现代经济精神或经济法发生泛化，反映为人的意识则为泛经济法说；其三，社会法和经济法的问世，打乱了旧有的法部门概念及其分类学说和体系，使得法及其体系、部门呈现出空前错综复杂的景象，这就决定着学者中总有一个百分比会避重就轻地去选择捷径，对经济法或止于抽象的定性观察，或者在维持或否定传统法部门划分的基础上泛化经济之法，不一而足。"① 科学的发展是一种新"范式"代替另一种旧"范式"的过程，新"范式"可以在理论的竞争中为科学共同体的大多数接受而战胜旧"范式"，但旧"范式"往往不会因被战胜而被消灭成为靡有孑遗、片甲不留的绝响，往往仍然余音袅袅成为"在野"的话语势力。

二、战后日本学者对经济法学理论体系的建构

在二战结束之前，日本经济法学理论有三个显著特征：第一，处于对德国经济法学的输入引进阶段，自身理论特色不鲜明；第二，没有从方法论上认识到经济法规制对象的独立性和规制原理的一致性，大多数都是在"统制经济法"的名称之下根据各自的专业经验从不同角度加以研究，承认经济法作为一个独立的法律部门的主张尚属大音稀声；第三，和德国战前一样，尽管已经存在具有自觉的方法论而主张经济法的独立性的学说，但维持竞争秩序的社会经济的价值标准几乎是不存在的，这一时期的经济法以卡特尔助长法为中心。但第二次世界大战结束后，日本经济法学理论丕然为之一变，出现了理论学说的格式塔转换或范式变革。第一，由于德国和日本的战败，联合国军队占领日本，日本法学对于德国法学的依存，产生了很大的动摇。正如范健等人在《当代中国经济立法的回顾与展望》中指出："随着日本现代化的发展，日本法制体系中的'日本特色'愈来愈多，时至今日，日本在经济法制方面已经形成了独特的'日本法系'。"② 第二，经济法否定说逐渐偃旗息鼓，经济法至今作为独立的法律分科已居不可动摇的地位。③ 第二次世界大战后经济法是否独立存在已不成为话语中心，而是不争的事实，因此日本经济法学理论的问题意识发生了变化，经济法学理论进入了一个完善自身体系的累进发展的常规学科时期。第三，正如金泽良雄指出："作为原来学说对象的经济法素材，也根据战后经济民主化政策，起了质的变化。迄至停战前的经济法素材，虽是大量存在，但在某种程度上具有以同一观念（全体主义的观念）为根据的共同性。可是在战后，由于根据经济民主化制定了《独占禁止法》④ 等法，并要求达致自由与统制之间

① 史际春，邓峰．经济法总论．北京：法律出版社，1998：104.

② 范健，王涌，张晨．当代中国经济立法的回顾与展望．安徽大学学报．1996（3）.

③ 江上勲『経済法・独占禁止法概論』税務経理協会，1989：8.

④『私的独占の禁止及び公正取引の確保に関する法律』（昭和22年法律第54号）。

微妙的协调，不久又出现了禁止垄断与容忍、助长卡特尔的并存现象，使得经济法的素材在质上就更加复杂化。面对这种情况，理所当然的也要对经济法概念的学说予以重新考虑。"① 战后日本经济法的研究主要围绕独占禁止法的原则如何融进经济法理论、独占禁止法在经济法体系中的地位问题。战后日本的经济法理论中存在的争论焦点之一，即是围绕着经济法概念展开的②，围绕这一概念的争论大致包括如何将独占禁止法纳入经济法理论中、独占禁止法在经济法体系中将置于何位置等，但有关学说大体上可以分为：国家对于经济统制或干涉法之经济法理论（可以被称为经济干涉法说）和独占禁止法为中心的经济法理论（可以被称为独禁法＝经济法说）。这一系列主要的经济法理论早在 1958 年就已全部提出来了。战后日本经济法理论讨论之所以掀起高潮，主要的契机有两个：一是当时在"开放型经济"下以国际竞争力强化为理由的大型企业合并频仍、特定产业振兴临时措置法出台；二是以"现代法"讲座，尤其是其第 7 卷《现代法与经济》（渡辺洋三編『現代法と経済』岩波書店、1966 年）所收论文为导火索的自 20 世纪 50 年代后半期开始的对现代日本法的认识问题讨论③，松冈正美（まつおかまさみ）④、今村成和（いまむらしげかず）⑤、宫坂富之助（みやさかとみのすけ）⑥ 等人均参与其中。由于研究者各是其是，各非其非，思维的焦点往往过分集中，因而各种学说难免具有各自的片面性，但所有片面的理论学说互相补充与有机聚合，就是总体，就是全面构成多样性的统一，就是日本战后经济法学理论气象万千的繁荣局面的标志。笔者将日本经济法学在战后的发展归纳为以下几种主要学说。

（一）不以独占禁止法为中心的经济法学说

其一，对经济关系诸法不按价值的序列而平均把握的观点。

① 金沢良雄『経済法』〈法律学全集（52—Ⅰ）〉有斐閣，1980：43. 第二次世界大战以后，作为占领军对日管理方针一环而断然实行的经济民主化政策，使日本经济构造发生了革命性变化，作为经济法对象的法制也发生了显著的质的转换。立足于自由竞争原理的独占禁止法的导入和竞争限制法规的并存，使在这两者的统合协调之上构成经济法的概念成为必然，并由此而展开新的学说。丹宗昭信认为，与战前经济法以卡特尔助长法为中心不同，"经过战后三十年的今天，以独占禁止法为核心的经济法（在理论上作为核心或在事实上承认其为核心）可以说已经占了统治地位"。丹宗昭信・厚谷襄児『現代経済法入門』法律文化社，1981：7.

② 今村成和「学說展望——法律学の爭點——」『ジュリスト』三〇〇号紀念特集 1946 年 6 月 15 日。

③ 在 1960 年前十年中，日本法学界并没有这种关于独禁法和经济法的性格与国家垄断资本主义之间关系的讨论。品川登的《经济法的理论——围绕我国商法和经济法的综合论述》是这样寥寥无几的论文之一。品川登『経済法の理論——わが国における商法と経済法との綜合論をめぐって』菊池勇夫だ編『社会法综説——労働法 社会保障法・経済法——（下）』有斐閣、1959 年。

④ 松岡正美「『経済法』理論における問題点——『商法＝企業法』論と『独禁法＝経済法"論の周辺」『法律時報』第 39 巻第 6 号、1969 年、27 頁以下。

⑤ 今村成和「経済法について」『北大法学論集』第 18 巻第 2 号、1969 年、215 頁以下。

⑥ 宮坂富之助『現代資本主義と経済法——現代法の一般理論（三）』片岡昇編『現代法講義』日本評論社、1970 年、176 頁以下。

（1）金泽说

金泽良雄（かなざわよしお，1911—1987年）是日本著名经济法学家。① 他1937年毕业于东京大学法学部，1948年为该学部副教授；1953年任北海道大学教授；1966年调东京大学任法学部教授；1971年退休，为东京大学名誉教授；同年受聘为成蹊大学法学部教授；1977年因经济法研究功绩卓著被国家授予紫绶奖章；1979年起担任日本经济法学会理事长。金泽良雄一生著述宏富，代表性的著作有：《水法》（『水法』有斐閣、1960年）、《经济法》（『経済法』ダイヤモンド社、1961年）、《国际经济法序说》（『国際経済法序説』有斐閣、1979年）、《独占禁止法的结构与运用》（『独占禁止法の構造と運用』有斐閣1979年）、《经济法史的考察》（『経済法の史的考察』有斐閣、1985年）等。作为有斐阁《法律学全集》52—Ⅰ卷的《经济法》更是腾誉学林的扛鼎力作，该书于1961年初版，于1967年修订再版，1981年，金泽良雄在年届古稀之际，仍壮心不已，进行精益求精的全面修订，从而使本书更加丰赡翔实，奠定了金泽良雄在经济法学界俨然一代令人高山仰止的硕学宗师的地位。

第二次世界大战后，“日本虽然迎来了和平，但却满目荒凉，昏昏沉沉，茫然不知所措”“人民大众虽然从战争的担惊受怕中解放了出来，可是对在和平中生存之苦又有了切肤之感”②。美军在占领日本初期对日本经济的基本原则包括经济非军事化、确立和平经济、民主化经济三方面③，但在解除了直接为战争目的的统制外，也肯定了经济统制的必要性，保存了有关稳定国民生活的其他统制。为了从根源上消除日本军国主义势力，美国占领当局指使日本政府实行三大

① 金泽良雄经历了二战。在日本行政法学界，二战前后成为学者的人士被称为战前、战中派。其中田中二郎、原龙之助等被称为七人小组，声名最著。他们都成为战后日本行政法学中领军人物。但值得注意的是，不仅日本行政法学界将金泽良雄、今村成和视为行政法学者，而且日本经济法学界亦将金泽良雄视为由公法学者出身的经济法学者。明乎此，我们就不难理解金泽良雄等学者为何不将《独占禁止法》置于经济法的中心地位了。在第二次世界大战期间，日本政府为了协调和贯彻统制经济法规，成立统制法规部会，通过司法省刑事局获野益三郎、工商省物价局美浓部洋次、农林省大臣官房调查课和田博雄、内务省警保局经济保安课赤羽穰的“赞同合作”，加上东京帝国大学法学部田中二郎、川岛武宜的指导，进行资料的整理。其中具体对策之一，就是在1941年为回答业界对统制法规的疑问及对统制法令进行统一解释，事务局内部设置经济法规相谈所（「経済法規相談所」）。其特点是，为满足所有的统制法规咨询，定期恳谈统制法令的运用，设置“统制法恳话会”，出版《经济统制法年报》（『経済統制法年報』），不仅单纯解释法规以解决具体事务为目标，而且与政府机关联络，综合性整理资料使法令协调改正。经济法规相谈所主任即是金泽良雄。金泽回顾，当进出口等临时措施法和国家总动员法的相关诸法令多数被实施时，业界的疑问、违法现象甚多，田中二郎召集相谈所的成员每周对经济统制法相关案例进行研究，这些研究成果于1941年在《警察研究》（『警察研究』）杂志上连载（金沢良雄『本来無一物』有斐閣，1982：48.）。笔者认为，金泽受日本传统的“官治”法律文化薰习熙载的涵化，其基本思想形成于战前，故而不像丹宗昭信等人那样受美国法律文化影响，将《独占禁止法》作为经济法的核心。

② 内野达郎．战后日本经济史．赵毅，等译．北京：新华出版社，1982：19.

③ 铃木竹雄《日本经济原理的基本原则》（鈴木竹雄「日本の経済原則の基本原則」『日本経済管理法研究』第1卷第2号）第56页下，对此三原则曾予以详细论述。

经济改革，即解散财阀、农地改革、劳动改革，于1947年4月制定了《独占禁止法》，于同年12月制定了《经济力量过度集中排除法》。① 1949年实施的道奇路线被认为标志着日本从统制经济开始向市场经济转化。但此后日本的市场经济道路并非坦荡如砥、一帆风顺。在朝鲜战争后的萧条时期，正如金泽良雄所说，由于形禁势格，1952年以后，“不仅承认了垄断（如《独占禁止法》的运用除外）甚至还向促进（规制令等）的方向发展。尤其是卡特尔，已远远超过了所谓仅限于承认某种例外情况下的领域，不断地扩大着范围”②。在日本脱离朝鲜战争后的萧条期之后，既存在1955—1970年经济增长期（也就是日本人所谓的“神武景气”和“岩户景气”时期）向开放经济体制过渡的经济立法，也存在1971—1976年由于美元冲击和石油危机后景气衰退期间的“统制四法”。金泽良雄在《经济法史的考察》中指出：“以石油危机为契机而登场的所谓石油二法——《国民生活安定紧急措施法》和《石油供需适当化法》，是作为经济统制的再度展开而受到世人注目的，并且加上对付与生活有关联的物资的垄断收买和囤积的紧急措施的所谓《投机防止法》和《改正物价统制令》，被称为‘统制四法’，给人以统制时代的再现的印象。”③ 由于在战后以自由竞争经济为基础的日本经济中统制经济法的调整长期湮然不闻，所以“统制四法”的出现在日本经济法学界使人们怵然心惊，引起轩然大波，这种倾向能否永久化、其与独占禁止法的关系以及在经济法学上的位置等问题，都被提出来了。由此可见，战后日本的经济立法过程是一个波澜起伏的历史进程。

有学者曾谓：“倘衡论法律，竟忘社会之需要，是犹不燃之火，不明之灯，仅存其形式而已，复何贵乎有法律之存在？执此观念而论法律，其不流于买椟还珠者几希?”④ 离开经济立法实践的经济法学理论研究只能是无本之木、无源之水，只能成为空书咄咄的清谈玄学。金泽良雄在《经济法》一书中秉持这样的治学理念：“经济法是随着各种经济情况的变化而变化，是一种废立频繁的法律领域。追随着这种演变进而探求其时代意义，这对经济法的研究来说，尤为必要。”⑤ 正是这样，金泽良雄的《经济法》一书紧紧扣住日本战后经济立法的实践过程，从经济组织和经济活动两大系统入手，既对《独占禁止法》这一日本经济宪法深刻分析，又对个别企业法、合理化法、产业结构法、国家管理法、特殊企业形态法、资金和金融规制法、物资规制法、物价规制法、对外经济法、资源规制法、消费者政策法等充分论述；既对战后日本各项主要的经济立法的形成、发展、内容、功能、社会价值以及利弊得失等进行评说，又对日本战后数十年宏观的经济立法的运动

① 『過度経済力集中排除法』(昭和22年法律207号)。
② 金沢良雄『経済法』〈法律学全集（52—Ⅰ)〉有斐閣，1980：57.
③ 金沢良雄『経済法の史的考察』有斐閣，1985：320.
④ 林纪东．法学绪论．台北：五南图书出版公司，1978：238.
⑤ 金沢良雄『経済法』〈法律学全集（52—Ⅰ)〉有斐閣、1980年、新版はしがき、2頁。

规律加以探讨，将日本经济法学理论与经济立法实践融会贯通，未尝离事而言理。《经济法》一书共分经济法总论、经济组织法、经济活动法三编，其中，经济法总论包括经济法的意义、本质，经济法在法律体系中的地位，经济法中的规制、计划，日本经济法的沿革，经济行政组织等7章；经济组织法包括个别企业法、合理化法、竞争政策法、产业结构法、国家管理法、特别企业形态法等6章；经济活动法包括资金和金融规制法、物资与物价规制法、对外经济法、资源规制法、消费政策法等6章。正如丹宗昭信在《书评·金泽良雄的〈经济法〉》一文中所说："战后关于经济法的著作出了若干册，但其中大多数只将《独占禁止法》作为论述中心，对其他调整经济关系的法律涉及甚少。金泽良雄的《经济法》一书与这类经济法著作截然不同，它不仅研究《独占禁止法》，而且还将其他各类经济关系法规与《独占禁止法》放在同等重要地位而广泛涉及予以充分论述，它是战后出版的经济法专著中最全面、最优秀的一本。"① 当然，金泽良雄恒兀兀以穷年而营营构筑的经济法学体系并非完美无瑕。正如丹宗昭信指出的那样，金泽良雄的《经济法》一书将竞争政策法（独占禁止法、垄断形成法、市场进入规制法、市场领域调整法）放入第二编经济组织法中就值得商榷。因为竞争政策法作为规制和调整妨害经济活动自由行为的法律，具有经济活动自由保障法的性质，将其放入第三编经济活动法中似更为妥帖恰当。不过，这毕竟是大醇小疵，我们应该不以一眚掩大德。

丹宗昭信在书评中如此推许他人，毋宁说是彰显己见。我们从丹宗昭信所云"金泽良雄的《经济法》一书……不仅研究《独占禁止法》，而且还将其他各类经济关系法规与《独占禁止法》放在同等重要地位而广泛涉及予以充分论述"一语就可以隐然看出两种学说短兵相接的理论交锋端倪。金泽良雄从日本战后经济立法的实践中得出的结论是："在当前日本的经济法领域中，最基本的矛盾和对立，是禁止垄断的政策和促进垄断的政策相互并存。如欲通过统一的观念加以整合，就是谋求两个不同价值的整合。"② 这在金泽良雄看来难如登天，是绝不可能的。金泽良雄在这里是针对正田彬（しょうだあきら）以《独占禁止法》为核心的经济法学说而提出批评。金泽良雄还对丹宗昭信以《独占禁止法》为核心的经济法学说提出质疑：丹宗说"着眼于20世纪垄断阶段中，国家经济政策的'最重要的政策之一'，是'国家对垄断及市场统制的政策'这一点，虽以'市场统制'作为经济法的中心概念，但并非明确揭示为什么只选定这一政策的根据，并且，构成这一学说的法学研究社会学方法根据的所有权（资本）的社会性质，与经济法的一般关系（这以选出的'市场统制'为前提），究应如何，尚留有疑问"③。金泽良雄认为，经济法不

① 丹宗昭信「金沢良雄著『経済法〔新版〕(法律学全集52—1)』」『民商法雑誌』第84巻第2号、1981年。

② 金沢良雄『経済法』〈法律学全集（52—Ⅰ）〉有斐閣，1980：160.

③ 同②19.

外是适应经济性即社会协调要求的法律，即主要为了以社会协调的方式来解决有关经济循环所产生的矛盾、困难（通过市民法进行的自动调节作用的局限）的法。换句话说，经济法也就是在资本主义社会里，为了以“国家之手”（代替“无形之手”）来满足各种经济性的社会协调要求而制定的法。在这里，所谓经济的即社会协调的要求，并不是通过“看不见的手”而是通过“国家之手”来实际地弥补市民法所遗留下来的这方面的法律空白状态，表现为在经济上从总资本——国民经济的立场出发的国家政策，而为了实现这一政策要求国家对经济加以干预的法。根据金泽良雄的观点，经济法是适应市民社会中的社会协调性要求而产生的一系列法律，既以市民法为基础，又表现出与之不同的特点。经济法是为填补由市民法所遗留下来的法律空白状态而制定的法律，同时相对于市民社会的私人性一面而被认为是具有公共性（社会性）一面蕴藏其中的有关法律。只有抓住这一点，才能理解经济法的本质。金泽良雄强调，所谓经济性即社会协调的要求，并不具有同一的立场和内容，而是适应以自由为基调的资本主义经济自动调节作用的限度及其矛盾，因时代和社会不同而表现为种种不同的方式。例如，针对以契约自由为媒介而形成的垄断，政府则从通过竞争经济谋求提高生产、丰富消费品的立场出发制定了《独占禁止法》；为了应付经济不景气，政府从谋求经济稳定的立场出发制定了卡特尔促进法及其他稳定供求的法律；在通货膨胀出现时，政府为了平抑物价而制定相关法律。可见，实体经济法的目的因时代和社会而不同，有时是较为长期或永久性的（例如《独占禁止法》），有时是针对特殊状态的、临时性的（例如《战时统制经济法》）。① 正是这样，丹宗昭信指出：金泽说“把经济法体系理解为随意组合的东西，包含着广泛的实定法。其中，独占禁止法处于‘竞争政策法’的地位。在这个体系中，规制和防止垄断的独占禁止法及与其有关的法律（狭义经济法）和像该法的适用除外法那样容许、扶助垄断政策的法同时并提”②。

① 金泽的观点和高田源清在战后的经济法学说颇为相近，均表现出与战前经济法学说的某种程度上的意绪不绝如缕。在高田源清的经济法学理论中，经济法是从整体国民经济的立场约束经济之法，从整体国民经济的立场对于资本主义经济加以约束、限制而使之就范规正于合乎其政治目的、立法目的的方向。所以，整体国民经济的立场是旨在保护所有公民经济利益的立场。整体国民经济的利益既不是站在纯粹的个人的立场，也不是站在纯粹的国家的立场。例如，战时国防经济的防御、大萧条时经济危机的克服、战后经济的民主化、现在经济福利国家建设均可作为其目标。经济统制大体可以分为三个系统：资本主义内部自然发生的诸如贫富分化、垄断压迫等弊病和解决各种社会问题的统制法；为了摆脱资本主义衰微的危机或避免危机的统制措施；为国民大众或整体国民经济的利益的国有化、社会化以及资源开发。换言之，独禁法是战后为了“经济民主”的统制法，系国家为了抑制垄断压迫的经济约束、限制（统制或干涉）的部门法之一。就此而言，容忍独占而规制其弊害的法制与独占禁止法制并无质的区别，都应理解为为了解决垄断压迫的统制法。这种理论被认为与战前的统制经济法和统制经济法理论具有较强的连续性。这样，无须对战前的统制经济法体系大加拆除，独禁法作为国家统制经济的形态之一被消极地容纳进来。高田源清『日本経済法』上巻、評論社、1963 年、1—8 頁。

② 丹宗昭信「金沢良雄著『経済法〔新版〕(法律学全集 52－1)』」『民商法雑誌』第 84 巻第 2 号、1981 年。

（2）今村说

今村成和（いまむらしげかず）① 既具有任职行政机关的阅历，又长期潜心学植，对《独占禁止法》精研力探，著有《独占禁止法》（『独占禁止法』有斐阁、1961 年）、《禁止私人垄断法研究》（『私的独占禁止法の研究』〈全六卷〉有斐阁、1956—1993 年）② 等经济法方面的学术力作。此外，今村成和在行政法学方面的研究也成就斐然，著有《国家补偿法》（『国家補償法』有斐閣法律学全集、1957 年）、《行政法入门》（『行政法入門』有斐阁、1966 年）、《损失补偿制度的研究》（『損失補償制度の研究』有斐阁、1968 年）、《现代行政与行政法的理论》（『現代の行政と行政法の理論』有斐阁、1972 年）。尤其是他的《国家补偿法》被誉为日本当代行政法学的代表作之一。《独占禁止法》是今村成和在经济法方面的主要著作，最初是与金泽良雄的《经济法》一起共同作为有斐阁《法律学全集》第 52 卷合为一书出版，新版时才分开，作为第 52 卷Ⅱ单独成册。由此足见今村成和与金泽良雄联袂的学术渊源之深，无怪乎丹宗昭信等学者往往将此两人视为不以《独占禁止法》为中心的经济法学说的两位桴鼓相应的代表人物。今村成和认为，经济法是“以依靠政府的力量支持因垄断发展而失去其自主性的资本主义经济体制为目的的法律之整体”③。这种学说认为，资本主义经济构造的特点是在市场经济范围内实现经济循环，而支配市场经济的运动法则一旦失去自律，即成为经济法形成的契机，因此，经济法的目的或机能是用法的手段对市场经济加以适当的规制。这种规制分为对构成市场的企业的状况、行为的直接规制和通过政府对交易过程的介入来影响市场经济的间接规制。并且对前者市场的直接规制的内容，还存在是采取竞争促进政策还是采取竞争限制政策的不同。今村成和指出，当今的实定经济法中，已

① 今村成和生于朝鲜京城。1937 年毕业于东京帝国大学法学部，入三菱商事股份有限公司服务，后转入公正交易委员会，先后担任调查事业者团体课课长、调查第一课课长；1950 年任北海道大学法学部讲师，1952 年升任教授，1959 年至 1961 年为该法学部部长；1961 年获东京大学法学博士；1975 年任北海道大学校长。此外，他还担任日本学术会议会员、司法考试考查委员、日本公法学会理事、札幌人权拥护委员会委员、日本经济法学会理事长（1979—1987 年）等职。今村成和与金泽良雄可谓心孚意契的学友。据笔者所了解的背景，二战之后美军为了惩治战犯，曾实行政治改革，将军国主义分子从政府机构中甄别清除出去，吸纳许多大学生之类新人在政府机关服务，今村成和就是在这种历史潮流中进入公正交易委员会任职的。这对他以后与曾任公正交易委员会事务局局长的日本著名经济法学家伊从宽（いよりひろし）相过从和他从此致力于《独占禁止法》研究，影响甚巨。正如今村成和在《回顾独占禁止法的四十年》一文中所说，“我在《独占禁止法》施行后即入公正交易委员会事务局供职，近三年后转入大学，于是《独占禁止法》也成为主要研究课题之一以至今日，因此可以说《独占禁止法》的四十年是与我的研究生活四十年密切重合的”。今村成和「独占禁止法の四十年を顧みて」『公正取引』第 441 号、1987 年。

② 今村成和《私的独占禁止法的研究》（『私的独占禁止法の研究』有斐阁、1985 年）共 7 册，因为第 4 卷分Ⅰ、Ⅱ两册。1986 年第 2 期的《法学信息》刊登的赵威所译金子晃、田村次郎《1985 年日本学界回顾——经济法》将今村成和的著作标题译为《我对禁止垄断法的研究》，似乎不妥。

③ 今村成和「経済法について」『北大法学論集』第 18 卷第 2 号、1969 年。

经形成了独占禁止政策——独占禁止法——一般法和集中政策——个别立法——特别法的模式，而在经济法体系中，独占禁止法处于一般法的地位。显而易见，与将禁止垄断法作为维持自由竞争秩序、确保一般消费者利益的经济法之核心的正田彬、丹宗昭信的观点不同，今村成和从经济法的体系这一角度出发，将禁止垄断法摆在与其他经济关系法同等并重的地位。

今村成和指出："纯粹的市场竞争在现实中是不存在的，自由竞争是产生垄断的要因，而经济力的集中是资本主义社会中必然的倾向。作为资本主义社会的法的《独占禁止法》，不可能用法律将其否定掉，这是不言而喻的。这样对往昔牧歌式的自由竞争的乡愁便怎能不作为现代意味而向我们煎逼而来呢？"① 今村认为，独占禁止法，特别是在制定当初，被夸称具有经济宪法的性质。诚然，它是以经济民主化为目的的基本法，将日本经济奠基于自由竞争原理而再建的。但独占禁止政策作为支配性经济政策的期间并不长。在日本，独占禁止政策并没有一定的社会基础加以支持，由于是作为占领政策引进，因而占领期间过去后，在与垄断资本密切相结合、压倒性的强硬的保守政权之下，以大企业为中心的产业保护政策很容易得以回复其主导权。当然，即便在这种情况下，从形式上废止《独占禁止法》已经不可能，任何人也不能逆世界大势而动，图谋对对外信用产生明显恶劣影响的行为。因此，在19世纪50年代，《独占禁止法》即使在形式上保持着一般法的态势而在经济法体系中占据中心地位，也被无数的适用排除法，即卡特尔法所包围，其实质的机能几乎至于麻木不仁。从日本经济政策的观点来看，独占禁止政策的发言权也显著衰弱下来。根据今村成和的观点，独占禁止法实质上并非作为支配性的经济政策的基调，而是处于从批判的、对抗的立场谋求一般消费者利益的保护的地位。19世纪60年代以降，独占禁止法又恢复了其活力。由于前一段时期独占禁止法的缓和造成市场构造的寡占化，因而政府也不得不采取措施恢复独占禁止政策。昭和52年（1977年）法律63号对独占禁止法的改正，是该法自制定以来首次着眼于对独占规制的强化。但今村成和认为，在日本这样的国情中，将这次改正理解为独占禁止政策是日本经济政策的基调尚为时太早。②

今村成和认为，由于经济法的特征是以维持垄断阶段的资本主义经济体制为目的的经济政策的立法，因而，它的体系有必要与资本主义经济结构的特征相适应。根据今村的理论，经济法的体系构成如下。

[I] 直接的市场规制

(1) 市场结构的规制

(2) 市场行动的规制

① 今村成和『独占禁止法（新版）』〈法律学全集（52—Ⅱ）〉有斐阁，1981：6.

② 同①12.

(a) 市场秩序的维持

(b) 经济循环的维持

[Ⅱ] 间接的市场规制

按照今村的理论思路，由于在支配市场经济的运动法则失去作用时，存在着形成经济法的转机，故而经济法的体系也应从对这种市场经济进行规制的方法上加以照观。在这里，所谓“直接的市场规制”，是对构成市场的企业状态（市场结构）或它们的行为（市场行动）加以权力的或强制的规制；所谓“间接的市场规制”，是指如支付补助金、投入融通资金等为手段的政府资金发放和通过政府本身或作为政府一个组成部分的政府机关（所谓“特殊法人”等）购买、销售等，是政府以非权力方式参与交易过程而对市场经济施加影响。其中，今村又将“直接市场规制”分为对市场结构、市场行动、公益事业等的各种规制。在这种体系下，今村对日本诸具体的经济实定法加以定位，指出：市场结构的规制是国家根据集中程度所明确实行的对各种市场垄断或市场支配的政策规制，具体分为两种。1）基于竞争促进政策的独占禁止法对私人垄断或不正当的交易限制的禁止；2）基于竞争限制政策的各种卡特尔助长法和垄断保护法。市场行动的规制包括：1）以维持市场秩序为目的的独占禁止法中的对不公正交易方法的规制；2）以维持经济循环为目的的经济统制法（如物价统制令）。在对公共事业的规制中有电气事业法等各种事业的个别立法，在间接的市场规制中有关于各特殊法人的个别立法、食粮管理法等。由上述可见，今村试图根据政府介入经济的方法、手段、形式来构筑经济法体系。其中，今村说中“直接的市场规制”和“间接的市场规制”，是以规制方法加以区别的。而在“直接的市场规制”中分为“市场构造”、“市场行动”和“公益事业”的规制，则不仅是以规制手法而且是以其对象加以区别，但在构成市场行动规制的“市场秩序的维持”和“经济循环的维持”中，规制目标又是区别的标准。

其二，认为经济法是国家垄断资本主义法的一环的观点（宫坂说）。

宫坂富之助（みせさかとみのすけ，1930—2017年），1935年毕业于早稻田大学法学部，系日本商法学泰斗大浜信泉（おおはまのぶもと）的高足。宫坂长期担任早稻田大学法学部教授，门下有高桥岩和（たかはしいわかず）、土田和博（つちだかずひろ）等弟子，在日本经济法界有“早稻田工场”之称。宫坂和庆应义塾大学正田彬、东京大学松下满雄等人对于经济法学科的建构贡献甚巨。宫坂富之助的思想主要体现在其代表作《现代资本主义与经济法的发展》（『現代資本主義と経済法の展開』成文堂、1973年）中。在20世纪90年代末，尽管笔者东奔西走，但因国内各主要庋藏丰富的综合和专业图书馆的阙如而无缘得允，然而，在2009年，因为主编《经济法基础文献会要》的缘故，与宫坂先生联系，才得见该书。此前，国内可以看到的宫坂的著作仅有资料翔实的《经济法资料集》和《现代经济法——

日本经济的法构造》。① 宫坂认为，经济法“反映在国家垄断资本主义阶段以国家介入经济，维护资本主义经济体制为目的的经济政策的法律的整体”②。按照宫坂的观点，与产业资本主义阶段的近代市民法相对比，保障经济国家干预的立法，从国家垄断资本主义阶段的资本主义法定位的立场出发，具有如下现代法的特征。1）从法为权利义务关系（意思关系）确定的形式、对国家权力的行使加以羁束的形态出发而转化成法毋宁是以国家政策为内容的外在形态；2）因而，近代法中法的支配或法律行政崩溃，法具有被贬低为实行国家意思，即政策的单纯的手段的特征。③ 总之，现代经济国家以干预为目的的立法在这个意义上与近代市民法具有相比之下明鲜的特征，宫坂富之助所提倡的是在现代以经济政策立法为中心的经济法概念。本间重纪④是与宫坂富之助关系密切的学者，他认为金泽、今村、宫坂的理论所依据的立场尽管各异，但他们都将以国家垄断资本主义阶段的经济干预为目的的立法作为经济法的中心。金泽良雄认为宫坂和今村的观点十分接近。其实，笔者认为宫坂及金泽都在研究经济法时注意将国内和国际的政治经济发展变化作为考量的要素，都注重经济法在各历史时期因政策不同而变化的现象。宫坂在《研究经济法的意义和今后的课题》中就说：“在考量众多的重要的问题点时，无论为了探求解决问题点的头绪还是为了明确其现代的特质，回顾过去的历史都是必要的。”⑤ 正是这样，宫坂并没有将独占禁止法作为经济法概念的中心。

（二）以独占禁止法为核心的经济法学说

以独占禁止法为核心的经济法学说包括作为规制“市场‘统制’”的经济法说⑥和“经济的从属关系”规制⑦的经济法说两种。

其一，认为经济法是从属经济关系规制法的观点（峰村、正田、富山说）。

① 《经济法资料集》（『経済法資料集』）分Ⅰ、Ⅱ两卷，Ⅰ卷为法令编、Ⅱ卷为资料编，由成文堂1981年出版，系宫坂与金子晃（かねこあきら，庆应义塾大学法学部教授）、高桥岩和（たかはしいわかず，神奈川大学短期大学部法学科助教授）合作的产物。《现代经济法——日本经济の法构造》（『現代経済法——日本経済の法構造』）由东京三省堂于1995年出版，系宫坂与本间重纪、高桥岩和合作的产物。

② 宫坂富之助『现代資本主義と経済法の展開』成文堂，1973：11.

③ 宫坂富之助「现代资本主义と经济法」片岡昇编『现代法講義』日本評論社，1970：176.

④ 本间重纪（ほんまつげき，1944—2001年），1968年毕业于东京大学法学部，历任东京大学社会科学研究所助手、静冈大学人文学部讲师、助教授、教授，专攻经济法、独禁法、商法，代表作有《失控的资本主义：放松管制的方向与对策》（『暴走する資本主義—規制緩和の行方と対抗戦略』花伝社、1998年）等。

⑤ 宫坂富之助「経済法を学ぶ意義とこれからの課題」宫坂富之助・高橋岩和・近藤充代『現代経済法——日本経済の法構造』三省堂，1995：270.

⑥ 丹宗昭信「経済法（学）の独自性——『統制』概念による経済法の統一的体系化の試み——」『経済法』创刊号、1958年、12頁。但是，丹宗昭信在《经济统制》中，转换成使用“市场支配的规制”这一词语。丹宗昭信『経済統制』田中二郎・原龙之助・柳瀬良乾编『行政法講座第六卷行政作用』有斐閣，1966：189-190.

⑦ 正田彬「経済法の社会法的性格——その生成と与問題点」『法学研究』第26卷第1号、1953年。

丹宗昭信将峰村光郎和正田彬、富山康吉（とみやまやすよし）的观点列为一派，这是符合历史事实的。前文已经介绍过峰村光郎，富山康吉系大阪市立大学教授，其著作有《现代资本主义与法的理论》（『現代資本主義と法の理論』法律文化社、1979年）等。① 至于正田彬，则在日本经济法学界堪称实力派人物。② 正田彬在日本经济法学界声名赫奕，在20世纪70年代末至80年代末成为众望所归而领一代风骚的经济法学旗帜性人物。正田彬的经济法代表性著作有《经济法》（『経済法』日本評論新社、1963年初版·1966年再版·1983年第3版）、《独占禁止法》（『独占禁止法』日本評論新社、1966年）等。

峰村和正田在《私的禁止独占法》中即认为，经济法的本质性前提是在垄断资本主义阶段固有的垄断体与非垄断体之间的从属关系。正田在《经济法》中指出，一旦进入所谓垄断资本主义阶段，自由经济活动只存在于垄断集团，垄断集团以外的经济主体只是为垄断集团追求营利而服务。垄断集团为典型的经济方面的支配者，不会以其自身为限制对象，这样发展下去，就理所当然地出现垄断集团为一方。不过，按照自由竞争的通例，还存在着作为可称为败者的非垄断者、垄断集团的交易对方——正在竞争的交易主体和其他许多非垄断经济主体。垄断集团作为垄断资本主义这一经济制度的体现者，之所以登台的原因是因为存在着这样一个事实：在垄断集团内部或者在垄断集团和自由竞争中的败者之间，已经不存在自由竞争的关系，各种与垄断集团有关系的非垄断者对于垄断集团只不过是真正彻底地处

① 富山康吉和正田彬曾合著《法与经济》（『法と経済』法律文化社、1970年）。富山康吉曾经支持正田彬的经济法理论，但两人的观点不尽相同。富山康吉对于经济法的问题意识在于，依据私有财产在逻辑上的矛盾的展开的理论，或者说增加社会性质的私有财产的理论，经济法的现象是否能够得以解释？他认为，在目前的实定经济法中，服务于国民利益的主要法律，不仅是独占禁止法。独占禁止政策为维护国民利益之切实可行的政策，固然不应该从简单的经济必然出发否定独占禁止法，但须充分认识到其界限，而法律实践应该采取终极目的。如果在法学上加以表述，就是生存权。为了实现这一目的，势必形成竞争和计划、有效竞争和公有化相结合的立体的政策体系。在此，富山康吉揭示了作为经济秩序法之一的独占禁止法的地位及其与其他经济政策立法之间的关系。可参见正田彬「富山さんと経済法研究」『法学雑誌』第32卷第4号、1986年。内田耕作「富山康吉経済法学の系譜——一周忌に寄せて」『法律時報』第58卷第8号、1986年。

② 正田彬（しょうだあきら）1929年出生于德国柏林，1950年毕业于庆应义塾大学法学部。如前所述，峰村长期以来就求学任教于庆应义塾大学法学部。正是在这一时期，正田彬开始在峰村光郎的指导下着手研究经济法，在学术界崭露头角。1953年正田在和歌山大学任讲师，1957年晋升和歌山大学助教授。1956年，正田和峰村合作出版了《私的独占禁止法》。恰如峰村在前言中所说，他自己计划撰写的动议已久，由于外出游历等原因倏忽数年已逝，“从本年春天开始与正田彬君数次相互交换意见才着手行动，这虽说变成了我们共著，但实际上大多是正田君付出的劳动。正田君是社会法学者的新锐，在经济法方面对我的理论也十分理解，所以放心地将整理任务交给他”。正是这样，峰村和正田在东京和和歌山两地之间往返交换意见而终藏其事。1959年正田彬回到母校庆应义塾大学产业研究所任助教授，与峰村成为同事。在重返母校任教的同时，正田彬便于1983—1984年赴联邦德国弗赖堡大学留学，师从于弗里茨·里特纳，此后于1976、1984、1988、1992年作为国外客座教授赴德国讲学。从1976年起，正田彬在庆应义塾大学任教授直至1989年退休。此外，他还于1987年起继今村成和之后担任日本经济法学会理事长，自1995年出任日本公平交易委员会顾问，可以说是继峰村之后在庆应义塾大学研究经济法的得道传人。

于从属地位。平等的主体之间的自由交易、竞争关系，已经转化为不平等的主体之间的支配服从关系，这是垄断资本主义中有显著特征的情况。在达到垄断阶段的资本主义经济社会中，最基本的人的社会关系就是基于垄断集团和非垄断集团之间的关系而形成的经济上的支配服从关系。这种支配服从关系，以垄断集团的形成为顶点，以体制上的从属关系为典型，这种从属关系是作为竞争体制的代替物而表现于外的。在正田看来，这种经济的从属关系的出现，只是以市民法原理为前提的自由经济发展的必然结果，只是把市民法原理的原状予以适用而得出的结果，而这种从属关系的产生使国民经济的运转不能顺利进行。因此，经济法与市民法不同即在于，它要修改私的自治的基本的市民法原理，其中包括作为产生从属关系的重要原因而起着基本作用的所有权的自由和合同的自由，实行着眼于从属关系的实体的调整。正田指出，经济法由两部分组成，一部分为“通过规制经济支配者的活动，在经济的从属关系上，限制其进行恣意的活动，或限制处于支配地位的经济主体任意进行交易”的经济规制法，另一部分为“以反映允许经济从属者为了提高经济地位而结成的经济关系为中心的”经济关系法。①

峰村和正田在《私的禁止独占法》中将经济法的性质与《独占禁止法》的性质紧密结合起来加以阐述，指出：私的禁止独占法为经济法的中心，表现为实质性地对经济的从属关系加以规范，这与以平等的个人之间的关系规范的私法或以政治的从属关系的规范为内容的公法不同而具有特殊的立场。与市民法中基于形式平等的要求而构成的权利概念相对，在私的禁止独占法领域中却不能不将基于实质平等的要求而构成的自由权作为其基本原理。市民法中所有权不仅是以对物的支配为内容的权利，而且实质上以对他人的支配为内容。人们之间的支配服从关系遂得以成立，这正是对人格的实质的侵害，同时也是对经济的被支配者的生存权、生活权构成的威胁。峰村和正田将排除从属关系的平等权与经济的从属者的生存权、生活权不可分割地加以考虑，并且认为确保这种生存权（生活权）或平等权是与政治的民主主义有表里关系的经济的民主主义的要求。峰村和正田进一步强调说，国家经济（公经济）和社会经济（私经济）相互之间对立、矛盾、补充而综合地构成国民经济，国家经济可以说是国民经济的一个构成部分，因而在作为全体经济的国民经济的关系中加以把握的经济从属关系，与从作为一部分的国家经济立场出发、以国家经济为目的而进行规制是不可同日而语的。这便意味着战时及准战时表现出的经济统制诸立法和战后的私的独占禁止法之间具有本质的差异存在。战时统制立法是以战争遂行的国家目的为宗旨的，在这种场合下，从属关系的矛盾解决是在视野以外的，而独占禁止法从国民经济的立场出发确保从属者的基本权利、促进国民经济健全发展，其基本的原理可以概括为“公共的福祉”的法理念。笔者认为，峰村和正田所著《私的禁止独占法》等著作中之所以以经济的从属关系为研究前提，是因为

① 正田彬「経済法における経済的従属関係」『法学研究』第39卷第12号、1967年。

正田研究劳动法的学术背景，正田在劳动法方面的学术成就不逊色于其经济法方面的学术成就，故而丹宗一语破的指出峰村和正田的学说“是类似劳动法的从属劳动的经济法概念”①。

正田对峰村的教诲之恩一直铭记在心，他在《独占禁止法》中再三申明自己的观点在很大程度上源自峰村。他说，实质的竞争的确保，不单纯是像今村成和所言“期待着社会的好结果”②。公正的自由竞争的实质性确保作为独占禁止法制的基本立场，归根到底与以独占体、支配的资本为中心的经济从属关系成立后对经济的从属者予以不当或不利益的强制并对其造成权利侵害结果相对立，是与从实质平等的立场出发的要求相适应的表现。正田认为，禁止垄断法所采取的立场，其作为经济法原理的具体化，在这一经济法秩序中作为中心的事实尽管不可否认，但根据禁止垄断法所确保的公正的竞争，其并不能作为所有交易场合、所有经济活动之中都可以越俎代庖的评价标准。换言之，经济法原理并不将公正的竞争自身作为基本的法律价值而确认。其对于经济的从属关系的规制，与经济法原理的基本表现相吻合。在这种积极的确保竞争的场合，可以用“公正的竞争”来赋予法的评价标准，但经济法原理也理所当然地包含否定竞争的制度。③ 正田彬在《现代经济社会与法》中则更清楚地阐述了日本经济法的结构，即：

竞争秩序法———竞争秩序维持法
卡特尔容认法
产业规制法
消费者关系法·中小事业者关系法
对外经济法④

在正田彬的经济法理论中，“经济法是在垄断资本主义阶段以规制固有的、垄断体为中心的经济的从属关系的法”⑤。“经济的从属关系”占据了正田彬经济法理论的核心位置。这一关系是“处于垄断阶段的资本主义社会中最基本的社会人类关系，是作为垄断体和非垄断体之间关系成立的经济的支配服从关系，这一支配服从关系以垄断体形成作为顶点，将作为竞争体制的替代品表现出的体制的从属关系作为典型”⑥。正田彬这一经济法理论的构成是仿照劳动法理论的“从属劳动”的概念而被设想出来的。⑦ 正田彬指出，独占禁止法以维持竞争秩序为具体内容，以此法律为中心便形成日本经济法制的基本，因而首先“竞争秩序法”的法律制度在经

① 丹宗昭信·厚谷襄児『現代経済法入門』法律文化社，1981：9.
② 今村成和『独占禁止法』有斐閣，1978：10.
③ 正田彬『独占禁止法』日本評論社，1966：52.
④ 正田彬·金井贵嗣［ほか］『現代経済社会と法』三省堂，1990：47.
⑤ 正田彬『経済法』日本評論社，1966：37.
⑥ 同⑤35.
⑦ 正田彬「労働法と経済の関係についての試論」『労働法』第24号、1964年。

济法居于中心地位。竞争秩序法基本上以“竞争秩序维持法”为中心，但与此有关，基于竞争秩序维持法原则上禁止的卡特尔行为在一定的条件下例外地予以容认的法律制度也被包含其中，这可以被归纳为“卡特尔容认法”。正是这样，丹宗昭信认为正田说“为了把独占禁止法摆在经济法中心的位置，虽然还可以把经济法说成是确保对等交易权的法，但在该经济法中竞争（秩序维持）法这个侧面，从正面就不能把握了。因此，这个理论难以导出规制竞争维持构造的法理”①。

与金泽和今村把独占禁止法摆在与其他各经济关系法并列地位不同，正田说从法律关系是基本的权利义务关系的立场出发，抽出作为垄断阶段固有权利关系的经济从属关系，认为要回答实现经济从属者权利这样的实践课题，就必须把保护处于经济从属关系的底层的消费者作为最终目的的独占禁止法摆在核心地位。但松下满雄在评判金泽良雄等人的学说和正田彬的学说时却认为，金泽良雄等人将经济法理解为随着资本主义的高度发展、对国家的经济进行经济政策干预或干涉加深以保证这种干预的实施为目的法制，正田则将经济法理解为与垄断资本相对的具有“对抗力”的法。在松下满雄看来，金泽良雄等人的学说比较妥当一些，而正田以“经济的从属性”为中心构筑经济法概念，使经济法的范围出现偏颇，涵括性略微欠缺。②

其二，认为关于市场支配的国家统制法也就是竞争（秩序维护）法的见解（丹宗说、田中诚二说）。

丹宗昭信是日本当代著名经济法学家，历任北海道大学与立命馆大学法学部教授。丹宗昭信的经济法学说主要包含在他的《垄断及寡占市场构造规制的法理》（『独占および寡占市場構造規制の法理』北海道大学図書刊行会、1976 年）、《独占禁止法的基础》（厚谷襄児と共編『独占禁止法の基礎』青林書院新社、1977 年）与《新现代经济法入门》（厚谷襄児と共編『新現代経済法入門』（法律文化社、1999 年初版・2006 年第 3 版）③ 等论著之中。

丹宗说认为，经济法是“统制市场支配的法”。所谓“市场支配”，是指限制自由竞争的状态。该学说把“市场支配”这样的事实作为要求经济法存在的实际情况的基础，因而，以否定“市场支配”的竞争维持促进政策为依据的独占禁止法和允许“市场支配”但设置一定界限并从内容上加以规制的竞争限制法的区别，就成了经济法学体系的基础。丹宗指出，在现代资本主义国家中，基本经济政策的基础是维持竞争的政策，与此相适应的经济政策立法就是独占禁止法，经济法的基本原

① 丹宗昭信・厚谷襄児『現代経済法入門』法律文化社，1981：10.

② 松下満雄『経済法概説』東京大学出版会，1986：19-20.

③ 《新现代经济法入门》由谢次昌译为中文（群众出版社，1985 年）。厚谷襄儿（あつやじょうじ）在自东北大学法学部毕业后，即于 1958 年在公正交易委员会任职，官至公正交易委员会事务局局长。从政界退职后，他于 1990 年任北海道大学法学部教授，于 1992—1994 年任北海道大学法学部长，于 1998 年任帝京大学法学部教授。其主要著作有《独占禁止法论集》（『独占禁止法論集』〈北大法学部叢書 15〉有斐閣、2000 年）等。

则，是把维持公正而自由的竞争→保护消费者→国民经济民主而健康地发展这样的价值观念作为构成理论的前提。正是基于上述认识，丹宗将为了健康地维持和确保上述资本主义社会经济的基本价值观念的维持竞争政策的法，即独占禁止法摆在经济法的原则法的位置上。丹宗在《现代经济法入门》中指出："一般说来，作为竞争限制法的经济法的体系构成，是与这种资本主义经济的基本经济政策目标联系在一起的，即通过有效运用卖方和买方之间公正而自由的竞争为轴心的市场结构，谋求经济的效率性和资源的最适当分配，健全地发展经济民主，通过竞争增进一般消费者的利益。在这个意义上，以采取竞争维持政策的独占禁止法作为核心，将其他的竞争秩序维持政策立法（反不正当竞争法、广告规制法、转包价款迟延防止法）置于其周围的地位，并且，相对于原则法，给予其他的竞争限制允许法以一定的存在理由和位置，使其在涉及竞争的范围内，就可以作为经济法的对象被包括进来。这种经济关系法的主要类型有竞争限制的禁止、竞争限制的助长和竞争限制的允许及其赔偿措施三种，后者是作为独占禁止法的适用除外来对待的。"① 由此可见，丹宗说为了证明经济法（学）是一个独立的法律分科，企图把其他法律分科没有把握的独立的经济生活事实，即"市场支配"（不能维持竞争秩序的状况及其盖然性）作为独立的统制对象，把统制这种"市场支配"的一系列法律作为系统的经济法，从而认为经济法具有独立生活领域和支配这个领域的固有基本原理，使之与民商法、劳动法、行政法等邻近法律分科区别开来。

丹宗昭信将经济法视为对于市场统制的国家经济政策立法，故而其经济法学说被学术界称为"市场'统制'规制法说"。在这里，我们有必要对丹宗说中"统制市场支配的法"的另一中心概念"统制"加以分析。1958 年，日本经济法学会的机关刊物《经济法》创刊，当时身为九州大学副教授的丹宗昭信就在此创刊号上发表了题为《经济法（学）的独立性：试论由"统制"概念而形成的经济法的统一体系》一文，以带引号的统制概念为基础，提出：经济法体系的全体系由《独占禁止法》体系中自立性的"统制"的内在的经济法与战时经济统制法体系中他律性的"统制"的外来的经济法构成，《独占禁止法》在内在的经济法中处于核心地位。②金泽良雄指出，丹宗说认为"历来国家统制中的统制概念模糊，界限混淆，因而，以社会和经济的实质概念的市场'统制'概念来试图对经济法体系化。这里所说的'统制'不同于历来学说所出现的有关经济法目的、方法和国家统制，是指作为经济法对象的社会经济实质概念中的市场'统制'。这一见解，在 20 世纪垄断阶段的

① 丹宗昭信・厚谷襄児『現代経済法入門』法律文化社，1981：11-12.

② 丹宗昭信《经济法（学）的独立性：试论通过"统制"概念而形成的经济法的统一体系》（『経済法（学）の独自性——"統制"概念による経済法の統一的体系化の試み』），载于《经济法》创刊号，1958 年，12 页以下。丹宗在本文中使用的是"市場'統制'の規制"，但在《学説百年史・经济法》（『学説百年史・経済法』ジユリスト四〇〇号記念特集・学説百年史、1968 年、215 頁）中使用的是"市場支配の規制"的术语。

国家经济政策中，最重要的是其着眼于‘对垄断和市场统制的国家政策’，并试图通过市场统制的法学研究的社会方法的分析，说明规制市场的要求是根据所有权（资本）的社会性质的需要，并将这类有关的法律作为经济法加以统一研究”①。金泽良雄的这种评析对于中国经济法学界来说，由于缺乏文化背景而显得晦涩费解。其实，金泽良雄是将丹宗的学说与高田源清的观点加以比较。高田源清认为经济法是从整体国民经济的立场出发以拘束经济为对象，是从整体国民经济的立场出发对资本主义的自然动向加以拘束，将其轨道予以修正为内容的“经济的法”②。高田说是立足于战前的对象说，应归属于主张“经济法是统制经济固有之法”的理论体系。金泽说、高田说的经济法的定义比较广泛，但经济法概念的核心不明确，变成百科辞典式的解释，即使将在高度资本主义下对国家经济的政策介入增大作为事实，而仅将以此为目的的法称为经济法，这也只是表示了构筑经济法概念的方向。而丹宗说以“统制”作为概念的中心而构筑经济法体系，将“统制”加以广义的理解，包括因政府而产生的市场的统制和因私人企业而产生的市场统制，使所谓经济统制法和独占禁止法得以纳入同一法域。但松下满雄对这种包含两种异质类型的现象用“统制”加以定义持怀疑态度。笔者认为，按照金泽说和今村说，经济法并没有与特定的指导原理或经济政策观念相结合的必然性，而丹宗说和正田说则认为经济法的社会法性质是基本的。正如金泽良雄所说，丹宗昭信“试图通过市场统制的法学研究的社会方法的分析，说明规制市场的要求是根据所有权（资本）的社会性质的需要”③。丹宗自己也说：“战前和战时的不幸，促进了对那种法西斯经济法的批判，使人们认识到这种经济法并没有带来有价值的法观念（法理论和法意识等）。”④ 因此，丹宗说力主独占禁止法的“经济宪法”地位。为了使自己的学说体系更加周延，丹宗说不得不将“统制”的概念从广义上加以理解。与其说金泽说、今村说是社会调节法说（如前所述，金泽良雄并不主张在公法、私法之外有作为第三法域的社会法存在），不如说这是政策调节法说（金泽和今村都是公法学者出身），而丹宗说才是名副其实的社会法说。

田中诚二（たなかせいじ，1898—1994年），东京帝国大学法学部毕业，曾为吉永荣助的助理而深受其教，历任一桥大学、青山学院大学、亚细亚大学等校教授，一桥大学法学部部长，日本经济法学会理事长，日本学士院会员。田中诚二的经济法学说主要集中在他的《经济法概说》（田中誠二『経済法概説』千倉書房、1962年初版·1978年新版·1981年再全訂版）。田中诚二认为，所谓经济法，一般说来是伴随着资本主义的发展的私法变迁和作为补充方法运用的公法变迁而综合作

① 金沢良雄『経済法』〈法律学全集（52—Ⅰ）〉有斐閣，1980：13.

② 高田源清『経済法』〈改订増补版〉日本評論社，1955：16.

③ 同①13.

④ 丹宗昭信·厚谷襄児『現代経済法入門』法律文化社，1981：33-34.

用形成的，严格说来，经济法可以分为广义、中义及狭义三种。① 广义的经济法是指关于经济生活的各种新出现的而又不能归入其他法域的法律规范；中义的经济法，是适应社会调和之要求，作为国家干涉市民社会的经济之法，即直接地从社会利益的观点出发对市民社会的经济运动方向加以规制，从而将其引向一定方向的法律；狭义的经济法，是指对企业进行社会性控制的法，其成立有三个要素：(1) 关于社会生活；(2) 伴随着资本主义发达，以在契约缔结上显著的经济不平等关系的存在为前提；(3) 对这种不平等关系的矫正采用私法方法以外的公法的方法。具体说，其是指独占禁止法和与其相连的关系法、关于公用事业的法、各种行业中保护中小企业的法等。松下满雄认为，田中说在广义、中义、狭义上加以分类，但采用何种意义上的经济法概念却不明确。在广义的经济法概念的场合下，其大体上是作为无限定的概念。中义的经济法可以认为是在方向上妥当的学说，但在这种学说中的经济法包括哪些经济法规仍然不甚明确。狭义的经济法所揭示的法域是明确的，但对其所举出的独占禁止法、公用事业法等从契约不平等性的观点出发加以说明，未必具有妥当性。和正田、峰村学说将“经济性从属关系”作为经济法前提的观点相似，田中诚二提出狭义经济法的成立以“契约签订上存在显著不平等关系”为前提。不过，正如金泽良雄在《经济法》中指出：“后者作为经济法重点的经济从属关系，未必使其局限于垄断资本主义所固有的从属关系，而只要达到具有以公法手段广泛纠正其不平等关系的必要程度即可。”② 田中说和丹宗说、正田说的相似之处还在于将独占禁止法置于经济法的核心地位，认为经济法的重点并不在如战时经济统制法那样极为病态的现象之中，而应在适应资本主义发展的正常生理现象之中去探求，因而除高度评价《独占禁止法》的重要性和正常性外，也应从法制史及法律思想史的立场去探求经济法的重点。

三、目前日本经济法学理论发展的新动向

目前日本经济法学一线的研究人员主要有日本大学法学部及大学院法务研究科教授野木村忠邦（のぎむらただくに）、明治大学教授高桥岩和、北海学园大学法学部教授向田直范（むかいだなおのり）③、北海道大学法学部教授稗贯俊文（ひえぬきとしふみ）④、立教大学教授舟田正之（ふなだまさゆき）⑤、一桥大学教授村上政博（むらかみまさひろ）、流通经济大学法学部教授野尻俊明（のじりとし

① 田中誠二『新版経済法概説』（再全訂版）千倉書房，1978：34.

② 金沢良雄『経済法』〈法律学全集（52—Ⅰ）〉有斐閣，1980：14-15.

③ 稗贯俊文的同窗，研究以消费者保护法为中心的经济法。

④ 研究以独占禁止法为中心的经济法。

⑤ 舟田正之的代表作为与根岸哲合著的《独占禁止法概论》（『独占禁止法概説』有斐阁、2006年），该书目前已经由王为农、陈杰翻译为中文出版（《日本禁止垄断法概论》，北京：中国法制出版社，2007年）。

あき)、中央大学法学部教授金井贵嗣（かないたかじ）[①]、上智大学教授江口公典（えぐちきみのり）[②]、京都大学研究生院法学研究系教授川滨升（かわはまのぼる）[③]、庆应义塾大学法学部教授田村次朗（たむらじろう）[④]、东京大学教授白石忠志（しらいしただし）[⑤]，他们几乎均是第二次世界大战以后出生的，呈现出新锐勃兴之势。日本学者丰崎光卫（とよさきみつえ）指出：日本现行的经济的各项法令，可以分成经济秩序法和经济统制法两类，各种事业法大部分具有产业警察法的性质，战后制定的事业法大多数具有浓厚的经济法色彩，因此在确定其性质时应该加以注意。“特别是经济秩序法较接近于产业警察法，两者的界限并不很明显。”[⑥] 笔者认为，这两类经济法令的存在是造成日本战后经济法学中《独占禁止法》中心论和非中心论两大派长期争执的客观原因。日本经济法学从战前经济法学独立性的争论到战后经济法学中心论的争论应该说是一个质的飞跃。诚然，中国经济法学界有教科书说“关于禁止垄断法是否包括在经济法内的问题，在日本战后的经济法学界尚有争论”[⑦] 属于一种贻笑大方、贻误后学的悠谬之见，但认为《独占禁止法》是经济法核心属于无可争议的事实也是一种肤浅之论。笔者认为，日本经济法学关于经济法中心论和非中心论的争议本身是对经济法学体系的构建的清晰化进行的积累和沉淀，而较新的研究成果则试图超越这种争论而更明确地、更完善地调和经济法概念与体系以及体系内部各种法律的内在矛盾，其中，久保欣哉的“分权型经济法”和松下满雄“市场机制的保全与补充法”的观点尤值我们注意。

（一）久保欣哉的学说

久保欣哉（くぼきんや），主要研究商法、经济法、企业会计法，曾担任青山学院大学法学部长、一桥大学法学部长、关东学院大学法学部教授。[⑧] 久保欣哉指

① 主要著作有《独占禁止法》(『独占禁止法』青林書院、2006年)、《经济法》(『経済法』有斐閣ブックス，1999年)。

② 主要著作有《经济法研究序说》(『経済法研究序説』〈上智大学法学叢書20〉、有斐閣、2000年）等。

③ 主要著作有川滨升等《基础经济法：独占禁止法入门》(『ベイシック経済法−独占禁止法入門』有斐閣アルマ、2003年)。

④ 其研究方向为经济法、国际经济法，著有《WTO指南》(『WTOガイドブック』〈第2版〉弘文堂、2006年)，与矢野诚合编《法与经济学：市场本质与日本经济》(『法と経済学——市場の質と日本経済』東京大学出版会、2007年)。

⑤ 主要著作有《技术与竞争的法构造》(『技術と競争の法的構造』有斐閣、1994年)、《独禁法讲义》(『独禁法講義』〈第3版〉有斐閣、2005年)、《独占禁止法》(『独占禁止法』有斐閣、2006年)

⑥ 丰奇光伟．日本的经济法．陈德民，译．国外法学译刊，1980（1）．按：此为笔者在20世纪90年代写作时最初依据的油印刊物原件，但存在另一版本：丰崎光卫．经济法．姚梅镇，译．法学研究资料1986（3）。

⑦ 孙皓晖主编．经济法学原理．西安：陕西人民出版社，1987：177.

⑧ 其著作有《独占禁止法通论》(『独占禁止法通論』三岭書房、1994年)、《跨国公司法律规制》(『多国籍企業の法規制』中央经济社，1993)、《企业合并与收购的法理》(『企業結合と買収の法理』中央经济社、1992年)、《新版经济法概要》(『新版経済法概説』〈三全訂版〉千仓書房、1990年)。关于久保欣哉的学说概况，可参见关英昭、山部俊文编辑的《市场经济与企业法：久保欣哉古稀纪念论文集》(『市場経済と企業法—久保欣哉古稀記念論文集』中央经济社、2001年)；《久保欣哉名誉教授略历》(「久保欣哉名誉教授略歴」『一橋論叢』第11卷第1号、1994年)。

出："经济法的规制对象是'经济'，它不是'经济'的法。但是，若按照认为经济法是经济的法的几种见解，经济法要作为一个独立的部门法而成立的可能性是不存在的。所谓世界观说就认为经济法是经济的法，另外标有方法论说、搜集说、冲突法说这样的名称的学说的见解都属于这一系列。方法论说认为因为作为'经济的'法的经济法是要研究更深一层的法律现象和事物的自然性，这样就有必要使用社会学的方法。但它一点也没有表明社会学的方法使用到何种程度，作为'经济的'法的经济法才能从非经济的法的领域中分离出来形成独立的部门法。我们知道这种所谓的社会学的方法和比较法学的方法一样都是整个法学的共有财产，而不是经济法所固有的方法。世界观说的见解又如何呢？它认为'经济性'已经渗透了现实生活中的各个角落，法律的素材都是同样的。这正好和18世纪的思潮的基础是'自然'形成对比，可以说'经济性'是本世纪的主旋律。广而言之，本世纪的法的领域都具有'经济性'。所谓'经济的'法就应是经济法。这就是从世界观说中得出的结论。搜集说仅仅是一种怠慢和无能的表白。因为它把经济法看成是传统的部门法不能收纳的物的收容所。冲突法说认为自由和约束是'经济的'法的凭证。可自由和约束的冲突是法的领域内的一般现象，这不能成为作为独立的部门法的经济法存在的固有凭证。若单按照这样的凭证从整个法的领域中分离出经济法是不正确的。"① 久保欣哉认为，经济法是以"经济行为""经济"为规制对象，"有意地"调整无数的"经济行为"，使其有秩序地进行的法。这可以从以下三方面来理解。首先，作为属于独立的部门法领域的经济法只有设想把经济纳入其规制的对象方可成立，作为经济法规制对象的"经济"恰当地说应该是"经济行为"，所谓"经济行为"就是为了生存用有限的财物去满足生存的欲望。其次，经济法的职能是调整"经济行为"使其有秩序地进行。最后，所谓"有意地"意味着按照职能所要达到的目的来判断的一种价值概念。久保欣哉认为可以把经济"有意地"规定的所要实现的目的分为进行战争、克服经济危机、提高经济效率和维护自由人权等几种类型。所要实现的目的的选择依据不仅有价值判断，还有环境。其中，以进行战争为目的的经济法属于依靠强权的经济管制法、集权型经济法的类型，与经济学上所谓中央集权的管理经济相对应；以维护自由人权为目的的经济法以私的自治的秩序设想为基础采取分权型经济法的类型，与经济学上建立在私的自治的秩序基础上的市场交换经济相对应；以克服经济危机、提高经济效率为目的的经济法在完全的集权型经济法至分权型经济法的范围内正好表示出色彩明度显示表似的推移，与经济学上所说的混合经济相对应。在久保欣哉看来，集权型经济法的职能行使人是强权（国家和官僚），而分权型经济法的职能行使人是个人，强权仅给予有限度的支持。前者的行使方法是管制，而后者的行使方法是私的自治。久保欣哉指出："大致看来，混合型经济法不但有现实性和常识性而且还有魅力。但它根本不具有明确和作为原则的

① 久保欣哉．分权型经济法的基本设想．周剑龙，译．国外法学动态，1989（3）．

价值标准。‘混合经济’一词仅仅是记述概念。混合型经济法只会逢场作戏，它没有设定限制强权介入经济的界限，明显地倾斜于集权型经济法，和自由社会的终极价值相抵触。当然，近视眼似的现实政治和经济政策是赞赏混合型经济法的。但自由社会不承认混合型经济法的非原则性。无原则的例外不成其为例外。原则不明确，例外也不会明确，例外将变为原则，这样，最终仍是无原则。无原则一旦横行，自由社会的本质就会失去。和集权型经济法、混合型经济法相反，分权型经济法以市场经济和私的自治的秩序设想为基础，正合于自由社会的至上价值和终极目标。”①

（二）松下满雄的学说

松下满雄是活跃于日本经济法学界的著名学者，生于东京，1956 年毕业于立教大学经济学部，1962 年在联邦德国迪伦大学获硕士学位，1968 年在东京大学获博士学位，1975 年任上智大学法学部教授，1984 年任东京大学法学部教授，1994 年任成蹊大学法学部教授。此外，他还兼任过日本通产省顾问、世界贸易组织高级委员（1995—2000 年）。松下满雄的著述主要有：《独占禁止法与国际贸易：以域外适用问题为中心》（『独占禁止法と国際取引―域外適用の問題を中心に』東京大学出版会、1970 年）、《欧美输入限制法制》（『欧米の輸入制限法制』同文館、1973 年）、《国际卡特尔》（『国際カルテル―その知られざる実態』日本経済新聞社、1973 年）、《独占禁止法与经济统制》（『独占禁止法と経済統制』有斐閣、1976 年）、《美国禁止垄断法》（『アメリカ独占禁止法』東京大学出版会、1982 年）、《各国宪法与国际经济规则》（合著，密执安大学出版社 1984 年英文版）、《经济法概说》（『経済法概説』東京大学出版会、1986 年初版・1989 年再版・2001 年第 3 版）、《日本国际贸易与竞争法》（International Trade and Competition Law in Japan，Oxford University Press，1993）、《国际化时代的竞争政策——独占禁止法制定 50 年》（『国際化時代の競争政策―独占禁止法制定 50 年』有斐閣、1997 年）、《国际经济法》（『国際経済法』有斐閣、1988 年初版・2001 年第 3 版）、《经济法：市场维系与补充法》（『経済法―市場の維持と補完の法』放送大学教育振興会、1995 年）。

和江上勋②一样，松下满雄也曾经亲炙受教于金泽良雄，但江上勋的经济法学说似乎对金泽良雄的理论谨谨焉恪守而罕有创新，松下满雄则大胆地在前人基础上开拓进取，在相当程度上发展了金泽良雄的经济法学说。③《经济法概说》是松下

① 久保欣哉．分权型经济法的基本设想．周剑龙，译．国外法学动态，1989（3）．

② 江上勋认为，“经济法是以自由经济为基础，通过国家权力来完成民法无力解决的调节社会经济关系的法规”。江上勳『経済法 独占禁止法概論』税务经理协会、1981 年。

③ 松下满雄《经济法概说》由一个序章、两部分正文共 13 章组成。基本结构为：序章，经济法的概念；第一部，竞争政策的法，包括禁止垄断法的沿革、禁止垄断法的基本概念、禁止私人垄断以及属于其系列的规制、禁止不当交易限制、禁止不公正交易方法、国际交易的规制、对违反禁止垄断法的法律措施、禁止垄断法的适用除外 8 章；第二部，产业政策的法，包括基础技术开发法制、中小企业保护法制、供需与价格稳定法制，对外经济法等 5 章。

满雄在金泽良雄长期执教的东京大学法学部产业法课程的讲义基础上形成的，其结构可以看出金泽良雄《经济法》的影子，但更重要的是松下满雄对独占禁止法制和产业政策法制的关系长期以来就念兹在兹，日本战后中心论和非中心论两大派的争论亦概源于此。松下指出："过去对产业政策，尤其是由通产省所实施的产业政策，经济法学者中间曾予以尖锐批判。这种批判是基于因产业政策及其实施手段的劝告操纵和适用除外法而造成独占禁止法空洞化的危机感的认识而产生的。在某一时期不能说产业政策不存在这一面，但现在所考虑的是独占禁止法和产业政策法制相对调和的关系。独占禁止法和战后型的产业政策是战后几乎同时开始的，两者之间常常存在紧张与妥协的关系。不过在现代，独占禁止法和产业政策的关系也正在发生变化，正是从新的视角再予以构筑的必要时期。"①

松下满雄认为，过去对经济法的界定大多将经济法视为伴随着资本主义的高度发展，国家或政府所实行的经济政策的作用增大，为实现这一目的而形成的法制度。但是，"资本主义""高度化""独占阶段""经济政策"等概念也未必十分明确，因而有必要导入内容更明确的概念。资本主义体制的中心的经济制度是"市场机制"(market mechanism)，无此则资本主义不成立，维持这种"市场机制"是对资本主义而言的最重要课题洵非过甚其词。市场机制是经济上的概念而非法律上的概念。松下满雄引用新开阳一、新饭田宏、根岸隆所著《近代经济学》(新開陽一、根岸隆、新飯田宏『近代経済学』有斐閣、1972年）对市场机制的定义，认为："市场机制就是指分配国民经济资源上的自由的分权的意思决定机制。一旦市场中独占、寡占成立，乃至卡特尔横行，这种市场机制就会陷于机能不全的境况。并且，如果对这种竞争限制置之不管，市场机制就会产生衰退倾向。因此，以维持这种市场机制健全性为目的的竞争政策就是必要的，作为实现这种政策的独占禁止法便应运而生。"② 这就是松下满雄所说的经济法首先是"市场机制"保全法的含义。此外，松下满雄又指出，市场机制不是万能的，"市场失灵"也会产生。因此，在市场失灵时，政策进行介入以发挥补充作用，便成为必要。在大多数情况下，这种政策也是通过某种法律制度而实施的。在经济中，委诸市场机制不合适的部分、对市场机制有必要予以政策的补充部分，就是"产业政策"用武之地。松下满雄根据小宫隆太郎等编著《日本的产业政策》(小宮隆太郎・奥野正寛『日本の産業政策』東京大学出版会、1984年）中产业政策（狭义）的中心课题就是与资源分配有关的"市场失灵"的处置措施的观点，认为基础技术研究开发法、中小企业保护法、供需价格调整法、不景气对策措施法、对外经济法、公企业法六类都属于对市场机制的补充法，亦即产业政策法。"市场机制法"和"产业政策法"不是相互冲突的关系，而是相互补充的关系。③

① 松下満雄『経済法概説』東京大学出版会、1986年、ⅱ頁。

② 同①72.

③ 同①22-24.

第三节 苏联主要经济法学说发展的两个时期

如前所述，苏联经济法学几乎是同资本主义国家的经济法学同时发展起来的。德国有一位叫乌沙可夫的学者认为，苏联的经济法学是由德国传入的，是通过有俄国血统的德国人卡里斯基于 1927 年所著《国际经济法》的俄文版传到俄国的。[①]但历史表明，苏联的经济法思想几乎是与 1922 年的俄罗斯苏维埃联邦社会主义共和国民法典的公布同时发生的。当时苏俄的一些有影响的法学家或者把民法看成经济法的同义语，或者把它包括在经济法的概念内。例如，A. Г. 戈伊赫巴尔格曾计划撰写五卷本的《苏俄经济法》，其中第 1 卷就是论述《苏俄民法典》的，该卷由国家出版社于 1923 年出版并在同年再版，其余计划撰写但未出版的各卷为：第 2 卷劳动法典，第 3 卷土地法典，第 4 卷合伙、财产租赁、保险以及著作权法、公司法、商标法、矿藏法等，第 5 卷国家机关与经济机关的结构和相互关系、它们与整个国家的关系、关于苏俄的托拉斯和辛迪加的学说等。梁慧星、王利明所著《经济法的理论问题》中这样写道："苏联的经济法思想产生于新经济政策时期。在当时特殊历史条件下，一批苏俄法学家接受了西方资产阶级法学思想（如狄骥的社会连带法学和德国的经济法学）的影响。例如著名的民法学家 A. Г. 戈伊赫巴尔格，曾经积极地参加了制定 1922 年《苏俄民法典》的工作，他在 1923 年出版了《苏俄经济法》一书，把民法视为经济法的同义语。戈伊赫巴尔格按照社会连带学说对《苏俄民法典》第 1 条和第 4 条作了错误的解释。另一个著名的法学家 M. A. 列斯涅尔，断言《苏俄民法典》是资产阶级的法律。按照列斯涅尔的见解，苏维埃的法是由三部分组成的，第一种是无产阶级的法，其立法表现是劳动法典，第二种是农民的法，其立法表现是土地法典，第三种是资产阶级的法，其立法表现是民法典。"[②] 苏联的经济法学说是在民法与经济法的争论中逐步演进的。苏联经济法思想的发展以及经济法学与民法学的争论，大致可分为两个时期，每个时期又可分为若干阶段。第一个时期在苏联的法学著作中通常称为战前时期（指苏联抗德卫国战争以前的时期），更确切地说是苏共第二十次代表大会以前的时期，这一时期产生了"两成分法论"和战前经济法理论。第二个时期是从 50 年代中期至苏联解体，这一时期产生了战后纵横统一论经济法理论、综合部门法论经济法理论和经济行政法理论。

一、苏联民法学与经济法学争论第一个时期所产生的理论

（一）"两成分法论"

20 世纪 20 年代末，以 П. И. 斯图契卡为代表的苏联法学家提出了"两种经

① 王家福. 经济法学浅论//中国社科院法学研究所民法经济法研究室编. 经济法理论学术论文集. 北京：群众出版社，1985：237.

② 梁慧星，王利明. 经济法的理论问题. 北京：中国政法大学出版社，1986：41.

济成分、两个法律学科”的主张，即“两成分法论”的主张。①

西方法学界普遍认为，苏联在十月革命后最初的年代占统治地位的法律思潮是虚无主义和天启论（apocalypticism），即粗暴地破坏革命前法律并自负而无法律地过渡到自由和平等的新秩序，尽管列宁警告防止“左派幼稚病”，但苏联法律却被革命并发症所折磨。② 其实，苏维埃政权在列宁领导下对法并没有采取虚无主义的态度。列宁十分重视民法典的制定工作，其在 1922 年 2 月 28 日致中央政治局委员库尔斯基的信中指出：“凡是西欧各国文献和经验中所有保护劳动人民利益的东西，都一定要吸收。”③《苏俄民法典》于 1922 年 10 月 31 日由全俄中央执行委员会第九届第四次会议通过，并于 1923 年 1 月 1 日正式施行。④ 20 世纪 20 年代在苏联以《法律与生活》杂志为核心结合在一起的某些法学家认为，《苏俄民法典》的颁布是苏维埃立法上的一个根本性的转变，标志着革命已从最初的前进运动转向通常的资产阶级经济秩序和法律秩序，他们极力宣扬苏维埃法律的超阶级性，把《苏俄民法典》说成是不偏不倚的无个性的工具。例如，B. H. 什列捷尔所著《苏联经济法》（1928 年莫斯科-列宁格勒俄文版）就是持这种观点的。斯图契卡在批判上述资产阶级唯心主义法学思想、坚持马克思主义关于法律的阶级性的观点的同时，自己却陷入了庸俗唯物主义的错误立场。正如 A. 伊萨耶夫在《二十年代苏联法学体系中的经济法》中所云：“二十年代产生苏维埃经济法（作为一个法和科学的部门）的客观前提条件，是当时已形成了强有力的社会主义经济成分，并且在领导全国国民经济方面加强了计划原则。但是，在理论表达方面，经济法所经历的道路是复杂的和相互矛盾的。在这方面展开了尖锐的思想斗争，争论的问题是关于经济法的实质和界限问题，关于它与邻近的一些部门和科学的区别问题。在这些争论中进行论辩的论点是：关于过渡时期的经济和法、新社会的社会结构的阶级实质问题，关于苏维埃国家经济和法的政策的阶级特征问题。”⑤ 在 20 年代末 30 年代初，苏联国民经济中的社会主义成分已经

① 彼得·伊凡诺维奇·斯图契卡（П. И. Пётр Иванович Стучка），1865 年生于科克内斯克乡（在拉脱维亚共和国境内）的农民家庭，1888 年毕业于圣彼得堡大学法律系，从 19 世纪 80 年代末起参加革命运动，后遭逮捕和流放，1895 年加入共产党，是拉脱维亚共产党创始人之一。1917 年他参加彼得格勒十月武装起义，是第二次全俄苏维埃代表大会代表。1917 年 11 月至 1918 年他为俄罗斯苏维埃联邦社会主义共和国司法人民委员、外交人民委员会委员。1923—1932 年他任俄罗斯苏维埃联邦社会主义共和国最高法院院长。斯图契卡曾是苏联法律研究所创办人之一和所长（1931 年起），国立莫斯科大学教授兼民法教研室主任。他领导出版了《国家和法百科全书》第 1—3 卷。斯图契卡著有大量关于国家和法的理论以及民法问题的书籍，在当时苏联法学界具有举足轻重的影响作用。其 1932 年在莫斯科逝世，被安葬在红场克里姆林宫宫墙旁。

② William E. Butler, Peter B. Maggs, *Law after Revolution: Essays on Socialist Law in Honor of Harold J. Berman*, New York: Oceana Publications, Inc., 1988, p. 10.

③ 列宁. 列宁全集：第 33 卷. 中共中央马克思、恩格斯、列宁、斯大林著作编译局编译. 北京：人民出版社，1957：173.

④ 曲可伸. 世界十大著名法典评介. 武汉：湖北人民出版社，1990：248.

⑤ Й. A. 伊萨耶夫. 二十年代苏联法学体系中的经济法. 陈绥，译. 法学译丛，1985 (5).

巩固了阵地，私有经济成分已逐渐被排挤出去，学术界判断新经济政策已完成自己的历史使命而可以光荣隐退。正是这样，斯图契卡在把苏维埃民法的命运同新经济政策联系在一起而将其视为新经济政策的法律条文化的过程中，对社会主义民法的作用、意义和发展前途作出了庸俗唯物主义的解释的预言。他认为，苏维埃民法仅仅与新经济政策时期私有经济成分和商品货币关系相联系，因而随着私有经济成分被消灭和商品货币关系的日益缩小，民法将被经济行政法所替代。在斯图契卡看来，经济行政法调整社会主义经济成分中的在社会主义组织之间形成的关系，这类关系的特征是计划性和从属性，而民法调整以非计划原则为基础的在"无政府状态下"产生的关系，私有经济成分中的财产关系和两种经济成分间的财产关系即属于这类关系。基于此，斯图契卡从当时苏联刚开始的大规模的社会主义改造的现实出发，提出以不同经济成分为标准正在形成的与民法并存的经济行政法的思想，这种理论后来被称为"两成分法论"，是苏联经济法思想发展史上的重要学说。

斯图契卡对《苏俄民法典》的性质判断是错误的。斯图契卡认为《苏俄民法典》是纯粹抄袭、借用西方资产阶级的法。作为该民法制定人之一的 A. Г. 戈伊赫巴尔格理所当然对此不能苟同，指出：苏维埃民法典中与资产阶级民法典上字句完全相同的条文，具有不同的性质，因为它们是用来达到不同的阶级的目的，是在绝然不同的情况下，由站在根本不同的立场上的法院来适用的。[①] 当时，支持戈伊赫巴尔格观点的学者认为，《苏俄民法典》中所借用的条文，是次要性质的，新的"组织形式"的发展，会导致旧法的消亡，但苏维埃经济立法的发展完全不需要废除民法典，而是或者通过对民法的修改和更加明确说明的办法来发展，或者不需要改动民法典。按照这一派学者的观点，1922 年《苏俄民法典》是表达了苏维埃国家一定的政策，是过渡时期的经济法，具有被迫而必须"混合"的公和私的性质。但支持斯图契卡的学者则认为，任何企图把民法典看成某种离开社会主义之物的看法，都是完全没有根据的。民法典主要是调整私人的财产关系，因而公有经济的集体性质也就应退出民法的调整范围。如果让民法适用于社会主义经济成分内部的关系，那么它在诸如"无产阶级法院政治立场"之类随意解释民法条文的修正影响下势必会发生严重变形。斯图契卡于 1929 年出版的《民法及其适用》和于 1931 年出版的《苏维埃民法教程》集中反映了其"两成分法论"的思想。他写道："按照服从和计划原则对国营企业之间的相互关系的调整，将逐渐脱离民法典的效力范围，但由于这些相互关系目前仍然通过民法的形式（合同、法律行为等等）实现，所以就这些关系所产生的争议，是由特殊的机构——仲裁委员会和加盟共和国经济委员会直属最高仲裁委员会管辖。在这些机构里，在庭审时或庭审后比在普通的法院里更多适用合理的动机。对民法典规范的适用本身已经常常发生争论，但是，在这

① 转引自 И. А. 伊萨耶夫. 二十年代苏联法学体系中的经济法. 陈绥，译. 法学译丛，1985（5）.

里，目前一个新的法律部门——经济行政法正在形成。”[①] 在《苏维埃民法教程》中，斯图契卡更明确指出：“既然私人经济法或民法（也是私法）主要调整私有者的各种财产关系和部分地调整各种经济成分之间的关系，那么，经济行政法便是调整社会主义成分的各种经济关系了。”[②] 斯图契卡在1929年第9—10期合刊《苏维埃司法周刊》上发表的《关于民法典适用实践的报告》中宣称：“买卖——这是资产阶级的制度，社会主义是不承认买卖的，它只承认直接的供应”，因此，“应当把那些直接有关调整社会主义经济成分的一切关系，分为一个特别法典，而不应包括在民法中”[③]。这种“两成分法论”必然产生编纂两个独立法典的思想。斯图契卡与T. H. 阿姆费捷阿特罗夫合作起草并由斯氏负责审定和撰写序言的《苏联民事立法基本原则》草案（这个草案始终没有成为正式的法律）就是“两成分法论”的产物。[④]

当时人们将新经济政策大力发展商品生产和商品交换的方针仅视为权宜之计，认为随着生产资料归社会所有，自发的商品联系行将寿终正寝，民法作为一种资产阶级类型的法律而存在的时间已经屈指可数。因此，斯图契卡的“两成分法论”绝非徒逞玄想的产物，而是当时社会生活条件的镜像。斯氏理论的主要缺点在于对民法和经济行政法之间相互联系的性质作了错误的论断，认为这两个部门法之间存在着对抗性斗争，体现着不可调和的阶级矛盾。之所以如此，是因为这个理论的出发点是错误的，根据这种出发点，民法的基础是私有制，因而也否定了苏维埃民法的社会主义实质。当时许多民法学者也不同意斯氏的观点，认为苏联民法不能局限于对一部分国内经济流转的财产关系即对“私有权”存在范围内的财产关系进行调整，而应当调整苏联的整个经济流转。在斯图契卡逝世后，维辛斯基在1937年出版的《论法学理论上的状况》一书中说：“斯图契卡同志骄傲地宣称的‘新的革命辩证法’，实质上就是法律机会主义的‘理论’……它对于调整、确认和保护劳动者——社会主义建设者、苏联公民——的人身和财产利益的民法极尽鄙视之能事。”[⑤] 维辛斯基这种对待学术问题的粗暴态度，无疑沉重打击了经济法理论的发展。20世纪50年代初期，苏联著名民法学家П. М. 坚金在批评“两成分法论”和“战前经济法理论”时这样指出：“这个民法‘双重成分论’和‘经济法’的理论是完全不能容忍的，“它是违反马克思列宁主义的，是违反列宁对民法典的直接指示的（‘我们不承认任何私的’），它否认无产阶级国家对私人成分、对公民彼此

① П. И. 斯图契卡. 民法及其适用的实践. 共产主义科学院出版社，1929：10. 转引自陈汉章. 苏联经济法学派与民法学派五十年的争论及其经验教训. 中国法学，1985（2）.

② П. И. 斯图契卡. 苏维埃民法教程. 莫斯科—列宁格勒，1931：10. 转引自陈汉章. 苏联经济法学派与民法学派五十年的争论及其经验教训. 中国法学，1985（2）.

③ 转引自安·扬·维辛斯基. 国家和法的理论问题. 北京：法律出版社，1955：29.

④ 该草案第1条规定：“苏联民法调整向共产主义过渡时期的以社会主义国家所有制和集体农庄合作社所有制为基础的财产关系，在这个时期允许私有权和民事流转在越来越小的范围内存在。”

⑤ 转引自李开国. 苏联东欧国家经济法理论剖析（下）. 外国法学研究，1989（3）.

间的联系的领导。”① 其实，对斯氏“两成分法论”应该一分为二地予以评价。史际春在《经济法总论》中就颇为公允地评价了“两成分法论”的功过是非，指出：“此说在社会主义史上首次提出关于社会主义组织技术性规范的经济法概念，主张编纂经济法典，正确认识到民法同当事人意思自治的自发市场关系的内在联系，并试图给予理论上的说明，这些都是具有科学价值的。斯氏提出的应成立处理社会主义组织间争议的仲裁机关，使之平行于法院的设想，后来成为社会主义国家的通例；60 年代捷克斯洛伐克制定经济法典的实践，源头亦在于此。问题在于，受历史条件限制，尤其在斯大林的计划经济理论和实践全面压倒布哈林等的社会主义市场经济思想时，斯图契卡忽视了商品关系在社会主义经济中的作用，对市场关系和当事人意思自治及其民法调整在社会主义条件下存在之应然性和长期性缺乏正确认识。但是遗憾的是，这一理论在 30 年代中后期遭到批判和政治打击，被不适当地全盘否定，主要是认为它将社会主义社会中的个人利益与社会利益对立起来，否定苏维埃民法的社会主义性质；法学权威 A. Я. 维辛斯基还将其斥为法律机会主义的理论。前一批评开了一个很坏的先河，‘割裂两种利益’后来成为法学界在学术论辩中用作政治打击之经典性的‘帽子’和‘棍子’。”② 笔者认为，学术界应该遵循天经地义的“学术反垄断法”，如维辛斯基以真理垄断者自居而对不同学术观点无限上纲上线大加挞伐只能将学术元气斫丧殆尽，使人噤若寒蝉而钳口不言。我们今天既不必为斯氏的“两成分法论”藻饰，亦不必凭借现世当今的优越性对着历史卖俏，这是对前人的理论进行“不公平竞争”而已。

① 坚金，布拉图斯主编．苏维埃民法：第 1 册．李光谟，等译．北京：法律出版社，1956：35．新中国成立以来，中国的法学教材普遍援用苏联法学家的观点，不承认“公法”与“私法”的区分，认为社会主义法律失去了划分公、私法的客观基础。这些学者每每援引 1959 年中文版《列宁全集》第 36 卷第 587 页所载列宁于 1922 年 2 月 20 日给时任俄罗斯联邦司法人民委员的德米特里·伊万诺维奇·库尔斯基（Дмитрий Иванович Курский）便笺中的一段话作为理论依据，即“我们不承认任何‘私法’，在我们看来，经济领域中的一切，都属于公法范围，而不属于私法范围”。但在 20 世纪 80 年代，有的学者对此提出质疑，认为这一旧版译文存在讹误，其中关键一字“Zactoro”译为“私法”是错的，正确的译法是“私的”。列宁这段话其实是讲苏维埃国家“可以干预私法关系”的政策问题，并非谈法学上公私法的分类问题。《列宁全集》1987 年 10 月中文新版第 42 卷第 427 页吸收了这一研究成果，而对旧版译文加以纠正。参见刘升平．1988 年法学基础理论学科发展概览．中外法学，1989（5）。亦见中国法律年鉴编辑部编．中国法律年鉴：1989．北京：法律出版社，1990：960．但是，吕世伦在其主编的《列宁法律思想史》一书中认为：对照俄文版《列宁全集》第 5 版第 44 卷第 39 页，《列宁全集》中文第 1 版第 36 卷第 587 页的译文妥当，而不主张采用中文第 2 版第 42 卷第 427 页译文。从前后文看来，《列宁全集》中文第 1 版的译文合乎逻辑，而《列宁全集》中文第 5 版的译文声称不承认任何“私人”性质的东西，是不合乎情理的。这里按照语法上同位语省略的规律，似乎将“私人性质的东西”译为“私法”，比将“不是什么私人性质的东西”译为“不属于私法范围”更为妥当一些。吕世伦主编．列宁法律思想史．北京：法律出版社，2000：800．

② 史际春，邓峰．经济法总论．北京：法律出版社，1998：115．

(二)战前经济法理论

1931年,共产主义科学院苏维埃建设与法律研究所经济法研究室成立,由E. Б. 帕舒卡尼斯[①]和Л. Я. 金茨布尔格领导。金茨布尔格和帕舒卡尼斯进一步发展了斯图契卡的思想,但他们在研究中得出的结论与斯氏的观点迥然不同。他们在克服"两成分法论"的"对抗性"的同时,又趋于另一个极端,不仅把社会主义组织之间的关系,而且把公民之间的关系,均纳入经济法的范围。这是一种大经济法的主张,是苏联经济法思想发展史上以"经济法学派"(亦称"战前经济法学派")为名的第二个阶段。战前经济法学派的观点主要集中体现在金茨布尔格、帕舒卡尼斯、M. 多增科主编的两卷本《经济法教程》,此书于1935年由苏联法律出版社出版。在这部著作中,金茨布尔格、帕舒卡尼斯不仅详细阐述了自己的经济法主张,还对计划法律问题、经济核算法律问题、经济合同问题等进行了一定程度的研究,并取得了一些积极的理论成果。[②]

金茨布尔格和帕舒卡尼斯认为经济法是"无产阶级国家组织经济管理和组织经济联系的政策的一种特殊形式"[③]。由于苏联当时已完成社会主义改造,单一公有制经济已基本建立,因而战前经济法学派没有再按经济成分将调整经济关系的法律分为民法和经济行政法,而是将一切经济关系,包括社会主义组织之间的、公民之间的以及社会主义组织与公民之间的经济关系都纳入经济法调整的范围,把公民也当成一个"经济单位",称为"私有者",其作用只限于消费。正是这样,尽管战前经济法学派也批评"两成分法论",但结果却和"两成分法论"殊途同归地得出民法消亡的实质结论。根据金茨布尔格自己的说法,"经济法学派的作者把自己的力量集中在研究社会主义成分内部的法律关系。研究的目的在于揭示和领会社会主义经济体系在调整它的各个环节(社会主义企业)的活动方面所提供的新东西。任务在于尝试建立适应社会关系新体系的新的法律概念,表明传统的民法制度在新的条件下在某些场合是怎样变化的。由于在调整社会主义企业之间的关系方面计划和服从的因素起着特殊的作用,经济法学派不可避免地对经济管理的组织问题产生特殊的兴趣"[④]。职是之故,战前经济法学派的标志性著作《经济法教程》只在最后一

① 叶夫根尼·帕舒卡尼斯(Е. Б. Евгений Брониславович Пашуканис,1891—1937年)于1918年加入俄共(布)。其于1922年和П. И. 斯图契卡共同组织起共产主义科学院法学学部,1927年当选为该院院士,1931年任该院苏维埃建设和法学研究所所长,1936年起任苏联司法人民委员部副人民委员。帕氏主要著作有《法的一般理论和马克思主义》(Общая теория права и марксизм. Опыт критики основных юридических понятий,1924)、《国家和法的学说》(Учение о государстве и праве,1932)、《经济法教程》(Курс советского хозяйственного права,1935)等。帕舒卡尼斯的学说对帕森斯关于法律与社会之关系与互动的理论建构影响深刻。

② 李开国. 苏联东欧国家经济法理论剖析(上). 外国法学研究,1989(2).

③ 国立莫斯科大学,斯维尔德洛夫法学院编. 经济法. 中国人民大学苏联东欧研究所,译. 北京:中国人民大学出版社,1980:11.

④ 陈汉章. 苏联经济法学派与民法学派五十年的争论及其经验教训. 中国法学,1985(2).

章以极有限的篇幅简略地论述了公民的财产和人身权益以及其他民事法律制度。金茨布尔格本人后来也承认，经济法学派把自己的注意力集中在社会主义成分的法律关系问题时，对民事权利能力、个人所有权、继承权等问题的解决显然是不正确的。他坦率地指出："在苏联，把'私人'解释为'劳动的消费者'，是不正确的。这种理解不能容忍地限制了苏联公民的民事权利能力的范围。否认平等原则是民法典所确立的苏维埃民法（经济法）的一个最重要的原则，是不正确的。在苏联，把继承权归结为'私法的保障形式'是不正确的。"①

在这里需要指出的，帕舒卡尼斯的观点前后是有所改变的。Й. А. 伊萨耶夫这样指出：在20世纪20年代后半期得到广泛流传的观点是所谓"交换"论，它把法律形式的存在同商品货币关系联系起来。这种观点对苏联经济法理论产生了极大影响。既然法律形式（民法中表现出最大、最复杂的法律形式的变化）也应当随同商品交换关系一起消灭，那么经济法也就开始被看作是整个法消灭的中间阶段。"交换"论成了在苏联法律的结构中划分出两种相互独立成分的根据：计划成分，其中主要是公法成分，将逐渐变为非法律的组织技术成分；私人经济成分，其中仍然主要是私法部分。这种论点也促使法律承认财产流转是（直接与法有关的）社会关系的主要组成部分。②"交换"论集中体现在帕舒卡尼斯《法学概论和马克思主义》一书。该书在当时是权威的理论著作，曾发行了三版，对国际学界影响巨大，目前有英文版（Evgeny Pashukanis，*Law and Marxism a General Theory*，London，1978）和中文版（杨昂、张玲玉，译. 北京：中国法制出版社，2008 年）。他试图把商品循环过程与资产阶级法律、资产阶级国家形式结合起来进行分析，认为法是商品交换关系的体现，只有资本主义社会才创造了使法在社会关系中获得高度发展的全部条件。资本主义消灭以后就不再有法，而仅有技术规则；在过渡时期，资产阶级法的消亡意味着一般法的消亡，而不是无产阶级法代替资产阶级法。正是这样，以帕舒卡尼斯为代表的法律学派又被称为商品交易学派。在书中，帕氏尖锐批判了法的心理学观点、法的实证主义和社会职能学说，从马克思主义立场出发深刻揭露了资产阶级法律的基本制度之一——私有制以及由它所产生的资本主义社会的商品关系的反人民的剥削阶级的本质，但教条主义地理解马克思主义思想而得出了应该从商品交换的关系中引申出法的本质的结果，否定国家在法的形成中的决定性作用，指出："法的发展，作为一个体系，不是由统治的需要而引起的，而是由商品周转的需要而引起的……"③ 在 20 世纪 20 年代末期，帕舒卡尼斯认为，计划原则正在克服经济关系的商品形式，但既然这个过程还没有完成，因而计划决定也就要采取法律形式，不过"经济行政法调整范围的逐渐扩大，就意味着它日益

① Л. Я. 金茨布尔格. 关于经济法的问题//苏维埃国家与法，1956（10）. 转引自陈汉章. 苏联经济法学派与民法学派五十年的争论及其经验教训. 中国法学，1985（3）.

② Й. А. 伊萨耶夫. 二十年代苏联法学体系中的经济法. 陈绥，译. 法学译丛，1985（5）.

③ 巴甫洛夫. 苏维埃法律科学四十年来的发展. 吴大英，译. 政法译丛，1958（1）.

转变为‘非法律’，日益转变为社会主义经济组织结构的科学”①。按照这种观点，计划调整，本身并不能具有法律性质，这种法律性质是在国营企业作为民事权利主体（也即在市场上）接受计划安排的情况下才具有的，只有市场关系才保持着国家组织之间合同关系的“法律形式”。由此可见，帕舒卡尼斯的“交换”论认为经济行政法界乎法律和非法律之间，是法律正日趋消灭的表现。帕氏的理论与斯图契卡“两成分法论”有一致性，但比“两成分法论”更加激进，势必否定建立苏维埃法的体系的可能性和必要性。在1930—1931年期间，由于马克思主义国家学家第一次代表大会召开以后开始重新估价过去所提出的某些理论原则，帕氏全面自我批判了自己关于苏维埃法正在消灭的观点，严格解剖自己的法的交换理论，认识到法是上层建筑现象、是国家的政治形式；因而到20世纪30年代中期，帕氏与金茨布尔格形成共识而提出大经济法理论是其来有自的。

战前经济法学派的观点在1937年遭到А. Я. 维辛斯基等苏联法学家的严厉批评。② 战前经济法学派的主张被在苏联法学界一言九鼎的维辛斯基斥责为托洛茨基、布哈林臆想出来的一个混合物，他抨击战前经济法学派“偷天换日地用所谓‘经济法’来代替民法，是对共产主义敌人的重大帮助，是对那些捏造关于共产主义的谎话、胡说什么共产主义压制个人、胡说它除了社会、经济、生产之外不承认任何其他范畴的诽谤者们的重大帮助”③。在这种“瓜蔓抄”式的株连构陷之下，战前经济法学派不能不运交华盖、惨遭厄运了。在当时苏联法学界，战前经济法学派因为“墙倒众人推，鼓破众人捶”而一时成为众矢之的。1938年出版的Я. Ф. 米科连科和П. Е. 奥尔洛夫斯基主编的《民法》批评帕舒卡尼斯、金茨布尔格和多增科主编的两卷本《经济法教程》对苏联民法没有进行真正的理论研究；关于人的学说被管理经济的组织结构所代替；关于合同也是从组织经济联系来加以研究；把苏维埃民法解释为私有经济关系的法典；等等。他们声称“经济法理论客观上反映了诽谤社会主义是与个人利益不相容的经济制度的攻击”④。В. 叶利亚舍维奇在

① 转引自Й. А. 伊萨耶夫. 二十年代苏联法学体系中的经济法. 陈绥，译. 法学译丛，1985（5）.

② 安德烈·雅努阿里耶维奇·维辛斯基（Андрей Януарьевич Вышинский，1883—1954年），1913年毕业于基辅大学法律系后，从事文艺和教育活动。1925—1928年任国立莫斯科大学校长。1928—1931年任苏联教育人民委员部委员会委员，1931年在司法部门工作，1935—1939年任苏联检察长，此后又历任苏联人民委员会副主席，外交部副部长、部长，苏联驻联合国常设代表，是苏联著名国务活动家、法学家和外交家、苏联科学院院士（1939年）。其主要著作有《刑事诉讼教程》（Курс уголовного процесса，1927）、《苏联法院组织》（Судоустройство в СССР，1939）、《苏维埃法律中的诉讼证据理论》（Теория судебных доказательств в советском праве，1941）、《国家和法的理论问题》（Вопросы теории государства и права，1949）、《国际法和国际政策问题》（Вопросы международного права и международной политики，1949）等。1937年正是时任检察长的维辛斯基秉承斯大林旨意对布哈林进行指控和审讯的时期。

③ А. Я. 维辛斯基. 反马克思主义的法的理论. 真理报，1937-04-09. 转引自陈汉章. 苏联经济法学派与民法学派五十年的争论及其经验教训. 中国法学，1985（3）.

④ 转引自陈汉章. 苏联经济法学派与民法学派五十年的争论及其经验教训. 中国法学，1985（3）.

1938年《民法季刊》上发表的《苏联法律体系中的合同法》中也指责战前经济法学派“把活生生的人连同其属人权和世袭权变为经济机制的附属品，却不懂得社会主义意味着劳动者属人权和世袭权（其中包括继承权）的发展的加强”①。这些批评平心而论绝非统统属于捕风捉影的信口雌黄，但一旦和风细雨的批评被暴风骤雨的攻讦所代替，文质彬彬的学术争论被剑拔弩张的戟指怒骂所代替，则不免荒腔走板。伊萨耶夫的观点可谓洞鉴明察，他说：“经济法的论点，在其发展中经历了复杂的道路。在20年代初期，经济法一般被看作是民法，看作是调整所有多种经济结构成分中经济关系的规范（规则）的体系。到20年代末期，在恢复了关于民法调整范围问题的争论以后，占优势的观点，就是其拥护者把经济法看作只是调整公有成分内部关系的特殊部门（经济行政法）这种观点。这曾经是解释社会主义成分内部那些实质上不同于私有成分关系的各种现象的法律特点的一种变体说法。在30年代初期，当时公有成分所占比重已大大增长，苏联的法学思想，又重新回到统一经济法的思想，这种统一经济法，实质上已不同于民法，而是排斥民法了。由于这个缘故，一直到1938年以前，民法是被排除在教学大纲和法学术语之外的。”②

二、苏联民法学与经济法学争论第二个时期所产生的理论

（一）战后经济法或现代经济法理论

战前经济法学派在强大的政治压力下销声匿迹了，但是销声“匿迹”并不等于销声“绝迹”，经济法的主张仅仅在肃杀冷酷的环境中暂时蛰伏冬眠而已，仅仅隐而不彰，一旦冰解雪融之际，其埋藏于冻土中的种子又会绽出新绿并显而彰著。到20世纪50年代中期，经济法学派的主张又在苏联法学界重新返春还阳，并旋即与民法学派短兵相接发生了争论。经济法作为一个独立部门法的问题，最初是B. C. 塔吉沃相在1956—1958年关于法律体系的讨论中提出来的。B. C. 塔吉沃相在《苏维埃国家与法》1956年第8期上发表的《苏联法律体系的某些问题》一文中指出：必须结束对苏联经济理论问题的意义估计不足的状况，恢复对经济法的正确认识。他认为，经济法是实际存在于苏联法律关系之中的，调整社会主义国民经济体系中的经济关系的规范不应归属于民法范围，而应把这些规范的总和看作苏联的一个主要的法律部门，从民法中独立出来，称为经济法或经济行政法。随后，劫后余生的П. Я. 金茨布尔格也在《苏维埃国家与法》1956年第10期上发表《关于经济法的问题》，提出必须重新看待1930—1936年的经济法学派的结论。这样，经济法学理论研究在苏联又继绝学而谱新篇。从此一直到苏联解体，旷日持久的争论，已不是20年代和30年代争论的老调重弹，它已向新的广度和深度发展了。

① 阿莱克西·雅克曼，居伊·施朗斯. 经济法. 宇泉，译. 北京：商务印书馆，1995：73.

② Й. А. 伊萨耶夫. 二十年代苏联法学体系中的经济法. 陈绥，译. 法学译丛，1985（5）.

20世纪50年代末，Б. Б. 拉普捷夫、Б. Ч. 马穆托夫、И. А. 坦丘克、Н. С. 马列英、扎缅戈弗等人成为苏联战后经济法或现代经济法理论的代表。这一理论又被称为纵横统一论经济法理论，是20世纪50年代末、60年代初苏联在制订民事立法纲要的过程中提出来的，经过不断完善，成为当时苏联经济法思想史上最具影响力的主流学派。苏联现代经济法学派理论家们发表的文章、出版的专著和教材多不胜述，仅据苏联报刊的资料统计，单拉普捷夫就发表了200余种学术论文和专著，以阐述和维护自己的主张。其中最具代表性的，是1975年拉普捷夫主编的《经济法的理论问题》和1983年拉普捷夫主编的《经济法》。

在1959年第4期《苏维埃国家与法》上发表的《论苏维埃经济法》一文中，拉普捷夫就初步表述了经济法的调整对象、基本原则和体系。他认为，经济法是调整国家的社会主义经济中形成的社会关系的独立部门法，既应调整横的经济关系，又应调整纵的经济关系。在拉普捷夫看来，社会主义组织在领导经济活动和进行经济活动中所发生的一切关系，无论纵向经济关系或横向经济关系、外部经济关系或内部经济关系，都是统一的或者说同一种类的社会关系，是一个不可分割的整体，应由一个独立的部门法——经济法来统一调整。拉普捷夫以现实生活中经济关系的统一决定了经济法规范的统一为理由，反对人为地把经济法规范分割在民法和行政法中，主张制定统一的经济法典来规定国民经济中的纵向经济关系、横向经济关系以及纵横交错的经济关系，并认为这是完善经济立法，使经济立法系统化的唯一途径和根本办法。在1959年第5期《苏维埃国家与法》上，Б. Ч. 马穆托夫也发表了《为共产主义建设服务的经济法》一文，与拉普捷夫的观点同声相应，同气相求，此呼而彼应。马穆托夫在这里主要用经济建设中的实际材料，并根据国民经济中的法律工作的需要，来论证经济法独立存在的权利。他指出："现实存在着的整个一组法律制度实际上处于法学的视野之外……属于这一组法律制度的首先有：规定各个不同的国家机关在解决经济问题中的权限的制度以及调整国家机关之间在经济建设问题中的建立在经济核算制和计划领导基础上的'纵'的关系的制度……在实践中，这些法律制度与调整国家机关之间'横'的经济关系的法律制度紧密相连。"①他还说："由于不承认经济法，对'横'的经济关系的研究与对经济领域里的'纵'的经济关系的研究脱节。这不仅会给实践带来极大的害处，而且，在民法的范围内研究经济合同和其他经济法律问题本身，也会给实践带来极大的害处。"②

这里，我们就以下几个问题加以探讨。

(1) 纵与横的关系问题

拉普捷夫认为，经济法调整在领导和实现经济活动中社会主义组织和它们的所属部门之间形成的关系。这些关系被称为经济关系，并且是在社会主义再生产过程中所产生的。然而，在社会主义经营管理过程中，不仅产生经济关系，而且还有劳

①② 转引自陈汉章．苏联经济法学派与民法学派五十年的争论及其经验教训．中国法学，1985（3）．

动关系和旨在满足公民物质需要的关系。不是一切社会主义再生产关系，而只是它们的一部分——经济关系，构成经济法的对象。社会主义国家不仅实行政治上的领导，而且实行经济上的领导，是整个社会主义经济的组织者和领导者。在社会主义经济中，进行经济活动和领导经济活动方面的关系是统一的，不应当以它们中的一些关系是商品关系，而另一些不是商品关系为理由把它们分割开来。社会主义经济关系的主要的和最典型的特征，不是它们的商品性，而是它们的计划性。社会主义社会的经济关系，按其性质是计划关系，但它们具有财产内容，而这种财产内容是由利用物力和财力来达到经济目的的社会主义经营管理决定的。[①] 按照拉普捷夫的观点，在改革条件下，社会主义国家对国民经济的领导和管理，必须运用价值杠杆，在经济领导及管理机关的活动和社会主义组织的内部管理中，都贯彻着经济核算制原则；经济合同则成了经济管理和社会主义组织作出共同计划决定的手段，计划组织责任和合同责任也已融合为一体。拉普捷夫指出："把组织关系同财产关系对立起来，同夸大社会主义经济中商品货币关系的作用有关。按照这样的处理方法，横向关系被解释为财产关系、商品货币关系，或者是具有商品货币形式的关系。然而，纵向关系中也有财产成分，而横向关系并不始终具有商品货币形式。用商品性质和非商品性质作为经济关系分类的根据，会降低经济关系计划性的作用。"[②] 马穆托夫也指出，商品货币关系不是社会主义经济的本质，社会主义企业的经济独立性不是主要的，它们在社会主义所有制体系中的统一性以及在国家计划原则领导下的活动才是主要的。"不论是纵的经济关系，还是横的经济关系，都是产品的生产和流通方面有计划的直接关系。因此，经济法主张把它们看成是统一的整体而作为法律调整的对象，其基础是统一的社会主义所有制、统一的计划以及作为社会主义经济范畴的经济核算制……大民法主张则把社会主义生产解释为商品生产而以此在经济上论证自己的观点。"[③] 马穆托夫指责大民法主张低估了苏联的经济关系的计划性而过分夸大了它的商品性，试图在商品生产关系与共产主义建设中利用商品货币形式之间画等号。正是这样，中国学术界有人认为苏联现代经济法学派的"纵横统一论"实际上是以纵制横、横服从于纵的统一。孔德周指出："在思想深处，'纵横统一论'者是把纵向和横向经济关系作为绝然对立的两种关系来看待的。'纵横统一论'以理论研究的形式，完整地再现了苏联当时计划统治一切，商品经济关系几无藏身之处的社会经济生活现实。它对经济法的理论研究也没有多大的积极意义。首先，它认为，所有的社会主义经济关系都是纵横统一的关系，经济法调整纵向和横向的经济关系，把经济法的调整对象范围划得太宽，这对实践是有害的，因为这意味着'以纵制横'的思想要被贯彻到整个经济关系领域。而且，

① Б. Б. 拉普捷夫主编．经济法．中国社会科学院法学研究所民法经济法研究室，译．北京：群众出版社，1987：8.

② Б. Б. 拉普捷夫．经济法的对象．梁溪，译．法学译丛，1984（4）.

③ 转引自陈汉章．苏联经济法学派与民法学派五十年的争论及其经验教训．中国法学，1985（3）.

对象范围过宽，各种经济关系的不同性质就使经济法内部不易协调，从而影响经济法对社会经济关系的有效调整。其次，'纵横统一论'肯定当时现实经济关系的'以纵制横'的特点，这就使它在研究经济法的调整方法问题过程中不可避免地也贯彻了'以纵制横'的思想。上述'以纵制横'思想的全面贯彻，不利于社会主义商品经济的发展，也不利于经济体制改革的进行。"①

笔者认为拉普捷夫等人的纵横统一经济法说固然是苏联高度集中的经济体制背景的产物。人不能超越历史情境，如同不能自己拽着头发摆脱地球引力一样。纵横统一经济法理论尽管是"带着脚链跳舞"而具有一定的妥协性、软弱性和保守性，但不能将其视为为高度集中的经济旧体制在法理上进行辩护的卫道士。尽管纵横统一经济法学说由于自身理论畏首畏尾、进退踟蹰的缺点使其科学性大打折扣，但在20世纪30年代经济法学被革出教门并被维辛斯基宣布为"法律战线的破坏活动"②的阴云刚刚散去、过去主张经济法理论的学者星散云逸之际，"纵横统一说"的确是一种"新思维"。中国学术界的"后红卫兵现象"正在演历对纵横统一经济法说像过去肃清封资修余毒般"所谓清除拉普捷夫经济法理论对中国经济法学界的影响"的运动③，这种现象没有对"民粹主义"的流弊有充分的认识而一味倾心于西方市场化。然而，我们不能不指出的是，正像中国传统医学以"泻"法来治疗痞瘕顽疾，应懂得"泻""补"兼施，一味"泻"而不知"补"，则可能导致症消人亡，这是中国经济法学不能泄泄视之的重要价值取向和对"纵横统一经济法说"评价的准绳。因此，笔者认为拉普捷夫的经济法理论在整个苏联法学界落落寡合却一直坚守阵地不动摇，是值得我们抱有至深敬意的。毛泽东在评价中苏关系时借《红楼梦》第八十二回中的名句"不是东风压倒西风，就是西风压倒东风"④。但拉普捷夫却并没有风行草偃成为骑墙之草。如果拉普捷夫是对苏联旧经济体制的维护，那么他的理论就不会在政治上终不获用而成为官方显学了。应该说，纵横统一经济法指出了扩大企业自主权和保护企业经济核算利益的重要性，是认识到了横向经济关系对纵向经济关系的制约作用的。拉普捷夫自己这样指出："经济法观念确曾为行政命令的管理经济体制辩护了吗？一点也没有！恰巧相反，在行政命令体制的条件下它多次论证扩大企业的权利，提高经济合同的作用和加强经济管理中的法制的必要性。当然，在那种体制的条件下这样的建议是注定遭到失败的，但是就在那个时候已经制定好后来在向市场经济过渡时采用的那些经济法设制。有趣的事实是在苏维埃政权存在的时期里，经济法的观念通常是在集中管理削弱和企业的经营自主性扩大的各个时期发展的。经济法学繁荣的第一个时期是20年代，新经济政策时期，当时产生了多种成分经济，允许私有的经济活动，而对经济的集中管理则被削弱。

① 孔德周. "纵横统一论"是科学的经济法基础理论. 政法论坛（中国政法大学学报），1997（1）.

② 参见Б.Б.拉普捷夫. 经济法——经营活动法. 李亚南，译. 外国法译评，1993（4）.

③ 王保树. 市场经济与经济法学的发展机遇. 法学研究，1993（2）.

④ 曹雪芹、高鹗. 红楼梦. 北京：人民文学出版社，2000：967.

而在管理经济的行政体制得到广泛发展的30年代，经济法则被禁止……经济法观念蓬勃发展的另一个时期是50年代末到60年代初，即赫鲁晓夫的'解冻'时期，当时企业的经营自主权开始重新扩大，经济合同的作用重新开始提高，并开始进行经济改革。因此又一次需要经济法了。究竟为什么在企业的自主权得到扩大和对经济的集中管理受到削弱的各个时期，需要的正是经济法呢？其奥妙就在于，经济法观念是把企业之间的关系（横向关系）和企业与管理机关之间的关系（纵向关系）看成统一的整体的，这就为这些关系的协调和一致创造了条件。因而在经济管理关系中限制了侵犯企业权利的可能性。扩大适用于这些关系的基本上就是虽然没有完全，但在相当大程度上在横向关系中实行的那些法制原理。因此，给行政管理体制中上级任命的官员们的官僚主义的肆意妄为设置了障碍。"① 这段话是在苏联解体后仍在俄罗斯科学院国家和法研究所任经济法室主任的拉普捷夫为自己学说遭致曲解所进行的辩白。我们应该以恕行之道体恤其衷，率尔否定这一理论难免具有不够谛当之处。利奥波尔德·冯·兰克（Leopold von Rank）被誉为"近代科学历史学之父"，他提出"展现历史的真情"（Wie es eigentlich gewesen）的历史主义治史原则的宣言，认为："世界历史是最高法庭，但不是刑事法庭。在最高法庭的审判中，历史学家必须为判决作准备，而不是宣布判决。这不是道德中立，而是最高的道德责任感。历史学家既不是原告也不是被告的辩护律师。如果他作为一个法官来发言，那也只是作为预审法官来说话的。他必须收集这桩公案中的一切文献，以便把它们提交给最高法庭——世界历史。如果他在这个任务上失败了，如果由于党派的好恶或成见而隐瞒或篡改了一点点证据，那么他就玩忽了他的最高职责。"② 笔者认为，在福山《历史的终结》似乎作为"最高大法院"一锤定音作出判决的世纪末情愫周流八垠的晓风中，我们对纵横统一经济法学说未容遽予否定，也许随着时光的流逝，这种长期在苏联未能得臻显通而颇具悲剧色彩的经济法学说会被兰克所说的"世界历史"作出公正的评判而和光同尘、历久弥珍。梁启超曾云："无深刻锐入之思，无确乎不可拔之所信，无恢博之演绎，无严密之归纳，轻下判断，轻弃判断……无论骛新执旧之徒，莫不有然……以浮遇浮，以浅遇浅，而常相菲常相轧也。"③ 梁启超这段话对当今学术界可谓一剂针砭时弊的良药。如兰克所在的国家德国有一句谚语说："Trends sind Gleichmacher"（赶时髦实际上是赶走时髦），随波逐流地鼓吹市场化容或最终只不过是"皇帝的新衣"而已。其实，连反对拉普捷夫理论的苏联学者 B. H. 格里巴诺夫也承认："经济法的这种新理论的出现，也曾起过一定的积极作用，这就是它促使人们注意到，对有社会主义组织参加的各种不同的关系要进行互相配合的

① Б. Б. 拉普捷夫. 经济法——经营活动法. 李亚南，译. 外国法译评，1993（4）.

② 张广智，张广勇. 史学，文化中的文化——文化视野中的西方史学. 杭州：浙江人民出版社，1990：227.

③ 梁启超. 梁启超全集：第5册. 北京：北京出版社，1999：2651-2652.

法律调整；它还促使人们注意到，在民法和行政法的边缘区有一个研究得很少的领域，应当由民法学家和行政法学家们共同努力去进行综合探索。”①

(2)《经济法典》编纂问题

苏联的经济立法，体系庞杂，名目繁多。国民经济每个部门的规范性文件数以千计；许多文件已经过时，或彼此矛盾、不相协调，或过于烦琐，束缚了企业和组织的主动性；许多重要经济活动领域，则还没有相应的立法调整，经济立法存在不少空白。这些问题，长期以来没有得到应有的重视，致使问题越积越多，日趋严重，阻碍经济发展。1975 年 6 月 25 日，苏共中央和苏联部长会议通过了《关于进一步完善经济立法的措施》的决议，力图扭转这种情况。决议通过前后，法学界就经济立法问题曾提出诸多意见和解决方案。“总的说来，都认为经济立法需要整顿和完善，实现系统化。但在具体做法上，则有两种根本不同的意见。一种意见主张‘小型’编纂，认为应以民法和行政法的基本文件为基础，就某些主要经济领域制定单行的法典化文件，如计划法、基本建设法、物资供产法、经济合同法等等。另一种意见主张‘大型’编纂，认为应制定一个统一的概括性法律，用来规定经济立法的基本原则和一般规定。”② 拉普捷夫认为，在资本主义国家，国家的管理活动由公法或行政法来调整，私营经济的活动则由私法或民法来调整。十月革命后，由于苏维埃国家还来不及创立完整的社会主义经营管理制度，因而不得不沿用旧的法律形式，用行政法和民法来调整经济关系，但到一定阶段，旧的法律形式已不适应经济关系的新内容，开始阻碍经济发展。因此，必须创立一个独立的经济法部门，来统一调整横向经济关系和垂直经济关系，而不能再沿用民法和行政法来进行这种调整了。拉普捷夫指出：“我国经济立法的现状却要求对于一系列重要的社会主义经济工作问题作出新的决定，为促进社会生产效率的提高创造法律条件。换句话说，必须彻底改进经济立法，而要做到这一点，非进行法典编纂不可。”③ 有人认为，颁布经济法典不合适，因为这样会导致调整社会主义组织间关系的规范从民事立法中分出来，经济法典只包括“规范—指示”，通过经济法典会“拆毁”已有的立法体系，因而最好颁布不是整个经济立法的，而仅仅是经济部门和各经营管理部门的编纂文件。对此，拉普捷夫从纵横统一论的立场表示坚决反对。马穆托夫也认为经济法典“之所以需要，首先是因为只有这种形式才能保证对经济关系的内部协调一致的调整”④。

由 Б. Б. 拉普捷夫领导的苏联科学院国家与法研究所经济法研究室根据苏联科学院主席团社会科学部 1969 年 4 月的决议，于 1970 年起草了一个《苏联经济法

① 转引自李开国. 苏联东欧国家经济法理论剖析（下）. 外国法学研究，1989（3）.

② 王正泉. 苏联法学界关于经济法问题的争论. 法学杂志，1981（6）.

③ Б. Б. 拉普捷夫. 经济法的理论问题. 中国人民大学法律系民法教研室，译. 北京：中国人民大学出版社，1991：22.

④ 转引自陈汉章. 苏联经济法学派与民法学派五十年的争论及其经验教训. 中国法学，1985（3）.

典要点》草案印发有关机关和企业征求意见。① 据载，苏联科学院主席团曾向苏联部长会议提出建议，主张把经济法典的研究列入立法编纂工作计划之中。这个建议也得到了国家计委和国家经委的支持。1973 年 3 月根据苏联司法部的意见，由拉普捷夫主持召开了一个讨论会，邀请许多法学家和实际工作者参加，专门讨论这个草案。赞成颁布《经济法典》者大有人在，但持反对意见者亦不乏其人。在 1985 年 6 月苏联科学院哲学和法学部与经济学部联席会议上再次讨论苏联经济法典草案时，Б. Б. 拉普捷夫又重申自己的观点："颁布经济法典将能解决党提出的各项任务，使社会生产集约化，完善经济机制，加强国民经济中的纪律和秩序。经济法典的颁布将能够把经济立法整顿好，去掉经济立法中存在的缺点，利用对国民经济的法律调整作为组织社会生产的有效工具。经济立法将成为一个完整体系，从而为经济立法的不断发展创造基础，部门规范性文件的数量将会大大减少。"②

笔者认为，拉普捷夫的这一主张可谓良法美意，但不蒙采择是有错综复杂的原因的。在赫鲁晓夫上台之后，以"秘密报告"为标志的非斯大林化（De-Stalinization）的改良主义已经成为一股有效力量。③ 西方学者认为，斯大林去世后的苏联法律在思想上形成两大支柱，一为保持在贯彻动员中国家的优先权，一为扩大由规范集中体现的可预期性领域。④ 这时期的苏联法学已经超逾十月革命以后"既有制定法律的红色斯别拉斯基，可是什么时候我们才会有焚毁法律的红色伏尔泰呢？"⑤这种幼稚观念时期，开始现实主义地完善社会主义法律体系。但是，正如我国民法学者徐国栋指出："社会主义制度建立之前及之初，人们认为这种制度就是公有制加计划经济，这两项因素抽空了市民社会的两个基础——个人所有权和契约制度。个人所有权为所有制所否定或限制；契约制度为计划经济所否定或限制。而个人所有权和契约制度无非是对私人利益的肯定。因此，在按上述设想建立的社会主义各国，市民法已失去其存在的大部分基础，市民法名副其实地变成了民法（这里的'民'不是市民，而是公民）。俄文中的民法（Гражданское право）即为'公民法'之意，这正与列宁的民法公法说相合拍。在这种基础上，以私人利益关系来界定民法的调整对象，显然行不通。苏联学者只得另辟蹊径，将民法的调整对象界定为一定范围的财产关系和人身非财产关系，并以平等把财产关系和人身关系统一起来。平心而论，这种在夹缝中逼出来的民法调整对象理论有其进步意义。第一，苏联学

① 该草案共计 13 篇、70 章、587 条。13 篇的篇名是：（1）一般原则；（2）经济关系的参加者；（3）经济机关的财产；（4）经济活动的计划；（5）经济债的一般原则；（6）经济体裁；（7）执行科学技术工作的经济债；（8）基本建设经济债；（9）供销经济债；（10）货运经济债；（11）信贷和结算经济债；（12）其他经济债；（13）经济权利的维护。

② 苏联科学院哲学和法学部、经济学部讨论苏联经济法典草案．吴任摘译．法学译丛，1986（2）．

③ Woodford McClellan，*Russia：A History of the Soviet Period*，Englewood Cliffs，New Jersey：Prentice Hall，1986，p. 264.

④ Donald D. Barry，*Soviet Law after Stalin*，Leyden：A W Sijthoff，1977，Preface Ⅻ.

⑤ 维辛斯基，等．苏维埃法学中的几个问题．石健，等译．北京：法律出版社，1955：51.

者率先把民法调整对象单独作为一个问题进行研究，使人们对这一问题的认识深化了；第二，这种理论推进了对民法调整对象的具象分析，把六大块概括为两大块，成为包括中国在内的许多国家于立法时理性地确定民法之外延的基础。但是，这种理论完全地把市民法阉割为'民法'或'公民法'，抹杀了市民社会与政治国家的对立，把民法中的人由私人变成了公民，把经济活动的动力机制由私人利益替换成政治热情，使经济缺乏活力，使民法成为政治国家手中的驯服玩具，后果极为严重。"① 在苏联，民法学家所谓的民法已经丧失了私法的性质，是公法化的民法，其民法已较传统意义上的私法产生了异化，传统意义上的民法已名存实亡，如果从比较法的角度而言，这种民法在调整财产关系时已与资本主义社会的"经济法"相近。正是这样，波利扬在《关于苏联和各加盟共和国民事立法纲要草案的报告》中说："在讨论纲要草案时，个别科学工作者标新立异，主张把那些调整社会主义组织之间财产关系的规范划分出来，成为一个独立的法律部门，并在此基础上建立所谓经济法。采纳这种意见，将意味着由整个社会主义经济的统一性所决定的苏联财产关系体系，成为被人为分裂的财产关系，从而破坏了社会利益同个人利益的和谐结合。"② 究其实质，民法学派在苏联不主张公法和私法的区分，认为在民法已经公法化的情况下经济法是不必要的。尽管现代经济法学派存在着时代的局限性，但他们下面的这一观点却发人深省。他们认为：把社会主义组织之间的经济关系和民事关系人为地放在一个法律部门里不仅歪曲社会主义经济的本质，使组织与组织之间的关系得不到应有的调整，而且客观上降低了公民在民事关系中的地位和作用，使组织在民事立法中居于首位，而公民则不可避免地居于次要地位。不无讽刺意味的，这实际上是 1937 年时维辛斯基等人指控帕舒卡尼斯、金茨布尔格等为代表的战前经济法学派的一条主要罪状，苏联现代经济法学派把掷过来的标枪又捡起来掷了回去，以其人之道还治其人之身。Б. Б. 拉普捷夫指出：在发达社会主义条件下，个人的作用日益增长，苏联人的权利不能退居第二位。人应当在以调整旨在满足公民物质和文化需要的关系为宗旨的民法中占据主要地位。这点只有把属于另一个法律部门——经济法的组织之间的经济关系的调整排除在民法之外时才能做到。经济法主张使民法变为生机勃勃的公民法，变为成熟社会主义的个人法。在这里，我们可以仿佛看到自斯图契卡以来"两成分法论"不羁的精灵轮回转世的化身。如果我们把所有各派当作连续映示历史经验的屏幕而不是试图用历史去偏袒论证其中任何一个派别，我们可以看到：不承认公法和私法是各派争论的遗传基因密码。我国近代著名维新派严复曾谓："盖法之敝否，与私利之多寡为正比例；而私利之多寡，又与变之难易为正比例也。"③ 也许民法学派在与"纵横统一说"的争论中都会以马克思主义的口吻说：我们都有一个共同的名字——追求真理的同志。但笔者认为

① 徐国栋. 市民社会与市民法——民法的调整对象研究. 法学研究，1994 (4).

② 转引自王正泉. 苏联法学界关于经济法问题的争论. 法学杂志，1981 (6).

③ 卢云昆编选. 社会剧变与规范重建：严复文选. 上海：上海远东出版社，1996：85.

这种争论是与政治因素相依不分、相渗不离的。按常理说，经济法应该与行政法因天然的关系而发生调整范围的争论，但奇怪的是，集体农庄法、婚姻法、财政法在苏联成为独立的法律部门时都“春和景明，波澜不惊”，而经济法一出现却引起汹涌澜翻的轩然大波，在民法与经济法之间旷日持久的鏖战难分难解之际，经济法与行政法却“这里黎明静悄悄”“西线无战事”。这种云谲波诡的现象不能不说是咄咄怪事、匪夷之思。夷考其由，实乃公法与私法的区别彻底取消之后，社会主义新法学原理ABC尚在廓开式辟阶段，任何法律学派在革命性上不可能坦言自甘人后，所以苏联民法学家不遗余力地维护公法的民法，对私法避之唯恐不及。一旦经济法确立，就会牵一发而动全身，革命的民法大厦有可能訇然倾圮而不得不在“公民”“个人”的私法范围内以维残垒，这是对民法学派如芒刺在背的致命威胁，所以对于民法学派来说必须将经济法摈诸门外而使之蹙蹙无托身之处而后快。在社会主义与资本主义的苏美冷战的意识形态场景之下，现代经济法学派对苏联民法学派来说要引起“核反应”的理论，所以民法学派必须披坚执锐与现代经济法学派斫斫相争。正是这样，史际春指出：“在公有制条件下，尤其在传统的计划经济体制下，计划组织因素几乎渗透到生产、流通、分配领域的各种经济关系之中，要是认可‘公’‘私’法交融的法律规范独立，那么，整个法的体系和法律部门划分的格局就必须重新调整：诸如国有企业、国家所有权、合作社和集体农庄所有权、‘苏维埃商品合同’和‘生产组织合同’（指供应合同、农产品预购合同、国家银行结算、基本建设工程承揽合同、集体农庄与机器拖拉机站的合同等）关系，都需由民法调整的对象转为经济法的对象；前述新型法律部门也应根据经济法的定义重新划分。如此一来，民法就变成了真正的私法。‘苏维埃’民法学家当然清楚，在苏联之政经环境下，这对他们的政治地位和学术地位将意味着什么。所以，尽管‘经济法’主要是和传统行政法‘打架’，然而它在苏联东欧国家遭到的最激烈的反对却是来自民法学家，个中缘由耐人寻味。加上在社会主义国家，理论对于立法和司法实践的主观能动作用远比在资本主义国家来得强烈，从而导致民法与经济法之争不仅是学术问题，而且也成了国家的政策、立法乃至政治的问题。”① 史际春的这一段话确为精当之论。在苏联民法学派与经济法学派的争论中，经济法之所以长期无法定法可以说正是因为民法的越位。拉丁格言“共同的错误构成了法律”（Communis Error Facit Jus）对于苏联民法学派与经济法学派的争论过程而言是非常贴切的，两者的“左倾”是五十步笑百步，我们没有理由单单批评纵横统一论为苏联高度集中管理体制的化身而对苏联民法学派已经不属于私法的民法所造成的偏弊视而不见。我国当代学者李泽厚主张治学“非左非右”（“beyond left and right”）、不诽不扬（neither “knockers” nor “boasters”）的原则，我们对苏联“纵横统一说”经济法理论与民法学派的争议亦应作如是观。

① 史际春，邓峰. 经济法总论. 北京：法律出版社，1998：127-128.

(3) 纵横统一经济法理论的发展问题

中国经济法学界的 Б. Б. 拉普捷夫的形象是 20 世纪 80 年代初期以前的形象，学界同仁研究拉普捷夫理论主要是在 20 世纪 80 年代中期民法与经济法争议时双方引以为奥援的理论武器，其后如鼎之沸的争论沉寂下来后经济法学界对拉普捷夫的理论本身就如同对索然无味的鸡肋一般弃置而他骛。因此，我们现在学术界对拉普捷夫的经济法理论见其首而不见其尾，我们经济法学界对拉普捷夫的经济法理论没有进行跟踪研究而不自觉地将其处以腰斩的学术酷刑。其实，拉普捷夫的经济法理论并不是一种半身不遂的理论，尽管年事已高，但他的头脑仍然在乙乙抽动着，即便克里姆林宫的红星陨落、苏联社会主义进程戛然而止的风云变幻之后，拉普捷夫仍孜孜地探索着经济法理论的真谛。这种与时偕行的精神极其难能可贵。

在 20 世纪 80 年代中期，苏联《国营企业（联合企业）法》草案公布供讨论时，拉普捷夫就发表文章说："在法学上，曾不止一次地提出并论证关于应当用新的办法来确定企业和联合企业的权利、关于放弃那种列举规定其权利的决断性做法的建议，因为在对它们的权利列举规定的情形下，基本生产环节只能做法律直接许可的事情。这不是着眼于扩大企业和联合企业的权利，而是着眼于限制它们的权利。"① 基于此，拉普捷夫认为："诚然，在草案中说，企业可以对一切生产和社会问题作出与法律不相抵触的决定（第 2 条、第 5 项）。但是，这可以理解为企业有义务遵守社会主义的法制。在法律中应当直接写上，它所规定的只是企业的基本权利，除此以外，企业为了执行自己的任务，可以进行任何不为法律所禁止的活动，并对一切问题作出与法律不相抵触的决定。这样做，法律就真正极大地扩展了企业的权利。"② 在我国法学界热火朝天地批判拉普捷夫纵横统一论拒绝使用"法人"概念、不愿在经济法学中研究企业和其他经济组织的法人资格等问题时，却殊不知这种批判是以自己树立的假想敌为对象的无的之矢，用拉普捷夫的话来说就是"论战没有达到应有的'纪事'水平"。在 1989 年第 3 期《苏维埃国家和法》上拉普捷夫发表的《经济改革条件下的经济法》一文中就指出：1987 年 6 月公布的《国营企业（联合企业）法》中，"经济法学所研究阐明的许多原理得到了反映：确认企业不仅是法人，而且是在自己的各种活动领域里拥有权利和义务的统一的权利主体；规定权利和义务由企业拥有，而领导人则在企业的权限内进行活动；扩大了结构单位的权利，包括授予它们在一定的条件下可以用自己的名义订立经济合同的权利；施行了上级经济机关对它们的行为给企业造成的损失承担责任的制度，以反映其他许多基于横向和纵向经济关系法律调整统一主张的原理"③。在苏联解体以后，拉普捷夫指出："在由计划经济向市场经济过渡的时候，经济活动正在成为经营活动，

①② Б. Б. 拉普捷夫. 经济机制改革的法律问题. 外国法译丛，1988 (1).

③ Б. Б. 拉普捷夫. 经济改革条件下的经济法. 陈汉章，译. 世界法学，1986 (2).

这也就决定了经济法的新内容。经济法也就正在成为经营活动法。"[①]。他认为，经济法的原则正在发生根本的变化。假如说以前经济法各原则中决定性的原则是民主集中制的话，那么现在这就是经济活动的、经营活动的自由，每个经营者，无论是集体的还是个体的，都有权进行不为法律禁止的任何经济活动。他还指出：尽管经济法对象即经济关系的性质正在改变，"但是企业和个体经营者们并非只在相互间发生关系（横向关系），而且也和国家管理机关——国家财产管理委员会，进行企业登记并发放进行一定种类活动的许可证的机关，以及反垄断、财政、税务等国家机关发生关系。这是另一种也组成经济法对象的关系——纵向关系。这两种关系是互相联系的，并具有一定的统一性"[②]《易经》曾谓："化而裁之谓之变。"[③] 变化这一范畴在战国以前是由变与化两个概念转变而来，化者乃一种形变而实不异的渐化状态，相当于今天所谓量变；变者乃渐化的连续性的裁节，相当于今天所谓质变。变由化而来，以化为基础；化成乎变，变是化的结果。拉普捷夫的理论绝非一成不变的，但亦非以其社会潮流的附庸性存在，以至于取代了自己独立学术主体的存在，"纵横统一说"始终在其经济法理论中作为一种法律思想而一以贯之。

（二）综合部门法论经济法理论

这一理论认为，部门法应区分基本部门法和综合部门法，经济法属于综合部门法。综合部门法理论，是由 Б. Ч. 拉依赫尔在其 1947 年出版的专著《保险的社会历史类型》中提出的，后来得到了 О. С. 约菲[④]、М. П. 沙尔戈罗茨基和 Ю. Ч. 托

① Б. Б. 拉普捷夫. 经济法——经营活动法. 李亚南，译. 外国法译评，1993（4）.

② 就中国经济法学界目前批评拉普捷夫的理论而言，批评者所依据的资料几乎全是 20 世纪 80 年代初期所翻译过来的一些资料，但拉普捷夫的观点在苏联解体而转向市场经济之后已经发生了重大变化。尤其前一段时间，笔者发现拉普捷夫直到 2010 年仍然笔耕不辍，出版了其新著《商法（经济法）：选集》（Предпринимательское（хозяйственное）право：избранные труды，2008）、《商法（经济法）与实体经济》（Предпринимательское（хозяйственное）право и реальный сектор экономики》，2010）。所以，批评者攻击的是"死靶子"而不是"活靶子"，说的苛刻一些，就是刻舟求剑而已。即便以一本书而言，按照福柯的知识考古学理论，也不能理所当然作为分析的单元。相同的概念在不同的人、不同的语境下的言说中会呈现出不同的话语建构，名同而实异的现象比比皆是。有关拉普捷夫自己近些年的研究进展可以参见王妍. 中国经济法三十年之回顾——苏联经济法对中国的影响及俄罗斯经济法现状//吴志攀主编. 经济法学家：2008. 北京：北京大学出版社，2009：18-20.

③ 徐子宏. 周易全译. 贵阳：贵州人民出版社，1991：369.

④ 关于 О. С. 约菲的观点，笔者不懂俄文，对如下问题只能疑以存疑：国立莫斯科大学、斯维尔德洛夫法学院合编的《经济法》于 1977 年由苏联法律书籍出版社出版，该书主编为 Б · П · 格里巴诺夫和 О. А. 克拉萨夫奇科夫，1980 年中国人民大学出版社出版的该书中译本第 13 页注④云"约菲后来放弃了综合部门法主张"。中国经济法学界据此辗转引述，但马骧聪对该书这一节的译文却无此注。笔者从 1976 年第 3 期 Б. П. 格里巴诺夫和 О. С. 约菲所发表的《经济立法与民法》一文中译本可以看到这样的论述："法律部门和表现法律部门的立法部门，都是按照调整对象和调整方法的统一这个标志来划分的，而综合立法部门却是针对某种社会活动形成的，至于同这个立法部门发生联系的是哪些关系，这个立法部门需要采取何种法律影响方式，则与它的形成无关。"（中国人民大学苏联东欧研究所编译. 苏联经济法论文选. 北京：法律出版社，1982：164.）至于 1975 年出版的拉普捷夫的《经济法理论问题》中则一清二楚地表明 О. С. 约菲是作为"纵横统一说"的论敌而主张综合部门法经济法理论的，因而笔者不明白 О. С. 约菲何时放弃了综合部门法说以及其新的观点所包括的内容。

尔斯泰等人的支持。按照这种理论，基本部门法（如民法、刑法、行政法等）有其特定的调整对象和调整手段，而综合部门法（如经济法、劳动法、土地法等）则使用不同的法律手段来调整不同类的社会关系（但根据某种特征可以联合在一起）。从《苏维埃国家与法》杂志编辑部于1982年召开的法律体系问题讨论会的情况来看，С.С. 阿列克谢夫基本上也赞同这一观念，他把经济法区分为“民事经济法”和“行政经济法”，而且把经济法看作是苏联法的体系中的“第二层结构”。Б.Ф. 雅科夫列夫和Б.С. 雅库舍夫合著《调整经济活动的法律基础》（1979年斯维尔德洛夫斯克版）一书不承认经济法是法的综合部门，但认为调整经济关系的规范性文件构成综合的立法部门。Б.Ч. 拉伊赫尔指出：“按照通常的认识，经济关系属于财产关系，好比种概念属于类概念一样。可是从经济法理论的立场来看，经济关系比财产关系范围更广，况且它的构成中有计划组织关系。但是，实际上财产关系作为类概念，比作为它的一种的经济关系，是更广的概念。”① 拉伊赫尔认为，根据经济法理论的许多提法，可以得出以下结论：(1) 经济法调整社会主义组织之间的经济关系（这就是经济法的对象和主体特征）；(2) 民法调整公民和组织之间或公民相互之间的财产关系（这就是民法的对象和主体特征）。但是，应区分经济法和民法的全部财产关系并不限于以上两点。经济关系只是财产关系的一种，另一种财产关系即非经济财产关系，它和经济关系一样，可以存在于各个组织相互之间。从经济法理论角度来看，这一部分财产关系是不属于苏维埃法任何一个独立部门的“无主的”关系。这部分关系的这种地位，使得把它们同国家法概念“无国籍人”和民法概念“无主财产”联想起来。这对于科学结构来说不能认为是正常的。所以拉伊赫尔得出结论说，如果不是把经济法看成基本部门法，而是看成综合性部门法，那么经济法理论的许多缺点是可以消除的。

对综合部门法的问题Ю.Ч. 托尔斯泰阐述得最为充分。他指出基本部门法与综合部门法具有如下区别：第一，基本部门法（独立法律部门）有自己的统一调整对象，而综合部门法则没有统一的调整对象，它调整的是不同种类的社会关系；第二，基本的部门法不可能包括别的部门法的规范，相反，综合性的部门法则是由别的（基本的）部门法规范组成的；第三，每个基本部门法都有其固有的法律调整方法，而综合部门法则使用从各基本部门法吸收来的一系列不同的法律调整方法；第四，基本部门法在法的体系中占有一定的位置，相反，综合部门法在法的体系中则没有任何位置，只是在对法进行分类时（根据分类整理的目的），才给予它们一种相对的位置。托尔斯泰积极撰文著书阐发关于综合部门法的经济法理论，主要有《关于编纂民事立法法典的理论基础》（见《法学》1957年第1期）、《苏联民事立法法典的编纂（1961—1965年）》（见《博士论文辑要》，列宁格勒，1970年）、《完善经济立法的问题》（见《经济关系的法律调整》，莫斯科，1978年）。

① 转引自Б.Б. 拉普捷夫. 经济法的对象. 梁溪，译. 法学译丛，1984（4）.

国立莫斯科大学和斯维尔德洛夫法学院合编的《经济法》指出："托尔斯泰把'部门'这一术语毫无根据地用到了并非部门的现象上。'部门'这一术语的双重意义造成不正确的概念，一种错觉，好像虽然综合部门并不是基本部门（独立部门），但它毕竟还是一个部门，尽管是个综合部门。同时，把经济法列为综合部门，即纯粹凭主观标志或主观意图'编造'的部门，这就取消了在经济规范的相互配合作用的任何一级寻找任何统一性的一切可能性。综合部门主张的这种缺点早在六十年代初就被发现了。"①

第四节　中国经济法学的发轫、断裂与延异

一、经济法进入中国的渊源

因为起源的辨识极其复杂，所以福柯的知识谱系学方法退而求其次，不把寻找历史的起源作为解释的出发点，而是致力于对本身充满着竞争的来源的探究，谱系学研究从多元性、扩散、偶然性开始、意外等出发，否认事物从源初到现在所具有的同一性、连续性，否认事物源初状态所具有的优越性，对后来事件的解释并不期盼没有中断的历史延续性。在谱系学往前逆推的意义上，历史充满着盘旋、反复、争执和喧哗，绝非一泻千里、酣畅淋漓的故事。中国在民国时期国家不统一的政治格局，造就了一个国家、数个法域的法律割据局面。经济法正是在这种政权竞争中绽现的。

（一）国民政府经济法

庚子之役后，清政府统治危机加重，非改弦更张无以为继。张謇于 1901 年 2 月作《变法平议》报送刘坤一，对清政府各部工作提出一整套改革方案，倡言"置议政院""设府县议会""普兴学校""酌变科举"等，主张工商业、公司、银行、矿山等均"当定章程"，借鉴外国法律，参照中国"禁令风俗"，修订民法和经济法等。矿律、路律、商律等经济法规的制定，可谓清末新政的重头戏，在废除领事裁判权的压力之下造就"急就章"，颇带应急色彩。光绪二十九年（1903 年），商部一设立便着手制定经济法规。1904—1908 年，清政府相继颁布《商人通例》《公司律》《公司注册试办章程》《商标注册试办章程》《商会简明章程》《重订铁路简明章程》《破产律》《奖给商勋章程》《商船公会章程》《农会简明章程》《钦定大清矿务章程》《大清银行则例》等，出现了中国近代经济立法的第一次高潮。这一系列立法的重要意义在于，引进西方资本主义经济法律思想，正式确认中国私人工商资本和自由竞争市场。

1913 年 10 月，由于登上民国总统宝座的袁世凯组织所谓"名流内阁"，张謇作

① 国立莫斯科大学，斯维尔德洛夫法学院合编. 经济法. 路建京，等译. 北京：中国人民大学出版社，1980：14.

为袁世凯所要收揽的“第一流人才”就任北京民国政府农商总长。他总结中国经济发展的经验教训，并结合考察日本、欧美等国经济发展的历史经验，在上任伊始，雄心勃勃，在国务会议上发表了《实业政见宣言书》，提出“乞灵于法律”“求助于金融”“注意于税则”“致力于奖助”四条措施，将立法放在诸项措施的首位，认为：“法律作用，以积极言，则有诱掖指导之功；以消极言，则有纠正制裁之力。”① 法律犹如轨道，产业“入轨道则乎坦正直，毕生无倾跌之虞；不入轨道，随意奔逸，则倾跌立至”②。他从自己亲身经历中得出教训，许多中国企业之所以昙花一现，前仆后继，累累相望，就是因为“无法律之导之故也。将败之际，无法以纠正之；既败之后，又无法以制裁之，则一蹶而不可复起。或虽有法而不完不备，支配者及被支配者，皆等之于具文”。③ 张謇在担任北洋政府工商、农林和农商总长期间主持修订与颁布了大量经济法规、条例等，达 20 余种，重要者诸如《公司条例》《商人通例》《矿业条例》《国有荒地承垦条例》《公司注册规则》《公司注册章程》《商业注册规则》《矿业注册条例》《商会法》《劝业银行条例》《公司保息条例》《农商部奖章规则》等，加上此前北洋政府所订立的一些法规，形成近代中国经济立法的第二次高潮。从总体上而言，张謇的经济法规与清末经济法规一脉相承，是在清末经济法规基础上进一步充实转换而成的。毋庸讳言，张謇的经济立法思想还存在一定的狭隘性。张謇主要结合自己的实业活动来提出经济立法的观点，所拟订的有关经济法规多以其企业的利益为出发点，使这些法令、条例的适用范围受到一定限制，但这恰恰说明商人主体在重农抑商观念发生动摇之后爬起来直立行走的新兴态势，说明当时具有以商人主体为出发点的现代经济法起步阶段特征。与传统法律体系不同，此时中国的法律开始西化和细化，汲汲于整体国家的现代性建构，表现出与传统法律决裂的取向。

中国经济法的诞生被内外相煎的时势所倒逼，呈现出时空挤压的急促迫切性；虽然表面上可以堂皇正大援引洛桑会议允许土耳其废约不以法典完备为前提，但内修法度是外明政理的前提，变法修律与关税自主息息相关，加紧经济法的立法在当时主要目的之一就是使列强对取消领事裁判权的修约无所借口和遁词。对于国家建设而言，宪法关乎统治架构的总体确立，而政治权力在本质上必然归结为经济权力的确立和分配，财税问题既关乎中央与地方的关系，又与关税自主相纠葛。因此，在 1928 年国民党中央党部举行的第四十三次总理纪念周上，孙科在报告中强调：中外条约既先后改订，则国内一切法典，更须早日修订完善，以便外侨如约遵守。现在我国刑法虽已颁布，而民法、商法、经济法、劳工法等尚未制定，希望立法院于 1930 年 1 月以前完全制定颁布，将以前旧法同时废除，以免外交上发生困难。④ 在随后的国民

① 李明勋，尤世玮主编. 张謇全集：4. 论说·演说. 上海：上海辞书出版社，2012：257.

② 李明勋，尤世玮主编. 张謇全集：2. 函电·上. 上海：上海辞书出版社，2012：438.

③ 同①258.

④ 《申报》1928 年 12 月 4 日。

政府立法院委员就职典礼上，立法院院长胡汉民再次重申，目前所亟须研究者，为民法、商法、土地法、经济法、劳工法等，对外为取消领事裁判权、收回治外法权及废除不平等条约之准备，对内使全国人民生命财产及平等自由得有充分保障，于民生问题得适当之解决。① 立法院以吴铁城、宋美龄、邵元冲、傅秉常、焦易堂、郑毓秀等 32 人为委员，下设秘书处、编译处、统计处。另设 5 个委员会，一为法制委员会，焦易堂任委员长；一为经济委员会，邵元冲任委员长；一为财政委员会，邓召荫任委员长；一为外交委员会，傅秉常任委员长；一为军事委员会，朱和中任委员长。国民党的经济立法的原则是基于三民主义的民生主义。② 财政委员会的邓召荫、卫挺生、曾杰、陈长蘅都曾就读于美国密西根大学，为建立近代财政体系的法律框架贡献良多。③ 经济委员长邵元冲对报界记者云，经统事业较之财政一门范围更广，经济为万事之母，民生问题有良好解决，社会一切纠纷危险可悉行化除，故与民生有密切关系的劳工法、土地法、合作制度、农民农工银行法规等，有早日成立之必要，俾社会经济力因法律之保障，得自由发展。④ 戴凤歧认为："对于经济法在国民政府时期是否成为一个独立法律部门的问题，事实上，很难作出简单的肯定或否定的回答。通观有关材料，国民政府从未制定过经济法典，也没有过制定经济法典的打算。这是无法否认的事实。无论是 1929 年立法院的工作简表，还是以后形成的《六法全书》，都可以证明这一点。但是，有无经济法典同经济法是否是一个独立的法律部门，是两个既有联系、又有区别的不同问题。现今有的西方资本主义国家，虽然承认经济法的独立地位，但也并没有经济法典。同样不可否认的事实是，经济立法在国民政府的整个立法工作中占有相当重要的地位。"⑤

鉴于中国当时是农业社会，土地法的制定成为当务之急。孙中山在遗嘱中已极简要、极清晰地说明："最近主张，开国民会议，及废除不平等条约，尤须于最短期间，促其实现。"⑥ 立法院自成立以后，迅速投入立法工作。一方面，为尽快议决起草各重要法典，立法院拟订了一系列立法计划，并先后指定各委员组织民法、商法、自治法、劳工法、土地法、刑法、宪法等各起草委员会，专司其事，提高立法的质效。在胡汉民的领导下，立法院上下人员无不勤奋工作，立法委员不分昼夜地开会；也和前方武装同志的打仗差不多，从朝到晚，用全副精神向前冲刺⑦，"不但每星期留过会，而且还时时增开临时会议"，以致个别委员因劳累过度，昏倒

① 立法院委员就职纪．申报，1928-12-06．
② 经济立法原则．申报，1928-12-29．
③ 久保亨．走向自立之路：两次世界大战之间中国的关税通货政策和经济发展．王小嘉，译．中国社会科学出版社，2004：80-81．
④ 邵元冲谈经济法．梧州经济策进会月刊，1929，1（3）．
⑤ 周奎正等．中国当代经济法论纲．北京：北京经济学院出版社，1993：271．
⑥ 中国国民党中央委员会编．胡汉民文集：第 2 册．台北："中央"文物供应社，1978：389．
⑦ 中国国民党中央委员会编．胡汉民文集．台北："中央"文物供应社，1978：367．

在办公室。[①] 自民初以来，法律精英就奔走在历史前台。据傅秉常回忆，“其时邓召荫主持立法院财政委员会而无法掌握该委员会，吾等呼邓为‘师爷’，乃古湘芹所荐，然财政会诸委员如陈长蘅、卫挺生、马寅初等均不信服，故常起哄，攻击宋子文。财政部将税则送请审议，众委员指责颇烈，邓召荫无法应付，余乃起而代为解释”[②]。“马寅初谓余曰，票据法乃彼所熟悉，然欲起草法典则力恐不胜。余乃为之就商于帕杜（Pardue）教授，亦取得一草案作蓝本。此一时期之法律起草工作，极为认真、慎重，非日后之立法院所能望其项背。如马寅初辈自视素高，然于起草之际，亦颇虚心，不耻下问，与余终成莫逆之交。”[③]

事实上，任何法律的制定均不可能不顾及方方面面的社会利益，不可能以特定的利益集团为唯一服务对象，但立法者毕竟不可能是绝对公正的上圣大贤，极力秉持正大之旨的同时未尝无任何偏见掺杂其间。立法过程本身就是各种利益博弈的过程，矛盾和冲突伴随始终。立法院中不同的参与者背景各异，对立法的认识、态度各有千秋，在按照市场法则重建中国经济上，常常难以取得一致，加之法律总是产生于权力的纠结状态，院外各方面势力的运作无法摒绝，特别是政府经济部门的首脑总想尽可能多地把持政府干预市场的权力，因此每项法规的通过，都不啻一场“战争”。早在宁汉分流期间，武汉方面的宣传家就攻击蒋介石与上海资本家之间的关系，称之为一种压迫工农大众的“反革命行为”[④]。但事实上，蒋介石尽管对中国工人阶级的劳动和生活状况了解得并不多，不过早年在有限的和工人的接触中，还是能报以同情的心态，希望通过社会改良的途径来改善工人的待遇。他在1921年8月日记中写道：“工人困苦，小工更苦！工场法如不速实行，小工无法保护，中国人民只见死亡伤病，绝无完全生存之理。有责者其可不恻然设法，实行提倡乎？”[⑤] 但在第一次国内革命战争期间，共产党人的农工政策对于国民党南京政权的合法性构成直接挑战。对于标榜继承孙中山新三民主义遗绪的国民党南京政权而言，在建立中央政府后，劳方资方是手心手背，不能光顾“扶助工农”而打击商人，故而出台《工厂法》乃是对前一阶段政策在法律上的厘清。在讨论《工厂法》里的盈余分配条款时，由于经济学社潘序伦、徐永祚等人的坚决反对，不利于资本家的盈余分配条款遂未能通过。[⑥] 中国经济学社的骨干社员马寅初、刘大钧、卫挺生、潘序伦等往往既是经济学者，又是政府官员。他们是学者时可以影响社会舆论，是政府官员时又直接参与社会公众的利益裁决。由于中国经济学社和工商界资

① 中国国民党中央委员会编．胡汉民文集：第4册．台北：“中央”文物供应社，1978：912.
② 郭廷以，王聿均编．马超俊、傅秉常口述自传．北京：中国大百科全书出版社，2009：202.
③ 郭廷以，王聿均编．马超俊、傅秉常口述自传．北京：中国大百科全书出版社，2009：206．亦可参见罗香林．傅秉常与近代中国．香港：中国学社，1973：73.
④ 寄公．南方两政府．现代评论，1927，5（127）．亦可参见小科布尔：《上海资本家与国民政府（1927—1937）》，杨希孟，武莲珍，译．北京：中国社会科学出版社，1988：36.
⑤ 刘永志．悲情枭雄蒋介石，北京：团结出版社，2014：24.
⑥ 孙大权．中国经济学的成长 中国经济学社研究：1923—1953，上海：上海三联书店，2006：389.

本家联系密切，加之马寅初等经济学家思想上对资本和资本家在发展生产中的重要作用极其重视，中国经济学社的骨干社员在讨论经济政策和制定各种经济法时往往偏向工商界资本家。这种身份和社会关系特征能否充分保持经济立法的公正性在当时备受社会质疑。

（二）中国共产党在新民主主义革命时期的经济法

1927年《现代评论》第6卷第141期刊载南陔《苏俄的经济法》一文。依笔者管见，南陔应是刘秉麟（1891—1956年）的笔名。刘秉麟，湖南省长沙人，又名炳麟，字南陔，系章士钊表弟。其以研究经济见长，中国人自己最早的经济学专著即是刘秉麟的《经济学》，于1919年已出修订本，从1925年至20世纪40年代初曾再版十余次。刘氏是早期马克思主义思想传播的先驱，其在《新青年》发表的文章的价值与李大钊的《我的马克思主义观》并肩齐立，后来人研究《新青年》，多半从李大钊、刘秉麟等人的著述出发，将《新青年》视为宣传马克思主义的重要阵地。刘氏在留学英国、德国期间，北京《晨报》联合上海《时事新报》在媒体上公布从1920年10月起向欧美各国共派出16名特派员和特约通讯员，大多系留学生顺便兼职。其中英国为陈溥贤、刘秉麟，法国为刘延陵，德国为吴统续，俄国为瞿秋白、俞颂华、李崇武。刘氏和瞿秋白等人是中国早期新闻界肩负报道使命的留学生，对于苏联的关注和当时国人以俄为师的潮流相关，1933年在《国立武汉大学社会科学季刊》第3卷第3期发表的《苏俄信用制度》等文介绍了苏联经济制度、政策、法律等问题，特别是1932年在《国立武汉大学社会科学季刊》第2卷第4期发表的《苏俄之设计经济》堪称最早论述苏联计划经济的性质、特征、内容及组织设计的著作，作者的目的即中国作为经济事业落后的国家欲建设而无所适从、欲计划而无所根据，对此一段参考资料或可视为他山之石。刘氏对于苏联计划经济的研究得到蒋介石的重视，以此为主题为蒋介石连续两天讲课，蒋氏在1932年10月10日的日记中记载："刘秉麟来讲经济学。"10月11日复载："听刘秉麟谈苏俄设计经济计划。"蒋听完大加称赞，获益良多，自承"甚有所感"，特意找来刘氏的《苏俄设计经济纲要》，阅后并批写"批准付印"①，故而此书后来卷首甚至有蒋介石亲自所写的序言。1929年4月，中国学社理事会根据刘秉麟等人提议，以"盈余分配的规定是否应该归入工厂法中"为题在南京中央大学体育馆举行学术公开辩论会，产生了强烈的社会反响②，说明了其思考的兴趣点。因此，刘氏发表关于苏联经济法的译文自在情理之中，并且其留学英国和德国，接触到当时的德国历史经济学派，与胡适、高一涵等被人们称为"现代评论派"均在当时的中国公学共事，后又与王星拱、周鲠生、燕树棠、皮宗石、陈源（西滢）、杨端六等现代评论派主将均转职武

① 汪朝光主编．蒋介石的人际网络．北京：社会科学文献出版社，2011：227．《苏俄设计经济纲要》应为《苏俄之设计经济》，估计存在讹误。刘文先刊载于《国立武汉大学社会科学季刊》第2卷第4期（1932年），后出版单行本。

② 孙大权．中国经济学的成长：中国经济学社研究（1923—1953）．上海：上海三联书店，2006：183．

汉大学，而且王世杰、钱端升、周鲠生、张奚若等现代评论派学者大多在法学方面均卓有建树，即便如刘秉麟等一些在经济学领域赫赫有名的学人也每每在法学领域有深切的研究，现代评论派学者自身的教育经历和职业背景为其法治理念的形成提供了条件，法治不仅是现代评论派的话语基础之一，也是其观照社会现实的重要衡量标尺①，无怪乎《苏俄的经济法》一文即发表在其平素表达观点的《现代评论》。原文为古布斯基（Nikolai Gubsky）在1927年《经济学杂志》上发表的《苏俄的经济法》（N. Gubsky，Economic Law in Soviet Russia，*Economic Journal*，Vol. 37，No. 146，1927），基本上在原文发表后不久即被译为中文，说明学术信息传播之迅捷，也标志着中国经济法最早的渊薮即是苏联的计划经济法。该文所界定的经济法是一种地地道道的泛经济法，包括专为国营的或大体为国营的机关而定的特别法（即工业法）和民法，托拉斯法、合作社法律和土地法、采矿法等，在文章中均被涉及。②

1930年5月在上海秘密召开的全国苏维埃区域代表大会通过了《土地暂行法》《劳动保护法》等文件草案，决定召开第一次全国苏维埃代表大会，成立中华苏维埃共和国临时中央政府。③ 中共中央于1930年6月18日发布的《扩大全国苏维埃区域代表大会的宣传运动》，将“苏代会”通过的这两个法令草案定位为“目前中国革命斗争之重要的战斗武器，他在中国革命的历史上将与1917年俄国十月革命中的土地令与和平令是一样的伟大”④。共产国际远东局为第一次苏维埃代表大会制定并通过中共中央政治局提出了劳动法、土地法、经济政策法、苏维埃建设法、军事法等法律草案。⑤ 1930年9月12日，全国苏维埃代表大会中央准备委员会在上海召开成立大会。大会通过了临时常委的工作报告、政治宣言、选举条例，以及准备提交“一苏大”的宪法大纲草案、土地法草案、经济法草案、关于红军问题决议案草案等⑥，决定将中准会“移到赤色区域去，公开的号召广大群众起来，准备全国苏维埃大会”⑦。但据笔者查核，当时《红旗日报》上的文件并没有提及“经济法草案”或者“经济政策法”，而前述党史专家的叙述估计与20世纪80年代经济法的名词在改革开放后被腾诸众口的情势相关，相关人员参以己意改易原始资料，致使1930年在党的历史上出现经济法的提法的叙述讹误层层累积。与“现在

① 孔祥宇. 现代评论派与1920年代的中国自由主义. 北京：中国政法大学出版社，2012：135.

② 南陔. 苏俄的经济法. 现代评论，1927，6（141）.

③ 陈荣华. 何友良，阎中恒. 试论中华苏维埃共和国临时中央政府的诞生及其历史意义. 江西社会科学，1982（1）.

④ 中共中央. 扩大全国苏维埃区域代表大会的宣传运动，1930年6月18日。

⑤ 中共上海市委党史办公室编. 1921—1933中共中央在上海. 北京：中共党史出版社，2006：266.

⑥ 陈荣华，何友良，阎中恒. 试论中华苏维埃共和国临时中央政府的诞生及其历史意义. 江西社会科学，1982（1）. 陈荣华，何友良. 中央苏区史略. 上海：上海社会科学院出版社，1992：116. 杨木生. 中央苏区法制建设. 北京：中共党史出版社，2000：12-13. 邓力群主编. 政治战略家毛泽东（1）. 北京：中央民族大学出版社，2003：656.

⑦ 全国苏维埃大会中央准备委员会全体会议经过. 红旗日报，1930-09-19.

改组派、阎锡山以至陈独秀等取消派所提倡的”①、南京政府筹备国民会议针锋相对，为“揭破国民会议所允诺的统一和平建设都是欺骗”②，抗衡当时南京政府立法院正在紧锣密鼓进行的土地法等立法，苏准会的一项工作是为苏维埃代表大会起草中华苏维埃共和国的宪法大纲和各项法令草案等文件。当时中央选调了李平心、熊德山等一些社会科学工作者参加③，但当时宪法大纲草案尚且仅仅是一些原则而非规则，不可能出人意表制定出经济法草案，仅仅是会议纪要中有所提及和在1931年3月9日《红旗周报》创刊号上发表了准备提交全苏大会讨论通过的《劳动法令草案》《土地法令草案》《关于红军问题决议案草案》《经济政策草案》4个法令草案，《经济政策草案》的基础则是仿效孙中山在《中国工业发展规划》中所阐述的原则，将苏维埃政府的土地、劳动、债务、商业、捐税、给养、居住等经济政策昭告天下。正是这样，1931年11月在赣南瑞金召开的第一次全国苏维埃代表大会终于宣告簇新的中华苏维埃共和国临时中央政府的成立，通过了临时中央提供大会讨论的《中华苏维埃共和国土地法》《中华苏维埃共和国劳动法》《中华苏维埃共和国经济政策》④ 等法令，也印证了苏准会起草的是经济政策。经济法是现代性的产物，不同体系的经济法处于一个同时性（simultaneity）和并置性（juxtaposition）相互竞争的时代且几乎与政权的竞争同时肇端。苏准会起草的土地法等并非无的放矢，而是具有俄国十月革命前两个政权对立的历史经验的背影，具有极强的针对性，具有在政治纲领上自张一军的动机。苏联的法律虽属草创伊始，但已经引起国内学术界刘氏等人的关注，而更是通过共产国际的推动在中国共产党的实践中得以渗透。过去的论著均提及土地法大纲，但是对此未加以深入的拓展研究，所以许多问题都黯然弗彰。苏联的经济法制度此时已经在中国大地润物细无声。

（三）伪满洲国经济法

伪满洲国实质上只不过是日本人枪杆支撑下的建立“皇道联邦”大帝国中的卫星国，如顾维钧所说的一个伪国家而已。如果说日本是“亲邦”“盟邦”，而伪满洲国则是“子邦”，其各个政府机关扮演着日本政府各部分店的角色，变成第二日本。在伪满洲国统治的14年时间里，日本帝国主义在“内部指导思想”的指导下，操纵伪满政府先后制定、颁布了民法、刑法等二百余部法律、法令，法条达数万条之多，涉及政治、经济、教育、外务等方方面面，形成一套完备的法律体制，在“五

① 中共中央文献研究室中央档案馆编．建党以来重要文献选编（1921—1949）：第7册．北京：中国文献出版社，2011：232.

② 中共中央文献研究室中央档案馆编．建党以来重要文献选编（1921—1949）：第8册．北京：中国文献出版社，2011：411.

③ 桂遵义，周朝民．平心传略//罗竹风主编．平心文集：第1卷．上海：华东师范大学出版社，1985：9.

④ 这在米·伊·斯拉德科夫斯基《中国：历史、经济、意识形态的基本问题》中译本中被表述为“经济政策法”。米·伊·斯拉德科夫斯基．中国：历史、经济、意识形态的基本问题．北京：中共中央对外联络部苏联研究所，1980：72.

族和谐”“王道乐土”的口号下，标榜要把伪满洲建成一个“现代法制国家”。但是，伪满洲国与日本之间的特殊关系，又赋予了这套法制独有的特征。

日本作为资源极度匮乏的国家，对东北资源有极大依赖性，随着侵略战争规模的不断升级，伪满洲国作为日本殖民地的经济地位也日趋凸显。时任满铁经济调查会东京特派员的宫崎正义（みやざきまさよし）曾两次留学俄罗斯，在第二次留学期间就读莫斯科大学法学专业，目睹震撼世界的苏维埃革命，对列宁的新经济政策及苏联计划经济进行过深入研究，其虽然在思想上并非马克思主义的信徒，但却是极力主张在日本推行统制经济的代表人物，经常被斥为“赤色分子”的统制经济论者。[1] 他在《满洲经济统治策》（宫崎正義『満州経済統制方策』）中写道：“所谓统制就是使部分的行为或事项与总体规划一致，并限定总规划期限，故统制需要有方向性的总设想或计划，且总规划必须是统一的、系统的，统制方法和程度也应适当，无论是部分或整体都具有可行性。”[2] 宫崎正义在“九·一八事变”时期结交的密友石原莞尔的支持下，成立了“日满财政经济研究会”。该研究会的一般成员大部分来自东京帝国大学经济学部、法学部以及部分商学部毕业生，在昭和初期日本知识分子“修正资本主义的必要”的普遍认知的背景之下，这一对外称“宫崎机关”的智囊集团出于当初“师夷长技以制夷”的动机，提交了涉及纳粹经济法、德意志新经济四年计划、苏维埃联邦预算、美国军需产业、英国财政状况等内容广泛的报告。[3] 其中，该研究会于1936年完成的《满洲军需产业建设扩充计划》被关东军交给伪满洲国，以此作为“满洲经济建设五年计划”，自1937年开始实施。[4] 日本朝野上下的思想深处在日俄战争后具有挥之不去的“满洲情结”，正是以“满铁调查课”为据点，由精通马列原理的宫崎正义为首的“俄国班”在研究苏联计划经济的理论与实践的基础上，借鉴纳粹德国的统制经济体制，以伪满洲国作为统制经济别开新局的实验基地，成为此后日本全国的国家改造和具有自身特色的战时经济体制形成的先声。

过去传统的观点是中国的经济法主要来自日本，但是，现代性的建构复杂性被低估，成为一种单向的线性进化论，这也是现代性被简化为现代化的陷阱所在，没有注意到其中复线的分叉历史。中国的东北地区在20世纪三四十年代成为日本本身的经济法的策源地。首先，伪满洲国史每每被中国历史叙事所刻意压抑，与讴歌抗日战争的历史主线存在内在紧张关系，因此被许多学术研究纳入视野的主要是抗日革命根据地和国统区历史，伪满洲国历史遭遇蔑视化，对中国经济法的研究不是

① 中村隆英，尾高煌之助编．双重结构．许向东，张雪，译．北京：生活·读书·新知三联书店，1997：390.

② 小林英夫『「日本株式会社」を創った男——宮崎正義の生涯』小学館，1995：115.

③ 杨栋梁，等．近代以来日本经济体制变革研究．北京：人民出版社，2003：139.

④ 李作权．伪满的《产业开发五年计划》及其实质//伪皇宫陈列馆年鉴．长春：伪皇宫陈列馆，1986：152.

从整个中国版图加以审视，自然存在视阈缺失。其次，我们通常的思维是按照文化势差想当然推定经济法的传播路径是从日本到中国，没有俯下身段细察这种弥散的传播空间。明治政府以来，日本经济迅速腾飞，受其影响，日本的民事法律及经济法规在内容上要比刑法多，体制上更加完善，而这种完善的民法及经济法律体系，也保障和促进了日本经济的发展。无论是从立法角度还是从法律内容的继承关系来看，伪满洲国法制都是脱胎于日本法，大量援引和参照日本法律制定，唯日本是效，在一定程度上达到了日本殖民者所谓的“日满一体”。从立法角度来看，伪满政府大量聘请日系法官完成了几乎全部法律的修订工作，并且日本司法省还从国内派出法学界权威作为制定殖民法律制度的顾问，因此伪满洲国法律不可避免被打上日本法的烙印；从法律的内容来看，伪满洲国法律的很多条款都援引自日本法律，与日本法令大体上一脉相承，以日本战时经济统制政策为母体，紧密配合日本战时经济统制政策的实施，呈现出与日本的经济统制法同步的特性。不过反过来说，日本撤废在满治外法权和移让满铁附属地行政权，同时专门为日本开拓民的移住制定1940年5月《开拓团法》、1941年11月《开拓农场法》等，均显示出伪满法律殖民地化日形严重的特殊性，伪满洲国的立法并不是对日本立法进行抄袭，在这一时期其实承担了日本所谓“实验国家”的角色。

“满洲建国初期的人事情况，简直有点像早年在乡下唱野台子戏开场的头一天一样，谁来得早谁就可以先抢个位置。”① 在伪满洲国的日系官僚济济而至，大多是来自日本政府各省的青年科长，在伪满洲国工作几年后回到本省，以此作为仕途飞黄腾达的垫脚石。在伪满洲国的日系官僚被赋予自由的权限以创造这一所谓“新国家”的骨架。与在日本的役所工作相比，其权势要大得多，这对当时还是年轻的日系官僚来说，是在日本国内绝对体会不到的大显身手的体验。伪满洲国成为日系官僚称心得志的发迹摇篮和绝好的政治修业学校，级别直提两级，工资增加三倍，不满三十岁就升为敕任官并被称为“阁下”的例子在所多见②，被傀儡政权视为“王様”（“王子”之意），回到国内后以革新派官僚领袖形象在政治舞台上活跃，青云直上，居于要津，形成在日本各省厅内部被称为“满洲组”的强大势力，未能到伪满洲国赴任的人则哀叹不走运。例如，从商工省出来的、任战后的自民党干事长一职的椎名悦三郎（しいなえつさぶろう），就是主张天皇机关说的美浓部达吉的外甥，在田中角荣（たなか かくえい）下台之后亲自裁定三木武夫（みきたけお）接替首相位置，被称为“椎名裁定”。商工省以精英官僚知名的岸信介（きしのぶすけ）自1925年开始第二次考察德国，研究产业合理化运动，其在决定去伪满洲国时以“白纸上画画的工作是富有吸引力”自勉，表现出以此作为“实验国家”的勃勃野心。古海忠之（ふるみただゆき）东京帝大法科毕业后入大藏省，为1932

① 森岛守人．阴谋·暗杀·军刀——一个外交官的回忆．赵连泰，译．哈尔滨：黑龙江人民出版社，1980：81．

② 秦郁彦．日本官僚制研究．北京：生活·读书·新知三联书店，1991：173．

年大藏省选拔去满的第一批青年日系官吏，曾任伪满洲国国务院总务厅主计处特别会计科科长、一般会计科科长、主计处处长、经济部次长、总务厅次长兼企划局局长等职务，被称为伪满洲国的二号太上皇。古海忠之一来到伪满洲国，在大同元年度收支总预算编制完毕后，紧接着又开始起草会计法、会计规则及国库金办理规则等法规，经审查批准后公布实行，将总预算制度和国库金制度用法制形式固定下来。① 他先后参与审议和策划了《粮谷统制法》《棉花统制法》《粮谷管理法》《特产物专管法》《农产物交易法》等一系列掠夺法令的制定。"根据这些法令，种粮谷的中国农民，必须在政府所指定的'交易场'和指定的其他地方出卖粮谷，同时也不能任意购买自己所需要的粮食。不仅对买卖粮谷作了特别严格的限制，同时又彻底地统治了粮谷的大量输送和输出输入，对价格和配售也作了极其非人道的规定。我在任总务厅次长以后，在 1942 年决定了《战时农产物增产搜荷对策大纲》，进一步加强了对粮谷的掠夺。同时参与起草拟定了《农产物管理法》，对过去的《粮谷统制法》《粮谷管理法》《特产物专管法》中所规定的有关收购价格、配售等，进一步实施了残酷的统制……在 1941 年和 1942 年又实行了《先钱契约制》，根据这种制度在农产物刚出苗的时候交给农民一部分定钱，和农民订了契约，等到收获期不管有无收成，按照契约彻底地掠夺了农民的粮食。并在掠夺粮谷的过程当中，动用了警察，挨户搜查，殴打农民，甚至把农民的种子也掠夺了；有的地方还有烧房子、杀人等各种残暴的手段掠夺粮谷。在 1942 年以前，是根据收购的粮谷编制'物动计划'（即'物资动员计划'）。"②

这一时期，伪满洲国法律体系就呈现出民事法律及经济法规内容多于其他法律、体制上更加完善的特征。伪满时期制定颁布的各类民事、商法、税法、专卖法等方面的法律、法规，同时算上战时颁布的物资统制类法令，其数量多达 60 余部，数量的权重比上远远高于刑事法、行政法、警察法等。基于加速经济发展的考虑，这些法律中相当一部分是关于特殊公司的单行法，力图通过产业扶持政策积累实力，指导助成少数强力企业，例如，1934 年 2 月《满洲石油股份公司法》、1934 年 3 月《同和汽车工业股份公司法》、1934 年 4 月《满洲棉花股份公司法》、1934 年 5 月《满洲采金股份公司法》、1936 年 6 月《满鲜拓殖股份公司法》、1936 年 11 月《轻金属股份公司法》、1936 年 12 月《满洲兴业银行法》、1937 年 7 月《满洲合成燃料股份公司法》、1937 年 12 月《满洲重工业开发股份公司管理法》1938 年 2 月《满洲房产股份公司法》和《满洲油化工业股份公司法》、1938 年 6 月《满洲飞机制造股份公司法》、1938 年 10 月《满洲电气化学工业股份公司法》、1939 年 5 月《特殊公司法》。不可否认，这些法律的制定对当时经济的发展确实起了一定的保障和促进作用，但这些法律从手段而言均采取强化垄断资本的取向，可谓垄断促进对策

① 滕利贵．伪满经济统治．长春：吉林教育出版社，1992：208.

② 王战平．正义的审判——最高人民法院特别军事法庭审判日本战犯纪实．北京：人民法院出版社，1991：96.

的经济立法，且许多特殊公司的设立本身就与经济统制相关联，是作为经济统制法的配套法律推出的。例如，东北地区矿产资源丰富，矿业开发与统制自然成为重中之重。1935年8月《矿业法》颁布的同时就出台《满洲矿业开发股份公司法》。又如，1939年10月公布《主要特产物专管法》，11月即准据《满洲粮谷株式会社法》成立满洲特产专管株式会社，开始垄断大豆、苏子、大麻籽、小麻籽等油料作物及其制品。正是由于包括特殊公司和准特殊公司在内的满洲国策会社的垄断属性也存在一定弊端，1942年《满洲国基本国策大纲》提出，经济结构“以完成国防经济体制”为目标，贯彻有计划的统制经济原则，强调“统制企业”的“核算性”“企业性”和“经营的合理化”等。集中资金投向高度重点发展的产业，决定放弃过去实行的“一业一社主义”（即一个行业由一个特殊公司垄断），特殊公司仅限于高度要求国家参与的企业，对以后特殊会社的设立“采取严选主义”，除企业的性质上不得已而需要者外不再采用“一业一社主义”，并强化和“刷新”特殊会社。由于战争的需要，日本帝国主义必须满足战略物资的控制，因而又颁布了一些专卖法和统治法令，如1934年11月《石油专卖法》、1936年12月《盐专卖法》、1937年12月《酒精专卖法》、1939年11月《面粉专卖法》等，这些经济法令限制商品的流通，一定程度上不利于经济的发展，但实现了日本帝国主义对战略物资的有效控制。

从1937年5月起，伪满洲国相继公布《重要产业统制法》及《重要产业统制法施行细则》、《物价与物资统制法》等，对重要产业、产品，甚至一般产业、产品实行严格统制，《满洲经济统制关系主要法令集》为这一时期官僚统治经济法令化的集大成者。在“七·七”事变以后，因为原来从第三国进口的面粉开始出现进口困难，面粉价格上涨，伪满洲国于1938年8月公布《小麦及面粉供求调整及价格统制应急实施要项》，成立全满面粉厂必须参加的制粉联合会，以厂商自给统制的形式最早实行统制。1938年11月7日敕令第253号公布了《米谷管理法》，同时以敕令第254号公布了满洲粮谷株式会社的成立，开始对以稻米为主的粮食购销、加工进行统制。与对小麦的自治统制不同，米谷统制采取了相当强硬的手段，将收购米谷的业务委托给在全满各地成立的合作社交易场。当时华北的物价开始暴涨，再加上当年夏季的水灾，满洲的杂粮大量流入华北。因此，伪满洲国为了防止杂粮外流，于11月2日紧急制定并公布《主要粮谷统制法》，对玉米、高粱、小米等进行统制，由粮谷公司统一收购、配给和输出，实行指定收购人制度，由收购人代替会社在自由市场上收购出口粮谷。1939年，伪政府鉴于制粉联合会对小麦和面粉缺乏统制收买办法，出现各厂收买小麦价格混乱，许多工厂把面粉拿到黑市出卖等现象，取消了制粉联合会，成立了满洲谷粉管理株式会社，并制定了《小麦及制粉业统制法》《面粉专卖法》，除对小麦及制粉业实行统制外，对面粉实行专卖制度。1940年9月，新制订的《特产物专管法》和《粮谷管理法》代替了过去的《主要土特产品专管法》和《主要粮谷统制法》，将统制品种进一步扩展，基本包括全部杂粮和油料作物，又对《米谷管理法》亦加以全盘的修正。凡此种种办法，皆为促进登市而设，以便向日本国内输入大量粮谷，强化对蘑菇、药材等特产物的垄断。1937年8月，伪满颁布《暴利取缔令》，开始设立“经济警察”，其后逐渐在警务司、首都警察厅及各省警察厅之下设立经济保安科或经济保安股，构成伪满经济警察的基本队伍，到1943年各级警察机构设的经济警察已增至2 038人。① 对于经济警察的发展，警务总局警务处处长池田清躬声称：经济警察“阵容整备，不但都市人民均知经济警察，即使农村偏远地区，亦莫不闻经济警察之声也”②。为了贯彻上述统制法，日伪官吏及警察无孔不入地实施经济检查，以抓“经济犯”为名到处敲诈勒索，对于查出的所谓经济犯，随时随地不经诉讼程序加以处罚。结果，“经济犯”的罪帽满天飞舞。千千万万的普通劳动者动辄被扣上这顶罪帽，遭受严惩，以致倾家荡产、妻离子散者，不乏其例。中国黎民百姓深受经济统制之害，动辄违犯经济统制的各种法律，无端地被以“经济犯”的罪名遭到惩处或被关进监狱，以致家破人亡。③

随着日本侵略战争的深入，日伪统治者从1939年开始推行所谓“粮谷出荷”政策，于1942年公布《农产品强制出卖法》，由严格的统制变为强制的购销，以实现变东北为“大东亚粮谷兵站基地”的目的，满足战争的需要。1944年8月14日颁布的《农产物管理法》使伪满的统制经济达到无以复加的程度。该法第3条规定：“农产物之生产人或取得人不得在农产物交易场或由地方行政官署指定之场所以外之场所卖渡农产物，但兴农部大臣另确定时不在此限”“无论以任何名义不得为避免依第一项规定之禁止之行为”。同法第49条还规定：粮栈、粮栈组合、零卖业人、零卖业组合的营业行为，如果被认定“妨害公益”，行政官署得随时使其停止营业。1942年通过的《战时紧急经济方策要纲》规定“在农产物方面，于图谋积极增产和彻底搜荷政策”④，发动所有机关全力抢购粮食。交不足“出荷粮”，不但不准留吃粮，还到农民家翻箱倒柜。农民生产的粮食须先交足“出荷粮”，所产稻谷要全部上缴，不准农民自己吃，违者以经济犯或反满抗日罪论处。⑤ “物动计划”使1940年至1942年的统制粮价低于市价几成，到1943年竟是市价的二十分之一，此外在“出荷”期间的压等、压秤、压价尚不计在内，使农民遭受涂炭之苦，怨声载道，许多地方发生了农民因无口粮而自杀的事件。

曾任伪满洲国总务厅法制处参事官的木田清（きだきよし）证实说：岸信介“来到满洲，为了推进产业建设，建立了许多特殊公司，制定了许多法律。当时日系官吏中有一种制定繁多的法律来作为武器的倾向，中国人甚至讽刺他们为

① 长春市志·审判志. 长春：吉林文史出版社，1993：9.

② 池田清躬. 满洲国之经济警察//伪满洲国史料：第33卷. 吉林图书馆伪满洲国史料编委会编. 北京：全国图书馆文献微缩复制中心，2002：137.

③ 东北沦陷十四年史总编室，日本殖民地文化研究会编. 伪满洲国的真相：中日学者共同研究. 北京：社会科学文献出版社，2010：216.

④ 枥仓正一. 满洲中央银行十年史. 长春：满洲中央银行，1942：174.

⑤ 大连市史志办公室编. 大连印记. 北京：中共党史出版社，2009：170.

'法匪'"[①]。去伪满开拓事业的"能吏"致力于行政统治（administocracy），他们忙于建设机构和制定法律，陷入主观主义的行政一元化和法律万能论的泥坑，用"法三章"来对付当地农民，将在日本国内已经成为众矢之的的官僚政治原封不动地搬到满洲。所以，这时竟然出现了与"土匪"这一称呼不相上下的"法匪"的新俗语，用此来称呼这班人，连日本侨民对此也多少抱有同感，称岸信介为"满洲之妖"，将其与东条英机（とうじょうひでき）、星野直树（ほしのなおき）、松冈洋右（まつおかようすけ）和鲇川义介（あいかわよしすけ）并称为"满洲五虎"。当时的观察者评论说，日本"不从决定大方针下手，一切唯采干涉主义，朝一法令，夕一法规，以至官吏称为'法匪'，民众却不知何所适从。'满洲'的日系官吏所取法的，除日本形的'法令''法规'外，对满洲的传统、习惯，竟一无考虑。'满洲民众'的生活在'法匪'的'干涉''强制'之下，目前固只能出以无言的反抗"[②]。伪满法律接二连三被公布，中国人民所有的权利和自由被"有条有理"地剥夺，如同被五花大绑一样失去行动自由。1942年10月公布的《产业统制法》，取代已实行五年多的《重要产业统制法》，较之后者统制业种从21种增加到85种，不仅对重要产业要进行严格的经济统制，而且对一般产业也要进行超经济的行政统制，以致连麦酒、豆酱、酱油等非常一般的生活用品也未能幸免。而且，《重要产业统制法》的产业统制主要限于企业外部，如事业、经营检查，扩大、改组、停止和休业的许可等；而《产业统制法》的统制和对特殊会社统制一样，深入企业内部，包括企业的具体经营和人事安排等均受日伪官方干预。为了管理大量统制企业，效仿日本的统制会，以民间自主统制为标榜的统制组合纷纷建立。1942年11月25日公布的《事业统制组合法》规定，统制组合以"协助政府施策"进行统制为目的。该法是《产业统制法》的配套法令，但其适用范围远超过《产业统制法》。伪满洲国的产业行政名副其实地被带"军刀"的人所大权独揽，民众无力公开抵抗，为了生存只能采取消极抵抗的方法。哈尔滨双合盛制粉厂经理张廷阁一方面结交有势力的日本人当作护符，与伪政府虚与委蛇，另一方面抽逃资金，缩小经营规模，化整为零，增添不动产，保存资产。[③]

与山田盛太郎（やまだもりたろう）为代表的日本战前和战后资本主义的构造断绝主张相对立，山之内靖（やまのうちやすし）1988年发表的论文《战时动员体制的比较史考察——为了了解今日日本》主张"总体战体制论"，强调日本战时和战后体制的"连续性"，认为第一次世界大战和第二次世界大战期间，日本为进行总体战而进行的战时动员，是形成战后日本"体制社会"的起点。[④] 如果说以往的转型是基于"日本神话"且强化了这种神话，使"日本式经营"备受礼赞，那么

① 田尻育三等．岸信介．北京大学亚非研究所，译．长春：吉林人民出版社，1980：70.

② 李念慈．满洲国记实．近代中国史料丛刊续辑：第82辑，817．台北：文海出版社，1981：256.

③ 元仁山．黑龙江资本主义工商业的社会主义改造简史．哈尔滨：黑龙江人民出版社，1993：34.

④ 山之内靖「戦時動員体制の比較史的考察一今日の日本を理解するために」『世界』第513号、1988年4月。

堪称“总体战体制论”代表作的山之内靖等人合著的《总体战和现代化》最终得出结论却是：“战后各项改革的基本方向，和战时的各项改革是共通的。战时的改革使战前经济体制的制度性基础彻底解体……使战后体制向战前体制回归的道路被封闭。”① 曾在大藏省任职多年的野口悠紀雄（のぐちゆきお）将战后的日本经济体制称为“1940年体制”②，“1940年体制”即总体战体制，是以1938年《国家总动员法》③ 的制定为标志而确立起来的，故又称“1938年体制”。“1940年体制”并没有因战后民主改革而消失或出现本质性的改变，只是进行了新的排列组合，从而在一定程度上中和了该体制的有毒成分，使之成为跟国际环境比较相宜的一种政治体制。“1955年体制”实际上是披着战后民主改革外衣的“1940年体制”。前者对战后日本社会、经济和政治的基本性格的形成起到了决定性作用，远远超过了肤浅的战后改革。“1940年体制”和战后民主改革两者都有作用，但存在主辅佐使之分。美国学者路易斯·杨格《总动员帝国——满洲和战时帝国主义的文化》一书通过对大众传媒、官僚制国家、利益集团、乌托邦意识形态、国家对经济和社会的介入等“总动员”各个层面的探讨，指出战时的日本是由支撑新型帝国主义的现代产业、大众文化、政治的多元主义、新颖的社会组织创生的，是日本战后社会的原型。④ 对此，小林英夫（こばやしひでお）虽然提出批评，将“1940年体制”论追溯至苏联十月革命后宫崎正义在满铁调查科形成的当时全世界最大的研究苏联计划经济的机构⑤，但也同样肯定满洲经营构成嗣后日本经营体制的原型。以岸信介为中心的伪满洲国官僚借用大宅壮一（おおやそういち）的话说，多是些比常人“高一音阶的热情家”⑥，他们以德国为典范在伪满洲国推进国家统制经济，造成了统制或介入主义的产业政策，之后将这些政策带进了日本本土并导致了战祸，这些政策在战争时期的日本中被承继、扩大和强化，在战后的政策中也得以延续。例如，《重要产业统制法》使卡特尔作为度过昭和萧条的“王牌”（「伝家の宝刀」）而得以加强，并对摆脱大萧条和创造垄断利润产生深远的影响。该法于1936年到期修正，不得不再延续五年。⑦ 伪满在1934年9月《金融合作社法》、1940年4月《商工金融合作社法》、1940年3月《兴农合作社法》中，除了协力、协同、协动的取向被吸纳入所谓“王道乐土”的“魂立国”理念实践之外⑧，与日本本身的产业组合、

① 山之内靖・ヴィクター・コシュマン・成田龍一編著『総力戦と現代化』柏書房，2000：7.

② 野口悠紀雄『1940年体制—さらば戦時経済』東洋経済新報社，2002.

③ 『国家総動員法』（昭和13年法律第55号）。

④ Louise Young，*Japan's Total Empire*：*Manchuria and the Culture of Wartime Imperialism*. Berkeley：University of California Press，1998，pp. 7-9.

⑤ 小林英夫編著『満洲 その今日的意味』つげ書房新社，2008：42-43.

⑥ 秦郁彦. 日本官僚制研究. 北京：生活・读书・新知三联书店，1991：172.

⑦ 高瀬雅男「カルテルの法構造と経済法」『鹿児島経大論集』第14巻第4号、1974.

⑧ 高田源清『満州及支那の組合制度』叢文閣，1941：49. 吉田司『王道楽土の戦争 戦後60年篇』日本放護出版協会，2005：88，109-110，116.

商业组合等的中央会仅仅作为中央指导机关而被指责弱体无能不同，伪满商工金融合作社等中央会兼有日本中央会和全国联会的两种机能，甚至兼有日本产业组合中央金库、商工组合中央金库的作用，在营业统制等方面远远超越日本本土的商业和工业组合，说明伪满经济法并非单纯的日本法律的移植，而是具有在伪满的日本实验区先行先试的特性。[①]《粮食管理法》『食糧管理法』[②]，在满洲国已经以《米谷管理法》的形式被实施。另外，在伪满洲国，早已按照苏联的计划模式设立“企划处”，到1937年“企划院”在日本国内也设立，经过满洲修业的革新官僚进入“经济参谋部”全面负责对经济战线的统制事务，制定物资动员、资金统制、贸易、交通电力动员、劳务动员等计划，甚至战后作为经济规划厅被继承下去。在东京审判中被定为甲级战犯的岸信介度过长达三年的拘禁生活，其为推翻东条内阁作出了较大的贡献而具有值得肯定的一面，在复出后将战前时期国家统制经济的构想重新运用到战后的经济复兴中。战前主导这些法规整备的官僚担当了战后高度经济成长的旗手。现代日本社会的基本结构形成于20世纪40年代，并且对经济从战后复兴到高度成长起到了牵引作用。易言之，从战后复兴时期到高度经济成长时期的官僚主导型的经济体系的创始人，即是20世纪40年代以构筑总体战体制为目标的岸信介、椎名悦三郎、和田博雄（わだひろお）等统制经济派的中心人物。这些“跨时代”的经济官僚们不仅带着战前的职位进入战后，而且带来了战前长期积累的经验和相当强固的政策思想，将苏联五年发展计划、美国的新政和英国在一战后的经济再建计划作为效则的蓝本。这恰类似于世界上最早的土地增价税是在德国人不遗余力经营的青岛实行的，后推广于德国本土并被英国等所仿行。美国学者查默斯·约翰逊（Chalmers Johnson）的评论是：“这种初期时代（20、30年代）的思考方法和制度性创新，并非一代人传给下一代人的那种简单的遗产，主导着50、60年代产业政策的一代人，早在20年代后期和30年代初期就已登上了舞台。日本产业政策史上最令人吃惊的一个事实是，创造战后经济奇迹的领导者们，正是那些早在20年代后期就提出产业政策、经过30、40年代后再付诸实施的人。”战前的某些“制度和政策，与高度成长时期的制度和政策在若干方面简直十二分地相似”[③]。1937年卢沟桥事变爆发后，随着战争的长期化，日本当局除颁布“统制三法”外，即除《临时资金调整法》（『臨時資金調整法』昭和12年法律第86号）、《输出入品等临时措置法》（『輸出入品等臨時措置法』昭和12年法律第92号）、《军需工业动员法适用于支那事变之法律》（『軍需工業動員法ノ適用ニ関スル法律』昭和12年法律第88号）外，还相继颁布《人造石油事业法》（『人造石油製造事業法』昭和12年法律第52号）等一系列“事业法”，对各个产业，特别是与军需密切相关的产业实

① 高田源清『満州及支那の組合制度』叢文閣，1941：112.

② 『食糧管理法』（昭和17年2月21日法律第40号）。

③ チャーマーズ・ジョンソン『通産省と日本の奇跡』矢野俊比古訳、TBSブリタニカ、1982：122-123.

施统制，同时又制定了一系列战时经济计划以迎合“总体战”的需要：1938 年制定了第一个战时经济计划物资动员计划；1939 年后又相继制定了贸易统制计划、劳务动员计划、交通电力动员计划、资金统制计划等一系列计划。这一系列“国家总动员计划”的颁布，大致形成了计划经济体制。事实上，构成“1940 年体制”基础的各项制度多系纳粹德国制度的翻版。作为战时金融体制根本的《日本银行法》（『日本銀行法』昭和 17 年法律第 67 号）即堪称 1939 年制定的纳粹德国银行法的翻版。但与战时体制被彻底摧毁的德国形成鲜明的对比，日本的特殊性主要在于这一体制在第二次世界大战后赓续存在。战后日本政府和业界团体双向关系或者说行政指导体制的原型即肇端于战时经济体制①，1942 年制定的《日本银行法》至 1997 年金融大爆炸之前都是日本金融制度的基本法②，其有关日本银行须按国家政策及国家既定目标运营的规定在战后美军主导的银行制度改革中几乎只字未加更张。1940 年前后逐步出台的一系列经济产业统制法规成为战后复兴时期到高度经济成长时期国家经济运营的基础。原计划院担当中坚骨干的“战时官僚”继续占据经济安定总部的要职，积极引入“倾斜生产方式”，领导战后经济复兴。正如椎名悦三郎在 1976 年所写的，满洲是日本产业的“试验场”③。有许多过去的满铁职员在经济安定总部担任要职，“伪满洲国”的统制经济方式几乎原封不动地搬到了战后。采用了与“伪满洲国”推行的“重要产业五年计划”几乎完全相同的统制经济手法。被称为“农工商省第一人”的岸信介和号称“大藏省第一人”的星野直树等制定的《确立经济新体制纲要》（『経済新体制確立要綱』）这一原计划院的方案，不仅支撑了“1940 年体制”，而且在战后复兴时期也发挥了主要的作用。④ 1949 年根据《通商产业省设置法》（『通商産業省設置法』昭和 27 年法律第 275 号）由商工省和贸易厅合并成立的通产省，被认为是日本在高度经济成长时期的经济司令部。在日本的中央各省厅中，通产省设有一个其他衙门所没有的“法令审查委员会”，最能说明通产官僚的特性。从岸信介和椎名悦三郎这一对无法分开的“革新官僚”哼哈二将这条线传下来的通产官僚特殊群体，通过不断地制定各种政策法令来显示自己的存在，以至于有人揶揄通产省为“主意省”。这些层出不穷的政策法令，在很多时候也确实为日本产业指导了发展方向，使日本成为亚洲的优等生。⑤“通商产业省”直到 2001 年才改名为“经济产业省”。

金泽良雄在《经济法》中就依据椎名悦三郎《战时经济与物资调整》（『戦時経済と物資調整』産業経済学会、1941 年）为基础分析日本战前、战时到战后的经

① 岡崎哲二・奥野正寛『シリーズ現代経済研究（6）現代日本経済システムの源流』日本経済新聞社，1993：193.

② 野口悠紀雄『1940 年体制—さらば戦時経済』東洋経済新報社，2002：5.

③ 查尔默斯・约翰逊. 政府到底该干什么？——有形与无形的手之争. 安佳，肖遥，译. 昆明：云南教育出版社，1989：114.

④ 纐缬厚. 我们的战争责任：历史检讨与现实省思. 申荷丽，译. 北京：人民日报出版社，2011：75.

⑤ 俞天任. 谁在统治着日本. 北京：东方出版社，2012：134.

济计划法律属性的变化，认为：在日本，第二次世界大战前和战争期间制定的《扩充生产力计划》《物资动员计划》与战后制定的《经济复兴计划》《经济自立五年计划》《新长期经济计划》《国民收入倍增计划》《中期经济计划》《经济社会发展计划》《新经济社会发展计划》《经济社会基本计划》等，本身只属于经济政策的领域，而在法律上并无任何规定。[①] 这都是无任何法律依据而制定的。行政机关的决定计划不必依据法律亦能自由进行。在这种情况下，可以说计划与法律无关，并不具有任何法律的意义。在战争时期对经济计划的需要非常高，而为其计划实施，要求有法规并急需伴随有限制国民权利（许可、认可等）和免除义务（免税）的强有力的措施。与此相关，计划与法律具有计划作为行政活动实质性标准的机能上的实质关系；但在这种情况下，法律本身并未设立对计划的任何规定，而计划则潜于法律的背后，成为根据这些法律制定的各种行政活动的实质性标准。在这一意义上，计划虽然与法律相关，但本身并不体现于法律的表面，仅潜在地蕴蓄着法律的意义。为了给行政活动授予广泛酌量的余地，计划的法律意义未能显现化，法律上有关实现计划手段的行政活动的规定至多也是一般的、抽象的标准或必要条件。然而，战后出现了计划直接纳入经济法领域的现象，计划在法律上成为经济法规制标准的前提。经济的计划以法律形式表现出来，被直接赋予某种法律意义，例如，根据《煤炭矿业合理化临时措施法》（昭和 30 年法律第 156 号）制定的《煤炭业合理化基本计划》和该法的施行计划；根据《产煤地区振兴临时措施法》（昭和 36 年法律第 219 号）制定的《产煤地区振兴基本计划》；根据《石油供求适度化法》（昭和 48 年法律第 122 号）制定的《石油生产计划》等。

当时，日本国内和伪满洲国的日籍学者在刊物上发表了一定数量的经济方面的论文，例如，铃木一郎（すずきいちろう）《满洲国矿业法中租矿权的本质与机能：满洲国的矿业开发、统制机构》（鈴木一郎「満州国鉱業法に於ける租鉱権の本質と機能—満州国の鉱業開発・統制機構」『満鉄調査月報』第 20 巻第 3 号、1940 年）。伪满洲国出版的经济法著作有关景禄《满洲帝国矿业法令》（新京：满洲矿业协会，1938 年）、山田春雄（やまだはるお）《满洲帝国国有财产法释义》（新京：东光书苑，1938 年）、小松孝行（こまつたかゆき）《米谷管理制度关系法规》（新京：满洲粮谷株式会社，1939 年）、商工经营研究会《改正税法总览》（新京：大同书院，1940 年）等。伪满洲国建国大学法律系开设的课程中除了法律史、日本宪法、刑事法、民事法、商事法、国际法等，一门重要课程就是统制法。[②] 1939 年新设的新京法政大学主要是法制经济的学府，包括法律系和经济系。我国法学界耳熟能详的日本法学家高桥贞三（たかはしていぞう）当时就是新京法政大学的教授。高桥贞三在当时出版了《满洲国行政法》（新京：满洲图书株式会社，满洲书籍配

① 金泽良雄．经济法概论．满达人，译．北京：中国法制出版社，2005：64-70.

② 刘世泽．伪满建国大学概述//《长春文史资料》编辑部．长春文史资料，1997（1）．34.

给株式会社，1942年），在战后出版《经济法讲义案》（高橋貞三『経済法講義案』三和書房、1952年）、《经济法》（『経済法』法律文化社、1959年）。高桥贞三在战后经济法的研究是基于其在新京法政大学的经济统制法的研究，这可以从其战后出版的经济法著作与其在战争期间出版的《满洲经济统制法》觇见其中的端倪与继承性。在改革开放后翻译金泽良雄《经济法》的满达人虽然对中国当代经济法学者影响深远，其从20世纪80年代初即致力于对日本经济法进行专题研究，历有年所，所著《现代日本经济法律制度》（兰州：兰州大学出版社，1998年）以金泽良雄的《经济法》为蓝本，融汇自己在兰州大学法律系主讲外国法制史和日本经济法多年的心得，堪称呕心之作，为世人所推重，但其生平事迹一直比较模糊，仅仅显示其晚年在兰州大学图书馆任职。据笔者所知，其原名满占鳌，1917年生，吉林市人，祖籍山东，1941年毕业于新京法政大学，应该为高桥贞三的学生，1943年在新京地方法院任实习法官①，恰如赵俪生所言其“早年曾去日本考察，对30年代前后的日本文化成果是做了充分吸收的”②。其后来关于经济法的研究显然也是其来有自。

（四）日据台湾经济法

日本对台湾的统治，是近代日本经历最早的真正的海外殖民地统治，是其后的朝鲜、“关东洲”等殖民地统治的前奏。日本政府公布国会通过“六三法”（『台湾ニ施行スヘキ法令ニ関スル法律』明治29年法律第63号），以台湾治安不靖、与日本风土迥异为由，赋予台湾总督委任立法权。在“六三法”体制下，在台湾的立法、行政、司法权行使的主体均由台湾总督一人司之，台湾总督府的律令无须经日本议会同意或承认，在辖区内具有与法律同等的效力，或称“代法律之命令”（Gesetzesvertretende Verordnungen）。是台湾殖民地采取特别立法主义的时代，台湾在法律上与日本本土异其法域，日本本土法令并不当然施行于台湾。1906年“三一法”（『台湾ニ施行スヘキ法令ニ関スル法律』明治39年法律第31号）改为“六三法”，也是以律令为统治的重要法源。1921年，日本强迫厉行“同化主义”，公布《关于应该在台湾施行的法令之法律》（『台湾ニ施行スヘキ法令ニ関スル法律』大正10年法律第3号），简称为“法三号”，以取代“三一法”，使台湾在法制上以日本法为中心，采取与法国殖民地阿尔及利亚模式相同的“内地延长主义”，以期将日本内地所适用的法律延长至台湾使用，将“委任立法”的形式从以“律令”立之，修改为以“敕令”定之，从而结束长达25年之久的律令立法时期，开始了敕令立法时代或通称的“皇民化时期”③。民法、商法、民事诉讼法、民法施行法、商法施行法、人事诉讼手续法等法令皆在台湾开始实施，在特殊情况下以总督发

① 沈阳市文史研究馆编. 沈鸿缀羽. 北京：中华书局，2005：37-38.

② 满达人编. 中亚史地文献综述. 兰州：兰州大学出版社，1995：2.

③ 戴炎辉. 五十年来的台湾法制. 台湾文化：第5卷第1期.

布律令加以辅佐。在日本称霸亚洲的棋盘上，这一时期台湾经济法直接与日本本土接轨，无须经历伪满洲国的日系官僚主导的立法转化。日本据台前几乎已经全面继受西方欧陆法制，因此日本推行的“脱中入日”间接使得台湾法制开始“脱中入西”，使台湾法律大多数西方化。日本统治台湾凡五十年，在日本帝国主义的军刀之下，台湾固然是资本主义化了，同时也日本殖民地化了。台湾经济的资本主义化是其光明面，台湾的日本殖民地化是其黑暗面。如果只看到光明面，固然是错误的，但将光明面和黑暗面截然分为两种类型，也同样不正确。台湾资本主义化，乃台湾殖民地化的本质。光明面乃其形式，黑暗面乃其本质。① 对日本殖民统治的礼赞不仅无知，而且无耻。所谓“有法不正，有度不直，则治辟”②是也。

二、民国经济法学者群体素描

在民国时期中西交汇的学术格局下成长起来的最早一批的中国经济法学者，其学术的养成也大多受益于中西交汇所提供的学术滋养，他们很多留学日本、欧美研习法学，学成后归国或授教于诸大学，筚路蓝缕开展民法等领域的教学与著述，或就职于民国政府诸部门，他们中很多人因其学术成就而受邀参与了民国政府的经济立法工作。民国期间研究经济法的学者可分为两大群落：一为立法院学者群落，一为朝阳大学留日学者群落。立法院学者群落以马寅初、卫挺生、黄右昌等为代表；朝阳大学留日学者群落以张蔚然、陆季藩、李景禧、张则尧等为代表。前者躬亲立法实践，结合立法实践进行学术研究，在社会地位等方面更形瞩目，后者主要集中于高等院校，对于经济法学理论的介绍和阐发更为直接。

黄右昌（1885—1970 年）字黼馨，号溇江子，湖南省临澧县人。1915 年，其被蔡元培聘为北大法律教授兼系主任，于 1920 年任北京大学法科研究所主任，主编北大社会科学院季刊，于 1925 年参与北洋政府司法部主持的中国历史上第二部民法典——《中华民国民律草案》的制定。与此同时，其曾在清华大学、法政大学、朝阳大学、中国大学、民国大学和天津法商学院兼课。直到受胡汉民固请，其于 1930 至 1947 年任国民政府立法院立法委员。所著《罗马法与现代》，在法学界名重一时，有“黄罗马”之称。

马寅初虽然与刘大钧、何廉、方显廷被并称为中国 20 世纪三四十年代最负盛誉的四大经济学家，但也可以说是当时最具影响力的经济法学家。南京国民政府成立后，马寅初出任国民政府立法院经济委员会委员长，两三年后在孙科任院

① 陈樱琴．台湾百年经济法的光明面与黑暗面//台湾法学会编．台湾法制一百年论文集．台北：台湾法学会印行，1996：296 以下．

② 房玄龄注．刘绩补注．管子．刘晓艺校点．上海：上海古籍出版社，2015：407．

长期间又任财政委员会委员长，实际上处在国民政府最高经济顾问的位置上，与邵元冲等国民政府多位高级官僚多有往来。蒋介石一度对马氏也信任有加，多次邀请其为自己讲解国际经济形势和国内财政经济状况，商讨国是，甚至在1932年还曾考虑令其负责筹划全国经济建设。他的主张对于当时的经济立法和经济政策的制订发生了重大影响。其躬预当时的经济立法，并且对于各种经济立法问题著文、演讲，阐述各种立法的意义、立法原则、立法程序等，包括《中国租佃制度之研究》(《经济学季刊》1930年第1卷第1期)、《新颁布之〈商标法〉》(《中央大学法学院季刊》1930年第1卷第2期)、《新颁布之〈交易所法〉》(《中央大学法学院季刊》1930年第1卷第1期)、《对于〈钱庄法〉之意见》(《商业月刊》1931年第1卷第2期)、《〈普通银行法（草案)〉具体说明》(《中央大学法学院季刊》1931年第1卷第4期)、《商标与〈商标法〉》(《银行周报》1931年第15卷第47期)等。1932年出版的《马寅初经济论文集》中许多内容涉及银行法、钱庄法、储蓄银行法、营业税、票据法、商标法、交易所法、公司法、盐税、田赋等，实为当时经济法研究的重要成果，彰显出作者在学术界的强大话语权。因此，张则尧等人的合作社法均请马寅初作序，其当时在这一领域的学术地位自可概见。

和马寅初一样，卫挺生也具有留美经历，同样是中国经济学社的骨干人物，同样在立法院长期工作。其于1929年在上海太平洋书店出版《财政改造》，引述“数目字支配世界”(The world is governed by number)的英谚以力主一笔不苟的财政法律构建[①]，成为其后来财政立法、计政立法的初步思想整理的底本。[②] 卫氏最初设计一部《财政监理法》的法典，分为通则、收支系统、预算、会计、统计、决算、公库行政、财物经理、公债、事前审计、稽查、事后审计12章，以充分实现财政收支存稽分权制衡的主张，虽然胡汉民对此大为嘉赏，并主张应改称“财政法”，但负责财经委员会的邓召荫主张财政立法化整为零。卫民遂先后起草了《公司法》《财政管理法》《公债法》《预算法》《会计法》《统计法》《公库法》《决算法》等，其参加了《土地法》与《宪法》的起草和讨论修改，著书立说，主要有论文《关于会计制度的几点意见》(《服务》1940年第5、6期)、《会计法草案之特殊各点》(《会计杂志》1935年第5卷第1期)、《会计法要义略释》(《会计季刊》1936年第3期)以及著作《中国今日之财政》(世界书局，1931年)、《战时财政》(世界书局，1933年)、《中国现行主计制度》(与杨承厚合著，国立编译馆1946年)等，对财政管理制度化的贡献卓著。1942年卫挺生总结说：“在我十几年的立法工作中，我在财政制度上的小小贡献，是四种制度的确立：即财政收支系统制度与审计制度的改造，及主计制度与公库制度的草创……而且笼罩全部财政制度改革的最

① 卫挺生. 财政改造. 上海：上海太平洋书店，1929：140. 黄仁宇研究明代财政和近代中国社会转型的大历史，强调“数目字管理”，即是对卫氏计划的理论演义，但计政泛化为福柯的统治经济学。

② 卫挺生. 卫挺生自述小传. 出版地与出版者不详. 1947：6.

高原则——第四届全会通过的《改善财政制度方案》——也是出于我的起草。”①从这些制度设计中，可以看出卫挺生的财政改革思想。虽然卫氏与马寅初关系密切，但两人与国民党政府的关系不尽一致。马寅初在早期关于立法的意见就与财政部存在一定分歧，只是仍限于学术观点的争论，但在抗战后期关于税法的问题，其对宋子文等猛烈抨击，经过蒋介石的强力打压后与国民党政府渐行渐远。而卫氏提出的诸多财税法主张虽然没有完全实现，但民国政府财税法的总体框架是由卫氏设计的，卫氏一直颇受宋子文关照，所以，在国民党败退大陆之际，马、卫两人的出处际遇自然迥乎不同。

张蔚然，生平不详，待考。张氏在所译牧野英一《法律之矛盾与调和》一书中自题“藁城张蔚然”，可知其为河北藁城县人。② 据子青《河北留日学务报告》所列的名录载，“张林坡，藁城，自费，研究劳动法”③。笔者怀疑此处的“张林坡”即张蔚然，因为张蔚然的籍贯也是藁城，同样以劳动法研究见长，且按照中国人字号一般具有互文关系，“林坡”恰好与“蔚然”相呼应，遂翻检藁城有关资料，果然在张中义主编《藁城教育志》清末民初大学生和出国留学生名表中发现有这样的记载：张林坡，表灵村，北平朝阳大学法科，民国 20 年（1931 年）。④ 据此可知，张林坡是在朝阳大学法律系毕业，于 1931 年赴日留学。考诸朝阳大学相关资料，果然在《朝阳大学同学录》民国 20 年 6 月毕业的第七班发现这样的记载：“张林波，别号蔚然，河北藁县。”⑤ 笔者认为《朝阳大学同学录》所载“张林波”应为“张林坡”，与该表标注的“河北藁县”应为“河北藁城”或者“河北藁城县”一样，存在笔误，但这里最为重要的信息是证实了“张林坡”即张蔚然的推测。后来，笔者在 1933 年《续修藁城县志》卷七中果然发现有这样的记述：“张林坡，字蔚然，表灵村人，民国二十年北平朝阳大校法科毕业。”⑥ 朝阳大学有这样一个传统，即在本校毕业生中选拔有培养前途的尖子人才，资派他们去日本和欧美留学。虽然留日的浪潮在九一八事变后一度受到影响，但不久渡日者依然络绎不绝，揆其原因要为日本外汇贬值政策之奏功。河北藁城表灵村张家是当地富户，子弟在朝阳大学读书者甚多，张蔚然能够自费留学不足为怪。在民国年间对于经济法学发展具有重要贡献的李景禧、陆季藩、张则尧均是朝阳大学法律系的高才生，毕业后都通过不同渠道赴日留学，和张氏具有相同的学术发展经历，即便称之为朝阳学派亦不为过。张氏的主要研究领域集中在法理学和包括劳动法、经济法等在内的社会法，其中有译著《法律之矛盾与调和》（牧野英一著，北平：春秋书店，1932 年）等。

① 卫挺生，杨承厚．中国现行主计制度．上海：商务印书馆，1946：卫挺生序第 1 页．

② 牧野英一．法律之矛盾与调和．张蔚然，译．北京：春秋书店，1932：1．

③ 子青．河北留日学务报告．河北留东年刊，1934（1）．

④ 张中义主编．藁城教育志．石家庄：河北人民出版社，2002：294．

⑤ 朝阳大学校友会筹委会．朝阳大学同学录．1997：21．

⑥ 续修藁城县志：卷七，1933．

张氏研究经济法类似于日本学者菊池勇夫，从劳动法入手延伸至经济法，进而上窥乎法理学，汲源于德国的卡斯凯尔等人的思想。

陆季藩的《合作法制》在张则尧的《比较合作社法》中多所称引。张则尧，字可皆，江西余江人，于1935年北平朝阳大学法律系毕业，同年入日本明治大学，专攻民法及经济法。张则尧《比较合作社法》（中国合作文化协社，1943年）是中国经济法早期极为重要的著作，虽然出版较早，但书中阐述诸多观点，如将合作社法律属性定位为“公益的私益法人”现仍不过时，然而目前学界并没对其投入应有的关注。①

陆季藩，辽宁辽阳人，系国立北京大学、日本法政大学研究毕业②，历任北大教授及湖南、广西、东北等大学教授。③朝阳大学主办的《法律评论》创刊于1923年，曾一度蜚声中外，“七七事变”后朝阳大学辗转迁移沙市、成都、重庆，颠沛流离，《法律评论》亦告停刊。抗战胜利后，朝阳大学迁回北平，当时在最高法院工作的李景禧受母校院长夏勤之嘱主编《法律评论》，并移在南京出版，于1947年复刊，出版直至中华人民共和国成立前夕为止。据李景禧回忆，“陈文彬教授的《冤狱赔偿制度与我国今后之立法》（第16卷第2期）、石志泉老师的《论诉讼法之功能及法院结案迟缓之原因》、陆季藩的《通货膨胀与金钱债务之关系》（均见第16卷13期），三文皆鞭辟入里，掷地有声。颇受读者赞赏”④。陆季蕃著有《社会法之现代性》（《法律评论》第13卷第31期，1936年），《社会法之发生及其演变》（《法律评论》第13卷第15期，1936年），《对于几个主要民法的范畴的看法》（《新中华》1950年，第13卷）。1942年出版的《合作法制》是在其北京大学的讲稿基础上加工而成。作者将德国《合作社法》（*Gesetz betreffend die Erwerbs-und Wirtschaftsgenossenschaften*）⑤和日本《合作社法》⑥作为参照系，认为中国合作法制内容虽然较之于其他法制简单，但“必须旁及经济政策、民事法规及经济法理论以为补充”⑦，合作社法一方面规定国家对其的指导监督关系，以防止其行为超乎应有的限度之外，另一方面规定合作社与社员之间的内部关系，是一国经济政策的反映，其内容不仅含有公法的规定，而且包藏私法规定，“既非私法，也非公法，完全是介于二者之间，而为新兴的经济法之一部”⑧。所谓经济法是有关交换经济和共同经济的法律，在法律体系中属于社

① 郑景元. 农村信用社法律问题研究. 北京：知识产权出版社，2011：4.

② 民国二十六年度国立湖南大学概况. 1937：15；申报，1948-03-10.

③ 杨佩祯主编. 东北大学教授名典. 沈阳：东北大学出版社，1999：139.

④ 李景禧. 法学明珠——〈法律评论〉追忆//薛君度，熊先觉，徐葵主编. 法学摇篮：朝阳大学（增订版）. 北京：东方出版社，2001：44-45。

⑤ Gesetz betreffend die Erwerbs－und Wirtschaftsgenossenschaften vom 1. Mai 1889，RGBl. S. 55.

⑥ 『産業組合法』（明治33年法律第34号）。

⑦ 陆季藩. 合作法制. 桂林：青年书店，1942：弁言1页.

⑧ 陆季藩. 合作法制. 桂林：青年书店，1942：28.

会法。[①] 该书虽然因在战时出版而印刷极为粗略，但在内容上，对于合作社法律责任、合作社合并等问题的阐述尤为精深绵密，堪称力作。

在陆季藩任厦门大学法律系主任期间，与陆氏同样毕业于朝阳大学的校友李景禧（1912—1995年）是该系教师。李景禧，笔名太茀，福建省福州人，1933年毕业于朝阳学院法律学系，翌年浮槎东渡，入东北帝国大学法学院师从栗生武夫（くりうたけお）。降及1935年，刘子菘、李景禧编《法学通论》就已经出版第2版。1937年4月李氏卒业回国，受聘为南京中山文化教育馆副研究员。国民政府迁都重庆后，其任《星渝日报》主笔。1939年至1940年，其任中央陆军军官学校（黄埔军校）第16、17期政治法律教官，在此期间，兼任西迁成都办学的朝阳学院法律系教授。1948年年底，南京解放前夕，国民政府最高法院人员纷纷请假走避，其虽因与国民党元老林森有亲戚关系，有机会携家赴台，但毅然坚持留在大陆，先后任福建学院教授、法律系主任、教务主任、厦门大学法律系教授。1953年其因全国高校院系调整、厦门大学法律系停办而转任厦门大学经济系教授。1957年，其被错划为“右派”，遭受开除公职的处分，解送原籍劳动。1979年平反昭雪后，时值厦门大学法律系复办，其回到法律系任教授。1983年，连任第六、七、八三届全国人民代表大会代表，法治建言颇多。兼任民革（中国国民党革命委员会）中央委员和监察委员、中国法学会名誉常务理事、中国消费者协会理事、中国法学会民法学经济法学研究会顾问等诸多社会职务。

戴錞隆，江西南康人，1949年以前曾任国立贵州商学院、国立贵州大学、国立中山大学等校法律系讲师、副教授和教授职务，讲授民法和商法课程。1949年后其应湖南大学李达校长的邀请曾任湖南大学法律系教授兼主任。1953年高等院校院系调整，其又应李达之邀任新成立的中南政法学院法律系教授兼系主任、民法教研室主任。1958年以后其调任由中南政法学院与武汉大学法律系合并成立的湖北大学法律系教授兼系主任。“文化大革命”期间因湖北大学法律系被撤销，其于1970年调任华中师范学院中文系任教授，于1980年起任武汉大学法律系教授和武汉大学港台法研究所所长职务，主要从事民法、商法以及经济法学教学研究工作，直到1988年离休。20世纪80至90年代其曾兼任中国法学会民法经济法研究会、湖北省法学会民法经济法研究会、湖北省法学会经济法研究会、武汉市法学会经济法研究会等学术团体的顾问等职。20世纪80年代初，因其为国内民法学界当时仅存的资深民法学教授，被教育部邀请牵头主编高校统编民法教材。其在20世纪40年代发表长篇论文《论法律和经济的关系》是经济法学早期的重要文献。[②]

吴传颐（1910—1978年），江苏苏州人，毕业于震旦大学，曾任民国大学、大夏大学教授，云南大学、贵州大学法学副教授。1943年至1949年其在国立中央大学法

① 陆季藩．土地法讲义．北大内部印刷，出版时间不详：14.

② http://hilaw.whu.edu.cn/30/news/a/xuerenpu/2009/1124/42.html [2015-02-19].

学院法律系任副教授、教授、“中大校务维持会”委员。在1947年上海举行的中华民国法学会第四届年会上，王效文、吴传颐、李景禧分别宣读论文《无限公司废止议》《社会法与社会法学》《各国继承法综合观》。① 中华人民共和国成立后，其先后被任命为中大校务委员会委员兼法律系系主任，国立南京大学校务委员会委员兼法学院院长。1949年7月后，其被调往北京，被任命为中央人民政府政务院法制委员会委员，后又被任命为国务院参事兼国务院法制局财经贸易法规组副组长，曾参与1950年颁布的“共同纲领”和1954年颁布的宪法的制定。1957年他被国务院法制局错划为“右派”，被撤销一切职务，下放到湖北省麻城县劳动。作为一位在民法学方面造诣精深的学者，其著述甚丰，有《比较破产法》《欧陆民法的演进》《中国法治之路》等。

三、民国学者的观点：何为经济法?

留学日本的中国学生于1907年1月14日（光绪三十二年十二月初一日）创刊《法政学交通社杂志》，留日学生孟昭常为主编，该月刊在日本东京发行，每月初一日刊行，单册定价为二角五分，半年六册定价为一元四角，全年十二册定价为二元七角，每期为140—160页。其事务所设定在东京神田今川小路集贤馆的陆定寓所。《法政学交通社杂志》所载多该社研究所得之材料，其文章风格通达明快，“本杂志为助成社会之发达，所发表意见及互相问答之处，皆与社会情势相应，无取艰深汗漫”②。杂志主要栏目分为九个科：论说、宪法、行政法、民商法、刑法、国际法、经济法、工商业调查记、杂录，但实际刊行的杂志并未严格遵循这一分科方法。“经济行政法”的概念至少在1913年就已经见诸《申报》。③ 以谈敏主编《中国经济学图书目录（1900—1949年）》（北京：中国财政经济出版社，1995年）一书中收录整理民国不同时期出版的“经济法”著作（含译著）的统计数据（不包括非正式出版物）来看，1912—1927年计有63种，1928—1937年计有308种，1938—1945年计有155种，1946—1949年计有102种，共计628种④，研究成果数量不可谓不多。1927—1937年是民国时期经济建设的“黄金十年”，在这一时期中经济法的著作成果最为显著，数量也最多，几近民国时期总数的一半。

一方面，是否该成为一个学科，在于其建制化（institutionalization）。建制如同军队的番号。番号是纳入军队作战序列的标志。一旦番号不存在，军队在建制上就不存在。一个学术单位的建制被取消，标志着其逐渐步入消亡的道路。建制化是学科之体的呈现。这在西方大学体制下往往表现为教席的设立。教席的设立意味着学术道场的体制化，具有学术繁殖能力和传承有序的学统。另一方面，学科内部在

① 申报，1947-11-03.

② 法政学交通社杂志. 法政学交通社章程. 法政学交通社杂志，1907（1）.

③ 申报，1913-01-29.

④ 引自万红先，严清华. 民国时期经济学著作的综合考察. 贵州社会科学，2013（3）.

理念上的范式的建立，是学科之魂的凝聚。一旦范式确立，标志着学科的思想纲领的确立。经济法在民国时期已经确立的重要标志之一即是，在大学教育中被作为一门正式的课程。这是学科体制化建构的集中体现，表明从偶发的零星研究蔚为在法学中占据一席之地的部类。笔者在 1923 年出版的《北京民国大学一览》中发现，北京民国大学当年的法学系选修科目有罗马法、经济法、中国法制史、欧洲法制史、法院编制法、法理学、社会学、社会立法论。① 南京大学在 20 世纪 30 年代初开设有民法、刑法、国际法及其他专门法等必修课 20 余种，其中谢冠生教授法理学、罗马法，马洗繁、刘镇中教授民法总则、债权法、继承法，胡文炳教授商法、物权海商法、破产法，马达教授劳动法、经济法、经济名著，狄侃教授民事诉讼法，夏勤教授刑事诉讼法，胡长清教授刑法各论，林几教授法医学，方文正教授契约法，陶希圣教授中国法律思想史、中国政治史。②

在这种情况下，出现专门的以经济法为研究对象的学位论文实为情理之中的自然产物。在中国法学会编辑的《中国法学图书目录》中，有一篇论文著录为："《经济法概说》，杜锡铎著，北平，北京大学法学院 1943 年（1944 年）"③，该著录不确，此乃燕京大学法学院 1943 班杜锡铎④的毕业论文。众所周知，作为教会大学的燕京大学对于宗教学、社会学的研究在民国学术史上谱写了浓墨重彩的一章，吴文藻、李安宅、费孝通、杨庆堃等均出自燕京大学社会学系⑤，燕京大学的法学院本系从社会科学院改设而来，当时下辖政治系、经济系、社会系，因为必须符合《大学规程》相关规定专设法律学系，所以不得不添设组建这一系科以符部章，但其力量在法科云集的京城相对薄弱，故该系科一度被撤销。⑥ 法学院曾经以吴文藻为法学院院长，而后来在法学界闻名遐迩的瞿同祖原本曾于 1930—1934 年在燕京大学社会学系读本科，嗣后又读两年研究生，他主修的方向是社会学，尽管属于法学院的学生，但对于当时法律系知之甚少，记忆依稀模糊。不过，燕京大学的社会学传统加以在法学院组织框架下的院系结构，造成该校的法社会学研究矫然出众，

① 北京民国大学出版部. 北京民国大学一览. 北京：北京民国大学消费社，1923：27.

② 王德滋主编. 南京大学百年史. 南京：南京大学出版社，2002：181. 马达（约 1900 —？年），字质父，又名马何达，法文姓名 Ma Ta，江苏如皋人。早年在震旦大学法学院学习。1927 年其获巴黎大学法学硕士、政治经济学博士学位，博士论文为《中国土地所有权制度的转变》(*L'étude sur les transformations du système de la propriété foncière en Chine*)。其曾任持志大学教授、中央大学法学院副教授，讲授劳动法、经济学名著等；嗣任广东法科学院教授、法学系主任。1943 年其任西南联大法律系特聘讲师（后升教授）。樊荫南编纂. 当代中国名人录. 上海：良友图书印刷公司，1931：216. 王伟. 中国近代留洋法学博士考：1905—1950. 上海：上海人民出版社，2011：210.

③ 中国法学会. 中国法学图书目录. 北京：群众出版社，1986：531.

④ 张玮瑛等主编，燕京大学校友校史编写委员会编. 燕京大学史稿：1919—1952. 北京：人民中国出版社，1999：452. 另见侯仁之主编，燕京研究院编. 燕京大学人物志：第 2 辑. 北京：北京大学出版社，2002：450. 中华人民共和国成立后，其已经不再从事法学方面研究，发表论文有《历史学科的基础知识不仅是基本史实》（《河北教育》1963 年第 5 期）。

⑤ 陈明章. 私立燕京大学. 南京：南京出版有限公司，1982：11.

⑥ 王键. 中国近代的法律教育. 北京：中国政法大学出版社，2001：234.

以法社会学或社会法学观念和法律社会本分的思想浓郁见称，[①] 而且时值抗战时期，杜锡铎这篇关于经济法的学位论文应该说是燕京大学法社会学深厚的学术底蕴的产物。由于目前资料的庋藏问题，至今尚未得睹该论文的文本。

经济法学的性质、定义及功能等作为学术话语弥散于其他部门法学论著之中。陶希圣在新生命书局于 1929 年出版的《法律学之基础知识》一书中如是言：关于社会生产交换制度之法律叫作经济法。经济法是最近成立的一个新分类。关于社会生产交换制度中掌握生产力的阶级之法律，便是劳动法。劳动法不是新分类。在资本主义成立后，劳动力为商品之一种，因此关于劳动的法规属于民法的范围，与关于其他商品的法规同列。其后，劳动立法逐渐加多，于是于民法之外，产生许多单行法，有些有公法的性质，有些是私法而为民法中劳动契约法的特别法。最近，以劳动为中心的统一劳动法兴，渐实现于德法诸国。从本来分属于公法或私法的法规，始汇列为一个新分类。[②] 马君硕在商务印书馆 1947 年出版的《中国行政法总论》中指出，自公私法对立之二元论逐渐失势后，欧陆学者在公法私法外更有经济法或社会法之提倡。[③] 经济法学甚至在潘楚基、张国干编撰的高中课本《法制》中被赋予相当可观的篇幅加以探讨。这反映出其作为新生事物对法学思想的强烈冲击，犹如清洁明净的叮咚泉水出山之际汩汩奔溅，声浪滔滔。郑竞毅编著的《法律大辞书》收录"新经济法"词条[④]，也介绍纳粹德国在司法部内成立刑法修正委员会、民事诉讼法修正委员会、民法全部修正委员会及经济法修正委员会等情况。[⑤] 杨时中所著《公和论》甚至特立独行提出"公和经济法"的概念，"以裕其生产，无分农工商学，均有一定之生产权，以资其活跃，永不受经济之压迫"[⑥]。

在《新时代产物之"经济法"》一文中，作者认为经济法的出现、形成、发达与世界大战、国家的动员及干涉相关，"经济法之出现发达为世界大战一种历史上大事变之所促成。质言之，大战期间，德国实行所谓国家的总动员，对于其国内之经济组织及私人之财产权利，由国家加以权利上之干涉，几无所不用其极。既而战事告竣，德人蒙莫大之损失。为处理战后政治上、经济上之纷乱困难，又不得不颁布无数之法令，以资应付，于是自成一系统之所谓经济法者，始以形成"。该文进一步梳理了当时诸种对经济法概念的不同认识：柏林大学教授鲁士包温（Arthur Nussbaum）《德国新经济法》一书认为经济法"为其作用直接及于经济上之法规，与仅间接的影响于经济。换言之，即以个人之经济生活，而非以国民经济自身，为其对象之法规（民法之大部分即属此种性质），实为互相对立之观念"。纪诹

① 汤唯. 法社会学在中国：西方文化与本土资源. 北京：科学出版社，2007：53.

② 陶希圣. 法律学之基础知识. 上海：新生命书局，1929：95.

③ 马君硕. 中国行政法总论. 上海：商务印书馆，1947：61.

④ 郑竞毅编著. 法律大辞书（下）. 上海：商务印书馆，1936：11.

⑤ 同④1898.

⑥ 杨时中. 公和论. 上海：世界和平社东方部，1934：30.

(Friedrich Giese) 认为“凡在法规中足为经济上重要之资料 (Materie) 者为经济法”。多贺 (Franz Dochow) 主张“经济法为凡关于经济事项之法”。黑儿退尔 (Erwin Hertel) 认为“以规律经济生活之法，换言之，即以所得为其目的行为之法，为经济法”。克尔恩大学哥尔德胥弥德 (Hans Goldschmidt)《德国新经济法论》提出“关于经济机关 (wirtschaftliche Organen) 之法为经济法”。喀斯克尔则认为“经济法为关于企业者 (Unternehmer) 之法”。作者衡量分析，认为“关于经济法之概念，似以从鲁士包温及多贺等之说，以作用直接及于社会经济之法，为经济法，较为妥协也”①。经济法非仅仅关于企业者之法规，文中还罗列出了经济法的内容所包括的 11 个方面。

应该指出，民国学者对经济法定义的认识在当时并未取得一致看法，对西方学者的研究成果各有取舍。宫鸥所翻译的威廉·黑德曼《欧洲经济法之端倪》一文开篇即言经济法即“规定经济生活之全部法规”，并提出当时欧洲经济发展中的四大方向，其中尤为瞩目国家的统制。晋庸在 1926 年《法律评论（北京）》第 4 卷第 2 期、第 4 卷第 14 期、第 4 卷第 15 期连续发表《德意志新经济法中之劳动法》，是笔者所见较早的经济法论文。② 晋庸《德意志新经济法中之劳动法》一文赞同努斯鲍姆对经济法的定义，他认为，“经济法者，以直接效果及于国民生活为目的之法规也。故凡以间接效果及于国民经济为目的之法规，或性质上不以国民经济为目的，仅以私生活为目的之法规，均不包含在内”③。这种对经济法定义中侧重点的分歧恰恰反映了那个时代经济法的发展尚在初步阶段。

李景禧在上海东吴大学法学院主办的《法学杂志》第 9 卷第 6 期上发表《社会法的基础观念》，指出：“自由主义极端发达的结果，社会上的财富集中到少数人手里，使 19 世纪的历史投进到独占与无产，奢侈与贫穷，饱食与饥饿的恐慌对立之中。立法者有见于此，遂依据修正自由竞争的统制经济来制定法律，统制经济反映出的法律，就是社会法——劳动法，经济法——社会法在这种意义上，可以说是‘统制的法’，社会法既是统制的法，那么它的机能，自也不外‘统制’二字了。”李景禧还说，第一次世界大战中“以德国经济生活非常的变动，和国家的统制经济为契机，超越传统的市民法理，与劳动法有同一进取态度之所谓社会化‘经济法’(Wirtschaftcrecht)，于焉而生，新法系基本的根据，为社会的团体主义的精神，德国学者之间，遂最先有了‘社会法’新法系的提倡”④。李景禧在论文中还介绍了

① 新时代产物之“经济法”//法律评论，1923 (26) (27).

② 依余之见，晋庸应为后来以“新疆王”著称的盛世才。盛世才，字晋庸，辽宁开原人，毕业于韶关讲武堂，于 1923 年由郭松龄保荐被张作霖送入日本陆军大学。在肄业期间，郭松龄发动滦州兵变，1925 年盛世才奉调回国参与其事，后郭死于非命，盛无奈又回到日本读书，张作霖向日本提出交涉，盛氏财源告匮，只能依靠别人的接济继续完成学业。和当年周佛海为了赚稿费急济燃眉翻译、撰写税法论文一样，其以“晋庸”的笔名发表的经济法、劳动法论文就是这一时期的作品。

③ 晋庸. 德意志新经济法中之劳动法. 法律评论（北京）：第 4 卷第 14 期、第 15 期 (1926 年).

④ 李景禧. 社会法的基础观念. 法学杂志：第 9 卷第 6 期 (1937 年).

德国当时的经济法学“世界观说”代表人物黑德曼认为经济法“乃19世纪至20世纪新发生的，并且是‘社会精神’所浸透的历史法域的总体，它是公法和私法的‘中间领域’‘混合状态’”① 的观点和“组织经济说”代表人物卡斯凯尔的观点。笔者不敢说李景禧是中国最早研究经济法学的第一人，但他无疑是中国研究经济法学的前路先驱之一。

与李景禧的研究相比，陆季藩的研究则显然深入了一步。陆氏在《法律评论》上连接发表文章，其中有《社会法之发生及其演变》(第13卷第15期)、《社会法意义之商榷》(第13卷第36期和第38期)、《社会法在现代法制体系中之地位》(第13卷第19期）等，对包括经济法在内的社会法进行即使当代学者也鲜人企及的精深研究。陆氏指出，“经济法的意义颇为纷歧，学者间尚无定说”。陆氏依据卡斯凯尔的《经济法的概念和构成》(*Begriff und Bestandteile des Wirtschaftsrechts*)②，认为，“社会法包含两部，一为劳动法，一为经济法”③。按照陆氏的观点，社会法乃民法原理转变中的产物，在形态上，虽然与民法处于反对地位，但其实质并不否定民法，只不过加以限制而已；在其效用上，与民法互为表里，以达到维持现代经济组织的目的。陆氏见解独到之处在于指出了社会法的法学渊源关系：“罗马法思想以私法即个人之法，公法为国民之法。故在法律上，社会与国家相符合，非个人法，即非私法，非国家法则非公法。而近代之公私法关系，与此不同，在日耳曼法亦然，社会与国家实有差异，除国家之外，尚有无数社会法之发生。但国家为最高团体，对国家法外之社会法，因其规律共同生活，于国家自身亦有价值，故赋以国家相同，或类似之权力，唯其权力并不高于个人法。”④ 陆氏是从社会法的角度论及经济法，这与李景禧颇为相似，表明我国经济法学尚处于起步阶段，如同新生婴儿咿呀学语一般。

张则尧是研究合作社法成果甚多的学者，其《比较合作社法》最早于1942年由中国经济书刊生产合作社初版，于1947年又加以增订再版。张则尧认为，公法与私法的融合，“产生经济法（Wirtschaftsrecht）之第三范畴”⑤。与当代许多经济法学者不懂外语而闭门造车迥然不同，张则尧利用日文得心应手，依据卡斯凯尔的In Recht Wirtschaft⑥ 和日本学者桥本文雄《经济法之概念》⑦ 等，对当时作为经济法母国的德国学者们诸学说进行介绍和评论，写道：与黑得曼之说对立者，“有加斯客尔（Kaskel）氏之经济事业法律说，谷诺特氏之经济生活法律说，诺斯巴姆

① 李景禧. 社会法的基础观念. 法学杂志：第9卷第6期（1937年）.

② Kaskel, Begriff und Bestandteile des Wirtschaftsrechts. In: *Recht über Wirtschaft*, 10Jg, H. 11, 1921, S. 211 ff.

③ 陆季藩. 社会法意义之商榷. 法律评论：第13卷第38期（1936年）.

④ 陆季藩. 社会法意义之商榷. 法律评论：第13卷第36期（1936年）.

⑤ 张则尧. 比较合作社法. 南京：中国经济书刊生产合作社，1947：9.

⑥ 不详所据，似有误，阙疑待考。

⑦ 橋本文雄「経済法の概念」『経済論叢』第27卷卷第2号、1928年。

氏之补充的法律部门说，柯尔脱休米氏之组织经济的固有法律说，主张虽各有所本，其承认经济法为法律体系之独立部门则一也。依余所信，加斯客尔氏之说最为精当，略以经济法为适用于经济事业之特别法律的统一范畴；其内容之构成，公法私法兼而有之，公法并占优越之地位；故经济法乃关于经济事业在法律上之地位的特别法，即对于经济事业经营之事实，或经济团体存在之事实，规定其所发生及其应接受之法律关系的总体；而从其法律之内容，可再分为经济警察法、经济团体法及共同经营法也"①。张则尧由于以研究合作社法见长，因而对卡斯凯尔的经济法学说极为崇奉。

从经济法发生的背景来看，正是由于世界大战的影响，经济情势发生很大变化，国家在战时对经济进行干涉，在战后对经济进行调节，因而经济法与统制先天即有莫大联系。张蔚然长期致力于公法与私法关系的研究，其在《法律评论》第13卷第43期上发表的《劳动法与经济法之关系》，是笔者所见到的民国时期最具分量的关于经济法学的学术论文。张蔚然在《劳动法与经济法之关系》一文中首先指出由于受到世界大战与革命的影响，经济生活发生变动，表现在私法领域即出现所有权的社会化，个人主义、权利本位之所有权观念渐趋没落，而团体主义、义务本位之所有思想抬头，由此导致新法律观念的形成，经济法因此发生。在《劳动法与经济法之关系》中，张蔚然依次分析了黑德曼、努斯鲍姆、卡斯凯尔和歌德施密特的经济法学说，特别针对上述学者关于经济法与劳动法关系的学说进行了逐一阐明，认为"所谓经济法及劳动法者，均不外在社会立法名称之下，为维持资本主义之支配势力且使其强化政策之具体表现于法者也，因其系独占资本主义之产物，故与前期之法理，截然不同，自成一独立之法域。惟前者重在企业之统制管理，后者重在劳动者之怀柔运用。一系直接，一系间接，二者有所不同耳。前述四说（指努斯鲍姆等四位德国经济法学者的见解），不究该法发生之本，只就其表现之形式，罗列堆积，推敲钻研，故其言虽巧，其意虽精，余亦不敢赞同也"②。作者在析述西方学者诸种观点后，提出自己对经济法与劳动法关系问题的看法，作者认为经济法发生于战时及战后，其基础建于社会民主主义之上，经济法重在对企业之统制管理，劳动法重在对劳动者之怀柔运用。

刘抱愿《注释法学果应唾弃之耶?》更从法理的角度阐述了经济法学在法学中的地位，他指出，法学研究的方法可以分为两种。第一种是法律哲学及工具学科的研究，研究法律根本概念，并将历史学、人文地理学、生物学、社会心理学、人类学、社会学、经济学、政治学、伦理学等工具科学，都加以研究，方能对活的社会现象，彻底明了其真相，不致流入空疏的一途。第二种是法律科学的研究，就是从法律的本身加以研究，其中又可分为两类：其一为静态的研究，包括法律史学的研

① 张则尧．比较合作社法．南京：中国经济书刊生产合作社，1947：9-10.

② 张蔚然．劳动法与经济法之关系．法律评论，1936年，13（43）.

究与注释法学的研究，前者是指利用史学的研究方法，考察以往的法律思想的变迁过程，后者包括公法的注释和私法的注释；其二为动态的研究，分为比较法学的研究和立法政策学的研究，劳动法学、经济法学都是立法政策学研究的范围。① 按照刘氏的观点，第一次世界大战后欧洲学者多主张动态的研究方法，偏重于立法政策学的探讨，经济法属于新兴学科。尽管笔者不尽赞同其观点，但其高屋建瓴的卓识令人赞叹钦敬。

四、中华人民共和国成立后经济法学的断裂与延异

笔者在博士学位论文中就简要地指出，1942 年张则尧所著《比较合作社法》第 2 章“合作社法在法律体系上之地位”中，就专门列出第 2 节“经济法之范畴与合作社法”，对经济法的实质及特征作出了阐述。这是笔者当时有限阅读范围内所知的最早出现于中国的“经济法”概念。实事求是地说，笔者作此断语系由李步云《中国法学——过去、现在与未来》（南京：南京大学出版社，1988 年）披露的信息按图索骥而来。由于该书披露的信息仅寥寥数语，因而几乎不为人所注意；笔者博士学位论文亦语焉不详。笔者后来在《中国经济法历史渊源原论》中对此研究作进一步推进。在笔者看来，20 世纪 30 年代，李景禧、陆季藩、张蔚然、张则尧诸学者对中国经济法学的建立有拔旗易帜之功，此可谓中国经济法学的“前弘法期”②。1927 年 11 月 6 日出版的《国闻周报》第 4 卷第 43 期载有《苏俄的经济法》（N. Gubsky 著，海石译），继之，1928 年出版的《现代评论》第 6 卷第 141 期发表了署名南陔的《苏俄的经济法》，该作者是否为前文译者海石，目前无法确考，但两者之间估计存在一定联系。后文作者南陔在文章中说明，此文是依据 1927 年英国经济学报上登载的古布斯基（N. Gubsky）所著《在苏俄的经济法》（Economic Law in Soviet Russia，*The Economic Journal*，Vol. 37，No. 146，1927），而参照以法人所译的《苏俄法典》（*Les codes de la Russie soviétique*，traduits par Jules Patouillet et Raoul Dufour；préfaces et introductions de Jules Patouillet，Paris：Marcel Giard，1923）而成。此外，据李秀清《试论苏联经济法理论对中国的影响》云，《中外经济周刊》第 229 号载有《苏俄之经济法法规》，介绍了苏俄经济立法体系。③ 但笔者目前尚未得检核原文，不敢人云亦云。20 世纪 60 年代中期到 70 年代中期，由于“文化大革命”，包括法学在内的人文社会科学研究出现巨大的断层，因而在中国大陆基本处于笔者所谓的“毁法期”。当然，“文化大革命”期间，在当时的台湾地区对于经济法的研究仍间有论著出版。直到改革开放以后，百废待兴，经济法学研究才又勃然而兴，此可谓中国经济法学的“后弘法期”。

① 刘抱愿. 注释法学界应唾弃之耶?. 法律评论，1934 (7) (8) (9) (10).

② 张世明. 中国经济法历史渊源原论. 北京：中国民主法制出版社，2002：251-275.

③ 李秀清. 试论苏联经济法理论对中国的影响. 政治与法律，2002 (3).

中华人民共和国成立后，即便不能说“沧桑巨变”，也当之无愧为“大河改道”。在“换了人间”之后，民国时期的法律在所难免因为政权依附性而面临脱胎换骨的改变。面对政权更迭之际的急剧转折，在打破旧法统旗号的指引下，蔑弃忌视旧法，抱不值一顾的心理，国内主流舆论对社会主义法制的功能与作用的认识很不成熟，仍处在不断摸索中。历次政治运动使得法律与法学的作用不受重视，民国时期研究经济法学学者的正常学术发展也受到影响。1952 年至 1954 年的院系调整后，各大学法学院相继取消，或合并到新建的“政法学院”。原来在综合性大学知识背景之下的法学研究氛围为追求短、平、快的政法干部培训方式所取代。1957 年，原法学师资又遭到严重削弱。“文化大革命”期间，高等学校法律系大部分竟至关门停办。等到 1978 年拨乱反正，全国仅剩下三所法律院校。① 中华人民共和国成立前培养的法律人才一律都被看作是旧法人员，满脑袋旧法观点，必须思想大跃进，而担任过法官和检察官的甚至往往被等同于反革命。留用的一批民国时期的著名法学教授被调离教师岗位，或改行，或赋闲在家。当时正在中国人民大学进修的兰州大学副教授吴文翰②在北京法学界座谈会 1958 年 5 月 27 日第一次会议上、后来被批判为为旧法“招魂”的发言中指出，“过去的法学家大部分被一棍子打死了，或埋没在不乐意做的工作里，而新法学家，几年来虽在法学上有成就，然基本上被教条主义缠住失了魂”③。吴文翰在发言中提及 1949 年后兰州大学法律系，解散的只剩两个人，做做临时工及教外系的课，犹如吃闲饭，很多同志遭到失业、流散，被打入冷宫。吴文翰结合自己的经历言，“几年来打杂工，教经济方面，拼命啃名词，心里很空虚。在这情况下，年已半百，七、八年恍恍惚惚就如此过去。”④

在“文化大革命”期间，法律和法学几乎被横扫出门。在这种情况下，尚萌蘖未久、为数不多的经济法研究者苟延残喘于动荡的岁月，这方面的发端在被隐没吞噬时毫无抵抗力，大陆法学界出现巨大的断层。数十年的光阴可以使当事人恍如隔世，记忆依稀，而在翻开新的一页后，万象更始，对后来人而言更是一切都成为过

① 端木正．端木正自选集．广州：广东人民出版社，2007：309.

② 吴文翰于 1930 年—1936 年在北京朝阳大学法律系大学部本科学习，受到黄右昌等人指导和影响，应该接触到黄右昌的经济法思想。其于 1943 年经甘肃学院院长李镜湖（曾在朝阳大学任教）介绍，在该院任讲师，1946 年甘肃学院升格为兰州大学，其又先后任讲师、副教授等职。吴文翰因为在这次会议上的发言被划为“右派”，于 1958 年到甘肃财经学院任教，此后在甘肃教育学院、甘肃师范大学任教，于 1985 年被调回兰州大学法律系，并指导民法、经济法两个专业的硕士研究生，直至 2004 年去世。在满达人翻译金泽良雄《经济法概论》过程中，吴文翰撰写前言并审稿。（金泽良雄．经济法概论．满达人译．北京：中国法制出版社，2005：500.）吴文翰在前言中提出经济法是“从经济政策上来满足经济性——社会协调性的要求，由国家进行干预的法律规范”。吴文翰在改革开放后发表了《试谈经济法》（与陈志刚合作，社会科学，1982（1））、《社会经济关系的层次及其法律目整——民法与经济法在调整功能上的殊途同归》（与姜建初、田夏桐合作，兰州大学学报：社科版，1987（1).）、《社会保险法制建设问题》（社科纵横，1991（6).）、《丝路繁荣与国际经济法》（社科纵横，1993（1)(2).）。

③④ 中国政治法律学会资料室编．政法界右派分子谬论汇集．北京：法律出版社，1957：24.

去式，很难真正理解前辈。例如，现在的年轻人连“文化大革命”都不清楚是怎么回事，说到许多著名学者、专家、艺术家都曾经遭到残酷的折磨，甚至折磨致死，往往觉得不可思议，呈现出大规模“历史失忆症”。黄仁宇在《中国大历史》一书中回顾了中国几千年的历史，也特别分析了中国现代史的结构和发展逻辑，他指出：“我们想见今后几十年内是从事中国法制生活人士的黄金时代。他们有极多机会接受挑战，尽量创造。”[①] 当改革开放后，风气丕变，物是人非，急促的前进步伐令人很难驻足作怀古之幽思，对学术旧闻也颇有些不屑与闻。记忆不可避免受到价值观的支配，归根到底是当代的投影，与生成记忆的当代骨肉相连、血脉相通，只有与现实的兴趣接榫才能进入人们的视野。急速的历史变迁不但影响着现在与将来，也足以改变人们对过去的认识。既往之事，乃已成之局，似乎成为与当下了不相涉的“物自体”。一切都要及时，一切也必须与时并进；抓住目前，面向将来，所以人们对于既往的学术甚少听闻，在攘臂争先、求新弃旧中对于历史的“失忆”也成了普遍现象。倡导经济法的新生代在百废待举之际不可能潜心于细密的返本穷源知识考古，解决眼前迫在眉睫的学术争论只能抄起上手的便宜工具，尚未表现出足够的“上溯”意识尝试“寻其所自”的再续学术香火工作。政治改革的洪流使得新生的经济法学夭折，时光流逝的忘川之水使得新生代的学者“不知魏晋，遑论秦汉”。学术的断层、人际的代沟，让一段历史尘封于幽暗的角落。正如荀况批评墨翟所言“无见于畸”[②]，即看不见事物的区别，将事物简单混为一谈，乃是弱视的表现。改革开放后中国的经济法兴起不能说与这段历史的绝响不存在传承关系，但其学统整体而言是中断的，自成体系，另具特色。与民国时期经济法兴起肇因于社会主义思潮的风靡一时不同，改革开放初期经济法的异军突起肇因于否定阶级斗争为纲之后经济建设挂帅的鼎革，这一时期的经济法仍不可避免受到计划经济的影响，但已经坚定不移迈向新征程。在改革开放初期经济法隆盛一时之际，著述蓬勃，对于经济法学执着追求者自然不乏其人，但更多的是循时随风，正本探源的通人自然难得一见。这其实是导致自身积累薄弱而败阵的根源。当时中国大陆（不包括我国台湾地区）经济法学对民国时期即已出现经济法学的事实浑然不晓，而去考证胡乔木、叶剑英、彭真等党和国家领导人使用“经济法规”和“经济立法”的情况。在改革开放后经济法学界的主流观点是，随着 1978 年年底中共十一届三中全会决定将工作重心转移到社会主义现代化建设上来，作为部门法的经济法以及相应的经济法学科应运而生。经济法作为一个学术分类在此前的国内法学研究中是不存在的，只是适应十一届三中全会后我国进行经济改革和对外开放的需要，法学者和法律工作者中一部分人认为有必要设立这样一个法学门类。无论是经济法还是经济法学，在发展过程中既体现着并受制于经济改革的基本思路与进程，又促进了经济

① 黄仁宇．中国大历史．北京：九州出版社，2007：237．

② 安小兰译注．荀子．北京：中华书局，2007 年：124．

改革的深入和发展。就经济法学而言，它是中国改革开放以后法学领域的革命性变革。不可否认，在 20 世纪 70 年代末中国共产党提出“四个现代化”的宏伟目标并把工作重心转移到经济建设上来、实行经济体制改革的大背景下，党和国家领导人强调加强经济立法，对中国经济法学的发展无疑起了决定性作用。但这并不是中国经济法学的起点。我们只有将李景禧、陆季藩、张蔚然和张则尧诸学者在民国期间对经济法学的深耕浅拓，与改革开放后中国经济法学的研究蔚然成风联系起来，才可以获致一种完形的认识。我国经济法学界从党和国家领导人的言论中寻求建立经济法学的依据，表明学术独立性意识的淡漠。有些学者在否认经济法存在依据时又说彭真等人当时提出“经济立法”时也不知道什么是经济法，只是随意言说而已，并没有对经济法有科学的认识。愚见以为，国家领导人和学者的“话语方式”本身就是不同的，我们不能要求国家领导人在政府工作报告中进行学术研究，其实真正不科学的是这些所谓的学者，科学性本是他们本身生存的依据，可他们只知道打语录仗而怠于严谨的学术考证，无的放矢，言不及义，实属不学，武断之尤殊堪浩叹。即便以“文化大革命”结束为断限，在彭真等党和国家领导人采取“经济立法”一词之前，荣礼瑾在《学术研究》1978 年第 2 期上发表的《加强社会主义法制是实现新时期总任务的重要保障》一文，就已经从当时主持中央工作的华国锋主席“实现天下大治，必须进一步加强社会主义法制”的抓纲治国战略思想出发，认为社会主义法制是实现无产阶级专政各项任务的重要保障，指出：“我们应当进一步制定和颁布刑法、民法、诉讼法等一些基本法；建国初期颁布的一些法如婚姻法等，经过二十多年的实践，也需要加以修改；随着国民经济高速度的发展，社会生产力的不断提高，应着手制定经济法、劳动法、环境保护法，等等。但是，又应注意防止任何单位、任何人借口制定工作条例和规章制度等，而搞那些违反新宪法精神的‘土规定’、‘土政策’”①。虽然后来成为最高人民检察院高级检察官的荣礼瑾可能在发表此文时尚人微言轻，但可以说更为专业、更为明确地在“文化大革命”结束后率先提出经济法作为法律部门的重要意义，足以受到应有的敬佩。

延续与变异其实是人类历史的两个面相，并非一种绝对排斥的关系，断裂的底部也存在延续，可谓中断而非全断，在更深层次上看到的是断裂与延续的交织共存、多歧互渗的特性。在注重“转折性”特征的前提下，在断裂的表象下发掘更深层次的或隐或显的内在链接、生成与转换，即“断裂”的延续性，在表面似不相涉而内里藕断丝连。历史总是一波三折，往往呈现出人意表的复杂性，令人咂舌而惊。在“文化大革命”之前，尽管法律虚无主义笼罩四野，但一度基于工具主义的对法律的强调催生了中国人民大学法律系民法教研室 1963 年 3 月《中华人民共和国经济法（草案）》的起草。尽管该草案只有 70 条，但结构清晰，体系完整，仍不失为一个完整的法典草案。其客观存在首先即是对经济法肇端于改革开放后国家领

① 荣礼瑾．加强社会主义法制是实现新时期总任务的重要保障．学术研究，1978（2）．

导人讲话论的证伪，同时表明计划经济也存在经济法。该草案分为两章，第 1 章“总纲”（第 1 条至 11 条）规定立法目的、原则、调整范围、时效及解释权等内容，第 2 章“所有权”（第 12 条至 70 条）包括通则、国家所有权、农村人民公社集体所有权、合作社集体所有权、公民个人所有权等 5 节。该草案第 1 条规定：“本法是以中国共产党的社会主义建设总路线和中华人民共和国宪法为根据而制定的各种组织和公民经济活动的准绳。”第 3 条复规定：“有权参与本法所调整的各种关系，依法享受权利、负担义务者，为下列之组织和个人：（一）具有独立核算或预算，并能对外负担独立财产责任的各种组织。法律规定需要经过登记程序始得成立的组织，在登记后才能参与本法所调整的各种关系。（二）中华人民共和国公民。”① 从这些具体规定可以看出，该草案所规定的经济法调整范围颇为广泛，旨在把所有组织和公民的一切经济活动纳入经济法的调整范围。中国人民大学法律系民法教研室在《中华人民共和国经济法（草案）》（简称《经济法草案》）之前，还曾于此前一年草拟《民法草案大纲（草稿）》。可以肯定的是，在 20 世纪 60 年代起草民法典草案期间，理论上对于经济活动应属于民法调整还是属于经济法调整存有不同意见。该经济法草案的草拟本身就清楚地表明了当时已有学者开始主张通过制定经济法典来调整经济关系的观点，力图以经济法典取代民法典的意图，在很大程度上折射出苏联相关的立法和理论的影响。② 20 年代末 30 年代初，随着苏联国民经济中社会主义成分占据主导地位，私有经济成分逐渐被排挤出去，斯图契卡等人“两成分法论”从当时苏联的大规模的社会主义改造的现实出发，认为随着私有经济成分被消灭和商品货币关系的日益缩小，民法将被经济行政法所替代。“战前经济法学派”金茨布尔格和帕舒卡尼斯等人的大经济法学说则进一步发展了斯图契卡的思想，不仅把社会主义组织之间的关系，而且把公民之间的关系，均纳入经济法的范围。这必然遭到民法学派的强烈反对。苏联民法学家之所以不遗余力地维护公法的民法，对私法避之唯恐不及，是因为一旦经济法确立，就会牵一发而动全身，革命的民法大厦有可能訇然倾圮而不得不在“公民”“个人”的私法范围内以维残垒，因而必须将经济法摈诸门外而使之蹙蹙无托身之处而后快。事实上，苏联民法学家所谓的民法已经丧失了私法的性质，是公法化的民法，如果从比较法的角度而言，这种民法调整财产关系时已与资本主义社会的“经济法”相近。

苏联法学界关于经济法与民法的争论在 20 世纪 50 至 60 年代广泛流传于中国学术界。1955 年，维辛斯基所著《国家和法的理论问题》由法律出版社出版，董必武亲自为该书题写推荐导语。在该书中，维辛斯基对其所谓“臭名远扬”的斯图契卡的经济法理论和帕舒卡尼斯的经济法理论不厌其烦进行尖锐批判，指出：这种

① 中华人民共和国经济法（草案）//何勤华主编. 20 世纪外国经济法的前沿. 北京：法律出版社，2002：582.

② 李秀清，何勤华. 外国法与中国法：20 世纪中国移植外国法反思. 北京：中国政法大学出版社，2003：339.

行政经济法的论调的主要点就是把调整经济关系的苏维埃的法分割成了两种“法”：一为民法，即调整国家机关跟私人间的关系，以及私人（公民）相互间的关系；一为“经济法”，即调整国家的或社会主义的各部门内部的关系。“斯图契卡解释道，这两种‘法’的区别在于后者以计划性为其特征，而前者却由作为这些关系的基础的‘自由竞争的无政府性……’所确定。因而，在这些成分间，以及在这两种‘法’之间，进行着斗争，这种斗争是‘……一种成分企图消灭另一种成分’……‘应当把那些直接有关调整社会主义经济成分的一切关系，分为一个特别法典，而不应包括在民法中。’……这就轻视了关于实现公民享有个人财产权利的任务，因而也就轻视了苏维埃民法的最重要的任务。”① 1956 年，坚金、布拉图斯主编《苏维埃民法》被中国人民大学法律系民法教研室编译、法律出版社出版。在该书中，两成分法的经济法理论被批判为民法虚无主义，这是因为该理论企图以经济法来代替民法，宣扬民法的死亡，将调整国民经济中社会主义带有组织技术性的规范归入经济法，而将调整私人成分的规范归入民法，后者“以个人的自由意志为出发点，贯穿着资产阶级的原则，并因私人成分的消灭而逐渐消失。由于私人成分的消灭以及伴随而来的包括资产阶级法的原则的那些调整私人成分的规范的消灭”，将代之以调整社会主义成分的、包含管理社会主义经济的行政技术规范的“经济法”。因此，坚金等强烈反对这种把调整私人成分的法看成是资产阶级的法的“双重成分论”，并将斯图契卡所宣称的“新的革命辩证法”遵照维辛斯基的理论定性为法律机会主义。②

学术界没有和而不同的襟怀自然倾向于将观点相左者作为异教徒大加挞伐，学术没有反垄断法的规限也容易滥用学术市场支配地位，学术的兼并与反兼并遂产生大量笔墨官司。社会主义民法既然必须与作为私法的资产阶级民法划清界限，就不能不以左派的面目示人。民法学派在苏联不主张公法和私法的区分，认为在民法已经公法化的情况下可以包办代替经济法，社会主义民法本身就具有此属性，提出经济法是无中生有的，没有必要多此一举像西方资本主义国家一样建立经济法来防止垄断。在中国法学界，这种大民法的观点同样认为，以主体、物权、债权、著作权、发明权、继承权等抽象的法律形式所组成的旧的民法体系是与以私有制为中心的，以个人为本位，以“国家不干预民事活动”为原则的资产阶级民法内容相适应的。这种体系极不符合我国社会主义民法内容的要求，社会主义民法的核心问题是所有制，应以所有制为纲来建立新的民法体系，并提出我国民法解决问题的范围应该涵盖国民经济生活中的国家、集体和个人之间的全部的经济关系和经济活动。即我国社会主义所有制以及为它所决定的生产、分配、交换、消费过程中的全部经济关系，“不仅应包括所有关系以及与价值规律和按劳分配规律有关的财产关系等内

① 维辛斯基. 国家和法的理论问题. 北京：法律出版社，1955：30-31.

② 坚金，布拉图斯主编. 苏维埃民法：第1册. 李光谟，等译. 北京：法律出版社，1956：35.

容，而且还应包括与实现民法基本任务有关的行政法、财政法、土地法、劳动法和婚姻家庭法的某些内容”①。与此同时，中华人民共和国成立后学习俄语并且能够在俄语系代课的芮沐也在北京大学将经济法的内容引入民法。芮沐在自述中如是言：“1958 年开始进行教育改革。我开始把五十年代完全依照苏联模式进行的‘中国民法’教学逐渐引向主要依照中国实际情况进行的‘经济法’教学，并又开设了一门‘资产阶级民商法’，以资比较。法律是上层建筑，是建立在一定的社会经济基础上、一定的生产关系结构上的政治法律制度和意识形态。所有法律部门都是直接间接地以一定的社会经济为背景的。根据这一认识，我就把五十年代我国对农业、手工业的社会主义改造和对资本主义工商业的社会主义改造的内容放到民法教学中去。我认为这样做是符合法律教育的宗旨和目的的。”② 这段文字比较模糊，未能明言课程的内容，似乎与后来的经济法勃兴存在联系，但说明当时社会主义民法事实上存在与西方经济法的混同性。1964 年，苏共中央通过关于进一步发展法律科学和改善全国法律教育的措施的决议，苏联法学界认为：“法律科学的发展被人为地局限于维辛斯基在 1938 年和 1940 年强加于人的法的体系的范围之中，直到现在，这个体系还在妨害许多对共产主义建设来说十分重要的法的部门的发展，如经济法、山岭法、水上法、森林法、宪法等等。”③ 苏联法学界相对宽松的政治环境和对于维辛斯基流毒的清算，造就了此后苏联经济法学的东山再起。在 20 世纪 60 年代初期，经济法是独立部门的理论虽然被苏联立法机关否认，并未在实践中得到落实，但这种理论在对东欧国家产生不同程度影响的同时也对中国不无波及。承继朝阳大学学术遗产的中国人民大学法律系当时如前所论是苏联法学在中国传播的“港口”，纵然文献阙如而难以确凿证明，但揆诸常理，苏联法学界经济法这一阶段的复苏应该被通晓俄文的学人有所知悉，两份草案接踵起草及之后中国人民大学法律系民法教研室和苏联东欧研究所在改革开放后春江水暖伊始之际翻译诸多苏联经济法著作，均隐隐约约跃动着苏联民法与经济法激烈交锋与纠葛纷纭的影子。

在中华人民共和国成立前已经开始进入学术研究殿堂的青年学者由于当时已经接触到经济法学的理论，在改革开放后万物复苏、经济法学迎来学术的春天之际，冬眠的经济法种子再度萌芽苏生。芮沐既有着开放的心态，又有年轻人一样的创新意识以及对世界发展潮流的深刻洞见，他指出：“我搞了多年民法教学，深感原有的民法体系再也框不住新时期经济法发展可能出现的内容，在‘四化’的新形势下，我国只能另辟蹊径创立经济法学科。”④ 其先后发表了《美国与西欧的“经济

① 李秀清. 试论苏联经济法理论对中国的影响. 政治与法律，2002 (3).

② 国务院学位委员会办公室编. 中国社会科学家自述. 上海：上海教育出版社，1997：367.

③ 伊·唐丘克等：《科学机关和法律机关讨论苏共中央关于法律科学的决议》，吴大英节译//中国科学院法学研究所编：《法学研究资料》第 2. 3 辑，北京：中国科学院法学研究所，1965：3.

④ 周恩惠. 创研经法第一人，昔日栽柳今成行//周恩惠. 走近新中国法学大家. 北京：中国人民公安大学出版社，2009：91.

法”和“国际经济法”》(署名“申徒”，载于《法学研究》1979年第5期)、《关于国际经济法的几个问题》(载于《国外法学》1983年第1期)、《经济法概述》(连载于《中国法制报》1984年3月16日、1984年3月19日第3版)、《经济法和国际经济法问题》(收入《国际经济学讲座》第2册，北京：中国社会科学出版社，1980年)、《国外经济法发展概况》(收入中央人民广播电台理论部办公室、国务院经济法规研究中心办公室：《经济法和经济立法问题讲座》，北京：法律出版社，1984年)等论著，提出“前院变后院”的经济法产生规律说，并在1980年国务院第一届学位委员会会议上提出应适应改革开放的需要，增加“经济法”和“国际经济法”两门新学科的意见。[①] 此外，谢怀栻撰写《台湾经济法》(北京：广播电视出版社，1993年)，发表《从经济法的形成看我国的经济法》(载于《法学研究》1984年第2期)等论文，也与其过去的学术训练不无关系。

随着国民党迁台，“北学南移”遂为一时代精神的重要特色。许多逃亡的学人本身已经取得了可观的学术成就，在南迁香港、澳门、台湾及东南亚等地之后，将其学术有效移植，在新的迁入地区开花结果。[②] 经济法在中华人民共和国成立后基本上花果飘零，但在台湾地区一直未曾间断。迁台的学者在新的环境中延续此前的研究，例如，台湾地区相关土地法论著迄今层出不穷。张则尧除了关于合作社法的研究在抵台后赓续不断，而且将研究扩展到租税法等领域，出版《现行税法概要》(台北：财政部财税训练所，1980年)等论著。其在《租税法之基本认识》中将租税法分为四类：一为规范租税法律关系实体的租税实体法，二为规范租税的课征及实行租税债权的程序的租税程序法，三为规范对于租税的课征等不服申请及诉讼等救济制度的租税救济法，四为规范对于违反租税的处罚的租税处罚法。租税法律关系的中心系行使征税权者与履行纳税义务者之间的债权债务关系，不同于私法上的债权债务关系。作者认为，经济法是对于各种经济活动加以管制、指导、奖励等法规的总称，是一个学术上的名词，为法律的一种新分类，其作用在于促进或管制各种经济活动，以实现经济或社会政策的目标，因为租税的课征往往被作为达成某种国家政策尤其经济政策的手段，例如在投资上，租税常被作为奖励或抑制的诱因措施，此种诱因措施即是经济政策的一环而为经济法规范的对象，所以检讨租税法此等规定时，有必要依据经济法原理。[③] 在我国台湾地区，尽管研究经济法的人仍然相对很少，鲜有全面系统地研究经济法的著作(相比之下，我国台湾地区学者对法进行分类及在“六法全书”的编纂中，多数涉及经济的经济法规被编入“行政法规”中的财政、经济、地政、内政等部分，少数则被编入“民法及关系法规”一编，而不若日本学者之“六法”编纂，已明确将“社会经济法”作为一编)，但经

① 国务院学位委员会办公室编．中国社会科学家自述．上海：上海教育出版社，1997：367．

② 鲍绍霖，黄兆强，区志坚主编．北学南移：港台文史哲溯源：学人卷Ⅱ．台北：秀威信息科技股份有限公司，2015：20．

③ 张则尧．租税法之基本认识．税务旬刊．1979(199)．

济法成为法学者注意和研究的对象，学术界能够接受或至少不排斥公、私法结合之“经济法”在社会上的客观存在。在老一辈和新一代法学家的著作中，都可以看到对经济法现象或理念的阐释。① 以李品昂《经济管制立法的理论与实际》为例，该书认为，经济管制立法，乃国家干预国民经济活动的法律手段，其形式或为法律，或为本于法律授权之行政命令。对于此等立法，有称为“经济管制法”者，有称为“经济统制法规”者，亦有将上述二种名称互为通用者，更有称“经济统制法”即“经济法”者。经济法一词系德国学者所首创。1906 年起，德国学者里特尔于《世界经济年鉴》中最先使用“经济法”一词，当时仅用以说明世界经济有关各种法规，并未寓有任何严格的学术意义。② 嗣后，许多欧陆国家及亚洲的日本，也逐渐接受这一名词，并将之发展成为一门独立的学科。关于经济立法的意义，就其较重要的观点而言有下列三种：(1) 公法说：此说认为经济法仅是公法体系内之一部分而已。除经济法所规律之对象具有特殊性质者外，其他则属于公法的范围，而应适用行政法上的原理。在解释方面，尤应以此原理原则为依据。除此以外，应适用刑法及特别刑法的罚则。(2) 统制说：此说认为经济法规，仅是以推行经济政策为目的之一群法规而已。此说将与经济有关的法规，一概视为一般行政法规的一部分。此派学者，进而认为经济法规仅属产业行政法规的一部分，而否认经济法规能独立存在。(3) 肯定说：此说认为经济法规为社会独立存在的一部门。此派学者进而主张在公法私法之外，另成一第三新法域，在此新法域内，经济法规成为其中之一部门，而包揽有关经济的一切法规。③ 受到新知传播的影响，我国台湾地区的经济法在 20 世纪 60 至 70 年代取得长足进步。苏俊雄、廖义男等具有留德经历的法学教授长期致力于经济法的教学研究，堪称这一时期中国经济法学的代表人物。

五、中国经济法学后弘法期理论管窥：以社会协调论为中心的国际学术视野考察

在学问的领域内，无所谓绝对的权威存在，无不可讨论或批判者。学问与教条的区别即在于此。学术人的使命就是理性批判，推故而别致其新，缺乏理性批判精神就意味着学术生命的枯萎。学者从定义上说就是要互相争论的人。崇争尚辩、追求学术自由的治学精神。学者们对“知出乎争”④ 这一教义深信不疑。科学的价值观本身，要求用怀疑和批判的态度对待一切既成的理论，学者的任务并不在于总要去证明什么，有时倒是企图去怀疑什么。所以，科学可谓存在于永恒的精神骚乱之

① 史际春. 海峡两岸经济法比较//史际春. 探究经济和法互动的真谛. 北京：法律出版社，2002：503.

② 关于这一问题的考证见刘文华. 中国经济法基础理论（校注版）. 北京：法律出版社，2012：21.

③ 李品昂. 经济管制立法的理论与实际. 台北：华欣文化事业中心，1976：3.

④ 张耿光译注. 庄子全译. 贵阳：贵州人民出版社，1991：56.

中。但托马斯·库恩在《必要的张力：科学研究中的传统和创新》中说，科学的发现，既需要发散思维即对于传统具有突破性的创新思维，又必须有向心思维（convergent thinking）即深入传统的思维。没有前一种思维，就会限于传统而失去创新的可能；没有后一种思维，就不能深知传统中的问题与病因所在，就不知到底为何需要突破，应该从何突破，即使突破也破不到点子上，所以，“成功的科学家常常必须同时扮演传统主义者和离经叛道者的角色”①。今人常说“守正出新”，如果把守正与出新比作尊体与破体，则尊体不是抱残守缺，而是为创新进行理论上的准备；破体更不是走火入魔，而是求新求变的必由之路。学者能够“一面申自己所学，一面仍尊人所学”②，不是以锋芒毕露的杀机取胜，而是以厚德载物的根器见长，自摅新得，实事求是，形成真正的学术争鸣。单纯的批判别人是一件轻而易举的事情，成本极小，故而许多人都依靠打棍子的方式飞黄腾达。袭击者采取这种不对称战术给予强势者以致命打击，和美国恶意并购盛极年代名不见经传的小公司对于声势雄壮的目标公司的偷袭效果一样。然而，破者，破题而言，距离“立”尚路途遥遥，根本还没有将一篇大文章铺陈开来。把别人拉过来打几个嘴巴子焉得以学问名之。这在思想上是激进的，但在方法上无意是粗糙的。攻乎异端，斯害也已。所谓批判者，必为有主张的批判。消极指摘他人之是非，而不能提出自身主张者，仅仅是批判的巨人、建构的侏儒，非有真知灼见者也。正如常言所说“弱犬狂吠”，逞厥横议，便无足观。学者应该具备两种学术道德：尊重真理和尊重他人。之所以需要心存诚敬，是因为对于以前理论的虔敬不仅是可敬的，而且是不可或缺的。即便是尼采所说的“超人”（Übermensch）可以粪土前人成果，但这些被粪土者恰恰可以成为生存土壤。学问善善欲长，当念积累之难，常思倾覆之易。前人的研究给予我们以知识的恩惠。守先待后是至关重要的。歧视他人的观点是造成世界各种灾难的起因，实亦衰象之一。《文史通义·知难》说：“凡受成形者，不能无殊致也；凡禀血气者，不能无争心也。有殊致，则入主出奴、党同伐异之弊出矣；有争心，则挟恐见破、嫉忌诋毁之端开矣。”③如果各趋极端而未准酌情理以求至当，驰骋笔墨，矜己自贵，互争雄长，均欲得一察焉以自好④，以致争之愈力，失之愈深，“凡立异未有能异，自高未有能高于人者”⑤，最终的结果往往是限遏了自身的创新，激烈的理论斗争导致了理论过剩。R. W. 福格尔和 G. R. 埃尔顿《怎样研究历史？——两种史学观》指出，尽管存在许多分歧，但都应承认：“他们是在同一个葡萄园里干活，任何形式的互相排斥都

① Thomas Kuhn, *The Essential Tension: Tradition and Innovation in Scientific Research*, Chicago: The University of Chicago Press, 1977, pp. 225-239.

② 梁启超. 清代学术概论. 上海：上海古籍出版社，2005：91.

③ 章学诚. 文史通义. 上海：上海古籍出版社，2015：119.

④ 张耿光译注. 庄子全译. 贵阳：贵州人民出版社，1991：599.

⑤ 龚自珍. 龚自珍全集. 上海：上海人民出版社，1975：648.

将使琼浆败坏。”① 学法之人大多龙骧虎步，唯我独尊，率皆另起炉灶，顾盼自雄，灵出并作，力翻新样如吴越锦机，各引一端，户异其说。“分而观之莫不持之有故，言之成理；合而观之，则又是互相排触攘斥，弄得人迷离眩晕，不知何所适从。”②盖学术甫萌之世，士以励己为归，学风丕振之时，说以徇人为美。励己则甘守湛冥，学祈自得；徇人则中怀躁进，说涉模棱。大家互相抨击，各行其是，这恰恰是经济法学现代性的表现，人人都很现代，但均不成熟。因此经济法学界一度呼吁学术共同体的建构，说明一种范式的确立相当困难。经济法学界在改革开放后的研究中涌现出大量活跃的学者与思想，既有骄傲之处，但亦有惭愧之由，讨论出一个“衷于一是”的纲领不能期之于一朝一夕。对于这些思想的分析和评判不是孤陋寡闻的笔者能力所逮，因此在此仅对以刘文华为代表的社会协调论作管中窥豹。一则在中国经济法学前弘法期以张巍然、陆季藩、李景禧为代表的朝阳学派创榛辟莽，使得中国人民大学经济法学渊源有自，而中国人民大学在 1963 年《中华人民共和国经济法（草案）》的起草延学脉于将绝，集矢于改革开放后中国人民大学经济法学的历史新篇章的续写有助获得整全的体认；二则笔者长期受到中国人民大学经济法学前贤的教诲，寖馈较深，不至于如同对于其他经济法学方家卓见难穷奥蕴，坐井观天，徒生谬悠之论。

局部的实践能够为某一实践范围内的、得到了许可的行为提供理由，也能够为错误的观点的理解提供理由③。中国经济法学是一种地方性知识固然不假，然而，这并非坐井观天的狭隘构建，存在迈向一般原理的延展研究空间。刘文华的经济法理论立足于中国改革开放的实践，但高瞻远瞩，在“横”的维度上，从全球的视野全面理解经济法的本质精神，在“纵”的维度上，从历史的眼光透视经济法产生的基本规律，从刘文华所说的世界经济法两大家，即资本主义经济法和社会主义经济法，合璧而观。这种致思方法本身就是体现了一种纵横统一的系统论思维模式。刘文华指出，经济法只有两家，即资本主义经济法和社会主义经济法。无论社会主义经济法还是资本主义经济法，均系现代市场经济的产物，二者有各自的特殊性，但也有许多共性，应从经济关系、国家职能以及法本身几项基本因素的发展变化中寻求其产生规律。资本主义经济法和社会主义经济法二者有着共同的产生根源，即现代市场经济条件下两种经济调节手段的结合与协调，“纵”“横”经济关系由绝然对立到对立统一。经济法产生的规律被刘文华归纳为以下几个方面：社会化生产与生产关系的矛盾；经济管理的社会化与现代国家介入经济生活；“无形之手”与“有形之手”的协调并用。无论是西方的资本主义经济法，还是东方的中国社会主义经济法，都是在“国家之手”与“市场之手”结合协调中产生的，都是两只手的产

① Robert Fogel, Geoffrey Elton, *Which Road to the Past?: Two Views of History*, New Haven, Conn.: Yale University Press, 1983, p. 89.

② 张佛泉. 自由与权利：宪政的中国言说. 北京：清华大学出版社，2010：179.

③ 丹尼斯·M. 帕特森. 法律与真理. 陈锐，译. 北京：中国法制出版社，2007：348.

物，只有一只手是不可能产生现代经济法的。只有“市场之手”，产生和起主导作用的只能是民法；只有“国家之手”，产生和起主导作用的只能是行政法或实质上是行政法的“经济行政法”。

刘文华这种致思方法也颇为契合于费肯杰的推参阐述法学方法。与刘文华在《中国经济法基础理论》中为了回避过于激烈的争论而从历史入手这种中国人比较习惯的思维模式不同，费肯杰在《经济法》中采用的是其所擅长的演绎分析的方法抽丝剥茧，从最基础的概念一步一步往经济法这一概念进行推导。但是，费肯杰也是采取类型学的方法将指令经济与市场经济两者模式作为考察原型，以此采取推参阐述的方法，既在其体系内部的思维上的逻辑、实践上的后效加以分析，又跳出其外进行法律体系之间的比较，提取最大公约数，从而寻求经济法在可能范围内最为简约的界定。费肯杰认为，现实不会如是：法律是规范，并且在这种规范中，法律仅仅是复制生活（像法律现实主义和部分政治法理学所期望的那样）。这是因为人们不需要这样的法律。经济法以这样的方式实现经济宪法，即从基础性的原则出发影响经济日常生活的法律命运。在此，其追求两个（在具体情形中可能背道而驰的）目标：经济供给（wirtschaftliche Versorgung）和经济发展的开拓（Eröffnung wirtschaftlicher Entfaltung）。这种对目标的秉持态度和目标冲突的解决贯穿于各个经济法之中。这样就牵涉到一般经济法（allgemeines Wirtschafisrecht）和特殊经济法（besonderes Wirtschafisrecht）的分殊。法律可以对于经济在这种意义上加以规范，即决定一般的基础并保障其被重视。人们可以把这些规范概括为“一般经济法”。在联邦德国，一般经济法包括：企业自由免于竞争限制和扭曲的保护、消费者保护以及关于经济上重要财产的基础性规定，等等。除了一般经济法之外，尚存在特殊经济法，其致力于对经济的干预，亦即依据中期或短期形式的经济政策决定（以及这些决定所涉及的机构，例如联邦银行）的调整。例如，联邦交通部审批内河航运运价（Binnenschiffahrtstarif）即属于特殊经济法，具体说属于旅客和货物运输法。在联邦德国经济法中，确保经济生活的一般运行免于遭受干扰构成一般经济法的内容，管理形式的干预构成特殊经济法的内容。然而，在社会主义国家和许多发展中国家那样彰明较著的计划经济中则相反，计划的原则和其贯彻的细节构成一般经济法，而特殊经济法或者全然阙如，或者也许被如是表现出来：与一般的计划思想相反，仄狭的自由空间是被许可的，在其中经济自治地得以实现。在自由经济的国家，市场秩序和财产秩序的确保构成一般经济法，总体和个别规制构成特殊经济法。与之相反，在计划经济的经济秩序中，经济计划的法律构成一般经济法，总是仅仅在仄狭的空间“作为干预”而开放的自由经济发展构成特殊经济法。易言之，在中央管理经济中，存在的其实仅仅是彼此按照中央计划安排的大量干预。其经济法的总体原则上，亦即在其一般部分由引导、外部调整和干预组成。此外是否存在以例外方式让渡出的自由空间的特殊经济法，乃端赖于政治的决定。费肯杰在《经济法》中依次论述世界经济法、欧洲经济法和联邦德国经济法。这三种经济法秩序的共性在于，各自的一般部分主要构造是自治的自由经济，相应的各自特殊部分由或多或少的对症施治的管理干预构成。计划经济导向的经济法在其一般部分必须包括经济计划的原则性规定和实施规定。其在计划经济体系中的特殊性，在于以破例方式提供的经济自由，例如允许在狭小的范围和最高至某一规定限度内从事自留农业。在一个按自由经济组织的经济法中，计划和自治经济的关系恰好相反：经济首先是原则上自由的现象，其被视为自发影响的总和、包括无数独立决策人的过程。经济原则上是一个自治的体系，这对于经济法而言，意味着这种自治按照法律政策的目标预设应该或不应该保持。①

有学者认为，“纵横经济法”的实质就是把纵向经济关系凌驾于横向经济关系之上，并使之混同；把国家行政机关凌驾于企业之上，并使之混同。在一般人的刻板印象中，经济法就是国家干预经济之法，表现为以纵制横的价值理念和体系结构。学术界通常所依据的材料就是以拉普捷夫为代表的“现代经济法学派”在特定时期的一些表述。例如，拉普捷夫曾经说过，社会主义国家不仅实行政治上的领导，而且实行经济上的领导，是整个社会主义经济的组织者和领导者。社会主义经济领导以政治领导和经济领导相统一为基础。社会主义社会的所有经济关系都是统一的，其中经济（财产）要素与计划—组织要素结合在一起，调整横向经济关系和垂直经济关系的规范组成一个统一的法律部门，即经济法。它“全面地既调整纵的又调整横的关系，现实生活中这些关系的不可分割的联系和统一决定了经济法规范的统一，它们构成独立的法律部门——经济法。不能按不同的法律部门分割这些规范，因为它们彼此交错，使相应的法律制度具有新的质量”②。拉普捷夫这些观点

① 费肯杰的观点与其挚友、德国著名法学家麦斯特梅克尔的观点颇为相近。麦斯特梅克尔认为，经济法是关于国家经济秩序的法律，国家经济秩序则取决于人们制订其经济计划的方法。经济法的特征既不是依其规范的对象，也不是依其调整的手段，而是随着经济秩序的确定，其基本原则获得独立的和法律上的意义。特别不恰当的是把它们划入公法或者私法，因为这种形式上的差异并不等于其职能的差异。在中央集权的计划经济体制下，因为企业没有经营自主权，国家的经济秩序就是国家的计划，经济法就是制订、执行和修改国家计划的法律。然而，由于市场经济秩序是以经济主体独立自主地制订其生产经营计划为特征，这种分散订立的经济计划是通过市场价格加以协调的，而市场价格又是通过竞争和在企业自由参与市场交易的条件下产生的，因而，保护竞争遂成为市场经济秩序不可缺少的制度，居于经济法的核心地位。哈耶克也阐述了计划经济和市场经济两种体制下经济法的区别，指出：计划经济体制下的经济法是组织法或者授权法，“每个人在一定组织中的地位是由命令规定的，每个人遵循的规则取决于其地位和目的，而这些目的是由发布命令的权威事先规定的”。与此相对，市场经济体制下的经济法则体现着市场经济的规律，“适用于不确定的人或事件……它们的适用不取决于任何共同的目的，甚至个人也不需要知道这些共同的目的”。在哈耶克的论书中，“干预”一词只适用于以特定结果为目标的特定秩序。麦斯特梅克尔．经济法．王晓晔，译．比较法研究，1994（1）.

② B. B. 拉普捷夫．论苏维埃经济法//北京政法学院经济法教研室编．经济法论文选集．经济法资料汇编之二，1980：129．正如谢尔盖·古里耶夫等人的研究（Sergei Guriev and Andrei Rachinsky，*Ownership Concentration in Russian Industry*，*Moscow*：*Centre for Economic and Financial Research*，Working Paper 45，2004）所证实的那样，直到目前为止，俄罗斯包括自然资源行业在内的公司的纵横统一的程度表明，政府控制之触角要比中国深得多。柯提斯·J．米尔霍普．法律与资本主义：全球公司危机揭示的法律制度．北京：北京大学出版社，2010：209．相对而言，中国过去的计划经济在强度上较之苏联弗如远甚，而改革开放后经济法学界主张的“纵横统一说”与拉普捷夫的理论尚有一定距离。

形成于僵化的计划经济体制的巅峰时期并以这种计划体制下现实的经济关系作为其理论研究的出发点，因此难免存在着极大的局限性，但中国学者对于拉普捷夫的批评是一种局外人在信息不对称情况下以后视的眼光进行的指责，没有充分理解其中冲破僵化的计划体制的内在学术取向。① 如果说批评苏联“纵横统一说”实际上是以“纵”制“横”、“横”服从于“纵”的统一，一切横向经济关系都是在垂直的经济领导和计划的控制下产生和发展的，前者相对于后者只有服从的义务，这种批评尚可为言之有据；那么仅就刘文华的“纵横统一论”而言，这种批评便是不够允当的，以至于有的同志将此称为覆盆之冤。刘文华沥陈己见云：“有些同志总是批评经济法‘保守’，是‘计划经济的法’，是维护旧的政企不分管理体制的法。这些看法都是看颠倒了，应该把颠倒了的再颠倒过来。其实，经济法在我国的出现，才正是‘思想解放、实事求是’的结果。”②

刘文华强调，研究横向经济关系的法律调整的性质，先要厘清和明确几组相关概念：（1）经济关系与财产关系。这两个概念不能等同，经济关系包括经济管理关系和财产经营关系，是一个更广泛的种概念，而财产关系则只是经济关系的一类，是属概念。认识和分清这些概念很重要，它是经济法观点与民法观点的一个重要分水岭，也是奠定经济法理论基础的重要基石。（2）与上述相连，横向经济关系与平等主体间的财产关系。这两者也不能等同。因为，横向经济关系包括平等主体之间的联合、协作和竞争关系，其中有许多是横向的组织管理关系，并非财产关系。（3）横向经济关系与经济协作关系。两者也不能等同。如上所述，横向经济关系还包括经济联合关系和经济竞争关系，即使把经济联合关系扩大解释为一种经济协作关系，但无论如何也不能把经济竞争关系纳入经济协作关系。市场经济关系有协作也有竞争。有鉴于此，刘文华力图用“经营协调关系”概念包容上述三种形式的横向关系，并希望把这一概念特定为经济法所调整的那一部

① 中国人做学问颇有唯上的传统，谁的经济发达，就学谁的经济法。而德国学者不同，尽管马克斯-普朗克知识产权、竞争法和税法研究所在竞争法和知识产权领域的国际权威地位毋庸置疑，但该所对于第三世界小国家关于竞争法和知识产权法的各种资料的搜集不遗余力，这种虚心的态度恰恰是一种国际权威机构的体现。与中国学者随风而动的学术偏好不同，德国学者对于苏联的经济法的研究是颇为重视的。例如，Vladimir Viktorovich Laptev u. a. Autoren，*Sowjetisches Wirtschaftsrecht*，Berlin：Staatsverlag der Deutschen Demokratischen Republik，1975；W. Pankow，Der Sozial reformismus und die internationalen Wirtschaftsbeziehungen，in：Zentralvorstand der Gesellschaft für Deutsch-Sowjetische Freundschaft（hrsg.），*Sowjetwissenschaft. Gesellschaftswiss. Beiträge*，Berlin：Verlag Kultur und Fortschritt，1980，S. 850；Dieter Pfaff，*Die Entwicklung der sowjetischen Rechtslehre*，Köln：Verlag Wissenschaft und Politik，1968；Uwe-Jens Heuer，Recht und Wirtschaftsleitung，zum ideologischen Gehalt des Wirtschaftsrechts，*Staat und Recht*，1977，S. 1127；Oberldnder，Posch，Gestaltungsprobleme des Wirtschaftsrechts，*Staat und Recht*，1973，S. 1085；Höhmann，Seidenstecher，Die sowjetische Wirtschaft im Spiegel von Veffassung und Verfassungsdiskussion，*Osteuropa-Wirtschaft*，1978，S. 217；J. P. Waehler（hrsg.），*Deutsches und sowjetisches Wirtschaftsrecht*，Tübingen：Mohr，1981。

② 刘文华. 中国经济法是改革开放思想路线的产物. 法学杂志，1999（2）.

分横向关系。[1] 在刘文华的著作中，“纵”与“横”不仅指经济关系的外部表现形式，更指其内容和本质。“纵”与“横”“主要指社会经济存在和运行的两种基本形态，一切有关经济管理、经济监督、经济集权、经济统一、计划与计划调节等有层次序列之别，有上下运动形态的经济活动和经济行为，均可列入纵向范畴；一切有关经济独立、经济自主、经济分权、经济民主、市场与市场调节等，均可列入横向范畴。在现代市场经济条件下，国家的经济管理应从行政管理中独立出来，经济管理关系已不同于过去的行政管理关系，横向的经济关系也不完全等同于民法所调整的平等主体之间的财产关系，它包括经济联合关系、经济协作关系和经济竞争关系”[2]。

在《中华人民共和国经济法原理》中，刘文华就精辟地指出：经济法有自己的特有的调整对象。它主要调整组织间以管理经营为内容的经济关系。这种经济关系从整体和全过程看都是统一的，都是由计划组织要素和财产要素组成的，都是由纵向的管理关系和横向的经营协作关系组成的。它们共同构成了经济法特有的调整领域。这一领域内经济关系的统一性的基础在于社会经济本身。这里不仅指决定其统一的一般基础，如社会主义所有制的统一、国民经济领域的统一、社会主义组织间根本利益的统一等，更主要的是由社会主义国家的组织经济职能必须统一行使所决定的。社会主义国家对国民经济生活组织和领导时，必须把行政手段和经济手段结合起来；必须把命令方式和协商方式结合起来；必须把组织工作和财产内容结合起来；必须把纵向关系和横向关系结合起来；必须把经济责任和法律责任结合起来。这是社会主义经济和经济规律的客观要求。因此，对这一领域内的管理经营关系，也必须由一个能全面反映这种“结合”要求的经济法统一调整。正是就这种意义上说，组织间的管理经营关系是统一的、不可分割的。在当前，不能把这种统一的经济关系再这样分开：纵向关系归行政法调整，横向关系归民法调整。经济法所调整的这种统一的经济关系，并不是不可以分类的。根据其结构形态，可分为纵向经济关系和横向经济关系；根据其内容性质可分为组织关系和财产关系。苏联一些学者认定它们是两类根本不同性质的社会关系，因而理应由行政法和民法两个法律部门分别调整。这些学者也承认二者之间存在“统一性”，但没有达到“同一性”，因此不能构成一个独立法律部门的调整对象。这种主张的实质是认为法律只有以单一的社会关系作为调整对象时，才能构成一个独立的法律部门。这种看法既不符合法律发展的历史，也未能充分正视现实经济生活的客观要求，更不能正确反映社会经济发展的趋势。在刘文华看来，存在着内在联系的两种社会关系（即“复合”的社会关系）所组成的统一领域，也可以成为一个独立法律部门的调整对象。它们之间只要具有“统一性”就够了，用不着非要在两种本来有别的关系上

① 参详刘文华. 掌握规律，揭示本质——谈经济法的几个基本理论问题. 法治研究：1997年卷. 杭州：杭州大学出版社，1997：312-330.

② 潘静成，刘文华主编. 中国经济法教程. 北京：中国人民大学出版社，1999：30.

硬要找出什么“同一性”来。确定调整范围和划分法律部门的决定因素是经济基础的需要和经济规律的要求，而不决定于人们事先制定的一些一成不变的标准。而且，非单一社会关系组成一个法律部门的调整对象，并非自经济法始。民法所调整的社会关系就从来不是单一的。如果按照某些主张，让民法作为基本经济法去统帅各种经济法规时，岂不使民法的调整对象更加复杂？在谈到科学部门分类时，学术界通常引用恩格斯在《自然辩证法》一书中的一段话：“每一门科学都是分析某一个别的运动形式或一系列互相关联和互相转化的运动形式的……”① 刘文华认为，恩格斯在这里谈的是两种情况。引用者往往忽略或不强调后一种情况。经济法所要研究和调整的组织间的经济关系，正是属于这种互相关联和互相转化的一系列运动形式的。既然它们互相关联并可互相转化，当然只具有“统一性”，而并不一定要具有“同一性”。调整这种统一经济关系的经济法完全可以成为一个独立的法律部门。②

刘文华认为，“纵横统一”的经济关系不是一种新的经济关系，但是他同时认为：组织关系和财产关系“形成了一个有机的统一体，一个新的特殊的经济关系领域。在这一领域内，纵的隶属关系和横的协调关系往往相互交错、相互作用。组织关系和财产关系有时合而为一，有时各自存在，但从全过程看，从整体看，它们又都是统一过程的一段，统一体的一部分”③。刘文华在《“纵横统一说”是经济法的理论基础》一文中强调“纵横统一说”是从经济关系的整体和全过程而言的，在具体的场合和过程中，横向经济关系和纵向经济关系存在的形式和联系的状态还是有不同类型的。(1) 联结型。即纵向经济关系和横向经济关系相联系着有先有后地连续发生。如下达计划的纵向关系必然发生一系列与之相连的横向合同关系，在这种联结型的纵横经济关系中，前者是后者的前提和基础，后者是前者的延伸和完成。(2) 交合型。即纵向经济关系和横向经济关系在一定范围内或一定的经济过程中同时发生和存在，相互呈交错状态。如基本建设过程就是这样。(3) 游离型。在一些具体关系中，纵向经济关系或横向经济关系有时分别单独地存在。表面上看，二者是分离的，但在整体上和全过程中，它们仍然存在着内在的统一和一定的联系。纵向关系对横向关系仍然保持着一种潜在的制约关系。二者并非绝对分离，而是呈游离状态，故称游离型。如一些“非计划合同”，表面上看来，与国家计划无关。但是，这种在组织间订立的非计划合同，同国家计划是不能截然脱离的，更不能对立。即使“完全的市场调节”，也不能脱离计划经济的制约，而只能是在计划指导下的市场调节。纵向经济关系与横向经济关系的关系是：纵向经济关系为指导，横向经济关系为基础。在各个时期，由于政治经济的形势和需要不同，二者的范围、

① 马克思，恩格斯．马克思恩格斯全集：第 20 卷．中共中央马克思、恩格斯、列宁、斯大林著作编译局译．北京：人民出版社，1971：593.

② 参详中华人民共和国经济法原理：上册．中国人民大学校内试用教材，1981：7-12.

③ 中国人民大学法律系经济法教研室编著．中国经济法教程．北京：中国人民大学出版社，1985：10.

比重、强度，以及具体形式也可能有所不同，但是，二者的上述关系是不可颠倒、不可破坏的。[①] 刘文华主张对经济关系"应该是首先是整体、系统、综合、统一调整，然后才是分别调整"，而经济法就是能够体现"全面、系统、整体、综合调整"的法律部门。这种"纵横统一论"认为"纵""横"经济关系是辩证地对立统一的，其基本原则是"纵向为指导，横向为基础"，既要讲"以纵制横"，更要讲"以横制纵"；我国经济法就是在"以横制纵"不断发展的背景中产生的，不断扩大"横"对"纵"的制约。从刘文华的论述中不难看出，其"纵横统一论"与所谓"以纵制横"毫不相涉。相反，刘文华多次对于"国家干预论"表示异议，告诫学术界经济法必须与经济行政法划清界限。史际春在《经济法总论》中基本同意刘文华的观点，并进一步发展了"纵横统一论"，对作为经济法调整对象的经济关系予以限定，认为：所谓"纵"者，不包括非经济关系的管理关系，国家意志不直接参与的或应由当事人自治的企业内部管理关系；所谓"横"者，不包括公有制组织自由的流转和协作关系，以及其实体权义不受国家直接控制的任何经济关系。"纵横统一说"之"统一"，是指经济法调整的对象是经济和国家意志二者的统一。[②] 这种观点是对"纵横统一说"的必要限定，属于限定的"纵横统一说"。

由于中国人对于国外认知的局限，因而常以一些不完整的常见材料随意发挥。为经济法张目者也往往将凯恩斯经济学作为经济法的经济学理论基础。德国经济法学中的确也有经济法作为干预法的学说，研究经济公法或者经济行政法的学者不乏其人，例如罗尔夫·斯特博（Rolf Stober）的《德国经济行政法》（*Wirtschaftsverwaltungsrecht*，Stuttgart，Berlin und Köln：W. Kohlhammer，1996）已经被翻译为中文[③]，但德国主流经济法学与凯恩斯学说保持警惕的疏远，其经济学理论基础是"新自由主义"。费肯杰即致力于尽可能精确确定新自由主义中的计划元素，并将新自由主义构想所指导的竞争法与普通的民法、经济法之间的关系系统化。他认为，在自由经济的国家，确保市场和财产秩序构成一般经济法的内涵，而总体或个别的管理则构成其特别经济法。德国的一般经济法主要关涉经营自由的保障、禁阻经济竞争的限制和扭曲、消费者权益的维护和工业产权的基础性规范等，而特殊经济法则是指通过经济政策调控等间接或短期对经济行为的干预和规制等，一般经济法的内容在于确保经济生活的一般过程不受干扰，而干预管理形式则为特别经济

① 参详刘文华. "纵横统一说"是经济法的理论基础. 经济法制，1986（1）.

② 史际春，邓峰. 经济法总论. 北京：法律出版社，1998：29.

③ 罗尔夫·斯特博. 德国经济行政法. 苏颖霞，陈少康，译. 北京：中国政法大学出版社，1999. 这方面的代表作有：Ernst Rudolf Huber，*Wirtschaftsverwaltungsrecht*，2. neubearb. Auflage，Tübingen：Mohr，Band 1，1953；Band 2，1954；Wilhelm Reuss，*Wirtschaftsverwaltungsrecht*，2 Bde. und ein Ergänzungsband，Köln：Heymanns，1963—1967；Ulrich Scheuner（hrsg.），*Die staatliche Einwirkung auf die Wirtschaft*，Frankfurt am Main：Athenaum Verlag，1971；Winfried Brohm，*Strukturen der Wirtschaftsverwaltung：Organisationsformen u. Gestaltungsmöglichkeiten im Verwaltungsrecht*，Stuttgart：W. Kohlhammer，1969。

法的范畴。借助于技术的图景加以譬喻：如果人们将经济比作为房屋的中央供暖系统，那么一般经济法就是循环泵，负责使热水不断地流向所有需要供给的散热器。在一种宽泛的意义上，人们也可以将法律的这种以经济的“自治”运行为怀的性质当作一种调节功能（Steuerungsfunktion）。为了实现一般的，亦即在维系自动调控机制（Regelmechanismus）意义上的以经济为务的法律任务，特殊的国家干预就会在下列经济现象中出现，即监督（Reglementierungen）、合理化（Rationierungen）、垄断（Monopolisierungen）、重新分配（Umverteilungen）、补贴（Subventionen）。这些干预相对于原则上自由的经济运行而言首先表现为异类（Fremdkörper）。尽管如此，但如果自由经济运行导致按照正义的尺度加以衡量有违于愿的结果，那么它们就是不可或缺的。为了正义，也为了保护经济自由本身，对症施治的干预往往应运而生，进而成为国家立法和行政的义务。与为维系一般经济运行的一般经济法不同，这些调节经济的法律集矢于特殊的、具体的目的。在费肯杰著作中，这种干预被理解为“特殊经济法”。一般经济法和特殊经济法一起构成作为实现一个既定的经济宪法的法律规范总和这一经济法的整体。在上面的中央供暖图景中，人们可以将安装在暖气管和散热器上的调控阀门与这种干预进行比物连类。具有这种装置，才能视情况进行微调，以有助于实现整个系统的目的。如果说中国有些学者将经济法理解为国家干预法，是一种以纵制横的纵横统一“倒三角”结构，那么，费肯杰的新自由主义经济法则是与前种“倒三角”结构完全相反的建立在市场竞争基础上纵横统一“正三角”结构。这恰恰是我国学者所应该注意的关键点。刘文华的“纵横统一论”与费肯杰的一般—特殊经济法结构极为相近。在费肯杰和刘文华的著作中，本末不可倒置。这是一个原则问题。刘文华始终强调这样一种观点：经济法是经济集中与经济民主协调发展的产物，而不是什么经济集中法，也不是什么单纯的经济管理法；不是管死的法，而是管活的法。不这样认识和确立经济法的基本理论，经济法就很难独立地树立起来，到头来也不过是一种经济行政法，或者如苏联民法学者所主张的那种从属于行政法的亚系统、亚部门。在社会主义市场经济中，市场调节是基础性调节，国家调节是指导性调节；国家调节以市场调节为基础，市场调节以国家调节为指导。两者相互结合，相互制约。把两者完全对立起来，只突出国家这只手，不仅经济法没有生存和发展余地，而且不利于市场经济的健康发展。同时，只突出国家之手对经济的调整，势必把经济法改变为所谓的“经济行政法”，实质是将其并入行政法，因为“经济”只不过是它的附加词而已。①

刘文华将经济法视为“平衡协调法”，平衡和协调国家、地方、集体、组织和个人等社会利益主体之间的权利（力）与利益、近期利益与远期利益、效率与公平及效益、稳定与发展等因素之间的关系，在市场经济条件下强调经济管理机关的责任和市场经营主体的权利，建立有领导有计划又有经济民主的社会主义经济，做到

① 参详刘文华．论民法与经济法的协调发展．经济法制，1990（8）．

“管而不死，活而不乱”。在这些观点中，“平衡”“协调”“兼顾”“结合”的思想彰彰甚明。费肯杰其实也非常强调和谐。他认为，经济法必须在发展和供给（Entfaltung und Versorgung）这两个“轨道”上“行驶”，这两个“轨道”保持平行殊非易事，但平行必须被保持，庶几不致车逸于辙。这两个正义目标的结合构成了经济法的魅力和困难，以此为依据的框架秩序（Rahmenordnung）基于个人和社会的理由而被追求。但与刘文华偏好于调和与结合的中国人的和谐不同，其更为注重的和谐是一种经济制度在逻辑的前件与后件上自洽、和谐等。正是这样，费肯杰虽然并不否认竞争与干预的手段的部分可交换性，但对于作为经济宪法蓝图的“混合经济”概念进一步加以拷问。确如一位法国学者所言，“形态学赋予了自由主义新的基础”①。费肯杰认为，绝大多数经济秩序无疑是以自由经济和命令经济两种元素构成。但这与“混合经济”这一概念建构无关。所有的经济秩序或者从原则上的经济自由出发，或者从原则上的经济计划出发，实际上均存在例外，且往往例外如此之多，以致规则大为受限，或许甚至走向反面。但原则区分并未消弭，其绝非随即发生的。故而，通常使用的“混合经济”概念并不产生对于经济法的阐述有所效用的法律后果。“混合经济”是一个描述性而非规范性意义上的经济基本状况的概念。经济法是在规范意义上实现一个既定的经济宪法的法律规范总和。没有任何一个经济宪法拒绝对自由或计划的原则态度执持。如果主张“混合经济”，大多掩饰了其前理解。

刘文华的观点实际上与费肯杰的观点形异神通。在中国市场经济体制确立过程中，刘文华在1993年北京市法学会常务理事扩大会议上发言，前瞻性提出要走市场调节和计划调节“协调结合”之路。这个发言后来作为“要报”上报中央。刘文华强调，建设社会主义市场经济必须依靠两种调节机制，并协调好它们之间的关系。市场调节是基础性调节，计划调节是指导性调节。两者是处于不同层次、有着不同调节功能的调节经济手段。它们的主要区别有：（1）调节范围有重合但重点不同。计划调节主要应在宏观领域内发挥作用；市场调节主要在微观经济生活中，在广袤的基层经济领域内发挥作用。（2）参加主体地位不同。计划调节主要以国家为基本主体，市场调节主要以企业为基本主体。这里是仅就主导方而言，实际上两种调节交互作用，两类主体都必须参与，否则两种调节根本无法发挥作用。（3）作用阶段有别。就一定经济过程看，计划调节主要是事先调节；市场调节主要是事后调节，市场调节是在一个生产经营过程完结后才能反馈回来的。（4）计划调节是自觉调节，市场调节是自发调节。（5）计划调节应以全局利益、社会利益为本位，市场调节则以个体利益为本位。这样区别主要是为了认识和把握它们的不同机制功能，而不是区分高低和优劣。必须充分认识到，有关市场调节的方方面面，都是基础性

① François Bilger, *La Pensée économique libérale dans l'Allemagne contemporaine*, Paris: Librairie générale de droit et de jurisprudence, 1964, p. 58.

的，是市场的本质表现和内在要求。计划调节当然也是重要的，但它必须在市场调节基础上才能发挥作用，必须遵循市场经济规律才能发挥作用，必须通过市场内因机制才能发挥作用。①

刘文华认为，经济法对传统法律、法学的一项重大突破是，提出了在传统法学理论中从未提出的社会责任本位和责权利效相统一原则。② 责权利效相统一是经济法的总原则的观点最早见于1985年刘文华等人主编的《中国经济法教程》。③ 继之，我国经济法学界很多学者在嗣后出版的学术论文或著作中，把责权利效相统一的原则作为经济法的基本原则。我国是最早提权责利相结合原则的，一般文章都提权责利相结合，将权字放在前面，后来才改为责权利相结合、责权利相统一。权、责二字颠倒为责、权二字在一定意义上说体现了经济法与民法的一个重大的区别。经济法理论认为，社会主义制度下的各个组织，都必须首先尽责，为尽责而行权，因此责、权二字不应颠倒，应该把每个社会个体的权利和利益置于整个的社会利益之中，把两者统一起来。社会个体的权利和利益如果与整个社会的利益发生矛盾，应该服从社会利益。传统的民法理论贯穿个人权利本位，甚至把保护当事人的利益上升到绝对权利的高度。现代民法理论确实也开始重视权责之间的位置和关系，但仍然着眼于先保护当事人的权益，而把社会责任、社会利益放置其后。

经济法强调社会责任本位，是中国本土学者的独立提炼、创造，在很大程度上进一步发展了我国经济法学界倡导的责权利效相统一原则。社会责任本位说本身是对权利本位和权力本位的自觉疏离，主张以社会责任作为经济法的本位，与传统行政法和传统民法相区别：传统行政法的主旨思想是“行政权力本位”。行政权力本位是以国家行政机关的意志为主导，并通过行政管理体制的上下隶属关系，形成一套主要靠命令与服从的调节机制。这在行政领域、行政体系内是绝对必须确立和实现的，在经济领域内也是不可缺少的一种机制手段，但将其用于指导、调节整个经济生活和经济关系，则常常会造成违背经济规律、影响市场经济正常运行和健康发展的后果。传统民法以“个体权利本位”为主旨思想，即以个体为本位，以权利为主导。民商法“私权至上”等权利本位理念，作为调整商品经济关系的基本法律规范，在为新兴的资本主义开创道路的历史上居功至伟。即使在今天的市场经济条件下，民商法权利本位理念仍然是推动市场资源优化配置的思想基础。然而，在面对

① 刘文华. 走协调结合之路——关于建设我国社会主义市场经济和社会主义市场经济法制的思考//北京市法学会编. 社会主义市场经济法律体系论文集，1993年，内部刊印。

② 刘文华. 中国经济法是改革开放思想路线的产物. 法学杂志，1999（2）. 闫翠翠在《经济法是社会责任本位法——刘文华教授经济法理念解析》一文中将刘文华经济法社会责任本位思想的发展分为三个阶段：第一个阶段是产生阶段（1982—1985年）。第二个阶段是具体提出阶段（1986—1988年）。在《经济法教程》（潘静成主编，北京：文化艺术出版社，1987年）中，社会责任问题被明确提出。第三个阶段是完善阶段（从1989年迄今）。参详闫翠翠. 经济法是社会责任本位法——刘文华教授经济法理念解析. 国际商报，2009－08－06.

③ 中国人民大学法律系经济法教研室编. 中国经济法教程. 北京：中国人民大学出版社，1985：35.

现代市场秩序严重失范的挑战时，民商法权利本位却无法胜任新形势下对经济关系调整的整体要求。由此，代表社会整体利益的社会责任本位的经济法应社会需要而“被产生”。经济法产生的直接原因决定了其社会本位的属性，经济法社会责任本位产生于自身与生俱来的社会性。在一个日益重视权利的社会，人出于本性总嫌自己权利不够，热衷于争权夺利，而唯恐自己责任太多，取巧于敷衍塞责。但人不可能脱离社会而独善其身，即便是西方所谓“天赋权利”口号，其背面实际上也存在“神赋义务”思想观念，而这种“神赋义务”如同巨大的“月之暗面”，持续地产生着无形的力量，是“天赋权利”的真正的支柱。如果在历史上“天赋人权”的理念深入人心、实至名归，那么，当下提出“天赋人责”的理念可谓恰逢其时、醍醐灌顶。[①] 与民事法律关系不同，经济法律关系中的责任不是隐含的。无论是国家还是企业，都必须对社会负责，必须对发展社会生产力、提高社会经济效益负责，在对社会共同尽责的基础上处理和协调好彼此之间的关系。在整体上，国家代表全局利益、长远利益，在具体的经济过程和经济关系中可以而且应该行使法律授予的经济权力，但必须对社会负责，不能让不当的或过度的行政权力妨碍社会生产力的解放和发展，妨碍社会经济利益的提高；企业也必须对社会负责，不能只享权利，不尽义务，不能片面强调提高自己的局部利益，置社会利益不顾，更不能损害社会整体利益。与此同时，经济法学对“效”的认识，也从起初的经济效益，上升至社会效益和环境效益，同时注意短期效益和长远效益、局部效益和整体效益间的平衡，以期符合国民经济与社会整体、长远、可持续发展的需要。社会责任本位并不意味着“义务本位”，更不意味着“企业义务本位”或者否定、限制社会个体的合法权益，而要求国家机关与企业一样，都要对社会负责。社会责任本位和责权利效相统一原则均偏重于用责任去限制权力，通过设立与权力相匹配的责任，并规定滥用权力或者怠于行使权力的法律责任，防止经济权力的不正当运用，防止国家过度干预市场造成对市场经济运行环境的破坏，以维护正常的市场秩序。

① 王雨本．经济法社会责任本位理论是社会管理创新的思想基础．法学杂志，2012（11）．

第四章

横的透视：经济法学说的继受问题

一般说来，继受（Rezeption）是法律文化交流、传播、转移的一种现象，本来是指对罗马法的继受，近世以来这种继受的外延扩大。继受的对象大致包括法典、法典草案、习惯法、判例法、学说等。日本法学将这种继受分为法继受和学说继受。我国法学界对“继受”这一概念尚研究不深。米也天在《澳门法制与大陆法系》一书中认为继受、移植、借鉴是三种深浅层次不同的形式，指出：“所谓继受，一般是指一个民族对异民族法律及其相应制度实行较为全面系统的承继接受，它通常表现为民族文化发展的自然交融过程，因为它往往并不存在历史文化传统上的根本冲突。如中世纪日耳曼民族对罗马法、美国对英国法的继受。至于移植，一般则是指一个民族将另一具有完全不同历史文化传统的异民族法律及其相应制度部分或全部地置于本民族社会，它通常表现为民族法律发展的强制改造过程，因为它不可避免地伴随着历史文化传统之间的深刻冲突，如南非对罗马—荷兰法、土耳其对《瑞士民法典》、日本对德国法的移植等。至于借鉴，实际就是指异民族法律文化之间的相互学习，它可以发生在任何具有不同历史文化传统的民族之间，一般都是局部和具体的，是世界各民族法律文化的交融的最经常、最普遍的形式。”① 长期以来，法学界有一种观点经常地、或明示或暗示地主张：法律不能自足地存在，不是一个自足的王国，既不是一套规则和概念的体系，也不是法律工作者的诸侯国，而是一面社会的镜子。它不把任何东西当作历史的偶然及自足自主的，而是把一切都看作相互联系的，并由经济和社会铸造而成。这种主张就是当代美国罗马法学家阿兰·沃森（Alan Watson）力言其非的“镜子理论”。按照阿兰·沃森的分析，镜子理论不是一个单一的理论，而是一个理论群体，通常采取这样的形式，即法律无所自足；而且，法律是X的一面镜子，法律的每一方面均由X所铸成。换言之，这

① 米也天. 澳门法制与大陆法系. 北京：中国政法大学出版社，1996：15.

个理论群体依据对X的不同选择而变化。根据特定的理论问题，X可以被确定为不同的非法律的价值：地理、宗教、绝对精神、市场经济学、权力关系、统治阶级利益等。接着，阿兰·沃森将这种镜子理论分为"强镜子理论"和"弱镜子理论"两类。假如选择了特定的X，强镜子理论采取的形式是：法律只是X或完全可以根据X来理解。而弱镜子理论则仅仅主张：法律与X密切联系或X的知识对理解特定社会的法律是有用的（但也许不充分）。阿兰·沃森"提出一种异乎寻常的法制变迁理论。概括地说，这一理论认为，法律的发展主要是通过法律规则的移植来解释的"①。沃森的理论尽管否认镜子理论，使法学家不再有资格作出有关法律与社会之间预设的所谓法律"镜子般地反映"社会或"与社会天衣无缝"的和谐的圆滑主张，但应该看到，沃森并不简单敌视法律与社会之间关系的各种理论，认为法律与社会之间的关系既不是不存在，亦非简单地照镜子，而是一个微妙的、需要对诸案加以研究的、内在的相互关系。阿兰·沃森的研究告诉我们：若试图界定法律与社会之间的联系，就必须把不同法律制度之间的相互影响纳入考察，必须考虑法律观念从一种文化到另一种文化的扩展和传播。笔者既不同意将继受与移植视为不同层次的融合形式，亦不同意将继受视为移植在日本法学界的别名，而认为继受与移植这两个概念存在重叠的交集而并不混为一谈。笔者将继受分为三大类：一为在同一个国家内法律与法律之间的继受，如消费者权益保护法与产品责任法之间的发展演变关系；二为不同国家或不同文化区域之间法律制度的继受，亦即通常所谓"法的继受"，在这种意义上与"法的移植"并无二致；三为学说继受，此种继受是不能用"移植"涵括的。德国法学家保尔·科沙克尔指出，外国法的继受并非"质量问题"（Qualitätsfrage）而是"力量问题"（Machtfrage），"法律继受的发生至少是基于被继受法律在思想和文化方面的强有力地位，而这种强有力地位又复以该法律乃属强大的政治力量的法律为条件，假使这种力量仍然实际存在，假使这种力量及其文化至少生机盎然和记忆犹存"②。笔者认为，经济法学说的继受不言而喻是以文化势差的存在为前提，大体上说，经济法学说的继受可分为以下三种模式。即（1）学说的卓越性和实用性导致的继受；（2）学说因为军事占领和经济民主改革而导致的继受；（3）学说在共同意识形态和政治思潮势不可遏的发展过程中产生的继受。其中，第一种模式以学术力为特征，以德国为继受源；第二种模式以经济力为特征，以美国为继受源；第三种模式以政治力为特征，以苏联为继受源。

① 郑强．法律移植与法律变迁——析阿兰·沃森法律社会理论．外国法译评，1997（3）．与沃森观点相左，塞德曼（Robert B. Seidman）认为法律具有不可移植性，并提出了"法律的不可移植性规律"（The law of non-transferability of law）。塞德曼认为，沃森的"结论不是微不足道就是陈词滥调"，是"一位博学的学者"得出的"令人乏味的结论"。罗伯特·B. 塞德曼．评阿兰·沃森的法律移植：比较法的方法．王晨光译．中外法学．1989（4）．

② Paul Koschaker，*Europa und das römische Recht*，2. Aufl. München：C. H. Beck Verlag，1953，S. 2.

第一节　继受的第一种模式：学说的卓越性和实用性导致的继受

一、德国经济法学理论在日本的传播与变异

（一）德国经济法学导入时期

我国台湾地区学者法治斌在《法学入门》中指出："根据本国固有文化、道德、习惯、风土人情及社会情状所制定的法律，称为固有法。反之，模仿外国法律所制定的法律，因是继受他国法律，故称继受法。"① 学术界对日本属于儒家文化圈、属于远东法系的说法提出驳难。的确，日本人对待外来文化，比起中国人来，主观上要平易、随和得多。有人断言："中国是把外来文化当饭菜来吃，而日本则把它当衣服来穿。"② 日本在明治维新以来的发展轨迹是以邻近的弱国为攻伐的目标，以符合日本国情的德国社会为效法的榜样，以西方列强为远交的对象，最终达到"师夷长技以制夷"的愿望。1871 年普法战争中新兴德意志帝国所显示出的强大，使当时日本派出的游历欧美企图与各国修改不平等条约的岩仓使团感到震撼。"当时岩仓、伊藤等对在普法战争中取得胜利、充满朝气的新兴德国有强烈的共鸣，认为德国与日本国情相同，研究德国的政治、风俗比研究先进于德国的英国、法国更有利于日本。"③ 在 19 世纪 80 年代初，日本出版了大量从法文翻译的法律书籍，法国法在当时日本的影响无可争辩地占据优势，同时，德国法开始吸引日本人的目光。1898 年，日本最终通过了按德国模式制定的新的明治民法典。穗积陈重在谈到自己决定选择研究德国法时说："我自己也不清楚我为什么要转向德国法，但所有一切使我相信，既然真的要研究一般法律，那就得去研究德国法。"④ 北川善太郎（きたがわぜんたろう）曾赴联邦德国、美国留学，回国后任京都大学法学部教授，其《日本法学的历史与理论》（『日本法学の歴史と理論一民法学を中心として』日本評論社、1968 年）一书认为，日本继受德国法学主要有四个原因，首先，明治维新以后，日本在继受西欧法律时，逐步选择了德国的模式。这主要是因为日本统治阶级认为，德国保留的浓厚的封建主义、军国主义的政治与法律制度乃更加适合日本国情。因此，日本从宪政体制到私法制度均以德国制度为蓝本，这势必影响到学说的继受上。其次，19 世纪后半叶，德国文化后来者居上，在当时欧洲各国中头角峥嵘。所有出色的外国学者都在海

① 法治斌. 法学入门. 台北：月旦出版社，1993：143.

② 周振鹤. 当饭菜吃还是当衣服穿. 读书，1995（2）.

③ 北川善太郎. 日德法学一百年. 李毅多，译. 中外法学，1992（4）.

④ 能田五十. 日本比较法学的过去和现在. 姚洪其，译//图马诺夫编. 国外比较法学论文选辑. 王正泉，译. 北京：群众出版社，1986：324.

德堡、耶拿、柏林、波恩、哥廷根大学就读，“任何严肃的学术或科学著作都必须有充分的德文书目提要和脚注才能发表”①。这不能不影响到当时汲汲于脱亚入欧的日本，也不能不影响到日本的民事法学领域。再次，日本民法学的三位奠基人——穗积陈重、梅谦次郎（うめけんじろう）、富井政章（とみいまさあきら）之中，穗积陈重和梅谦次郎都是先在英法留学，但他们出国学习后发现德国法学在当时西欧是最为杰出的，于是转而他顾赴德求学问道，这当然要影响到他们后来的民法典的起草、解释和研究工作，对整个日本法学更多地倾向于德国的思维方式至为攸关。随着其后赴德学习法律的人员不绝于途、相继于道，日本对德国法的继受遂源源不断。最后，当时集德国 19 世纪概念法学之大成的《德国民法典》横空出世，备受西欧各国法学家推崇。“德学之风”骀荡劲吹，“德国学”成为蔚为大观的显学，日本学术界继受德国法学遂风靡一时。

东京大学教授野田良之（のだよしゆき）认为，日本的外国法继受，大体经历了立法的摄取时代（约 1868—1898 年）、法学的摄取时代（约 1898—1915 年）、自觉的摄取时代（1915 年至第二次世界大战以后）。这当中，法学的摄取，是“将制定颁布的法典置于德国法学影响之下予以解释、适用的时代”。在这时代中，“可以说德国法学对日本法学者的思考方法具有压倒性的支配力，德国法律解释几乎原封不动地被日本法学者借用了过来”②。而《西欧法事始》一书的作者水田义雄（みずたよしお）则将法的继受分为四个时期、四种形态。即第一个时期从明治维新至各大法典制定颁布（1867—1896 年），是法体系形成——外国法无条件吸收时期；第二个时期从法典颁布至第一次世界大战结束（1897—1919 年），是法学建设——外国法（德国法）借鉴时期；第三个时期从一次世界大战结束至第二次世界大战结束（1920—1944 年），是法学反省——外国法律思想借鉴时期；第四个时期从第二次世界大战结束至今（1945 年—），是法学再建——英美法的部分继受期。③ 这两种观点在时期划分上大体相近，但在对继受外国法程度的认识上分歧较大，水田说认为日本民法学说属于一般继受，而野田说则强调法典制定后至大正初年德国法学具有压倒性的支配力。笔者认为，“日本法是德国法的翻版”的这种误解，并非形成于吸收多种多样外国法要素而呈现出丰富多彩特征的法典编纂过程，而是由于其后对德国法学的全面摄取。正是由于当时的立法并非单纯继受了德国法，因而从德国法学借用法概念、法体系时，就形成了与法律条文不相同的体系。这两者之间存在一定张力，而对德国法学的“学说继受”使得制定法的整体性同化和继续完善成为可能，由此形成了日本法学的特征。

第一次世界大战前后，德国经济法学在全世界一马当先地发展起来。但我国学

① 赖洪毅. 一鸣惊人. 北京：民主与建设出版社，1999：339.

② 野田良之「日本における外国法の摂取、序説」伊藤正己編『外国法と日本法』岩波書店、1966 年、164 頁以下。

③ 水田義雄『西欧法事始』成文堂，1967：3-5.

术界却不知道日本经济法学究竟发轫于何。笔者从日本文献中知悉，经济法在大正末年被留学德国的日本法学家所继受引入。① 在日本，最早明确揭示经济法含义的是孙田秀春。1924 年东京商科大学孙田秀春开始编纂《劳动法》讲义②，1925 年东北帝国大学法文学部设立“社会法论”讲座③，1927 年九州帝国大学法文学部开设社会法讲座，这些内容无疑是在德国法学的强烈影响下产生的。④ 孙田博士曾留学于德国，师从于劳动法泰斗卡斯凯尔。如前所述，卡斯凯尔是德国早期经济法学说的代表人物之一。孙田受其老师卡斯凯尔影响，既致力于劳动法研究，又在其代表作《劳动法总论》中非仅以劳动法为研究对象，而对经济法也进行了阐明。⑤ 他指出：“我倾向于把经济法理解为‘社会化经济制度的全体。恰如劳动法是‘社会化劳动制度的全体’相对应的观念……在这种意义上，如同劳动法是由一个劳动法制形成而来一样，经济的法制可以形成固有的经济法域是毋庸置疑的。”⑥ 并且，他认为，经济法也和劳动法一样是贯彻着人格主义团体主义精神的阶级特别法。可见，孙田的观点是将经济法与劳动法相共通、具有相对性特征的“经济的从属说”，而与其老师卡斯凯尔一样都对歌德施密特的思路部分表示反对。不过，如前所述歌德施密特和卡斯凯尔的学说都属于对象说，因此歌德施密特关于社会化的论述被孙田秀春所继受。孙田秀春指出，地租法（日本文献称为“小作法”）、住宅法、消费者法、债务者保护法、共同经济法等都包含于社会法之中，“这些法律其本质上以经济制度自身的社会化为目的，在这一点上可以与以从属的劳动为导向原理的劳动法明确区别开来。正是在这种意义上，我把劳动法以外的一部分的社会的法制用经济法（Wirtschaftsrecht）的观念加以概括”⑦。

在经济法学说导入日本之后，这种学说的展开不能不有赖于其后学者光崇绍承前修之业。在介绍各种学说之后，桥本文雄指出，即使将法令中与经济生活有特殊关系的法律规定用经济法规一名加以概括，这也不能形成经济法的概念。⑧ 这样在 1928 年左右，日本就将德国经济法学说兴起之初最原始的搜集说否定了。在日本，除了经济法规或经济法令是否可称为经济法的争议之外，学者们更关注的是遵从何种德国学说更为妥当。当时已有学者指出经济法是公法的要素和私法的要素相交汇而成的（如桥本等），这等于简直确定了经济法的独特性格。尽管这一时期也可以

① 池島宏幸「現代法としての独禁法：わゆる経済法との連関を中心として」『早稲田社會科學研究』第 12 巻、1973 年。

② 孫田秀春『労働法の起点——労働法の開拓者たち』高文堂出版社、1970 年、276 頁以下。

③ 東北大学百年史編集委員会編『東北大学百年史 10　資料 3』東北大学研究教育振興財団、2009 年、399 頁以下。

④ 九州大学 75 年史編集委員会編『九州大学七十五年史・別巻』九州大学出版会、1992 年、136 頁以下。

⑤ 孙田秀春．劳动法总论．林众可、盛沛东，译．上海：华通书局，1930：161.

⑥ 孫田秀春『労働法論総論各論』〈上〉有斐閣，1931：94.

⑦ 孫田秀春・常盤敏太『新訂労働法通義』鳳舎，1964：28.

⑧ 橋本文雄「経済法の概念」『経済論叢』第 27 巻巻第 2 号、1928 年。

看到将经济法作为着眼于根据社会政策乃至经济政策而对国家的经济生活进行法的统制的学说，但这种方向的发展并不特别流行，论者也着眼于财政租税来界定经济法。在德国经济法学说中，日本人大多数在1935年左右认同的是歌德施密特的学说，这样歌德施密特学说中组织经济代替日本的战时经济乃至统制经济的概念而被置换和接受、通用。从歌德施密特的著作来看，经济法是与现在以及将来形成的组织经济相对应的立法，这些立法只是不属于或不适当地被纳入过去的法律部门，不应该被理解为新的法规。峰村等人将歌德施密特所谓 das “der organisierten Wirtschaft” eigentümliche Recht 译为“组织经济固有法规”，便与歌德施密特的原义有一定区别，而且将“eigentümlich”用日本语“固有”来解释，其实便过滤或遗弃了歌德施密特以自由经济向组织经济转移为基础界定经济法的深刻含义。歌德施密特把经济法作为实现经济政策的目的手段来考虑。从经济政策的内容、本质来理解经济法，不管怎样说都是日本经济法学说当时所忽略的，由此可以说在这一时期日本经济法学说的思想史的探求都是目光短浅的。

在20年代后期和30年代，日本法学界所谓“统制经济法”是指对国民经济加以统制的诸立法的总称。这是以特殊的经济体制即统制经济的概念为前提的，然而所谓“经济统制法”是一个模糊的对于有关国家对经济进行统治的立法而从不同侧面加以研究的总和的名称。这后一种观点与德国的搜集说比较接近。在当时的日本，经济统制法的概念比经济法的概念还要普及广泛，以致日本东、西法学界杂志各自编纂了特刊号，即《经济学杂志》（大阪商科大学）第4卷第4号（1939年）和《国家学会杂志》第57卷第1号（1942年）。

德国经济法学说中邓尼斯特央斯基的观点与歌德施密特颇为相近，都是“对象说”的代表人物。邓尼斯特央斯基的观点认为，经济法是在社会中有关共同经济的法（das Recht Der Gemeinwirtschaft in der Gesellschaft）。邓尼斯特央斯基的学说是由桥本文雄介绍到日本的，并对日本经济法学界产生影响。在日本，常盘敏太就提倡类似的学说。① 常盘自身并不知道邓尼斯特央斯基的学说，因此不可能是直接受邓尼斯特央斯基的影响。桥本文雄在介绍邓尼斯特央斯基学说给日本人时并没有全盘托出，邓尼斯特央斯基的《经济法在法律体系中的地位》（*Die Stellung der Wirtschaftsrechts im Rechtssystem*）前半部分被按下不提，这是因为这部分多论述革命后共产主义俄国的经济法，而桥本博士处于当时日本的政治环境之下害怕涉及意识形态问题。

和德国经济法学在第二次世界大战之前的情形相似，商科大学在日本经济法学兴起伊始也是重要发源地。这一方面与经济法学科性质有关，另一方面也是受德国经济法学的影响。如前所述，韦斯特霍夫是德国经济法学中方法论说的代表人物。他以商科大学中法学教育的立场为着眼点，按照他的观点，商科大学的法律教授应

① 常盤敏太「経済法総論」山中篤太郎編『商学研究の栞』評論社，1942：615.

与听讲者的理解和实际要求相适应，法律的讲义以经济为目的，同时面临着方法论的以及体系的改造的难题，经济法正是为这一课题的解决而发挥作用的产物。吉永荣助就直言不讳地说，在东京商科大学就读毕业的学生看来，该大学继受德国商科大学（Handelschochschule）的制度，学习到有关韦斯特霍夫的论述时有更深一层的意味。吉永荣助认为，德国经济法学克劳辛的学说是德国人研究概念的方法的典范，即不是单纯的概念、定义的罗列，而是从历史的变化中洞见概念和定义的核心。根据克劳辛的观点，经济法的定义是其目的之必要，探求其有关部门的问题并加以解决，先要把经济法的存在作为既定的事实，而商科大学、工业大学等探求实质的或总合的学问的大学最早认识到经济法的必要性和意义，因此经济法的严密的定义或作为一个学科存在的界定必须考虑到这一点。克劳辛的商法经济法综合说对其后日本学术产生了很大影响。日本学术界试图在商法和经济法的中间加入企业法并赋予其地位（如大隅健一郎《商法的发展与经济法》（「商法の発展と経済法」『法学論叢』第29卷2号、1933年）。东京商科大学是在1940年开设“经济法”为名的讲座的，当时该讲座由常盘敏太、米谷隆三、吾妻光俊（あづまみつとし）、田上穰治（たがみじょうじ）、吉永荣助轮流担当。不过到现在，经济法作为平时的法学课程的地位已被确定下来，只是其把握的方法和叙述的重点因各自的专攻而有不同之处，至今仍有当年轮流讲义的性格。

笔者认为，与德国学者学风有关系，德国法学家在经济法学理论初期阶段一般来说比较强调经济法的精神的伦理的侧面。黑德曼的“世界观说”且不必论，克劳辛在这一点上的观点普遍不为学术界所关注。克劳辛认为，法领域概念的决定并非取决于纯粹的法规范的特色，关于社会生活时局现象的法的重要性的集体的价值判断往往在法领域中得以表现，特定时代的精神的、伦理的、一般政治的和经济社会的潮流对法律术语和概念的形成产生或多或少的强烈影响。即便是机能说在战前的代表人物海莫乐，也和大多数德国学者一样认为，经济法的产生先是政治思想协同体精神的涵养、新的民族秩序在精神的基础上产生重大变革而对法秩序的本质和存在替换的结果。从日本战前经济法理论的发展来看，除歌德施密特的对象说大行其道外，其他的方法论说、世界观说等在日本经济法学界影响较弱。因此，日本经济法学界有人指出，在法技术乃至抽象的经济论被导入继受时，日本人重大的错误、思想发生偏差之处正在于此。笔者对这种看法深以为然。德国经济法学说各种理论各有寸短尺长，这种理论的多元也呈现“千岩竞秀、万壑争流”的局面而各有殊胜的绰约风姿，绝不能独尊带有经济决定论色彩的歌德施密特的对象说而罢黜其他学说，恰如中国谚语所云：“一枝独秀不是春，万紫千红春满园。”吉永荣助认为，在日本经济法学继受德国经济法学的过程中，将精神的伦理的支柱取下后就如将车轮的轴心取下一样。

（二）与德国经济法学联系中断时期

随着日本从准战时经济进入战时经济，国家的统制立法数量激增。因此日本现实的经济统制法或统制经济法将根据德国的经济法概念在很大程度上掩盖了，以致日本和德国一样在确认共同体或共同经济上正形成独特的一家之言。作为日本独特的经济法学说，经济法以“全体经济的制度法”为本质加以把握的独自见解被接受。① 如前所说歌德施密特所谓的组织经济是为改善生产的规律所制约的交易经济和共同经济的简称，邓尼斯特央斯基也主张经济法是在“社会中的共同经济（der Gemeinwirtschaft in der Gesellschaft)”的法，这与日本学者所谓“统制经济”（峰村）或“资本主义社会”（金泽）乃至“拘束经济”（高田）是有不可忽视的差异的。日本经济法学在对德国诸经济法学说介绍的同时对其加以同化和修正是一目了然的事实。在1942年太平洋战争爆发后，原先沆瀣一气的轴心国自顾不暇，相互联络途径断绝，日本在炮火连天的所谓“大东亚共荣圈”中失道寡助而陷入孤立的境地，从外国输入的书刊资料也断绝来源直至战争结束，因此德国学说不再像过去那样滔滔输入。另外，日本政府当时为了遂行其穷兵黩武的战争不得不强调和倡导对抗具有压倒性优势的物质的精神力。在这种情况下，日本经济法学开始强调日本精神，这期间学者们努力进行日本固有经济法学说的确立，特别是以日本固有的语言和思想对经济法关于“共同体”的学说加以批判。岩田新（いわたあらた）《日本经济法的理论》（『日本経済法の理論』有斐閣、1944年）就是这种趋势的产物。② 岩田新是吉永荣助在东京商科大学读书时代师从的老师之一，商大时代的岩田醉心于西欧的文化文物，晚年的岩田却对以皇室为中心的日本固有精神情有独钟，在西欧法思想的继受过程中强调日本独特的经济的思考。

笔者在研究过程中发现战后日本经济法学的发展轨迹与德国有惊人的相似，最初认为两个国家（联邦德国和日本）都有战前的基础和战后美国为代表的盟军的占领，因此各自经济法学说的发育难免不谋而合，其实后来随着研究的深入才看出：尽管战后日本经济法学受美国影响很大，但对德国经济法学的继受是造成这种现象的重要原因。

有学者指出，在法学领域，在美国占领时期以及其后的一段时期，好像美国法完全取代了德国法在日本的地位和作用，因此日德法学相互的距离越来越远，但事实上，日本在许多法律领域依然维持着与德国法的连续性，在许多领域由“学说继受”而奠定的德国式基础得以维持和保存。如前所述，日本的“经济法”一词本是德语 Wirtschaftsrecht 的译词。这一概念迅速在日本普及的原因除了德国学问的浸透之外，更主要的是两国具有共同的政治、经济基础。在第二次世界大战时作为轴心国一员的日本为了进行战争准备而实行经济统制，轴心国相互间文化的交流还是可能的，战时统制经济体制及其具体化的相关法律相互间的比较也是可能的。日本经济法学会的设立就是这时期的产物。但是，这时德国纳粹政权的法思想以及广泛

① 常盤敏太「経済法総論」山中篤太郎編『商学研究の栞』評論社，1942：619.

② 喜多了祐「一橋商法学の形成と米谷博士の企業法論」『一橋論叢』第89巻第4号，1983.

的纳粹的政治思想的介绍相当盛行①，相反，受到敌视的美、英的法思想、政治思想却自然受到冷遇。第二次世界大战中期以后，日本与海外的交通被遮断，继受关系亦遂告断绝。日本独自的经济体制和经济法令的立法化得到发展②，学说史上也表现出不少与德国学说不同的日本经济法学说的主张。③ 在战后，实定法中日本特有的经济法体制，即所谓总动员法体制土崩瓦解，其后取代德国法系地位的是美国民主化经济体制，但这并不能被认为是德国法系和美国法系的全面的交替。日本学者指出，《独占禁止法》第 1 条就不是美国法系的体裁，而是出自日本官僚之手，其内容可以看出德国法和美国法双方的影响。需要指出的是，战后日本经济法学两大派别，即"独禁法中心说"和"非独禁法中心说"都往往在争论时以《独占禁止法》第 1 条作为各自的首要论据，这是导致日本战后经济法学争论的渊源。盟军占领体制结束后，即使在联邦德国，自由的学问研究也复活起来，新的经济体制下的经济法的体系的研究的成果不断涌现，日本对德国法的继受的影响再度显而张达。1953 年《独占禁止法》的改正即是其表征。

（三）德国经济法学说持续影响时期

其实，日本经济法学说的继受以大的历史时段划分是以第二次世界大战为界，第二次世界大战后日本经济法学说的继受是一种混合继受。在美国，自谢尔曼法制定至今，经济法的概念和体系都不存在。在美国学者看来，反托拉斯法是经济法的理论根据听起来是完全没有道理的。④ 这样如何使新的美式经济法令包含于过去的经济法概念而构成体系，时至今日亦为日本经济法学的课题。二战以后，与大陆法系的比较加上与新输入的英美法系的比较在经济法部门变得十分必要。但英美法系成文法少而简洁，大部分由判例构成其主体，就独占禁止法领域的比较而言，两大法系的显著不同造成比较的困难，这时不能不考虑其不同的经济体制条件的差异。对美国法的继受在第二次世界大战结束初期是因为占领军指令的权力性强制继受，日本经济法学受德国法学影响既然经年累岁，则势必恋旧情结难以释怀。在 1947 年被称为经济宪法的《独占禁止法》出台，日本对以独占禁止法为中心的经济政策

① 例如米谷隆三《论法西斯法制：意大利联合统制法的概述》(「ファシスタ法制に就て：伊太利に於ける組合統制法の素描」『一橋論叢』第 3 巻第 6 号、1939 年）就是典型的例子。米谷隆三（まいたにりゅうぞう、1899—1958 年）当时还专门教授法律德语，其 1943 年主编的《经济法诸问题》(米谷隆三編『経済法の諸問題』有斐閣、1941 年）中也反映了德国经济法学的影响。

② 例如，末川编《统制法规全集（上）》(末川博編『統制法規全集』有斐閣、1945 年）和荒木时次编《新独逸法令全集》(荒木時次訳編『新独逸法令全集』ダイヤモンド社、1942 年）相比，日本法令肯定不是从德国继受而来者大量存在。

③ 这里是指用光波比喻而加以说明经济法的特色的学说（常盘说）和根据法国、意大利学说中的制度法学加以说明经济法特色的学说（米谷说）。

④ R. M. Buxbaum，Economic Law in the United States of America，im：Rinck（hrsg.），*Begriff und Prinzipien des Wirtschaftsrechts：Siebzehn Landesberichte zu einem internationalen Symposion*，Frankfurt am Main：Metzner，1971，S. 11f.

立法或经济法的讨论，超越战前的断绝和连续，回归于德国法律的现象随之抬头。① 有学者指出：到了20世纪60年代初期，随着日本经济完成战后的重建而进入高速发展时期，学者们开始注意对与《独占禁止法》相关联的法律问题进行研究。这些研究不仅拓宽了经济法学的研究领域，也为社会实践活动提供了理论上的帮助。

丹宗昭信在东大读研究生期间因受沃尔德·盖尔霍恩（Walter Gellhorn）的邀请到美国哥伦比亚大学研究反托拉斯法，后又赴德国慕尼黑大学与费肯杰、恩斯特·施泰因多夫等著名法学家进行学术上的交流，并将费肯杰的著作《竞争和工业产权保护》（*Wettbewerb und gewerblicher Rechtsschutz-die Stellung des Rechts der Wettbewerbsbeschränkungen in der Rechtsordnung*. München：Beck，1958）翻译后介绍给日本的读者。丹宗昭信在《经济法》创刊号上发表《经济法学的独立性》，标志着战后日本经济法学的重大转折，为日本经济法学基础理论的建设与发展作出了杰出的贡献。② 这显然是受到费肯杰思想的影响。在丹宗昭信的经济法理论中，经济法是"相对于市场'统制'的国家经济政策立法"③。经济法体系的全部是由"作为独占禁止法系统的自主的'统制'规制的法本来的经济法，与作为（战时）统制经济法系统的他律的'统制'规制（也规制着'统制'的维持与助长）的法的外来的经济法"④ 两部分构成，"经济法是建立在市场机制上的经济政策的体系，其中心是在市场上的竞争秩序维持法，即对'自由竞争限制'（市场支配）和'公平竞争阻害'（不公正竞争）的国家性的规制法"⑤。按照丹宗昭信的论述，经济法体系结构为：

A. 一般经济法（竞争秩序法——公正且自由的竞争规则的维持）

1. 竞争维持法（独占禁止法）

2. 公平交易法（独占禁止法、赠品标明法、反不正当竞争法、承包法等）

3. 消费者保护法（消费者保护基本法、独占禁止法、访问贩卖法、食品卫生法等）

4. 结构经济法（日本银行法、财政法、情报公开法等）

B. 特别经济法（狭义的经济规制法——市场准入法、费用和交易条件等的直接规则）

1. 公益事业关系法（电力事业法、燃气事业法、自来水法等）

2. 电气通信事业关系法（电气通信事业法、电波法、广播法等）

① 池島宏幸「現代法としての独禁法：わゆる経済法との連関を中心として」『早稲田社會科學研究』第12巻、1973年。

② 丹宗昭信，伊从宽．经济法总论．吉田庆子，译．北京：中国法制出版社，2010：3.

③ 丹宗昭信「経済法（学）の独自性——『統制』概念による経済法の統一的体系化の試み——」『経済法』创刊号，1958：15.

④ 丹宗昭信『学说百年史・経済法』『ジュリスト』1968：215.

⑤ 丹宗晓信・伊从宽『経済法総論』青林書院，1999：24.

3. 运输事业关系法（铁路事业法、道路运输法、海上运输法、航空运输法等）

4. 金融事业关系法（银行法、保险法、证券交易法等）

5. 中小企业关系法（中小企业基本法、中小企业协同组合法等）

6. 农林渔业关系法（农业基本法、农地法、农业协同组合法、粮食供需安全法等）

7. 对外经济法（关税定率法、外汇法等）

C. 国际经济法（IMF协定、WTO协定）①

丹宗晓信、伊从宽《经济法总论》所揭示的经济法体系包括一般经济法（竞争秩序法）、特别经济法（狭义的经济规制法）及国际经济法等多种多样的法律。②这显示是对费肯杰《经济法》体系结构的继受。③按照费肯杰的解释，相对于市民法的所有权自由、契约自由，经济活动自由是相对于“保障拥有”的自由，经济法是“保障获得”的自由，两者存在功能等效（functional equivalence）。④换言之，相对于保障所有权对私有财产的支配，经济法是在经济领域对自由发展的可能性的保障，即对相互竞争自由的保障。费肯杰这种二分思想是其经济法体系建立的基础，也同样被丹宗晓信所继受。⑤

作为日本经济法理论走向成熟的重要标志就是1961年有斐阁出版的《法律学全集》中的金泽的《经济法》和今村的《独占禁止法》及第二年出版的正田的《经济法》。这些经济法学专著在质与量上都有了一个较大的飞跃，并且在他们三者之间分别形成了具有代表意义的三学说，即以金泽良雄为代表的纵观对经济活动进行的全面规制的“金泽经济法说”，以今村为代表的全面解释《独占禁止法》的“今村《独占禁止法》机能说”以及从社会法的立场入手对金泽说与今村说持批判态度的“正田社会法说”⑥。但据笔者粗略核查，战后日本著名的经济法学者大概有将近40%曾经留学德国，并且似乎只有从德国留学归来的学者才最后真正在日本经济法学界堪称翘楚。例如，在前述的著名日本经济法学者中，正田彬便以富布莱特经费资助研究员身份赴联邦德国弗赖堡大学留学，在德语版的世界著名经济法学期刊《经济与竞争》（*Wirtschaft und Wettbewerb*，WuW）发表过《日本反垄断法的新发展》（A. Shoda，*Die neue Entwicklung des japanischen Antimonopolgesetzes*）

① 丹宗暁信・伊从宽『経済法総論』青林書院，1999：460.

② 张世明，王济东，刘亚丛主编．经济法体系化与方法论：竞争法的新发展．北京：社会科学文献出版社，2012：29-30.

③ 沃尔夫冈・费肯杰．经济法：第1卷．张世明，袁剑，梁君，译．北京：中国民主法制出版社，2009：45.

④ 同③41.

⑤ 丹宗昭信，伊从宽．经济法总论．吉田庆子，译．北京：中国法制出版社，2010：233.

⑥ 齐虹丽．日本经济法理论的形成与发展——从统制经济法到以竞争为核心的经济法．法学杂志，2004（3）．此文为本书第一版之后笔者仅见的中国学术界使用日文原版著作资料的关于日本经济法学理论的介绍。

等论文，松下满雄乃是于1962年在联邦德国迪伦大学获硕士学位，久保欣哉后于1968年以青山学院大学在外研究员身份在联邦德国哥廷根大学留学，并在1969—1973年间、1982年多次短期在德国明斯特等大学访学。即使目前日本经济法学界的新锐学者也有不少人曾经留学德国。例如，高桥岩和在早稻田大学大学院时师从于宫坂富之助，后留学德国，在弗赖堡大学师从于弗里茨·里特纳，所著《德国反限制竞争法的制定与构造》被日本法学界誉为关于德国竞争法研究最为出色的力作，其本人也已经在学界强劲崛起。①

战后以德国弗赖堡学派为主流的经济法学成为日本经济法学从本质上对美国法继受的桥梁和媒介。在战后，对德国法学的研修重视的日本学者正是通过对德国的研究达到对美国法的理解，这被视为非常经济的思考方式。而德国以弗赖堡学派为主流的经济法学卓越研究又使其在成为日、美法继受桥梁和媒介方面不负众望。弗赖堡学派的荷斯特·耶姆克的研究即是典型的例证。耶姆克曾担任过联邦德国司法部部长（1969—1972年），于弗赖堡大学任教前在美国加州大学伯克利分校进行过学术研究。他在其代表作《经济与宪法》（Horst Ehmke，*Wirtschaft und Verfassung*，Karlsruhe：C. F. Müller，1961）中，从对美国宪法下的经济体制的认识出发，将美国从谢尔曼法开始的所谓反托拉斯法领域中的诸法令及判例理论以德国的经济体制学说为基础加以解说。② 这样将外国法的经济法体系化不是由美国学者而是德国学者进行的。在美国，Verfassung以及Wirtschaftsverfassung一样的概念仍不为人知，像弗赖堡学派那样的理论尚处于形成之中，因此，为了将美国的反托拉斯法作为经济法来理解，就要将美国的基本经济体制纳入视野，考察其体制下由判例而形成的具体的秩序，达到对经济法法理的普遍性的认识。耶姆克的研究对日本经济法学的继受有二重意义：其一为对美国法的经济法的认识，其二为德国经济体制说的普遍的学术原理。正是这样，德国经济法学的发展和日本经济法学的发展给人某种似曾相识的感觉。由于德国以弗赖堡学派为主流的经济法学对美国经济法律的理论转化，不仅使美国经济法理论在日本最终落地生根，而且使德国经济法学在20世纪50年代以后又与日本经济法学重续旧缘而源源不断输入日本，因而日本独占禁止法的解说等每每受德国法的理论的影响。例如，这在今村成和1961年出版的《独占禁止法》第24页、第29页、第9页等都灼然可见。正田彬等经济法学说与德国经济法理论的关系则更是有目共睹。但是，在时过境迁之后，由于社会现实的不同，日本法学家经常遇到日德法学间的裂痕，因而在第二次世界大战后重新恢复日德法学关系时，采取过去的方针引进德国学说让人感到某种抵触。

日本学者指出，对德国经济法学说的继受可从以下两种倾向加以考察：其一，

① 高桥岩和的著作主要有《亚洲竞争法与贸易法制》（『アジアの競争法と取引法制』法律文化社、2005年）、《当代经济与法构造的变革》（『現代経済と法構造の変革』三省堂、1997年）、《德国反限制竞争法的制定和构造》（『ドイツ競争制限禁止法の成立と構造』三省堂、1997年）等。

② Horst Ehmke，*Wirtschaft und Verfassung*，Karlsruhe：C. F. Müller，1961，S. 7ff.

德国法系乃至与其相邻近的国家长期以来就对德国法学一般学说加以继受，随后常常由专攻德国法的学者对新的法域、法学说加以介绍；其二，不属于德国法系，但是德裔法律学者活跃的国家（如南美）以及有赴德留学后归国学成者活跃的国家对德国法学的继受。① 这两种倾向尽管有紧密联系，但后一种并不以属于德国法系为必要条件。日本经济法学的继受情况中以上两种倾向都具有。不过，日本学者认为需要指出日本继受与西欧的继受之间存在不同的原因和情况。战前尽管德国法和法学说的继受是压倒一切的，但法国、英国的法和法理的影响也并非不存在。如通常异质继受一样，日本人固有的观念和传统是渗透其中以至今日的。这样统而言之日本法是属于德国法系的。但如今无论整个法学还是当前的经济法都发生了重大变化，由于存在广泛的美国法继受，结果成为以德国法系为主、加上美国法系的独特继受，因而不能再简单地说日本仍然是德国法学说的继受的法律体系。日本的经济法、商法并非完全的德国法化，即使在德国也有吸收美国法的倾向，这样便使美国法被继受的可能性增大。另外，德国法系的学者的移民和归化使东欧诸国乃至南美诸国法律和法学出现的继受在日本并没有出现，不过，日本学者赴德留学和战前一样进行着，由这种人际交流造成日本对德国法及学说广泛继受的延续。

二、德国经济法学理论对法、意、奥诸欧洲国家的影响

如前所述，与德国同属大陆法系的西欧诸国对德国经济法学说进行继受是一种典型的倾向。社会主义各国除外，欧洲诸国从大的范围来看属于同一语系。而欧共体形成后，各国之间情报、文化交流更加频繁密切，一个国家的学者对另一国家的制度学说往往具有丰富的知识和深刻的了解。系统科学告诉我们，信息的交换和传输时刻都在进行。根据理论地理学距离衰减规律，任何一个国家（或国家集团）对周围环境的影响强化，将随着到该国家（或国家集团）的地理空间距离增加而减少，直到降为零点，而该处产生外部影响的能耗都将随距离增加而增加。在力量中

① 南美在这方面的倾向十分显著。中川和彦「ラテンアメリカにおける経済法」中川和彦『ラテン・アメリカ商事法』千倉書房、1973年、191頁。据日本学者研究，拉丁美洲经济法应归功于对纳粹德国及一丘之貉的意大利、西班牙独裁专制厌恶而逃避的学者，如罗伯托·歌德施密特（Roberto Goldschmidt）即是典型，据说其伯父就是德国著名经济法学家歌德施密特，此人对于委内瑞拉中央大学法律系的创立居功厥伟，并在委内瑞拉政界身居要津。另外可以参见出身于意大利的维特波在1941年所著《商法·经济法论集》（Camilo Viterbo，*Ensayos de Derecho Comercial y Económico*，Buenos Aires：Tipografía Editora Argentina，1948），其中大量涉及经济法，他也是逃到南美的典型。再如从欧洲逃亡南美的学者科特勒在其1971年所著《经济法理论》（E Cottely，I Cottely，*Teoria del derecho economico*，Buenos Aires：Frigerio Artes Gráficas，1971）也是明显传承于德国经济法。目前南美土著学者也有经济法著述出版，如丹尼尔·穆尔·梅尼诺的《经济法》（Daniel Moore Merino，*Derecho Económico*，Sntiago de Chile：Editorial Jurídica deChile.，1962）和尤利西斯·蒙托亚·艾伯蒂的《经济法》（Ulises Montoya Alberti，*El Derecho Económico*，Lima：Universidad Nacional Mayor de San Marcos，1966）。

心对外影响能量一定的情况下，越靠近场的源点（场源）的地区，场的作用强度越大，影响效应水平越高。

（一）法国

在历史发展的长河中，毗邻而居的德法两国长期以来干戈俶扰，形成世仇，似乎不共戴天。然而，既然作为圆颅方趾的人类，对优秀文化的追求也是居住在古代高卢的土地上的法国人所挡不住的诱惑。尽管法德之间曾经历两次世界大战惨烈的战祸而使法国人对德国戒意重重，但这民族心理上的“马奇诺防线”并不构成对德国学说的深闭固拒，学者的良心使卓越的法国法学家对德国经济法不可能熟视无睹。阿莱克西·雅克曼《经济法》中文版中指出：“在法国，‘经济法’最先是受德国理论影响的，只是到了最近几年，特别是在C. 尚波、B. 谢诺、J. 阿梅尔、R. 乌安、J. M. 让纳内、F. C. 让泰、G. 利翁康—丁·马扎尔、丁·里韦罗和R. 萨瓦蒂埃等杰出法学家的影响下，才有了自己的含义。”① 与日本继受德国经济法学不同，法国不是在第一次世界大战后经济法成立时期受德国学说影响，而是在20世纪60年代以后陆续才开始介绍德国经济法学说，并高度关注彰显自身国家特色的经济法体系的建立。笔者认为，1963年1月《法德友好合作条约》（*Traité entre la République française et la République fédérale d'Allemagne sur la coopération franco-allemande*）在爱丽舍宫签署，集中体现了法德的全面和解与合作精神，规划了两国在外交、防务、教育、科技领域的广泛合作与协调的框架和发展方向，标志着法德敌对历史的终结。这对法国继受德国经济法学说无疑产生了推动作用。在法国，克劳德·尚波、费尔南·夏尔·让泰（Fernand-Charles Jeantet）、阿梅尔（Joseph Hamel）②、弗洛蒙特（Michel Fromont）③、里姆朋斯（Jean Limpens）④、斯沃博达（Karel Svoboda）⑤、拉加尔（Gaston Lagarde）、G. 利翁-康（Gérard Lyon-Caen）、R. 萨瓦蒂埃（René Savatier）等学者都对德国经济法学说注意吸收和借鉴。不过，法国人自有法国人特有的思维方式、学术传统以及法语表现方法和值得自豪的独特法律制度，法国学者对德国的经济法并非无条件地追随或轻率地接受，因此法国学者认为他们的经济法的思想是受德国经济法的启发而已。根据雅克曼和施朗斯的观点，法语“经济的法”（droit de economique）和“经济法”（droit

① 阿莱克西·雅克曼，居伊·施朗斯. 经济法. 宇泉，译. 北京：商务印书馆，1997：43.

② Hamel，Vers un droit économique，*Économie contemporaine*，n° 1，1951.

③ M. Frornont，Les principes du droit économique francis，in：Rinck（hrsg.），*Begriff und Prinzipien des Wirtschaftsrechts：Siebzehn Landesberichte zu einem internationalen Symposion*，Frankfurt am Main：Metzner，1971，S. 55ff.

④ J. Limpens，*Contribution à l'étude de la notion de droit économique*，Colloque de droit économique，Paris，1966.

⑤ Karel Svoboda，*La notion de droit économique：étude sur les conceptions récentes du droit économique en France et dans les pays socialistes*，Publication du centre européen universitaire，collection des mémoires，No. 18，Nancy：Université de Nancy，Centre européen de Nancy，1966.

économique）的区别在于：droit de économique 主要是描述性的，表示适用于经济活动的性质不同的全部法律规则；而 droit economique 则更能说明（qualificative）性质，它所强调的乃是使法律规则发生变化的跨部门结合的前景（perspective d'une rencontre interdisciplinaire）。法国经济法概念通常在学术著作中有狭义和广义两种界定。

1. 狭义的经济法概念

这种观点认为，经济法集中了使国家得以对经济施加直接影响的全部法律规则（l'ensemble des régles juridiques permettant a'I'Etat d'agir directement sur I'economie）。G. 让泰在献给阿梅尔的《商法论文集》中发表的《经济法的方方面面》中就指出，经济法是"以给予公共权力机构能够对经济采取积极行动为目的的法律规则之总称"①。由此可见，狭义的经济法概念仅限于宏观经济关系，排除了调整私有经济主体相互之间关系（微观经济关系）的法律规范，其在本质上属于公法。正是这样，乔治·弗拉乔斯（Georges Vlachos）认为："如果说经济法的轮廓或多或少是模糊不清的，或者说缺乏严密的结构，而经济公法则与之大不相同"，后者建立在公法法人凭借其特有的公权力施行的经济干预这一牢固的法律基石上。因此其干脆主张以经济公法的概念代替引起争议的经济法概念。② 皮埃尔·德尔沃韦（Pierre Delvolvé）是法国巴黎第二大学公法教授，主要研究行政法、行政诉讼法。他在其著作中使用了"经济的公法"（Droit public de l'économie）的概念，认为经济的公法是适用于公法法人在经济领域的干预，以及进行上述干预的机构的法律。③

2. 广义的经济法概念

阿梅尔和拉加尔认为，经济法的使命在于管理经济生活亦即是管理财富的生产和流通。这是一种将商法扩大化的界定。克劳德·尚波也持这种立场，他在达洛兹出版社于 1967 年出版的《对经济法定义》中将经济法定义为："经济组织与发展法，而经济组织与发展系由国家、私人创造性以及国家和私人双方的协同来进行。"④ 他认为，经济法不是新的法律部门，而是表现为一种适用于一系列不同规则的特定的法律精神，其中汇聚了商法、民法、公法、税收法、刑法等，只要它们符合这种新的法律精神就可以被纳入。汇编是根据新旧规范要调整的对象把它们汇集起来。克劳德·尚波的观点十分特别，可以说是德国经济法说代表人物和世界观说黑德曼思想的"糅为"（这个词是冯友兰所独创）。正如冯友兰所言："杂家之言好比宴会中的拼盘。无论拼盘做得怎样精致，但拼盘总是拼盘，不能作为正菜。"⑤ 然而

① Fernand-Charles Jeantet，Aspects du droit économique，*Dix ans de conférences d'agrégation*，*Etudes de droit commercial offertes à Joseph Hamel*，Paris：Librairie Dalloz，1961，pp. 33－46.

② Georges Vlachos，*Droit public économique français et communautaire*，Paris：Armand Colin，1996，pp. 9－11.

③ Pierre Delvolvé，*Droit public de l'économie*，Paris：Précis Dalloz，1998，p. 16.

④ Claude Champaud，Contribution à la définition du droit économique，*Recueil Dalloz*，Sirey，1967，Chronique XXⅣ，p. 33.

⑤ 冯友兰. 三松堂全集. 郑州：河南人民出版社，2000：序言.

克劳德·尚波的理论并不是拼盘，他指出："错误在于想（把经济法）定为法律部门，也就是说，定为一整套性质相同的特殊规则，研究和讲授这些规则则构成一个专业。实际上，经济法不是法律部门，而是符合正在形成的文明的标准和需要的法律秩序。如果采纳这种观点，那就应该承认，经济法不是一个新的法律部门，而是与全部传统法律规则并存的一项新法律。"由此可见，尚波放弃了过分将经济法从属于传统法律范畴的观点，认为经济法不是新的法律内容，而是对传统内容的新观点。他说：经济法是一种适合一系列不同规则的独特的法律精神，一种有助于把传统法的不同部门运用于经济领域的思想方法或新的观念认识。史际春评价说，这是一种将世界观、方法论和泛经济法融为一体的学说，与德国早年学者之世界观说和方法论说相比，增加了一层实用性。笔者认为，正是在史际春所说的"实用性"上，尚波的学说显示了法国特征。尚波认为，经济法的标准和基本对象是企业，企业是三种利益的汇合点，即普遍利益、每个企业的自身利益和个人的特殊利益。经济法的任务，就在于实现它们之间的平衡。从笔者所接触到的国外文献资料来看，法国有被称为 droit des affaires 的法部门。阿莱克西·雅克曼等所著《经济法》指出："在法国，'企业法规'的概念也有了发展。从它涉及经济生活的一个重要领域即'企业'来看，它与经济法相似；但是，它同时又好像只是经济法的一部分，即与整个经济的'宏观经济'法对称的企业'微观经济'法。这样的企业法规无疑是符合实际需要的。"① 法国利摩日大学法律与经济学学院教授罗伯特·萨维在《法国法律上的经济法概念》中认为尚波将经济法等同于企业法（droit des affaires）。② 其实，droit des affaires 在法国为阿梅尔、R. 萨瓦蒂埃和J. 萨瓦帝埃（Jean Savatier）③ 等许多学者所关注，尚波的经济法观点正是在这方面体现了法国经济法学说的特色而与德国经济法学说相区别。

（二）意大利

日本学者吉永荣助认为，意大利也是受德国经济法学说影响最深刻的国家之一，其中原因不言而喻与墨索里尼时代德意法西斯狼狈为奸造成政治体制相近，以致文化交流密切有关。但吉永荣助认为，此外还有其他的原因存在，例如意大利是中世纪商业发祥隆盛之地，对法学自信十足，但即使在这一领域，也对瑞士的德国籍学者卡尔·威兰的学说推崇而继受。在意大利，经济法学研究的开风气之先应首

① 史际春根据中国人民大学 1995 年级留法硕士研究生孙涛的指正这样写道：无论从用语抑或实质含义看，中译阿莱克西·雅克曼等著《经济法》一书将 droit des affaires 译为"企业法规"是不确切的，应将其译为"商贸法"，以此取代从制定成文商法典那一天开始就已经过时的"商法"（droit commercial）的概念。（孙涛，关于法国经济法的概念和学说//史际春主编，经济法总论（教学参考书）. 北京：法律出版社，2000：47.）笔者所见的日文资料中日本学者将 droit des affaires 译为"经营法"。

② Robert Savy，*La notion de droit économique en droit français*，Paris：A. J. D. A.，1971. 罗伯特·萨维是法国政治家，曾任国际劳工组织顾问、法国行政法院和特别最高法院（la Haute Cour de justice）法官。

③ 参见 R·et J·Savatier avec le concours de M. T. M. Leloup，*Droit des affaires*，2ème édition，Paris：Sirey，1967。

推商法学者莫萨（Lorenzo Mossa）。莫萨 1934 年出版了《经济法的原理》（*Principio del Diritto Economico*）一书，最早将德国“Wirtschaftsrecht”（经济法）译为“diritto economico”，这表明莫萨是受德国学风影响而提出的这一概念。日本学者米谷隆三说：莫萨的“经济法一言以蔽之，即资本主义的胜利来临时代具有的道德的乃至经济的均衡特色是共同的标志，这须由经济法予以保证。经济法是有关造成人与经济之间的正义与冲突的一种经济组织的法。经济法拥有经济组织的现代的意义”①。不过，意大利现在多使用 diritto dell'economia（“经济的法”之意，莫萨自身也使用 diritto dell economia 一词）。阿莱克西·雅克曼说，尽管意大利学说对经济的法（不是“经济法”）这一概念所提出的问题非常敏感，而且从 1955 年起就有一家论述经济的法的专门杂志（名称正好是《经济的法》），但作者们对这个概念的内容没有达成一致。在这一领域，意大利学者马里奥·隆哥（Mario Longo）②十分活跃，此外还应提到的是公法学者赞罗比尼（Guido Zanobini）。据隆哥的分析，意大利法学界在这一领域的学说主要有四种。第一种学说是对经济法持否定的态度，其代表人物有阿斯奎尼（Alberto Asquini）和卡塞塔（Elio Casetta）。卡塞塔在 1955 年《经济的法》杂志上发表的《简论有关经济的行政法》一文，认为经济法是对行政法的无端肢解。笔者认为，意大利学者通常以首创公法私法划分的罗马法文化的正宗嫡传自命，多持严格因袭传统的态度，往往希望保持公法和私法之间的明显区别，加之他们认为显然缺乏“经济的法”所特有的总原则，因此经济法在意大利遭到某些学者的怀疑和公开反对自然不足为奇。第二种学说认为，diritto dell economia 纯系为了研究深化的便宜方法，它企图在别的实际的学问的部门形成基础之上把握复杂的事象本真。这样所理解的“经济的法”应该构成法学家和经济学家的会合点。属于这一派的有桑托罗－帕萨雷利（Santoro-Pessarelli）、莱奥尼（Bruno Leoni）等。第三种学说倾向强调经济法名称之下独特的新的视角。这是以特定经济目的所产生的规范的法现象为研究对象。隆哥把莫萨归入这一派学者之中，可见莫萨是意大利最为积极的推进经济法形成的学者。莫萨所谓的经济法包括一系列公法和私法交叉的法规。与莫萨结论有差异但认为经济法是独立的体系的学者尚有阿莫特·康斯柯（Amorth Canscchi）等。第四种学说倾向认为经济法并非特别的部门，仅仅是过去的法部门或者传统法部门的一部分加以代替乃至包容而已。持这种观点的有赞罗比尼（Alloro Zanobini）。据吉永荣助研究，隆哥擅长于对德国经济法学说的介绍和批判，不过独特的理论亦不少。吉永荣助认为，从继受比较法的方法来看，学说上继受而法律上不继受的事例也是存在的，但意大利不属于

① 米谷隆三「モッサ教授著『伊太利商法論』」『米谷隆三選集』〈第 3 巻〉米谷隆三選集刊行会，1960：107.

② Mario Longo, Sur les problémes des principes géneraux du droit économique italien, in: Rinck (hrsg.), *Begriff und Prinzipien des Wirtschaftsrechts*: *Siebzehn Landesberichte zu einem internationalen Symposion*, Frankfurt am Main: Metzner, 1971, S. 149.

这种情况。隆哥的《宪法诸原理与经济生活》论述了经济统制，可谓是受弗赖堡学派的部分影响。他相当详细地研究了德国经济法学家海莫乐的学说的影响。隆哥在哥廷根会议的报告中论及本国经济法的最新动向，主题将宪法和经济法的关系交织在一起，之所以选择如此广泛的主题，是希望国际会议与会代表对此共同关注而可以进行对话，而其内容可以看出近似于德国的 Verfassung 乃至 Wirtschaftsverfassung 和 Grundrecht（基本权）的关系的论述。意大利经济法学说与其他国家相比的特征表现为以下两方面。其一，从农业法（diritto agrario）、产业法（diritto industriale）等关系上看，这些都被经济法所包含，新兴的法学部门在立法、学术以及教育等领域对部分传统结构加以破坏，在这些部门群中，经济法占有何种地位，对本国学者而言是重要课题。① 从比较法来看，产业法、农业法等的关系更激起学者们的兴趣，吉永荣助认为这与该国特殊的经济二重构造有关。② 其二，意大利的国家参加制度（Partizipazioni Statali）极其发达，由于垄断现象不甚突出，因而直至 1990 年仍未像其他西欧国家那样制定有关反垄断的法律。意大利经济法学长期不存在以反垄断法为中心之说，但学者发表了许多有关不正当竞争、特别是有关无体财产的不正当竞争的论文。③

（三）奥地利

奥地利与德国本来在历史上就曾有源远流长的密不可分的关系，尽管两个国家分土裂疆而治，但仍然藕断丝连，两者同属德语国家，观念和思维方式表现出明显的同一性。尽管英国学者霍布斯鲍姆在其著名的《极端年代》一书中说“主张经济自由主义的新古典理论，自上个世纪 80 年代即已成为国际的思想正统。可是德国知识界的传统，却一向敌视新古典理论（这一点与奥国知识分子大相径庭）。德国版的法西斯主义（国家社会主义）之所以兴起，主要动力即来自这份敌视传统”④，但笔者认为奥国继受德国法学思想其来有素。“向德意志开放”（Öffunug nach Deutschland）的代表人物约瑟夫·翁格尔（Josef Unger）就曾针对“文字服务”、逻辑的考究和推理的纯外在的法律研究方法流弊指出，“仅在萨维尼和普赫塔（Georg Friedrich Puchta）所创立的历史法学派中……似乎也可为奥地利发现法学的灵运”，主张将德国科学的丰富河流引向奥地利法学未经拓展的旷野。就目前奥地利经济法学的发展，据德国法学家费肯杰的介绍，有霍尔茨哈默尔、林尔《奥地

① G. S. Morsiani, *Bericht über das italienische Wirtschaftsrecht*, Brüssel: Amt für Amtliche Veröffentlichungen der Europäischen Gemeinschaften, 1973.

② 意大利经济二重结构（或称“二元结论”）世所公认。唐纳德·萨松. 当代意大利——1945 年以来的政治、经济和社会. 王慧敏，等译. 北京：中国社会科学出版社，1992：25.

③ “国家参加制度”即公有企业制度。参见石泰峰主编《资本主义市场经济立法》（中共中央党校出版社，1994 年）第 136 页关于意大利经济法的论述。另外，意大利被学者称为欧洲“恶德商法”的天堂，这个所有现代欧洲法律的母国在欧共体市场正当竞争的整合上显然成为一个负担，因此不正当竞争问题近来成为意大利法学界的焦点问题。

④ 霍布斯鲍姆. 极端的年代. 郑明萱，译. 南京：江苏人民出版社，1998：155.

利商法：一般商法和工业产权保护》（Richard Holzhammer；Walter Rinner，*Österreichisches Handelsrecht. Allgemeines Handelsrecht und Gewerblichef Rechtsschutz*，Wien/New York：Springer，1978）、汉斯一格奥尔格·科朋施泰纳尔《竞争法》（Hans-Georg Koppensteiner，*Wettbewerbsrecht*，Wien：Orac Verlag，1981）、京特·温科勒尔《经济法中的立法和行政管理》（Günther Winkler，*Gesetzgebung und Verwaltung im Wirtschaftsrecht：ein kritischer Beitrag zum Verhältnis von Gesetzgebung und Verwaltung，dargestellt am Beispiel der Südautobahntrassierung*. Wien：Jupiter-Verlag，1970）等。[①] 吉永荣助指出，在奥地利经济法学界，路德维希·弗勒尔的作为经济法学经济政策说的提倡者值得关注。[②] 路德维希·弗勒尔是纽伦堡大学教授和约翰开普勒林茨大学创建者，但其早年受教育于德国，并很长一段时间在德国巴伐利亚州政府任职，其著作《经济法作为经济政策的一种工具》（Fröhler/Oberndorfer，*Das Wirtschaftsrecht als Instrument der Wirtschaftspolitik*，Wien/New York：Springer，1969）、《营业秩序》（Fröhler/Kormann，*Kommentar zur Gewerbeordnung*，Heidelberg：Fachmedien Recht und Wirtschaft in Deutscher Fachverlag GmbH，1978）几乎全部以弗赖堡学派的学说为依据，在德国法学界对“对已设立及实施企业经营的权利”（das Recht am eingerichteten und ausgeübten Gewerbebetrieb）的讨论贡献良多，是典型的学说继受，可以视为德国经济法学的一部分。

（四）瑞士

瑞士和奥地利一样均为德国的邻国，且部分地区也使用德语。但与奥地利不同，经济法在瑞士作为独立学科尚不为学术界所普遍承认，这与瑞士法学注重实用的特色有密切关系。不过，瓦尔特·胡果（Walther Hug）的经济法学说是不能被略而不论的。胡果是国际上经济法学说的耆儒硕学，德齿俱崇。他把经济法视为以经济关系的规律为对象的特别法，在体系上与一般法并存。他所说的经济

① 沃尔夫冈·费肯杰. 经济法：第2卷. 张世明，译. 北京：中国民主法制出版社，2009：第19章. 关于奥地利经济法演变的研究最新成果可参见 Norbert Wimmer，Thomas Müller，*Wirtschaftsrecht：International-Europäisch-National*（Springers Kurzlehrbücher der Rechtswissenschaft），Vienna：Springer，2007，S. 24-35.

② Ludwig Fröhler，*Das Wirtschaftsrecht als Instrument der Wirtschaftspolitik*，Berlin：Springer Verlag，1969. 费肯杰在谈及梅藤斯（Hans-Joachim Mertens）、基什内尔（Christian Kirchner）和申安泽（Erich Schanze）主张一种“以实用主义方式划定对象范围的经济法”时，指出“他们强调经济法对于经济政策的依赖性，但并不持直接功能性的观点，且因为按照他们的观点，经济政策具有无固定对象范围的特性，所以这也必然适用于经济法”（沃尔夫冈·费肯杰. 经济法：第1卷. 张世明，袁剑，梁君，译. 北京：中国民主法制出版社，2009：第1章Ⅱ；Mertens，Kirchner，Schanze，*Wirtschaftsrecht：Eine Problemorientierung*，Reinbek bei Hamburg：Rowohlt-Verlag，1978，S. 193 ff.），但费肯杰认为上述观点在路德维希·弗勒尔《经济法作为经济政策的一种工具》中早已有类似的论述。目前德国设有路德维希·弗勒尔经济与法研究所（Ludwig Fröhler Institut（LFI）für Wirtschaft und Recht）。

法是新资料搜集和学说加工而成的产物，在这方面他并不站在特定的私法或者公法的基本的立场。从瓦尔特·施吕普的论述可知胡果的学说属于对象说，也与搜集说有相接近之处。① 瑞士经济法学研究的特色在于其经济宪法研究的发达，这是受德国经济宪法的影响，但由于瑞士的经济宪法同时注重教义学的和实务的两方面的探讨，因而相当于德国“经济宪法”实质说的观点在瑞士普遍得到认可，而类似于德国“经济宪法”形式说的观点则落落寡合。此外，由于瑞士的经济的环境等原因，其经济宪法与德国学说不同之处还表现于，瑞士学者认为，经济法的构造不能不在认识上将评价价值的经济体制法（wertsetzende Wirtschaftsverfassungsrecht）和价值实现的经济协调法（wertverwirklchenden wirtschaftliche Koordinationsrecht）区别开来。从瑞士学者弗里茨·古葛古葛《瑞士经济宪法》（Fritz Gygi，*Die schweizerische Wirtschaftsverfassung*，2. Aufl.，Bern/Stuttgart：Paul Haupt，1978）、瓦尔特·施吕普《经济法论》（Walter Schluep，*Zum Wirtschaftsrecht：eine Sammlung von Aufsätzen*，Bern：Stämpfli，1978）、恩斯特·施讷伯格尔《商事合同：一般法律关系，合同法、竞争法和投标法，商业实践和司法实践》（Ernst Schneeberger，*Kommerzielles Vertragsrecht. Allgemeine Rechtszusammenhänge，Vertrags-，Wettbewerbs-und Submissionsrecht，Geschäfts-und Gerichtspraxis*，Zürich：Schulthess Verlag，1976）、莱奥·许曼《经济行政法》（Leo Schürmann，*Wirtschaftsverwaltungsrecht*，Bern：Stämpfli Verlag，1978）等著作来看，近几十年来，瑞士也有一些学者主张经济法是一门独立的学科，从这种态势看，施吕普等认为德国经济法概念和学说对自己国家的影响将越来越深刻。

三、德国经济法学说对于欧洲共同体的影响

德国位于欧洲大陆的中部。这种地理空间位置对于其民族的历史和心理具有深刻的影响。政治地理学创始人拉策尔（Fricedrich Ratzel）在《政治地理学，或国家、贸易和战争地理学》（*Politische Geographie oder die Geographie der Staaten，des Verkehrs，und des Krieges*，München：R. Oldenbourg，1897）中的所谓生存空间（Lebensraum）理论、豪斯浩弗（Karl Haushofer）在《地缘政治的泛区观》（*Geopolitik der Panideen*，Berlin：Zentral-Verlag，1931）中所谓“欧洲命定的空间”（Schicksalsraumen）的学说等都对德国的这种欧洲中心区位的政治影响具有深刻的体认。豪斯浩弗对于希特勒思想的影响固然在学术界众说纷纭，但当笔者在马克斯-普朗克知识产权、竞争法和税法研究所从事学术研究期间，距离研究

① W. R. Schluep，Was ist Wirtschaftsrecht?，in：Riccardo L. Jagmetti und Walter R. Schluep（hrsg.），*Festschrift für Walther Hug zum 70. Geburtstag*，14 *April*，1968，Bern：Stämpfli，1968，S. 25f.

所不远处就是当年希特勒啤酒馆暴动的著名的皇家啤酒馆（Hofbräuhaus），每天从研究所回寓所均从旁边路过，书本知识和现实感悟使笔者认识到，德国人每每以欧洲心脏的居民自豪，慕尼黑人尤其喜欢自称为“Weltstadt mit Herz”（具有热心的世界城市），其实 Weltstadt mit Herz 从心理学角度而言正是这种心脏地位意识的折射。德国的这种地理空间区位使德国人曾经在第二次世界大战期间大吃苦头，在狂热冲动下从慕尼黑啤酒馆崛起而走上政治舞台的希特勒并没有真正领会豪斯浩弗等人的地缘政治学说精髓，其在第二次世界大战期间两面开弓的后果必然是东西两线腹背受敌，顾此失彼必然注定最终四面楚歌，一败涂地。

第二次世界大战以后，过去曾为轴心国骨干的德国从战争的废墟中站起来，在痛定思痛之后对自己重新定位，奉行睦邻修好政策成为朝野共识。德国政治家借用著名作家托马斯·曼恩（Thomas Mann）的名言“我们追去的不是德国的欧洲，而是欧洲的德国”[①]，呼吁德国人应当成为“欧洲式的德国人”，在“欧洲大家庭”中一定要当个“好邻居”。与此同时，欧洲在第二次世界大战之后政治经济影响螺旋式下降，已不再拥有世界绝对中心的地位，要重现以往的繁荣，实现欧洲的和平与安宁，也需要欧洲各国的联合。

1950 年法国外长舒曼（Robert Schuman）提出“欧洲煤钢联营计划”，建议愿将本国经济中的煤钢部门管理权委托给一个独立机构成立煤钢共同市场，旨在使法德之间能够化干戈为玉帛。1951 年 4 月 18 日，法国、联邦德国、意大利、荷兰、比利时和卢森堡 6 国在法国巴黎签署《关于建立欧洲煤钢共同体条约》（*Vertrag über die Gründung der Europäischen Gemeinschaft für Kohle und Stahl*，EGKS；又称《巴黎条约》，*Treaty of Paris*）。1957 年 3 月 25 日，德国又同上述五国在罗马签订了《欧洲经济共同体条约》和《欧洲原子能联营条约》[②]，即所谓的“罗马条约”（*die Römischen Verträge*）。1992 年 2 月 7 日，欧洲共同体（Die Europäische Gemeinschaft）的 12 个会员国于荷兰的马斯特里赫特签署《欧洲联盟条约》（*Vertrag über die Europäische Union*；*Treaty on European Union*），即一般通称的《马斯特里赫特条约》（*Maastricht-Vertrag*；*Treaty of Maastricht*）。依据《欧洲联盟条约》第 8 条之规定，自《欧洲联盟条约》生效时起，《欧洲经济共同体条约》更名为《欧洲共同体条约》（*Vertrag zur Gründung der Europäischen Gemeinschaft*；*Treaty Etablishing the European Community*）。长期以来，人们把欧洲统一的愿望称作“欧洲梦”，如今梦想已经变成了鲜活的现实。现在的德国，是深深融入欧盟的德国；而现在的欧盟，是离不开德国的欧盟。德国位于欧盟地理版

① 原文为：Wir wollen kein deutsches Europa，sondern ein europäisches Deutschland。

② 1957 年 3 月 25 日《建立欧洲经济共同体的条约》（*Vertrag zur Gründung der Europäischen Wirtschaftsgemeinschaft*，EWG-Vertrag）；1957 年 3 月 25 日《关于建立欧洲原子能共同体的条约》（*Vertrag zur Gründung der Europäischen Atomgemeinschaft*）。

图的中心，是欧盟 6 个创始国之一、欧盟预算的最大贡献者，始终积极推动欧盟的扩展和深化，被人们称为欧盟的“支柱”和“火车头”。例如，为了推动欧洲一体化，德国政府不遗余力地建立和启动欧元，甚至不得不忍痛割爱放弃已成为战后一种本民族“精神”财富和力量源泉的德国马克，因此欧洲中央银行正是按德国央行的模式而建立的，其行址亦设在德国的法兰克福。① 在德国特别是德国联邦银行的坚持下，欧洲央行几乎成为扩大版的德国联邦银行，完全独立于政府部门之外，以一种新教徒的热情保持价格稳定。在实践中，德国尽力通过三个机制在一些重大问题上与邻国协商解决：首先是被称为欧洲建设发动机的“德法轴心”（die deutsch-französische Achse），其次是一度被欧洲媒体广为传播的德法英“新三驾马车”（die neue Troika），最后是仿造“德法轴心”机制建立起来的德法波“魏玛三角”（Weimarer Dreieck）② 机制。在这三个机制中，德国似乎均处于核心地位。

德国的法学家对于法学的研究就如同瑞士工匠精心制造手表一样，经年累月的点滴打磨砥砺，使德国的法律成为一部十分精密的机器。中国学术界和新闻媒体为强调诺贝尔经济学获奖者罗伯特·蒙代尔（Robert Mundell）的贡献，多称其为“欧元之父”（Intellectual Father of the Euro）。这固然是不容否定的客观事实，但舆论宣传经常给人片面的错觉。罗伯特·蒙代尔自己在接受采访时就非常谦虚地表示这中间具有许多人的贡献，绝无贪天之功以为己力的念想。事实上，不仅欧元的诞生，就是整个欧盟的巍峨辉煌堂构，仰体其缔造之艰难，可以毫不夸张地说，从政治家、思想家的构想到付诸具体的制度型塑，都是极其复杂的工艺流程的结果，绝非一手一足之烈。欧洲一体化每向前发展一步，都以相关的条约（或议定书）的基础法律形式和条例、指令、普遍性决定等派生法律形式予以确认。无数法律人在此几十年的过程中像工匠一样研精覃思，操斧伐柯，雕梁画栋，用自己的智慧和毅力开物成务，最终使以欧洲各大共同体为第一支柱、以共同的外交与防卫政策为第二支柱、以刑事案件的警务与司法合作为第三支柱、以欧洲联盟为穹顶的一座宏伟的欧洲统一大厦的雏形呈现在人们的面前，甚至欧洲法目前

① 从 1999 年 1 月 1 日起，欧洲中央银行体系（Europäische System der Zentralbanken，ESZB）和欧洲中央银行（Europäische Zentralbank，EZB）均已建立并开始履行职责。欧洲中央银行（简称欧央行，European Central Bank，ECB）的前身为欧洲货币局（European Monetary Institute，EMI），根据 1992 年《马斯特里赫特条约》的规定于 1998 年 7 月 1 日正式成立。欧央行和欧元区各成员国的中央银行共同组成“欧洲央行体系”，负责制定欧元区统一的货币和金融政策，以维持欧元区的价格稳定，刺激欧元区的经济增长。欧央行特殊属性表现为：其一，具有法人资格，而委员会、理事会、欧洲议会和欧洲法院是没有法人资格的；其二，具有“独立性”。1999 年 1 月 1 日欧元正式启动后，12 个欧元区国家的货币政策的控制权力便移交欧央行的管理委员会，后者完全控制欧元区国家的货币政策，并对欧元的使用及运作进行监管。欧元区的成员国及欧盟的其他机构在欧元区货币政策方面，无权干预欧央行的货币政策。

② 即 Das Komitee zur Förderung der Deutsch-Französisch-Polnischen Zusammenarbeit 的简称。

已经成为学术界关注的热点。①

王晓晔女士翻译的戴维·格伯尔（David J·Gerber）所著《欧洲竞争法故事中的某些德国角色》，载于《环球法律评论》2001 年第 4 期，就对此予以有力的说明。戴维·格伯尔是美国芝加哥—肯特法学院法学教授，著有《20 世纪欧洲的法律与竞争》（*Law and Competition in Twentieth Century Europe*：*Protecting Prometheus*，London：Oxford University Press，1998）。本文系戴维·格伯尔为《沃尔夫冈·费肯杰七秩纪念文集》② 所撰写的文章。戴维·格伯尔在文章中开宗明义地指出：在为我的挚友和著名学者——沃尔夫冈·费肯杰的纪念文集选择论文题目时，"我选择了一个和他一起多次讨论过并且关涉他抱有很多兴趣的领域的题目。我知道，如果由他撰写这篇文章，他对这题目的认识毫无疑问要比我深刻得多。本文目的是简要论述德国人以其思想和实践影响欧洲竞争法的某些方式。因为这些影响对欧洲竞争法的发展起着关键的作用，而竞争法对欧洲一体化的进程是至关重要的，对这些影响即便作一个简单的探讨，也是很有价值的"③。早在 20 世纪 80 年代初，当时苏联尚在国际舞台上占有举足轻重的大国地位，联合国内部社会主义和资本主义两大阵营的分庭抗礼格局是众所周知的事实，但是费肯杰以自己渊博的学识和高超的沟通技巧，使由其主持草拟的《联合国卡特尔行为规范》于 1980 年 12 月 5 日在联合国大会 1974 年 33/153 号决议中被通过。④ 此外，《国际技术转移行为规

① "欧洲法"（Europarecht）在狭义上经常被当作欧洲共同体法的同义词。在法语中，droit européen 经常只被理解为欧洲共同体法（法语为 droit communautaire），即欧洲经济共同体（EWG）、欧洲煤钢共同体（EGKS）和欧洲原子能共同体（EAG）以及共同体专利公约的法律的总和。广义上的欧洲法不仅包括欧洲共同体的法律，而且包括与这些（欧共体法律）相关的所有欧洲的法律问题，还包括西欧联盟（Westeuropaesche Union，WEU）、经济合作与发展组织（OECD）以及北约组织（NATO）以及更早的欧洲范围内的相关的法律。它较诸"欧洲法"（Europarecht）或者"欧洲的法"（europäisches Recht）（法语：droit européen）更为狭窄。Mosler，Begriff und Gegenstand des Europarechts，*Zeitschrift für ausländisches öffentliches Recht und Völkerrecht*，Bd. 28，1968，S. 481；Bülck，Raum und Zeit im Europarecht，*Archiv des Völkerrechts*，Bd. 12，1964/65，S. 399；Wagner，*Grundbegriffe des Beschlußrechts der Europäischen Gemeinschaften*，Köln：Carl Heymanns Verlag，1969，S. 87；Bleckmann，*Europarecht*，*Recht der Europäischen Wirtschaftsgemeinschaft*，3. Aufl.，Köln：Carl Heymanns Verlag，1980。

② Bernhard Großfeld，Rolf Sack u. Thomas M. J. Möllers u. a.（hrsg.），*Festschrift für Wolfgang Fikentscher zum 70. Geburtstag*，Tübingen：Mohr Siebeck，1998.

③ 戴维·J. 格贝尔．欧洲竞争法故事中的某些德国角色．王晓晔，译．环球法律评论，2001（4）.

④ 行为规范的全称是：*The Set of Multilaterally Agreed Equitable Principles and Rules for the Control of Restrictive Business Practices*（控制限制性商业行为系列多边同意的公平的原则和规则）。其德语和英语文本见于《经济与竞争》（*Wirtschaft und Wettbewerb*，WuW）1982，32；联合国资料来源：Doc. A/Res/35/63 of Dec. 16，1982，UN Sales Publ. No. 1981. II. D. 5；19ILM 813（1980）；联合国贸易与发展会议（United Nations Conference on Trade and Development），限制性商业行为特设专家小组第 5 次会议报告（*Report of the Third Ad Hoc Group of Experts on Restrictive Business Practices on its 5th Session*），日内瓦，1978 年 7 月 10 日至 21 日，联合国，1978；Doc. TD/RBP/CONF/1，Draft Set of Multilaterally Agreed Equitable Principles and Rules for the Control of Restrictive Business Practices（控制限制性商业行为系列多边同意的公平的原则和规则草案）。费肯杰指出，尽管弱化的名称"Set"在此用德语表示为"Kodex"这一联邦德国经济部翻译所使用的语汇，但仍然要指出的是，"Set"乃有意识使标题不带有其他一些联合国行为规范所标示的 Code of conduct、Verhaltenskodex。Fikentscher，United Nations Codes of Conduct—New Paths in International Law，*American Journal of Comparative Law*，Vol. 30，1982。

范》(*International* of Conduct on the Transfer of Technology, TOT-Code)亦是费肯杰主持草拟的另一部世界性法律。[①] 对于欧洲竞争法影响，格伯尔在文章中并没有直接论述费肯杰的贡献，但是，欧共体为了使各国经济法律发展上至少不致有太多扞格，一项交由马克斯—普朗克知识产权、竞争法和税法研究所进行欧洲各国公平竞争法的研究于1960年就开始动工。费肯杰系该所元老人物，长期在该研究所任职并为其中德高望重的灵魂人物。该所向欧共体提交的法律草案得到认可，对欧洲经济法的研究和发展影响甚为明显。笔者有幸来到这一中国法律学人向往的学术圣地，在该所研究学习期间曾经看到当时向欧共体提交的研究报告和草案。由于笔者一直忙于翻译费肯杰的两卷本《经济法》，因而未对这些材料进行仔细检视，但已经有中国学者撰文比较该所向欧共体或欧盟提交的几次法律草案与正式颁布文本，发现几乎没有差异。该所在一些对外介绍的文献中也曾简略提及其在这方面的贡献。笔者在赴马克斯-普朗克知识产权、竞争法和税法研究所之前，对于欧洲专利局之设在慕尼黑不很了解，但到达慕尼黑之后就明白了其中缘故。《1973年10月5日关于授予欧洲专利的公约（欧洲专利公约）》(*Übereinkommen über die Erteilung europäischer Patente v.* 5.10.1973）又称《慕尼黑公约》(*Münchner Übereinkommen*)，正如费肯杰所说，其意义不在于制定一种国际的或超国家的专利法，而在于注册共同体（Anmeldungsgemeinschaft）的建立。此共同体与欧洲经济共同体、欧洲煤钢共同体、欧洲原子能共同体性质是相同的，因此人们不无道理地称之为“集团专利”(Bündelpatent）或者“专利集团”(Patentbündel)。《慕尼黑公约》的签订以及依据该公约创立的欧洲专利局均依托于马克斯-普朗克知识产权、竞争法和税法研究所，长期以来该所就是欧洲专利局的思想库，所以几乎欧洲工业产权保护法律变革的发源地都是该研究所，该所是名副其实的世界知识产权研究的中心。费肯杰两卷本《经济法》中关于世界经济法、欧洲经济法、德国经济法的阐述出发点即在于经济供给（wirtschaftliche Versorgung）和经济发展的开拓(Eröffnung wirtschaftlicher Entfaltung)。其从自由主义的立场出发认为，如果整个法律有关自由经济秩序，那么获得和拥有的二分法就贯彻始终，两者互相制约：人们必须拥有某些东西，以便在市场上能够出现，原子论式竞争不是竞争（AtomischerWettbewerb ist kein Wettbewerb)，竞争秩序如果没有“小型垄断”(kleine Monopole）就不可能得以建立。“财产权”和市场理论是殊途同归于一个目标，因而“进行拥有的秩序”(Ordnung zum Haben）和交易秩序（Handelsordung）就构成了费肯杰一般经济法的两个重要组成部分，一为保障自由去做某事（die Freiheit zu etwas)，一为保障某事的自由（die Freiheit von etwas)。竞争法和经济归属法(das wirtschaftliche Zuordnungsrecht，主要包括工业产权）的阐述在该书中占据很

① 可参见 Wolfgang Fikentscher, assisted by H. P. Kunz-Hallstein, Chr. Kleiner, F. Pentzlin, W. Straub, *The Draft International Code of Conduct on the Transfer of Technology-A Study in Third World Development*, Weinheim: Wiley-VCH Verlag, 1980。

大比重。[①] 正是这样，费肯杰对于自己的贡献未曾道及，但其实书中论述的许多法律的制定都与其实践活动息息相关，其在书中仅仅淡淡地说："本书是以我多年的卡特尔法律实践和自 1957 年以来关于经济法所准备的演讲为基础。它在某种意义上代表着我在经济法上三十年工作的总结。"[②]

戴维·格伯尔在《沃尔夫冈·费肯杰七秩纪念文集》中的论文主要是从德国法学家思想对欧共体竞争法的贡献角度加以阐述的。他指出，1957 年欧洲经济共同体的建立赋予竞争法更重要的任务，并由此使之处于战后欧洲历史上的中心地位。竞争法的任务是排除成员国之间国际贸易的障碍，为建立一个成功的和有吸引力的"欧洲"市场创造条件。欧共体委员会和欧洲法院已经克服了来自各方面强有力的抵制，使竞争法成为欧洲一体化进程中有效的工具。无论在欧洲一体化的初期还是高峰时期，这个进程都充分表现出秩序自由主义的思想。因为秩序自由主义是德国的产物，学术界一般很少关注这些理论在德国境外的影响，战后初期更是这种情况。虽然秩序自由主义在思想上是反对纳粹的，秩序自由主义者往往是纳粹制度的牺牲品，但因为它们仍然是德国人的东西就自然处处会遭到人们的非议。近年来随着欧洲统一的进程，政治上也不鼓励人们研究秩序自由主义的影响，这就不利于认识一个民族对这个进程的影响。加之还有人认为，认定某些理论或者纲领来源于某个成员国，这会增加对这些思想的抵制，或者会妨碍欧洲一体化的进程，从而阻止人们对这些理论的来源寻根问底。在欧洲共同体的组建期间，德国的主要代表人物一般都与秩序自由主义有着密切的联系，或者至少对这种思想持赞成的态度。戴维·格伯尔在此举例说明，其中第一个例子是法学教授瓦尔特·哈勒施坦（Walter Hallstein）。作为欧共体缔造者之一和欧共体委员会首任主席，哈勒施坦早在 20 世纪 40 年代就成为秩序自由主义学派的成员，服膺瓦尔特·奥肯的理论。关于法律在建立欧洲机构所起的作用方面，他对法律作用的许多观点与秩序自由主义的理论明显是一致的。他在欧共体的组建期间也积极宣扬和践履秩序自由主义理论。[③] 第二个例子是汉斯·冯·迪尔·格勒本（Hans von der Groeben）。冯·格勒本在战后

① 费肯杰指出：德国一般经济法的两个旧的领域是工业产权保护法和不正当竞争法。它们自始大体上表现为不断的精细和扩张。越来越多的范围被一般贸易自由的法律和判决所摄取，被变为无可争辩地位（工业产权保护）或不正当竞争行为的对立面。第三个领域，即反限制竞争法，起源于基本上允许卡特尔、康采恩和合并的法律，因而系公司法的附属物。

② 沃尔夫冈·费肯杰. 经济法：第 1 卷. 张世明，袁剑，梁君，译. 北京：中国民主法制出版社，2009：原著德文版自序.

③ 可以参见 Ernst von Caemmerer u. a. （hrsg.），Probleme des Europäischen Rechts－Festschrift für Walter Hallstein zu seinem 65. Geburtstag，Frankfurt am Main：Vittorio Klostermann，1966。该论文集有费肯杰《在德国法和欧洲法中卡特尔法与反不正当竞争法的关系》（*Das Verhältnis von Kartellrecht und Recht des unlauteren Wettbewerbs im deutschen und europäischen Recht*）一文。哈勒施坦在 20 世纪 50 年代初回到德国开始为德国加入国际组织而紧锣密鼓地活动，受联邦德国总理阿登纳之命担任在巴黎会议上关于建立欧洲煤钢共同体谈判的德方代表团团长。哈勒施坦原则（Hallstein Doktrin）是 20 世纪 50 年代后期和 60 年代初期德国对外政策的主导思想。1955 年哈勒施坦参加墨西拿会

被德国经济部长路德维希·艾哈德所罗致，自1953年以来担任联邦德国政府在煤钢共同体协调局局长。他被视为欧洲经济共同体缔造者之一，系有关欧共体的建立和结构的《斯帕克报告》（*Spaak-Berichts*）两个主要起草者之一，而斯帕克报告则是《罗马条约》的基础性文件。《罗马条约》生效后，他在欧洲经济共同体中身居要职，地位仅次于哈勒施坦，是欧共体委员会负责竞争政策的第一任委员，制定了欧洲反限制宪法，引入增值税制度和总体调整税收制度以及欧洲共同体专利制度。1961年的欧洲反限制宪法的制定主要应归功于其努力。④第三个例子是阿尔弗雷德·米勒-阿尔玛克（Alfred Müller-Armack）。他是社会市场经济理论的创造者和主要倡导者，“社会市场经济”（soziale Marktwirtschaft）这一概念表述最早即出现于其著作《经济引导和市场经济》（Müller-Armack，*Wirtschaftslenkung und Marktwirtschaft*，Hamburg：Auerdruck，1947）。作为德国政府的官员，其任务即在于以德国秩序自由主义的思想影响欧共体组建期间的经济政策。⑤德国新自由主

（续前）议，为欧洲国家经济一体化铺平了道路，并在《欧洲经济共同体条约》的缔结中发挥了关键作用。在这期间，艾哈德是弗赖堡学派的代表人物之一，反对煤钢共同体这种部门的“统制经济”和超国家性，赞成在关税及贸易总协定和欧洲经济合作组织的范围内实行贸易自由。衔命会谈的哈勒施坦在最后拟定的联邦德国备忘录中体现了阿登纳和艾哈德两人观点，并进行了综合，一方面主张要扩大欧洲煤钢联营集团的活动领域，同时也模棱两可地建议采取类似政府间合作的办法。欧洲经济共同体成立后，作为欧洲委员会的主席，哈勒施坦致力于快速完成共同市场的建立。他认为，要实现欧洲政治一体化的成功，共同的经济制度是关键。在1959年年底公布的哈勒施坦计划主张欧共体国家更大的共同市场和对外贸易自由化。在所谓的哈勒施坦时期，在既统又独、统中有独的相对主权说的国际法模式下，欧洲统一达到前所未有的高度。其代表作有《未完成的联邦国家：1969年的欧洲经验和认识》（Walter Hallstein，*Der unvollendete Bundesstaat*，*Europäische Erfahrungen und Erkenntnisse*，Düsseldorf/ Wien：Econ-Verlag，1969）。

④ 关于这方面的情况，参见H.-J. Küsters，*Die Gründung der Europäischen Wirtschaftsgemeinschaft*，Baden-Baden：Nomos Verlagsgesellschaft，1982，S. 135－160；E.-J. Mestmacker（hrsg.），*Auf dem Weg zu einer Ordnungspolitik für Europa*，*Festschrift für Hans von der Groeben zu seinem* 80. *Geburtstag*，Baden-Baden：Nomos Verlagsgesellschaft，1987，S. 9。此外可参见：Hans von der Groeben，Ernst Joachim Mestmäcker（hrsg.），*Ziele und Methoden der europäischen Integration*，*Bericht über eine Arbeitsgemeinschaft im Zentrum für interdisziplinäre Forschung der Universität Bielefeld*. Baden-Baden：Nomos Verlagsgesellschaft，1972；Hans von der Groeben，Hans Möller，*Bielefelder Bericht einer Arbeitsgemeinschaft im Zentrum für Interdisziplinäre Forschung*，*Möglichkeiten und Grenzen einer Europäischen Union*，Baden-Baden：Nomos-Verlagsgesellschaft，1979；v. d. Groeben，v. Boeckh，Thiesing，Ehlermann，*Kommentar zum EWG-Vertrag*，2 Band，3. Aufl.，Baden-Baden：Nomos Verlagsgesellschaft，1982；von der Groeben，*Die Europäische Wirtschaftsgemeinschaft als Motor der gesellschaftlichen und politischen Integration*，Tübingen：Mohr Siebeck，1970；von der Groeben，*Aufgaben der Wissenschaft für die Orientierung einer europäischen Wirtschaftspolitik*，Brüssel：Presse-und Informationsdienst der EG，1967；von der Groeben，Haben wir im entstehenden Europa noch eine Chance für die freie Marktwirtschaft?，*Europa-Archiv*，1961，S. 643；von der Groeben，Competition Policy in the Common Market and in the Atlantic Partnership，*Antitrust Bulletin*，Vol. 10，1965。

⑤ 关于米勒·阿尔玛克在欧共体的思想和机构的发展中所起的作用，参见A. Müller-Armack，*Auf dem Weg nach Europa*，Tübingen：Rainer Wunderlich，1971。

义者并不是欧洲共同体市场建设的主要推动者。推动的主要功绩不如说应归诸法国的让·莫内（Jean Monnet）、罗伯特·舒曼（Robert Schuman）、比利时的P.-H.斯帕克（Paul-Henri Spaak）等人。但新自由主义思想给予一般性政治性目标法的制度性形式，提供了一系列总括的理论性思想基础。该思想提供了欧洲统一的思想框架，在积极推动欧洲统一的大多数德国人中有着非常重要的影响力。并且，这种德国新自由主义思想对其他领导者也有重要影响。①

在欧共体内，就对共同体竞争政策的理解而言，最初存在两种立场：深受秩序自由主义观念影响的德国人倾向于把欧共体竞争政策视为基本的法律规范，使之按照司法的方法加以解释和适用；而法国人则倾向于把《罗马条约》第85条和第86条不作为"可实施的法律"，视之为更类似于行政政策的一些规定。尽管在20世纪90年代以后，被认为独具特色和体系严密的德国反限制竞争法进行了修改而积极与欧洲竞争法相协调，德国的竞争法领导地位被认为发生了变化，但20世纪50年代到60年代德国作为先驱者的影响确实冠绝一时②，对欧共体竞争法发展的巨大贡献不容否认。在20世纪80年代和90年代初，很多成员国或者初次制定竞争法（如意大利），或者修改和加强其现存的竞争法（如法国），以便与欧洲竞争法更为接近。德国新自由主义思想与德国反限制竞争法之间关系密切，并提供了以竞争法为中心的欧洲统一思维框架。更进一步说，将该思想许多部分具体化的德国反限制竞争法及其经验，也为该思想添加了力量。两者起了相辅相成的作用。③ 在目前的欧洲，自由竞争机制的基础作用被广泛理解和接受，减少政府对市场干预的思想成为发展竞争法的巨大动力。竞争法被赋予以消除国际间贸易障碍以及创造成功的、具有吸引力的"欧洲"市场的条件的重任。

戴维·格伯尔从以下几方面分析了德国竞争法之所以能够在欧共体竞争法的建构中产生巨大影响的原因。首先，《罗马条约》的草案完成之后，德国在竞争法领域刚刚结束了一次历时十年的大争论；而当欧共体竞争法基本产生之后，德国已经成为欧洲唯一有着一部比较发达而且受到人们高度重视的竞争法的国家。这就使德国思想自然处于一种前列地位。相对于欧洲其他国家，德国在竞争法许多问题上是欧洲经验的发源地。虽然美国在反垄断法方面有着更深刻的经验，但是由于美国和欧洲有着不同的法律文化、经济情况和政治经历，因而德国经验对欧洲国家就更具有吸引力。德国在竞争法方面的前列地位也意味着在欧共体委员会任职的德国官员在竞争法理论和实践方面是最有经验的，因此他们在欧共体竞争法的发展中起着重要的作用，并具有权威性。欧共体委员会竞争局的局长具有德国国籍，这几乎成为一个惯例。特别在执行欧共体竞争法的早期阶段，这些官

① David Gerber, *Law and Competition in Twentieth Century Europe*: *Protecting Prometheus*, London: Oxford University Press, 2003, pp. 263-264.

②③ 田中裕明「ヨーロッパ競争法の歩みとドイツ法の役割」『神戸学院法学』第34巻第4号，2005.

员往往在德国法方面有着丰富的经验，思想上倾向于秩序自由主义。在欧洲一体化的进程中，欧洲人已趋于依靠德国人的经验，并且接受德国人的领导。其次，德国法学界在竞争法领域中发展出了一整套的概念和理论体系，远远比欧洲其他国家更为丰富、精深，被视为是分析竞争法问题的一个智力库。最后，德国竞争法是一个内部的成功，与“德国奇迹”相联系，而德国奇迹则是欧洲一个世纪中最激动人心的经济发展。因此，这个欧洲最重要和最严密的竞争法与欧洲最有效制度的结合也引起其他欧洲人的关注和尊重，成为效法的典范。关于德国竞争法对欧共体的贡献，不少学者均持与戴维·格伯尔相同的观点，认为：欧洲竞争法根植于自己独特的社会、政治和经济背景，有着自己独特的思想源泉。以弗赖堡学派为理论基础的欧盟企业合并控制机制，注重对市场结构的分析，以市场集中度为依据，强调政府对市场的干预，对那些可能导致市场集中的横向合并坚持禁止的立场。这一理论直到今天依然影响着欧盟企业合并控制的实践。①

后现代主义者认为，至少在当今世界，向我们“隐匿结果”的是空间而不是时间，把空间列入时间名下的做法极其普遍，时间的征服活动甚至渗透到了词典里，空间为从实践和理论上理解现状提供了最有启发性的批评视点。福柯将那些顽固抱着19世纪之迷恋的人称为“时间的虔诚子孙”，坚信当今这个纪元正变成首先是空间的纪元。② 随着研究的推进，空间性问题正日益受到人们的关注。空间不仅仅是社会活动的背景。事实上，社会的和空间的彼此相互建构，没有哪一方先天就拥有决定性的特权。社会关系的生产是一种社会存在，也是一种空间存在。它们将自身投射到空间里，在其中留下烙印，与此同时又生产着空间。笔者始终认为法学视野中的空间问题值得认真加以探究。如前所述，德国在欧洲的地理空间上的中心区位对于其政治、文化乃至心理均具有重大影响。这种区位与欧洲一体化的关系已如前述，而德国终究幅员面积难以与美国相提并论，这也是其之所以积极推动欧洲一体化的原因，亦是德国在许多方面难以抵抗美国化潮流侵袭的先天性原因。法国高等经济商业学院教授玛丽—洛尔·杰利奇（Marie-Laure Djelic）在《欧洲已经美国化：竞争规则的视角》一文中认为，美国反托拉斯法已经法化欧洲，其“蔓延发生在两个阶段：第一个阶段是二战以后。竞争管制从美国蔓延到了欧洲，也流传到关税与贸易总协定（GATT）、欧洲煤钢铁共同体、欧洲经济共同体等国际组织中。第二个阶段是1989年，苏联及东欧前社会主义国家剧变与开放之后。这两个变化

① 赫蒂根．欧洲法．5版．张恩民，译．北京：法律出版社，2003：235．王晓晔《欧共体竞争法》（北京：中国法制出版社，2001年）中有一节就是德国奥尔多自由主义学派对于共体竞争法的影响。此外，张智勇《欧盟货币金融法律制度研究》（北京：法律出版社，2006年）第200页还提及德国法学家对于欧盟《稳定与增长公约》(*Der Stabilitäts-und Wachstumspakt*，*Euro-Stabilitätspakt*）的缔结所作出的贡献。

② Michel Foucault，Des Espaces Autres，*Architecture*，*Mouvement*，*Continuité*，n°.5，1984.

阶段都与美国力量的变化一致”①。玛丽-洛尔·杰利奇对于欧洲竞争法美国化的论断并不全面。面对时空延展的现代性，欧洲竞争法都是难以用全球化（Globalisierung）、国际化（Internationalisierung）、美国化（Amerikanisierung）、欧洲化（Europäisierung）或者区域化（Regionalisierung）的概念一言定谳的。在战后，美国占据了知识霸权。就欧洲社会科学和知识的美国化情况而言，英国由于语言的关系，其美国化程度自不待说，德国学者的美国化程度相对于法国学者是要高许多的，法国的战胜国身份和德国的战败国身份判然不同实乃其关键要因。笔者在弗赖堡大学法律系经济法、劳动法和社会法研究所学习期间，发现在弗赖堡大学法律系图书馆和其对面古色古香的剧院分别悬挂的巨幅标语遥遥相对，饶有趣味，发人深省。弗赖堡大学法律系图书馆大楼的巨幅标语是“Wir sind Universität”（我们是大学），昭示这所具有五百年历史的大学的自豪情感和自律精神，而对面剧院的巨幅标语则写着“Europa wird Kutuelle oder es wird nichts.”（意为欧洲将是有文化的或者变得什么都不是）。如果说一百年前甚至几十年前，德国经济学思想和经济学教育还拥有众多追随者，即便在战后一段时间，弗赖堡经济学派亦曾在这里气贯长虹，但是，因为在全球化时代，往往是胜者通吃，只有第一，没有第二，如今全球流行的经济学理论、方法、教育模式却基本上是美国式的了，世界主要大学所用的经济学教科书大多是美国（以及英国）人写的宏观、微观经济学标准教科书，全球最好的经济学专业期刊基本上都在美国，诺贝尔奖在资源集中的不对等分布格局下也越来越多地被美国经济学家收入囊中，因此，尽管弗赖堡大学经济学研究在世界上仍然具有一席之地，但昔日辉煌已不复存在。不过，德国的法学和哲学研究的领先地位目前仍然在世界上难以撼动，具有其独特的魅力。身为联合国法律顾问和欧盟法律顾问的费肯杰的现身说法也许比较符合实际，他在《经济法》第2卷注释中这样提及：如今“弗赖堡学说本身在许多德国经济学家身上或多或少无影无踪悄然而去。目前特别的格局看来是：德国经济理论试图填补德国在1933年至1945年的国际讨论长期缺席所造成的落后状态。在此不可忽略的是，基于‘弗赖堡学派’的经济—法律竞争理论与包括芝加哥学派在内的美国经济政策在不少领域是大相异趣的。在美国的情况主要是仍将‘可行的竞争’（workable competition）定位为一个权宜之计。由于美国人不理会于德国法学家，但德国经济学家却察言观色于美国人，所以产生了奇特的情形。在欧洲经济共同体条约第85条、第86条决定性的指导中，是从法学家的竞争理论出发的，经济学家仅附庸其间。在1980年12月5日联合国卡特尔行为规范贯彻的是第85条、第86条欧洲化的弗赖

① 玛丽-洛尔·杰利奇．欧洲已经美国化：竞争规则的视角．袁玲，译．北大商业评论，2007（3）．此文的原版应为：Marie-Laure Djelic，Does Europe Mean Americanization? The Case of Competition，*Competition & Change*，Vol. 6，No. 3，2002。亦可参其专著《出口美国模式：欧洲商业的战后转型》（*Exporting the American Model*：*The Postwar Transformation of European Business*，London：Oxford University Press，1998）。

堡思想而非美国反托拉斯传统"[①]。格尔德·林克于1971年主编的《经济法的概念与原则：国际论坛十七国报告》（Gerd Rinck（hrsg.），*Begriff und Prinzipien des Wirtschaftsrechts：siebzehn Landesberichte zu einem internationalen Symposion*，Frankfurt am Main：Metzner，1971）展示了德国在经济法学研究方面的主导地位，而德国经济法学思想通过法律统合（Rechtsvereinheitlichung）、法律调和（Rechtsangleichung）等自主性继受途径在欧盟内部所产生的影响也是不可低估的。

第二节　经济法学说继受的第二种模式：美国化

一、德国经济法学理论美国化过程中的冲突与磨合

日本学者井川克倭（かわいよしかず）在《竞争政策法概论》中指出，经济法可以分为两种类型：一为竞争推进型，即信赖竞争机能，听任市场原理发生作用，对私的独占和卡特尔等市场支配力的形成加以排除，以求恢复资本主义经济循环的自律性；一为竞争限制型，即不是基于资本主义的经济循环机能而是由国家依权力对生产、价格等加以干预以代替其经济循环机能的实现。[②] 笔者认为，美国和德国的经济法律学说在第二次世界大战前就是上述两种类型的代表。约翰·梅里曼（John Merryman）等人指出："美国的法律研究之根基在于英国普通法，习惯于遵循先例的方法，而且，美国法律教育的实用化、职业化的偏见，使其对理论很不耐烦。"[③] 相对于欧洲大陆风格更强烈地关注体系和理论，美国法学呈现出对行为的兴趣较之于理论的探讨更为浓厚的风格。众所周知，美国也没有"经济法"的概念。由于法律传统文化的影响，英、美两国法律制度中没有单独的民法部门，也不存在民商分立的状态。正如张寿民在《外国经济法制史》一书所言："这两个国家调整经济关系的法律由若干更小的部门法构成，如财产法、契约法、信托法和侵权行为法等。因此，国家调整经济关系的法律，在英美法系国家和无民法、商法一样，也没有必要单独构成一个独立的部门法。"[④] 尽管公法和私法的分类不能说是大陆法系经济法产生的原因之一，但这种分类确是学者们由此及彼进行思维的出发据点，既然英美法系不存在公法和私法的分类，那么开辟介乎公法和私法之间的经济法的法学领域对以实用主义为特征的英、美法学家而言便索然无味了。[⑤]

① 参详沃尔夫冈·费肯杰. 经济法：第2卷. 张世明，译. 北京：中国民主法制出版社，2009：第22章.

② 川井克倭『競争政策法概論』高文堂出版社，1995：13.

③ John Henry Merryman，Comparative Law and Social Change：On the Origins，Style，Decline & Revival of the Law and Development Movement，*The American Journal of Comparative Law*，Vol. 25，No. 3，1977.

④ 张寿民主编. 外国经济法制史. 上海：华东理工大学出版社，1996：57.

⑤ 英国经济法学比美国受德国影响更大一些，如 Schmitthoff，The Concept of Economic Law in England，*The Journal of Business Law*，Vol. 17，1966；Daintith，Terence，*Bericht über das Wirtschaftsrecht im Vereinigten Königreich*，Brüssel：Kommission der Europäischen Gemeinschaften，1974；亦可参见我国学者杨日颖所译施米特霍夫. 英国经济法的各种形式. 国外社会科学文摘. 1983（9）.

据吉永荣助的介绍，美国学者巴克斯鲍姆（Richard M. Buxbaum）所强调的经济法与其说是其目的，不如说是一种制度的结构。经济法被理解为州际交易委员会（Interstate Commerces Commission）、联邦能源委员会（Federal Power Commission）、联邦通信委员会（Federal Communication Commission）、民间航空委员会（Civil Aeronautics Board）、证券交易委员会（Securities and Exchange Commission）等机构适用的规则和程序。从这样的机关出发就可以理解经济法的执行和实体。美国经济法所关心的、面临的事情主要有：(1) 竞争和经济力；(2) 其适用例外部分；(3) 完全雇佣和价格安定；(4) 国际的财政经济问题。① 古人云："名者，实之宾也。"② 从发生学意义上说，指称的名称、概念由被指称的实在产生，被指称的实在的追根究底，则产生于"当"，即"名实当"与"不当"的"当"。由于英美法系受经验主义影响较深，因而美国的经济法律学说是一种"知实不知名"的先验论；如果我们从"知名不知实"的先验论或唯名论出发，"徇名而遂废其实，此则陋儒之见"③。换言之，名称、概念决定论是离本、离体之说，我们不能徇名废实，而应该综核名实。但正如古人所说，"欲辩其实，则殊其名；欲宣其志，则立其称"④，美国没有"经济法"的概念及其体系化的学说，确实局限了其在这一领域的理论深度和广度。笔者在这里借用龙树对中观即中道的界说，"众因缘生法，我说即是无（空），亦为是假名，亦是中道义"⑤，认为对美国有无经济法既不执着有，又不执着无，应持中道观。僧肇在《不真空论》中说："有其所以不有，故虽有而非有，有其所以不无，故虽无而非无。虽无而非无，无者不绝虚；虽有而非有，有者非真有。"⑥ 应该说，美国经济法律学说有其独特的本质，其影响于德国、日本经济法学，震荡氤氲，并进为功，遂底定当代经济法学的基本构架。当代经济法学可以说是以日德经济法学说为躯干，以美国经济法律思想为灵魂，两者经过磨合后被有机地融为一体。

阿莱克西·雅克曼等所著《经济法》一书在论及促进经济法发展的因素时强调私人利益的组织，指出："不论涉及到劳动者、储户、股东、手工业者、商人或企业，我们的工业社会都感到必然会形成利益集团。组成这样的集团，导致新的法律制度产生，其中有好些方面是值得着重指出的。"⑦ 阿莱克西·雅克曼还论及与旧制度下行会一样的行业法有了新发展等情况。中国学术界颇觉这种观点有"天方夜

① 原始资料见于 Richard M. Buxbaum，Economic Law in the United States，in：Rinck（hrsg.），*Begriff und Prinzipien des Wirtschaftsrechts*：*Siebzehn Landesberichte zu einem internationalen Symposion*，Frankfurt am Main：Metzner，1971，S. 11ff.。

② 张耿光译注. 庄子全译. 贵阳：贵州人民出版社，1991：9.

③ 朱熹著，吕祖谦纂. 近思录集释：下. 张京华辑校. 长沙：岳麓书社，2010：700.

④ 欧阳建. 言尽意论//严可均辑. 全晋文：中册. 北京：商务印书馆，1999：1152.

⑤ 龙树. 中论·观四谛品第二十四//谈锡永主编. 中论导读：下册. 北京：中国书店，2007：510.

⑥ 僧肇. 不真空论//严可均辑. 全晋文：中册. 北京：商务印书馆，1999：1810.

⑦ 阿莱克西·雅克曼，居伊·施朗斯. 经济法. 宇泉，译. 北京：商务印书馆，1997：79.

谭”式的奇谈怪论，未能参悟其理义的妙谛。其实，经济法的产生确实与包括卡特尔在内的社团组织有很密切关系。西方有名言曰：一个德国人是哲学家，三个德国人就是俱乐部了。这殆非虚言。即便年代悠远的行会组织对德国影响之深刻姑且不论，就是时至今日德国人也江山易改而禀性难移，德国是目前世界上俱乐部、社团最多的国家。每个德国人都是某种俱乐部的会员，从运动、社区服务、民俗、园艺或储蓄互助会不一而足，无怪乎德国最早在民法典中规定了“法人”制度，又无怪乎德国经济法起源于卡特尔这种德国人所谓的“有组织的资本主义”，更无怪乎歌德施密特等几位在德国经济法学创立时期的领军人物在理论中不遗余力强调“共同体”“共同经济”。费肯杰第一次到中国大陆讲学，就大谈西方的合作社和团体思想，认为它决定了西方的市场概念和竞争概念的内涵。费肯杰在《中国社会主义市场经济中市场与竞争的意义和作用》[①] 一文中声称，中国传统的合作社形态似乎都不符合西方的团体模式，三和会类似于泛灵主义的秘密社团，中国目前所谓的“单位”也不是一种团体。由是观之，费肯杰也极其重视团体思想、合作社等对经济法产生的机栝之所在。中国学者实际上也有学者看到了团体主义的思想崛起与法律现象随之变迁的关系。诸如刘瑞复在《经济法：国民经济运行法》中就指出，“团体主义认为个人和社会是‘有机的一体’，同生物的有机体一样”[②]，这是经济法产生的原因。美国学者爱德华（Corwin D. Edwards）在比较欧洲和美国的经济竞争法发展时指出：美国人的自由主义是孕育于反抗殖民地统治之中（茶叶的垄断是其近因），从而排斥一切独占性权力；欧洲的自由主义则是来自对王权和教权的斗争，而他们的对策即是巩固契约权与结社权，因此欧洲人对于商人自由结合为卡特尔一向无反应。存在于北美洲的那种对自由竞争的信仰，在欧洲似乎十分淡薄，从而以竞争本身为目的建立的所谓本身违法原则（Per-se doctrine），未能成为欧洲各国自由竞争法的指导原则，欧洲人崇尚的毋宁是一种经过理性过滤的竞争。[③] 与北美洲要对托拉斯加镣上铐、驯服野性、严防垄断“怪兽”兴风作浪吞噬民主传统的文化背景不同，在新大陆被视为不道德的卡特尔组织却在欧洲旧大陆源远流长，根植于中古各行业的公会组织之中。1870 年的经济危机更首次在德国孕育了现代的卡特尔运动，卡特尔是需要之子（Kinder der Not）的观念广有市场，如何组织、经营卡特尔甚至成为商科学生的重要课程。[④] 国家工商行政管理局条法司集体撰写的《现代竞争法的理论与实践》指出：“有一种看法是片面的，即在这个时期欧洲国家只搞了反不正当竞争法，而美国则只搞了反托拉斯法，也就是禁止垄断和限制竞争

① 沃·费肯杰. 中国社会主义市场经济中市场与竞争的意义和作用. 中德经济法研究所年刊，1993（4）.

② 刘瑞复. 经济法：国民经济运行法. 北京：中国政法大学出版社，1991：46.

③ Corwin D. Edwards, *Cartelization in Western Europe*, Washington D. C.: Bureau of Intelligence and Research, US Department of State, 1964, pp. 46-47.

④ Leopold Mayer, *Kartelle, Kartellorganisation und Kartellpolitik*, Wiesbaden: Betriebswirtschaftlicher Verlag Gabler, 1959, S. 13-20.

行为法。”[①] 该书的依据一为美国反托拉斯法中附带规定了反不正当竞争的内容，一为德国联邦卡特尔局主任、柏林自由大学名誉教授库尔特·马尔克特（Kurt Markert）曾谓：“早在第一次世界大战以前，德国试图制定自己的卡特尔法时，就想以美国的《谢尔曼法》作为榜样。”[②] 不过，《现代竞争法的理论与实践》一书和马尔克特都认为1923年德国《卡特尔条例》（即《抑制滥用经济地位的条例》）[③] 影响甚微。正如西蒙·N. 惠特尼自豪地声称反托拉斯法是美国的特产。英国、加拿大和欧洲经济共同体虽然已经采取了某些形式的反托拉斯活动，但没有一个国家可以宣称它的法律已经有了哪怕只是接近于美国法律所有的那样的影响。[④] 而德国堪以自诩的是1896年公布的《反不正当竞争法》可谓世界上最早的反不正当竞争单行法[⑤]，其1909年重新立法时，第1条规定的著名概括条款，即禁止一切违反“善良风俗”的竞争行为，已被公认为德国法体系中法官造法活动最成功的领域，足堪与其《民法典》第242条“诚实信用”条款相媲美。因此，立法模式的不同导致美国和德国经济法律学说的不同取向和路径，以致第二次世界大战后联邦德国引进反托拉斯法后出现一种与美国不同的代表性的竞争法体制，即《反限制竞争法》和《反不正当竞争法》两法并行体例，而德国战后经济法学在很大程度上就是对二法价值冲突加以理论调和的历史过程。

美国加州大学黑廷斯法学院国际法与比较法教授乌果·马蒂（Ugo Mattei）认为，西方国家法律在理智上的领导地位是有变化的。这种领导地位是指“一个国家的法律制度或它的某些成品（如法典、立法、制度、学术著作等）不仅对与其关系密切的法律制度，而且在它们之外都有影响的能力”，即“这一制度的全部或部分在某一历史时期为许多其他法律制度所考虑、讨论、模仿或采用”[⑥]。诚然，在19世纪，英国一直在世界法律区域间的航线上往返穿梭而传送着法理学思想，英国普通法随着英属殖民地的拓展而光被四海，但英国法律从未在理智上取得领导地位，相反19世纪前期却是法国法律文化领一代风骚。19世纪后期起至20世纪初，西方法律在理智的领导地位转向德国，德国“学说汇纂派”（Pandectists）引无数英雄竞折腰。正如美国学者保罗·肯尼迪在20世纪末回顾时指出：“毋庸置疑，在过去的100年期间，美利坚合众国比任何其他国家对我们的世界具有更大的影响，在这

① 国家工商行政管理局条法司编．现代竞争法的理论与实践．北京：法律出版社，1993：8.

② 爱里克·松尼曼编．美国和德国的经济与经济法．南京大学中德经济法研究所，译．北京：法律出版社，1991：150.

③ Verordung gegen den Mißbrauch wirtschaftlicher Macht vom 2. November 1923，RGBl 1067.

④ Simon N. Whitney，*Anti-trust Policy：American Experience in Twenty Industries*，Vol. I，New York：The Twentieth Century Fund，1958，pp. xxiii，560.

⑤ 德国的不正当竞争（unlautern Wettbewerb）就是从法文移植来的外来词，但这不能说法国是最早规定反不正当竞争法的国家。

⑥ Ugo Mattei，Why the Wind Changed：Intellectual Leadership in Western Law，*American Journal of Comparative Law*，Vol. 42，1994.

种意义上说，这个世纪可以简称为‘美国的世纪’，甚至比16世纪是西班牙的世纪、18世纪是法国人的世纪和19世纪是英国的世纪更为准确。”① 在第二次世界大战以后，美国迅速地跃登雄居西方法学的霸坛。是时，美国挟战胜之余威，以世界宪兵、国际警察、天下盟主自命不凡，龙骧虎步，高下在心，企图重新安排整个世界。美国以特纳为首的边疆学派力陈边疆性质在美国民族文化性格中的作用，其实对美国而言，这个“边疆”可以是一个新地方，在那里，旧秩序可能被抛弃；也可以是一条总是向前延伸的线，圈进或“征服”从未开垦过的区域，无论是西部、世界其他地方或外部空间，还是贫穷地区或思想领域。美国人天生是产品推销员，他们通过各种形式的文化交流大力推销文化工业产品——品质繁多的文化消费品，并通过经济和技术的交往，尤其是各种消费品，将它们所负载的价值密码和生活情趣推向世界，使“美国制造”的所谓“世界文化”在全球泛滥，其“法律思想产品”亦被鼓吹得天花乱坠并向世界倾销。正是这样，加州大学圣地亚哥分校教授斯塔夫里亚诺斯（Leften Stavros Stavrianos）指出当今世界存在着“思想意识上的帝国主义”或者说“思想殖民化”问题。② 瑞士伯尔尼大学法学教授威甘德（Wolfgang Wiegand）指出，战后法律的国际化是西方法律的一个具有重大意义的现象，它主要体现在两个方面，一个是欧洲共同体内部法律的规范化，另一个是欧洲对美国法律的接受。他说，对美国法的接受就等于承认现在是“美国时代”，“现在在美国大学读书等于中世纪在意大利攻读普通法（ius commune）一样的价值和威望”③。诚然，现在美国人因外强中干而自嘲为“新罗马人”，但二战硝烟刚刚尘埃落定之时其曾的确有“席卷天下、包举宇内、囊括四海之意、并吞八荒之心”④ 的文化帝国主义倾向，只不过20世纪60年代以来帝国主义已被“全球化”取而代之。

在第二次世界大战之前，德国法学家对本土学术水准深具信心，“国土法学”（Landesjurisprudenz）反映出德国法学界目无余子的倾向。⑤ 1810年保罗·费尔巴哈（Paul Johann Anselm Ritter von Feuerbach）对“德国法学家”就发出指责：“他们所有的学术研究援引的始终只是本国或国产的。”⑥ 是时，德国流行的一种说

① Paul Kennedy, The Next American Century?, *World Policy Journal*, Vol. 16, No. 1, 1999.

② Balmurli Natrajan, Legitimating Globalization: Culture and Its Uses. *Journal of Transnational Law and Contemporary Problems*, Vol. 12, No. 1, 2002

③ Wolfgang Wiegand, The Reception of American Law in Europe, *American Journal of Comparative Law*, Vol. 39, No. 2, 1991.

④ 贾谊. 过秦论. 全上古三秦汉三国六朝文：第1册　上古至前汉. 石家庄：河北教育出版社，1997：418.

⑤ 是时，试图重现由于民族国家的成立而失去的“法的伊甸园”、恢复“欧洲法”的学者尚有科沙克（Paul Koschaker）等。对此可以参见笔者. 知识型：民族国家的空间框架与近代史学和法学的学科底层语法规则//张世明. 法律、资源与时空建构　1644—1945年的中国：第2卷. 广东：广东省出版集团，广东人民出版社，2012：104-195.

⑥ Paul Johann Anselm Feuerbach, *Kleine Schriften vermischten Inhalts*. Nürnberg: Theodor Otto, 1833, S. 163.

法，即“美国人是地球上唯一从石器时代跳跃到文明的民族，缺乏创建一种文化的曲折性”[1]。不可否认，美国的法学曾长期依靠英、法、德等国乳汁的哺育，直到20世纪30年代中期，美国哥伦比亚大学法理学教授帕特森还认为，实用主义、社会法学和现实主义法学“构成美国第一批土生土长的法律哲学”[2]。实际上，在魏玛共和国期间，德国对于美国的文化和工业化成就便开始青睐有加，当时的德国人莫勒在1928年出版的《美国人的世界》一书中就认为，在所有欧洲国家中，魏玛共和国在沿着美国道路上走得最远。[3] 法国学者西格弗里德甚至在1927年出版的著作中主张把德国从欧洲整体中排除出去，将德国描述为欧洲的美国。他以讥讽的笔调写道：“德国人在很多方面与现代美国十分相似。正如他们一贯的做法，以满腔的热情把自己置于标准化进程。今天没有任何德国人不对‘合理化’高唱赞歌；后者显然符合他们强调规矩的思想，让我们承认他们缺乏个性。”[4] 德国对于美国文化的吸纳在纳粹德国统治期间有所中断。但是，在第二次世界大战后羽翼丰满的美国成为西方资本主义的领头雁，血气方刚，锋芒毕露，开始反哺于德国法学界。高岸为谷，深谷为陵。随着诺曼底英美登陆成功，德美文化之间一切沧海桑田的巨变便势必接踵而至。盟军在联邦德国实行非军事化（Demilitarization）、非纳粹化（Denazification）、非卡特尔化（Decartelization）以及最后要实现民主化（Decomcracy for ever）的“四D”计划。当德国经济依赖所谓“瓦砾妇女”（Trummerfrauen）在满目疮痍的废墟寻觅希望的时候，德国的社会科学研究亦随着纳粹第三帝国的訇然倒台而面临着洗心革面的任务。美国占领当局发起文化交流的“德国项目”，资助联邦德国的政治家、专家学者甚至大学生和青少年赴美访问学习，把这种交流视为偷偷带进民主细菌的工具之一。费肯杰就是较早留学美国的经济法学家之一。[5] 1948年柏林危机期间美国通过遮天蔽日的飞机所建立的对西柏林的“Luftbrücke”（空中桥梁），被德国儿童昵称为“raisin－bombers”（葡萄干轰炸），使美德历史上就存在的“打断骨头筋连筋”的血缘关系更具紧密的联系纽带。[6] 在纽伦堡对纳粹战犯史无前例的控告和审判，目的在为国际法设立新规范。1948年5月23日颁布的《德意志联邦共和国基本法》使联邦德国的社会政治经济制度初具

① Heinz Ickstadt，Uniting a Divided Nation：Americanism and Anti-Americanism in Post-war Germany，*European Journal of American Culture*，Vol. 23，No. 2，2004.

② Edwin W. Patterson，*Jurisprudence：Men and Ideas of the Law*，New York：The Foundation Press，Inc，1953，p. 556.

③ Edgar A. Mowrer，*This American World*，New York：J. H. Sears & Co. 1928，p. 215.

④ Rob Kroes，America and the European Sense of History，*Journal of American History*，Vol. 86，No. 3，1999.

⑤ 这种经历为其后来的学术发展奠定了极为便利的条件，其能够宗汇融合大陆法系和英美法系之长和终身服膺新自由主义的理念，与此至为攸关。

⑥ Wolfgang Glaser，*Americans and Germans*，München：Moos & Partner，1985，p. 42. 伴随着“马歇尔援助计划”下美元金雨的甘霖普降，在德国人心田播散下美国文化的种子。Ralph Willett，*The Americanization of Germany*，1945—1949，London：Routledge，1989，pp. 7-13.

雏形。效仿美国被称为“自由企业的大宪章”（Magna Charta of Free Enterprise）的反托拉斯法，联邦德国于1958年1月1日正式实行《反限制竞争法》，该法被称为“德国经济基本法”（*Grundgesetze für die deutsche Wirtschaft*），标志着美式反托拉斯法的观念随着军政府强迫将其输入联邦德国已经植基立础。联邦德国在禁止或滥用（Verbot-oder Mißbrauchsprinzip）两个原则中间争执了十年而最终完成了竞争法从经济力的滥用防止主义到原则的禁止主义的规制原理的根本转换。

辩证唯物主义认为，在事物的发展变化中，内因是根据，外因是条件。这确非浮泛空论。我们绝不能认为联邦德国因为对美国法的继受以及美国对德国的“美国化（Americanization）”而使德国经济法出现了断裂层。艾哈德（Ludwig Erhard）在《大众的繁荣》(*Wohlstand für Alle*，Düsseldorf：Econ-Verlag，1957）一书中清楚地指出：“在草拟这些法案时，我从未遇到任何来自美国方面的指使，更谈不上屈从于他们的意志了。不过，正是那种指导思想与感情使美国经济获得那样明显成就，在草拟这些草案时，除了大量的仔细的研究以外，也正是这些思想与感情使我更明确地认识到限制自由的危害性。”① 他还说：“联邦政府最后通过的草案，在基本结构方面，是跟美国法案的原则相抵触的。北美洲严格遵循着彻底禁止的原则；德国草案之中有这样一个特点，即行政当局可以允许有所例外——这是美国法案中所没有的。单凭这一点就足以证明，对我依靠美国垄断思想的指责与事实多么不符。”② 法国学者称艾哈德的“经济思想，比之当时流行在被占领的德国及大多数其他欧洲国家的思想，更要接近美国流行的思想”③，甚至艾哈德也把自己称为“美国的发现”，一开始就同意美国人的严格的反计划经济的秩序观念。④ 但笔者夷考其实，艾哈德绝非在美国人面前唯唯诺诺的 yesman 和只知道歌功颂德的歌德派，德国的《反限制竞争法》仅以美国的反垄断法为蓝本而非翻版的复本。对于同盟国军事政府由于管制经济法规的任意变动所提出的抗议，艾哈德甚至以这样的话予以回答：“我并没有把她改变，我放弃了她”（Ich babe sie nicht abgeändert，ich habe sie aufgehoben）⑤。

德国的《反限制竞争法》初期由于具有典型的妥协性格，因而被称为对经济力现象的处置“半心二意”（Halbherzigkeit）⑥，但经过1973年、1976年、1980年的

①② 路德维希·艾哈德．来自竞争的繁荣．祝世康，穆家骥，译．北京：商务印书馆，1983：118.

③ 阿尔弗雷德·洛罗塞．战后欧美关系．刘其中，等译．上海：上海译文出版社，1986：77.

④ 克劳斯·格林．联邦德国的社会市场经济：构想·发展·问题．冯文光，裘挹红，译．北京：中央编译出版社，1994：10.

⑤ Fritz Rittner，*Wirtschaftsrecht mit Wettbewerbs-und Kartellrecht*：*Ein Lehrbuch*，Heidelberg-Karlsruhe：Müller Juristischer Verlag，1979，S. 7. 弗里茨·里特纳在此依据席克林《法兰克福决定：路德维希·艾哈德通向自由的突破》。参见 Schickling，*Entscheidung in Frankfurt*，*Ludwig Erhards Durchbruch zur Freiheit*，Stuttgart：Seewald Verlag，1978，S. 89。

⑥ 高橋岩和『ドイツ競争制限禁止法の成立と構造』三省堂，1997：90.

修正，不论就规范的范围还是就制裁的严厉来看，都不逊于美国反托拉斯法，若干地方甚至凌驾其上。① 这与日本的情形极不相同，日本的独占禁止法越修改越宽，以致被有的经济法学者称为几乎成了鼓励独占的“障眼法”。之所以如此，笔者认为这是德国经济法学自身具有深厚的历史底蕴所致。我国经济法学的许多高头讲章都只是“历科程墨”一般论述经济法是从自由放任到国家干预经济、罗斯福新政体现了凯恩斯经济学等，但《谢尔曼法》、罗斯福新政与凯恩斯经济学到底存在什么关系却都不曾见进行切中腠理的剖析，似乎经济法学的理论基础就是凯恩斯经济学。事实上，笔者倒更认为弗赖堡经济学派对经济法的影响即便不超过凯恩斯经济学，至少也可以平分秋色。日本经济法学者吉永荣助就指出日本经济法学者应该对德国经济法学赓续不绝的历史传统钦敬有加。他这样写道：“联邦德国在盟军占领之下，受美国占领军的影响极大。过去，德国对于美英法在学问上十分蔑视轻忽，这给了改变认识其价值的机会。在拉德布鲁赫的首倡下，学者们力主与大陆法比较的重要性。在经济法学说中，伯姆等弗赖堡学派学者也提出摄取美国的思想。从而在这一点上，这一学派的学说在纳粹时代和在盟军占领时不同。”② 吉永荣助也认为很难讲清楚美国法理哪一些被德国经济法学说的哪一部分继受，可以说继受也是被统合于德国传统的学说。中国经济法学界以一种跳跃式思维把凯恩斯经济学普适化，殊不知德国经济法受美国反托拉斯法影响的过程中并非将凯恩斯经济学引以为奥援，而是拿起了弗赖堡学派的学说作为“批判的武器”，而对凯恩斯国家干预主义进行“武器的批判”弗赖堡学派的学说是植根于德国文化的背景，具有德国特色的市场经济理论。按照费肯杰的观点，弗赖堡学派的思想起点是很可能追溯至物权法学家马丁·沃尔夫（Martin Wolff）和学者海因里希·克温施泰因的问题，即在何种程度上诸如物、法人、合同等权利制度可以通过过分的经济和政治的运用而使其固有意义被异化，被滥用以至损害公众利益。海因里希·克温施泰因献身于这个问题及法人的角色，第一次在德语国家范围内对康采恩的形成提出了全面的理论批评，而弗兰茨·伯姆同样研究了合同和竞争的自由问题。③ 弗赖堡学派的最基本特色和贡献不在于寻求中间道路，而是在反自由主义思潮高涨的历史时期，旗帜鲜明地继承并维护自由主义传统。

① 格尔德·林克《经济法》认为，德国的卡特尔法被称为是世界上最为严格的。Fritz Rittner, *Wirtschaftsrecht mit Wettbewerbs-und Kartellrecht: Ein Lehrbuch*, Heidelberg-Karlsruhe: Müller Juristischer Verlag, 1979, S. 238. 费肯杰的《经济法》则对此加以补充指出：就其构成要件的表述而言，这种说法可能是正确的。然而，美国的反托拉斯法至少在以下这点是更为严格的：如果企业被发现违反了谢尔曼法案或克莱顿法案而被宣布为有罪，法律规定得将其拆分。就法律后果而言，也许美国卡特尔法是世界上干预最深刻的。沃尔夫冈·费肯杰. 经济法：第2卷. 张世明，译. 北京：中国民主法制出版社，2009：第22章.

② 吉永榮助『経済法学の基礎理論：継受・比較法的方法』第1巻、中央経済社，1974：79.

③ 参见 Heinrich Kronstein, *Die abhängige juristische Person*. München: Schweitzer, 1932; Franz Böhm, *Wettbewerb und Monopolkampf*, *Eine Untersuchung zur Frage des wirtschaftlichen Struktur der geltenden Wirtschaftsordnung*, Köln: Carl Heymanns Verlag, 1933。

在市场经济学派中，可以分为自由主义与国家干预两大思潮。这两派在维护市场经济这一点上是共同的，但在如何维护方面，则存在分歧。他们争论的焦点则是国家在市场经济中的作用。弗赖堡学派被称为“新自由主义经济学派”（Neo-Liberalism）［其学名为“奥尔多自由主义学派”（ordo-Liberalism）］是恰如其分的。新自由主义都以边际主义经济理论来解释经济波动，反对从这方面开始的所谓“凯恩斯革命”（the Keynesian Revolution）。根据这些理论，新自由主义者们坚决反对凯恩斯主义扩大国家干预的理论和政策，并以不同方式寻找类似于斯密的“经济人”那样的经济分析前提，主张尽量加重个人对自己经济生活的责任、开放一切市场。弗赖堡学派与美国自由主义学派在坚持自由主义的传统方面是共同的，它们都直接来自奥国学派，都是以边际理论为基础来论自由主义的，拒绝凯恩斯式的宏观经济学。不过美国新自由主义者宁肯要垄断，也不接受国家干预，而联邦德国新自由主义者则宁肯以国家的法律干预来消灭垄断。与芝加哥学派的效率原则相区别，秩序自由主义的经济政策并非单一目标的，而是多元目标的。两派之间的争论有时达到互相要把对方开除出新自由主义集团的程度。以米塞斯（Richard von Mises）、哈耶克（Friedrich August von Hayek）为代表的奥国—美国学派认为，德国的奥尔多自由主义与主张国家干预的德国新历史学派的社会政策没有多大区别。联邦德国的新自由主义者们则反唇相讥米塞斯之流为“古自由主义”（“Palao”-Liberalismus）。奥肯认为，由于国家干预的增加，当代的社会问题已经不再具有私人性，它表现在个人依附于国家，人的自由受到了威胁，因而为了解决这种社会问题，就不能再搞国有化，而必须设计适当的政策来防止出现威胁经济自由、妨碍经济运行的秩序。由此可见，弗赖堡学派的思想更接近于哈耶克，而不是凯恩斯，仍然属于自由主义而不属于国家干预。正是这样，无怪乎奥肯的弟子们严厉批评凯恩斯主义的信用扩张政策破坏了经济的均衡，无怪乎艾哈德在弗赖堡学派的思想影响下实行“货币改革”的法令将物价统制取消，更无怪乎二战结束后在凯恩斯主义经济学的帮助下英国工党政府带头搞所谓“社会主义的经济实验”、法国“一开始就有国家干预的特点”而大搞经济计划化（Planifikation）的同时，联邦德国却根据自己国家的情况实行经济自由主义政策。① 据此我们可以得出结论，德国战后并非接受凯恩斯主义经济学，经济法的理论基础奠基于联邦德国新自由主义。而我国经济法学界以往认为从德国战时经济法到凯恩斯经济学国家干预主义都表明经济法为“干预法”，不能不说是孤陋寡闻的无识之见，其实现代经济法学的主流是以弗赖堡学派的新自由主义为指导思想的极具灵性的理论体系，蕴意深宏。笔者在翻译完费肯杰两卷本《经济法》之后在后记中写道：“中国学术界一向将经济法视为计划经济的产物，将其与行政法挂钩，甚至于连经济法学者本身也往往将经济法庸俗化理解为国家干预经济的法律。但笔者早在博士论文中就强调德国经济法的经济学理论基础

① 车耳．第三条道路——法国经济计划化的理论与实践．沈阳：辽宁人民出版社，1988：9.

是新自由主义，而不是凯恩斯国家干预主义。不过，费肯杰如此孜孜不已追求新自由主义的理念，则又恐怕不能为一些中国学者所接受。在我们摸着石头过河的经济法学体系结构化过程中，它山之石，唯在可以攻玉而已。”① 实际上，按照笔者的理解，如果说中国经济法学强调“纵横统一论”，被一些学者攻击为以纵制横或者以纵统横，将经济法视为国家干预法，那么，费肯杰的经济法理论体系完全是跟我们所说的国家干预法说相反的体系，是和我们通常所说的“纵横统一论”完全头尾倒置的，属于以横统纵的自由主义经济法学说，因为费肯杰在其著作中对于国家干预全面始终贯穿着其所说的“假如模态理论”（Als-ob-Theorie），强调只有市场不可能履行其社会任务的地方，才在确定市场相似、市场雷同关系的基础（比较市场原则）上利用假如模态市场信息加以干预。费肯杰在《尤其考虑到能源经济卡特尔法问题的假如模态竞争与滥用监督》（*Als-ob-Wettbewerb und Mißbrauchsaufsicht unter besonderer Berücksichtigung kartellrechtlicher Fragen der Energiewirtschaft*，Frankfurt am Main：Verlags-und Wirtschaftsgesellschaft der Elektrizitätswerke，1971）中反复重申，秩序自由主义的假如模态思想也在这个意义上要求计划：假如模态计划。在这个意义上，我们有的人的经济法学理论根本就是和费肯杰的致思之处南辕北辙，尚未寻找到正确的入门途径。

曾任德国联邦卡特尔局主任的库尔特·马尔克特在论述美国由芝加哥学派所主张的经济法学说引起的关于反托拉斯法本质讨论对德国卡特尔法的意义时指出：“美国反托拉斯实践中的这一‘转折’以及芝加哥学派的崛起，对德意志联邦共和国有关竞争政策方面的讨论不无影响，它改变了美国法对于德国的意义。几年以前，人们从事美国反托拉斯法的比较研究，几乎都是为引进以及嗣后修订本国法寻找理论上的根据，并尽可能地穷尽法律适用实践中的各种可能性。这种观点在德国卡特尔法的发展过程中已有悠久的传统。美国反托拉斯法对德国法起强大的启动作用，还是第二次世界大战以后的事。究其原因，主要并不是在西占区制定了仿效美国反托拉斯法的‘占领区卡特尔法’，因为该法——与日本不同，在占领当局的工作结束以后就被德国的卡特法取代了。1957年，经过好几年政治上的来回较量最后作为折中物通过了《反限制竞争法》。但是该法与艾哈德政府提交的法律草案以及弗赖堡学派的新自由主义纲领相比，只不过是一件未继的事业而已。尤其是艾哈德提出的在新法中加入合并监督规定的建议未被采纳。而正是这一点在《反限制竞争法》通过以后，一直成为学习美国法、修订《反限制竞争法》的契机。美国的合并监督法在1950年《塞勒—凯弗维尔法》（*The Celler-Kefauver Antimerger Act*）通过以后变得非常严厉。② 1973年，德国也制定了合并监督规定，但是美国的反托拉斯法及其在适用方面的经验对德国法仍具有示范

① 沃尔夫冈·费肯杰．经济法：第2卷．张世明，译．北京：中国民主法制出版社，2009：576.

② An Act to Supplement Existing Laws against Unlawful Restraints and Monopolies, and for Other Purposes," approved October 15, 1914 (38 Stat. 730).

意义。例如，德国联邦卡特尔局在禁止 GHN/Sachs 混合合并事件时所主张的、最后被联邦最高法院采纳的‘恐吓理论’，就吸收了美国反托拉斯实践前些年所确立的‘防御说’因素。”① 库尔特·马尔克特还指出：“如果说，当时不特别主张德国实施特别积极的卡特尔法政策的经济界及其经济顾问和法律顾问，曾以两国情况不同这一笼统的说法为由，怀疑美国法的认识价值，那么，最近正是这些人士又提醒大家注意美国法，主张德国的竞争政策和卡特尔法应从美国正在发生的变化中采取相应的措施。不管这些要求归根结底有没有合理的理由，笼统地以两国情况不同难以比较为由逃避讨论，与先前的观点一样都是错误的。我们应当接受这一挑战，以理析事，以理服人。通过这种方式获得的认识，如果能立足于新的、理论上的正反观点以及实际经验而不败，才能长久地存在下去。”② 外国学者在研究法律学说继受时，将法条的解说或注解继受与所谓“教义”的学说继受区别开来。笔者理解德国经济法学界对反托拉斯法的继受既包括比较实际的层面为主的注释性学说继受，也包括带有价值观性质的比较抽象的法理为主的作业方法或者所谓教义学的继受。当德国在第二次世界大战后如艾哈德所言“每三个德国人只有一个能有机会躺在棺材里安葬”③，其悲惨不堪言状，而美国从肢解德国政策转变为输血打气的支持德国政策后，联邦德国在盟军推行民主化的大手术之后出现经济奇迹得以复生。1972 年联邦德国将“经济法”从高等院校考试科目目录中取消，中国有的法律学者道听途说，据此在 20 世纪 80 年代初经济法起步阶段否定经济法存在的合理性，声称即使在经济法的故乡也随着市场经济发展使对经济进行行政管理的经济法走向衰落。笔者从德文原版的经济法教材中了解到，这次德国法学教育改革是受到“美国人思维的过度外部影响”（der überfremdende Einfluβ ameriranischen Denkens）等原因所致，而代之以更细的科目如竞争—卡特尔法（Wettbewerbs-und Kartellrecht）、经济宪法（Wirtschaftsverfassungrecht）、社会法（Gesellschaftsrecht）等，经济法在德国并没有因这次改革受到影响，反而更形发达。④

德国学者盛誉反托拉斯法是美国对世界法律发展所作的开创性贡献之一。在战后联邦德国经济法学研究的发展过程中，由于德国本身素有《反不正当竞争法》，因而在引进美国反托拉斯法之后，法学家们遂不得不倾注大量的心智对二法进行整合，这是一个极为重要的学术特征。费肯杰作为当代德国经济法学界的权威人物在其《经济法》第 2 卷中介绍了美国经济法研究的主要成果，包括菲力普·阿里达、唐纳德·特纳《反托拉斯法》（Phillip Areeda，Donald Turner，*Antitrust Law*，

① 爱里克·松尼曼编．美国和德国经济与经济法．南京大学中德经济法研究所，译．北京：法律出版社，1991：150－151.

② 同①151。

③ 路德维希·艾哈德．来自竞争的繁荣．祝世康，穆家骥，译．北京：商务印书馆，1983：ⅲ.

④ Winfried Tilmann，*Wirtschaftsrecht*，Berlin：Springer-Verlag，1986，S. 9.

Boston：Little，Brown，1978：Vol. Ⅰ-Ⅲ，1980：Vol. Ⅳ-Ⅴ)；阿特伍德、布鲁斯特《反托拉斯法与美国国外贸易》(James R. Atwood and Kingman Brewster, *Antitrust and American Business Abroad*，Vol. 2，New York：McGraw-Hill，1981)；埃尔奈斯特·盖尔霍恩《反托拉斯法与经济概要》(Ernest Gellhorn，*Antitrust Law and Economics in a Nutshell*，2nd ed.，St. Paul，Minnesota：Thomson West，1981)；厄尔·W. 金特讷《联邦反托拉斯法：论美国关于反托拉斯的法律》(Earl W. Kintner，*Federal Antitrust Law：A Treatise on the Antitrust Laws of the United States*，Vol. 8，Cincinnati，Ohio：Anderson Publishing，1980)；约翰·杰克逊《国际经济关系的法律问题：在跨国经济关系中国家和国际调整案例、材料和文本》(John H. Jackson，*Legal Problems of International Economic Relations，Cases，Materials and Text on the National and International Regulation of Transnational Economic Relations*，St. Paul，Minnesota：West Group，1977)；埃尔里希、卢文梵主编《国际经济法》(Thomas Ehrlich，Andreas F. Lowenfeld (ed.) *International Economic Law*，New York：Little，Brown，1979)；理查德·A 波斯纳：《反托拉斯法：一个经济学的视角》(Richard A. Posner，*Antitrust Law：An Economic Perspective*，Chicago/London：The University of Chicago Press，1976)；劳伦斯·安东尼·苏利文《反托拉斯法手册》(Lawrence Anthony Sullivan，*Handbook of the Law of Antitrust*，St. Paul，Minnesota：West Group，1977)；等等。① 其中主要都是一些反托拉斯方面的论著，美国经济法律研究的重心和德国学者对美国经济法学认知范围亦可以由此略窥一斑。费肯杰在《经济法》第 2 卷中还指出，第二次世界大战以后，德国实施盟军军政府制定的《解除卡特尔条例》(*Dekartellierungsgesetze*) 而尚未自己制定反垄断法的时候，第一种观点认为将来制定的法律应该是为了实现经济政策方面的目标，即法律只保护作为一种机制而存在的竞争，而不保护参与竞争的当事人的个人自由。个人的自由应该由民法典的有关规定加以保护。第二种观点则认为卡特尔法的保护对象包括个人自由。第三种观点认为，卡特尔法所保护的竞争机制和个人自由是同一事物的两个方面，卡特尔法既保护前者，也保护后者，因此不能把这两个方面对立起来。卡特尔法保护的根本利益是竞争者和普通消费者的个人自由和权益，自由公正的竞争机制正是为了使这一根本利益得到法律保护。其实，在美国反托拉斯法的发展中，美国学术界就有反垄断法为“收入再分配说”“中小企业保护说”“政治权利分散说”等不同观点。笔者认为，德国学术界的上述争议显然与作为反垄断法输出国美国的学术状况有较大的相关系数。

意大利比较法学家萨科 (Roberto Sacco) 在其《比较法导论》(*Introduzione*

① W. Fikentscher，*Wirtschaftsrecht*，Bd. Ⅱ：Deutsches Wirtschaftrecht，München：Verlag C. H. Beck，1983，S. 153.

al diritto comparator，Milano：Giuffrè Editore，1992）第 5 版提出了一个所谓“法律共振峰”（Legal formants）的学说。“共振峰”一词源自语言学，指声腔的共振频率。“法律共振峰”即指影响法律的各种成分。按照其理论，法律不仅由制定法规则、判例和法学家论述构成，而且还由立法者、法官、法学家所作出的各种非行为规则（如法律解释等）构成，同一国家或不同国家的这些成分往往是可变的、不协调的。传统的比较法一般是一种静态比较，基于分析推理的教条主义方法而仅提供抽象定义，而萨科的“法律共振峰”学说主张基于对特定法律制度运行中各种成分的实际观察进行动态性比较法研究。① 尽管德裔美籍学者卡尔曼（Rudolf Callmann）曾戏称反不正当竞争法和反限制竞争法是“同胞兄弟”、至少也是“姻兄弟”，但德国这两部法律产生的背景不同，问题的原动力不同。至少从立法史角度来看，反不正当竞争法是立在一般经济伦理基础之上，而反限制竞争法主要为经济政策的观点所左右。加之德国的《反限制竞争法》受美国法影响极大，一方面存在外来文化与本国文化的冲突与融合，另一方面立法者最初对前后法之间的关系未予留意，两法迭经修正，内在功能不断扩张，而对经济秩序的维持、经济政策的贯彻分别都作出了可观的贡献，两者的发展时而平行，时而交叠乃至交错，在立法、司法、行政者的渐进改革和法学者的苦心襄赞下，已经织成一面笼罩企业活动，如美国霍尔姆斯（Oliver Wendell Holmes）大法官所谓的“不分畛域的密网（seamless web），精致而富有弹性”②。费肯杰在《经济法》第 2 卷中论述了《反限制竞争法》和《反不正当竞争法》的竞合与冲突。这种冲突又被费肯杰称为“矛盾”，法院判决中偶尔也称之为“紧张关系”（Spannungsverhälthis），它主要不是指两种法律的禁止规范的法律适用冲突，而是主要指目的、功能和价值上的冲突。德国《反限制竞争法》中，唯一把这种冲突公开化的是《反限制竞争法》第 28 条以下关于“竞争规则”（Wettbewerbsregeln）的规定。立法者当时显然受到美国联邦贸易委员会制定“贸易规范”（Trade Practice Rule）及工商团体自订“伦理准则”（Code of Ethics）影响，因此在《反限制竞争法》中一方面规定由经济及职业团体提出旨在防杜违反正当或合乎效能原则的企业竞争规则，将向卡特尔厅申请报备，以作为禁止卡特尔原则的例外（第 29 条），另一方面又唯恐以防止不正当竞争为名而行限制竞争之实，对此特别加以管制。据费肯杰分析，受美国经济学家加尔布雷思（John Kenneth Galbraith）的影响，立法者于 1967 年颁行《促进经济稳定和增长法》，使凯恩斯三角扩展为“魔力四边形”（magisches Viereck），即物价稳定、高就业率、外贸平衡、适度增长，通过微观经济的竞争和宏观经济的调控的这种联袂，出现了卡尔·席勒（Karl Schiller）所说的“弗赖堡学派的绝对命令和凯恩斯式福音的和解”（die

① Rodolfo Sacco，Legal Formants：A Dynamic Approach to Comparative Law（Installment Ⅱ of Ⅱ），*The American Journal of Comparative Law*，Vol. 39，No. 2，1991.

② See Rudolf Callmann，Unfair Competition and Antitrust：Coexistence within Complementary Goals，*Antitrust Bulletin*，Vol. 13，1968.

Versöhnung des Freiburger Imperativs mit Keynesianisch Botschaft)。① 加尔布雷思著有《美国资本主义：抗衡力量的概念》（*American Capitalism*，*The Concept of Countervailing Power*，Boston：Houghton Mifflin，1952）等著作，他认为，现代资本主义经济并非单一的模式，而是由“计划体系”和“市场体系”构成的“二元体系”。其中“市场体系”受到“计划体系”的盘剥，这种“二元体系”必然造成国内经济不平衡发展，造成贫富的悬殊。基于此，加尔布雷思提出要重订过去单纯以经济力增长为目标的政策，把现代资本主义社会条件下的“权力均等化”和“收入均等化”作为目标。所谓“权力均等化”意味着限制大公司的权力，提高小企业的地位。将加尔布雷思的理论与联邦德国的《促进经济稳定和增长法》相对照，我们认为费肯杰所言极是。《促进经济稳定和增长法》颁行后，《反限制竞争法》和《反不正当竞争法》的关系可以从消极的协调目的冲突提升到积极的功能整合。此乃立法者为二法关系调整所起的穿针引线之功。至于经济法学者亦如萨科所谓“法律共振峰”对在两法价值冲突加以理论调和的努力更是厥功甚伟。学者合理化二法关系的理论大致可以分成随着法律本身成长而不断互有消长的两个方向。

其一，强调二法的差异并划清界限。

麦卡锡（J. Thomas McCarthy）在其所著《商标与不公平竞争》（*Trademarks and Unfair Competition*，New York：Lawyers Co-Operative Publishing Co.，1973）中认为，反不正当竞争法禁止的是“太多”（too much）竞争，反托拉斯法禁止的是竞争“不够”（not enough）。迈耶尔-科丁（Ulrich Mcyer-Cording）在1964年撰文反对反不正当竞争法中善良风俗概念的恣意扩张以致使“伦理逊位”，主张《反不正当竞争法》不应当插手属于《反限制竞争法》范畴的问题，应该回到他所谓的“西欧文化涵蕴的伦理和一般人文观念”②。基于竞争法上利益权衡理论的克拉夫特（Alfons Kraft）也认为：现代反不正当竞争法固然随着社会的多元化必须与早期从行规中产生的伦理标准告别，保护的法益也应该从个别市场竞争者扩张到包括市场上所有参与者，而以利益法学派权衡利益的方法来取得评价，但反不正当竞争法中的“善良风俗”评价的范围（Wertungsbereich）不能因此和具有浓厚经济法性质的反限制竞争法混同。在克拉夫特看来，《反不正当竞争法》主要保护的是同业竞争者，《反限制竞争法》保护的则是维系这个竞争秩序中的主干——竞争制度，前者保护竞争的“质”，后者保护竞争的“量”③。费肯杰在《经济法》中也说：《反限制竞争法》保护的标的是竞争自由，《反不正当竞争法》则是在排除对于此项自由的滥用。费肯杰还在另一篇文章中指出：《反限制竞争法》规范的是

① Vgl. dazu O. Schlecht，Die Genesis des Konzepts der sozialen Marktwirtschaft，in：O. Issing，*Zukunftsprobleme der sozialen Marktwirtschaft*，Berlin：Duncker und Humblot，1981，S. 9 ff.

② Meyer-Cording，Gute Sitten und ethischer Gehalt des Wettbewerbsrechtes：Grundsätzliches zu § 1 UWG. *Juristen Zeitung*，Bd. 19，H. 9，1964.

③ Kraft，*Interessenabwägung und gute Sitten im Wettbewerbsrecht*，München，Beck，1963，S. 196ff.

"是否"自由（das ob der wirtschaftlichen Freiheit），《反不正当竞争法》规范的是"如何"自由（das Wie der wirtschetlichen Freiheit），因为这样的分工，《反限制竞争法》的施行可以多多少少减轻《反不正当竞争法》第1条"善良风俗"的负担。费肯杰指出："在反不正当竞争法意义上的效能竞争和非效能竞争可以追溯到弗兰茨·伯姆和尼佩代，其在卡特尔法上不可适用性的关键原因在于其不同的规制目的：在反不正当竞争法中关心的是与竞争方式有关的平等起点，而在反限制竞争法中关心的是与经济权力的掌握和应用有关的平等起点。《反限制竞争法》第22条意义上的滥用权利在许多情况下固然同时可以意味着不正当性，特别是与市场相关的不正当性，并且相应的法律主张和法律替代（Rechtsbehelfe）由此出现竞合，这无须赘言；不过不应该从一个法域得出另一个法域的结论，因为卡特尔法上所关注的市场权势的控制，对竞争方式的评判而言给出了另一个维度。我们不应将'效率异质性行为'作为《反限制竞争法》第22条的标准，而应该将其明确地表述为'损害市场行为的权利滥用'（Mißbrauch durch marktschädliches Verhalten），并在此之下理解反倒适用下述古老的规则的这些情形：宙斯所能做的并不意味着公牛也能做（Quo licet bovi non licet Jovi，即双重标准）。在一份为联邦贸易委员会的尚未出版的评估报告中，拉伦茨·苏利文（Lawrence A. Sullivan）直截了当地指出：力量至为攸关（Power matters）。此言一语中的。"① 费肯杰为二法找出了共同的保护法益，即个人的经济活动自由，并提出了被这一派学者普遍赞同的公式，"只有正当的竞争才得自由"，基于伦理标准限制的自由相当于反限制竞争法的合理法则，是禁止限制竞争的例外。因此严格地说，没有竞争自由与竞争道德孰先的问题，只有如何厘清正当与不正当界限的问题。不过由于从这一形式逻辑上无懈可击的公式并不能导出对具体问题的具体判断，因而费肯杰也承认，自由和伦理的权衡最后仍只有在个案的基础上解决。② 持同样见解的学者希尔茨进一步提出，个案决定应继

① 沃尔夫冈·费肯杰. 经济法：第2卷. 张世明，译. 北京：中国民主法制出版社，2009：第22章。

② 费肯杰在这方面贡献最多。他指出，"竞争法"这一概念的使用迄今尚不稳定。直到大约20世纪30年代，毫无疑问，"竞争法"只包括不正当竞争法，在1909年，出现了在本质上至今适用的法域形态，自此其司法裁决被丰富地发展出来。"卡特尔法"先在学术界被创制出来，自1923年起受卡特尔条例的规范，作为公司法的一个边缘领域被适用。当时议论纷纭的本拉特加油站案件（Benrather-Tankstellfall）以卡特尔法律问题为对象，即大型石油公司1926年缔结的卡特尔对未加入卡特尔企业的压力，但帝国法院并没有按照（过于狭义理解的）卡特尔条例而是按照《反不正当竞争法》第1条解决，这使卡特尔法是否也属于竞争法的问题引起了注意。欧根·乌尔摩尔探讨了这个问题并且对此加以肯定。由于同盟国的去卡特尔法——这自1955年起被作为德国法适用，且因1958年德国反限制竞争法的起草准备，因而这一问题刻不容缓地被提出来了。菲利浦·穆日内（Philipp Möhring）提出了一个"在广义上的竞争法"（Wettbewerbsrecht im weiteren Sinne），作为"在狭义上的竞争法"（Wettbewerbsrecht im engeren Sinne）的不正当竞争法和卡特尔法均包括其中。一个影响更为深远的观点认为，人们必须讨论一般竞争法，其中反限制竞争法保护竞争的状态，反不正当竞争法保护竞争的质量。"卡特尔法"作为反限制竞争法的简称被保留下来。里特纳进一步表示同意，他断言，两个法域（禁阻法和不正当竞争法）的联系越来越明显呈现出来，据此，《反限制竞争法》已经将卡特尔和其他竞争限制协议的问题"从根本上解决"了。的确，值得引人注目的是，一方面，卡特尔法在安排和日

受宪法学上关于基本权利冲突发展出来的所谓“实用的和谐原则”(Das Prinzip der praktischen Konkordanz)，以同时得到最大的自由和最大的伦理为准则。③

其二，强调二法的统一。

德国学者有的偏重于强调二法在价值理念上的统一，有的偏重于强调二法在运作方法上的统一。在价值理念统一方面，德国学术界讨论最多的就是“投射理论”(Einstrahlungstheorie)。罗勒·萨科（Roll Sack）认为，由于一般人已经接受以社会伦理来取代个人伦理，而“任何经济政策的决定以及任何经济政策的行为规范终究都是利益权衡的结果，也就都带有社会伦理的性格”，社会伦理在开放社会中本来系与时推移的，因而具有经济秩序基本法地位的反限制竞争法施行后，其代表的崭新的社会伦理观投射到反不正当竞争法的“善良风俗”条款中是理所当然的。换言之，反不正当竞争法的核心概念，即《反不正当竞争法》第1条的良俗，其现代特征已经部分地受到反限制竞争法影响。④因而反不正当竞争法“善良风俗”条款的伦理内涵与公共政策不应该有任何冲突。按照这一理论，二法的不同不在于判断的依据，仅在于“决策”的机关一为行政机关（卡特尔局），一为法院。当20世纪60年代末《促进经济稳定和增长法》所代表的新经济政策取代了战后一直实施的择点干预（Punktueller Interventionisms）经济政策以后，《反限制竞争法》是否从基本法退居为新经济政策的工具法，一度成为学界争论的焦点。这和日本战后经济法学“独占禁止法中心说”和“非独占禁止法中心说”颇为相似。尽管联邦德国学者大都仍主张应保持其竞争法的基本功能，贯彻秩序政策赋予的任务，借以配合企业结构和种种反波动政策的运作，使彼此不相冲突，但也有学者主张其功能应该扩张为长短程经济政策的工具，因此反限制竞争法的功能变迁是否投射到反不正当竞

益明显地应用第22条、第26条和第37条过程中已经显著接近于不正当竞争法，并且将继续趋于接近，另一方面，“市场相关的不正当性”(*marketbezogenen Unlautkeit*) 概念被建立和使用。不正当竞争法的问题被用卡特尔法上的考虑加以回答，如同在本拉特加油站案件和某些其他案件中曾经出现过的情况一样。此外，在两个法域使用的基本概念诸如竞争、企业、经济等自始在一般竞争法的两个分领域中至少在实践上是被同样地理解和使用的，并且在广泛分布的实践迄今并无概念的分离，这种分离也不可能被保持，所以反限制竞争法和反不正当竞争法两个领域合并为一般竞争法与当前法律适用的实际情况是相符合的。在费肯杰看来，大体上，反限制竞争法致力于竞争的存在，反不正当竞争法致力于竞争的实质。人们不能用这种方式将反限制竞争法和反不正当竞争法如此加以区分，即前者是经济政策取向性的，后者是经济政策中立性的。一般竞争法的这两个部分发展到今天这个地步，在反限制竞争法的经济政策内容和反不正当竞争法的经济政策内容之间已经不能再被割裂开了。

③ Bernd Hirtz, Die Relevanz der Marktmacht bei der Anwendung des UWG, *Gewerblicher Rechtsschutz und Urheberrecht*, 1980, S. 93ff.

④ Rolf Sack, *Die Wettbewerbsregeln nach §§ 28 GWB und das Recht des unlauteren Wettbewerbs*, Diss., Tübingen, 1969; Rolf Sack, Gibt es einen spezifisch kartellrechtlichen Lauterkeitsbegriff?, *Betriebs-Berater: Recht, Wirtschaft, Steuern*, Bd. 25, H. 35/36, 1970, S. 1511－1517; Rolf Sack, Sittenwidrigkeit, Sozialwidrigkeit und Interessenabwägung, *Gewerblicher Rechtsschutz und Urheberrecht*, 1970, S. 493ff; Rolf Sack, Lauterer und leistungsgerechter Wettbewerb durch Wettbewerbsregeln, *Gewerblicher Rechtsschutz und Urheberrecht*, 1975, S. 297ff; Rolf Sack, § 1 UWG und Wirtschaftspolitik, *Wettbewerb in Recht und Praxis*, Bd. 20, H. 5, 1974, S. 247.

争法便言人人殊了。另外，对“投射理论”加以指瑕的观点是认为该理论仅从反限制竞争法一面的投射分析二法价值理念的统一未免太狭隘。格哈德·施瑞科尔（Gerhard Schricker）指出：“在反不正当竞争法的扩展中，将其与卡特尔法区分变得困难了。两种法律领域很相近。其不同点在于制裁：在制止不正当行为中，有关市场参与人的个人控告不可或缺。就像在民事诉讼中一样。而卡特尔法则恰恰相反，卡特尔局必不可少，它代表超个人的利益。但两种领域可以彼此吸收对方制裁手段作为补充。”① 施瑞科尔认为：二法独立的发展的彼此影响不是单向，反限制竞争法中消费者利益观点的逐渐加强未始不是受了反不正当竞争法判例法的影响，《反不正当竞争法》第1条经历的功能变迁产生了复杂而多向的判断基准，没有强大的理由要被全部放弃。换言之，价值理念的统一应该在“和平共存”的状态中经过互动而不断接近。在功能方面强调二法统一的学者有鲍登巴赫尔（Carl Baudenbacher）和瓦尔特·施吕普等。鲍登巴赫尔曾十分中肯地批评罗勒·萨科的“投射理论”，认为经济政策的决定固然具有社会伦理的性格，但伦理的观点却终究不能被经济政策所涵盖无遗，因此他和施吕普提倡所谓“功能理论”（Die funktionale Theorie），即从“结果取向”的法学方法着眼使二法的运作因着眼点不同而产生矛盾的情形减少。②

二、日本经济法学理论美国化的特征

戴奎生所著《竞争法研究》中指出：“战前的日本既没有形成在美国、法国、英国和德国等资本主义国家盛行的带有反垄断性质的营业自由的观念，也不具备美国等国家在向垄断资本主义过渡时期发挥重要作用的‘自由、公平地进行竞争’的历史传统。因此，日本在第二次世界大战以前，可以说不存在反垄断方面的立法。”③ 日本虽然在战前法律文化上作为德国法系（Rechtsfamilie）的继受者或子法（Tochterrechte），但实际上与母法秩序（Mutterordnung）存在着不容忽视的差别。在第二次世界大战中，日本以蕞尔小国的实力却欲壑难填，以致人心不足蛇吞象，在东亚和东南亚地区肆其封豕长蛇之戾行，结果玩火者自焚，即便其泥顽不化的武士道精神亦不能抵御美国原子弹玉石俱焚的威力，“有史以来，日本的土地上第一次响起了外国征服者的脚步声”④。与近一个世纪以前美国军舰在培理率领下耀武炫威不同，1945年美国在麦克阿瑟率领下决心彻底清除潜伏在日本社会中的反美主义色彩，从而使日本统治阶级从骨子里树立起对美的屈从精神。占领日本的联合

① 格·施里克尔．欧洲不正当竞争法的新发展．乔云，译．外国法译评，1995（4）．

② Carl Baudenbacher，Machtbedingte Wettbewerbsstörungen als Unlauterkeitstatbestände，*Gewerblicher Rechtsschutz und Urheberrecht*，1981，S. 19ff.

③ 戴奎生．竞争法研究．北京：中国大百科全书出版社，1993：37．

④ エドウィン O. ライシャワー『日本人』國弘正雄（翻訳）、文藝春秋社，1981：506．

国军总司令部解散财阀等经济民主化政策措施尽管有虎头蛇尾之评，但确实对日本社会有伤筋动骨的触击。正如日本学者坂本义和（さかもとよしかず）在《日本占领研究》一书中所说："离开了盟国对日占领，现代的日本是不可想象的。特别是占领初期的大规模改革，几乎是给日本社会的各个领域，带来了可称之为'输入式革命'的冲击。虽然起初是输入变革，但不久就在各个方面引起了自发性的变动。"① 日本社会经历过"汉化""欧化""美化"的历史进程，其中第二次世界大战后美国对日本的改革被日本学者称为"第二次大开国"，即从幕府末期到明治维新后的第一次开国，是"西洋文明"被日本有选择性地移植过来，而1945年终战后日本所迎来的"第二次开国"，是盟军在占领日本的情况下进行有选择性地移植。

（一）战时经济法制是非观念在日本经济法学界比较模糊

的确，日本的财阀与欧美各国的垄断资本不同，它是历史上形成的、以血缘和家族的主从关系为轴心的经济集团，带有浓厚的封建色彩。美国在第二次世界大战后将日本财阀视为法西斯军国主义的经济基础，力图用美国民主主义的刀割掉日本封建主义的尾巴。不过，美国作为西方国家在文化上与欧洲有着千丝万缕的联系，而对日本这样一个东方国家则感到十分隔膜与如斯芬克斯之谜般不可思议，文化反差极大，因此战后美国在日本问题处理上十分慎重。从美国文化人类学者露丝·本尼迪克特（Ruth Benedict）1944年就受美国战时情报局之托研究日本民族性格与文化特征以探寻战后政策的事实即可看出这一点。本尼迪克特的研究报告即是其后来公开出版的学术名著《菊花与刀》（*The Chrysanthemum and the Sword*，Boston：Houghton Mifflin，1946）的雏形。在这本书中，本尼迪克特得出了日本文化是不同于欧美"罪感文化"的"耻感文化"的论断。② 笔者认为，美国在战争结束后正是以本尼迪克特的这一论断为理论依据制定政策。正是这样，美国没有像在德国那样实行直接统治③，而是保存了天皇制度。尽管天皇已由神降为人、麦克阿瑟亦以日本"太上皇"自居而发号施令，但正如美国占领军首领们所说："我们要求日本人用自己的手来清扫自己的国家，但由我们给予指示。"④ 事实上，日本是一个不肯服罪的国家。日本经济法学界不像德国经济法学界那样对二战期间经济法律政策怀有痛心疾首的今是而昨非的深刻原罪意识。日本经济法学家久保欣哉在《分权型经济法的基本设想》中指出："自由竞争不是那种随着新的方式的到来，

① 坂本義和・R.E. ウォード（编集）『日本占領の研究』東京大学出版会，1987：1.

② 坂本義和・R.E.ウォード（编集）『日本占領の研究』東京大学出版会，1995：3.

③ 井上清在《昭和五十年》中说："盟军对日本的统治，基本上不是直接统治，而是通过日本政府及其他国家机关进行间接的统治。这点与意大利相同，而不同于德国。"井上清『昭和の五十年』講談社，1976：113.

④ 本尼迪克特．菊花与刀：日本文化的诸模式．孙志民，马小鹤等，译．杭州：浙江人民出版社，1987：251.

临时凑合地撤换一个螺丝而被别的东西所能代替的国民经济的美丽装饰品，而是仅仅搬动或移动一下，整个大厦就会崩溃的国民经济和现代私法规律的基石。竞争一旦被排除，正当地运用合同自由的可能性将会衰歇。合同自由和竞争在一定的程度上是不可分割的。它们不是一方被切断了，另一方在同一根上就可长出一分枝，而是同是树木的两条根，即其中一条根被切断了，整个树木就不能枝繁叶茂，而且别的根也会失去生长力。"① 久保欣哉是笔者所见日本经济法学者中最接近美国式思想观念的激进主义者，但他在文章中也主要分析德国纳粹这种疯狂的监狱式国家所留下的集权型经济法的令人心有余悸的教训，对日本法西斯军国主义的罄竹难书的罪恶却语焉不详。在日本经济法学界看来，明治以后日本就进入"准经济法时代"，他们将第二次世界大战以后称为日本经济法的"大立时代"，而对二战期间的经济法是非的认识在他们的头脑中较诸德国经济法学界的认识而言是非常模糊的。

(二) 与美国法对德国法的影响相反，美国战后在日本传播其经济法律思想的组织比较成功是其第二大特征

据日本学者田中英夫（たなかひでお）在《英美法和日本法》一书中关于日本法对美国法的摄取的研究，日本战前关于英美法的文章本来就很少，从 1935 年到 1937 年庆应义塾英美法研究会编《本邦英米法文献目录》(慶應義塾英米法研究会編集『本邦英米法文献目錄』) 所刊载的情况看，以美国法为对象的文献在总量上仅为以英国法为对象的文献之 1/4，而其中诸如关于公法的文献大多从政治学的观点论述，因此对日本法律界可能产生影响的重大实定法的法律学的研究极为罕见。在战前，日本法学者大多赴欧洲大陆特别是德国留学，而与此相对，在美国留学超过 1 年以上者仅有高柳贤三（たかやなぎけんぞう）、末延三次（すえのぶさんじ）、田中保太郎（たなかやすたろう）等，即便把以政治学为研究中心的藤井新一（ふじいしんいち）、松下正寿（まつしたまさとし）等加上，也屈指可数而不满 10 人。② 田中英夫认为造成上述情况的原因是：日本法师从德国法于 1907 年最终编制完成由宪法、民法、商法、刑法、诉讼法和法院组织法组成的日本六法，一方面产生了日本法律的解释非德国的评注（Kommentar）不足为训的怠惰风气，另一方面，美国法复杂，为了达到法认识的资料庞大，欲求登堂入室的预备知识的掌握和技能的训练相对困难，而战前的日本亦流行着对美国文化的轻视观念。和历史上日本视元朝若寇雠而呼之为"狗子孙"一样，二战中日本痛骂美国人和英国人为"鬼畜美英"。但是，"败战后，所谓鹿鸣馆时代再度出现。而和明治（时代）不同的只在于，这次是无条件投降和被占领。总之，排外主义灰飞烟灭，传统的价值观分崩离析。有了占领军的指导，外来文化像瀑布一样倾泻而入，填补了空白。国粹

① 久保欣哉．分权型经济法的基本设想．周剑龙，译．国外法学动态，1989 (3).

② 田中英夫『英米法と日本法』東京大学出版会，1988：306.

的传统主义销声匿迹，文化的国际化大规模展开”[①]。1946 年 2 月盟国驻日占领军总司令部民间情报教育局（The Civil Information and Education Section，CIE）在东京日比谷开设 CIE 图书馆，公开美国的学术杂志。战争期间与世界科学完全断绝的日本学者，争先恐后地来馆阅读。从此以后改变了战前日本科学向德国一边倒的倾向，开始形成美国科学压倒性的影响。[②] 1948 年 3 月 25 日美国政策设计委员会主席凯南（George F. Kennan）在向国务卿马歇尔提出的报告中，又提出“日本文化的亲美化”建议。正如有的学者指出，美国和日本为“奇妙的一对”，初为敌我，继为师徒，尔后在盟友关系的基础上，又成了商业竞争中的强硬对手。随着日本经济阴霾散尽，日本已从井上清（いのうえきよし）所说“实际情况是既没有一点‘昭’也没有一点‘和’的生灵涂炭的兵革扰攘中转向经济战争”[③]，美国官员惊呼“美日关系到了最黑暗的年代”，因此发动了一场和平的、空前规模的“政治思想攻势”[④]。埃德温·赖肖尔（Edwin Oldfather Reischauer）1961 年衔命出任战后第四任驻日大使便是这场攻势的主帅，被日本人称为“微笑的学者”。“他们从日本是一个‘名流’起决定作用的社会出发，建议美国政府大量邀请日本高等学府的教职员访美，并给以‘头等款待’。强调加强对日本学校的‘援助’。在这种邀请外交攻势下，每年都有大批日本知识界人士访美，以至在日本形成‘访美’‘留学’几乎成为当时研究人员和教授必不可少的条件之一的局面。日本的主要大学和研究中心几乎都同美国的‘援助’或“委托研究’有关。”[⑤] 王云霞在博士论文《近现代东方国家的法律改革》中也指出：“战后日本法学界对外国法的研究重点，已从法国法和德国法转向美国法；大批法学教师和学生被派往美国学习，亦有不少美国法学家来到日本讲学，并充当政府的法律顾问；美国的法律术语、教学方式也深深影响了日本；1964 年日美法学会的建立，不仅促进了美国法的研究而且加强了日美间的法学交流。日本现代法律改革向英美法的靠拢，说明日本法对外国法的融合能力进一步加强。”[⑥] 据笔者所见外文资料，富布赖特计划、日美法学交流计划等美国方面资金的援助以及日本文部省的支持，使日本赴美留学的法学专业人员激增，有日本学者将 1955 年前后作为日美法学交流的分界线，原因即在于日美法学交流计划第一批赴美的伊藤正己（いとうまさみ）等 8 人是 1954—1956 年期间留学的。1964 年 9 月 26 日创立的日美法学会（Japanese American Society for Legal Studies）使日本法学界继受、比较美国法学具有了所谓“协力组织”。吉永荣助在其经济法继受问题的专著中指出：“经济法作为学科科目被确立，专攻经济法的学者出

① 每日新聞社学芸部『戦後日本の発見— 20 年の理想と現実』大和書房，1965：213.

② 郑彭年．日本西方文化摄取史．杭州：杭州大学出版社，1996：382.

③ 井上清．昭和五十年．北京大学亚非研究所，译．天津：天津人民出版社，1979：1.

④ 吴廷璆主编．日本史．天津：南开大学出版社，1994：954.

⑤ 同④955.

⑥ 王云霞．近现代东方国家的法律改革．中国人民大学学位论文阅览室藏．未刊稿：93.

现。不过这些人也多少涉足于其他法域的研究。现在这种类型的人数猛增。福光家庆、土井辉生、井昭夫、马川千里、根岸哲、金子晃、松下满雄、小西基弘、布村勇二等即是。这些人除德国法外更受到美国法以及其他法的影响。这是因为留学地为美国的缘故。"① 除了如过江之鲫一般的赴美留学交流之外，笔者发现日本东京大学法律系在战后日本继受美国法方面的要津之地与我国在50年代初期继受苏联法学时中国人民大学法律系的地位颇为相似。②

（三）日本经济法学对美国法的继受具有混合性

20世纪50年代，日本著名学者加藤周一（かとうしゅういち）访问西欧归国后发表一篇重要论文《日本文化的杂种性》，后来又发表一些有关论文，汇集成册为《杂种文化——日本的一点希望》于1956年由讲谈社出版。在把日本文化与西欧文化以及亚洲其他国家的文化加以比较之后，他指出："如果把英法的文化看作纯种文化的典型，那么，日本的文化不正是杂种文化的典型吗?"③ 加藤周一认为文化的纯种性与杂种性本身没有优劣之分，对两者的划分是在根本上而非枝节问题上的归纳。我们从日本文化的发展历史中可以看出，每个时代新的文化不是在完全否定旧文化的基础上产生的，而是在旧文化被不同程度保留的同时，又叠加上新的异质文化而形成重层结构型的日本民族主体文化。如前所述，日本经济法战后对美国法的继受并没有完全排斥对德国法的继受。日本法学家小岛武司（こじまたけし）说："日本法律融合了外国法，如英国法、法国法、德国法，形成了一个统一的法律制度。"④ 碧海纯一指出："学者与司法工作者的国际交流，不仅在日美间，从50年代以来，日本与英国、联邦德国、法国、意大利等国之间的交流日益频繁。特别是日德两国间的人员交流，不仅在数量上仅次于日美间的交流，而且本来立足于大陆法传统的日本、德国两国，共同经历了普通法的洗礼这一'文化冲击'，这一点为两法系之间的相互理解提供了重要媒介。"⑤ 尽管德国法在战前对日本法学界的影响称盛一时的情况因为国事板荡随风飘然而逝，急遽的美国化势不可遏，但日本在战后不同于联邦德国之处即在于日本历来在吸收外来文化的热情冲天时期过后往往出现"冷漠抵触期"的回归返潮现象，反美情绪如电影银幕上的"淡入（渐显）"一样隐约可见。日本学者松冈英夫形象地指出：日本"保守主义的胃是什么都能容纳的。自由主义思想到了日本，往往变成了保守的自由主义"，它还"吸收民主主义的营养"，但它"所吞下的民主主义并未消化，而是原封不动地装在胃中，受到刺激就会吐出来。这就呈现出保守复活的现象"⑥。

① 吉永榮助『经济法学の基础理论：ドイツ经济法学の生成・发展』第2卷. 中央経済社，1974：130.

② Shunsuke Tsurumi, *A Cultural History of Postwar Japan*, 1945—1980, London [u. a.]: Routledge, 1987, p. 6.

③ 加藤周一『雑種文化 日本の小さな希望』講談社，1974：31.

④ 小岛武司. 比较法在移植外国法律中的第二任务. 王志勇，译//沈宗灵，王晨光主编. 比较法学新动向——国际比较法学会议论文集. 北京：北京大学出版社，1993：52.

⑤ 碧海纯一. 现代日本的法学. 周健，译. 比较法研究，1988（2）.

⑥ 松岡英夫「日本保守主義の五大特色」『中央公論』第95卷第13号、1980年。

正是这样，日本《独占禁止法》在1947年制定后历经1953年和1977年前后两次大幅度的修改，日本经济法学理论中有颇为引人注目的所谓“规制缓和”的研究聚焦所在。从思维的角度来看，日本人富于机变，但从观念角度来看，日本人则有一种令人惊奇的惯性。日本在学术研究上很少有跳跃式的举动，学术水平是一点一点向前发展的，缓慢到日本人自己也感觉不出来的程度。“战后，由于受美国法学界重视从机能上考察和研究法律这种方法论的影响，学者们开始改变传统的思考方式，重视理论与实务的结合。”① 换言之，战后日本经济法学是在大陆特有的“学说主导型”与普通法系的“实践主导型”中间行进的，在德国法学与美国法学之间左右逢源。峰村光郎的《经济法的基本问题》和金泽良雄的《经济法》的区别，可以说反映着战后日本经济法学在德国法理论基础上美国法实务色彩日趋浓厚的变化。在日美媾和条约成立后日本企图修改独占禁止法时，美国对日影响正如日中天，而联邦德国反限制竞争法案尚仅仅提交给联邦议会而还未被通过，日本公正交易委员会就修改独占禁止法的基本方向提出了这样的意见：以联邦德国的反限制竞争法为基础。日本不仅在法律继受中不忘德国，而且德国法学被日本经济法学界在战后所继受亦在所多有。例如，金泽良雄在其《经济法》中专门列置第2章“合理化法”。他这样写道：“所谓‘合理化’，主要是随着第一次世界大战的进展，与生产成本的下降等措施相关，在欧美被倡导，继而波及我国。”② 据笔者所见，日本政府第一次提到“合理化”是在岸信介1926年的报告里。他被日本政府派往费城参加美国建国150周年庆祝会，返途绕道欧洲，在报告中介绍了在美国由泰勒和福特倡导的“科学管理”和“生产流水线”运动，也提及德国推行托拉斯和卡特尔以提高工业效率的情况。合理化运动的发明权无疑是属于美国，但在战前和战后对日本合理化理论的最大影响还是来自德国。由此可见，战后日本经济法学对德国的继受仍存在着相对较强的衍续历史性，而且如前所述，德国弗赖堡学派在战后对美国法思想的研究和吸摄对战后日本继受美国法实际上起到了“己欲立而立人，己欲达而达人”的通向彼岸的摆渡舟楫的功用。在笔者看来，如果说德国经济法学是一种“大乘”（借用佛教这一词语的原始含义），那么日本经济法学则可以被称为“小乘”理论。德国经济法学理论在20世纪跌宕起伏的历史发展长河中曾经载沉载浮，但它对日本而言是自济济人的。日本在战后经济法学理论的继受上表现出芜杂、肤浅等与联邦德国经济法学不同的特征。吉永荣助在论述战后日本经济法继受时就指出：日本法学在继受上的仅以日本律条文意义的明晰为必要的限度内进行学说继受介绍的倾向十分明显，经济法学亦往往仅片段地探求其渊源，而不深赜索隐。1960年，伊藤正己（いとうまさみ）就批评日本在继受美国法时求形而不求神的弊病，他说：“用比喻来说，战后美国法的研究，在牢固的根未被扎下时，被人工地促使早熟成长，仅强烈感到花开灿烂，令人夺目，但岂非硕大果实却未结出吗？”③ 中

① 鸿常夫．战后日本商事法的回顾和展望．沙银华，译．法治论丛，1992（4）．

② 金沢良雄『経済法』〈法律学全集（52—Ⅰ）〉有斐閣，1980：133.

③ 伊藤正己『アメリカ法入門』日本評論新社，1961：38.

国历史上达摩祖师与弟子的谈话使我们知道，得道之境有皮、肉、骨、髓之别。与日本经济法学理论相比，德国经济法学理论更为醇酽浓郁，底蕴深厚。

吉永荣助说：日本有关国外经济法的译著“过去几乎一无所有而现在略有所增加。只可看到一些美国的反独占法以及有关市场规制的一般性解说性著作。德国经济法则至于不仅最近的重要文献没有被翻译，而且即便理所当然应该引用的文献也因无缘得允而被遗漏了”[①]。笔者检视各种日本经济法学者的著作，发现日本经济法学界在战后明显不重视德文资料的翻译和利用，主要靠战前翻译的文献的老本而坐吃山空，对德国最新近的一些论著都没有跟进和追踪。[②] 美国经济法律思想对日本学者在战后的影响亦可从如下的事实中得到有力佐证：金泽良雄在其《经济法》中引用了梅尔哈·芬索德、约瑟夫·帕拉芒廷、林肯·戈登的《美国政府和经济》(Merle Fainsod，Joseph C. Palamountain，Lincoln Gordon，*Government and the American Economy*，New York，W. W. Norton & Company，Inc.，1959)，霍尔的《政府与商业》(Ford P. Hall，*Government and Business*，New York：McGraw-Hill Book Company，1949)，斯坦纳的《政府在经济生活中的作用》(George A. Steiner，*Government's Role in Economic Life*，New York：McGraw—Hill Book Company，1953)。

第三节　继受的第三种模式：以苏联为发源的势的作用

《孙子兵法》中说：“激水之疾，至于漂石者，势也。”[③] 社会主义在历史长河中包括思潮、运动和制度这样三部曲。从16世纪到19世纪初，社会主义只是作为反对资本主义的一种社会思潮而不断演变；从19世纪初起，它发展成为有越来越多群众参加的一种反对资本主义的社会运动；到20世纪初，1917年十月革命胜利之后，它进而逐步成为一种与资本主义对立的崭新的社会制度。李大钊为十月革命而欢呼赤色旗到处翻飞，他说：“因为二十世纪的群众运动，是合世界人类全体为一大群众。这大群众里边的每一个人、一部分人的暗示模仿，集中而成一种伟大不可抗的社会力。这种世界的社会力，在人间一有动荡，世界各处都有风靡云涌、山鸣谷应的样子。”[④] 为十月革命犁耕的土地，崛起苏维埃政权，继而又红了欧亚的

① 吉永荣助『経済法学の基礎理論：継受・比較法的方法』第1巻．中央経済社，1974：163.

② 据吉永荣助介绍，日本翻译美国方面的经济法律著作有：(1) E. W. キントナー『反トラスト法』有賀美智子（翻訳）、商事法務研究会、1968年；(2) E. キーフォーヴァー『少数者の手に：独占との戦いの記録』小原敬士訳、竹内書店、1966年；(3) マーシャル・C. ハワード『企業競争と法律規制：マーケティングと独占禁止法』徳永豊［ほか］訳、同文館、1968年；(4) E. M. シンガー『反トラストの法と経済理論』上野裕也・岡井紀道共訳、ぺりかん社、1971年；等等。

③ 中国人民解放军军事科学院战争理论研究部《孙子》注释小组．孙子兵法新注．北京：中华书局，2008.

④ 李大钊．Bolshevism的胜利．新青年．第5卷第5号（1918年10月15日）.

一大片，甚至点染了美洲的一角。

“十月革命一声炮响，给我们送来了马克思列宁主义。”① 中国共产党的成立，就是“在俄罗斯革命的思想推动之下建立起来的”②，中国共产党人“以俄为师”，从土地革命时期建立苏维埃政权时开始，在法制建设的理论与实践方面就照搬苏联老大哥的经验。中华人民共和国成立后，当时世界分为两大派，一派是社会主义，以苏联为首，一派是资本主义，以美国为首。“中国人不是倒向帝国主义一边，就是倒向社会主义一边”，在其他国家对中国实行封锁政策情况下，“学美国行吗，学英国、法国行吗？当然不行，只能结合中国实际向苏联学习，没有别的选择。而且，苏联是社会主义国家，那时他们对我们的援助是真心实意的”③。推原之，苏联一直是我们的“老大哥”，是唯一的“伟大的光辉灿烂的社会主义国家”，在1949年以后曾向中国提供了巨大的物质援助和技术援助，中国向苏联学习恐亦有因。从积极的方面言之，只有学苏联的一套，听取苏联方面的意见，才能与苏联的援助相适应，使这种援助充分发挥作用。从消极方面言之，不学苏联的经验和方法，不按照苏联的意思去办，就有可能得罪苏联，就很难确保苏联的援助。1949年12月，中央人民政府政务院召开第十一次会议，通过《关于成立中国人民大学的决定》，并要求将其办成东方的莫斯科大学。该《决定》指出：“为适应国家建设需要，中央人民政府决定设立中国人民大学接受苏联先进的建设经验，并聘请苏联教授，有计划、有步骤地培养新国家建设的各种建设干部。”④ 国民党政府旧的司法制度和司法机关已经被彻底否定和废除，新政权在建立司法制度方面尚缺少经验，而党和国家又确立了“向苏联老大哥学习”的大政方针，以苏联模式为蓝本。因此，从1950年至1957年，中国聘请了数百位苏联法学专家来华指导中国政府立法、承担法律教育任务以培养中国法律人才。其中，仅中国人民大学就有99人次的苏联专家前来执教。首先，苏联专家帮助培养中国人民大学的教师和研究生，中国教师听完苏联专家课再去给学生讲授，中国人民大学毕业的学生到全国各地高校任教，其他大学的教师被派到中国人民大学进修；其次，苏联专家直接编写和指导编写了各种教材，中国人民大学出版的各种教材在全国广为流传；最后，苏联专家帮助中国人民大学建立了一套高等教育制度和教学方法，并逐步推广到全国高校。正是源于此，中国人民大学当时享有共和国文科大学“工作母机”的称号，苏联专家则处于“工作母机”的核心部位。当事人回忆说：“人大初期的教学计划、课程设置几乎完全仿照苏联的模式。法律系除了几门政

① 毛泽东．毛泽东选集：第4卷．北京：人民出版社，1991：1471.

② 毛泽东．唯心历史观的破产（1949年9月16日）//中共中央文献研究室中央档案馆编．建党以来重要文献选编：第26册．北京：中央文献出版社，2011：720.

③ 中共中央文献研究室编．陈云传：4．北京：中央文献出版社，2015：1805.

④ 政务院关于成立中国人民大学的决定//中央人民政府法制委员会．中央人民政府法令汇编：1949年—1950年．北京：法律出版社，1982：755.

治理论课讲中国的，30 多门专业课开始时都计划直接学苏联的教科书，如苏联国家法、苏维埃刑法、民法、刑诉法、民诉法等，也学一些东欧民主国家的。当时讲课也是苏联专家直接用俄语讲，当堂翻译。后来才逐渐改为专家先在教研室给青年教师讲，然后青年教师再给我们讲。那时候老师很辛苦，头天听专家课记笔记，晚上整理笔记，第二天讲给我们。"① 中华人民共和国成立后不久，有些高等院校的法律系主要是或者完全是学习苏联的。不只是教学计划、教学组织和教学法，即各种法律专业课的讲授内容，也完全是苏联的。苏联的法学专家们，为我们教育学生，同时也为我们培养教员。② 方流芳在《中国法学教育观察》中写道："苏联法学的影响在法学教科书里随处可见。这从一个侧面说明：自苏联法学在 50 年代输入中国，并成为主流之后，至今没有形成本国自己的法学取代之。"③ 苏联法学给中国法学留下了不可磨灭的历史烙印。

中国虽然在"文化大革命"期间与外部世界联系甚少，但是，热风吹雨洒江天，寰球同此凉热。中国当时许多人都在思考国际共产主义运动的发展，反思和关注南斯拉夫以及苏联的经济改革，这对于后来"文化大革命"结束后中国改革浪潮的兴起无疑是思想的孕育和积累过程。在 20 世纪 50 年代苏联民法教科书中文版中都已经提及民法与经济法的争论，因此当改革开放后 1978 年、1979 年中共将工作重心转移到经济建设上来，"需要有各种经济法"④，并且认为"经济法是一系列法规中极为重要的法规"⑤ 时，曾受苏联 50、60 年代教育影响的许多研究者便利用过去的俄语功底将苏联经济法学迅速引进。正是由于中国人民大学自 20 世纪 50 年代就受苏联法学浸润较深，中国人民大学法律系当时翻译了不少苏联的经济法学论著，其中就包括拉普捷夫主编的《经济法理论问题》（Теоретические проблемы хозяйственного права，Под ред. В. В. Лаптева，М.：Наука，1975；中译本由中国人民大学出版社于 1981 年出版）和苏联国立莫斯科大学、斯维尔德洛夫法学院合编的《经济法》（Московского государственного университета，Свердловский юридический институт，хозяйственное право，1977；中译本由中国人民大学出版社于 1980 年出版）等，这使得中国人民大学在改革开放后经济法理论研究独着先鞭。以拉普捷夫为代表的"纵横统一论"经济法理论又被称为"战后经济法理论"或"现代经济法理论"。这一理论是 20 世纪 50 年代末 60 年代初在制定苏联民事立法纲要的过程中提出来的，经过不断完善，

① 张李玺主编．李慧波副主编．追寻她们的人生．女性专业技术人员卷：第 4 卷．北京：中国妇女出版社，2014：228.

② 陈守一．法学研究与法学教育论．北京：北京大学出版社，1996：4.

③ 方流芳．中国法学教育观察//贺卫方主编．中国法律教育之路．北京：中国政法大学出版社，1998：41.

④ 叶剑英．中华人民共和国第五届全国人民代表大会第二次会议开幕词（1979 年 6 月 18 日）．人民日报．1979－06－19.

⑤ 首次全国经济法制工作经验交流会在京举行．人民日报．1982－09－11.

成为当时社会主义经济法理论中最具有代表性的一个流派[①]，对中国改革开放后经济法的崛起产生了极其深远的影响。

早在1979年8月由中国社科院法学所召开的民法、经济法问题学术座谈会上，就出现了所谓“大民法”与“大经济法”的交锋。“大经济法说”将经济法对象的范围界定得过宽，几乎无所不包，以致要用“大经济法”来取代民法，与70年代末80年代初的否定传统民法、要求建立“公民权利保护法”的观点相辅相成。例如，1979年《法学研究》第4期刊登的齐珊《经济法是一个重要的独立活动部门》一文中指出：“经济法调整一定的国民经济管理和社会主义组织的经济活动中所发生的关系”“经济法调整建立在生产资料公有制基础上的经济组织之间的经济关系。”[②] 笔者认为，中国法学界“大民法”与“大经济法”的争论与苏联法学界民法与经济法的争论有很大的相似性和相关性。日本学者在世界各国比较法中重视对社会主义法系的研究是有目共睹的。据日本学者大木雅夫所著《比较法》一书说，由于民法的社会主义化乃是社会主义最为棘手的问题，因而20世纪30年代苏联“法学界确曾力图探索能够取代民法的东西。于是，经济法就作为使社会主义生产和苏维埃商业达到组织化的、无产阶级专政国家政策的特殊形态应运而生。这个部门法，从1931年前后开始，在1933年到1937年之间占据了统治地位，与此相应，当时1922年《苏俄民法典》60%已成为死法，民法的课程亦从大学销声匿迹了。在这一时期，帕舒甘尼斯所从事的最后工作是与钦布尔科共同出版了《苏维埃经济法教科书》(1935/37)。他于1937年被判刑”[③]。苏联战前经济法理论是一种取消民法的大经济法说。在第二次世界大战胜利以后，由于采取民法与经济法二元论将导致在唯我革命的意识形态下民法的贫困化，民法为了避免被指斥为“没有资产阶级的资产阶级法”(bourgeoises Recht ohne Bourgeoisie) 极为压制经济法，因而在学术界占主流的是“大民法说”。刘文华在《经济法基础理论》中这样写道：“少数同志认为，由于经济法的出现，破坏了原有的和谐的法律体系，认为经济法简直是捣乱分子，甚至有的人，在不大相干的会议上，突然火冒三丈，大骂经济法，说你的那个经济法是法西斯的，说什么在苏联三十年代‘主张经济法的都掉了脑袋……’”[④] 显然，“大民法说”与“大经济法说”最早的争论潜藏着苏联法学界关于民法和经济法争论的影子，但中国改革开放后毕竟学术环境宽松许多，没有出现苏联法学界那种因为学术见解不同而罹难贾祸的现象。

1986年法律出版社出版的《中国经济法诸论》包括综合经济法论、纵向经济

① Donald D. Barry, *Soviet Law after Stalin*: *Social Engineering Through Law*, Alphen aan den Rijn: Sijthoff & Noordhoff, 1978, pp. 121-123. Ferdinand Joseph Maria Feldbrugge, William B. Simons, *Perspectives on Soviet Law for the 1980s*, The Hague: Martinus. Nijhoff, 1982, pp. 206-210.

② 齐珊. 经济法是一个重要的独立活动部门. 法学研究，1979 (4).

③ 大木雅夫. 比较法. 范愉，译. 北京：法律出版社，1999：227.

④ 刘文华. 中国经济法基础理论（校注版）. 北京：法律出版社，2012：48.

法论、经济行政法论、纵横经济法论、学科经济法论五论，这也被许多法学著述称为五种学派观点。但是无论是否定经济法的经济法界说还是经济法学界关于经济法的界说，都可以明显看出受苏联民法与经济法争论的影子。首先，“综合经济法说”或“综合法律部门说”，认为经济法是“国家根据统治阶级意志或者依照人民意志认可或制定的，以经济民法方法、经济行政方法、经济劳动法方法调整平等的、行政管理性的、劳动的社会经济关系的法律规范的总和”①。综合法律部门的概念，最初是苏联学者B. K. 拉伊赫尔于1947年研究保险法时提出来的，他认为，在苏维埃社会主义法的体系范围内，应当区分两种部门——基本部门和综合性部门。后来，这种主张得到了O.C. 约菲和Ю.K. 托尔斯托伊的支持。这种观点主要认为，基本部门诸如民法、行政法、刑法等都有对象上的共同性，都有独特的调整方法，而综合法律部门调整的是不同的关系，由别的（基本的）部门法规范组成，从各个基本部门法里汲取各种法律调整方法。基本的部门法在法的体系中占一定的位置，相反，综合性的部门法在法的体系中则没有任何位置，只是在对法进行分类时（根据分类整理的目的）才给予它们一种相对的位置。“综合经济法说与学科经济法说的区别，在于它将经济法视为某种‘部门’，学科经济法说则不认为经济法构成任何法的部门。但是提出经济法是‘综合法律部门’的初衷，则是为了否定经济法是一个‘独立’法律部门，所以它与学科经济法说之间并无实质的差异。”② 学科经济法说认为，从法律规范上说，经济法不能成为独立的法律部门，但是从学科上看，经济法是一门必要而且具有广阔前景的法律学科，其任务在于研究在经济法规中运用各个基本法手段和原则对经济关系进行综合调整的规律。其次，在《中国经济法诸论》中另一颇有影响的主张是“经济行政法论”，该派主张，经济法（或叫“经济行政法”）应该从属于行政法，是行政法下面的一个部门法，与行政法的关系是基本行政法与部门行政法的关系，认为“经济行政法在采用传统的行政法调整方法及行政命令方法的同时，还广泛运用其他调整方法，特别是着重发挥经济调节手段的作用”③。其实，经济行政法是最初由C. H. 勃拉图西和C.C. 阿列克谢耶夫在1963年《关于国民经济管理的法律问题的研究》一文中针对B.B. 拉普捷夫一派的经济法主张提出来的，他们在维护传统民法的“管辖范围”的前提下，建议从行政法中把有关经济管理的法律规范分出来建立一个分支部门——经济行政法。

在《中国经济法诸论》中撰写“经济行政法论”的梁慧星、王利明两位学者又在《经济法的理论问题》中进一步申说自己，并指出，“纵横统一”理论并非中国的发明，而是由苏联学者拉普捷夫首先提出来的。④ 不难看出，无论是《中国经济

① 《中国经济法诸论》编写组. 中国经济法诸论. 北京：法律出版社，1987：27.

② 史际春，邓峰. 经济法总论. 北京：法律出版社，1998：21.

③ 同①144.

④ 梁慧星，王利明. 经济法的理论问题. 北京：中国政法大学出版社，1986：319.

法诸论》中的纵横经济法论，还是其中的综合经济法论、经济行政法论、学科经济法论等，都可以在苏联法学界找到其原版的模型。王保树在 1997 年《法律科学》第 6 期上发表《经济体制转变中的经济法与经济法学的转变》中指出，70 年代末 80 年代初，拉普捷夫的纵横统一理论“在中国法学界对经济法理论知之不多的情况下传入中国，虽然经济法学界对其有争议，但很快被大部分经济法学者所接受，并使纵横统一的经济法理论在大学讲堂上占了统治地位”①。不过，拉普捷夫经济法学理论对中国经济法学的影响是有待认真细致分析的课题。据刘文华亲身说法，他提出纵横统一关系时尚不知晓拉普捷夫的理论。王、梁在《经济法理论问题》中将刘文华《“纵横统一说”是经济法的理论基础》等论著作为中国“纵横统一说”的主要代表，但也指出，“如果说我国经济法理论完全照搬了苏联的模式，也是不实事求是的。我国经济法理论尽管在许多方面使用和借鉴了苏联现代经济法学派的观点，但在某些方面，也考虑了中国的实践，而提出了一些与苏联现代经济法学派所不同的观点”②。梁、王在《经济法的理论问题》突出地以刘文华的观点与拉普捷夫的理论进行比较分析。例如，拉普捷夫明确宣称：“在经济法中没有必要保留法人制度，法人制度片面地把社会主义组织仅仅说成是财产关系的参加者。然而，经济法主体参加的是把组织计划要素和财产要素结合在一起的经济关系，既有横向关系，也有纵向关系。”③ 但刘文华并不同意苏联经济法学派一概排斥法人概念和法人制度的观点，并且认为“经济法主体主要是由‘组织’构成的，但是不能说‘组织’是经济法的唯一主体，不能说公民在任何情况下都不应成为经济法的主体”④。这与拉普捷夫为代表的现代经济法学派认为只有“组织”才是经济法的唯一主体并以此作为与民法的一项重要区别的观点是大相径庭的。民法学者和中国经济法学界内部对于 20 世纪 80 年代中国经济法学中占统治地位的“纵横统一说”显然存在晕轮效应所致的视觉偏差。

谢怀栻早在 20 世纪 80 年代中期以前就指出：“苏联民法学派和经济法学派的争论，一直围绕着调整对象和调整方法、横向关系和纵向关系、财产关系和经济关系等抽象理论问题进行，而很少或并不重视对一些具体的经济法规的研究。这是苏联的经济法讨论问题中一个引人注意之点。两派对于现有的经济法规的处理都没有提出完整的意见。因此延续了几十年的争论对苏联的经济立法并没有起到多大的作用。结果经济法学派虽然存在了几十年，却始终没有能从经济立法上建立一个经济法的体系，也就不能解决经济法与其他部门法之间的关系。”⑤ 谢怀栻当时就警示

① 王保树．经济体制转变中的经济法与经济法学的转变．法律科学，1997（6）．

② 梁慧星，王利明．经济法的理论问题．北京：中国政法大学出版社，1986：347．

③ 拉普捷夫．经济法主体．中国人民大学苏联东欧研究所编译．苏联经济法论文选．北京：法律出版社，1982：29．

④ 刘文华．中国经济法主体理论问题探讨．全国经济法理论研究工作会议大会发言材料之三十一：5．

⑤ 谢怀栻．从经济法的形成看我国的经济法//中国社会科学院法学研究所民法经济法研究室编．经济法理论学术论文集．北京：群众出版社，1985：67．

中国经济法学不要重蹈苏联经济法学发展的旧辙，但是由于苏联在20世纪50、60年代对中国法学产生的理论框架仍具有巨大的惯性力而使人们心理上形成思维定式，因而“调整对象”等问题成为各法学部门全神贯注、专心致志的争论要穴。悠悠万事，莫大于焉。这样中国几十年的经济法理论的争论无论是“密切联系论”“经济协调关系论”还是“宏观调控经济说”“经济管理法说”等，都主要孜孜经营于调整对象的研究，而在其他方面往往蹀步难进。

第五章

经济法学的经济学理论基础

拉贝尔（Ernst Rabel）曾经说："带着弓箭埋伏的土著们"等待着那些在外国土地上探索的比较法学者。[①] 这句名言告诫我们比较法学的征途尽管风光旖旎却密林深箐中陷阱重重，因此时刻要牢记艾申多尔夫（Joseph von Eichendorff）的经验之谈："你要提防，头脑清醒，又要精神振奋！"（Hüte dich，bleib wach und munter!）[②] 然而，探讨经济法学的经济学理论基础更殊非易易。一些经济学家在批评法律经济学时指出，各个学科有其传统，跨入法律的领域对于经济学家而言需要投入在跨学科之中作过多的投资，难以作出卓越的贡献。[③] 的确，当我们探讨经济法学的经济学理论基础时，由于自身知识的"原始积累"的不充分、"基础设施建设"的薄弱，往往深感绠短汲深，力所不逮，不敢率尔操觚，但是，鉴于目前经济法学研究中许多课题因投资成本低而造成大量重复建设和投资过热，真正具有学术性的问题却因投入产出比过低而无人问津，故而笔者不揣谫陋，愿意"坐冷板凳""吃生猪肉"，毅然冒险犯难以求抛砖引玉。美国当代著名经济学家斯蒂格勒（George Joseph Stigler）曾谓："科学家深一脚、浅一脚地行进在一个似乎毫无系统、毫无逻辑的思想和事实的密林中。出林之时，往往是不见收获只见伤痕。"[④] 不过笔者深信筚路蓝缕以启山林者终究有其自身不可泯灭的价值，这正如其身上不可泯灭的累累伤痕一般。

① Ernst Rabel，Deutsches und amerikanisches Recht，*Rabels Zeitschrift für ausländisches und internationales Privatrecht*，Bd. 16，1951，S. 341.

② Joseph von Eichendorff，*Gedichte* 1811－1815，Frankfurt am Main und Leipzig：Insel Verlag，1816，S. 146.

③ 沈荣钦．法律与经济学的方法争议．月旦法学（台北），1996（8）．

④ 乔治·J. 斯蒂格勒．经济学的进程与发展（诺贝尔经济学获奖讲演）．李青原，摘译．世界经济译丛，1983（9）．

第一节　经济学对经济法生成的影响

——一个关于凯恩斯经济学的学术童话

中国经济法学界长期以来存在这样的逻辑推论：在自由竞争资本主义阶段，斯密自由放任主义的经济学理论占统治地位，但随着资本主义垄断阶段的到来，经济危机愈演愈烈，在“看不见的手”之外，必须依靠“国家之手”对经济进行干预，凯恩斯经济学为罗斯福新政提供了理论依据，是经济法产生的理论基础。董延林《试论经济法产生的理论条件》一文指出：“正是适应当时生产关系和垄断资产阶级的需要，凯恩斯于1936年发表了他最有影响的著作《就业、利息和货币通论》一书，在这里，凯恩斯从经济理论上对国家干预政策的必要性和干预方式作了系统的概括和解释。从某种程度上讲，《就业、利息和货币通论》的发表引起了经济学界的震动，许多经济学家又对其各方面进行阐释、修改和发展，于是形成了凯恩斯主义。从此以后，几十年来，凯恩斯主义便一直是各主要资本主义国家调节经济、管理经济、对抗衰退和危机的政策依据。因此，凯恩斯主义的出现既为经济法的完全确立提供了充分系统的理论依据，又为经济法的大发展和经济法学的产生开辟了道路。”① 这种众口一词的认知几成不刊之论。近代国学大师王国维曾辑《鹧鸪天》词云：“频摸索，且攀跻。千门万户是耶非？人间总是堪疑处，唯有兹疑不可疑！②”这是说，对于前人留下的一切都可以怀疑，唯有“怀疑精神”本身是不能怀疑的。其实，“现代经济法产生于第二次世界大战后的凯恩斯主义这种认识缺乏对凯恩斯主义的深入分析”③，我国经济法学者已经有人以独立思维的学术人格抗颈说“NO”，只是其说难称允当完备。笔者在这里提出商兑意见如下。

一、罗斯福新政是否在凯恩斯学说指导下

资产阶级的科学的政治经济学，只是当产业资本凌驾于商业资本之上、资本主义积累取代了原始积累的时候，当理论研究从流通过程转向生产过程的时候才开始。它的产生，在英国，以威廉·配第为起点，而以亚当·斯密为标志；在法国，以布阿吉尔贝尔（Pierre Le Pesant de Boisguilbert）为起点，而以重农学派为标志。如果说资本主义原始积累构成典型的资本主义生产方式前史，那么重商主义则构成资产阶级政治经济学史的前史。按照西方经济学界一般意见，最近二百多年西方经济学说史上出现的较重要“转折点的演变”，或者说“较重要的变革过程”有三次，即亚当·斯密革命，又称自由放任革命；杰文斯革命（Jevons Revolution），

① 董延林. 试论经济法产生的理论条件. 学术交流，1992（2）.

② 王国维. 人间词话. 合肥：安徽人民出版社，2013：159.

③ 邱本，董进宁. 论经济法的宗旨. 法制与社会发展，1996（4）.

又称效用或边际主义革命（Marginal Revolution）；凯恩斯革命，又称宏观经济学革命（Keynesian Revolution）。在西方经济学中，古典学派（或译“经典学派”）通常是指从亚当·斯密到 19 世纪 70 年代“边际革命”为止的经济学说，以斯密、李嘉图（David Ricardo）、萨伊（Jean-Baptiste Say）、马尔萨斯（Thomas Robert Malthus）、詹姆斯·穆勒（James Mill）、西尼耳（Nassau William Senior）、约翰·穆勒（John Stuart Mill）等为代表。① 古典政治经济学主张劳动价值论，而杰文斯（William Stanley Jevons）、门格尔（Carl Menger）和瓦尔拉斯（Marie Esprit Léon Walras）提出效用价值论②，进行边际主义的分析，这可以说，从斯密的《国富论》出版近 100 年后，在经济学说史上出现了第二次革命。这场所谓边际革命，从价值论开始，然后推进到生产理论和分配理论，最后推广到经济理论的各个方面。从理论上说，现今微观经济学方面的一些东西，都是在西方经济学说史上第二次革命奠定的基础上逐渐形成的。西方经济学者常把 1871 年称为“边际革命”发生之年，称杰文斯、门格尔和瓦尔拉斯为边际主义学派第一代③，称以阿弗里德·马歇尔（Alfred Marshall）为首的剑桥学派（die Cambridger Schule）为边际主义学派第二代。在现代许多西方经济论著中，边际主义学派第一代和第二代通常被统称为新古典学派，19 世纪 70 年代至 20 世纪 30 年代西方国家的正统经济学通常被称为新古典经济学。马歇尔是英国剑桥学派的创始人。在《经济学原理》（*The Principles of Economics*，London：The Macmillan Company，1890）中，马歇尔充分表述了剑桥学派核心的局部均衡论，指出：当供求处于稳定的均衡时，如有任何意外之事使得生产规模离开它的均衡位置，则将有某些力量立即发生作用，使它恢复均衡，“正如同一条线所悬着的一块石子如果离开了它的位置，地心引力将立即使它有恢复均衡位置的趋势一样，生产数量围绕着它的均衡位置发生的种种动荡，具有相同的性质”④。20 世纪 30 年代的世界经济危机使西方资本主义各国哀鸿遍野、伏莽遍地，萧条与危机迫使经济学弃旧图新。在剑桥讲坛上曾受马歇尔之邀讲授《经济学原理》、赞美自由经济完美和谐的凯恩斯不再老调重弹，于 1936 年发表《就业、利息和货币通论》（*The General Theory of Employment，Interest and Money*，London：The Macmillan Company，1936）。有人把凯恩斯的《就业、利息和货币通论》与斯密的《国富论》、马克思的《资本论》一起列为政治经济学家写过的三本“确实伟大”的著作。有的把凯恩斯的理论誉为一场像哥白尼在天文学

① 凯恩斯主义者一般把古典学派的终点延伸到 20 世纪 30 年代，把马歇尔、庇古等也包括在内。

② 杰文斯在其 1854 年出版的《人类交换规律及由此而生的人类行为规范的发展》（*Entwickelung der Gesetze des menschlichen Verkehrs，und der daraus fließenden Regeln für menschliches Handeln*）提出：（1）效用递减律，被称为杰文斯第一定律；（2）享乐均等定律，被称为杰文斯第二定律，后来发展成为“边际效用均等定律”；（3）享乐扩充律。

③ 瓦尔拉斯和维尔弗里多·帕累托（Vilfredo Parto）因都是洛桑大学教授，故他们被归为洛桑学派（The Lausanne School）。

④ 马歇尔．经济学原理：下卷．陈良璧，译．北京：商务印书馆，1965：37．

上、达尔文在生物学上、爱因斯坦在物理学上一样的革命。凯恩斯学说此后在西方经济学界形成的“话语权势”是如此强大，以致著名经济学家萨缪尔森（Paul Anthony Samuelson）说战后的经济学家如果不是凯恩斯主义者便是反凯恩斯主义者。有的外国经济思想史学者将亚当·斯密和萨伊称为乐观派、将马尔萨斯等称为悲观派，将凯恩斯称为改革派。的确，亚当·斯密经济学理论中经济自由的主张是自然主义所引出的实际结论，其虽然没有明确提出“经济人”概念，但他在考察经济生活时，把具有多种品质的人和作为经济上的人区分开来，在经济思想史上实际上第一次系统地运用了“经济人”这个假设。斯密学说中的“经济人”并不是后来的经济学家所假定的“鲁宾逊”式的孤立的生产者，而是商品生产社会经济体系的一分子。按照斯密的看法，在这个体系中，相互联系的结构的作用是由“看不见的手”（invisible hand，德文称之为 unsichtbare Hand）来实现的。①“看不见的手”是斯密理论中最著名、最具有深远影响的概念，最早见于其《道德情操论》（*The Theory of Moral Sentiments*，Indianapolis：Liberty Fund，1759）。美国新制度学派经济学家海尔布伦纳（Robert Heilbroner）说：“看不见的手”这个著名的用语在《国富论》中只是顺便地提了一下，“但在《道德情操论》中，‘看不见的手’却起着更为基本的作用。实际上全书浸透了一个思想：上帝把人类的幸福寄托在感情和爱好上，而它们以人们自己也察觉不到的方式在起作用”②。正如斯密所说：“‘既没有打算，事前也不知道’我们对私人目的的追求，便促进了一个超过我们原有的更大的目的。‘看不见的手’于是作为作用于人类命运的一个最初的动力。”③ 在《国富论》中，斯密去掉了“看不见的手”的神秘色彩，其所谓引导“经济人”将个人私利和社会利益相结合的“看不见的手”，实际上是指市场经济竞争的机制作用——价值规律的自发调节作用。由于斯密将竞争视为人类社会这部复杂的大机器得以正常转动的大发条，因而资产阶级学者评论道：“《国富论》就像一个大的新鲜的蓄水池，从这个蓄水池里流出了一个世纪的关于市场制度的令人兴奋而又惊叹的经济思想和结论。甚至连它的矛盾，它的理论缺陷，也是富于建设性的成果的。”④ 恰如斯密的学生普尔特尼（William Pulteney）在 1797 年所言斯密“将说服这一代人，而支配下一代人”⑤。在斯密思想的影响下，“自由贸易被宣布为立法的指路明灯！一句话，千年王国出现了”⑥。资本主

① Alfred E. Ott und Harald Winkel, *Geschichte der theoretischen Volkswirtschaftslehre*, Göttingen: Vandenhoeck & Ruprecht, 1985, S. 53.

② 罗伯特·海尔布伦纳. 向亚当·斯密致敬！//商务印书馆编辑部编. 现代国外经济学论文选：第 4 辑. 北京：商务印书馆，1982：36.

③ 同②36.

④ Joseph Finkelstein, Alfred L. Thimm, *Economists and Society: The Development of Economic Thought from Aquinas to Keynes*, New York: Harper & Row, 1973, p. 36.

⑤ 约翰·雷. 亚当·斯密传. 周祝平，等译. 北京：华夏出版社，2008：79.

⑥ 马克思. 资本论：第 1 卷. 中共中央马克思、恩格斯、列宁、斯大林著作编译局编译. 北京：人民出版社，2004：314.

义社会在蒸汽机的牵引下风驰电掣猛进突飞，生产力如泉水般喷涌趵突。萨伊作为斯密理论注释者补苴罅漏，更提出了成一家之言的“萨伊定理”，声称“生产给产品创造需求”①，换言之，供给会自行创造需求。马克思指出：“危机有规律的反复出现把萨伊等人的胡说实际上变成了一种只在繁荣时期才使用，一到危机时期就被抛弃的空话。”② 凯恩斯将其代表作之所以称为《就业、利息和货币通论》，正是因为这一缘故。凯氏将自己视作经济机器自动装置失灵时被召来修理机器的机械师，他不止一次地以资本主义的“医生”自居，声称资本主义目前患的“并不是老年人不可救药的风湿症，而是由发育过速而引起的四肢神经痛”“是由一个经济阶段过渡到另一经济阶段时，在重新调整中的痛苦。③”凯恩斯经济学继承了重商主义的国家干预学说、马尔萨斯的有效需求不足学说、孟德维尔的高消费促进繁荣的学说和霍布森的过度储蓄导致失业和经济萧条的学说。他把垄断资本主义时代现实问题的尖锐化、失业增长、存在相对过剩资本、经济危机严重等病象概括为“有效需求不足”；进而用主观心理因素——“消费倾向”“资本边际效率”“流动偏好”三个心理规律来说明其病因，构成“有效需求原理”，并提出了以财政政策为主导的需求管理方案的救治之道。许多资产阶级经济学家认为，凯恩斯在理论上的最大贡献，在于提出了“有效需求”原理（the principle of effective demand）。其实，最早提出有效需求对收入水平的决定作用的是马尔萨斯。马尔萨斯在与李嘉图、萨伊等人的论战中，反对萨伊定理，指出有效需求不足会造成暂时性的普遍过剩和长期萧条，造成失业，降低收入水平。凯恩斯《就业、利息和货币通论》可以说是重新发掘了有效需求概念，对萨伊定理予以致命的打击，提出了截然相反的论点：需求能够创造自己的供给，即所谓“凯恩斯定律”。凯恩斯理论用他自己的话说是关于“经济繁荣内部何以会孕育着使其自身趋于毁灭的种子（My theory of why the booms carry within them the seeds of their own destruction)”④ 的理论，是西方经济学在经济危机的病因探索方面由传统的“外因论”转向“内因论”的一次重大突破。凯恩斯在政策方面的革命不在于倡导国家干预，这同样是马歇尔和威克塞尔（Knut Wicksell）体系蕴含的政策主张，而在于变更了国家干预的目的——从收入再分配、币值稳定转变为消除自愿失业，在于变更了干预的主要手段——从以货币政策为主转变为以财政的政策为主。

美国学者福克纳（Harold U. Faulkner）认为，“如果说‘新政’时期的年轻经济学家们是受到任何理论支配的话，这些理论便是英国经济学家约翰·凯恩斯的

① 萨伊．政治经济学概论．陈福生，陈振骅，译．北京：商务印书馆，1963：142.

② 马克思，恩格斯．马克思恩格斯全集：第26卷第2册．中共中央马克思、恩格斯、列宁、斯大林著作编译局编译．北京：人民出版社，1973：570.

③ 凯恩斯．劝说集．蔡受百，译．北京：商务印书馆，1962：269.

④ John Maynard Keynes，The General Theory of Employment，*The Quarterly Journal of Economics*，Vol. 51，No. 2，1937.

理论，他的思想在三十年代中叶为许多人所熟悉并且加以讨论”。《就业、利息和货币通论》“成了‘新政’经济学家们的《圣经》”①。但也有美国学者认为，“新政”始于1933年，《就业、利息和货币通论》发表于1936年，准此以解，罗斯福新政受凯恩斯经济学影响岂非不情孰甚？其实，凯恩斯学说与罗斯福新政之间“鸡与蛋”的争论由来已久，笔者认为这原是学者问题意识不清而产生的“伪问题”，具体说：(1)“鸡与蛋”的思维窠臼只能产生使学术智力严重衰退的紧身马甲的作用，倒不如跳出三界、不落桓蹊地诘问未有鸡、蛋之前的问题。这就是佛学中所谓的“想入非非”，既不是什么（非）又不是什么（非非）。(2)与其说罗斯福新政受凯恩斯经济学影响是一种莫须有的“影响之谈”，不如说影响程度和相关关系如何。笔者认为凯恩斯的入世精神是非常明显的，他将美国的罗斯福新政视为自己理论的实验田，犹如中国历史上所谓“王者师”自任而积极贾售、推销其理论。他在1933年12月31日《纽约时报》致美国总统公开信中这样写道：“你使自己成了世界各国致力于在现存社会制度中用合理的实验手段除弊兴利之士的受托人。如果你不幸而受挫，则合乎理性的变革将在世界范围内受到严重的损害，只能听任正统与革命去自决雌雄了。但是如果你大功告成，那么将无处不以新的更大胆的方法进行尝试。历史将表明，经济新纪元的第一个篇章是从你入主白宫开始的。”② 1934年凯氏应哥伦比亚大学之邀赴美接受法学博士荣誉学位，滞留美国期间曾与罗斯福进行会晤。凯恩斯应邀在美国参议员午餐会上发表的关于经济复苏问题的讲话促成了美国《国家住宅法》③ 的通过，里弗勒（Winfield W. Riefler）在6月6日给凯恩斯的信中说：“您和议员们的谈话产生了非常有益的效果，由此成为通过住宅建筑立法的转折点。”④

方福前的《论凯恩斯理论与罗斯福“新政”的关系》据美国学者的观点指出：“30年代后期，凯恩斯思想开始渗入白宫班底。这种新经济学由于1937年大幅度削减政府开支随之就发生衰退，而增加国防开支就出现繁荣，获得牢固的认同。”至此，罗斯福“新政”和凯恩斯理论正式联姻。“凯恩斯革命”完成了由理论上的“革命”到政策上的“革命”⑤。按照这种观点，美国国内的“有组织的资本主义”是按照凯恩斯主义的原则实施的。这符合凯恩斯主义是总危机时期的垄断资本主义经济学的事实。但保守的美国政治、经济和教育界的代言人很少把这种功绩归功于凯恩斯。⑥ 然而，偏听则暗，兼听则明。王国维主张“二重证据”法，理固宜然。

① 福克纳. 美国经济史：下卷. 王锟，译. 北京：商务印书馆，1964：375.

② John Maynard Keynes, Open Letter to Franklin D. Roosevelt, *New York Times*, 31st of December 1933.

③ National Housing Act of 1934, Public Law 73-479, 73d Congress, H. R. 9620.

④ 郭熙保，肖利华. 现代宏观经济学的奠基人——梅纳德·凯恩斯. 南昌：江西人民出版社，2005：147.

⑤ 方福前. 论凯恩斯理论与罗斯福“新政”的关系. 经济理论与经济管理，1998 (3).

⑥ 世界知识出版社编辑. 美国经济论文选：1. 北京：世界知识出版社，1957：180.

方氏之文仅以凯恩斯为主体而对作为受体的罗斯福似不无忽略。罗斯福哈佛毕业后，在哥伦比亚大学法学院所学课程，如美国宪法、比较宪法、公用事业法以及关于公司、市政公司等课程，充实和发展了他的经济知识和思想，特别是如何逐渐加强政府管理经济以进行改革的思想。如埃里克·戈德曼所说，罗斯福入主白宫时的思想，大体上是前半世纪出现的新自由主义、新国家主义和 70 年代同业工会活动思想组成的综合体。[①] 罗斯福并不拘泥陈说，他的“新政”立法几乎都是政治压力逼出来的和即兴之作。[②] “他对凯恩斯的印象，似乎还不如这位英国经济学家对总统理解经济学的印象那样深，事实上，他没有接受过凯恩斯主义。”[③] 很多情况表明，罗斯福本人似乎更倾向于接受与凯恩斯主义相反的观点，即处于经济危机时期的政府尤其应该痛下决心，努力实现预算平衡。虽然胡佛（Edgar Hoover）在 1932 年通过的《岁入法》（*The Revenue Act*）中大大提高了税率，但罗斯福并没有打算减税。1937 年年初，在经济危机似乎接近尾声时，罗斯福预算计划的要点就是强调迅速缩减政府开支，以期再次获得预算平衡。1938 年的刺激经济计划只是在后人的回顾中才显得与凯恩斯主义一致，其标题《紧急救济拨款法》（*Emergency Relief Appropriation Act*）就很好地代表了它的真正基调，其内容中的很大一部分就是更新早期的紧急计划，增加劳动促进委员会所提供的工作岗位，并缓解信用危机。[④] 1938 年 2 月，罗斯福接到凯恩斯一封信，建议他采取一些政府投资兴建更多的公共工程来诱发私人投资，罗斯福认为：“在 1933 年这是适宜的办法，因为井里水干到快要见底了，需要注水进去，现在就不一定需要这样做，因为井里的水已经有 25%～30%了。”[⑤] 我国学者邓蜀生指出：“在最重要的一点上，即政府干预经济生活，罗斯福在实践上比凯恩斯理论走得远得多。”[⑥] 新政派的一些思想反映了凯恩斯的影响，但凯恩斯对罗斯福的影响很小，他主要是加强了新政派本来就有的一些想法。1937 年，美国只有个别经济学家知道凯恩斯主义或认为罗斯福和国会转向凯恩斯主义，对凯恩斯的认同者就是少之又少。

其实，在 1929 年—1933 年大危机的触媒下产生的国家干预主义经济学理论，除了凯恩斯学说之外，还有瑞典学派（The Swedisch School）和美国的制度经济学

① Eric. F. Goldman, *Rendezvous with Destiny*: *A History of Modern American Reform*, New York: Vintage, 1962, p. 254.

② Richard Hofstadter, *The American Political Tradition*: *And the Men Who Made it*, New York: Vintage, 1954, p. 12.

③ 威廉·爱·洛克滕堡。罗斯福与新政：1932—1940 年。朱鸿恩，刘绪贻，译。北京：商务印书馆，1993：302.

④ 彼得·马赛厄斯，悉尼·波拉德主编. 剑桥欧洲经济史：第 8 卷。王宏伟，钟和，译. 北京：经济科学出版社，2004：582.

⑤ Harold L. Ickes, *The Secret Diary of Harold L. Ickes*, Vol. II: The Inside Struggle 1936—1939, New York: Simon and Schuster, 1954, p. 317.

⑥ 邓蜀生. 罗斯福“新政”述评//中国美国史研究会. 美国史论文集. 北京：生活·读书·新知三联书店，1980：436.

派（Institutional Economics）等。制度学派于19世纪末20世纪初首先在美国产生，到20年代和30年代，在美国得到广泛传播。美国制度学派承袭德国历史学派的“历史归纳法”，主张国家对经济的干预，其中一些人后来成为罗斯福“新政”期间出谋划策的“智力托拉斯”（the Brains Trust）成员。[①] 笔者认为，尽管罗杰·巴克豪斯在《现代经济分析史》（Roger Backhouse, *A History of Modern Economic Analysis*, Oxford: Blackwell, 1985）中认为“德国历史经济学无力分析1911年的通货膨胀，而制度主义对分析1930年的世界动荡也几乎没有作出什么贡献”[②]，尽管白宫中属于制度经济学派的智囊们对凯恩斯理论表现出惺惺相惜的亲和性，但罗斯福“新政”的经济学理论与其说是外铄的，不如说是内生的。笔者认为，美国制度经济学者有些论著其实就是美国早期的经济法学开山之作。康芒斯（John Rogers Commons）早年受德国历史学派和边际主义的影响，1920年—1928年任美国全国经济研究局局长，致力于制定和修改各种社会立法，主张提高国家干预经济的作用，在其《制度经济学：它在政治经济学中的地位》（*Institutional Economics: Its Place in Political Economy*, New York: The Macmillan Company, 1934）中提出了著名的“法制居先于经济”论，而其《资本主义的法律基础》（*Legal Foundations of Capitalism*, New York: The Macmillan Company, 1924）作为美国早期经济法学著作是实至名归的。至于伯利（Adolf A. Borle），曾任罗斯福就学过的哥伦比亚大学法学院教授，专长公司法，堪称美国早期十足加二的经济法学专家，1938年—1944年作为罗斯福政府助理国务卿为“智力托拉斯”核心人物，他与经济学家、法学家、曾在罗斯福“新政”时期任农业部长顾问的米恩斯（Gardiner C. Means）合著的《现代公司及私人财产》（*The Modern Corporation and Private Property*, New York: The Macmillan Company, 1932）往往被经济学界视为制度经济学的代表作之一，而经济法学界却“有眼不识泰山”而将其明珠暗投，这种不应该发生的“信息不对称”现象必将随着经济法学研究的深入而得以改观。[③]

二、经营自由与国家干预的磨合与冲突

何力在其论文中这样写道：“我国经济法学界有的学者认为凯恩斯经济学说是

① John Kenneth Galbraith, *Economics in Perspective: A Critical History*, Boston: Orion Hardbacks, 1987, p. 196.

② 罗杰·巴克豪斯. 现代经济分析史. 晏智杰，译. 成都：四川人民出版社，1992：325.

③ 笔者认为，不了解制度经济学派就无从了解罗斯福“新政”。罗斯福“新政”的哥伦比亚法学院的背景因素不容忽视。伯利关于“两权分离”的研究至今在我国经济法学界探讨国有企业改革时仍具有学术的资源价值，因为他是世界上最早提出和分析资本主义经营权和所有权分离现象的学者之一。所幸的是，我国《国外政法学术动态》1960年第4期就从《哥伦比亚大学法律评论》1960年第1期翻译了其《经济权力的法律问题》，是研究经济法学者应重视的一篇文章。

垄断资本主义时期经济法产生的理论原因，这实际上是不正确的。因为垄断资本主义时期经济法制（以及经济法法律部门）产生在前，凯恩斯经济学说的形成与完备在后，根本不存在后来出现的事物为先前已存在的事物的原因问题。这并不是说凯恩斯经济学说对经济法制的意义不大，而恰恰相反，这才能真正阐明它在经济法制发展中的重大作用。”“凯恩斯理论的提出与完善，真正地解决了现代资本主义经济法制的指导思想问题，实现了经济法制建设重大转折。”[①] 我国著名法学家吴经熊提出“法律三度论”，即时间度、空间度、事实度，并认为“法律三度论一被接受，则法律学便进入一崭新的领域，它不再是一种形式学科，而变为一种归纳的学科”[②]。蒋天枢在《陈寅恪传》中云：陈氏“自述所用的考证方法，先确定‘时’与‘地’，然后核以人事。合则是，否则非。谓‘时’与‘地’之交叉点，犹如解析几何之 Cartesian Point（笛卡尔直角坐标系 OXY 下的坐标，简称‘直角坐标’）”[③]。然而，当人们在凯恩斯经济学、罗斯福“新政”、德国经济法学说产生三者之间构建发生学上的因果链条时，仿佛浪漫主义童话般的时空错位的致命伤使其解释力难以承受理性实证主义的拷问。但笔者亦不同意何力所谓凯恩斯经济学“真正地解决了现代资本主义经济法制的指导思想问题”的断言，这种观点实质上是经济法“干预说”的理论支柱。

道可道，非常道。如果像一些学者片面强调在经济法产生的整个历史过程中一直起着支配作用的是国家干预主义，那么经济法学既不可能产生亦无法发展，缺乏内在矛盾、危机和张力的学术必然生机澌灭。清代思想家方以智曾云：“象无不对，对无不反，反无不克，克无不生，生无不代，代无不错，错无不综，综无不弥，弥无不纶。”[④] 因此，方以智特别强调“交轮”，所谓“交”指交合，所谓“轮也者，首尾相衔也”[⑤]。事实上，寒往暑来，品物流形，消息盈虚，以致代错无穷，经济学理论的发展也是互相磨切交错，在统治者政教施为中如同冬裘夏葛一般依时而用之。罗斯福作为一个实干家，对经济学的议论有一种本能的抵触情绪，他讥讽“经济学家们每五年或十年改变一次他们对经济规律的定义”[⑥]。国外经济学家也指出：“社会经济在不断发展变化，不同时期有不同的问题，因而就有不同的占主导地位的经济理论。不管一种理论如何的‘科学’，它总是处于逐渐废弃的途中。”[⑦] 日本经济法学家舟田正之则说：“和近代市民社会不同，现代社会被人们称为‘政治季

① 何力．垄断资本主义时期经济法制的发展与凯恩斯经济学说//林榕年，李启欣主编．外国法制史论文集．广东：中山大学出版社，1990：360.

② 吴经熊．法律的三度论//潘维和主编．法学论集．台北：华冈出版有限公司，1977：2.

③ 蒋天枢．陈寅恪传//王永兴编．纪念陈寅恪诞辰百年学术论文集．南昌：江西教育出版社，1994：5.

④ 方以智．易馀．张昭炜校．北京：九州出版社，2014：31.

⑤ 方以智．东西均．北京：中华书局，1962：24.

⑥ B. D. Zevin (ed.), *Nothing to Fear: The Selected Addresses of Franklin Delano Roosevelt*, 1932—1945, Boston: Houghton Mifflin, 1946, p. 30.

⑦ 阿尔弗雷德·S. 艾克纳主编．经济学为什么还不是一门科学．北京：北京大学出版社，1990：143.

节’。它经常在政治动荡的风暴中摇摆。在这个意义上，经济法是一个典型的‘现代法’。”① 著名经济学家萨缪尔森认为，科学是通过一次又一次的葬礼而前进的。佛经中有“轮回”之说，但在西方经济学理论的基督复活节，难道没有自由经营和国家干预两大思潮反复迭至的风水轮回？

尽管自由经营论（经济自由主义）和国家干预论（国家干涉主义）并不一定是概括西方经济学最佳的理论模式②，但两者的“交轮”却是有目共睹的不争事实。重商主义是根源于中世纪的高度国家（社会）主义思想的产物，其原始的国家干预主义具有封建专制和国家垄断的特征。但是，这种重商主义式的对经济生活的管理与限制代表着一种更自由的经济生活，冲破了中世纪遗留下来的纯粹地方性的限制，促进了市场的扩大和统一。英国晚期重商主义在完善原始国家干预主义的同时，又孕育着它的对立面即经济自由主义的胚芽。以“他并非为你们而存在（sic vos non vobis）”③ 的社会学现实为基础的自由主义理论，是关于事先确定了的普遍自利与一般幸福之间和谐的理论，吕克特（Friedrich Rückert）将这种理论用抒情诗般的语言表述为：“当玫瑰花装扮自己的同时，她也装扮了整个花园。”④ 基于这种自发和谐论，“干预最少的政府是最好的政府”（The government which governs least governs best）遂成为“曼彻斯特自由主义”（Manchester-Liberalismus）崇奉的理念。在古典经济学家中，曾被萨缪尔森称为“经济学界的华盛顿”的亚当·斯密声称利己的润滑油会使齿轮奇迹般地正常运转，而国家充任社会经济“看门夫”守夜人”。作为法国古典政治经济学的完成者的西斯蒙第（Jean Charles Léonard de Sismondi）在前期扮演了斯密经济自由主义的介绍者和拥护者的角色，却在后期幡然暴变成为第一个和古典经济自由主义传统决裂并倡导国家全面干预的古典政治经济学家。在庸俗政治经济学家中，萨伊的经济自由主义学说如前所述，而马尔萨斯却是国家“酌量干预”理论的倡导者，一方面反对萨伊否定普遍生产过剩危机的观点，将分析重点从供给转向需求，提出一系列政府干预经济以避免危机和促进经济增长的政策主张；另一方面也认为“管制过多的倾向肯定是无知的鲁莽的标志，最能干的医师最能节约药物的使用，最相信自然的治疗力量。同样，最了解自己的工作的政治家最不愿意干涉企业与资本的天然倾向”⑤。高鸿业指出，西方经济学产生后有三部教科书曾流行一时：第一本为约翰·穆勒的《政治经济学原理》(John Stuart Mill, *Principles of Political Economy*, London: John W. Parker, 1848)，第二本为马

① 舟田正之. 经济法问题. 朱遂斌，译. 国外法学资料，1982（4）.

② 这种模式主要是以美英经济学主要为原型，并不适合所有国家。Tessa Morris-Suzuki, *A History of Japanese Economic Thought*, London: University of Oxford, 1989, p. 5.

③ 可参见 Kirby Flower Smith, The Later Tradition of Vergil, *The Classical Weekly*, Vol. 9, No. 23, 1916。

④ 原文为：Wenn die Rose selbst sich schmückt, schmückt sie auch den Garten。Friedrich Rückert, *Werke*, Bd. 1, Leipzig und Wien: Bibliographisches Institut, 1897, S. 84-85.

⑤ 马尔萨斯. 政治经济学原理. 厦门大学经济系翻译组，译。北京：商务印书馆，1962：20。

歇尔的《经济学原理》，第三本为萨缪尔森的《经济学》(Paul Samuelson, *Economics: An Introductory Analysis*, New York: Mcgraw-Hill Book Company, 1948)。英国经济学家埃里克·罗尔 (Eric Roll) 说："在政府干预的反对者以及纯边际主义的信徒们看来，穆勒丢弃了放任自由的理论，不仅仅是变节的行为，而且这也使他作为 19 世纪初期自由主义的代表人物的意义大为降低。而在放任自由的严峻的反对者看来，穆勒的妥协似乎是太软弱，因而也是不能令人满意的。"① 应该看到，与马歇尔有一定渊源关系的垄断竞争理论和福利经济学，无异就是置身于经济自由主义营垒中的"特洛伊木马"，从而为凯恩斯式的国家干预主义卷土重来埋下了毁灭自身的种子。在马歇尔自由经营论营垒中起义的凯恩斯使国家干预论的旗帜在经济危机的狂飙中猎猎飘扬，与此同时，伦敦学派 (The London School) 却在 30 年代经济危机期间坚持用传统经济理论来反对凯恩斯国家干预经济的政策，堪称"三军可夺帅，而匹夫不可夺志"。伦敦学派的代表人特罗宾斯在《英国古典政治经济学的经济政策理论》(Lionel Robbins, *The Theory of Economic Policy in English Classical Political Economy*, New York: St. Martin's Press, Inc., 1952) 中认为，古典学派虽是主张"自由放任"的，政府不应当采取任何政策，但实际上，所谓"政府不采取任何政策"，就是政府的经济政策。简言之，无政策就是一种政策。在他看来，"自由放任"不仅不是一种消极政策，而且具有积极的意义；现代国家的广泛干预，并非革"古典学派"之命，只不过是延续古典学派的路线而已。"战后的周期比之于战前的周期，有如蜥蜴比之于恐龙"，如果说"战前的周期是城市街道上自由往来的老虎，而战后的周期则不过是关在笼里的老虎"②。失业和通货膨胀这种双头怪物的出现，使凯恩斯的需求管理理论遭到破产。正如托宾 (James Tobin) 所指出，"70 年代滞胀之于凯恩斯经济学如同 30 年代萧条之于古典派正统观念一样"③。凯恩斯主义在战后主要有两大流派：一为以罗宾逊为首的英国凯恩斯主义，即凯恩斯左派，一为以萨缪尔森为首的新古典综合 (The Neo-Classical Synthesis) 派，两学派的理论基地分别为英国剑桥和美国剑桥，故称"两个剑桥之争"。萨缪尔森有"经济学的爱因斯坦"之称，他自诩"我能做到一仆侍候两主"，"即星期一、三、五，我可以是一名萨伊定律的侍从，而星期二、四、六，我又可以是一名凯恩斯派的"④。萨缪尔森在 1973 年的《经济学》第 9 版中曾雄心勃勃地为经济危机做"安灵弥撒"，想从此把它关入坟墓。但 1973 年—1975 年经济危机又使他不得不在 1976 年《经济学》第 10 版中抹去"为经济周期唱挽歌"的标题。萨氏坦言："处于目前的医学水平，如果某种类型的癌症无法治好或甚至

① 埃里克·罗尔．经济思想史．陆元诚，译．北京：商务印书馆，1987：346.

② 经济译丛编译小组编．经济译丛：第 6 辑．北京：商务印书馆，1978：213.

③ 胡代光．西方经济学的演变及其影响．北京：北京大学出版社，1998：115.

④ Jesse G. Schwartz, *The Subtle Anatomy of Capitalism*. Santa Monica, Calif.: Goodyear Pub. Co., 1977, p. 330.

无法控制，那么，一个好医生的第一位职责便是面对事实，公开承认科学知识和医疗的限度。”[①] 西方学者对凯恩斯学说的政府干预政策提出质疑和挑战，以弗里德曼（Milton Friedmann）等为代表的新货币主义（Monetarism）、以拉弗尔（Arthur Laffer）为代表的供给学派（Supply-side Economics）、以华莱士（Neil Wallace）等为代表的理性预期（rational expections，亦译合理预期）学派等新自由主义思潮开始活跃起来。一切学术思想的产生和发展一方面取决于社会对理论的需求指向，另一方面又取决于相关的已有知识存量的供给。思想产品不能凭空制造，必须借助于以往已生产出的思想产品来进行再生产。在这种意义上，参与研究者思想再生产的思想产品就可被称为知识资本。人们之所以舍近求远以凯恩斯学说作为经济法产生的经济学理论基础，在很大程度上是因为对德国经济学理论发展不甚了解所作出的不求甚解的替代性解释产品，不过这种曲线的入思正是造成曲蔽的解释的原因。思想产品作为一种“自在”必须掌握研究者或为研究者所掌握才能转化为知识资本参与知识再生产实现增值，德国经济法学产生的经济学理论基础必须通过直指心性地探究德国经济学本体才能加以一针见血的切中腠理。经济法学的经济学理论渊源有两说：一为凯恩斯说，一为官房经济学说。[②] 从德国官房学派代表人物翟肯多福（Vert Ludwig von Seckendorff）的《德意志王国论》（*Der Teutscher Fürstenstaat*，Frankfurt amMain：Götze，1665）、尤斯蒂（Johann Heinrich Gottlob von Justi）的《国家经济》（*Staatswirtschaft，oder Systematische Abhandlung aller Oeconomischen und Cameralwissenschaften，die zur Regierung eines Landes erfordert werden*，Leipzig：Breitkopf，1755）和《警察学原理》（*Grundsätze der Polizeywissenschaft*，Göttingen：Wittve Vandenhöck，1756）等著作来看，他们虽然都主张依家长的方法之经济政策而领导国民经济生活，但在反对封建行会独占制度、受伏尔泰等启蒙思想家影响等方面放出一线自由之光。马克思在《资本论》第 2 版序言中指出：“政治经济学在德国的生活地盘依然没有。这种科学依然是当作完成品，从英法二国输进来；德国的经济学教授，都还是学生。”[③] 马克思这段话正确地揭示了 19 世纪前半期德意志经济学的发展乃追随英法二先进国之骥尾的大体倾向。德意志自由主义，在斯密《国富论》出版发行后 30 年才开始生长起来。

① 萨缪尔森．经济学：下册．高鸿业，译．北京：商务印书馆，1982：264.

② 官房学（Kameralistik，有的译作“计臣学派”）的名称，虽有管理王侯的起源，然在多数情况下，却和当今的财政学有共通的要素。我国著名经济学专家傅殷才等所著《自由经营还是国家干预——西方两大经济思潮概念》中指出：“德国在 18 世纪便开始设立教授职位讲授‘官房学’‘国家科学’或‘经济管理和对策原理’等课程。官房学派的论著大约有 1 400 篇之多，其研究范围已超出重商主义的范围。因此，以后的德国资产阶级的政治经济学往往带有这样的特点：它在长时期内表现为政治学或国家学的一个要素，而没有同国家学说、法学理论等划分开来，甚至在名称上也往往被称为‘国家经济学’或‘国民经济学’。一般而言，官房学派是 17、18 世纪在德国封建诸侯内（还有奥地利）流行的重商主义的一种特殊形式。”傅殷才，颜鹏飞．自由经营还是国家干预——西方两大经济思潮概论．北京：经济科学出版社，1995：22.

③ 马克思．资本论：第 1 卷．郭大力，王亚南，译．北京：人民出版社，1953：8-9.

在18世纪后半期，哥廷根大学受英国的影响很大，培养出沙多利斯（George Sartorius）、克拉士（Christian Jacob Kraus）等斯密学说的鼓吹者。亚当·斯密《国富论》1776年出版后即由住在伦敦的德国人西拉（Johann Friedrich Schiller）翻译为德文刊行（*Untersuchungen der Natur und Vesachen von Nationalreichtum*, Leipzig: Weidmanns Erben u. Reich, Bd. Ⅰ: 1776, Bd. Ⅱ: 1778）。不久，哥廷根大学教授费德尔（Georg Heinrich Feder）在《哥廷根学报》（*Göttingische Gelehrte Anzeigen*）上加以评论①，对当时的官房学派经济学以一种冲击，但斯密学说尚未引起一般经济学者的关注。1794年夏由加尔弗（Christian Garve）重新翻译的译本因法国大革命自由思潮影响出版后大为畅销，对斯密学说普及贡献甚大。在德国，把斯密学说作为独立的著作而解说的首推沙多利斯（Georg Sartorius），其代表作有《国家经济学概论》（*Handbuch der Staatswirtschaft, zum Gebrauche bey akademischen Vorlesungen, nach Adam Smith's Grundsätzen ausgearbeitet*, Berlin: Unger, 1796），此外，解说斯密学说的著作还有吕德尔（August Ferdinand Lüder）的《亚当斯密的国民产业并国家经济论》（*Über Nationalindustrie und Staatswirtschaft, nach Adam Smith*, Berlin: Frölich, 1800）等。学术界一般认为李斯特（Friedrich List）是德国历史学派的先驱，是与亚当·斯密的自由经营主义截然相反的国家干预论者。李斯特的代表作之所以取名为《政治经济学的国民体系》（*Das Nationale System der politischen Ökonomie*, Stuttgart: Cotta'schen Verlag, 1841），就是强调经济学应建立在国家利益之上，指责斯密经济学为"万民经济学"。为了说明国家干预对加速经济发展的意义，李斯特说："固然，经验告诉我们，风力会把种子从这个地方带到那个地方，因此荒芜原野会变成稠密森林，但是要培养森林因此就静等着风力作用，让它在若干世纪的过程中来完成这样的转变，世上岂有这样愚蠢的办法吗?"② 世界著名经济学家大河内一男（おおこうちかずお）对经济思想史、特别是英国的古典学派和德国的历史学派有精深研究，其"大河内理论"腾誉学林。他青年时代就出版了皇皇巨著《德国社会经济政策思想史》（『独逸社会政策思想史』日本評論社、1936年），后领导重译斯密《国富论》，出版了《国富论研究》（大河内一男編『国富論研究』筑摩書房、1972年）3卷等一系列"斯密理论"研究的著作。其多年主持的日本"斯密学会"，使日本对斯密理论的深造有得超逾其他西方国家。但令人惊异的是，大河内苦心孤诣的代表作《斯密和李斯特》（『スミスとリスト』日本評論社、1943年）称李斯特是"德国的亚当·斯密"③。可以说，本来德意志经济思想乃在于反自由主义，可是自由主义的

① Leonidas Montes, Das Adam Smith Problem: Its Origins, the Stages of the Current Debate, and One Implication for Our Understanding of Sympathy, *Journal of the History of Economic Thought*, Vol. 25, Iss. 1, 2003.

② 弗里德里希·李斯特. 政治经济学的国民体系. 陈万煦，译. 北京：商务印书馆，2011：112.

③ 这种观点与高桥是清持论相同。上塚司编『高橋是清経済論』千倉書房，1936：7-10.

发达，对于德意志经济思想却留下最大的痕迹。以李斯特为先驱的德国历史学派经济学分旧历史学派和新历史学派（Die jüngere Historische Schule），旧历史学派的代表人物 W. 罗雪尔著有《历史方法的国民经济学讲义大纲》（Wilhelm Roscher, *Grundriss zu Vorlesungen über die Staatswirtschaft nach geschichtlicher Methode*, Göttingen：Verlag der Dieterischen Buchhandlung，1843），新历史学派代表人物施穆勒著有《一般国民经济学要纲》（Gustav Schmoller, *Grundriss der Allgemeinen Volkswirtschaftslehre*, München：Duncker & Humblot Leipzig，1900）。历史学派经济学一般被学术界列入国家干预论的阵营。新历史学派的瓦格纳（Adolph Wagner）凭着自己的观察和直觉，提出一条尚未检验的定律：政府不可避免地变化，经济中的公共部分在数量上和重要性上都具有一种内在的扩大趋势。这被西方经济学界称为"公共活动递增的瓦格纳定律（Wagner's law）"①。但我们看到，施穆勒等人的新历史学派经济学欣然接受德国曼彻斯特学派的战士奥本海姆（Heinrich Bernhard Oppenheim）在《国家新闻》报纸上所讥讽的名称"讲坛社会主义"（Kathedersozialismus），与德国自由主义经济思潮开展旷日持久的论战，与来自奥地利的边际主义在方法论上进行如火如荼的交锋，都表明自由主义在德国的经济学理论中的客观存在事实。按照古斯塔夫·施托尔普（Gustav Stolper）的研究，"十九世纪八十年代以后，由于国际竞争的激化（进入所谓帝国主义阶段），保护主义的潮流形成世界性高潮，并成为第一次世界大战的重要原因。到了魏玛时代，再次出现经济自由化的潮流"②。施托尔普认为，当时最重要的一个例子，是 20 世纪 20 年代德国最初的《卡特尔条例》的制定和新设卡特庭、卡特尔法院，抑制大企业滥用垄断力量的这一法律，成为第二次世界大战后禁止垄断体制的模型，具有很大的意义。

经济法是"看不见的手"与"国家之手"相结合的产物，经济法学的产生是经济学理论中经济自由主义与国家干预主义冲突与磨合的结果。否则，德国 1923 年完成的以"防止滥用"为主的《卡特尔条例》就无法解释。美国自由主义最为发达，德国和日本则国家干预主义色彩浓厚，尤其"在德国能够见到的产业自由，是和日本经济政策的主流没有姻缘的"③，因此美国、德国、日本的反垄断与自由主义存在笔者所谓的"梯次递减律"。如前所述，德国战后经济法学的经济学理论基础是弗赖堡学派的新自由主义。④ 奥尔多自由主义正是德国经济法学产生之前历史学派与自由贸易学派、奥地利边际主义学派之间大争论的综合。奥尔多自由主义被

① トマス・リハ『ドイツ政治経済学 — もうひとつの経済学の歴史』原田哲史・田村信一・内田博訳、京都ミネルヴァ書房，1992：145.

② 出水宏一. 日本西德经济比较. 赵纪元，译. 长春：吉林人民出版社，1983：171.

③ 同②172.

④ Ebrhard Günther, Die geistigen Grundlagen des sogenannten Josten-Entwurfs, in：Heinz Saubermann (hrsg.), *Wirtschaftsordnung und Staatsverfassung：Festschrift für Franz Böhm zum 80. Geburtstag*, Tübingen：Mohr Siebeck，1975，S. 193.

称为“本土新自由主义”，这是因为他们并没有完全摒弃德国历史学派的遗产，强调重视社会政策的德国经济学传统。对于秩序自由主义而言，确保竞争自由对于赋予单独的市场参加者在市场上以足够大展长才空间的主观权利和对该主观权利的约束至关重要。弗赖堡学派新自由主义思想对传统自由主义思想增加了法的维度和社会的维度。弗赖堡学派主张市场对法律要求以从政治、经济破坏性的影响力中保护市场为宗旨，更进一步主张市场是功能社会的创造物，法律创设了经济与社会的积极关系，维持此种关系是必要的。据此，市场不允许在从规则根本涉及不到的生活中独立出来的领域发挥作用。在弗赖堡学派新自由主义思想下，竞争和市场已经不被看作社会性弱者的敌人，而是盟友。① 因此弗赖堡学派的学说绝不仅仅是经济理论，还是法律和经济统筹并顾的政治学说，其组成部分互相联系。对于弗赖堡学派的理论而言，其社会问题是经济的问题同时也是法律的问题。对公民社会保障负有责任的民主国家，在每个人生活于法律之下、价值对话自由得以保证的意义上，是法治国。因此，新的认识是，自由不可能仅被国家通过计划等所限制，当人们放任自流时，自由也可以自我废弃。一个自我被管理的市场经济不仅是国家的并进而是法律的活动。因此弗赖堡学派的经济政策的假设必须是双重性的：一方面必须保护自由不至于自我废弃，另一方面必须保护自由免受国家制约。② 在这种秩序自由主义理论中，秩序自由主义理论给自由主义传统增加了法律和社会两个方面。市场是必要的，然而是不完善的，有必要将经济根植于一种法律的环境中，由此一方面保护经济，另一方面通过经济形成一个和谐的社会。易言之，法律是市场上一个必要的组成部分，并由此使市场从社会分裂的根源转变为社会融合的一个手段。③ 在战后初期的经济重建阶段，联邦德国的经济状况并不是国民经济消费需求不足，而是处处存在着潜在需求，因此根本不具备实施凯恩斯主义经济政策的条件。格拉纳多斯和古尔克斯蒂斯在《经济学的学习手册和工作手册》(Gilberto Granados，Erik Gurgsdies，*Lern-und Arbeitsbuch Ökonomie*，Bonn：Verlag Neue Gesellschaft，

① 田中裕明「ヨーロッパ競争法の歩みとドイツ法の役割」『神戸学院法学』第34巻第4号、2005年。

② 沃尔夫冈·费肯杰. 经济法：第2卷. 张世明，译. 北京：中国民主法制出版社，2009：第20章Ⅳ.

③ 费肯杰与弗赖堡学派理论的一个重要的区别在于，除结构经济理解（strukturökonomischen Verständnis）之外，还更加注重于程序经济的思想（prozeßökonomischen Denken）。他在《经济法》第1卷中指出：“弗赖堡学派理论将重心几乎完全投入于诸如市场形态学说和竞争概念等结构经济的考虑。程序经济的思想在新自由主义、至少在其弗赖堡学派的变形中渺不可见。为什么弗赖堡学派总是与凯恩斯的学说保持警惕的疏远、为什么法国计划化与德国新自由主义原则上不可进行结合，原因即在于此。”在费肯杰看来，结构经济和程序经济的考虑在一般经济法和特殊经济法中都是非常重要的。通常，经济法表现为诸如竞争和产权结构等基础性制度。但竞争的程序因素作为根据法律所规制的人与人之间物的交换是不应该被忽视的。并且，如果特殊经济法涉及手工业或环境秩序，它也存在结构。程序因素构成诸如以补贴形式形成的总体调控和按照绿色计划方式的个别控制。经济法应该是这样的，对结构性事实和过程性事实统筹兼顾，并且对这两方面的观点均不能置之度外。沃尔夫冈·费肯杰. 经济法：第1卷. 张世明，袁剑，梁君，译. 北京：中国民主法制出版社，2009：第1章Ⅲ.

1990）中将联邦德国战后经济划分为三阶段：社会市场经济政策时期（1948—1966年）、凯恩斯主义经济政策时期（1967—1982年）、供给主导型经济政策时期（1982年至今）。这种划分是有一定道理的。1967年颁布的《促进经济稳定和增长法》给联邦政府提供了一系列有效地调节经济过程的措施，经常被称为“第二个基本法”，是艾哈德危机之后凯恩斯主义影响的产物。① 德国凯恩斯主义者认为，国家的任务在于通过财政政策和税收政策，平缓经济的周期波动，以便从社会性的经济政策的意义上来影响市场。卡尔·席勒（Karl Schiller）虽然是凯恩斯主义者，但其思想具有弗赖堡学派的深刻烙印，“稳定法完全可以像卡尔·席勒所说的那样解释成为秩序自由主义与凯恩斯理论的综合”，将宏观的“总体调节”与微观的市场竞争相结合。② 无怪乎卡尔·席勒曾于1967年撰文试图将弗赖堡学派的自由竞争和凯恩斯主义的有效需求学说结合起来。③ 由上可见，经济法学的经济学理论基础绝不仅仅是凯恩斯经济学，经济法学的经济学理论基础是多元的，而且马克思经济学对当时德国经济法产生的影响也是不容忽视的④，否则无法理解苏联社会主义经济法学的产生。

第二节　法律经济学的基本原理与经济法理念

博登海默（Edgar Bodenheimer）说：“至少在法制生活中的某些重要时代，盛行着这样一种趋向，即把法律建成一门自给自足的科学，完全以它自由的基本原理为基础，不受政治学、伦理学和经济学等学科的外部影响。”⑤ 尽管经济学是否为科学尚有不易骤获定论之憾，但它以其惯常的“帝国主义态度”入侵法学领域却使许多学者趋之若骛。在美国，“法—经济学”（Law and Economics）、“法律的经济

① 德国卡特尔法在第一次世界大战前受当时德国经济学理论中占主导地位的历史学派影响也是非常明显的。该学派认为，应当依据卡特尔在时间和具体环境下是否适宜来裁断卡特尔。他们将卡特尔视为优于过度竞争和诸如托拉斯这种形式的组织，因为卡特尔确保并泽惠于重要的基本价值观念，例如相互合作而不是个人主义和利己主义，由此可以减少竞争者之间的冲突，从而保护而不是剥削弱者，基本上起着积极的作用。罗尔夫·斯特博《德国经济行政法》也谈及经济学理论对德国的影响云：“新自由主义学说已用在加强卡特尔法。凯恩斯的学说已用在稳定法中。社会国家原则已在共同参与权中得以实现。《德意志联邦共和国基本法》第20a条允许以生态为目标的经济行政，《德意志联邦共和国基本法》第23条在经济法上也是瞄准国内市场的。”参见罗尔夫·斯特博．德国经济行政法．苏颖霞，译．北京：中国政法大学出版社，1999：58.

② Peacock Alan and Hans Wilgerodt（eds.），*German Neo-Liberals and the Social Marke Economy*，New York：The Macmillan Company，1989，p. 23. 我国有学者认为 Globalsteuerung 不能译为“全面调节”，但英文却是“overall regulation”。

③ A. Г. 米列伊科夫斯基．现代资产阶级政治经济学批判．郑伟民，等译．北京：商务印书馆，1985：198.

④ Krause，*Grundlinien ökonomischen Denkens in Deutschland* 1848—1945，Berlin-Ost：Akademie Verlag，1990. S. 84.

⑤ E. 博登海默．法理学——法哲学及其方法．邓正来，姬敬武，译．北京：华夏出版社，1987：233.

学分析”（Economic Analysis of Law）、“法经济学”（The Economics of Law）等名目歧异，不过指称却殊无二致。用经济学的理论、方法研究法学理论和法律制度一直可以追溯到贝卡利亚（Cesare Beccaria）、边沁、亚当·斯密、卡尔·马克思及阿道夫·瓦格纳甚至更早，还有20世纪美国制度经济学派中最著名的代表康芒斯。1958年，芝加哥大学教授艾伦·迪莱克特（Aaron Director）和利维（Edward Levi）创办《法律经济学期刊》（*Journal of Law and Ecnomics*），是法律经济学运动真正起步的里程碑。20世纪60年代，科斯在1960年《法律经济学期刊》上发表的《社会成本问题》（Ronald Coase，The Problem of Social Cost，*Journal of Law and Ecnomics*，Vol. 3，No. 1，1960）和加尔布雷斯1961年在《耶鲁法学杂志》上发表的《关于风险分配和侵权法的一些思考》（Guido Calabresi，Some Thoughts on Risk Distribution and the Law of Torts，*Yale Law Journal*，Vol. 70，No. 4，1961）这两篇重量级的文章，开启了法律经济学的新纪元①，以致人们把法律经济学的发展史分为“科斯之前”（B. C 即 Before Coase）和“科斯之后”（A. C. 即 After Coase）两个阶段。20世纪70年代初，波斯纳《法律的经济学分析》（Richard Posner，*Economic Analysis of Law*，Boston：Little Brown and Company，1973）一书问世，打破了法律经济学领域里经济学家一统天下的局面，蜚声遐迩。法律经济学目前在美国各大法学院里业已成为标准课程的一部分。斯坦福、芝加哥、哥伦比亚、迈阿密以及其他著名大学法学院都已建立了法律经济学的研究中心。② 降及20世纪90年代，美国又悄然兴起了“后波斯纳的法—经济学”（Post-Posnian Law and Economics），其代表人物就是雪城大学教授马洛伊（Paul Malloy Robin）。③

新法律经济学分为以加尔布雷思为代表的耶鲁学派和以科斯、波斯纳为代表的芝加哥学派。耶鲁学派比较注意正义和衡平对于效率性的制约，采取规范分析的手法；而芝加哥学派则把效率作为法律解释指针这一价值前提强调到极限，采用实证分析的方法。科斯说：“法和经济学有两种含义。一是用经济学的工具分析政治制度、法律制度，一是考虑法律制度如何对经济制度产生影响。我属于后一种。”④科斯与波斯纳的观点并不完全一致。“科斯定理”（Coase Theorem）这一术语并非科斯本人而是斯蒂格勒（George J. Stigler）在其《价格理论》一书中首先使用的。斯蒂格勒把科斯定理的内容表述为：“在完全竞争的条件下，私人成本和社会成本将会相等。”⑤ 然而，斯蒂格勒并未能抓住科斯定理的要害，科斯本人对斯蒂格勒的表述并不满意。学术界一般认为科斯定理由两个定理组成。（1）科斯第一定理。

① Posner，*Economic Analysis of Law*，2d dition，Boston：Little Brown and Company，1977，p. 16.
② 罗伯特·考特，托马斯·尤伦. 法和经济学. 张军，等译. 上海：上海三联书店，1991：作者前言.
③ 张乃根. 试评后战后的法经济学. 外国法学研究，1993（1）.
④ 盛洪. 又读科斯. 读书，1996（3）.
⑤ George J. Stigler，*The Theory of Price*，3rd. ed，New York：The Macmillan Company，1966，p. 113.

即如果定价制度的运行毫无成本，最终的结果（产值最大化）不受法律状况的影响。换言之，如果市场交易成本为零，则不论法定权利的最初配置状态如何，都不会对经济效率产生影响。但零交易成本（zero-transaction costs）的假设是不切实际的，现实的交易中存在着“实在交换代价”。科斯认为，交易成本是适用市场价格机制的成本，包括：(a) 发现贴现价格，获得精确的市场信息的成本；(b) 在市场交易中，交易人之间谈判、讨价还价和履行合同的成本。(2) 科斯第二定理。即如果存在实在的交换代价，有效益的结果就不可能在每个法律规则下发生，此时，合理的法律规则是使交换代价的效应减至最低的规则。科斯第一定理只是作为铺垫的一个引理，科斯第二定理才是科斯真正要强调的内容，我国学者盛洪、陈郁在1990年第2期《世界经济研究》上发表的《科斯的新制度经济理论》将科斯第二定理称为“科斯反定理”。

学术界对科斯定理的批评长期以来都是存在的。李凤圣在《论科斯定理的矛盾》中指出：“在第一定理中，交易成本作为假设条件，是定理成立的前提，是外生变量，而在第二定理中，交易成本变成了自生变量，而不是外生的，交易成本作为内生变量与产权产生了内在联系……换言之，第一定理与第二定理在逻辑上是不一致的，不能用科斯的话说，第一定理是第二定理的垫脚石。”① 尽管如此，科斯定理仍被学术界高度重视。科斯定理的核心概念是“交易费用”。在科斯以前，企业由一个假定的生产函数来描述，市场关系由供求曲线表示，无论是市场交易和企业内部交易都被假定是瞬间完成的，交易活动不是稀缺的，交易成本是不存在的。科斯将交易成本概念一般化，使得他可以运用古典经济学的成本收益方法进行制度分析，使经济学的视野和应用领域一下子得到了极大的扩展，就像发现了新大陆一样。此外，从零交易费用的世界走向正交易费用世界，使经济学获得了对现实世界经济问题的新的解释力，这如同物理学从无摩擦力的理想世界走向有摩擦力的现实世界一样。有学者将这一发现比之于物理学上绝对时空的牛顿时代和相对时空的爱因斯坦时代一样的历史意义。在经济学中，一体化和专业化是两个意义相反的概念。自亚当·斯密以来，经济学一贯将专业化程度的提高等同于效率的提高或资源的节约，将专业化发展的原因归结为市场范围的扩展，即所谓“斯密定理”。分工受市场的范围的限制。② 据此，如果在市场范围扩展、经济不断发展的过程中，出现与专业化相反的趋向是不可思议的。如同“斯密定理”给出了专业化的原因一样，科斯给出了一体化（即非专业化）产生和发展的原因。科斯将企业称为“经济分子”，指出：“市场的运行是有成本的，通过形成一个组织，并允许某个权威（一个“企业家”）来支配资源，就能节约某些市场运行成本。”③ 在科斯看来，假定企

① 李凤圣. 论科斯定理的矛盾. 社会科学战线，1998 (3).

② 亚当·斯密. 国民财富的性质和原因的研究：上卷. 郭大力，王亚南，译. 北京：商务印书馆，2011：17.

③ R. H. Coase, *The Firm, the Market and the Law*, Chicago: The University of Chicago Press, p. 40.

业组织成本为 MC（management cost），市场交易成本为 TC（Transaction cost），那么，企业存在的基本条件为 MC<TC，企业规范的极限条件为 MC≤TC。除了企业组织之外，政府干预也是一种对市场交易的替代。科斯认为政府是一个超级企业，但不是一种非常特殊的企业。根据科斯的理论，如果在市场交易费用非常之大的情况下，政府可以通过比市场或企业有更大的优势进行某些活动，但世界上并没有免费的午餐，政府干预的成本限制着其活动的范围。

有学者批评波斯纳等人的法律经济学是“把网子放下来打球，那些与其假说不合的反倒常常被轻率地以难以测定的交易成本或信息成本蒙混过去。这种所谓的实证方法也就降格为对现存规则的合理化辩解了”①。笔者认为，被称为“社会科学皇冠上的明珠”的经济学的科学性尚被质疑，“法律的经济学完全可能是一个薄弱的领域，它分享了经济学的弱点而且还有它自身的具体弱点”②，但正如艾克曼（Bruce A. Ackerman）所说，“只要不把经济学作为唯一的评价原则加以误用，而是理智地运用它，就不难抓住躲在法律问题背后的真正价值”③。法律经济学传入中国之后迅速受到中国法学界的重视。复旦大学法律系的张乃根在 20 世纪 80 年代末赴美国哥伦比亚大学法学院法—经济学研究中心作访问学者，在 1993 年第 3 期《法学》上发表《论市场经济的立法取向》认为，尽管中国民法与经济学界关于经济法调整对象的性质之争，众说纷纭，莫衷一是，但事实早已表明，无论是全国人大的立法，还是国务院大量的经济行政法规，都将经济法规作为加强政府管理经济的有力工具。这种渊源于计划经济的立法取向认为一旦市场经济中出现“外部性”问题，就需要政府干预，而不充分考虑干预本身的成本与收益之比。他指出，政府干预的最佳程度可以被称为“经济干预”。“从经济效益观出发，‘经济干预’是指政府干预市场经济的成本（C）小于干预收益（B），即 C<B。反之，C>B，就是‘非经济干预’。”④“非经济干预”本质上也是一种不可能为零的交易成本，但应从实体法和程序法两方面使之最小化。针对经济法规满天飞的状况，方腾高也认为，“经济法制建设离不开经济立法。从商品经济发展的规律来看，商品经济越发达，经济对法律的需求量就越大”。然而，“14 年经济立法，从社会资源的供给能力角度来讲，其增长大大超过社会资源的增长，即经济立法增长超过社会的承载量。再以法律的运行成本与法律的效益的比较为参照，则目前的经济立法又确实存在‘隐形立法膨胀’，即经济立法的‘相对过剩’问题”⑤。正是这样，中国经济立法的数量和规模急剧增长和扩大，而经济立法效益并未随之有效增长而呈“边际效益递减”之势。

① Frank. H. Stephen，*The Economics of the Law*，Brighton：Wheatsheaf Books Ltd，1988，p. 197.

② Posner，*The Problem of Jurisprudence*，Cambridge，Mass.：Harvard University Press，1990，p. 367.

③ 转引自罗向阳. 康芒斯，也应作为前经济分析法学的代表. 外国法学研究，1988（4）.

④ 张乃根. 论市场经济的立法取向. 法学，1993（5）.

⑤ 方腾高. 大失衡：14 年中国经济法制建设的忧患. 中外法学，1994（1）.

周林彬《法律经济学论纲——中国经济法律构成和运行的经济分析》是颇具学术价值的著作。他不仅认为经济立法要注意边际成本收益的变化规律、经济法律供求均衡，从成本—收益角度讲，现有的经济法律净收益大于零，且在各种可供选择的法律方案中净收益最大，不存在潜在利润，即达到“帕累托最优”（Pareto efficiency）而不存在“帕累托改进”（Pareto improvement）的可能性；而且更重要的是，周林彬利用法律经济学为经济法定位，对经济法、民法、行政法的地盘之争长期以来聚讼不定实有拨乱反正之效。康芒斯把交易活动分为三类，即买卖的交易或称市场交易、管理的交易或称企业内交易、配额交易或称政府交易，与其相对应的乃是现代社会中三种基本的制度安排，即市场、企业和政府。科斯《企业、市场与法律》脉承了康芒斯的运思理路。周林彬认为：“从法律关系也是一种交易关系的角度分析，民事法律关系可谓平等主体之间的买卖交易关系；商事法律关系（主要依企业、公司法规范产生）则反映了上下级之间的管理交易关系；经济法关系（主要依政府经济管理规范产生）又在不同程度上体现了政府对个人的限额交易关系。”① 周林彬认为：“那种以商业职能与生产职能融为一体主张我国民法和商法合一的观点，其根本缺陷是，只看到了公司交易的外部性，没有看到公司交易的内部性。由于交易的内部代替能够有效地降低来自交易主体外部的费用即外部负效应，使交易主体能够以低于外部交易的成本完成同样的生产经营（交易）活动，所以集中反映交易主体内部交易规则的公司法及其有关内容的其他商法规范（尤其是商事组织法），作为市场机制法律规范这一命题的正确性在于，商法是市场配置资源的替代形式。其替代的含义在于，商法有关市场主体内部交易的法律方法和市场方法在发挥资源配置效用方面，可以互相替代。如同出租汽车和公共汽车在发挥交通工具效用方面可以相互代替这一市场经济学原理一样的道理，健全的商法机制在一定条件下可以起到市场机制配置资源的同样作用。”② 按照周林彬的观点，经济法作为强化非市场主体（政府）力量的法律，因市场主体被动运用于市场交易活动而成为强制性的法定交易规则，从而使经济法作为市场主体的外在力量发挥作用，其作用的实质在于经济法是市场配置资源的补充形式。笔者认为周林彬《法律经济学论纲》虽然存在个别论断于理未惬之处，但在中国经济法律研究摆脱经济学和法学相互脱节之“两张皮”困境的求索道路上的确迈出了一大步，圆通剔透的理境必当为期匪遥。张守文也指出：“经济法的调整范围并非无所不包，交易成本的大小就是经济法重要的调整界限，即当交易成本不大时，仅有民商法就可使市场机制运作良好，唯有交易成本过巨时，为了实现效益，经济法才必须进行调整，以降低交易成本，减少交易摩擦，从而起到对经济运行机制的润滑作用，避免市场失灵。”③

① 周林彬．法律经济学论纲——中国经济法律构成和运行的经济分析．北京：北京大学出版社，1998：29.

② 周林彬．市场经济立法的成本效益分析．中国法学，1995（1）.

③ 张守文．经济法学的法律经济学分析．法学研究，1992（5）.

诚然，经济的“法典”是价格体系，法律上的“法典”只由恰当行为的规则所组成。① 一方面，经济法绝非单纯被冠以法律之名的经济，但另一方面，经济法者，在某种意义上可谓经济为其质、法为其形。经济法既为“经济”之法，则以“经济性”为其基本特征。无经济性的或者反经济性的经济法是不成其为经济法的，故刘文华等学者称经济法为“效益法”。当代社会倒退到亚当·斯密时代不仅是不可能而且是幼稚的。正如英国法学家艾伦曾说：“企图回到纯粹的自由放任政策，使国家缩减到仅执行收税员、警察和披戴甲胄的护卫之类的老的最小限度职能，实际上是拒绝整个现代文明的趋势。”② 但在市场经济发展过程中越来越经常出现的“市场失效”（market failure）并不意味着政府干预可以包治百病。凯恩斯主义经济政策措施无异于饮鸩止渴的“滞胀”后果，表明在“杀敌三千，自损八百”的情况下，往往代价太高，以致算盘之下究竟是赢是亏并非确然不可置疑。当代经济学研究对“政府失败”的解释，就是政府克服市场缺陷所导致的效率损失已超过了市场缺陷所导致的效率损失。世界上不存在万能的“魔棒”，也不存在神奇的“阿拉丁的神灯”；不存在完善的市场机制，也不存在万能的上帝一样的政府。政府总是有一种“管制扩大化”的需求。我国目前动辄云“建立”“完善”经济立法，殊不知我们必须要“为制度付费”，政府各部门通过制定行政法规干预经济的极大热情实际上隐忧甚多。尽管有学者认为科斯定理不能证伪和具有同义反复的特性，弗里德曼也说建立在斯密基础上的貌似科学的成本效益分析不过是一个真正的“潘多拉盒子”（Pandora's box）③，但我们认为，法律经济学虽然对于我们寻求民法、经济法等法律部门划分的“黄金分割线”不是一位好的主人，却是一个极好的仆人，使我们摆脱纯粹经验主义。尽管有学者称科斯的“交易费用”是一个“黑箱”概念，但我们认为如果不是对法律经济学持一种“简约主义”（reductionism）的态度，那么它完全可以成为我们使民法、经济法各就各位的“工具箱”或者如波斯纳所谓的“百宝囊”（grab bag）的利器。法学在科际交流的“借贷对照表”中虽往往被记载在贷方，而经济学则被记载在借方，但这种引进“外资”却显然比单纯的法学的自力更生节约成本。按照法律经济学的理论，企业性经济体制完全不同于市场性经济体制，两者是互为替代的方法。从法律制度的选择来看，两者是纵向合同关系与横向合同关系的区别；从经济制度的选择来看，企业与市场的互补性替代是纵向一体化与横向一体化两种生产组织形式的区别。政府交易和市场交易的关系，实际上就是国家管制和自由主义（即非国家管制）的关系。企业内部交易和政府交易的关

① Hayek，Wettbewerb als Entdeckungsverfahren，in：F. A. v. Hayek，*Freiburger Studien*：*Gesamte Aufsätze*，Tübingen：Möhr Siebeck，1969，S. 249，250.

② Carleton Kemp Allen，*Law and Orders*：*An Inquiry into the Nature and Scope of Delegated Legislation and Executive Powers in England*，London：Stevens and Sons，Ltd.，1945，p. 279.

③ 米尔顿·弗里德曼．亚当·斯密与当今的联系．李运宽译//外国经济学说研究会编．现代国外经济学论文选：第4辑．北京：商务印书馆，1982：129.

系，主要表现为个人选择和公共选择（即非个人选择）的关系。经济法包含一定的行政因素，但“行政”的内涵已被赋予了新意，绝不是经济管理法论或行政经济法论所理解的那种不平等主体之间以命令和服从为特征，而是为了保障经济个体具体权利义务关系的确立和实现，通过国家强制力的作用，严格、公正、及时、有效地处理和制裁破坏不公平竞争和正常经济秩序的不法行为，从国家宏观和整体的角度对经济活动进行干预、控制和调节，使经济活动在正确的轨道上健全、稳定、顺畅、有序地进行，符合社会公共利益和国家宏观战略目标需要。它并不直接涉及和规定经济个体的地位、组织以及相互之间的具体权利义务关系，但它与直接确定经济个体地位、组织以及相互关系的民商法规范以及国家和经济个体之间关系的行政经济法规范各有侧重、相辅相成。①

笔者认为，社会化大生产程度提高与交易费用提高呈正比例关系。民法和商法作为强化市场主体的自身力量的法律，因市场主体主动运用于交易活动而成为诱导性法定的交易规则；经济法作为强化非市场主体（如政府）力量的法律，因市场主体被动用于市场交易而成为强制性法定交易规则。三者都具有解决市场失灵及由此产生的交易费用过高的功用。民法和商法是市场经济的基础法，两者在市场配置资源上为互补形式和替代形式。经济法是市场经济的基本法，在市场资源配置上为补充形式，是对已经由传统的民商法调整而形成的经济关系再次调整（重新矫正）的法律。

第三节　经济学与经济法学范畴的借用关系

《中国大百科全书》第2版把概念定义为“人对事物本质的认识”②。但有学者指出，虚概念也是概念，概念的对念与思维的对象是有所不同的，因此“反映—属性”论定义概念是不妥当的。概念应该定义为“以符号表达出来的观念”。概念直接对立的是观念，是对观念的表达，而不是直接对应对象。概念在英文中为Concept；范畴是英文Category的汉译，是指反映认识对象的性质、范围或种类的思维形式。在中国，它是取《尚书·洪范》“天乃锡禹洪范九畴”③ 的范和畴的范物归类的意思。从文化认识论的角度来看，概念往往被视为范畴，但概念是相对于观念而言的，而范畴则主要指在某一学科领域中被界定的、具有可操作性的、具有关键作用的概念。在哲学史上，古希腊哲学家亚里士多德最早定义了“范畴”这个概念，亚氏认为范畴是最一般和最基本的概念。范畴及其体系是人类在一定历史阶段思维发展水平的指示器，也是各门科学成熟程度的标志。张文显《法学的基本范畴研究》指出：“马克思主义法学是个完整的科学体系，其中包括宪法学、民法学、

① 吴建斌. 经济法的困扰和出路. 南京大学学报，1991 (4).

② 中国大百科全书：第7册. 北京：中国大百科全书出版社，2009：7-189.

③ 江灏，钱宗武. 今古文尚书全译. 贵阳：贵州人民出版社，1991：233.

刑法学、行政法学、经济法学、诉讼法学、国际法学、法史学、法理学等不同的法学部门。与法学部门的划分相适应，法学范畴体系可以分为宪法学范畴、民法学范畴、刑法学范畴、行政法学范畴、经济法学范畴、诉讼法学范畴、国际法学范畴、法史学范畴、法理学范畴。"① 从范畴的类型看，法学范畴体系由法的本体论范畴、进化论范畴、运行论范畴、主体论范畴、客体论范畴、价值论范畴六类范畴构成。从范畴的位阶性看，包括法学在内的各学科范畴都可以分为普通范畴、基本范畴和基石范畴。

实事求是地说，中国经济法学的范畴意识还是比较薄弱的，长期以来处于跑马圈地式的粗放经营状态，在调整对象和范围上花费大量精力进行论战，但这种伐人守己的论战过犹不及，甚至造成某种程度上的相对理论过剩。其实，经济法学经过近一个世纪前哲时贤的辛勤耕耘，如今疆界粗具，阡陌划然，需要调整部署，把握方向，把研究重心转移到经济法学范畴体系建设上来。李建华在《我国经济法学研究的反思和深化》中指出："经济法学界对经济法学自身究竟应包括哪些基本范畴、每个基本范畴应包含的科学的涵义是什么、如何构建经济法学的范畴体系这些带有根本性、全局性的问题尚没有给予深入、系统的研究，这固然存在经济法和经济法学产生时间短、研究幼稚等客观方面的原因，但也不能否认，存在于人们主观上对经济法学研究目的的认识偏差和对经济法学基本范畴研究重要性的忽视同样对经济法学的研究产生了消极影响，致使经济法学界迄今也未能向理论界提供具有充分说服力的、令人信服的、确能体现经济法学自身独立存在和成熟标志的基本范畴及其范畴体系的框架结构。与此形成鲜明对比的是，与经济法学处于并列地位的刑法学、民法学、行政法学等学科已经建立起来了法学界公认的、并为各学科所特有的比较成熟的基本范畴及其体系。"② 笔者认为，经济法学体系之所以不能够系统和完善，一个核心问题，就是因为没有能够突出概念的主导作用。从历史上看，经济法学本身是冲破概念法学的藩篱，是对原有法律部门划分的打破。但正如歌德所说："素材是每个人都能看见的，意蕴只有实际上和它相处的人才能看见，而形式对于多数人却是一个秘密。"③ 概念（范畴）对经济法学体系的建立、独立至为攸关。否则，跑马圈地式的"调整范围"也最终会疆土蹙缩而社稷陵替。当然，民法学体系中作为近代体系化工作集大成的潘克顿体系也是经过漫长岁月而底定于此的，历时400余年的注释法学为近代市民法体系和研究体系的形成奠定了坚实基础。正如西谚所云，罗马城不是一天建成的。我们不可能苛求经济法范畴体系一蹴而就。

① 张文显．法学的基本范畴研究．北京：中国政法大学出版社，1993：7.

② 李建华．我国经济法学研究的反思和深化——关于经济法学研究的几个问题．法制与社会发展，1997（5）.

③ 原文为：Den Stoff sieht jedermann vor sich，den Gehalt findet nur der，der etwas dazuzutun hat，und die Form ist ein Geheimnis den meisten. 资料来源：http://www.abcphil.de/html/zitate_goethe.html，[2018－01－04].

程信和在《发展、公平、安全三位一体——经济法学的基本范畴问题探析》中指出："经济法学研究经济领域的法律现象及其规律性，经济与法的关系成为贯穿始终的主题。大量的经济学范畴，如计划、预算、价格、成本、企业、竞争等，必然被运用到经济法学中。有些概念和原理，可以从经济学的角度去考察，也可以从法学的角度去考察，例如效率和公平的关系。研究经济法问题，应当从经济到法律，再从法律到经济，而不是从法律到法律、从法学概念到法学概念。"① 程信和将发展权、分配权和安全权视为经济法学的基本范畴，这本身表明经济法学界对经济法学范畴意识的增强和经济学对经济法学范畴的影响，但笔者认为，经济法学范畴是经济法学研究发展的历史产物，必须经过许多学者的反复使用和明晰化才能千锤百炼的淬沥陶铸而具有公信力；经济法学借用经济学范畴无可厚非，但"借用"与"使用"也有不同，这种"借用"往往本身就是研究不深入、不完善的表现。经济法学理论必须体现法学的属性，必须是用"法言法语"来对经济行为进行描述。名辞［现代逻辑学中都倾向于以"词项"（term）代替"概念"（concept），"概念"其实相当于中国古代哲学中的"名"］的引借，就有产生以辞害意的可能。中国经济法学目前很多人把经济管理学的研究对象——经济活动当成了经济法学的研究对象，用经济管理的理论来充实完善经济法学，而不是更多地从经济权利义务关系去研究经济法，这样使经济法学变相为经济管理论，出现经济法的分论滑向经济管理学的混同倾向和情势。早在20世纪30年代，弗兰兹·伯姆给自己规定了证明经济学的教义可以被转化为宪法法律的任务："这是试图将古典经济哲学的教义从经济学的语言翻译成法律科学的语言。"② 费肯杰就这样指出："经济法也不是在经济中的法律概念或者在法律中的经济概念的直接照搬。如前所述，法律相对于经济而言具有其方法论上独立的'调整的'任务（以迥然不同的视角加以调整）。另一方面，法律不能无视于经济理论、经济政策和经济伦理的考虑。因此，法律概念只能以批判的方式从经济学的概念事实中加以接收（例如"竞争"的概念）；相反，如果经济学将法律概念（例如"宪法"，Verfassung）不加详审拿去用于经济学的言说之中，也是不足为训的。"③ 因此，我们有必要对经济法学的基本概念予

① 程信和. 发展、公平、安全三位一体——经济法学的基本范畴问题探析. 华东政法学院学报，1999(1).

② Eric M. Fink，Post-Realism，or the Jurisprudential Logic of Late Capitalism. A. Socio-Legal Analysis of the Rise and Diffusion of Law and Economics，*Hastings Law Journal*，Vol. 55，No. 4，2004.

③ 沃尔夫冈·费肯杰. 经济法：第1卷. 张世明，袁剑，梁君，译. 北京：中国民主法制出版社，2009：第1章. 此外可参见：G. Rinck，Wirtschaftswissenschaftliche Begriffe und Rechtsnormen，in：*Recht im Wandel*：*Beiträge zu Strömungen und Fragen im heutigen Recht*. *Festschrift* 150 *Jahre Carl Heymanns Verlag KG*，Köln：Carl Heymanns Verlag，1965，S. 361ff；Lukes，Zum Verständnis des Wettbewerbs und des Marktes in der Denkkategorie des Rechts，in：Helmut Coing，Heinrich Kronstein，Ernst-Joachim Mestmäcker (hrsg.)，*Wirtschaftsordnung und Rechtsordnung-Festschrift zum* 70. *Geburtstag von Franz Böhm am* 16. *Februar* 1965，Karlsruhe：C. F. Müller，1965，S. 199；Alexis Jacquemin，Le droit économique，serviteur de l'économie? *Revue trimestrielle de droit commercial*，n° 2，1972，p. 283。

以正义。

我国著名哲学家金岳霖等著《形式逻辑简明读本》指出："概念是思维的细胞。细胞发生了毛病，由细胞构成的组织就会发生毛病，甚至全身都会发生毛病。同样的，在概念方面发生了毛病，就会使由概念构成的判断、推理和论证都发生毛病，思维就会不正确。"① 近代以来，法学家们习惯于通过定义方法来解决法学的问题，以至出现了"定义偏好"，甚至脱离变动不居的鲜活经济现实，这种概念法学固然不足为训，但与此同时，我们必须在语源（linguistic origin）、语境（linguistic background）、语脉（linguistic context）中寻求合理的、能够使人们形成共识的经济法学基本范畴。不可否认，中国传统文化缺乏西方欧基米德几何学（the propositions of Euclideau geometry）式的逻辑理性而偏尚实用理性，"与西人以多元假设为旨归，好作元范畴的创设不同，中国古人少抗论别择之风，不尚驳诘而重传授，在思维上重演绎，轻归纳，多相类范畴，而少终极范畴，因此很难说有什么元范畴"②。一方面受传统文化的影响，另一方面由于经济法学本身起步极晚，所以中国经济法学范畴体系处于"无政府"状态，如同一堆零散的砖瓦而存在着，这张认识之网的"结"尚有许多缺项，仍不能连锁展开、衍展成序而纲举目张、领契理顺。陈乃新在《经济法的重要范畴：剩余权与经济安全权》中认为，经济法也可以有类似于私法与公法的划分，即分为微观经济法和宏观经济法。其中，微观经济最基本的范畴之一是剩余权，投资者享有剩余索取权，投劳者享有剩余激励权。宏观经济法的核心是对人们共同需要的经济安全权作出规定，可分为经济整体安全权和经济持续安全权。③ 其实，剩余权和安全权都源于经济学范畴。丁冰在《略谈剩余索取权与年薪制》一文中指出："剩余索取权（residual claim）又称残余权利，是在70年代西方产权理论的基础上产生、并随着信息经济学的发展而得到逐步加强的一个概念。"④ 不过，据经济思想史提供的文献，对这一问题的经济学分析至少可以上溯到17世纪资产阶级古典政治经济，迄今经济学有关剩余索取权归属的理论分析模式有四种：（1）萨伊"三位一体"模式；（2）马克思"剩余价值"模式；（3）西方产权理论"效率选择"模式；（4）"人力资本产权"模式。⑤ 笔者认为，陈乃新将经济法分为宏观经济法和微观经济法显然是受经济学中宏观经济学和微观经济学的影响，这种说法在国内经济法学界令人耳目一新。

但陈氏显然企图用"剩余权"和"安全权"作为经济法学的基石范畴目前尚难使学术界众口交推而帖然无词。笔者同意："经济学家发动侵略的动力来自我们用

① 金岳霖，等．形式逻辑简明读本（修订版）．北京：中国青年出版社，1978：7.

② 汪涌豪．中国古代文学理论体系：范畴论．上海：复旦大学出版社，1999：421.

③ 陈乃新．经济法的重要范畴：剩余权与经济安全权．法商研究（中南政法学院学报），1998（6）.

④ 丁冰．略谈剩余索取权与年薪制//胡代光，等主编．当前外国经济学的新动向与我国经济学的发展．北京：经济科学出版社，1998：410.

⑤ 赵磊．剩余索取权的归属——理论分歧与现实变化．江汉论坛，1997（5）。

以分析问题的分析范畴——稀缺、成本、偏好、机会，等等，这些范畴都是普遍适用的。”① 从逻辑角度看，一个学科的概念可分为两大类：基本概念和派生概念。基本概念是无法在本学科范围中进行定义的，它或者是要由其他学科来进行定义，或者是没有经过任何定义便被广泛使用的日常用语。派生概念是由基本概念来定义的。一个学科的范畴是该学科最大的、最基本的概念，唯其最大、最基本，因而不能由本学科来定义，如哲学中的“物质”、逻辑学中的“概念”等。因此，笔者认为经济法学范畴“假借”（我国文言文中“假借词”用法的引申）经济学范畴理所当然、势所难免。借用耗散结构物理的语式，经济法学的有序是通过引进新概念和新方法而维持的，是一个开放的知识系统。但与此同时，范畴的界定有赖于一定的范式。只有在特定的范畴体系中，范畴才能被精确化，将所指（signifier）和能指（signified）统一起来。正是这样，法国著名学者路易·阿尔都塞（Louis Althusser）认为，所谓理论框架，就是使得一种理论能够以特定方式提出某些问题而排斥另一些问题的被提出的潜在结构。列宁更明确指出，如果几何公理违背了人们的利益，它也会被推翻的。② 在寻求正确结论的过程中，法律人常常需要经济学上的支持，竞争法和竞争理论之间的关系即是明证，但以效率为导向的经济学不同于以价值为准则的法律科学。③ 在经济法学基本范畴正处于诸子争鸣、处士横议的战国局面下，尽管经济法学范畴体系尚处未遑贞定之际，我们应以经济法学的本位主义假借经济学范畴，不可照账誊抄。只要经济法学界对经济法范畴的研究有恒无间，秩然就绪，粲然条贯的经济法学范畴体系就可以最终被揭开其神秘的面纱。

第四节　经济学理论与经济法学具体法律制度研究：以反垄断法为中心

“法律制度”这一概念在不同文本中的指示域是不同的。从狭义角度来理解时，它意指“有共同调整对象从而相互联系、相互配合的若干法律规则的组合，如所有权制度、合同制度等具体制度，相当于英文中的 legal institution，俄文中的 правовой институт”④。笔者在这里使用的法律制度的概念正是这个意义，而非如有些学者在相当于英文的 legal system、俄文 Правовая система 意义上的指称一个国家整个法律上层建筑系统的法律制度概念。需要说明的是，笔者在这里仅拟采取个案研究法，以经济学中竞争理论与经济法学中反垄断法律研究为例，而非面面俱到

① 杰克·赫什利佛．扩张中的经济学领域．肖琛，译//外国经济学说研究会编．现代国外经济学论文选：第14辑．北京：商务印书馆，1992：181。

② 列宁．列宁选集：第2卷．中共中央马克思、恩格斯、列宁、斯大林著作编译局编译．北京：人民出版社，1995：1。

③ Fritz Rittner，Meinrad Dreher，Europäisches und deutsches Wirtschaftsrecht：Eine systematische Darstellung，Heidelberg：C. F. Müller GmbH，2008，S. 30.

④ 孙国华主编．法理学教程．北京：中国人民大学出版社，1994：112。

地加以铺叙和申论。[①]

我国经济法学界有人指出："在资本主义市场经济发展的几百年历史中，关于竞争的理论主要有自由竞争理论、完善竞争理论、垄断竞争理论、有效竞争理论。由于前两种理论发生在结构主义反垄断立法之前，而后两种理论发生在结构主义反垄断立法之后，所以，前两种理论为结构主义反垄断法的建立起了重要作用，而后两种理论却对结构主义反垄断法的发展和沿革产生着深刻的影响。"[②] 笔者认为这种论断不但没有解决问题反而产生问题，徒增学术混乱。

在这种论断中，时间概念出现与历史事实不符倒是癣疥之疾，关键问题在于：有效竞争理论与哈佛学派的结构主义是什么关系？我国经济学界本身对这一问题就没有讲清说透，经济法学界因此樊然淆乱亦固其宜。众所周知，市场经济归根结底是竞争经济，竞争是市场经济内在要求的基本制度原则。[③] 早在 1907 年，德国法学家罗伯（Adolf Lobe）在其所著《反不正当竞争》（*Die Bekämpfung des unlauteren Wettbewerbs*，Leipzig：Dieterich，1907）中对竞争作过这样的解释：竞争是各方通过一定的活动来施展自己的能力，为达到各方共同的目的而各自所做的努力，而且竞争行为仅存在于同类商品的供应之间。西方经济学中最早的竞争理论是亚当·斯密的自由竞争论。在斯密的自由竞争理论中，所谓自由是指私人经济主体在国家干预面前的自由，而不包括在另外其他私人主体权利面前的自由。[④] 许多人把斯密的自由竞争论理解为无条件的和绝对的，这违背了斯密的原意。斯密认为，为了保护经济自我调节的机制不致因反竞争的实践受到破坏和干扰，国家应当建立保护竞争的制度。自由竞争原则上排除了形成长期私人垄断的可能性，因为只要保持市场进入自由，暂时形成的私人垄断会由于高额利润吸引更多新的竞争者加入而消除。[⑤] 斯密当时所反对的垄断主要是封建垄断。最早对古典经济学派的自由竞争理论提出修正和解释的是完全竞争论。完全竞争（complete competition）理论是一个非常宽泛的概念，大体上是指 19 世纪后半叶以来至 20 世纪 20 年代，围绕市场均衡理论和价格理论而形成的竞争理论。在经济学史上，瑞士洛桑学派（数理学派）和英国剑桥学派对完全竞争理论的形成起了重要作用。完全竞争论以产品的同质性、厂商数目的原子性、生产要素进出的自由性和市场知识的完全性为基本假设前提，如同物理学

① 在这方面德文版《在经济学和法学张力地带的竞争秩序：京特·哈特曼纪念文集》（Forschungsinstitut für Wirtschaftsverfassung und Wettbewerb eV（hrsg.），*Wettbewerbsordnung im Spannungsfeld von Wirtschafts-und Rechtswissenschaft-Festschrift für Günther Hartmann zum* 65. *Geburtstag*，Köln：Heymanns，1976）是重要的参考资料。

② 邓保同. 结构主义反垄断立法不适用于我国//漆多俊主编. 经济法论丛：第 2 卷. 北京：中国方正出版社，1998：309.

③ Klaus Herdzina，*Wettbewerbstheorie*，Köln：Kiepenheuer und Witsch，1975，S. 10.

④ Carl W. Neumann，*Historische Entwicklung und heutiger Stand der Wettbewerbstheorie*，Königstein im Taunus：Athenäum Verlag，1982，S. 45.

⑤ Hartwig Bartling，*Leitbilder der Wettbewerbspolitik*，München：Vahlen，1980，S. 10.

中在“真空”中研究物质运动那样，具有高度的抽象性和典型性。这就像在地球上难以找到“真空”中运动的物质规律那样，在现实经济生活中也难以找到“完全竞争”的规律。哈耶克通过对完全竞争理论的假定条件的分析，得出的结论是“完全竞争实际上意味着没有一切竞争活动”①。由于在完全竞争模式下，市场行为和市场结果都是确定的，因而竞争也就失去了它的刺激作用而实际上变为“懒汉竞争”②。德国学者勒普克也指出：“这种竞争不仅要求一种仅在理论上绝对完美但事实上绝对不存在的条件，而且更糟糕的是，按照完全竞争的模式，竞争就不再是一个生气勃勃的过程。”③ 对于完全竞争理论的阙失，庇若·斯拉法于1926年在英国《经济学》杂志上发表了著名的《竞争条件下的收益规律》(Piero-Sraffa，The Law of Returns under Competitive Condition，*The Economic Journal*，Vol. 36，No. 144，1926）一文，最先表述出垄断竞争理论的基本思想，而美国经济学家张伯伦（Edward Hastings Chamberlin）的《垄断竞争理论》(*The Theory of Monoplistic Competition*，Cambridge，Massachusetts：Harvard University Press，1933）和英国经济学家琼·罗宾逊（Joan Robinson）的《不完全竞争经济学》(*The Economics of Imperfect Competition*，London：The Macmillan Company，1933）这两部经久及远的传世之作，则奠定了不完全竞争理论的基础。如果把完全竞争理论作为竞争理论的形成，不完全竞争理论无疑是对完全竞争理论的发展。然而这种发展是十分有限的，从总体上看还没有摆脱完全竞争理论的教条与束缚。④ 尽管不完全竞争理论把介于完全竞争与完全垄断两极之间的现实市场竞争状态作为一种常态，但仍将完全竞争作为一种理想状态，其竞争政策目标仍是力求实现完全竞争，而且其分析方法基本上仍沿袭了完全竞争理论的静态分析方法，不完全竞争只是被作为一种新的竞争静态形式而不是把竞争作为一个动态的过程。1939年，美国经济学家克拉克（John Maurice Clark）在提交美国经济联合会的学术论文中首次提出可行性竞争（workable competition）的概念⑤，尝试用一个可实现的竞争理论作为现实竞争政策的理论基础，冲破了完全竞争理论的束缚，但在方法上仍沿袭的是旧的静态分析方法，竞争还不是作为动态过程，而是作为最终的状态。因此我国学者陈秀山认为：“克拉克在1939年提出的可行性竞争理论，还不属于现代竞争理论，然而却为现代竞争理论的产生开通了道路。”⑥ 20世纪50年

① 冯·哈耶克. 个人主义与经济秩序. 贾湛，等译。北京：北京经济学院出版社，1989：91.

② Friedrich A. Lutz，Bemerkungen zum Monopolproblem，*ORDO：Jahrbuch für die Ordnung von Wirtschaft und Gesellschaft*，Bd. 8，1965，S. 32.

③ Wilhelm Roepke，Wettbewerb（Ⅱ），in：Erwin von Beckerath u. a.（hrsg.），*Handwörterbuch der Sozialwissenschaften*，Bd. 12，Stuttgart，Tübingen u. Göttingen：Gustav Fischer / J. C. B. Mohr / Vandenhoeck & Ruprecht，1965，S. 29ff.

④ Helmut Cox（hrsg.），*Handbuch des Wettbewerbs：Wettbewerbstheorie Wettbewerbspolitik Wettbewerbsrecht*，München：Verlag Franz Vahlen，1981，S. 13.

⑤ John. M. Clark，Toward a Concept of Workable Competition，*American Economic Review*，Vol. 30，No. 2，1940.

⑥ 陈秀山. 现代竞争理论与竞争政策. 北京：商务印书馆，1997：51.

代初，克拉克在其父和熊彼特（Joseph Schumpeter）创新与动态竞争观点的影响下，提出了动态竞争的基本观点，开始放弃了有关可行性竞争的理论，并在1961年出版的《竞争作为动态过程》①（*Competition as a Dynamic Process*，Washington，DC：The Brookings Institution，1961）中系统阐述了其有效竞争（effective competition）理论，此为现代竞争理论的第一个完整理论体系。

在有效竞争理论之后，美国经济学家W. 鲍莫尔等人在20世纪70年代根据历年各自发表的论著的基本思想，合著出版了《可竞争市场和产业结构理论》（William J. Baumol，John C. Panzar，& Robert D. Willig，*Contestable Markets and Theory of Industry Structure*，New York：Harcourt Brace Jovanovich，Inc.，1982）一书，从而标志着可竞争理论（contestable economic theory）的诞生。可竞争论是以产品的多元性和快速进出为两个基本假设前提而建立起来的。按照鲍莫尔等人的说明，可竞争市场是指来自潜在进入者的竞争压力对正在市场上的供给者的行为施加了很强的约束的那些市场。该理论认为，在市场结构和产业组织的特征中，范围经济比规模经济更为基本。少数几个大厂商垂直兼并、横向兼并及其他组合在传统观点看来有形成垄断势力之虞，但按照可竞争理论，多角化经营的大企业的存在并不消除市场的可竞争性，不会损害市场机制的效率，因此从竞争性质的角度对垄断及垄断企业存在的合理性进行辩解，以求让人们接受“小（企业）固然美，大（企业）也不见得坏”的观点。②

许多经济学著作对克拉克的可行性竞争与有效竞争也不辨麦菽，因此法学界对此不辨骊黄也无怪其然。据笔者所见，产业组织理论（theory of industrial organization）在英国及其他欧洲国家又称“industrial economics”，其理论根源在于规模经济的好处与垄断的负效应之间的所谓“马歇尔冲突”（Marshall's dilemma）。在某种意义上可以认为，产业组织理论是一边总结反垄断政策的经验，一边发展起来的。其发展是支持反托拉斯政策的证据积累过程。西方产业组织理论在发展过程中共出现过三个主要的学派，哈佛学派（Harvard School）、芝加哥学派（Chicago School）和20世纪80年代以来在交易费用理论影响下发展起来的新产业组织理论（new industrial organization）。从1938年起，梅森（Edward S. Mason）领导包括贝恩（Joe S. Bain）、凯尔森（Carl Kaysen）等在内的研究小组，以哈佛大学作为研究基地，以深入的个案研究为手段，分析主要行业的市场结构。当时哈佛人才济济，张伯伦、梅森和贝恩都群贤毕集，皓若明星。一般认为，贝恩发表《产业组织》（*Industrial Organization*，New York：John Wiley and Sons，Inc.，1959）一

① 约翰·M. 克拉克的父亲约翰·B. 克拉克（John Bates Clark）在哥伦比亚大学任教达30年之久，被尊为“美国经济学独立初期”代表人物，曾于1893—1895年一度出任美国经济学会会长一职，倡导边际生产力学说，被塞利格曼（Edwin Robert Anderson Seligman）评价为“博得了19世纪盎格鲁撒克逊五大或六大理论家之一的令誉”。

② 吴汉洪. 西方寡头市场理论与中国市场竞争立法. 北京：经济科学出版社，1998：112.

书代表着现代产业组织理论体系的确立。贝恩提出的著名“结构—绩效”范式是从垄断竞争模型中推导出来的，这是由于张伯伦在哈佛而近水楼台先得月之故。可见，这并非小克拉克的有效竞争模型。哈佛学派创立以 1938 年为起点，哈佛学派结构主义理论体系奠基之时为贝恩《产业组织》出版的 1959 年。谢勒于 1970 年出版的《产业市场结构和经济绩效》(Frederic M. Scherer, *Industrial Market Structure and Economic Performance*, Boston: Houghton-Mifflin, 1970) 一书，将贝恩范式发展成“市场结构 (Market Structure) → 市场行为 (Enterprice Conduct) →市场绩效 (Market Performance)”三段范式，简称 SCP 分析框架。哈佛学派的结构主义理论热衷于论证集中与反竞争性市场结果之间的因果关系，认为企业的市场行为与市场绩效只能用市场结构去解释和说明，坚持 S→C→P 的一维或单向的决定作用，忽视了市场行为独立作用，忽视可能存在的逆向、动态调节过程。哈佛学派创立之初对于如何解决规模经济和竞争活力之间存在的顾此失彼的难题并没有作出圆满答复。论者或谓，自克拉克的可行性竞争和有效竞争概念提出后，许多产业组织理论者对什么是有效竞争、怎样才能实现有效竞争展开研究。梅森归纳了这些有关有效竞争的定义和实现有效竞争的条件的论述，将之分为两大类，即市场结构基准和市场效果基准。笔者认为，身为哥伦比亚大学教授的克拉克并不是哈佛学派的同道，其理论为哈佛学派结构主义理论所吸收而产生影响，不过，“有效竞争通向有效垄断”之语殆非虚言，其理论本身就可以为哈佛学派的论敌芝加哥学派所服务而两者暗通款曲。

芝加哥学派，指在芝加哥大学任教、推崇经济自由主义的经济学的学者总称。① 芝加哥学派有旧芝加哥学派 (Old Chicago School) 和新芝加哥学派 (New Chicago School) 之分。早在奈特 (Frank H. Knight) 和维纳 (Jacob Viner) 的时代，旧芝加哥学派就抵制 20 世纪 30 年代的理论创新，如垄断竞争理论和凯恩斯的理论，相信个人总是在既定的均衡市场价格和数量下使其行为最优化，不过，与哈佛学派产业组织理论形成截然对立的是新芝加哥学派。② 笔者认为，除了理论的趋于精深、经济现实环境的变迁③等原因外，哈佛学派的行情下跌和芝加哥学派在理论市场竞争中市场份额扩大的原因亦在于两者人力资源的消长。20 世纪 50、60 年代，哈佛经济系在梅森等雅负时望学者汇聚的全盛时期，培养了半数美国经济学博士，并负责美国这方面研究工作的大部分，堪称学术垄断地位的寡头，而 70 年以后，芝加哥大学则兵强马壮，贤才蔚起。1968 年，施蒂格勒的《产业组织》(George J. Stigler, *The Organization of Industry*, Chicago: University of Chicago Press, 1968) 问世，是这一学派在理论上与哈佛学派的产业组织理论分庭抗礼

① 据笔者所见，克拉克即是第二次世界大战后反凯恩斯学派的经济学家代表人物。

② 下文除特别标明外，所谓芝加哥学派均指新芝加哥学派。

③ 指在 20 世纪 70 年代以后，西欧和日本作为竞争对手的经济实力不断上升，迫使美国审查其反托拉斯政策是否损害了美国企业的竞争力。

的成熟标志。除了基本观点不同外，芝加哥学派与哈佛学派的分析样式是一致的，大体运用的是同一的概念体系。与哈佛学派强调的 S→C→P 的因果关系不同，芝加哥学派或者认为三者之间没有必然的因果关系，或者强调 P→C→S 的逆向因果关系。芝加哥学派行为主义理论对建立在哈佛学派理论基础上的美国政府反垄断政策提出尖锐批评，认为：反垄断法的首要目标在于促进经济效益，应以此评价企业行为。如果较大的规模经济是一种邪恶，那么也许所有的行业都将四分五裂。非效益的经济所增加的成本将使消费者支付如同卡特尔条件下的价格。在某种意义上，政府对产业实施规制政策，是“设租”与“寻租”的结果，导致了低效率。因此，芝加哥学派反对不分青红皂白地一概禁止兼并，而仅主张禁止以固定价格为最终目的的垄断性兼并。芝加哥学派与哈佛学派之间输攻墨守，使正统的哈佛学派已接受了芝加哥学派关于市场结构、市场行为和市场绩效存在复杂、多向关系的见解，把 S→C→P 调整为 S←→C←→P，以应付挑战。芝加哥学派代表人物施蒂格勒在《进入壁垒、规模经济和厂商规模》中认为，进入壁垒是新厂商比老厂商多承担的成本，把规模经济排除在进入壁垒之外①，这种观点对 20 世纪 70 年代发展起来的“可竞争市场”理论有很大的影响。② 因此，笔者认为不能把哈佛学派与芝加哥学派之间的争论等同于“有效竞争论”与“可竞争论”之间的分歧。在哈佛学派与芝加哥学派展开论战的同时，德国经济学界也出现了康岑巴赫（Erhard Kantzbach）的最佳竞争强度理论与霍普曼的竞争自由理论之间的论战。康岑巴赫受有效竞争理论和产业组织理论影响，认为竞争功能的实现程度取决于竞争的形式，特别是竞争的强度，最佳的竞争形式也就逻辑地成为一个合理的竞争政策的理想模式。③ 他主张通过竞争政策对市场结构进行必要的干预和调整，从而保证充分发挥竞争的动态功能，获得有益的市场结果。这种理论与哈佛学派 S→C→P 范式颇为相似。而霍普曼的自由竞争理论则受古典自由竞争理论和哈耶克新自由主义理论影响，否认市场结构、市场行为与市场结果之间存在固定的因果联系的观点，他指出：“竞争自由和经济收益是同一竞争过程的两个方面，它们是同一块硬币的两面。因此，不存在两难选择、不存在冲突和两者之间谁优先的问题。”④ 他认为竞争政策措施的作用方向主要是阻止限制竞争自由的各种手段、措施。据笔者所见，20 世纪 80 年代以来，一些德国学者受到美国芝加哥学派的影响，对传统的竞争理论，特别是关于

① G. J. Stigler, Barriers to Entry, Economies of Scale, and Firm Size, in: *The Organization of Industry*, Homewood, IL: Irwin, 1968, pp. 67-70.

② W. J. Baumol, J. Panzar and R. Willig, *Contestable Markets and the Theory of Industry Structure*, San Diego: Harcourt Barce Jovanovich, Inc., 1982, Chap. 10.

③ Erhard Kantzenbach, *Die Funktionsfähigkeit des Wettbewerbs*, Göttingen: Vandenhoeck und Ruprecht, 1967, S. 14.

④ E. Hoppmann, Zum Problem einer wirtschaftspolitisch praktikablen Definition des Wettbewerbs. Grundlagen der Wettbewerbspolitik, in: H. K. Schneider, *Grundlagen der Wettbewerbspolitik*, Berlin: Duncker & Humblot, 1968, S. 21.

市场结构和市场行为的相互关系提出异议亦复鲜见。①

反垄断立法对竞争理论的影响不容忽视，用施蒂格勒的话说，这个影响比经济理论对反托拉斯法的影响要大得多。不过，反垄断立法的产生和发展受竞争理论的影响也是彰彰可考的。《谢尔曼法》是美国历史上政府全面控制经济的首次尝试，因此，该法案对负责解释法律的法官们提出了严峻的挑战。反托拉斯案件涉及大量的经济分析，其完整性与精密性要求远远超过其他方面的案件，在有些情况下对案件的审理需要对垄断与竞争行为有更全面的理解，但这一要求超过了当时经济理论所能达到的程度。《谢尔曼法》和《克莱顿法》的基本内容可以从自由竞争论中看到它们的影子。因此，"尽管经济学在谢尔曼法诞生时并未起到太大作用，该法关于价格固定的规定是有坚实的经济学基础的"②。罗伯特·考特的《法和经济学》(Robert Cooter and Thomas Ulen, *Law and Economics*, Glenview / London: Scott, Foresman and Company, 1988) 中也说，实行《谢尔曼法》反卡托拉斯，重点与其说放在固定价格这一法律问题上，不如说放在固定价格与产量的影响这一经济学的问题之上。德国弗赖堡学派的竞争理论尽管与新古典经济学所说的完全竞争有区别，但这种在国家竞争制度保证下的有序竞争，追求的仍然是理想的完全竞争，因为在他们看来只有完全竞争才能实现利益和谐、福利增长和经济自由。正是这样，德国1949年的约斯滕草案（*Josten-Entwurf*）的指导图像是完全竞争。③1955年前，联邦政府在关于反限制竞争法的草案说明中指出："自由竞争的市场秩序要以完善竞争的市场模式为前提。即是说，市场上供给和需求的双方都要有足够数目的参与者，以致任何企业都不得以其市场行为严重影响市场价格。如存在着这种前提，立法者就必须注意，不要使这种完善竞争因某些限制竞争的做法受到损害。"④ 康岑巴赫把美国竞争理论中有效竞争的理论引进德国，并在此基础上提出了最佳竞争强度理论，其政策主张对20世纪70年代德国《反限制竞争法》的两次修改（1973年、1976年）产生很大影响。故有学者称联邦德国1973年修正后的法律是建立在倾向于发挥一定功能的竞争的指导图像之上。⑤ 尤其明显的是，20世纪

① Karlheinz Autenreich, Neues Beurteilungskonzept zur Strukturbetrachtung und Besonderheiten der Versicherungswirtschaft in der Fusionskontrolle, *Wirtschaft und Wettbewerb*, *Zeitschrift für Kartellrecht*, *Wettbewerbsrecht und Marktorganisation*, Bd. 33, H. 11, 1983, S. 852.

② 汤敏，茅于轼．现代经济学前沿专题：第3集．北京：商务印书馆，1999：226.

③ 但联邦德国议会经济委员会国会议员库尔鲍姆（Georg Kurlbaum）早就对此不以为然。E. Langen, *Das Kartellgesetz*: *Gesetz gegen Wettbewerbsbeschränkungen mit Erläuterungen für die Praxis*, Neuwied: Luchterhand, 1957, S. 54.

④ Begründung zu dem Entwurf eines Gesetzes gegen Wettbewerbsbeschränkungen, Bundestags-Drucksache 1158, 2. Wahlperiode.

⑤ 在《反限制竞争法》第6次修订中，经济学界曾提出，德国不应就取得股份的大小作出具体规定，而是应当像欧共体法那样，只是规定"取得支配权"(Kontrollerwerb)。但是法学界认为，如果德国法接受欧共体法的模式，取得25%股份一般就不会被视为企业合并，从而也不会受到联邦卡特尔局的干预。这样，德国反限制竞争法对竞争的保护程度势必下降，立法者最终没有接受经济学界的建议。

60年代至70年代初，美国联邦最高法院的若干判例就充分体现了哈佛学派结构主义反垄断理论。1968年美国司法部颁布的《企业合并指南》(*Merger Guidelines*)就全盘接受了哈佛学派理论。因此，一个著名的反托拉斯法学者曾作过露骨的表述，他说，法律适用与寡头理论之间签订了一种“浮士德式合同”①。从20世纪70年代起，芝加哥学派作为竞争政策和竞争法理论中的一股强大力量登上历史舞台，不仅对美国反垄断立法产生深刻影响，而且使世界其他国家反垄断政策也颇蒙其影响。美国朝野许多人士认为，经过历史证明大垄断企业的力量远不足以使政治集权化，反托拉斯法制定之初人们对垄断产生政治集权的担心一扫而空，剩下的似乎只是经济上的考虑了。在美国，“浮士德式合同”的一方当事人即“古典”的寡头理论被人们视为越来越不可信赖，芝加哥学派力主“大不是恶”(Bigness is not badness)，用施蒂格勒的话说经过“生存检验”的竞争优胜者即优等生。正是这样，作为一名律师和经济学家的巴克斯特（William Baxter）走马上任反托拉斯局局长之后于1982年重新制定了联邦政府反托拉斯的《横向并购指南》。巴克斯特说：“它并非真正意义上的指导方针，它是一种新主义的宣布。”这种新主义就是：反托拉斯法律的实施由此将成为“应用经济学的问题，不再属于政治学范畴了”②。正是由于芝加哥学派行为主义理论的影响，20世纪90年代，美国反托拉斯当局对“效率抗辩”予以确认，企业间确实能够提高效率的合并一般不会因其导致了市场集中而受到反托拉斯当局的干预，放松管制（Deregulation）运动为垄断网开一面，大公司不再害怕反托拉斯警察敲门了。随着博弈论和信息经济学的引入，所谓“新产业组织理论”不仅推翻了哈佛学派的SCP范式，而且摒弃了芝加哥学派建立在完全信息基础上的简单世界观，对芝加哥学派的正统观念及其所提倡的克制的反托拉斯政策提出了挑战，将被芝加哥学派关上了的反托拉斯大门重新开启。新产业组织理论的代表人物有泰勒尔（Jean Tirole）、奥多瓦（Janusz Ordover）、萨勒普(Steve Salop)、施瓦兹（Marius Schwartz）、施马兰西（Richard Schmalensee）等。在1992年的柯达案（Eastman Kodak Co. v. Image Technical Services, Inc.）③中，美国联邦最高法院首次大篇幅地引用新产业组织理论的分析以驳斥下级法院判案时所采用的芝加哥学派的观点，强调用简单的经济学理论来代替对“市场现实”的细致分析具有危险性。④柯达案表明最高法院对芝加哥学派的分析方法和观点产生了质疑，并且确立了一个新的原则，即在法庭的审判中必须对策略行为加以详细分析。自此，新产业组织理论的分析和概念在一些司法案例以及政策条文的修订中得到了采用，美国的反托拉斯政策也由此前一度过于宽松的处理而逐步转向温和的干

① F. M. Rowe, The Decline of Antitrust and the Delusions of Models: The Faustian Pact of Law and Economics, *Georgetown Law Journal*, Vol. 72, 1984.

② The U. S. Department of Justice and the Federal Trade Commission, *Horizontal Merger Guidelines*, April 2. 1982, U. S. Government Office, 1992.

③④ Eastman Kodak Co. v. Image Technical Servs., Inc., 504 U. S. 451 (1992).

预。许多学者遂以此案为分水岭将1992年以后的阶段称为“后芝加哥时代”（the post-Chicago era）。

在美国反托拉斯法实施过程中，有三种维护竞争的方法：一是结构的方法（the structure approach）；二是行为的方法（the conduct approach）；三是绩效的方法（the performance approach）。① 费肯杰等德国经济法学家认为，市场竞争可能仅仅因为某种市场权力的存在而受到威胁甚至完全消失，也可能因为企业间的合纵连横而被人为地削弱和剥夺，因此反限制竞争法规范的客体大致二分为“状态”（Zustand）和“作为”（Maßnahmen）的限制竞争。② 日本经济法学家指出：“对多数资本主义诸国制定、运用的独禁法规制内容、其所依据的基本立场加以类型化的话，一种观点是原则禁止主义型和弊害（滥用）规制型，另一种观点是行为规制主义型和构造规制主义型，可作如是划分。这并不意味各国的独禁法总是以全体统一地属于其中一种类属，而是两者性格并有的混合型的独禁法。”③ 曹士兵认为，在当今各国反垄断法所建立的垄断控制制度中，结构主义的垄断控制制度以美、日的为代表，行为主义的垄断控制制度则以德、英、法、欧共体的为代表。④ 笔者认为曹士兵的划分具有形而上学的割裂之弊，这正是前文所述论断失误的根源所在。美国学者米勒等人就早已研究过《谢尔曼法》《克莱顿法》《紧急价格统制法》（*Emergency Price Control Act*）⑤ 等法律中结构指向、行为指向、绩效指向的法令。⑥ 由此可见，将结构主义垄断立法和行为主义垄断立法截为两橛是错误的前提，更何况有效竞争理论往往被用于巩固反垄断的结构主义而不是促使其异化。

经济法学研究受竞争理论影响有两种类型，其一为竞争理论→经济法学研究，其二为竞争理论→竞争立法→经济法学研究。金泽良雄在《经济法》中就这样写道：“经济学中的有效竞争论，可以说是作为缺乏传统性的‘完全竞争论’的现实性的反省而产生的。而在美国把‘有效竞争论’的概念视为‘相应于法庭的合理法则（rule of reason）相对应的经济学概念’，有效竞争论的立场规定：‘即使现实的产业，没有构成‘完全竞争’型的市场结构，但只要竞争是‘有效’即可。”⑦ 金

① I. Schmidt, *US — amerikanische und deutsche Wettbewerbspolitik gegenüber Marktmacht*, Leipzig: Duncker & Humblot, 1973, S. 93.

② Borchardt, Fikentscher, *Wettbewerb*, *Wettbewerbsbeschränkung*, *Marktbeherrschung*, Stuttgart: Enke, 1957, S. 56.

③ 根岸哲『独占禁止法入門』有斐阁，1983：32.

④ 曹士兵. 反垄断法研究. 北京：法律出版社，1996：98.

⑤ An Act to Further the National Defense and Security by Checking Speculative and Excessive Price Rises, Price Dislocations, and Inflationary Tendencies, and for other Purposes, 56 Stat. 23, Pub. Law 77-422.

⑥ Kenneth W. Clarkson, Roger LeRoy Miller, *Industrial Organization*: *Theory*, *Evidence*, *and Public Policy*, New York: McGraw-Hill Book Company, 1982, pp. 413-417.

⑦ 金沢良雄『経済法』〈法律学全集（52—Ⅰ）〉有斐阁，1982：176.

泽良雄还征引梅森的《经济集中与垄断问题》(Edward S. Mason, *Economic Concentration and the Monopoly Problem*, Cambridge, Massachusetts: Harvard University Press, 1957) 中带有“哈佛传统”的克拉克有效竞争理论。然而，有些经济学者指出，反托拉斯法已经具有自身的法律生命，但从经济学的角度看来，它们并没有什么深刻的意义或理论基础。经济学界甚至毫不客气地批评“由于反托拉斯法一直主要依赖于静止的完全竞争与垄断的模式，这些模式错误地引导了反托拉斯领域，并且试图作为判案的基础，因而造成了经济上荒谬的社会结果”①。一般来说，目前经济学界比较“右倾”，因此1987年美国反托拉斯局局长鲁尔直斥“存在着一股反革命的逆流”②，连我国经济学界也有人主张“走出垄断的误区”，坚持“垄断中性”论，声称“垄断与竞争一样原本就属市场机制范畴”③；相对而言，经济法学界不倾向于一切以效率为绳墨。南开大学张强的博士论文《垄断与竞争》就论证了经济学和法学在研究上的话语冲突。④ 一些西方学者甚至认为反垄断法本身就是一个自相矛盾体，如罗伯特·博克指出，“反垄断法认为：1. 竞争者放弃他们之间的竞争，就是伤害了竞争机制；2. 竞争者伤害了其他竞争者，因此也就伤害了竞争机制。这就形成二律背反，如果二者均成立，竞争机制就不存在。”⑤ 德国法学家福尔克尔·埃梅里希在《卡特尔法》一书中指出：寡头垄断一直是竞争政策上的一个十字架，尽管在这方面有过广泛的讨论，但其理论基础还是一直没有搞清楚，因此到现在也没有对寡头垄断制定出一个令人信服的竞争政策。⑥ 美国著名经济学家德姆塞茨在纪念谢尔曼法颁布100周年的会议上致辞时更是明确宣称：“在我们对竞争的理解中，还没有出现与反托拉斯有关系的内容 (We do not yet possess an antitrust-relevant understanding of competition)。”⑦ 这句话和德姆塞茨在《经济学作为一个反垄断规制的指南》下面的论述意思相同，即“反托拉斯经济学最薄弱之处在于对规范性政策的广泛问题的处理，而在解释特定的定价和市场行为时则最为拿手。……在广泛的问题上，如垄断过度的认定和垄断化问题，经济还没有向反托拉斯行动者提供一个连贯的说法”⑧。笔者认为，在垄断的道路上布满小

① Dominick T. Armentano, *Antitrust and Monopoly: Anatomy of a Policy Failure*, New York: Wiley, 1982, p. 110.

② Charles F. Rule, An Antitrust Enforcement Policy to Maximize the Economic Wealth of All Consumers, *The Antitrust Bulletin*, Vol. 32, No. 4, 1988.

③ 杨灿明. 市场结构与政府经济行为. 武汉：湖北教育出版社，1997：68.

④ 张强. 垄断与竞争——美国反托拉斯政策剖析. 天津：南开大学出版社，1994：81-85，195-199.

⑤ Robert H. Bork, *The Antitrust Paradox: A Policy at War with Itself*, New York: The Free Press, 1993, pp. 134-135.

⑥ Volker Emmerich, *Kartellrecht*, 6Aufl., München: Verlag C. H. Beck, 1991, S. 405.

⑦ Harold Demsetz, *100 Years of Antitrust: Should We Celebrate?*, Brent T. Upson Memorial Lecture, George Mason University School of Law, Law and Economics Center (1991).

⑧ Demsetz, Economics as a Guide to Antitrust Regulation, *The Journal of Law and Economics*, Vol. 19, No. 2, 1976.

企业的坟墓，大企业存在如 H. 莱宾斯坦（Harvey Leibenstein）所谓“X—非效率”（X-Efficiency）现象，经济法学不应该像经济学那样唯效率是崇，必须拒绝投降，以营构毛主席所说的“万类霜天竞自由”① 的环境。对于德姆塞茨那样的芝加哥学派经济学家而言，效率是经济政策的唯一目标。但财富最大化并非一般的法律目的的替代品。② 就经济法而言，经济效率只是值得追求的众多目标中的一个要点。诸如手工业的保护、消费者的保护、对发展中国家的“特别待遇”、反通货膨胀的政策和许多其他要点是可以和对效率的追求相提并论的。经济自由秩序并非单目标性而是多目标性。因此，经济学难以对于经济法追求的多元目标性的经济自由秩序完全予以解释不足为怪，两者之间的张力不容忽视。

第五节　我国经济学理论的发展对经济法学的影响

中华人民共和国成立后，中国经济学的发展经历了坎坷曲折的道路。1952 年斯大林的《苏联社会主义经济问题》一书的出版，在国际共运史上是一件大事，特别是对于已经取得革命胜利并正在进行大规模经济建设的中国而言，尤其具有十分重要的意义。斯大林不仅是政治权威，也是理论权威，其关于社会主义经济理论的核心，从实质来看仍然是产品经济论。从成立初到 20 世纪 70 年代末，中国主流的经济理论就是苏联《政治经济学教科书》影响下的苏联社会主义政治经济学范式。“而新中国成立初期到 1957 年由于以王亚南、孙冶方等经济学家为代表的‘马恩原著’派的坚持，‘苏联范式’与‘马恩原著’派的理论观点既有争鸣又有补充，交织在一起，后来在政治舆论的影响下，‘苏联范式’占了上风。”③ 其实，中国当时的经济学界并非全都“闭着眼睛跟斯大林走”④，曾对孙冶方 50 年代提出价值规律起了很大作用的顾准就一直在思考“娜拉走后怎样”，即取得政权后如何实现现代化的问题，在横逆中坚贞卓绝地以独立思考说出了哈耶克、伯林之所见，突破了斯大林在《苏联社会主义经济问题》一书中颁布的钦定理论。但作为窃火者，顾准处于地下状态，直到改革开放之后才得以重见光明。改革开放后，由于西方经济学的逐步传入，中国社会主义市场经济理论的探索经历了三个阶段：第一阶段，20 世纪 80 年代初期，中共十二大报告中提出“计划经济为主，市场调节为辅”。第二阶段，早在 1979 年经济学界就有人开始提出社会主义经济是商品经济，或者说是有计划商品经济，但在 1982 年—1983 年，有人为此展开争论，认为商品经济与社会主义计划经济是相违背的，社会主义经济就是计划经济而不是商品经济，要么是计

① 张晶，邵瑞娟，颜邦逸选编. 毛泽东诗词鉴赏. 大连：大连出版社，1992：12.

② 恩斯特-约阿希姆·麦斯特梅克尔. 一个没有法律的法律理论：波斯纳与哈耶克关于法律经济分析的争论. 张世明，刘亚丛，王济东主编. 经济法基础文献会要. 北京：法律出版社，2012：279.

③ 程恩富，等. 范式危机、问题意识与政治经济学革新. 河南社会科学，1999（1）.

④ 顾准. 顾准文集. 贵阳：贵州人民出版社，1994：286.

划经济，要么是商品经济，二者必居其一。1984 年 10 月，中共十二届三中全会通过的《关于经济体制改革的决定》中采取了“有计划的商品经济”的提法。吴敬琏在《经济理论 20 年》一书中这样指出：“在 1984 年以后的几年中，决策层和理论界在实际工作和经济理论研究方面，基本上是按照《决定》的思路继续拓展的。例如，《决定》把市场大体限制在商品市场的范围内，而把要素市场排除在外，而 1985 年 9 月召开的中共全国代表会议提出了‘逐步完善市场体系’的问题，强调发展商品、资金、劳务（即劳动力）、技术四大市场，这就使我们对于‘商品经济’的理解更加接近于由市场配置经济资源的科学概念。”① 第三阶段，1989 以后，有的经济学者再次提出市场调节只应在国家计划许可范围内起辅助作用而不能喧宾夺主。1991 年 3 月发表在上海《解放日报》上署名皇甫平的《改革开放要有新思路》一文指出：“有些人总是习惯于把计划经济等同于社会主义，把市场经济等同于资本主义，认为在市场调节的背后必然隐藏着资本主义的幽灵。随着改革的进一步深化，越来越多的同志开始懂得：计划与市场只是资源配置的两种手段和形式，而不是划分社会制度的标志。资本主义有计划，社会主义有市场。”② 1992 年 10 月召开的中共十四大正式宣布“我国经济体制改革的目标是建立社会主义市场经济体制”。至此，“玉宇澄清万里埃”。社会主义市场经济的理论被确定下来，向计划经济开倒车的活动最终“一而鼓，再而衰，三而竭”。西方经济学家常说“有五个经济学家，就有六种观点”。在中国改革开放的浪潮中，“吴市场”（吴敬琏）、“厉股份”（厉以宁）、“杨承包”（杨培新）、“曹破产”（曹思源）等一批经济学家浮出海面，成了中国经济学舞台的“明星”。据《中国经济改革理论流派》一书介绍，中国经济学界有：（1）协调改革派（以吴敬琏为代表）；（2）所有制改革派（以厉以宁为代表）；（3）宏观改革派（以王琢为代表）；（4）宽松学派（以刘国光和戴园晨为代表）；（5）经营权主导改革派（以杨培新为代表）；等等。③

改革开放以来，经济学理论的发展对经济法学的影响方式有直接和间接两种。前者是经济学界主动地涉足经济法学研究，如国务院发展研究中心主任马洪是当代著名的经济学家，他在 1993 年 1 月的上海《财经研究》上发表《论市场经济与法律——兼论我国经济法制建设中的一些理论问题》，同年 2 月又在北京《中国经济体制改革》上发表《加快建立社会主义市场经济的法律体系》，对我国经济法学研究提出了自己的见解。④ 后者为经济法学界主动地吸收经济学界的研究成果。对于经济法学界的这种随经济学理论潮流而转向的现象，学者们多认为：“中国经济法学研究初期的许多理论观点与学说主张，处于短命、易变和新生的状态。其中最具代表性的，莫过于高等学校法学教材《经济法学》第一至五版中关于经济法的概念

① 陈敬．经济理论 20 年——著名经济学家（访）谈录．长沙：湖南人民出版社，1999：292.

② 皇甫平．改革开放要有新思路．解放日报，1991-03-02.

③ 叶远胜主编．中国经济改革理论流派．郑州：河南人民出版社，1994.

④ 王艳林，赵雄．中国经济法学：面向二十一世纪的回顾与展望．法学评论，1999（1）.

和调整对象的认识变化过程。”① 陶和谦主编的《经济法学》是我国最早的一本高等学校法学教材，在第1版中指出：“我国经济法是调整国家机关、企业、事业单位和其他社会组织内部及其相互之间，以及它们与公民之间，在经济活动中所发生的社会关系的法律规范的总称。” 1995年该书第5版又将经济法定义为“调整宏观调控下一定的市场经济关系的法律规范的总称”，经济法的调整对象是“宏观调控下一定的市场经济关系”②。基本上说，经济法学界普遍认为“纵横统一论”是20世纪80年代初在我国影响最大的一种观点，1986年《民法通则》颁布以后，经济法学人断臂求存，大多修正了自己的观点，提出了“密切联系论”（或称“管理协作论”）。笔者认为，中国经济法学随着经济学理论主流的演变而出现的修正是正常现象，尤其是陶和谦主编的《经济法学》作为最早的一本高等学校法学教材功不可没，不应该作为众矢之的。李昌麒主编的高等政法院校规划教材《经济法学》的态度就是宅心忠厚的，指出：“过去每一种经济法理论，都可能打上某种体制的烙印，这种状况几乎是难以避免的，但是随着体制的变化，原来的理论就可能与新的体制不相适应，在这种情况下，我们不主张用现在的经济法的应有的价值取向对过去的经济法理论说三道四，从而引起新的纷争。”③ 其实，后之视今犹今之视昔，我们对像陶和谦那样的前辈的批评不能持今以律昔，执新学以绳旧论。钱锺书在《休谟的哲学》中指出：“假使一个古代思想家值得我们研究，我们应当尊重他为他的时代的先驱者，而不宜奚落他为我们的时代的落伍者。换句话说，我们应当看他怎样赶在他同时人之前，而不应当怪他落后在我们之后。”④ 钱氏的这句话虽说所指称与我们当下的对象有出入，但其语义精神却符合我们的心意。觉今是而昨非是可嘉的，只要不是像毛泽东在《改造我们的学习》中引述解缙的对联所说“山间竹笋，嘴尖皮厚腹中空”⑤。

随着经济学理论界对社会主义市场经济理论的争论愈辩愈明，经济法学界将经济法学的重心从过去的“龙头法”——计划法的范式转移向以竞争法为核心。早在中国经济法学开创初期，就有学者提出“计划法是具有全局性的法律，它在经济法中占据重要地位，是牵头的基本法”⑥。王保树在《市场经济与经济法学的发展机遇》中指出：这种“计划法是龙头”的观念提出之时，“我国并无健全的经济法制，也无健全的计划法律、法规，甚至今天也还没有一项以‘计划法’为名称的法律。因此，与其说这一观念反映了计划经济法制实践，还不如说它是反映了计划工作的实践”⑦。在20世纪80年代，受当时经济学理论的限制，刘文华也认为经济法的体

① 陶和谦主编. 经济法学. 北京：群众出版社，1983：6-8.
② 陶和谦主编. 经济法学. 北京：群众出版社，1995：14，22-27.
③ 李昌麒主编. 经济法学. 北京：中国政法大学出版社，1994：31.
④ 钱锺书. 钱锺书作品集. 北京：中国工人出版社，2003：459.
⑤ 毛泽东. 毛泽东选集：第3卷. 北京：人民出版社，1991：800.
⑥ 孙亚明. 经济法应否成为独立的法律部门. 法学研究动态，1982 (13).
⑦ 王保树. 市场经济与经济法学的发展机遇. 法学研究，1993 (2).

系是本体两翼式，“也可以说是经济法的三大支柱模式。所谓本体就是指经济法中的有关主体的地位法，经济法主体的地位是经济法首先要规定的，所以说有关经济法主体的地位的制度是各种经济法律关系发生的基础，是经济法的本体。而计划法和经济合同法则是经济法的两翼，这样有主干、有两翼，以主体法为主干，以计划法和经济合同法为两翼，两翼协调行动，就会推动我们整个国民经济不断地飞翔前进”①。也许笔者臆说悬测，刘文华在全国经济法学理论工作会议上提交的重要论文《“纵横统一说”是经济法的理论基础》中认为，在具体的场合和过程中，以社会主义组织为中心所形成的纵向、横向经济关系的存在形式和联系状态有：a. 联结型；b. 交合型；c. 游离型。这似乎与中国经济学界关于计划与市场结合形式有：（1）板块结合说；（2）渗透结合说；（3）胶体结合说；（4）宏观微观结合说；（5）板块—渗透多层次结合说②等理论观点有某种启发或借鉴关系。正如刘惊海在《有关经济法学的几个问题》中所言：“计划经济条件下，我国经济法学界曾因国家直接组织管理生产、交换、分配、消费活动，而把规定国家计划行为的计划法总结概括为经济法的龙头。这是当时社会实践的反映，在当时有一定的理论意义。经济体制改革以来，该观念越来越显得无指导意义，市场经济的推行更使其无生存余地。目前，抛弃‘计划法是经济法的龙头’的观念已成为共识。”③ 据史际春《在改革开放和经济法治建设中产生发展的中国经济法学》一文所述，“随着改革开放暨市场化进程的推展，配合国家反垄断和反不正当竞争立法被提上议事日程，经济法学界自 80 年代中期即从引介国外的立法和学说开始，开展对竞争法的研究”④。在 1993 年的一次学术讨论会上，史际春明确地提出，反不正当竞争法基本上属于民事侵权责任制度的范畴，是传统民法在竞争领域的延伸。从世界上的情况看，在没有专门竞争立法的国家，不正当竞争行为也是可以得到有效调整的，而反垄断法则是任何市场经济发达的国家所必备的立法。史际春呼吁：我国实行市场经济，不仅一般地需要建立竞争法制，而且要像发达国家一样，将反垄断法置于竞争法的中心。史际春的观点在我国台湾地区学者的著作中早有论述，而且日本“反垄断法中心说”在经济法学界占主流地位，但当时我国大陆经济法学界尚鲜少炯眼识慧，非勤求深探不足以领潮流之先。可见，在经济学完成向社会主义市场经济理论的嬗演过程中，经济法学并非处于钱锺书所言的围城状态，而是受其影响，在解放思想、实事求是的路线方针指引下，从最初“解放脚”式的理论模式向社会主义市场经济法学理论模式逐步逼近是事实章章的。

① 刘文华. 经济法基础理论. 杭州：浙江广播电视大学编印，1989：73.
② 周成名. 中国社会主义市场经济理论形成与发展. 长沙：湖南人民出版社，1998：85.
③ 刘惊海. 有关经济法学的几个问题. 吉林大学社会科学学报，1994（6）.
④ 史际春. 在改革开放和经济法治建设中产生发展的中国经济法学. 法学家，1999（1）.

第六章

知识型：经济法学产生与发展的哲学理论基础

哲学乃时代思维之花。勒内·达维德说："法学常常只是把先在哲学或政治等其他方面表现出来的观念或趋向以法的方式反映出来……各国都依靠法学家在法律上反映新的哲学和政治思想与制订法的新门类。"[①] 尽管那种借着思想的天梯攀登到天界而用大胆的手在天界的空旷的屋宇中东触西摸的巨匠不是笔者所敢妄想的，研究经济法学的哲学理论基础犹如从平地登上海拔极高的山巅因空气稀薄而呼吸困难，但对在这种高度抽象的学术研究领域作业的心悸气短也不能使我们踯躅不前，因为任何学科研究到一定高度都会趋向于形而上，何况外国所有人文社会科学的博士都以 Ph. D 相称，所以我们不得不冒险犯难而履雪冲霜，以求从理论的抽象上升为理念的抽象。

第一节　经济法学产生的哲学理论基础

一、自由法学运动

德国是经济法学的母国，如我们在第二章中所说，德国哲学的先驱首推莱布尼茨（Gottfried Wilhelm Leibniz）。揆诸史料，莱布尼茨本是学法律的，其早年的学位论文《试论法学之艰难》，即阐述法学研究需要哲学上广博的基础知识。[②] 不过，康德（Immanuel Kant）这位被称为"哥白尼式"的哲学家皎月既升，群星黯然，以致后人可以超越康德，但不能绕过康德。莱布尼茨是唯理论思想的代表。众所周知，理性主义是一种以认识论为基本内容，而以本体论为形式、以伦理学为目的的

① 勒内·达维德. 当代主要法律体系. 漆竹生，译. 上海：上海译文出版社，1984：80.

② 吕世伦主编. 西方法律思潮源流论. 北京：中国人民公安大学出版社，1993：114.

哲学。由于笛卡尔哲学的出现，使哲学不再是神学的婢女，而是人本身的意识、理性的产儿。但理性取代上帝，只是一种改朝换代式的取代；理性变成了上帝本身。刘放桐等编著的《现代西方哲学》指出："以笛卡尔为代表的理性派哲学家借神学的余荫，以所谓天赋观念或天赋认识能力来实现心物、主客的统一而陷入独断论，另一方面，以休谟为代表的经验哲学家则把自己局限于主体所及的感觉、经验范围，因无法将主客、心物统一起来而陷入怀疑论。"① 诚然，如列宁所说康德"使各种相互对立的哲学派别结合在一个体系中"②，但这并不表明康德把前人的理性主义和经验主义思想"统一"起来归纳为一个"大的综合体"。"康德的范畴虽然是理性的，但不是理性主义的；康德在范畴（知性）和经验（感性）之间建立起来的联系虽然是经验的，但不是经验主义的。"③ 康德在《纯粹理性批判》（*Die Kritik der reinen Vernunft*，Riga：Johann Friedrich Hartknoch，1781）初版序言中，将"独断论"比作专制统治，将"怀疑论"比作破坏安定秩序的游牧民族。康德严格地限定人的认识能力只在"现象"范畴内有效，只在"经验"对象所组成的世界中发生作用。在现象之外的世界乃是一种"自在之物"（Ding an sich），是不可认识的。在康德看来，知性决定着科学，理性产生形而上学。知性有诸范畴，理性有其理念。康德认为，实践理性或意志与纯粹理性最大的不同，在于意志是自由的。当纯粹理性描述对象时，现象出现是必然的，合规则的。而在实践理性对情势作判断，对行为者下命令时，是命令的发布者，是自由的。康德采取"上帝的归上帝、恺撒的归恺撒"原则造成了现象世界和自在之物世界、事实世界和价值世界、纯粹理性和实践理性的二元分裂。尽管他在《判断力批判》（*Die Kritik der Urteilskraft*，Berlin：Lagarde und Friedrich，1790）中企图把二者统一起来，但没有成功。按照康德理论，纯粹理性陷入二律背反的地方，正是实践理性起作用的地方。纯粹理性应该服从实践理性。在实践理性领域内的上帝、灵魂和自由意志并不是像现象领域中知识对象那样的存在，而只能说"好像"存在或"似乎"存在（als ob/as if）。理念本来只是启迪性的概念，而非明示的概念。康德在《道德形而上学》中曾明确指出意志的两个含义。一个是 Wille，指实践理性自身，一个是 Willkür，指行为的自觉意志。前一个是普遍立法的意志，后一个是个体执行的意志。有前一个无后一个，等于只有立法而无执行，便是空洞的；有后一个无前一个，便失去其道德意义而不能成立。因此，康德十分强调"绝对命令"（kategorischer Imperative）和"自律"（Autonomie），认为理解道德行为的前提是把握"实践理性的公设"（das Postulat der praktischen Vernunft）。

① 刘放桐等编著．现代西方哲学．北京：人民出版社，1995：4.

② 列宁．列宁选集：第2卷．中共中央马克思、恩格斯、列宁、斯大林著作编译局编译．北京：人民出版社，1972：200.

③ 曼弗里德·布尔．理性的历史——德国古典哲学关于历史的思考．王步涛，译．北京：社会科学文献出版社，1992：38.

康德在生前就享有盛誉[①]，而自此以后，从费希特（Johann Gottlieb Fichte）、谢林（Friedrich Wilhelm Joseph Schelling）直到黑格尔，德国哲学的发展可谓一个盛大的胜利游行。由于康德哲学未能成功地将现象世界和自在之物世界、纯粹理性和实践理性统一起来，黑格尔认为康德哲学没有形而上学，康德哲学占统治地位的德国学术界没有中心，就像一座没有本尊的大伽蓝，因而黑格尔企图用“绝对精神”使哲学的王国区宇乂安。在康德时代，所有规范与价值问题在“世界祛除迷魅”后均被斩断了源头。问题不再是人对自然和社会的理性统治是否可能，更重要的是在资产阶级——资本主义制度的矛盾条件下人如何才能对自然和社会进行理性统治。正如海涅所说，罗伯斯庇尔将法王路易十四送上断头台，康德将上帝送上了同一场所，从此以后，企图论证上帝存在的任何理想便寿终正寝了。随着资本主义的发展，“和启蒙学者的华美约言比起来，由‘理性的胜利’建立起来的社会制度和政治制度竟是一幅令人极度失望的讽刺画”[②]。马克思《共产党宣言》中用科学的语言概括了这种状况：资产阶级像魔法师般地将物质生产一日千里地向前推进，而同时将中世纪的田园诗般的各种关系“淹没在利己主义打算的冰水之中”[③]。在尖锐复杂的社会矛盾中，一切高尚的东西被打翻在地了，上帝被血腥和铜臭熏得离开了宝座，世界本身变成了炼狱甚至地狱，因此，尼采（Friedrich Wilhelm Nietzsche）喊出“上帝死了”的口号而渴望“超人”的诞生，叔本华（Arthur Schopenhauer）以先知先觉而在大学哲学讲坛上与黑格尔唱反调。从根本上说，非理性主义所关心的并不是“认识”的问题，而是作为总体的人本身，不是对人的各种具体活动作出分门别类的研究，而是对人生意义、人的本质、人本身的状况、人的价值等根本问题的研究。非理性主义是理性主义之“非”，不经过理性主义的洗礼，非理性主义的出现是不可能的。在欧洲历史上，理性主义出现之前有过信仰主义、神秘主义乃至蒙昧主义，这些东西都“非”（即不是）理性主义，但不能称他们为非理性主义。非理性主义（Irrationalism）思潮的凸显是现代西方哲学中彰明昭著的转变。

法哲学一直是德国哲学的一个重要部分。[④] 德国古典哲学家大都有专门的法哲

① Karl Vorländer, *Immanuel Kants Leben*, Hamburg: Felix Meiner Verlag, 1974, S. 146-151.

② 马克思，恩格斯. 马克思恩格斯选集：第3卷. 中共中央马克思、恩格斯、列宁、斯大林著作编译局编译. 北京：人民出版社，1972：298.

③ 马克思，恩格斯. 马克思恩格斯选集：第1卷. 中共中央马克思、恩格斯、列宁、斯大林著作编译局编译. 北京：人民出版社，2012：403.

④ 德语中法哲学称为 Rechtsphilosophie，在黑格尔著作中，die philosophie des Rechts 可以有几种译文：法哲学、法律哲学、权利哲学、法权哲学等。在德语中，与英语“法理学”（Jurisprudence）词形相同的概念 Jurisprudenz，并不指法理学，而取其拉丁文 Jurisprudentia 一词原义，指“法律的知识”或广义的法学，相当于 Rechtswissenschaft（法律科学）。法学理论（Rechtstheorie），又称“一般法学”（Allegemeine Rechtslehre），作为一门科学，它成熟晚于法哲学，产生于19世纪初。卡尔·伯尔邦的《法律学与法哲学》（Karl Bergbohm, *Jurisprudenz und Rechtsphilosophie*, Leipzig: Duncker & Humblot, 1802）即是其代表作。这一时期，随着概念法学的兴起，尤其是后来分析法学的产生，至少在法学界出现了要求建立一门不同于传统法哲学（主要是自然法理论）的独立法律科学的愿望。据拉德布鲁赫看来，经验学派甘于研究纯粹现实法律，而认为精密观察法律的价值为不可能，即谓法律哲学不可能，遂有一般法学的产生。

学著作，如康德的《法学的形而上学原始基础》（*Metaphysische Anfangsgründe der Rechtslehre*，Königsberg：Friedrich Nicolovius，1797）和黑格尔《法哲学原理》（Hegel，*Grundlinien der Philosophie des Rechts*，Berlin：Nicolai，1820）。后来自19世纪末起，德国许多大哲学家就不再撰写专业的法哲学著作，如尼采、胡塞尔、海德格尔（Martin Heidegger）、伽达默尔（Hans-Georg Gadamer）等，代之而起的则是由专业法学家转而研究法哲学，这种现象一直到最近才稍有改变。康德哲学以降，在系统思维上，常对“理性”（Vernunft）与“实在”（Wirklichkeit）、“存在”（Sein）与当为（Sollen）、现实（Realität）与理想（Ideal），视为一种“对当关系”，以二元论的方法作为学术研究的出发点。古典自然法学在方法论上是应然论，这种方法论突出地表现在将“现实的法”（即国家规定的法律）同“应有之法”（即自然法）对立起来。对自然法的信仰，乃是西欧政治思想之独特标志。这种信仰一方面承认了有一种人性共许的法律的存在，另一方面肯定了人类的基本权利。[①] 但古典自然法学无法解决法的“应有”和“现有”的矛盾。这一弊端在康德、费希特的法哲学中也仍然存在，而没有得到克服。黑格尔指出：“哲学的任务在于理解存在的东西。”[②] 也就是说，哲学的任务在于理解存在的东西中所蕴含的理性，在现在的十字架中去认识作为蔷薇的理性，而目的是与现实调和，或者说“与现实保持更为温暖的和平”[③]。在黑格尔的理论中，所谓“现实”（Wirklichkeit）不是经验论者所说的“事实”之意，而是指本质与存在或内与外所直接形成的统一，是理性的“自我实现”，理性是现实的本质。用黑格尔的话说，“凡是合理的都是现实的”“凡是现实的都是合理的”（Was vernünftig ist，das ist wirklich；und was wirklich ist，das ist vernünftig）。按照黑格尔的理论，法是自在的存在，法律是设定的存在；法以实定法达到形式的定在，以法律的适用达到内容的定在。这样，尽管在黑格尔那里一切科学都是“立天顶地”地被颠倒着，但他比较完整地论述了从法到法律的辩证运动过程。康德被尼采称为编织抽象概念的哲学体系之网的“大蜘蛛”。恩格斯也在《反杜林论》中说：“黑格尔的体系作为体系来说，是一次巨大的流产，但也是这类流产中的最后一次。”[④] 到19世纪末，哲学被有的学者称为落到了莎士比亚著作中的李尔王的地位，即只剩下一个乞丐的讨饭袋了。哲学家们不再企图像黑格尔那样建立包罗万象的哲学体系，法学家出身的法哲学家龙象辈出。

黑格尔的法哲学，虽也系属于“历史的”范畴，而其与历史法学派的思想，并没有其理论上的共通之点。德国历史法学的形成标志是萨维尼发表《论现代对立法

① 特洛厄尔奇．自然法理念与人性．转引自登特烈夫．自然法——法律哲学导论．李日章，译．台北：联经出版事业公司，1984：10.

② 黑格尔．法哲学原理．范扬，张企泰，译．北京：商务印书馆，1961：序言第12页.

③ 黑格尔．法哲学原理．范扬，张企泰，译．北京：商务印书馆，1961：序言第12-13页.

④ 恩格斯．反杜林论．中共中央马克思、恩格斯、列宁、斯大林著作编译局编译．北京：人民出版社，1970：22.

与法学的当代使命》(Savigny, *Vom Beruf unsrer Zeit für Gesetzgebung und Rechtswissenschaft*, Heidelberg: Mohr und Zimmer, 1814),与蒂鲍的《论德国编纂法典之重要性》(Friedrich Justus Thibaut, *Über die Notwendigkeit eines allgemeinen Bürgerlichen Rechts für Deutschland*, Heidelberg: Mohr und Zimmer, 1814)进行论战。我国学术界一般根据马克思的观点认为:历史法学的论证和原则不仅是实证的,而且“实证”到认为“皮肤上的疹子就像皮肤本身一样实际”①。历史法学派抛掉了自然法学“锁链上的假花”,只是为了带上“没有任何花朵的真正的锁链”②,历史法学派企望用历史的方法来调和实证与理想的冲突,但丢掉了法的理想单纯寻求法的历史性,本身就是一种实证。不过,施特劳斯认为,历史学派乃是由18世纪性质特殊的一种自然法论(卢梭的学说)以及其实际效果(法国革命)所激起的产物。③ 现在许多西方学者愈来愈趋向于这样的观点:历史法学派只是在一些理论观点和主张上与自然法学说相左,而在本质上是一样的,它仅仅在自然法的内容上加上了人文主义、国民意识等内容,使其更为丰富,更加适应社会的现实。尤其是在历史法学派的孕育下诞生的“潘德克顿法学”,其体系和概念,大都属于自然法学。④ 不过,确如马克思所说:“要是能公正地把康德的哲学看成是法国革命的德国理论,那末,就应当把胡果的自然法看成是法国 ancien régime〔旧制度〕的德国理论。”⑤ 尽管历史法学派代表人物胡果(Gustav Hugo)自称是康德的学生,并把自己的自然法称为康德的爱子,但胡果等历史学派代表人物的保守性也是毋庸讳言的。历史法学派的另一代表人物普赫塔认为法律之出自民族精神,犹如植物之出自种子。他称法律为民族精神的器官(Das Gesetz ist das Organ des Volksrechts)。可见,历史法学派是一种“法律发现论”,与自然法学的“法律创设论”不同。历史法学家强调法与社会环境和社会历史的关系,试图从塑造了“民族精神”或法的“观念”的社会环境和社会历史中发现法的真谛,这本身便与后来利益法学、自由法学运动等社会法学相通,为后来社会法学的兴起埋下了伏笔,而并非简单地像我国学者通常所说历史法学的极端乃是概念法学。⑥

① 格·伊尔尼茨,狄·吕布克主编. 马克思恩格斯论哲学史. 陈世夫,唐松阳,张世广,等译. 西安:陕西人民出版社,1988:331.

② 马克思,恩格斯. 马克思恩格斯全集:第1卷. 中共中央马克思、恩格斯、列宁、斯大林著作编译局编译. 北京:人民出版社,1956:100-101。

③ Leo Strauss, *Natural Right and History*, Chicago: University of Chicago Press, 1953, p. 34.

④ Franz Wieacker, *Privatrechtsgeschichte der Neuzeit unter besonderer Berücksichtigung der deutschen Entwicklung*, Göttingen: Vandenhoeck & Ruprecht, 1952.

⑤ 同②100-101.

⑥ 从19世纪中叶以降,概念法学(Begriffsjurisprudenz)派由半封建性的德国历史法学集合其各种“但书”发展起来。该学派主张仅以法条为基石,以注释为能事,着眼于形式逻辑概念的构造本身的研究,而把法律与社会文化的基础加以分离,借以追求法律的精确概念。此种思想,乃源自中世纪的注释学派(Glossatoren)的解释方法。他们深受教士们解释圣经的影响,在解释“罗马法大全”时,犹若教士们解释圣经,将罗马法大全奉为金科玉律。《学说汇编》在德语中称为Pandekten(潘德克顿)。

笔者认为，社会法学的兴起是经济法学产生的法哲学基础。社会法学的初期理论形态固然可以追溯到法国孔德（Auguste Comte）的社会学理论和实证主义哲学，以及英国斯宾塞（Herbert Spencer）的有机体的生物学法学理论，但它的正式开端应该说是耶林和基尔克的学说。再者，斯宾塞被人们称为一个“粗鲁而朴实的个人主义”哲学家⑦，美国的法律达尔文主义就与他有很大关系。美国南北战争后的六十年间，要从事任何一种知识性的工作，精通斯宾塞的思想成为必备的条件。⑧几乎每一位美国的哲学思想家，第一流的或第二流的，包括著名的詹姆斯（William James）、杜威（John Dewey）等，当时都必须随时考虑斯宾塞。但建立在这种法律达尔文主义思想之上的是自由放任的经济法律制度，是不可能产生经济法的。作为德国社会法学的先驱耶林本是历史法学派嫡系，早期著有《罗马法的精神》（*Der Geist des römischen Rechts auf den verschiedenen Stufen seiner Entwicklung*，Leipzig：Breitkopf und Härtel，1852—1865），在19世纪70年代以后观念幡然改变，发表《法之目的》（*Der Zweck im Recht*，Leipzig：Breitkopf und Härtel，1877），创建目的法学（Zweckjurisprudenz）。日本经济法学家峰村光郎的经济法学在本书第三章已有介绍，不过峰村光郎是典型的受德国法学影响的学者，他还长期担任日本法哲学会理事长，著有《法律哲学要论》（『法律哲学要講』金文堂書店、1940年）、《法哲学》（『法哲学』評論社、1950年）等，对耶林的学说进行了浓墨重笔的分析。根据峰村光郎的研究，耶林所谓法律的创造者——目的，并非超经验的目的理想，而应被理解为一种“原因”。而且法律并非像数学般可以逻辑地产生，法律系因应现实生活要求所产生，且系基于追求利益（包含利己及利他）所产生。⑨耶林批评当时的法学生活在“概念的天国”，强调法律乃人类意志的产物，有一定之目的，故应受“目的律”的支配，与自然法则系以“因果律”为基础，有其必然的因果关系，截然有异⑩，认为指导未来法学的“导引之星”，必然是法之目的，其地位犹若北极星之于航海者。其实，正如梅仲协在《欧陆法律思想之演进》一文中所说：“在法律思想史上，曾经支配着亘希腊以至中古之世历时悠久的团体

概念法学到温德沙德时臻于圆熟，其所著《古典法学教科书》（Bernhard Windscheid，*Lehrbuch des Pandektenrechts*，Frankfurt am Main：Literarische Anstalt Rütten & Loening，1862—1870）乃概念法学集大成者，故而后世又称概念法学为“潘德克顿法学”（Pandektenjurisprudenz order Pandektologie）。概念法学由于创造并运用了法律构成的技术，因而亦获得了“构成法学”（konstruktive Jurisprudenz）的称号。与概念法学相似，凯尔森（Hans Kelsen）的纯粹法学也具有只着重于法律概念体系本身的架构研究而不重内容具体妥当性的流弊。凯尔森的纯粹法学理论认为，法学属于研究应当或必然的科学，而不是研究实际或自然的学科。其理论是建立在新康德主义哲学基础上，即建立在把世界分为“应当”（必然）与“实际”（自然）的二元论和不可知论的基础上的（Erik Wolf，*Das Problem der Naturrechtslehre*. 3. Aufl.，Karlsruhe：C. F. Müller，1964，S. 60）。

⑦ 帕特森．斯宾塞与法律进化论．邱怀芬，摘译．梁国剑校．海外法学，1987（1）．

⑧ 康马杰．美国精神．南木，等译．北京：光明日报出版社，1988：36．

⑨ 峯村光郎『法哲学』評論社，1950：83-84．

⑩ 杨仁寿．法学方法论．台北：三民书局，1987：78．

主义之法律观，而一度被十七、十八世纪之个人主义的法律观所摈弃者，直至黑格尔出，始重予以有力的基础。”① 耶林对康德法哲学中蕴含的个人主义亦加以批判，认为法学的重心应该转移于社会、社会目的及达成这些目的方法，不应过分注重个人权利及利益。“我们一切文化及历史，均系为了总体目的而以利用个人生存为基础，任何的人类生活，不单是为自己存在，同时亦为世界存在。一切人类，不论其立场是如何狭小，站在每个人的立场上，均应为人类文化之目的共同努力。”② 不难看出，耶林是当之无愧的社会法学的先驱，而日本经济法学家峰村光郎之所以十分关注耶林的法学思想，不仅是因为其经济法思想受耶林的法学思想影响③，而且是因为他显然把肇端于耶林的法学新思潮作为经济法的思想根源加以探究。

耶林之后，一些年轻的学者翕然从风，集中火力对概念法学加以创深痛巨的抨击，掀起一场巨大的社会法学运动。西方学术界评论说：“耶林死后，世界法学界尚健在的最伟大的学者就是基尔克。”④ 基尔克对于法学及政治学理论的影响，正在于他对“合作社”所进行的历史性及系统性的分析。基尔克的法学理论与他在《德意志合作社法》（*Das deutsches Genossenschaftsrecht*，Berlin：Weidmannsche Buchhandlung，1868—1913）中的合作社理论相呼应。他在《人类协会的本质》（*Das Wesen der menschlichen Verbände*：*Rede*，*bei Antritt des Rektorats am* 15. *Oktober* 1902. Leipzig：Duncker & Humblot，1902）中认为，法律的基本两大类不是“私法”及“公法”，而是“个人法”和“社会法”。个人法管理个人及团体的彼此私人间的关系，而社会法则管理团体中内在的活动及全体的关系。基尔克的社会法理论，对于狄骥（Léon Duguit）及克莱布（Hugo Krabbe）等影响颇大。诚如西方学者指出的那样：“基尔克首次在个人法领域之外，提出还存在着社会法领域，这是对现代法学的最大功绩。”⑤ 我们今天通常说经济法是社会法，正源自基尔克对社会法概念的创新。不难看出，德国经济法学中早期的“方法论说”即是这种法哲学领域中社会法学运动兴起的反映。例如，德国经济法学家盖勒和韦斯特霍夫的“社会学方法”理论，就在于当时应用法社会学的方法，将法学视为直接对经济原始资料进行区分和探究其间关系的工具，认为法社会学是对于复杂事实加以再度抽象的作业，其事实和规范的结合是从实然（Sein）到应然（Sollen）。努斯鲍姆就对概念法学深怀成见，主张对法律事实的探求，以致连对经济法概念的提出理论有效性都持怀疑态度，足见社会法学派兴起的影响。

① 潘维和，刁荣华主编. 中西法律思想论集. 台北：汉林出版社，1984：375.

② 峯村光郎「ルメ“ルフ フン ィェ リンヶ”と目的法学」『法学研究』第11卷第2号、1932年。

③ 峰村光郎在《经济法理论》中坚持个人、社会、国家利益的不同的观点正来自耶林首次将这三者区分开来。

④ 石田文次郎「オットー・ギールケ」伊藤正己編『法学者：人と作品』日本評論社，1985：20.

⑤ 石田文次郎『オットー・ギールケ』〈社會科學の建設者人と學説叢書〉三省堂，1935：73.

我国法学界在研究耶林以后的法哲学思潮时往往见树木而不见森林，似乎耶林的目的法学、艾尔利希（Eugen Ehrlich）和康特洛维奇（Hermann Kantorowicz）的自由法学（Freirechtsschule）、赫克（Philip Heck），的利益法学（Interessen-jurisprudenz）等诸说纷然杂陈，使人恍如行山阴道上，应接不暇。其实，自由法学运动（Freirechtliche Bewegung）之所以不称为“学派”是有道理的。的确，自由法学的两位代表人物艾尔利希和康特洛维奇分别于1903年和1906年发表了《法之自由发现与自由法学》（*Freie Rechtsfindung und freie Rechtswissenschaft：Vortrag，gehalten in der juristischen Gesellschaft in Wien am* 4. *März* 1903，Leipzig：Hirschfeld，1903）和《为法学而斗争》（*Der Kampf um die Rechtswissenschaft*，Heidelberg：C. Winter's Universitätsbuchhandlung，1906），这可谓自由法学的代表作。如果像我国法学界那样仅仅将这种自由法学的主张视为因法律有漏洞而需要突破概念法学的法律解释论，那么自然很难明了这种主张对经济法学产生的推进作用。米夏埃尔·施托利斯（Michael Stollies）《一个学科是如何产生的？在第一次世界大战后的经济法和经济行政法》一文中就分析了康特洛维奇“建构法学的公害”（Gemeinschädlichkeit der konstruktive Jurisprudenz）和艾尔利希“抽象概念形成与建构的荒谬的虚假战壕”（lächerlichen Mummenschanz der abstrakten Begriffsbildung und Konstruktion）等对于经济法产生的助产士作用。据笔者所见，“自由法学运动”是康特洛维奇最早在1906年的《为法学而斗争》中提出来的概念，该书仿效耶林《为权利而斗争》（*Der Kampf um's Recht*，Wien：Manz，1872）而得名。康特洛维奇之所以倡导“自由法学运动”，是为了将各分散的势力和学说统合起来追求法律学方向的转换，他自己表明有两点理由：其一，以“国家法”和另外存在的“自由法”（freies Recht，即与国家权力无关系的以妥当性为要求的法）的关系考察为中心；其二，“我们的运动，效仿自由宗教运动（freireligiöse Bewegung），取名为自由法运动”。康特洛维奇把19世纪末20世纪初表现出的神学的近代主义和文学、美术的未来派、表现主义、超现实主义等动向结合起来考察，认为法学中也存在这种对传统的反叛和批判的自由法运动。① 可见，康特洛维奇所说的“自由法学运动”其实是一种法哲学范式的转变，用我们的话来说就是社会法学运动。因此，我们说自由法学运动的概念虽然由康特洛维奇所创，但这一运动自耶林倡导目的法学就已开始。杨仁寿指出：“自由法论者使用各种不同的象征观念，如利益衡量（Interessererwägung）、价值判断（Werturteil）、法律感情（Rechtsgefühl）或事理（Natur der Sache）等名词，以资标揭，俾法律与社会生活之事实，两相协调。准此，自由法学之实证色彩，仍至浓厚。”其与概念法学之差异，不过概念法学是形式的实证主义，而自由法学则为实质的实证主义。②

① 平野敏彦「自由法運動」長尾龍一·田中成明編『現代法哲学』〈第2巻〉東京大学出版会，1983：240-241.

② 杨仁寿. 法学方法论. 台北：三民书局，1987：83.

自由法学运动，虽仍属实证法藩篱之内的产物，在法律思想上，未曾创树任何卓绝的理论，但如自由派学派的硕彦福克斯（Ernst Fuches）所言，自由法学的运动堪称一场对抗罗马教会式的法律文化斗争，激起法学界的一种启蒙运动，促进实用法学的学术研究风气，使法学与其他社会科学连接成为文化现象中的一环。我们应该看到，与此同时，英美等国为反对与概念法学同出一辙的分析法学（Analytical Jurisprudence）则有唯实主义运动（the Realist Movement）的兴起，与德国的自由法学运动在本质上颇为类似。① 如果用黑格尔的语式来说，概念法学和分析法学是“正”（thesis），那么自由法学运动和唯实主义运动是“反”（antithesis），至于欧美的社会法学就是“合”（synthesis）。

二、在目前学术界研究成果基础上的进一步深入探索

笔者同意李国海在《论现代经济法产生的法哲学基础》一文中的观点：“19 世纪末期至 20 世纪 30 年代这一时期，西方法哲学高扬‘社会化’的旗帜，从观念上实现了对传统法观念的超越，从技术上力图打破公法和私法之间原本不可逾越的隔阂，论证了公法私法化的可能性，法哲学的变迁目标与现代经济法的性质及精神是十分吻合的。这不仅证明了法律意识和法律制度都是受一定的物质条件支配的，而且表现出法哲学的发展对现代经济法产生的间接的铺垫作用。”② 李国海的这篇论文是笔者在 2000 年前所见国内唯一研究经济法哲学基础的著述，但论证有待于绵密细致。笔者认为可以从下两方面来分析。

其一，西方哲学当时的发展趋势是从理性主义到非理性主义。当时的西方哲学家认为，西方的理性病了，只有对理性本身进行治疗，才能给西方文化提供真正有效的免疫力，在可靠的人性基础上重建西方人的精神力量。正如胡塞尔所说，西方的一切非理性主义归根结底仍然是理性的，只是未达到某种（更深层次的）理性的自觉而已，问题是理性要突破科学的狭隘视野，扩展其地盘，深化其根基，提高其层次，在非理性和科学理性两方面都重新获得理性的自我意识。在德国一度主张“哲学是一种已经灭绝了的生活方式”（das ausgestorbene Lebensform）③ 的思潮结束后，德国法哲学的自由法学运动思潮从现实主义的角度体现了法律的社会化趋势和改良主义要求。“信奉自由主义的德国法学家为了将形式主义逐出法庭，曾推动了‘不受拘束地发现法律’（free law finding）方法的采用。”④ 伯尔曼在《法律与革命》中这样写道：“20 世纪的法律，无论是在理论上还是实践上，越来越不被看作是一个严密结合的整体、体系、法令大全了，它越

① Wolfgang Friedmann, *Legal Theory*, 2nd Edition, London: Stevens & Sons, 1949, p. 189-201.

② 李国海. 论现代经济法产生的法哲学基础. 法商研究，1997（6）.

③ 靳希平. 海德格尔早期思想研究. 上海：上海人民出版社，1995：4.

④ 埃尔曼. 比较法律文化. 贺卫方，高鸿钧，译. 北京：生活·读书·新知三联书店，1990：219.

来越多地被看作是一个大杂烩，一个仅仅借助于共同的‘技巧’才得以统一起来的、由特定的判决和相互冲突的规则所组成的一堆零七八碎的东西。古老的实在法之上的东西被打碎并为一种玩世不恭的态度所取而代之。……16 世纪形成的把所有法律区分为公法与私法的做法不得不让位给罗斯柯·庞德在 30 年代中期所说的那种‘新的封建主义’。”① 当时的法学界认识到了这种公法私法化和私法公法化的趋势，并且越来越明白“由空洞的外表的概念而构成的资本主义经济的法的严格性——它是资本主义经济的法的理想之一即‘法律安全’的原则——成为恶意的人的盾牌”②。在穿越了概念法学的沼泽地后，由于自由法学运动的影响，德国法学家在 20 世纪初发现了自《拿破仑法典》以来作为私法重大变迁的公私法融合的经济法。如果借用马克斯·韦伯（Max Weber）的术语，经济法在民法、商法等传统调整经济关系的法律部门中独立出来，是“形式合理性”的法律到“实质合理性”的法律的转变。韦伯生活的年代正是经济法学产生的年代，他虽然在众多领域成为后学所关注的焦点人物，但正如他所说他的老本行是法学，他的《经济与社会》(*Wirtschaft und Gesellschaft*，Tübingen：Mohr，1922）等著作都可以说是经济法学产生时代法哲学思想的体现。韦伯以理性的表现形式为基础，把法律分为四种不同的类型：（1）形式非理性的法律；（2）实质非理性的法律；（3）形式理性的法律；（4）实质理性的法律。在韦伯的理论中，“形式合理性与工具合理性，实质合理性与价值合理性基本是同义的。如果要进一步区别它们之间的细微含义的差别，那么可以勉强地说，韦伯在一般哲学高度论述合理性时，按照康德的纯粹理性和实践理性的区分把合理性分为工具理性和价值合理性；当论述这两种合理性在社会生活领域的具体表现时，韦伯称之为形式合理性和实质合理性，在这个意义上，它们又分别与康德的理论理性和实践理性类同”③。按照韦伯的理论，形式合理性具有事实的性质，是关于不同事实之间的因果关系判断。实质合理性具有价值的性质，是关于不同价值之间的逻辑关系判断。前者主要被归结为手段和程序的可计算性，属于一种客观的合理性，后者则基本属于目的和后果的价值，是一种主观的合理性。两者的二难推理使韦伯长期感到痛苦和困扰，他看到了形式理性化的法律在资本主义社会中带来了实体非理性化的后果。的确，韦伯关于经济生活与法律生活之间相互依存关系的论述促使了法律的经济解释学派的产生，但正如有些西方学者所言，韦伯在法律与经济的关系问题上实际上持的是一种因果关系的不可知论，再加上未能天假其年，于 1920 年患急性肺炎溘然长逝，因此没有能在经济法学勃然兴起的年代留下对经

① Harold J. Berman，*Law and Revolution*：*The Formation of the Western Legal Tradition*，Cambridge，Massachusetts：Harvard University Press，1983，p. 38.

② Heinrich · Lange，*Vom alten zum neuen Schuldrecht*，Hamburg：Hanseatische Verlagsanstalt，1934，S. 37ff.

③ 苏国勋主编. 当代西方著名哲学家评传：第 10 卷. 济南：山东人民出版社，1996：90.

济法的相关论述，但经济法的产生确实可以用他的“形式合理性法律”与“实质合理性法律”的概念加以解释。这点也可以从韦伯身后德国法哲学的发展得到证明。

有学者称，如果马克斯·韦伯被看作是资产阶级化的马克思，那么哈贝马斯就可以被看作是马克思化的韦伯。哈贝马斯借用了韦伯的“合理化”概念阐述自己的观点，他称现代社会（即经济法产生后的社会）进入了由“国家管理的晚期资本主义阶段”，而国家为了防止经济危机而采取的一定措施进行行政干预，这同自由资本主义时期所鼓吹的自然理性主义相矛盾，这样最终给合法性造成更多难题。战后德国法哲学中，合理性（德文 legitimität，英文 legitimacy）与合法性（德文 legalität，英文 legality）成为讨论的重要主题。[①] 可见，哈贝马斯等人的思想和韦伯的思想有密切关系，分别是经济法学产生初期和现代对经济法现象的法哲学反思。无怪乎德国经济法学家黑德曼的经济法学说是一种“世界观说”，比利时的雅克曼也认为经济法与其说是一种法律体系，不如说是一种法律的研究法。持类似观点的实繁有徒，显然是以哲学思想为支柱的产物。例如，邓尼斯特央斯基的关于法和经济关系的观念就是以黑格尔哲学为指南。

其二，新康德主义的盛行。拉伦茨在《现代德国法哲学》（Karl Larenz，*Rechts-und Staatsphilosophie der Gegenwart*，Berlin：Junker und Dünnhaupt，1935）一书中认为：“19 世纪末到第二次世界大战前德国法哲学的基础，既不是自然法思想，也不是单纯的法实证主义，而是超越于这两者的、建立在客观的观念论和实体辩证论基础上的具体理论，它是对 18 世纪以后自然法思想、历史法学派和民族精神论、耶林的功利主义法哲学以及基尔克的团体法哲学思想的综合。”[②] 拉伦茨是当代德国新黑格尔主义法哲学家代表，他的上述论断应该说是有权威性的。20 世纪 80 年代，德国明斯特大学法学教授克拉维茨（Werner Krawietz）也认为：“如果以法学方法论典范变迁的角度视察，其实自十八世纪以降，至少在德语世界已经历了两个重要的理论替代（Theoriesubstitution）：第一个是实证法学的兴起，取代了理性法与自然法之传统，第二个则是十九世纪末，透过 Rudolf von Jhering 的贡献，规范/唯实之法学取代了规范/分析之法学传统。”[③] 上面提到的我国学者李国海《论现代经济法产生的哲学基础》的片面性就在于仅仅看到了社会法学派思潮的影响，将目光集中到耶林、基尔克等人身上，殊不知当时新康德主义法学思潮的

① 在德语中，legitimität 与 legalität 二词含义极相近，在现今汉译文献中许多人笼统地将两者均译为“合法性”。但从英文来看，legitimacy 较德文 legitimaität 更能体现汉语“合理性”的含义。“合理性”与“合法性”的概念可参见 Jürgen Habermas，*Zur Rekonstruktion des Historischen Materialismus*，Frankfurt am Main：Suhrkamp，1982，S. 9。

② カール・ラーレンツ『現代ドイツ法哲学』伊藤満共訳、有斐閣，1942：247.

③ 颜厥安. 法概念与实践理性——德国法理学理论近年发展之介绍. 月旦法学，1995（7）.

浸润亦尝非浅。新康德主义创始人朗格描绘当时德国哲学的状况时说："正像一支溃败的军队四处寻找坚固场所，希望重新集结队伍一样，在哲学界中到处响起了'回到康德那里去'的呼声……这位伟大的哥尼斯堡哲学家的观点从根本上说绝不能认为是陈旧了。我们完全有理由像人们以极严肃认真的努力去仅仅研究亚里士多德而不研究其他任何哲学家一样，去投入到康德的深刻体系中。"[①] 1865 年，利普曼在他的《康德和模仿者》(Otto Liebmann，*Kant und die Epigonen*：*Eine kritsche Abhandlung*，Stuttgart：C. Schober，1865）一书中高倡"返归康德"(Zurück zu Kant）的口号，于是如响斯应，产生所谓"新康德学派"[②]。不可否认，许多新康德主义者企图用康德主义来反对、取代马克思主义。新康德主义者舒尔茨-格弗尼茨（Schultz-Gavernitz）就声称："在我们的时代，马克思主义正处在明显的解体状态，重升的太阳康德，使马克思的星辰黯淡无光。"[③] 19 世纪 70 年代以后，新康德主义（Neukantianismus）发展出许多支流，其中主要有以马堡大学为中心的马堡学派（Marburger Schule）和以弗赖堡为中心的弗赖堡学派。[④] 由于后者的主要代表人物后来转移到了海德堡大学，有时它也被称为海德堡学派。在法哲学领域，施塔姆勒（Rudolf Stammler）和拉德布鲁赫分别是马堡学派和弗赖堡学派的重要人物。尤其是拉德布鲁赫在经济法学界更是慨阐宏论，卓然成一家之言。

施塔姆勒接受康德的"形式"(Form）及"素材"(Materie）的区别而认为，在现实法中，所谓"形式"乃赋予法律真正存在价值之物，而"素材"则是依照法律形式被约制而成为法律之物，两者结合，方能成为一体。在分析现实法时，必须将一些有碍于法律成立之物除掉，即将一些偶然因素除掉，最后留下组成法律不可缺少的基本因素，也就是法律的"纯粹形式"，如此方能获得法律的"实质"。作为康德的一个哲学门徒，他认为，在人的头脑中存在着纯粹的思维形式，它们能使人们可以在不考虑法律在历史中所具有的那些具体多变的表现形式的条件下，去独立地理解法律概念。不过，康德把法律定义为一个人的自由能同所有其他人的自由和谐共存的条件的总和。而施塔姆勒却不以为然，他将法律概念和法律理念（concept of law and the idea of law）相区别，认为康德的定义将法律概念误作为"正当法"(richtiges Recht）的理念，其实法律的概念应将人类历史上对法律的所有认识和形式囊括起来而定义为"法律是不可违反的、独断的集

① Friedrich Albert Lange，*The History of Materialism*，London：Kegan Paul，Trench，Trubner & Co Ltd，1925，p. 153.

② H. Dempe，Gedanken zum Weg der deutschen Philosophie seit der Neubesinnung auf Kant，*Zeitschrift für Religions-und Geistesgeschichte*，Bd. 35，H. 1，1983.

③ 转引自陈卫平，施志伟. 生命的冲动：柏格森和他的哲学. 上海：生活・读书・新知三联书店上海分店，1988：10.

④ 弗赖堡学派又称西南德意志学派（Sud-west-deutsche Schule）或巴登学派，因弗赖堡位于德国西南部的巴登。

体意志”①。另外，康德的绝对命令是指任何一位自由意志的人（free-willing man）的行为应该与其他一切的人的行为相互协调，而施塔姆勒则主张个人的行为必须与社会的理想协调。这样个人组成的社会替代了自由的个人本身，而这就意味着施塔姆勒理论中的个人因素要比康德的少一些。施塔姆勒在《从唯物史观论经济和法律：一个社会哲学的研究》（*Wirtschaft und Recht nach der materialistischen Geschichtsauffassung，Eine sozialphilosophische Untersuchung*，Leipzig：Veit，1896）中系统地、反复地强调，正义观念虽是绝对的，但在应用上还应随着时间与空间的变化而变化。因此他以倡言“内容可变的自然法”（Naturrecht mit wechselnden Inhalt）而独树一帜。② 有的学者称，他的著作“使哲学界重兴对正义论的研究热潮”，把正义哲学“重新套上了马车去追寻善与恶的渊源”③，这种“内容可变的自然法”的观念使形而上学的思想方法在这里被埋葬得干干净净，辩证的思想方法得以在自然法领域确立。正如克莱门斯·察赫尔在《德国经济法的产生》（Clemens Zacher，Die Entstehung des Wirtschaftsrechts in Deutschland，in：*Wirtschaftsverwaltungsrecht und Wirtschaftsverfassung in der Rechtswissenschaft der Weimarer Republik*，Berlin：Duncker & Humblot，2002）中指出，施塔姆勒的法哲学将法律界定为形式和“社会经济”（Sozialwirtschaft）的内容，经济在其看来不是自外于法律的。其使法哲学成为法律和经济相结合的思想的载体，发展出一套关于经济和法律的独特的逻辑上和认识论上的关系，从而在国民经济学中的总体经济思维方式和国民经济的法律化概念之间架起一座桥梁。尽管施塔姆勒尚未解决经济法学科的法哲学理据，但促进了约瑟夫·科勒（Josef Kohler）和弗里茨·贝罗茨海默（Fritz Berolzheimer）所主办的《法哲学和经济哲学论丛》（Archiv für Rechts-und Wirtschaftssphilosophie）的创立，发挥了经济法学产生的中介人的作用。1920年，歌德施密特的著作《财产和部分所有权与社会化的关系》（*Eigentum und Eigentumsteilrechte in ihrem Verhältnis zur Sozialisierung*，Marburg im Hessen：Elwert，1920）就与施塔姆勒的学说密切相关，以施塔姆勒在经济与法律之间的形式—内容关系理论作为其经济法著作的指导图像。恩斯特·海耶曼在经济法的语境中总结了施塔姆勒的影响，在1926年施塔姆勒的纪念文集的论文中阐发了关于“对语法学家、国民经济学家和技术人员培养极为重要的关于法律和经济关系的一系列思想”④。不过，海耶曼一再所依寄的施塔姆勒的对于法学和国民经济学原理的影响并非一目了然。海耶曼尽管在具

① Rudolf Stammler，*Rechtsphilosophie*，3 Aufl，Berlin：de Gruyter，1928，S. 93. 德文为 das unverletzbar selbstherrlich verbindende Wollen.

② Julius Binder，Zur Lehre vom richtigen Recht，*Archiv für Rechts-und Wirtschaftsphilosophie*，Bd. 22，H. 1，1928.

③ 倪正茂. 法哲学经纬. 上海：上海社会科学院出版社，1996：229.

④ E. Heymann，Die juristische Studienreform，in：*Schmoller Jahrbuch*，Jg. 1922，S. 109.

体阐述中以施塔姆勒关于法律和经济统一体的思想为指导，但不像努斯鲍姆在《新德国经济法》中那样趋于法律事实的、社会学的或者经济的研究路径。虽然海耶曼认同施塔姆勒的对手埃里希·考夫曼（Erich Kaufmann）的观点，即存在在法律之外的经济领域和经济所不占据的法律领域，但海耶曼的理论绝非经济表现为事实上的权力关系的权利—权力二元论（Recht-Macht-Dualism），而是仅仅"按照理念"努力以赴的权力—权利一元论（Macht-Recht-Monismus）。在此，海耶曼本身致力于对施塔姆勒的批评，揭示出在法律实证性中经济和法律的本质区别，强调在法律中极为发达的抽象概念建构。另外，按照海耶曼的观点，相反地，自由法学派随波逐流于"经济权力"。海耶曼由于其自身的法学训练而表现出实证法占优势的观点。作为法律相对于经济的另一个区别，海耶曼强调正义性原则的影响。其自古老的"suum cuique"（各应得其所有）① 的平等原则发展而来。法律基于其一般化在具体案件中有可能不合情理，因此海耶曼又以新黑格尔主义法哲学家尤利乌斯·宾德尔在此一年前出版的《法律的哲学》(Julius Binder, *Philosophie der Rechts*, Berlin: Verlag Georg Stilke, 1925）为奥援。在一系列特征上，海耶曼偏离了施塔姆勒法律是经济的形式的观点，以相反的路径证明经济与法律概念的具体差异，这样海耶曼在偏离施塔姆勒立场的同时，又通过经济与法律的区别为经济法作为一个学科找到了其合法性。如果完全按照施塔姆勒的观点，则经济法在第一次世界大战之后是不可能作为单独学科发展的。海耶曼从法律与经济的原则性区别得出结论认为，对于法学家而言，必须确定具体法律条文的经济基础，必须使之与经济保持协调。经济和法律之间的不一致在预防法学（Kautelarjurisprudenz）中通过法律制度的"非典型适用"得以克服。总之，海耶曼在表面上借助施塔姆勒的表述的同时，在实质上致力于经济法作为学科的建构。此外，在经济法学文献中，埃米尔·韦斯特霍夫（Emil Westhoff）和达姆施泰特（Friedrich Darmstaedter）对于施塔姆勒的学说提出明确的批评。② 尤其韦斯特霍夫专门撰有《经济法与其哲学基础及其作为学科的重要意义》一文。③

当时另一位法哲学领域的新康德学派代表人物拉德布鲁赫在 20 世纪 90 年代中

① 译为德语即是 Jedem das Seine，用英语表述则为 to each his own，源自柏拉图《理想国》(*Politeia*) 中主张：正义就是只做自己的事而不兼做别人的事（*to ta autou prattein kai me polypragmonein dikaiosyne esti*，Ⅳ 433a)。每个人天赋适合做什么，就应派给他什么任务，以便大家各就各业，一个人就是一个人而不是多个人。西塞罗（Marcus Tullius Cicero）在《论神性》(*De Natura deorum*）中指出：法律使人人得所应得（justitia suum cuique distribuit）(*De Natura Deorum*，Ⅲ，38)。

② Emil Westhoff, *System des Wirtschaftsrechts*, Band I: Wesen und Grundzüge, zugleich ein Beitrag zur Reform des Rechtsunterrichts an Wirtschaftshochschulen, Leipzig: Hirschfeld, 1926, S. 2; Friedrich Darmstaedter, *Das Wirtschaftsrecht in seiner soziologischen Struktur*, Berlin — Grunewald: Dr. Walther Rothschild, 1928, S. 7ff.

③ Emil Westhoff, Das Wirtschaftsrecht und seine philosophische Grundlage und seine Bedeutung als Lehrfach, *Zentralblatt für Handelsrecht*, 1927, S. 222-226.

期在我国法学界尚不太受关注，但目前已经得到重大改观。[1] 法哲学翻开超越自然法和实证主义的新篇章，与拉德布鲁赫具有密切关系。作为新康德主义者，他与施塔姆勒继受康德的“纯粹理性批判”（Kritik der reinen Vernunft）理论不同，主要继受康德的“实践理性批判”（Kritik der praktischen Vernunft）理论，一方面企图克服施氏所谓法理念仅系属于思维方向（Denkrichtung）的纯粹形式的社会理想而不足以为实证法生成发展指针的弊端，另一方面力图应用康德的批判哲学方法对法律价值加以研究，主张法哲学在认识法价值的内容时，仍须依循科学方法，始能确保科学性。[2] 与施塔姆勒的学说不同，拉德布鲁赫认为，实然和应然、现实和价值这些对立概念是不可能一致的。它必须在现实判断和价值关系的价值评判之间、自然和文化理想之间保护自己的地位：法律理念是价值性的；但是法律是涉及价值的现实，是文化现象。这样，拉氏在康德“实然”与“应然”的区别之间插入文化科学（Kulturwissenschaft），完成了思考方法从二元论到三元论（Methodentrialism）的过渡，三元论使法哲学变成了法律的文化哲学。法律基本价值观念包括三个方面，即正义（Gerechtigkeit）、合目的性（Zweckmaßigkeit）和确定性（Rechtssicherheit）。正义要求法符合基本的道德价值，合目的性要求法律注意其社会功能，而确定性要求人们承认法律和司法裁决而不问其是否符合正义和目的性要求。拉氏强调各种基本价值观念均应平等且实行共同的统治。这便是拉氏法哲学上的相对主义。他认为最高绝对价值并非认识（Erkenntnis）的对象，而仅属信仰（Bekenntnis）的问题，理论理性对此尤须保持沉默，而解决这三种价值间的冲突主要是个人的良知（Gewissen）或者说实践理性的问题，哲学不给予决断而停留在决断之前的阶段。拉氏认为，在合目的性上有三种不同的价值观或世界观。（1）最注重个人价值（Individualwerte）的世界观，可称为个人主义的观念（individualistische Auffassung），因个人的道德上人格（sittliche Personlichkeit）甚受重视，导致注重“情操伦理学”（Gesinnungsethik）的适用，产生重视个人自由的个人主义的法律观与国家观（国家契约说）。（2）最注重团体价值的世界观，可称为超越个人主义的观念（Überiudividualistische Auffassung），因一般共同福利甚受重视，导致注重“责任伦理学”（Verantwortungsethik）的适用，产生保守主义的、团体主义的法律观与国家观（国家有机体说）。（3）最注重行动价值的世界观，可称为个人之间的观念（transpersonale Auffassung），因各人的共同协力甚受重视而注重文化价值。拉氏认为上述三种价值观都是等值的，不对这些价值观采取相对主义的立场和宽容的态度，民主政治就不能够彻底实现。日本学者铃木敬夫（すずきけいふ）阐释拉氏这种思想时指出：“民主主义可以做任何事——但不能决定性地放弃自身。相对

① 拉氏早年在慕尼黑大学学习法学和经济学，后到莱比锡大学继续学习法律，1902年在柏林大学获得法学博士学位。他曾任过魏玛共和国国会议员、内阁司法部部长以及若干大学法学教授。不难看出，他的求学背景、任职经历和所处时代，使他能够在经济法学领域颇有建树。

② 洪逊欣．法理学．台北：三民书局，1985：118.

主义可以宽容任何见解——但不能宽容僭称自己已成为绝对的见解。”① 铃木敬夫对拉氏的理解应该说是切中肯綮的。尽管拉氏在战前曾说过“法律的稳定性远胜于正义”（Rechtssicherheit geht vor Gerechtigkeit），但其相对主义绝非为独裁政治制造一种新口实，否则拉氏深受纳粹迫害即为匪夷所思。战后，拉氏更提出了一个著名的法哲学命题：对不宽容者，宽容也必须不宽容。他批评“法律就是法律”（law is law）的法律实证主义在面对“具有法规则的无法状态”（lawlessness in statutory from）时无能为力，并修正自己的相对主义而转向一种较为温和形式的自然法思想。汉斯一乌尔里希·埃维斯（Hans-Ulrich Evers）主张：最卑鄙的法律秩序仍旧有一种服从的价值。与“埃维斯公式”适成鲜明对比，拉德布鲁赫 1946 年在《南德意志法律家报》上发表《法律的不法与超法律的法》一文所形成的著名的“拉德布鲁赫公式”（Radbruchsche Formel）主要包括两个子公式：一个是难以容忍公式（Unerträglichkeitsformel），即令人难以容忍的不公正的法律之有效性是应该被否定的；另一个是否定公式（Verleugnungsformel），即法律在制定的过程中，构成正义核心的平等原则被有意识地否定了。②

拉氏最重要的法哲学著作有两本，即《法哲学》（*Rechtsphilosophie*，Leipzig：Quelle & Meyer，1932）和《法律学入门》（*Einführung in die Rechtswissenschaft*，Leipzig：Quelle & Meyer，1910），拉氏所著《法哲学》，被称为最后的“古典”法哲学，目前已经有中译本，而《法学入门》则有尾高朝雄（おたか ともお）的日译本。③ 拉氏在《法学入门》中阐述了其经济法思想，他指出当代因生活和思想而在法律上产生的重大变革就是表现为“社会法”（Soziales Recht）的形成，使过去严格区分的私法和公法、民法和行政法的划分发生动摇而出现渗透，产生新型的第三法域，即经济法和劳动法。纯粹私法的经济观对经济诸力量的自由发挥持乐观信仰，但世界大战爆发后这种教义土崩瓦解，经济法就成为这种经历和体验的遗产。拉氏和歌德施密特一样都认为，经济法是组织经济的法。据吉永荣助的介绍，拉氏和歌德施密特的表述略有不同，歌德施密特的原文为 das “der organisierten Wirtschaft eigentümliche Recht” 已如前所述，而拉氏则定义为 das Recht der organisierten Wirtschaft，可见比歌德施密特少“固有的”一词而已。从日文《法学入门》中可以看出，拉氏也认为经济法是立法者从公共的经济利益，即经济的生产性乃至经济性的视角出发时所产生的，与其说是国家停止对经济诸力的自由发挥进行的纯粹的私法保障，毋宁说是对其社会学的运动法则加以规范。战时经济是彻

① 鈴木敬夫「法哲学の相対主義：ラートブルッフの価値観に関する基礎的立場」『札幌学院法学』第 7 巻第 1 号、1990 年。

② Gustav Radbruch，Gesetzliches Unrecht und übergesetzliches Recht，*Sueddeutsche Juristenzeitung*，Bd. 1，H. 5，1946，S. 105-108.

③ グスターフ・ラートブルフ『法学入門』尾高朝雄・碧海純一訳、東京大学出版会、1955：拉德布鲁赫的《法哲学》已由王朴译为中文，于 2005 年由法律出版社出版。

底的被组织的经济，以所有都被经济法所含摄的样态呈现出来，在当时被称为“战时社会主义”（Kriegssozialismus）。不过这所谓战时社会主义如果被视为社会主义的一种前阶段就全然错误了，它实质上是过去的国家将经济生活全体吸收到自己中间，使国民经济全体服务于国家的权力目的，这与其说是社会主义的纲领不如说与绝对主义国家的“重商主义”经济观相接近。战后，私有财产制和契约的自由原理受到战时立法的深刻打击之后，不再像战前一样享受自然法的不可侵犯性的魔力保佑。国家宪法仍将所有权和契约自由作为基本权保障，但受到限制，并且“强制契约”（diktierter Vertrag）的形式也逐渐增加，社会化除国有化之外有许多形态，如公有化以及“强制企业合同”（Zwangssyndizierung，d. h. Zwangsvereinigung in Verbänden）等，取得重大成果。① 拉氏以其丰富的从政经验和学术知识分析了魏玛时期经济法的产生。

第一次世界大战末期，日本京都大学教授恒藤恭等率先系统地介绍并研究了马堡学派施塔姆勒的法哲学理论，为日本引进了新康德主义法哲学。日本早期的新康德主义与日本社会的现实相适应，具有特殊的性质，即一般地说具有通过新康德学派还原到康德，同时又连接康德以后的德国浪漫主义哲学的倾向，其不停留在新康德学派的认识论上，而是倾向于形而上学的思维。特别是从 20 世纪 20 年代开始，日本法学界受到了德国哲学中的“新康德主义”的强烈影响，多将拉德布鲁赫和凯尔森看成是新康德主义鼎盛时期的代表人物。日本对新康德主义法学的研究和运用在其法学史上可谓盛况空前。在对经济法素有研究的日本学者中，对施塔姆勒法哲学的研究主要以田中耕太郎等为代表，对拉德布鲁赫的研究主要以桥本文雄、田中耕太郎、常盘敏太、铃木敬夫等为代表。尤其是拉德布鲁赫的思想在大正后半期（1919—1926 年）至昭和初期（1926—1936 年）被介绍到日本后，其相对主义、民主主义的法哲学不仅得到日本法哲学界多数学者的共鸣，而且成为日本战后民主主义运动的主要理论基础，对日本的重建和复兴都产生了深刻的影响。铃木敬夫认为新康德学派的李凯尔特（Heinrich Rickert）、马克斯·韦伯和凯尔森等学者虽然也都是从相对主义立场出发建立自己的理论体系，但是他们均停留在了一个“方法”或“思考方法”上，而拉德布鲁赫的理论则超越了这一范畴，不仅把相对主义作为“方法”，而且将其作为关于应有价值的“诸种体系的体系”，因此是价值相对主义的完成者。由于劳动法和经济法的出现，在既有的市民法体系的框架内，已不能作出恰如其分的说明，桥本文雄遂有鉴于此，在拉德布鲁赫的《法中之人》所阐明的“集合人”和劳动法思想的启发下，于 1934 年提出了构筑社会法体系的思想。他认为：传统的市民法体系及其性格诱发了新的社会法领域和社会法体系的形成。在未来的社会法时代中，也许劳动法与商法会起到正相反的作用。因此，商法和劳动法，在现在已经成了相对峙的两极，一个是个人主义的私法的，另一

① ラートブルフ『法学入門』碧海純一訳、東京創元社，1956：113-117．

个是社会的。桥本的见解后来为日本许多学者所接受，形成了与公法和私法相并列的日本社会法的概念和理论，对于日本经济法学理论的建构影响甚巨。金泽良雄等日本经济法学者多次在著作中征引拉德布鲁赫的观点。常盘敏太也是我们前面提到的对经济法学贡献甚大的日本学者，他作为拉德布鲁赫的嫡系弟子著有《拉德布鲁赫》一书。①

第二节　经济法学所反映的哲学思想

1984年在我国经济法学蹒跚学步的初期，刘瑞复在是年《哲学研究》第3期上发表《哲学方法论与经济法科学体系的建立》，认为经济法学的核心在于“遵循客观经济规律（认识的最大近似值）的要求，对国民经济实行最优（最小误差）法律调整，以达到以最少的经济耗费和其他社会耗费，获得最多的经济效益的目的”，并明确提出：“哲学方法论武装的状况和水平，不仅是突破经济法理论困境的根本前提，也是衡量体系是否成熟的重要标志。”②《哲学研究》编辑部也发表编者按，提倡哲学、法学、经济学界要关心“左邻右舍”的情况并建立广泛的联盟，共同展开对边缘科学和横断科学的研究，丰富和发展马克思主义哲学。十年之后，刘士俊又在1994年《法学杂志》第4期上发表《经济法理论研究中的辩证思维方式》，指出：“在经济法理论研究过程中，只有认真学习和掌握唯物辩证法，肃清形而上学的影响，才能少走弯路，取得更大的成绩。”③ 应该承认，目前我国经济法学界关于运用哲学观点研究经济法学的专论几乎可以说是凤毛麟角，这一论域堪称人迹罕见的理论荒原，笔者兹就以下两方面阐释经济法学所反映的哲学思想。

一、纵横统一对立关系

人类启蒙的事业从18世纪开始，现在仍然在进行之中，而且在可见的将来仍是人类的最大任务。经济法学的产生就可以说是法学领域的启蒙运动的产物。卡西尔是著名的德国新康德主义哲学家，是马堡学派的思想领袖之一，他在《启蒙哲学》中引用歌德《浮士德》的精警动人的诗句指出：“启蒙哲学是精神织品中的杰作，在这块织品上：（织机）一踩便涌出千头万绪，梭子只见在来往飞翔，眼不见的一条经线流去……要历史地考察和再现启蒙时期，必须把清理这些‘眼不见’的

① 在日本，拉氏与法哲学有关的所有作品都已被汇集于1960—1967年出版，即《拉德布鲁赫著作集》全十卷及别卷一卷，我们在日文法学著作中经常看到日本学者引征《拉德布鲁赫著作集》，却在国内未曾看到有图书馆收藏。拉氏的著作在1931年即被徐苏中从日文译为中文铅印出版。

② 刘瑞复．哲学方法论与经济法科学体系的建立．哲学研究，1984（3）．

③ 刘士俊．经济法理论研究中的辩证思维方式．法学杂志，1994（4）．

线视为最高任务。"[①] 其实，我们对经济法理论的发展历史也应该把握"这些'眼不见'的线"（diese "ungesehen" Faden）——"纵横统一论"。"纵横统一论"是苏联和我国经济法学发展过程中最有影响的较完整的基本理论。李昌麒认为："纵横统一论者更多地从现行的法律和体制出发，确立自己的论证体系，因而比较忠实于'现实'。反对者则是从'应有'的法律和体制出发确立自己的论点，比较重视'未来'。在我看来，纵横统一论与反对者的分歧主要是方法论的分歧……经济法的理论研究应当把实证（实然）与预测（应然）结合起来，纵横统一论缺乏的正是预测性，而反对者所缺乏的正是实证性。"[②] 笔者从德国经济法学说中发现，施塔姆勒、盖勒、韦斯特霍夫等往往在经济与法的关系上用形式和材料来解释，并关注实然和应然的康德主义哲学论题。相对而言，纵横统一论尽管偏重于对经济关系的实证说明，但并非没有隐含价值取向和对应然的致敬。刘文华指出："纵横之说最初只是就经济法的调整关系提出的。说它们是一种形象化的提法也是实情。但中国经济法的理论绝不把这一提法仅仅停留在调整对象范围，它有着更广阔更深刻的含义。'纵横统一说'首先是一种法理思想，是关于法律如何调整经济关系的一种新的法律学说；其次，它才是为确立一个新的独立的经济部门的调整对象而服务的。所说的纵向关系和横向经济关系绝不是仅指'关系'而言，它主要是指社会经济存在和运动的两种基本形态。一切有关经济管理、经济监督、经济集权、经济统一、计划与计划调节等有层次序列之别、有上下运动形态的经济活动和经济行为，均可列入纵向范畴；一切有关经济独立、经济自主、经济分权、经济民主、市场与市场调节等，均可列入横向范畴。我们的社会经济生活进程，实际上无时无处不是在这种纵横经济关系有分有合、对立统一中存在和运行的。"[③] 周林彬在《法律经济学论纲》中这样写道：刘文华"赋予'纵横统一说'以市场经济而不是计划经济的意义，就是正确处理市场与政府、市场与计划的关系，其关系的哲学实质，就是对立统一问题；其关系的经济学实质，就是市场缺陷与非市场缺陷的问题；其关系的法律实质，就是公法私法化、私法公法化之'混合法'说，亦即市场经济法律制度"[④]。

刘文华强调，社会经济运行的两种基本形态——纵向经济关系和横向经济关系，是两种不同性质的关系，在一般场合和具体过程中，它们往往也是分别存在的，但两者又具有"共性"和"统一性"，就国民经济整体和全过程而言，它们相互联系、相互制约、相互转化、相辅相成。刘文华在经济法学界反复申说纵横对立统一关系是极为旗帜鲜明的，结合刘文华的治学经历，笔者认为这显然受到 1949

① Ernst Cassirer, *Die Philosophie der Aufklärung*, Tübingen: J. C. B. Mohr, 1932, Vorrede XIII.

② 李昌麒. 经济法：国家干预经济的基本法律形式. 成都：四川人民出版社，1995：173.

③ 潘静成，刘文华主编. 中国经济法教程. 北京：中国人民大学出版社，1995：28.

④ 周林彬. 法律经济学论纲——中国经济法律构成和运行的经济分析. 北京：北京大学出版社，1998：131.

年后我国哲学界“一分为二”论战的影响。① 事实上，我们与西方哲学的关系不是血缘关系，而是婚嫁关系，而且这种婚嫁关系不是源于自由恋爱，而是受迫于在哲学道路上释放出来的强大的文明成果。我们往往不愿意承认中国思想的非哲学经验，往往以漫不经心的态度注释哲学。由于语言文化的差异，“矛盾”（英文为 contradition）这个中文词并不能完全与黑格尔 Widerspruch 的意义一致，它是指现有两种不同的事物（矛或盾）的两种描述在一定情况下（即“以子之矛，攻子之盾”的情况下）将导致的事实上的矛盾。人们即使说到“一个事物的内部矛盾”，也往往是指一个事物内部对立双方的外部冲突（对这个事物是内部的事，对“矛盾各方”却仍是外部的事），却很少有人注意到矛盾应是同一个事物自己与自己冲突，意识到矛盾真正说来是自否

① 列宁在《辩证法的要素》中指出：“可以把辩证法简要地规定为关于对立面的统一的学说。”（列宁. 哲学笔记. 北京：人民出版社，1993：192.）在这里，列宁首次提出辩证法的核心是对立统一规律。对立统一在马列经典原著中英文为 contact of extremes。列宁说：“对立面的同一（它们的‘统一’也许这样说更正确些？虽然同一和统一这两个名词的差别在这里并不特别重要。在一定意义上二者都是正确的），就是承认（发现）自然界的（也包括精神和社会的）一切现象和过程具有矛盾着的、相互排斥的、对立的倾向。”（列宁. 哲学笔记. 北京：人民出版社，1993：306.）正是这样，我国哲学界许多论著中都认为矛盾的同一性又叫统一性。列宁的《哲学笔记》对黑格尔的辩证法理论濯去旧见，以来新意，将矛盾的同一性或统一性不加区别是有一定道理的。而在“永远是欧洲的精神战场”的德意志，黑格尔将辩证法作为“精神格斗的武器”而运斤成风，他曾经多次提到“统一”（die Einheit）这个词的不足，指出：“这里（即在谈到对立双方的联系时）还要特别提到这个姑且说是不幸的字眼：统一；统一比同一还更关系到主观的反思；它主要被当作关系，是由比较、由外在的反思而发生的。因为比较在两个不同的对象中发现了同一的东西，于是便有了统一，那里的前提是，被比较的对象本身对这一统一毫不相干，所以这种比较和统一丝毫不涉及对象本身，只是涉及在它们以外的活动和规定。”（黑格尔. 逻辑学：上卷. 杨一之，译. 北京：商务印书馆，1966：81.）相形之下，“同一”（die Identität）这个字眼要稍强一些，因为它强调的是对立面由同一个东西通过自否定、自己与自己不同一而产生出来。笔者起初对这段文字也感到惊诧，便用德文原版与中译本相对照，发现中译本的表述并无不符之处。在黑格尔理论中，“同一”分为抽象的同一性和具体的同一性。抽象的同一性要求思想、概念的“坚定性和规定性”，是脱离了多样性和差异的同一，是“形式的同一”、“单纯的同一”（blosse Identität）或“知性的同一”，“知性”由于自己的“固执性”即形而上学性，便把一切有限的、特定的东西当成是“自身同一的东西”即“不自相矛盾的东西”。而具体的同一是真实的同一，是“包含差别于自身”的同一或“对立面的同一”。黑格尔将这种“具体的同一”又称为“纯同一”（reine Identität；“纯粹的同一”），认为这种同一不排斥差异，不在差异之外，“而是在它本身，在它的本性中有差异的”。在黑格尔看来，排斥差异的同一，即同一律所说的 a＝a 的情形实际上根本不存在。芬德莱（John N. Findlay）说：“不论我们是否同意黑格尔，他的问题、他的解答、他的方法所引起的兴趣，仍然是独一无二的。他毕竟在我们面前摆下了世界上最丰盛的智力筵席，尽管这种筵席也许是最难消化的。”（约翰·N. 芬德莱、黑格尔的目的论的应用. 施泰因克劳斯编. 黑格尔哲学新研究. 王树人，等译. 北京：商务印书馆，1990：134.）按照斯特林（James H. Stirling）的说法，任何人倘若想从他所引证的黑格尔的话中提取什么意义的话，那么他非得“经历一个蒸馏的过程！黑格尔主义的铁，要以黑格尔主义的方式锤炼成黑格尔主义的钢”，才能从这“绝对的高山”中提取出它的精华。（斯特林. 黑格尔的秘密//张世英主编. 新黑格尔主义论著选辑：上卷. 北京：商务印书馆，1997：5-6，10-11.）列宁在评价黑格尔时说：“黑格尔逻辑学的总结和概要、最高成就和实质，就是辩证的方法，——这是绝妙的。还有一点：在黑格尔这部最唯心的著作中，唯心主义最少，唯物主义最多。‘矛盾’，然而是事实！”（列宁. 列宁全集：第 55 卷. 中共中央马克思、恩格斯、列宁、斯大林著作编译局编译. 北京：人民出版社，1990：203.）我们要从黑格尔理论中汲取有益的养料就必须入乎其内才能出乎其外，否则画虎不成反类犬。

定。按照黑格尔的理论，辩证法是一种“内在的超越”（immanente Hinausgehen），不同于“外在的超出”（außerliche Erhebung），只有从“一个东西”这种意义来理解而不是把矛盾当作两个预先外在存在的东西的外部冲突，才能进入真正的辩证思维。刘文华在《中国经济法教程》中指出：“纵向经济关系和横向经济关系概念是以拉普捷夫为首的苏联现代经济法学派提出来的。但是，中国经济法学理论在使用这些概念时，其内涵意义与苏联学者的理解有很大差别，甚至形似而神非。拉普捷夫认为纵横经济关系都是由计划—组织要素和财产要素构成的，具有同一性，这样才构成经济法作为部门法的独立的调整对象。中国经济法有关理论也承认经济法所调整的经济关系确实具有管理要素与财产要素相结合的特点，但并不把关系‘同一性’作为独立法律部门存在的基础，而是认为有着内在联系的‘统一性’的社会关系一样可以成为一个独立法律部门的调整对象。”① 笔者认为，刘文华这样使用“统一”而不是“同一”，固然使经济法调整对象说更加清晰化、更加开放化，但哲学上“对立统一”中对立面的统一性又叫同一性，而且为了杜绝中国人受思维惯式而使辩证法变味走调，这里不妨仍使用纵向关系和横向关系的“同一性”为好，另外也可以有效避免被反对“纵横统一说”的学者指责为“这一理论是采取简单的拿来主义，即将民法完全可以调整的一部分横向经济关系和行政法完全可以调整的一部分纵向经济关系简单地拿来组成经济法的调整对象，并在此基础上就宣称经济法是独立的法律部门，而并未对这种拿来和组合的必要性、特殊性、科学性进行严格的论证”②。

尽管我国经济法学界有权威人士认为拉普捷夫“纵横统一说”的核心是维护苏联高度集中的经济体制，与我国目前建立市场经济体制的需要不相适应，主张对其予以坚决抛弃，但笔者认为，学术的发展在大多数情况下是如库恩“范式”理论所说的常规建设，而并不是一味地追求“不断革命”。朱光潜将德语 Aufheben 译为“扬弃”，但 Aufheben 在德语中有三层意思：(1) 取消；(2) 保存；(3) 升华，“扬弃”却只包含上述第一和第三种含义，而黑格尔是兼顾这三种意思而形成其辩证法的重要概念，然而若改译“扬存弃”又恐不合汉语习惯，因此钱锺书在《管锥编》卷二作音译“奥夫黑本”以使三位一体性具足不损。③ 黑格尔在谈到 Aufheben 时

① 潘静成，刘文华主编．中国经济法教程．北京：中国人民大学出版社，1995：27.

② 丁邦开．论经济法的调整对象．南京大学学报，1991（4）．在欧洲哲学史上，最先明确提出对立统一思想的是古希腊哲学家赫拉克利特，他已经看到对立统一是宇宙的普遍现象，对立面的斗争是事物发展的动力。我国清代思想家方以智“烹三炝五吞一味”，提出“均”的哲学，他的《东西均》中的所谓“均”即是主张调和对立为一种均衡状态。他说：“二而一，一而二，分合、合分，可交、可轮。”（方以智．东西均．北京：中华书局，1962：95.）在方以智的理论中，有一个重要范畴——“反因”。所谓“反”是指矛盾的互相排斥，“因”是指对立面的互相依存。杨献珍在《我的哲学“罪案”·关于“合二而一”问题的申诉》中明确指出自己“合二而一”的思想受方以智《东西均》的影响，他说：“因为任何事物都是由两个对立面构成的，‘一’本来就是由‘二’构成的，即‘合二而一’的，所以任何事物的发展都必然是‘一分为二’的。”（杨献珍．我的哲学“罪案”．北京：人民出版社，1981：305.）杨献珍之所以蒙受不白之冤，也正是因为他指出马列经典著作中 Identity（同一性）被意识形态理论宠臣权贵指鹿为马地曲解歪用的事实。

③ 钱锺书．管锥编（第1册）．北京：中华书局，1986：1-8.

说："在这里我们必须承认德国语言富有思辨的精神，它超出了单纯理智的非此即彼的抽象方法。"① 中国有些严谨的学者就指出"扬弃"这一译法恰好没有超出这种抽象方法的理解。冯友兰也曾说过："怕的是新瓶装旧酒！'新瓶装旧酒'是'换汤不换药'。'旧瓶装新酒'是'换药不换汤'。只要药换了，那就可能解决问题。至于叫它什么汤头，关系不大。"② 对于"纵横统一说"，笔者认为不能如我国有的经济法学权威所主张的那样将小孩和洗澡水一并泼掉，尤其在中国经济法学当下的学科营建历史语境中，笔者认为像董仲舒，与其政治上主张大一统相适应而在哲学上主张"一而不二"那样倒更具有工具合理性。有诗云：请君莫奏前朝曲，听唱新翻杨柳枝。

笔者认为，"纵横统一说"的根据不是过去经济法学界所说的计划和公有制，而是现代社会化大生产的客观需要，或者说现代市场经济体制的必然产物。当代资本主义公司体系越来越大，内部管理和外部效应之间的配合更形突出，经济上和法律上就出现了纵向控制（一体化）和横向控制（一体化）的概念。芮沐根据加尔布雷思关于资本主义企业纵向控制和横向控制现象的分析进一步申论说："经济管理上的纵横结合，体现了计划与市场的结合，在法律上就表现为对法人主体的内部关系和外部关系连接起来的规定。"③ 应该承认，在改革开放初期由于西方经济学尚不甚为中国学术界所深入体认，因而芮沐的理解与加尔布雷思的原旨有一定距离。不过，按照加尔布雷思二元体系理论，资本主义经济中计划系统与市场系统两大系统的权力不平衡，必须进行结构改革，对社会经济进行统制，实现国民经济计划化，这正体现了资本主义经济体系内部的纵横对立统一关系。日本经济法学家正田彬的经济法学理论正是受加尔布雷思新制度主义经济学理论的影响，提出垄断阶段的资本主义经济社会中最基本的人的社会关系就是作为垄断集团和非垄断集团之间的关系而形成的经济上的支配服从关系。他认为，因为这种经济的从属关系确实不过是把市民法原理的原状予以适用而得出的结果。换句话说，这样的从属关系的出现，只是以市民法原理为前提的自由经济发展的必然结果。因此，像在市民法秩序里那样，把从属关系当作平等关系去把握，任它们个个都在自由的经济活动中去活动，这样做恰好是承认从属关系。④ 在垄断资本主义阶段，"最好政府，最少管理"的口号（The government best，the government least）一变而为"最好政府，最大管理"⑤，斯密《国富论》中所谓的"看不见的手"与 1957 年美国经济学家杰·斯·伯林纳在《苏联的工厂和经济》（Joseph S. Berliner，*Factory and Manager in the U. S. S. R.*，Cambridge，Massachusetts：Harvard University Press，1957）一书中首次提出的"看得见的手"同时并举，起初反经合权的国家干预经济逐

① 黑格尔．小逻辑．贺麟，译．北京：商务印书馆，2004：213.

② 冯友兰．三松堂自序．哈尔滨：北方文艺出版社，2014：75.

③ 芮沐．经济法和国际经济法问题//关怀主编．经济法文选．北京：法律出版社，1981：250.

④ 参详正田彬「現代経済法の理論」正田彬・金井貴嗣・畠山武道・藤原淳一郎『現代経済社会と法』三省堂，1990：3-20.

⑤ 郑玉波．法学绪论．台北：三民书局，1981：188.

渐变成天经地义的常规，使国家不再成为拉萨尔所说的“守夜国家”(Nachtwächterstaat，night watchman State，夜番国家)[①]。这样如李品昂在《经济管制立法的理论与实际》中说：“盖以现时社会经济关系，在理论上，一面受到国家统制意思产生国家经济，而他方面受到个人自由意思产生私经济关系，但实际上，此二者在市场经济上，混然成为一体，并构成一个独特之共同经济关系——即所谓之国民经济关系。”[②] 胡才珍在《浅议大企业与世界历史的整体发展》一文中指出：“世界历史整体发展的速度和水平是与历史的纵向发展与横向发展的速度与水平成正比进行的。所谓历史的纵向发展，是指人类物质生产史上不同生产方式的演变和由此引起的不同社会形态的更迭；所谓历史的横向发展，是指历史由各地区间的相互闭塞到逐步开放，由彼此分散到逐步联系密切，终于发展成为整体的世界历史这一客观过程。纵向发展与横向发展是世界历史整体发展过程中相辅相成的两个方面，大企业以其特有的能量在这两个方面的发展、结合、统一中起了不可低估的作用。”[③] 尽管社会主义经济体制与资本主义经济体制存在本质区别，但同样存在市场调节和政府调控二者的对立统一。一方面如刘文华在《“纵横统一说”是经济法的理论基础》一文中所说，在具体的场合和过程中，纵向关系和横向关系存在的形式和联系的状态主要有联结型、交合型和游离型三种；但另一方面如卢上需在《经济法理论研究的缺陷》一文中所说：“管理活动不是独立存在的社会活动，而是寓于因社会分工产生的独立存在的社会活动之中。这是管理科学原理。因此，经济管理只能存在于经济活动之中，而不能脱离经济活动单独存在。社会经济关系是相应独立的经济活动的产物，而不是经济管理活动的结果。所以，由经济管理活动引起的管理关系不可能作为独立的一种经济关系存在于社会关系体系中，只能被包含在某一特定的经济关系中。”[④] 基于此，笔者认为所有纵向经济关系在经济法的视野中都必须寓于横向经济关系之中，两者是“不相分离和不可分离的（ungetrennt und untrennbar)”（黑格尔语)[⑤]。

① R M. Titmuss，What is Social Policy，Stephan Leibfried and Steffen Mau（ed.），*Welfare States：Construction，Deconstruction，Reconstruction*，Vol. Ⅰ，Edward Elgar Publishing，2008，p. 141.

② 李品昂. 经济管制立法的理论与实际. 台北：华欣文化事业中心，1976：5.

③ 胡才珍. 浅议大企业与世界历史的整体发展. 武汉大学学报，1998（2）.

④ 卢上需. 经济法理论研究的缺陷. 法学评论，1992（1）.

⑤ 在黑格尔看来，抽象知性是停留在外在反思（即只从外在联系看问题的知性反思）的思维方式，不知道也不承认还有别的更高的思维方式（即思辨思维方式），“以为理性不过就像一架织布机，在那里面，它把经线——譬如那就是同一——和纬线——譬如那就是区别——外在地相连接交织起来”。（转引自姜丕之. 黑格尔《大逻辑》选释. 福州：福建人民出版社，1983：197.）黑格尔的哲学语言以晦涩难懂而被称为“黑话”，这句话是说，知性先把同一单独抽出来，然后又在它旁边放上区别，先是建立起等同，然后又建立起不等同，撇开等同就是不等同，撇开不等同就是等同。我们应该看到，在经济法所调整的经济关系这一具体的同一之中，纵向关系和横向关系不是一般的“‘杂多’（die Verschiedenheit，‘差异’）之物”，就每一方各有其独立性——“各有其自为的存在”而言，此方不是彼方，彼方不是此方；但同时每一方都“映现”在它的对方中，都依赖于它的对方，没有对方的存在就没有己方的存在。正是在这个意义上，恩格斯曾反复强调，辩证法就是不承认有一条僵硬不变的界限。恩格斯用的原文是英文“hard and fast line”一词，以反对那种孤立、片面、抽象看问题的“形而上学的思维方式”（die Metaphysische Denkweise)。

笔者认为，“一分为二”和“合二为一”都是我国古代对对立统一规律的辩证法思想的不同表述，直接用拉普捷夫“纵横统一说”的“同一性”这一理论“空筐结构”赋予市场经济以新的实质内容，也许更符合否定之否定的学术思想发展演变轨迹。虽然理论是灰色的，但生活之树常青。正是这样，笔者不惜岸然无畏地甘冒学术界对拉普捷夫“纵横统一说”之大不韪而试图予以辩证。

二、经济自由与经济秩序

黑格尔说，只看到“杂多”，不能说是看到活生生的东西，只有看到“对立”“矛盾”，才是看到了活生生的东西。经济自由和经济秩序如果以孤立而片面的形而上学思维方式来看便是不具“自己和自己相联系的否定性（negative Beziehung auf sich)”的一般杂多之物，这种绝对的区别就是绝对的同一，但如果我们辩证地洞见这两者之间的内部张力，就可以看到“自由和秩序是一对与生俱来的矛盾。自始就将公法与私法融为一体的经济法，天然要以经济自由与经济秩序的统一、和谐作为其价值追求的目标”①。

在西方，英语中的 Freedom 和 Liberty 两词用来指称“自由”。严复在翻译密尔《论自由》（*Liberty*）时创用“自繇”译名，并将是书译为《自繇释义》（后改为《群己权界论》），与日人中村正直翻译《Liberty》时用“自由”一词不同。这位“字字如戥子称出”的思想家在对自己立言立解时指出：“由繇二字，古相通假，今此译遇自繇字，皆作自繇，不作自由者，非以为古也。视其字依西方规则，本一玄名，非虚乃实，写为自繇，欲略示区别而已。”② 可见，为了避开已经俗用的恶义丛集的“自由”一词，严复特意寻出一个通假的古字，以便使“自繇”一词较为严肃，具有西方对应词所含的意义。

正如普列汉诺夫所说，自由问题“像斯芬克斯一样向每个这样的思想家说：‘请你解开我这个谜，否则我便吃掉你的体系！’”③ 我国法理学界有人指出：西方比较注重自愿原则，因而自由思想的发展比较有典型意义，在中国则轻自愿重自觉，就造成中国古代始终没有能把自由这个词作为哲学范畴加以认真讨论，而是代之以天人之辩、名实之辩、知行之辩等贯穿于中国哲学史的大争论。这些争论考察的是人与天道的关系，研究的是人能否和如何把握道，如何培养理想人格，实际上就是探索取得自由的途径问题。其实，在笔者看来，柳宗元《酬曹侍御过象县见寄》一诗所云“春风无限潇湘意，欲采蘋花不自由”④ 与裴多菲（Sándor Petöfi）

① 史际春，邓峰．经济法的价值和基本原则刍论．法商研究，1998（6）．
② 王栻主编．严复集：一．北京：中华书局，1986：133．
③ 普列汉诺夫．论一元论历史观之发展．博古，译．北京：生活·读书·新知三联书店，1961：87．
④ 尚永亮，洪迎华编选．柳宗元集．南京：凤凰出版社，2014：90．

名章“生命诚可贵，爱情价更高，若为自由故，两者皆可抛”① 都表明自由对于人类生存而言是一种本能的追求。而且 Liberty 一词最初含义恰恰是一定的等级所享有的特权②，自由主义的出现只是 17 世纪以后的事③，第一次被用来称呼一种政治运动更迟至 19 世纪。在西方哲学中，主观主义者强调的自由是个人对自己活动的能动的选择，客观主义者强调的自由是人对规律或必然性的认识与服从，功利主义与感觉主义看重的是人的自由的效用价值，人本主义则似乎更注重的是作为人本身的独立与尊严的自由。④

① 此为白莽最初的译作。鲁迅. 为了忘却的记念//鲁迅. 南腔北调集. 南京：译林出版社，2014：105. 裴多菲. 裴多菲诗选. 兴万生，译. 上海：上海译文出版社，1990：169.

② Mannheim, *Ideology and Utopia*: *An Introduction to the Sociology of Knowledge*. London: Routledge, 1960, p. 273.

③ John Gray, *Liberalism*, Milton Keynes: Open University Press, 1986, p. ix.

④ 英国牛津大学社会和政治学教授伯林（Isaiah Berlin）在 1958 年借发表就职演说的机会，以《两种自由观》为题将自由区分为“消极的”和“积极的”两种。按照伯林的观点，所谓消极意义上的自由就是不受别人的干预，或者说“法律的沉默”。这一意义上的自由就是自英国古典政治哲学家霍布斯以来流行的自由观。因为霍布斯在《利维坦》中认为自由是指“反对的缺席”，而法律是一种“锁链”，即使它使你免于其他更重的枷锁。从伯林的论述可以看出，这种消极自由具有如下特征：第一，自由是不受他人的干预；第二，自由具有内在的价值，而不是实现某种其他价值的手段；第三，限制自由是因为存在着与自由的价值同等或比自由的价值更高的价值；第四，必须保留最低限度的自由。简言之，这种消极自由观认为，个人不能没有自由，自由不能不受到限制，对自由的限制本身不能不受到限制。伯林所谓积极自由观有两种形式。其一，精神避难，即在外部强制因素面前退却，回避与它们冲突，以获得所谓精神上的自由。近代以来，康德是这种形式的积极自由观的代表。伯林说：“如此一来，我就好像是作了一种战略性的撤退，退入了一内在碉堡——退入了我的理性、我的灵魂、我的‘物自身’（noumenal self），而退入这些之后，不论人们怎么做，外界的盲目力量以及人类的邪恶意图，都已无由触及。”（伯林. 两种自由概念. 陈晓林，译//刘军宁，王焱，贺卫方主编. 公共论丛：市场逻辑与国家观念. 北京：生活·读书·新知三联书店，1995：215.）其二，自我实现。伯林将斯宾诺莎、黑格尔、马克思视为这种形式的积极自由观的代表。伯林认为，自由，即使是积极的自由，也总是意味着选择，而不是对必然性的认识。当积极的自由被当作是一种和谐的自治社会之时，它也就从一种真正的自由概念被转化为假概念，亦即一种冒充为自由的别的价值的变体，对积极的自由的报应就来到了。其实，伯林的积极自由与消极自由的划分并非前无古人的独创。与伯林这位晚出的牛津大学教授相比，牛津唯心主义的主要代表人物格林（Thomas Hill Green）最早提出“积极自由”概念。霍布豪斯在《民主与反动》（*Democracy and Reaction*, London: Fischer Unwin, 1904）曾生动描述牛津唯心主义者所代表的那种德国哲学对英国哲学的影响，指出“三十多年间英国思想受到国外的强烈影响”犹如“莱茵河水流入了泰晤士河”。（转引自金岳霖. T. H. 格林的政治学说//金岳霖学术基金会学术委员会编. 金岳霖学术论文选. 北京：中国社会科学出版社，1990：26.）格林的自由主义继承了黑格尔学说中的某些成分，认为英国传统自由主义倡导的是消极自由，即仅仅不受法律限制的自由，而积极自由则是“从事值得去做或享受值得享受的事物的一种积极的力量或能力”，而且，这种自由必须是我们与其他人共享的。（David Miller, *Liberty*, London: Oxford University Press, 1991, p. 21.）正是这样，格林的思想被称为新自由主义，以与英国自霍布斯以来以机械主义（mechanism）社会观为基础的传统自由主义相区别。对于格林的两种自由划分法，伦敦大学政治哲学教授麦克拉姆（G·G·MaCallum, Jr.）于 1967 年在《哲学评论》杂志上发表《消极自由和积极自由》一文提出批评。麦氏把自由永远看作是包括“主体”“主体免受限制的程度”“主体的行为”三个要素的关系，即“三合一关系”或“三位一体”。麦氏声称，无论什么时候，人们谈到某个（或某些）主体的自由，自由总是指主体不受某种限制去做或不做某事、成为或不成为什么的自由。英文“X is free from Y to do (not to do) Z”很好地表达了自由的意思。在麦氏看来，“免于……自由”（free from）和“从事……的自由”（free to do）充其量只能用来强调每一个主体的自由所具有的两个特征之一。Gerald C. MacCallum, Jr., Negative and Positive Freedom, *The Philosophical Review*, Vol. 76, Iss. 3, 1967.

经济自由在英文中为 economic freedom，与此相对者为“经济奴役”（economic slavery）。经济自由这一概念是作为资本主义自由经济的一种要求和理论表现而由资产阶级古典经济学家所提出的，其内容是劳动力自由买卖、财产和资本自由转移、生产上自由经营、市场上自由竞争和自由贸易等，反映了资产阶级要求打破封建专制束缚、无阻碍地发展资本主义商品经济的强烈愿望。在我国学术界，由于受毛泽东同志《反对自由主义》和 20 世纪 80 年代反资产阶级自由化的影响，对自由主义往往印象式地理解为随心所欲的任意妄为。其实，这种将自由主义理解为随心所欲的任意妄为本身就是一种随意主观的带球越位的学术犯规。黑格尔早就说过，任性的自由是缺乏思想修养的表现。从古典自由主义到今天的公共选择学派，自由主义者都强调，国家的存在、法律的存在、秩序的存在是个人自由得以保障的前提，是社会经济得以发展的前提。自由主义与无政府主义在自由问题上的最大分野即在于，自由主义追求自由与秩序之间的平衡。正如曼宁所说，自由主义的首要原则是平衡原则。平衡原则的含义之一就是自由与权威、个性与一致性、进步与秩序之间的平衡。①

李金泽、丁作提在《经济法定位理念的批判与超越》一文中指出：“作为一般法律价值的‘秩序’，是各个部门法都追求的目标。但经济法是以‘秩序’为根本的价值取向。”“法的其他价值如公平、效益、安全等虽能在经济法中得到体现，但均非经济法的根本价值取向。”“如果把公平列为经济法的根本取向，极易导致经济法的‘行政化’或‘非独立化’；而把‘效益’列为经济法的根本取向，又会走向民法与经济法不分的道路。”“只有‘秩序’才是经济法内蕴的具有普遍性和根本性的价值取向。”② 应该说，中国经济法学界对“秩序”的认识尚处于起步阶段，李、丁两人将秩序作为经济法的根本价值取向确有先见之明。经济法最早产生于德国，有位学者对德国人的民族性格曾这样描述道：德国人追求秩序，追求结构，绝对无法忍受地中海国家那种富有创意与艺术性的乱七八糟，纷乱简直就是罪恶；德国整个社会都给人一种精确的机械感。因此，学术界公认“秩序”这一范畴在德国哲学思想中占有特殊地位。在德语中，秩序（Ordnung）一词等于拉丁文中的 Ordo，或者英文中的 Order。德国哲学家把这三个词看作同样的含义。以瓦尔特·奥肯为代表的弗赖堡学派的新自由主义经济学政策主张即是围绕着“奥尔多”（Ordo）这一核心概念，故被称为奥尔多学派或奥尔多自由主义学派。③ 奥肯认为，社会生活中所用的“秩序”一词包含两层含义：一是指历史上个别的、不断变化的事实；二是指合乎本质的秩序或者说合理的秩序。这种秩序才是 Ordo，或者应该称为“本质

① D. J. Manning，*Liberalism*，London：Dent & Sons，Ltd，1976，pp. 14-16.

② 李金泽，丁作提．经济法定位理念的批判与超越．法商研究，1996 (5).

③ 费肯杰云：新自由主义之“新”在于其通过权力限制的自由条件的维系和社会平衡的法律保障，这恰是“奥尔多”题中之义。“新”言其在学术史上的地位，“奥尔多”言其法律内容。参见沃尔夫冈·费肯杰．经济法：第 2 卷．张世明，译．北京：中国民主法制出版社，2009：20 章Ⅳ.

秩序”（Wesensordnung）或“自然秩序”（Naturordung）。前一种秩序是一种客观存在，对它的研究是一种实证性描述；后一种秩序是一种合乎某种规范的理想，对它的研究是一种规范性探讨。在经济学上，奥肯把前一种秩序称为“经济秩序”（Wirtschaftsordnung），把后一种秩序称为“经济的秩序”（Ordnung der Wirtschaft）。奥肯毫不隐讳地指出自己所谓“经济的秩序”观渊源于古代哲学和中世纪的“奥尔多观念”，而其直接来源则是 17 和 18 世纪思想家和经济学家将自然秩序（ordre naturel）与实际的秩序（ordre positif）相区别。的确，古希腊哲学中有关秩序的观念相当于中国古代哲人话语体系中“道”的观念。左大培在其博士论文《弗赖堡经济学派研究》中说：“秩序观念和个人主义的社会观都起源于古希腊，而且一开始就显示出彼此对立的倾向。但在古罗马时代，秩序观念与个人主义在同样起源于古希腊的自然主义观念作用下逐渐合流，形成了所谓的‘自然法’观念。这种自然法观念存在于整个中世纪。在中世纪最终形成了秩序观念。但是在这种秩序观念中，纯粹的秩序观念压制自然主义和个人主义倾向，在思想界占统治地位。文艺复兴以后，纯粹的秩序观念逐渐衰落，自然主义与个人主义倾向重新抬头。它们与秩序观念结合，形成了新的自然法和自然秩序学说。”① 我们对左大培的概括是否符合历史本真姑且存而不论，但“自然秩序”确是法国大革命前期的以布阿吉尔贝尔等为代表的启蒙学者提出来的，以之与现存的“人为秩序”相对立。奥肯在对历史学派经济学的相对主义和宿命论的批判基础上，吸收马克斯·韦伯的理想类型（Idealtypus）学说和现象学创始人胡塞尔的“显著特征提炼抽象法”，把历史与理论结合起来，认为“经济过程（Wirtschaftsprozess）总是并且到处都在一定的形式之内、从而在历史上给定的经济秩序之内运行。那些历史上给定的、实证的秩序可能是坏的；但是没有秩序就根本不能进行经济活动”②，历史上具体的经济秩序是由“集中领导的经济”和“交换经济”这两种“理想类型”的“纯粹的秩序形式”组合而成的。奥肯把他全部“纯粹的秩序形式”总称为“形态学体系”（Morphologisches System）。

如前所述，弗赖堡学派的创造人除奥肯之外，还有两位重要的经济法学家伯姆和格劳斯曼-道艾尔特，其形成标志就是伯姆和格劳斯曼-道艾尔特 1933 年到弗赖堡大学任教并与奥肯合作，三人开始编辑“经济秩序”（Ordnung der Wirtschaft）丛书。尤其是伯姆在《经济秩序作为经济法的中心概念》（Die Wirtschaftsordnung als Zentral Begriff des Wirtschaftsrecht）中强调将经济的秩序体系（Ordungssystem）作为经济法的研究对象。③ 日本经济法学家吉永荣助受伯姆的启示，在山田雄三

① 左大培. 弗赖堡经济学派研究. 长沙：湖南教育出版社，1988：156.

② Walter Eucken, *Grundlagen der Nationalökonomie*, Jena: Verlag von Gustav Fischer, 1944, S. 61-62.

③ Böhm, Die Wirtschaftsordnung als Zentralbegriff des Wirtschaftsrechts, *Mitteilungen des Jenaer Instituts für Wirtschaftsrecht*, H. 31, 1936.

(やまだゆうぞう博士指导下以“经济秩序”为主题撰写经济法学说史论文。按照吉永荣助的分析，亚历山大·莱斯特（Alexander Leist）和达姆施泰特（Friedrich Darmstaedter）的经济秩序观是采取自然的考察方法，歌德施密特以及韦斯特霍夫的经济秩序观是采取社会学的考察方法，而伯姆和格劳斯曼-道艾尔特的经济秩序观是采取动态的考察方法。莱斯特的《在19世纪的私法和资本主义》(*Privatrecht und Kapitalismus im 19. Jahrhundert: Eine rechtsgeschichtliche Voruntersuchung*，Tübingen：Mohr Siebeck，1911）出版于1911年，当时经济法作为学术术语尚未普及。莱斯特遵循重农学派（Physiocrat）和亚当·斯密的观点认为国家对经济行为的干预是不必要的或者说有害的，经济最好委诸其固有的法则性，服从自然法则的规定。莱斯特的《现代私法秩序和资本主义》(*Die moderne Privatrechtsordnung und der Kapitalismus*）在身后由尼佩代增补修订加以发表。莱斯特在这部著作中认为，不能误认为资本主义的水流仅自身穿过河床，它实际上变更着河岸，将障碍除去，河床是由水蚀作用而生成的，并且不是由水蚀作用迅速形成的。[①] 他指出法秩序和法生活的严重分离是明显的，现代资本主义的巨大动力在法实在的形成过程中扮演彻头彻尾的决定性作用，在自由经济秩序中私法仅仅是水流通过之处（财货的流通）予以合适的河床（法律）确定和保护。达姆施泰特在1928年出版的《经济法在其社会结构中》(*Das Wirtschaftsrecht in seiner soziologischen Struktur*，Berlin-Grunewald：Dr. Walther Rothschild，1928）便与莱斯特不同，不仅承认经济法的防卫机能（Abwehrfunktion），而且主张其第二种机能，即从事经济的人们的经济促成中介（Vemittlung der wirtschaftlichen Förderung），这样，防卫作用和媒介作用结合后便形成了对向的（antithetische）经济法的构造。在达姆施泰特看来，就资本主义经济的水流而言，法将其水流的障碍除去，或将新河流的河岸加固。歌德施密特的经济法背后的经济秩序如前所说是“组织经济”的秩序，其主要著作《帝国经济法》采取以阶级为中心的考察方法无须赘言，而韦斯特霍夫所谓的经济秩序主要不是指秩序，而是考察形成秩序的动力，即个人主义或社会主义为基础而表现出来的经济形态（个人经济、共同经济、全体经济）。因此吉永荣助认为歌德施密特和韦斯特霍夫的经济秩序观是采取社会学的考察方法而主张组织经济（organisierte Wirtschaft）或拘束经济（gebunde Wirtschaft）秩序，以与自由主义经济秩序相调和。吉永荣助的这篇论文完成于第二次世界大战期间，自己也承认受当时政治环境和学术条件的限制而有缺陷，他在这篇论文中认为伯姆和格劳斯曼-道艾尔特的经济秩序观是采取动态的考察方法，在应然和实然之间加以把握[②]，这无疑是正确的，但吉永荣助将伯姆等的经济秩序观归结为指导经济（Wirtschaftslenkung）观则在笔者看来显然存在着曲蔽。与歌德施密特将卡特尔作

① Leist-Nipperdey，Die moderne Privatrechtsordnung und der Kapitalismus，1925，S. 47.

② 吉永榮助『经济法学の基础理论：ドイツ经济法学の生成・发展』第2卷、中央経済社，1974：220-236.

为组织经济的进步表现不同，伯姆和格劳斯曼-道艾尔特都从反垄断出发而提出自己的经济秩序观，认为关于奥尔多或“经济的秩序”的“经济宪法”就是所谓的“竞争秩序”。

关于经济自由与经济秩序的论述，笔者认为最忌讳的是限于重述波普尔（Karl Popper）所说的一些永远正确的“大词”或原则，而实际上缺乏分量、缺少干货而成为地道的“哲学的贫困”。查尔斯·霍顿. 库利（Charles Horton Cooley）指出：“只有糟糕的社会秩序才是和自由对立的。自由只有通过社会秩序或在社会秩序中才可能存在，而且只有当社会秩序得到健康的发展，自由才可能增长。”① 的确，任何社会都不可能在绝对有序或绝对无序的状态中运行，社会稳定和发展的正常状态只能是在秩序中实现着自由，在自由中保持着秩序。秩序乃有序与无序的辩证统一。但我们不能仅停留于自由与秩序关系的这种表面的夸夸其谈。卢梭曾经以一种极其简单的方法解决了困扰霍布斯的自由与秩序问题，强调实现体现“公意”的“人民主权”之后“迫使你遵守法律就是迫使你自由”，结果在法国大革命期间出现“播下龙种，生出跳蚤”的血腥异化现象，因此被贡斯当（Benjamin Constant）所批判，他认为卢梭所鼓吹的“古代人的自由”，即使装饰上“公意”的虚幻花环，却依然不过是一种以自由为名的徒刑而已。② 在经济法学界中，日本学者小杉荣一（こすぎえいいち）就指出：“在学习经济法时，了解由形式上的自由、平等所建立起来的市民法体系的虚伪的结构和这一结构所带来的罪恶是很重要的，同时也确有必要注意到经济法具有掩盖这些虚伪、罪恶的性质。这也是经济法作为维持体制法的一个侧面。”他还指出：“经济法所标榜的‘公共利益’有两种，即产业优先和生活优先的两种主张。产业优先的法律，不管它用怎样华丽的辞藻来掩饰，只要揭下它的画皮，就能看穿它是维持垄断利益的。”③ 从研究范式的转换来看，英美政治哲学的发展由罗尔斯《正义论》（John Rawls，*A Theory of Justice*，Cambridge，Massachusetts：Harvard University Press，1971）发表而步入了一个“罗尔斯时代”或“以罗尔斯为轴心的时代”，这个时代的特征主要表现为英语世界的自由主义从功利主义走出而步入了“以个人权利为核心”的当代自由主义话语中。然而，正如雅赛（Anthony de Jasays）所言：“每一项权利都要成为一个碉堡，保护那个特定的权利持有人的相应利益不受任何意图的侵犯，包括整个政治群体的意图。”“随着时间的推移和人们眼睛的睁开，社会注定要有越来越多的碉堡，碉堡后边，我们会有越来越多的特定的利益得到庇护。如果实现一个共同的目标时，不应该为此而侵越这些碉堡，而只应该蹑着脚尖，在这碉堡周围那片越来越受到

① 查尔斯·霍顿·库利. 人类本性和社会秩序. 包凡一，王湲，译. 北京：华夏出版社，1989：278.

② Benjamin Constant，De la Liberté des Anciens comparée à celle des Modernes，*Collection complète des ouvrages publiés sur le gouvernement représentatif et la constitution actuelle de la france：formant une espèce de cours de politique constitutionnelle*，Vol. 4. Paris：Béchet aîné，1820，pp. 238-274.

③ 小杉榮一「経済法」『経済』第 218 号、1982 年 5 月。

限制的无人地带上蜿蜒前进，那么，权利自由主义也就同样走向对集体宗旨的逐步否定。”① 由此可见，自由与秩序的平衡与获致并非可以轻而易举就能够睦邻善处的。用粗浅的理论建构而企图一厢情愿地解决两者的矛盾，用韦伯的话来说，只能是意图伦理过剩，责任伦理匮乏。

笔者认为，在自由与秩序关系理论的精致建构中柏克（Edmund Burke）和哈耶克的思想发人深省。柏克主张“有序的自由”（ordered Liberty）。在《法国大革命反思录》（*Reflections on the Revolution in France*，London：J. Dodsley in Pall Mall，1790）中，他强调：“我所指的自由是与秩序联系起来的自由，自由不仅与秩序和美德并存，而且没有后两者就没有自由。”② 因此，柏克的自由概念是有限的自由，没有限制的自由必然要导致无秩序和放纵。在柏克看来，如果秩序是合法的、正当的，自由必须服从于秩序，秩序必须最大限度地保障自由。哈耶克是法学和经济学两栖类学者，其在《自由秩序原理》（Hayek，*The Constitution of Liberty*，Chicago：University of Chicago Press，1960）中以主张“自生自发的秩序”而著称于世。③ 洛奇认为：“‘自生自发的秩序’概念是哈耶克最伟大的发现，亦是其法学和经济学的根本原理。这项发现可以追溯到亚当·斯密及其‘看不见的手’的比喻，亦即认为‘市场’是人类社会内的陀螺仪，不断产生着自生自发的秩序。”④ 哈耶克十分强调“有助益的”社会秩序。在他看来，一方面，自由引发了社会进步，因而自由可以视作自发社会有助益秩序之存在的必要条件；另一方面，尽管自由是自发社会秩序存在的必要条件，但是一般性规则却是自由得以存在的必要条件。

哈耶克和奥肯都受康德哲学的影响。哈耶克甚至声称，就自由主义法哲学而言，“自休谟与康德以来，几乎没有多少思想发展”⑤。奥肯也说：“世界和人的基本问题不受时间约束。古代的智者告诉我们的，与康德和歌德告诉我们的一样多。”⑥ 但哈耶克所批判的国家干预因素在20世纪以来的资本主义经济体制中不可遏制地发展起来，哈耶克如果坚持自己的理论，就不能不承认他所批判的所谓“奴役之路”其实也是一种“自生自发秩序”。而以奥肯为代表的弗赖堡学派对国家干预并不深闭固拒，但也同样赞成没有自由的人不成其为“人”的自由哲学。奥肯曾援引坎浮拉（Luciano Canfora）的这样一段话彰明己见：“自由的理想与上个世纪

① 安东尼·德·雅赛．重申自由主义．陈茅，等译．北京：中国社会科学出版社，1997：55．

② 爱德蒙·柏克．自由与传统．蒋庆，王瑞昌，王天成，译．北京：商务印书馆，2001：109．

③ 哈耶克用“taxis”来指称一种人造的秩序（a made order）或由外力产生的秩序（exoenour order），用希腊语Cosmos来指谓一种成长的秩序（a grow order）或由内形成的秩序（endogenous order），这种秩序亦可用“自我生成的秩序”（self-generating order）、“自我组织的秩序”（self-organizing order）或“人的合作的扩展秩序”（extended order of human cooperation）等术语代替。

④ George C Roche Ⅲ，The Relevance of Friedrich Hayek，in：Fritz Machlup（ed.），*Essays on Hayek*，London：Routledge & Kegan Paul，1977，p. 10.

⑤ Chandran Kukathas，*Hayek and Modern Liberalism*，Oxford：Clarendon Press，1989，p. 20.

⑥ Walter Eucken，*Grundsätze der Wirtschaftspolitik*，Tübingen：J. C. B. Mohr，S. 15.

的自由主义实践不是一回事。你可以指责、校正、改变那种自由主义的实践，但你不能拒绝自由，拒绝自由就是否定生命本身。"① 笔者比较倾向于奥肯的理论。其实，被莫奎尔（José Guilherme Merquior）称为"自由主义之圣"（the Libertarian Saint）② 的约翰·密尔在其政治经济学著作中，已经放弃了"放任经济"的一些基本原则，开始思考立法同经济的关系，包括立法同市场的关系。在现代，秩序是以自由为轴心而形成，自由是在秩序的内部展开。干预离不开市场，市场亦离不开干预。笔者认为德国的卡尔·席勒那句被作为社会民主党经济纲领载入1959年《哥德斯堡纲领》（*Godesberger Grundsatzprogramm*）的名言可以作为我们的镜鉴——"竞争尽其可能，计划按其必要"（Wettbewerb soweit wie moeglich，planung soweit wie nötig）③。

第三节　福柯"知识型"理论的启示：学科间的底层语法规则

美国科学家库恩的"范式"理论在中国学术界已是耳熟能详。1962年，库恩出版了具有里程碑意义的著作《科学革命的结构》，在该书中使用"范式"一词描述科学发展的形态结构，由此"范式"一词在全世界不胫而走，以致日本学者称这个名词在20世纪流行用语大奖比赛中可以轻松地夺冠折桂。"范式"的英文写作paradigm，源自希腊文，原来包含有"共同显示"的意思，后来由此引出模式、模型、范例等义，特别是用在文法中表示词形变化规则，如名词变格、动词因人称变化等。在库恩看来，科学革命（scientific revolutions）是极少发生的事件，常规科学（normal science）是科学研究中的常态，可以说科学的历史几乎全被作为科学共同体成员之间意见一致的结果的"常规科学"时期所占有。因此，与庸俗地将库恩的形象定格为主张持续革命和过分热衷批判的无原则的"革命主义者"的激进面孔相反，库恩恰是对逻辑实证主义（logical positivism）"因积累而得到发展"（development-by-accumulation）科学观提出严峻质疑而强调"向心式思维"和关注科学传统重要性的保守主义者。库恩认为，波普尔把批判看成科学的标志是不妥的，相反，只有放弃批判，确立范式，才是成熟科学的特征，也才是把科学从非科学或前科学中区别出来的标准。所谓"范式"这一概念问题，与其说是在说明科学革命，不如说是为给正常的常规研究以特征而设想的概念工具。库恩的范式理论在很大程度上和拉德布鲁赫一样表现出受康德哲学影响的相对主义，其在著作中也曾多次宣称自己是一个没有"物自体"的康德主义者。从相对的意义而言，库恩的结构

① Walter Eucken，*Grundsätze der Wirtschaftspolitik*，Tübingen：J. C. B. Mohr，S. 178.

② 李强. 自由主义. 北京：东方出版社，2015：97.

③ K. Schiller，*Der Ökonomie und Die Gesellschaft*，*Das freiheitlichen das soziale Element in der moderne Wirtschaftspolitik*，*Vortrage und Aufsätze*，Stuttgart：Gustave Fischer，1964，S. 111.

化的范式类似于康德的先验概念，但范畴可以根据时间、地点和文化的变化而变化。

无独有偶，在库恩《科学革命的结构》发表后第四年，即1966年，福柯在那部佶屈聱牙但畅销火爆的哲学著作《词与物》（Michel Foucault，*Les mots et les Choses*：*une archéologie des sciences humaines*，Paris：Gallimard，1966）中又提出了“知识型”（episteme）① 这一著名概念。“知识型”是《词与物》的核心术语；《词与物》实际上可以说是“知识型史”或“知识型考古学”。在《词与物》中，福柯认为，那些被视为与数学、宇宙学、物理学等规范严格、体现“真理和纯粹理性”的学科相对立的非正规知识自身亦有其体系，有其符码规则，它们同样在一个规定的时段内为必然性所主宰，为某种规律所主宰；在不同的学科底部，在各种异质性话语和知识下面，具有某种“实证无意识”，这种实证无意识正是决定各门学科和知识的潜在条件，它是它们共同的构型规则，是它们得以显现的基础。福柯将自己研究的这种“知识的实证无意识”或“文化的基本代码”的层面别出心裁地称为“知识型”，认为知识型可以“在一个特定的时期中，划定经验总体中的一个知识领域，规定这个领域中的认知对象的存在方式，给人们的常识提供理论的力量，决定人们对于那些视为真理的事物话语的认可”。在《词与物》中，福柯主要通过对生物学、语言学和经济学的考察，认为自16世纪以来西方文化先后出现四种知识型，即16世纪文艺复兴时期知识型（词与物统一）、17至18世纪古典时期知识型（用词的秩序再现物的秩序）、19世纪以来的现代知识型（词的秩序不表示真实事物，而表示人对物的表现）、现代知识型（词只表示其他词，或用结构主义者术语来说，符号仅指涉其他符号，而不指涉外界）。在知识型之间断裂处都有典型的转变形象：堂吉诃德（Don Quichotte）标志着从文艺复兴到古典的裂变，萨德（Marquis de sade）标志着从古典到现代的裂变，而尼采则预示了当代知识型的诞生。福柯指出：“直到16世纪末，相似性（La resemblance）在西方文化知识中一直起着创建者的作用。正是相似性才主要地引导着文本的注解与阐释；正是相似性才组织着符号的运作，使人类知晓许多可见和不可见的事物，并引导着表象事物的艺术。”② 因此，福柯将这种知识型描绘成“世界的散文”（La prose du monde），认为它是处在一种相似性网络中的语词和事物的统一体。当时的相似性语义网络极其丰富，但最根本的有便利（la convenientia）、仿效（l'aemulatio）、类推（l'an alogie）、交感（l'sympathses）四种。文艺复兴时期的人们认定上帝给万物身上留有一个记号，即相似性或相互联系的记号，使得万物彼此相似。当时他们视语言为一种自然形式或者说自然界的一部分，并不将语言视为人为的符号，语言并不只是代

① Episteme是福柯根据希腊文episteme构成，episteme即拉丁文scientia，原义为科学或知识，柏拉图在《理想国》中用episteme指理性知识（算术、几何、天文学与声学），亚里士多德用它来表达科学的多样性或各种类型或等级（从诗学到实用科学到理论科学，从算术到几何学、光学）。

② Michel Foucault，*Les mots et les Choses*：*une archéologie des sciences humaines*，Pairs，Gallimard，1966，p. 32.

表其他事物的工具，它有自己存在的价值，语言指涉万事万物，而万事万物也可以是指涉语言的工具，词与物一样是符号。文艺复兴的知识排列，重点在于物与物间的联结与相似，人们借丰富的联想来联系世界各层次的事物，并从中加以自由的诠释与想象，是野性的思维。换言之，当时的学问和神示、感悟互相补充，知识既不是观察，也不是论证，而是以“注释”为核心手法。文艺复兴时期的符号体系依然遵循着斯多葛派的“三段式”规则，包括能指（le signifiant）、所指（le signifie）和“连结”（la“conjoncture”）三个维度。①这样的符号是一个三维性的深度空间，文艺复兴的知识就埋藏在具有相似性的符号内部的深度空间之中，成为一种依赖于解释学的具有神秘主义色彩的寓言式的深度知识。17 世纪，相似性知识型突然崩溃了，表象（Représenter）知识型取而代之。福柯这样写道：“《堂吉诃德》勾勒了对文艺复兴世界的否定；书写不再是世界的散文；相似性与符号解除了它们先前的协定；相似性已靠不住了，变成了幻想或妄想。”② “在 16 世纪，相似性是与符号体系联系在一起，并且，正是对这些符号的阐释，才打开了具体认识领域。从 17 世纪以来，相似性被赶到了知识的周边地区，知识最低级和最低下的边缘。在这些地方，相似性与想象、不确定的重复、模糊的类推联系在一起。”③ 古典时代的知识型大大修正了文艺复兴时代的知识型：分析替代了类比，比较取代了相似，系列的有限性取代了相似的无限性，完全的准确性取代了不断增长的可能性，心智活动现在是辨别、区分，而不是聚拢、吸引。古典知识型的符号系统是两段式。词（符号）与物分离了，词（符号）变成能指，物变成所指，二者之间没有任何中介，既没有需要揭示的隐蔽联系，也无须解释，能指和所指直接联系起来而保持着透明关系，表征没有自身的地盘，没有自身的空间。因此，古典时代的意义空间展现在符号系统本身，而不是像文艺复兴时代存在于符号与其对应物之间；并且在符号系统内部的意义空间出现的，也不是想象与诠释，而是逻辑与因果律。古典时期的知识都是通过反深度的符号形式表现出来，是对于外形（形象）的捕捉和描写，易言之，外在性成为知识的目标。在古典时期，表征行为的缺场意味着古典时代并没有人的位置，在词与物的连接中根本不需要人这个楔子，人不是知识捕捉的对象，人还在知识的黑夜中沉睡着。古典和现代知识型的断裂发生在 18 世纪和 19 世纪之交，包括两个阶段。在第一个阶段（1775—1795 年），亚当·斯密、居思耶（Bernard de Jussieu）和威京斯（John Wilkins）将劳动、有机体与文法系统概念带入古典的符号系统中，造成古典知识型的不稳定；第二阶段（1795—1825 年），大卫·李嘉图、乔治·居维叶（Georges Cuvier）和弗兰茨·葆朴（Franz Bopp）分别使政治经济学、生物学和语文学得以肇造创立，这三个学科并非由财富分析、自然史

① Michel Foucault, *Les mots et les Choses: une archéologie des sciences humaines*. Pairs: Gallimard, 1966, p. 57.

② 同①61.

③ 同①85.

和一般语法演变而来，它们摆脱了自己的前史，变成全新的话语，知识的空间由水平性向垂直性的转捩完成，现代知识型真正揭其帷幕。与文艺复兴和古典知识型不同，福柯没有明确提出现代知识型的核心特征。有的研究者将其概括为“历史知识型”；但也有研究者认为，实际上“人”占据着现代知识型的中心。也就是说，标志现代知识型的不是知识的形式，而是知识的中心问题。① 我国台湾地区学者黄煜文在《傅柯的思维取向——另类的历史书写》中指出：“现代知识型虽然也表现出与古典知识型相同的能指、所指关系，然而数理逻辑已不再是支配的原则，它的原则在于人的存有。因此，现代知识型的知识排列乃与古典知识型迥然不同，前者强调贯时性与纵向的空间感，后者则强调共时性与平面的空间感。古典知识型企图建立具普遍性而无时间的符号体系表格，因而它的知识排列平铺在时间轴上的一个时点，是个完全扁平而无限延伸的知识薄层，全无时间性。现代知识型中的人类科学则以存有为原则，将人类的存有放在时间轴上，观察存有由生至灭的过程，同时讨论这个过程中的存有模式。生灭的过程依附在垂直的时间轴线上，形成一纵向的空间，然而却非无限延伸，生与灭是其端点，这是个有限的空间。”② 相对于文艺复兴的狂想与自由、古典时代的逻辑与严密但充满无限，现代知识型显露出紧迫而促的性格。在抛弃了表征空间之后出现的这种知识型中，“万物的准”不再是上帝，也不再是自然，而是“人”。人成为知识的中心，产生了现代“人”的观念：人既是知识主体又是知识对象。现代的知识会聚回归到“人”这一起源点上，以人本身作为提供知识（经济规律、生理机能与语言结构在其中运作）的空间，以人为中心构成一个封闭系统。但吊诡的是，人体只是个开放的展览空间。让经济法则、生理机能的法则以及语言结构汇聚在人体上展现自己，人的自主性被消磨殆尽。现代人文科学是背对无意识的，但在现代知识型中，人无法摆脱“无思”（Unthought，潜意识），而这隐秘的无思领域正是知识的隐晦地带。福柯将这种情况称为“人类学的沉睡”。《词与物》的最后结论断言：“正如我们思想的考古学很容易证明的，人是一个近期发明。而且他或许正在接近其终结。如果说（以前）那些（知识）格局既然会出现也必然会消失……那么我们可以断言，人将会像海边沙滩上画的一副面孔一样被抹掉。”③ 这段话后来经常被人所引用，且浓缩化约为一句口号：“人的死亡。”福柯对新的知识型语焉不详，将重点放在文艺复兴时期、古典时期和现代三种知识型考察上，但从福柯话语延伸轨迹不难看出，语言结构将是新知识型的原则，而新的学科应该在这个前提下产生。

福柯一生行止云谲波诡。正如《易经》中言：“君子豹变，其文蔚也。”④ 福柯思想的丕变如频闪般扑朔迷离，不过他不断发出的惊世骇俗的声音多因时而言，在

① 刘北成编著. 福柯思想肖像. 上海：上海人民出版社，2001：154.

② 黄煜文. 傅柯的思维取向——另类的历史书写. 台北：台湾大学文学院印行，1990：113.

③ 转引自刘北成编著. 福柯思想肖像. 上海：上海人民出版社，2001：164.

④ 语出《周易·革第四十九》，引自徐子宏译注. 周易全译. 贵阳：贵州人民出版社，1991：268.

前后相继的存在主义、结构主义和后现代主义三大思潮的惊涛骇浪中若即若离。从《词与物》写作的时点而言，结构主义当时以大宗的身份在法国鼓荡风潮。以索绪尔（Ferdinand de Saussure）为渊源的结构主义所关注的不是意义本身，而是意义得以产生的语法规则或语言机制，它不信任经验现象，而以挖掘表象下的符号排列模式为要务，认为结构与结构之间的更迭是整体内部符号排列的“转变”而非逻辑上的延续。《词与物》1966年最初纳入伽里玛尔“人文科学文库”出版时，福柯本拟《事物的秩序》为名，但与当时正在刊印中的一部著作书名相雷同，故不得选择《词与物》，而1970年英译本按照福柯意愿改回《事物的秩序》（*The Order of Things*）时，副标题也由最初法文本的《结构主义考古学》改为《人文科学考古学》。《词与物》发表后，福柯被视为“结构主义家族成员”。1967年，法国《文学半月刊》发表漫画《结构主义者草地上的野餐》，列维－斯特劳斯（Levi-Strauss）、拉康（Jacques Lacan）、巴尔特（Roland Barthes）和福柯“结构主义冒险四巨头”在热带丛林之中赤裸上身，腰系草裙，席地而坐，正在海阔天空地纵论高谈。同年4月，福柯在突尼斯接受采访，声言自己至多只是结构主义的祭童而非主祭，“只是在旁边摇摇铃，让信徒行礼如仪，把不信神者赶走。事实上，弥撒早就开始了”①。和索绪尔对语言（langue）和言语（parole）的区分、列维-斯特劳斯对神话和神话素的解析一样，福柯的《词与物》也是将知识的构成方式完全当成符号排列的问题来处理，以能指与所指的关系来解释知识排列的方式，并且其对知识深层结构—知识型的探索也与结构主义对各种无意识结构的探讨同声相应、同气相求，其所谓的“知识型”正是从各种知识形式中，从各种学科、理论、知识中寻找它们自身的深层语法结构。唯其如此，萨特（Jean Paul Sartre）抨击福柯用走马灯的方式即静止画面的联结取代历史运动。在当时结构主义激浪排空、惊涛拍岸的时局笼罩之下，《词与物》布满了结构主义氛围。不过，正如汪民安在《福柯的界线》中所说：“如果将索绪尔语言学作为结构主义圈际运动中核心的话，福柯离这个核心最远，他站在这个运动的最外围。”② 结构主义的研究由于其所崇奉共时而非贯时的原则所限，没有时间的向度和意识，看不到时间的痕迹，可以说，对索绪尔和列维-斯特劳斯而言，他们所修筑的语言和神话的结构堤坝简直近乎具有超历史性，以其自身的超验性大胆地放逐了历史，抵挡了时间和历史河流的反复冲刷。而福柯并没有放弃“历史性”，他抛弃了结构主义的共时性这教旨式的观点，将话语栽植在历史的河流中，在其固有的历史主义框架内考察话语的转换。当然，这种历史不是历史深处的历史，而是摆脱了历史的话语的历史；这种写作是抛弃了风起云涌的历史实践的历史，是历史性已降至最小值的空洞的非历史学的历史，也可说是徒具历史框架的历史写作。与福柯《词与物：结构主义考古学》从结构主义立场出发所

① Didier Eribon, *Michel Foucault*, trans. By Besty Wing, Cambridge, Massachusetts: Harvard University Press, 1991, p. 167.

② 汪民安. 福柯的界线. 北京：中国社会科学出版社，2002：75.

实施的一切历史考古学挖掘相对照，库恩《科学革命的结构》从历史主义的立场出发建构“新科学哲学”（new philosophy of science）的范式结构。库恩作为科学历史主义的代表人物，使其理论新发于硎的磨刀石是逻辑实证主义。如果说逻辑实证主义关注研究科学家应该如何做，那么科学历史主义则关注描述科学家实际上在如何做；如果说逻辑实证主义聚焦于科学陈述的逻辑形式、科学定律的逻辑结构、科学理论的逻辑框架、科学推理的逻辑关系，那么科学历史主义则强调科学的内容，研究活生生的具体的科学理论是如何产生、变化并在何种社会和文化背景下发展的。在福柯的《词与物》中，福柯笔下的历史时段仅仅是知识型裂变的标志，被掏空了其全部的历史内容，而在《科学革命的结构》中，库恩通过对科学史的解读勾画出一种可以从科学研究的历史记载本身浮现出的科学观，这种科学观所描述的科学发展结构模式一般为：前范式科学（经过竞争与选择而建立起范式）→常规科学（反常与危机使范式发生动摇）→科学革命（经过竞争与选择而建立起新范式）→新常规科学→……库恩不仅在方法论上最大限度地充满丰富翔实的历史性，使其新科学哲学理论历史化，而且强调科学发展中理论预设、原则的来源背景，认为这些原则限定了人们的科学活动和认识，因此任何时候科学所塑造出来的实在的图景都是历史的图景，随历史背景的变换而更改。这样，库恩便与福柯将知识话语像自足密闭的疆域中自我嬉戏般断绝与整个社会语境联系的形式结构主义截然相反地呈现对流运动，两者之间的张力是十分明显的。

库恩在《科学革命的结构》阐述自己的思想来源时这样指出：“我在那些年的部分时间花在真正的科学史上，尤其是继续研究亚历山大·柯瓦雷（Alexandre Koyre）的著作，并且第一次接触到埃米尔·迈耶逊（Emile Meyerson）、海林纳·梅茨格（Helene Matzger）和安纳利泽·麦尔（Anneliese Maier）的著作。这些人比大多数其他现代学者更清晰地表明，在一个科学思想的准则与今日所流行的准则大相径庭的时期，科学思维会是怎样的。”① 科伊尔认为，一种理论的“技术”价值——它的解释能力——绝不是它在科学思想史上取得成功的关键所在。他非常强调“非逻辑的因素”对于人们接受或者拒绝科学理论所起的作用，成为引领库恩范式理论产生的熠熠闪烁的启明星。英国历史学家赫伯特·巴特菲尔德《近代科学的诞生》（Herbert Butterfield，*The Origins of Modern Science* 1300—1800，New York：Free Press，1968）一书所提出的“更换思维的帽子”（putting on a different thinking cap）的科学革命论开辟了与库恩的科学革命论紧密相连的一条可以拾级而上的甬道。库恩循此接续踽踽前进而逐步与逻辑实证主义分道扬镳，后来又在同事指点下研读了“格式塔”（Gestalt）心理学②，并在探索的山阴道上偶遇路德

① T. S. Kuhn，*The Structure of Scientific Revolutions*，Chicago：The University of Chicago Press，1996，p. viii.

② Gestalt 在德语中是“整体”“完形”的意思。在心理学中，其指观念或观念系统瞬间发生整体转换的意思。

维希·弗莱克鲜为人知的著作《一个科学事实的发生与发展》(Ludwik Fleck, *Entstehung und Entwicklung einer wissenschaftlichen Tatsache: Einführung in die Lehre vom Denkstil und Denkkollektiv*, Basel: Benno Schwabe & Co., 1935),意识到科学思想概念的演变应置于有关科学共同体的社会学之中。弗莱克的“思维集团”(Denkkollektive)和“思维方式”(Denkstil)概念作为遗产在库恩的“科学家共同体”和“范式”概念中被吸摄继取。正是因为如此,库恩的范式概念具备认识论方面和社会学方面的双重性格。和福柯的“知识型”一样,库恩的“范式”论也强调“历史的先验性”,认为任何科学命题都依赖于某种先验的原则,科学命题只有借助于这些先验的原则、预设、经验才是可能的。但库恩与福柯在这一肤浅的共性之下蕴藏着深刻的歧异:首先,福柯《词与物》的知识型理论是采取考古学方法,而考古学所要确定的并非思维、描述、形象和主题等明露暗藏在话语中的东西,而是话语本身,因此有学者指出,福柯的知识型只是处于理论的层面,同时又高出于世界观,植根于无意识的深处,但是库恩的范式是高出于理论层面的。库恩自己强调:“只要框架是研究的先决条件,那它对思维的控制就不仅是‘温敦愚笨’的,而且也是必要的。”① 库恩的辩护者玛格丽特·玛斯特曼(Margaret Masterman)也说:“事实上,库恩从没有在任何主要场合将‘范式’和‘科学理论’等量齐观。他的元范式在范围上要比理论广得多,而且其思路也先于理论,即是一种整体的世界观。”② 其次,由于库恩科学社会学的立场和美国实用主义传统的禀赋,因而“范式”被库恩视为一个依靠本身成功示范的工具、一个用现身说法而展示的解释方式,范式起实用工具的器范作用是主要的、决定的,引人入胜的典型范例不是以明确的规则昭示于人,只有通过非语言性的科学实践才能加以掌握。与此大相异趣的是,福柯的“知识型”不属于理念的范畴,而属于形式法则范畴,是其考古学挖掘的诸“非形式化知识”的话语实践无意识的、必然的形式规则,因此库恩的范式与福柯的“知识型”区别即在于,后者为“无明”(无意识)状态的“百姓日用不知”的形式规则,并非认知活动的模式。如果用宗教式语言“改换信仰”提示范式转换的特征,则范式是“有明”(有意识)或“潜明”(潜意识)人为建构与皈依迎迓的“定式”或格套。后者属于形而上之道,是知识本身内在的排列与构成的形式语法规则,前者属于形而下之器,是包括精神和物质两方面的科学认识工具或科学家的行动松散的思维规约。

库恩以物理学专业的学术出身转而致力于科学史研究,近代以来自然科学分化日益加剧,而库恩的“范式”概念,与知识体系由“science”向“sciences”转变一般,亦即与科学的专业分化密切相关。按照库恩的观点,各个专业领域“作为科学”得以确立自己的位置是由其“范式”,即是在这个专业领域的研究活动中获得

① 伊姆雷·托卡托斯等. 批判与知识的增长. 周寄中,译. 北京:华夏出版社,1987:326.
② 同①85.

拥有自身特点的典型范例的科学业绩所决定的。在库恩看来，没有学科范式，就不会有严格意义上的学术积累和思考开掘。他指出："范式代替规则将使我们对科学领域和专业的多样性更容易理解。当有明显的规则存在时，它们通常适用于非常广泛的科学团体，但范式不需要这样。分隔很远的学科的从业者，例如天文学和植物分类学的研究者，他们从非常不同的书本中所描述的科学成就中得到教育。"①

库恩本是锋颖凛凛挑战逻辑实证主义，企图以语言论来建立统一科学运动的反潮流者，他认为科学不是不可动摇的"万世一系"的事业，相反，科学应当是以由不同的专业领域或者物种构成的复杂的、非系统性的结构为特征的活动，故范式理论适宜于单一学科的话语分析。但是，福柯的知识型并不局限于某个固定学科之内，它在表面上互不联系的不同学科底层往来穿梭，并挖掘它们共同的话语语法构型规则。语言学、政治经济学、生物学等学科在主题上尽管相距甚远，似乎风马牛不相及，各说各的，按照库恩的观点是具不同"范式"的，但这些学科、理论、知识的内在构成、组织形式、表意法则却是幽径暗通的，在一个既定时空内具有不易看见的高度的相似性。在知识型的理论透视下，人们熟悉的范畴、类属开始分崩离析、学科、知识、事物的关联得以重新组合，知识话语的疆界被予以重绘。

自从自由法学在概念法学的壁垒中突围出来后，法学便走上了一条不归路。拉伦茨并非对"超越法律"现象视而不见，但没有像波斯纳那样极而言之。在"国王不存、只有诸侯"的众神喧哗的语境下，法学围城内外出入不再禁限关防重重。一方面如哈贝马斯言，法律对生活世界过度殖民化，社会领域被广泛地迅速法律化；另一方面，法律失去了自己的身份，被政治、经济和其他社会目标所分解。正是这样，法学穷变而通，其领域在过去的一个世纪里不断向一切可能的方向伸展以捕捉新的学术增长点，形成在高、宽和深三个方面全方位的长足进步，沐浴着社会科学其他领域八面来风的洗礼。阡陌划分、经界秩然的格局似乎成为明日黄花，溢出与渗入代替了往昔的井水不犯河水的知识景观，"社会科学在许多领域，提供给法律者一个新的琳琅满目的工具箱"②。事实上，我国法学家早在清末就质疑说："法律论果若此跼蹐天地，于现行法规定之外，不得一辞及之耶?"③ 王国维在清末民初亦云："为一学无不有待于一切他学，亦无不有造于一切他学。"④ 时至今日，跨学

① Thomas S. Kuhn, *The Structure of Scientific Revolutions*, Chicago: The University of Chicago Press, 1996, p. 49.

② Arthur Kaufmann, Winfried Hassemer (hrsg.), *Einführung in Rechtsphilosophi und Rechtstheorie der Gegenwart*, Heidelberg: C. F. Muller Juristischer Verlag, 1981, S. 200.

③ 苣苳. 法文解释法（译日本冈村司所著《法学通论》之一节）. 法政杂志，第一年第六期，宣统三年闰六月二十五日：188.

④ 王国维. 国学丛刊序//王国维. 观堂别集：卷四. 民国丛书第4编. 上海：上海书店，1992：188.

科（interdisciplinarity）之风尤其炽盛[①]，我们可以相信法学是一个独立的学科，但不相信一个真正具有活力和能解决问题的法学有可能是一个自给自足学科，不相信一个满足于自斟自饮的法学有可能是一个具有生命力和合法性的学科。事实上，法学和哲学都浸淫于时代精神之中，虽然表面各自疆域划然清楚，但井水不犯河水表相的底层却是浑然一体的地下水径流潜伏贯注于焉，其间存在学科话语底层共同的语法规则，即知识型。在学科分际的范式下，各专一术成为知识人的生活常态，各自株守一隅，与其他学科鸡犬相闻而老死不相往来，因此不能从贯穿各学科的横向维度思考其间共同的话语语法规则。知识型问题的研究虽然其重要性不容置疑，但由于其跨学科的性质，一直是我们研究的软肋。笔者考察经济法学的哲学基础可以说是对于福柯知识型理论的一个注解，仅属抛砖引玉而已。

① 瑞士心理学家皮亚杰（Jean Piaget）和奥地利学者埃里克·詹奇（Erich Jantsch）把“跨学科”（interdisciplinarity）与“多学科”（multidisciplinarity）以及“超学科”（transdisciplinarity）相区别，认为“多学科”是低层次的、利用多学科的知识进行研究，“跨学科”是中等层次的、多门学科间相互作用、相互补充的合作研究；“超学科”则是高层次的、不存在学科界限的统一研究。

第七章

中国特色经济法学发展的本土资源与未来趋势

清代著名学者阮元曾云："学术盛衰，当于百年前后论升降焉。"① 经济法学自20世纪初产生至今已届百年，是应该进行历史反思的时候了。笔者对中国经济法的概念的界说采用刘文华的表述，即中国经济法是有关确立国家机关、社会组织和其他经济实体的经济法律地位，以及调整它们在经济管理过程中和经营协调活动中所发生的经济关系的法律规范的统一体。中国经济法制建设和经济法学建设，都是在"当代中国"这个特定时空中展开的。中国的历史峨煌斑斓，垂五千年无文化断层，在世界上罕有其伦；而中国的改革开放所造成的社会转型现实如奔流不息的江河，昔日传统历史的"静如处子"与现代的"动如脱兔"的变异存在天壤之别。这一切都为我们研究经济法准备了一个"富矿"，是很具有开发性的膏腴之地。子在川上曰：逝者如斯夫！孔子当年"在川上曰"者已凝为历史的片羽吉光，而逝水悠悠，我们每个人其实都是时时刻刻以不同的方式"在川上曰"②，沿着浩浩汤汤的河流行吟。宋人黄庭坚尝谓："读书如禹之治水，知天下之脉络。"③ 我们研究经济法学理论演变的历史固然是为了濯去旧见、浚发新知，但更重要的是我们应该在从中国过去到现代的"逝者如斯夫"的河流上就我们亲身切眼的场景言语。学海溟蒙无涯，尽管我们贾余勇而撑筏前行，但距彼岸实实尚远，不过中国经济法学正是由我们触景而生的筏上戋语所构成的文本。有人说中国目前的社会转型是高难度的"卡夫丁峡谷"的逾越。笔者则认为，中国的经济法学其实倒不如说像旅美华裔学者唐德刚所言目前在"历史三峡"中转悠，在"轻舟已过万重山"之后，也许就可

① 阮元．十驾斋养新录序//陈文和主编．嘉定钱大昕全集：第7册．南京：江苏古籍出版社，1997：1．

② 朱苏力．阅读秩序．济南：山东教育出版社，1999：8．

③ 黄庭坚．黄庭坚全集：中册．郑永晓整理．南昌：江西人民出版社，2008：1109．

以“晴川历历汉阳树，芳草萋萋鹦鹉洲”[①] 了。关键是中国经济法学人必须既对历史和传统不刻舟求剑，亦对西学不随波逐流，要使中国经济法学充分利用本土资源，形成民族特色。

第一节　推参阐述：经济法定义方法论

中国经济法学和德国经济法学的研究都像费肯杰所说的那样偏好致力于经济法概念的界定。路德维希·赖泽尔（Ludwig Raiser）提到这样一种奇怪的背反性，即经济法的每位教师在教学中都不约而同地趋骛于对这个法域的对象和任务的追寻，而对劳动法这一同样仍相对年轻的学科却大相异趣，虽然鉴于该学科对实践和教学的重要性而对此存在着迫切需要[②]，然而整体概述迄今几乎仍不被鼓励。这种对于经济法概念的崇拜使学术界为此耗费了大量精力，因此有些研究者甚至放弃了进行定义的努力，而认为仅对经济法进行一个“开放的阐述，而非规范的界定”是可行的。[③] 在中国，几乎每本经济法教科书也都提出各自的经济法的定义，令人眼花缭乱，无所适从。马克思主义认为：“在科学上，一切定义都只有微小的价值。”[④] 哈耶克以一位经济学家独具之慧眼观察人类社会的行为规则，并以一位法学家的严密思维阐述这一规则体系。他也认为“X 是什么”这一问题只有在给定的秩序中才有意义。霍尔姆斯作为美国实用主义法学创始人，认为法律的生命不是逻辑，而是经验。他指出：“法律代表着一个国家多少个世纪的发展史，不能把它看作只是包含定理和推论的数学书。”[⑤] 笔者不想在此进行以提出一种界定为任务的研究，毋宁希望对于我国经济法学的概念界定方式加以方法论上的反思，或许这样的基础性探索更能有助于学术研究的深化。在笔者看来，经济法概念界定之所以林林总总，色色不同，其原因除了受时间的限制外，更为重要的是，缺乏一套定义科学的方法，目前的定义多属于一种个人主观意见的发抒或者可以称之为“地方性知识”。正是这样，规矩不立，各种定义的口径难以统一，只能各说各话，中国经济法学不仅在改革开放初期和在转向市场经济以后的概念具有不可通约性，而且产生了在当下市场经济法制建设中又以强调中国国情特殊性为借口而落入中西方文化对立窠臼的经济法定义。“经济法”如果作为一个科学化的概念，就起码应该具有普适性，而不应该是一面之词、一孔之见。黑格尔将“纯存在或纯有”当成“逻辑学的开端”，

① 彭定求等编．全唐诗：卷一百三十．北京：中华书局，1979：1329.

② L. Raiser，Der Gegenstand des Wirtschaftsrechts，*Zeitschrift für das gesamte Handelsrecht und Wirtschaftsrecht*，Bd. 143，1979，S. 338ff.

③ Fritz Rittner，Meinrad Dreher，*Europäisches und deutsches Wirtschaftsrecht：Eine systematische Darstellung*，Heidelberg：C. F. Müller GmbH，2008，S. 13.

④ 马克思，恩格斯．马克思恩格斯选集：第 3 卷．中共中央马克思、恩格斯、列宁、斯大林著作编译局编译．北京：人民出版社，1972：122.

⑤ Oliver Wendell Holmes，*The Common Law*，Boston：Little，Brown & Co.，1881，p. 1.

从这种“纯粹无规定性”出发逐步展开论证，即在于以内涵的最少规定性获取最大妥当性。局限于中国本土的现实实践和学术文献资源对经济法的定义，从一开始就采取主观的先见加入诸多规定性，这本身不符合定义的正确方式。西方法谚云：Omnis definitio in jure periculosa est；parum est enim ut non subverti posset（法律中每一个定义都是危险的，一个例外就可以推翻它）。

康德在《纯粹理性批判》中提出的一个著名观点是，将学问中使用的概念根据其基本性质区分为神学的定义和哲学的定义。日本法学家千叶正士（ちばまさじ）在《法律多元——从日本法律文化迈向一般理论》（Masaji Chiba，*Legal pluralism：Toward a General Theory Through Japanese Legal Culture*，Tokyo：Tokai University Press，1989）中将康德的这种区分加以如下理解，即前者可以被称为描述性定义（delineative definition），就像神学中的“神”一样，其性质是在学理思考开始之前作为先验真理而规定的前提性概念，随着思考的深入将其内容再进行演绎；而后者则可以被称为操作性定义（operational definition），像哲学中的“善”一样，其性质是作为首要问题先描述概念的外延，在此基础上，随着思考的进展，逐步深入概念内涵的分析。描述性定义作为学术开始阶段时描述对象所使用的定义，其要件是在确定该对象的外延方面，判明与其他事物的区别以及与其他学说的异同。而操作性定义则是随着分析的深入不断再构成的、作为根据事实阐明其内涵的工具概念，其要件是具有任何人都可以理解并使用的客观性。千叶正士认为，因为科学的概念是工具概念（tool concept），所以其概念规定是操作性定义，这种理解被作为世界上社会科学方法论的当然前提，就相当于对康德所说的哲学的概念的再规定。“这意味着，最初，尽管概念的外延已得到描述，但内涵却仍不明确，通过学术研究的深入始得到阐明，最后终于构成为精密、准确的一般性概念。然而，因为这也还不是真正的最终定义，仍需继续研究或修正，从这个意义上说，结论性定义永远只是一种假定。科学的概念就是建立在这样的操作性定义之上的。”① 一般来说，操作性定义是指根据可观察、可测量、可操作的特征来界定变量的含义，即从具体的行为、特征、指标上对变量的操作进行描述，将抽象的概念转换成可观测、可检验的项目。操作性定义是研究变量或有关概念与实际观察或活动之间的桥梁，将研究变量的抽象化形式转变为可观察、测量和操作的具体形式。因为概念的内涵和本质是无限的，所以在法学研究中，法律概念的定义往往都通过分解为若干构成要件的方式将其加以固定。与此相反，描述性定义常常包含着规范性的成分，因而也是一个规范性定义。中国经济法学著作对于经济法的开门见山的定义几乎无一例外属于描述性定义，这种定义由于每个人都有自己心目中的本尊佛，即自己对于经济法应该是什么模样有一种先入为主的理解，这样加以界定的概念自然带有强

① 千叶正士. 法律多元——从日本法律文化迈向一般理论. 强世功，等译. 北京：中国政法大学出版社，1997：233.

烈的定义私人性。尽管定义者在这种定义之后往往会论述所谓经济法的特征和经济法与其他法域的界限之类，但这并不能改变其描述性定义或者说规范性定义的性质，因为一个学科最大的、最基础的概念是不可能在其学科内部界定的，必然涉及经济法之外的基础概念。如果将此之外的基础作为"神"一样先验设定，也就是说视为理所当然的"应然"，那么这种界定的"实然"便是一种地地道道的"莫须有"而已。费肯杰将经济法定义为"经济法是以一般原则和通过总体或个别干预调整经济财产的流转安排的自由和其定分归属，在既定的经济宪法框架内，保障依据经济正义的标准所衡量的经济公民的自我发展和供给的重要法律规范的总和"[①]。但笔者认为关键并不在于其定义的内容如何，而在于其如何定义的方法，即其界定的"实然"背后"之所以然"。

费肯杰认为，对经济法的规范性概念加以界定的困难首先存在于，人们应该从哪里获取法规范围的事实性规定（sachverhaltliche Bestimmung）的标准，能否成功地识别出对加以规范的对象"经济"进行界定的"调整利益"（Regelungsinteresse）。其次，在于对经济法律本体关怀之根据的追寻。除生活事实之外，经济究竟是否有可能是法律调节的事实，如果可能，是否在政治上是合法的。再次，如果人们肯定了关于经济的可调性的问题，这种致力于经济的法律是否仅仅在于以在经济中实现宪法的基本价值和普遍法律原则为职任。因此，费肯杰是从法律规范[②]、经济、发展和供给，经济宪法这些经济法之外的概念入手，通过揭示交换价值和使用价值、市场价值和假如模态价值（Als-ob-Marktwert）→"混合经济"（mixed economy）→"经济调整"（Wirtschaftssteuerung）→理念价值→支出伦理（Ethik des Aufwands）与偏好伦理（Ethik der Präferenzen）→经济正义等一系列概念的链条逐步加入各种规定性进行经济法的操作性定义的。自奥肯以来，经济秩序就被区分为两种理想类型：一种为市场经济，另一种为集权经济，或者称为计划经济。费肯杰从法学角度进一步论证所谓混合经济（eine gemischte Wirtschaft）的经济秩

① Wolfgang Fikentscher, *Wirtschaftsrecht*, Bd. I, Weltwirtschaft, Europäisches Wirtschaftsrecht, München: Beck, 1983, S. 7.

② 徐孟洲在《经济法规的若干理论问题》中指出："所谓经济法规是指有权制定规范性法律文件的国家机关依照法定程序制定和颁布的调整国民经济运行和经济体制改革过程中发生的经济关系的规范性法律文件。"按照徐孟洲的观点，经济法规具有以下特点。第一，经济法规是一种规范性文件。它是经济立法的产物，但不等于经济立法。经济法规反映和表现作为部门法的经济法，但它并不等于经济法。第二，经济法规是调整国民经济运行和经济体制改革过程中发生的经济关系的法规，它规定的行为准则是具有经济内容的法律准则。因此，经济法规中规定的经济关系和经济活动准则，反映或包含着多种调整经济关系的法律部门的法律规范，如民法规范、劳动法规范、行政法规范、经济法规范。可见，经济法的规范性文件是经济法规，但只是经济法规的主要组成部分，而非其全部。如果把表现多种部门规范的经济法规说成是经济法部门规范的表现形式，则显然把经济法规所要调整和规定的范围缩小了。但也不能把经济法规规定的内容任意扩大，将一切具有经济内容或财产因素的法规（如《继承法》）都说成是经济法规。第三，经济法规是有权制定规范性法律文件的国家机关制定的法规。徐孟洲的这一界定使经济学和人们熟语所谓的"经济法规"所造成的误解较然而知。徐孟洲. 经济法规的若干理论问题. 中国人民大学学报，1992 (5).

序在讨论中是不必要的。在他看来，人们必须设想一种经济秩序从自由经济和计划经济元素中组成为同一部分。无疑，绝大多数经济秩序是以这两种元素构成，但这与“混合经济”这一概念建构无关。问题其实是，人们是否可以暂不考虑常规—例外关系，对于混合经济这一既不注重原则上的市场经济又不重视原则上的混合经济计划的经济秩序加以指称。按照目前知识的状况，这种经济秩序无闻于世。所有的经济秩序或者从原则上的经济自由出发，或者从原则上的经济计划出发，均实际上存在例外，且往往例外如此之多，以致规则大为受限，或许甚至走向反面，但原则区分并未消弭。换言之，人们可以将市场经济通过持续增加的干预，几至于转向其对立面。与此相反，计划经济亦可以作如是之设想：就像乌拉圭、南斯拉夫、阿尔及利亚和一些其他发展中国家表现出来的情形那样，对其经济主体“破例地”赋予如此之多的自由，以致接近于市场经济的结局。基于此，费肯杰认为，通常使用的“混合经济”概念并不产生对于经济法的阐述有所效用的法律后果。无论从马克思主义的观点还是自由经济的观点考虑，均不存在“第三条道路”。如果主张“混合经济”，大多掩饰了其前理解（Vorverständnis）。“混合经济”是一个描述性而非规范性意义上的经济基本状况的概念。经济法是实现在规范意义上一个既定的经济宪法的法律规范总和。

从这种前提出发，经济法在逻辑上其实包含两种迥然不同的理想类型，一种为计划经济的经济法，另一种为市场经济的经济法，经济法的概念必须包括这两种类型。费肯杰在对经济法进行定义时正式将这两种类型经济法均纳入其考虑之中而加以约分，寻找其最大公约数。因为这两种类型在类型学上是赅备无遗的，所以涵括这两种类型的经济法按照佛经的说法是没有“渗漏”的。费肯杰指出，在自由经济的国家，对市场秩序和财产秩序的确保构成一般经济法，总体和个别规制构成特殊经济法。在计划经济的经济秩序中，经济计划的法律构成一般经济法，可能的和总是仅仅在仄狭的空间“作为干预”而开放的自由经济发展构成特殊经济法。一般经济法和特殊经济法的区别不能被等同于自治经济（eine selbstgesteuerte Wirtschaft；即“保护性国家”，protektiver Staat）和外治经济（eine außengesteuerte Wirtschaft；即“生产性国家”，produktiver Staat）。这毋宁只是一个由各自的经济宪法的基础类型所规定的形式上的区分。一般经济法和特殊经济法一起构成作为实现一个既定的经济宪法的法律规范总和这一经济法的整体。在一个按自由经济组织的经济法中，经济首先是原则上自由的现象，其被视为自发影响的总和，包括无数独立决策的人的过程。经济原则上是一个自治的体系，这对于经济法而言意味着，这种自治按照法律政策的目标预设应该或不应该保持。因而，对于为自由经济所设计的经济法而言，经济是一个自由人活动的体系，这个体系原则上应该自我维系保持。经济运行的长期功能应该得以可能和确保的法律规定便是“一般经济法”。市场经济理性具有自由的载荷，计划经济理性具有专制和集权思维的载荷，对于这种二者择一建构可能被流露出来的态度秉持的随意性遂荡然无存。市场不是可以随意替换的“范式”，而是一种自由关联（Freiheitskorrelat）。正是这样，在市场经济法中，竞争成为“使命”，成为国家的活动（Der Wettbewerb wird zur “Aufgabe”, zur staatlichen Veranstaltung）。为了实现一般的，亦即在维系自动调控机制（Regelmechanismus）意义上的以经济为务的法律的任务，特殊的国家干预在这样的经济现象中出现，即监督（Reglementierungen）、合理化（Rationierungen）、垄断（Monopolisierungen）、重新分配（Umverteilungen）、补贴（Subventionen）。这些干预相对于原则上自由的经济运行而言首先表现为异类。为了正义，也为了保护经济自由本身，对症施治的干预（Interventionen）往往应运而生，进而成为国家立法和行政的义务。他们通过的法律也包含经济调节的因素，但与为维系一般经济运行的一般经济法不同，这些法律集矢于特殊的、具体的目的。在后面陈述的意义上，这种干预被理解为“特殊经济法”。在费肯杰的上述经济法定义中，也包括管理的（总体的或个别的）干预在经济秩序中为常态之规。正如在社会主义国家和许多发展中国家那样彰明较著的计划经济中，计划的原则（das Prinzip der Planung）和其贯彻的细节反而构成一般经济法，而特殊经济法或者全然阙如，或者也许被如是表现出来：与一般的计划思想相反，仄狭的自由空间是被许可的，在其中经济自治地得以实现。也就是说，计划经济的经济法的总体原则上，亦即其一般部分由引导、外部调整和干预组成，此外是否存在以例外方式让渡出的自由空间的特殊经济法，端赖于政治的决定。① 经济法通过使私法自治的与国家主权的调整共同作用，克服了将法律体系分为私法和公法的传统划分，但各个国家对此所采取的方式各有不同。西方各国的经济法原则上将经济的组织和流程交给了私法自治的构建，奉行里特纳所说的“私法优先”②，但这一构建在不同程度上或强或弱地受到国家高权要素的调整，以至少避免出现重大整体经济的错误发展甚或灾难。与此相反，前东欧集团国家的经济法原则上通过国家高权来规定经济的组织和流程，而给（不论是个人的还是企业的）私法自

① 以上内容均可覆按沃尔夫冈·费肯杰. 经济法：第1卷. 张世明，袁剑，梁君，译. 北京：中国民主法制出版社，2009：第1章. 正是这样，前南斯拉夫学者米·巴尔托沙认为，经济法的内容可以区分为所谓地位法（即关于联合劳动组织的法律地位法）、调整法（reglementarno pravo，即关于联合劳动组织同社会共同体的关系法）和经济业务活动的实体法（materijalno pravo，即关于经济领域中的商品和货币流通业务活动法）。左·安多列耶维奇. 南斯拉夫经济法的含义及其产生和发展. 熊家文，译. 法学译丛，1980（2）. 在两德统一之前，民主德国的经济法体系，按其时大多数经济法学者意见，包括：（1）总则（含所有权规范）；（2）计划性；（3）组织法（即经济法的法律地位）；（4）协作法（即合同法）；（5）债的履行保护法（即责任规范）。而市场经济国家的经济法学体系则截然相反。按照英国学者施密特霍夫（Clive M. Schmitthoff）的观点，经济法的下属部门包括：（1）金融财政规制（financial regulation）；（2）竞争经济规制（competitive economic regulationn）；（3）价格、所得规制（prices and income regulation）；（4）消费者保护规制（consumer protection regulation）。Schmitthoff, The Concept of Economic Law in England, *The Journal of Business Law*, 1966, p. 309.

② Vgl. Rittner, Über den Vorrang des Privatrechts, in: Albrecht Dieckmann (hrsg.), *Festschrift für Wolfram Müller-Freienfels*, Baden-Baden: Nomos, 1986, S. 509 ff.

治的行使仅仅留下相对来说很狭窄的空间。[1] 从费肯杰的定义可以看出，中国经济法学关于经济法的定义明显存在时间和地域上的偏颇，而苏联经济法几十年的争论之症结亦可由此得到解释，相反，费肯杰的经济法定义涵盖了世界经济法、欧洲经济法和德国经济法，以致被中国学术界因从二手资料管窥蠡测而称为“泛经济法说”。

耶林当年曾抨击法律地方主义，指出：“人民的生活不是孤立地相互存在，而是……敌对的或友好的相互接触、相互影响的系统，给予与汲取、吸收与传播，简而言之……是一种巨大的交换行为……通过船只运来货物，商品再流通回去，收敛黄金的商人通过设厂留下了模仿的样板和工业的胚胎。语言、风俗、宗教、价值、理念、偏见、信仰、迷信、工商业流通、艺术、科学——其全部服从于国际交流与国际影响的法则。那么法律呢？……西班牙法学家所进行的思考，节省了德国学者的精力，荷兰人继续扩建法国人所打下的基础，意大利法庭的实践对所有其他国家的司法审判发挥了决定性的影响……从这一点出发，各个国家的法律显得多么的贫乏——成文典章笨拙地试图在一小国内解决那些问题，而罗马法早已经在全球范围内以不可超越的方式实现了该问题的解决。”[2] 中国经济法学对经济法的定义也许应该视野更为开阔一些，对改革开放初期一些师法苏联的经济法理论并不一定唯我独尊地进行全面否定，其实求解的方式存在多种可能性。如前所述，社会主义经济法和资本主义经济法从产生渊源来说就是同气连枝，被总称为“资本主义批判”（die Kapitalismuskritik）的来自马克思主义者和其他方面反对经济权力的批评对资本主义经济法的发展本身具有不可磨灭的贡献。德国经济法学界长期以来就注重对于苏联经济法的研究，而迄今仍然有德国—俄罗斯经济法学会（注册）（Deutsches und sowjetisches Wirtschaftsrecht Ⅳ），相关活动还颇有声色。加之在当今经济一体化格局下，与过去在政治现象中将内政和外交截然分割古典的“外部政治”（Außenpolitik）相对立，所谓“世界内政”（Weltinnenpolitik）不仅解决国家利益（diese Nationalen Interessen），而且试图平衡所有国家利益（die Interessen aller Staaten），并将整个人类作为整体考虑。除自发地基于法律继受（Rechtsübernahme，Rezeption，Rechtstransfer）或在一种互相比较的演化程序中发生的法律一体化（Rechtseinheit）外，国际统一法（internationales Einheitsrecht）更造成法律统一化（Rechtsvereinheitlichung）、“法律趋同”（Rechtsangleichung）或“协调化”（Harmonisierung）。尽管中国学术界有人将国际经济法称为国际法学中的“怪胎”，但是国际经济法和国际经济法学的发展却依然势不可遏，不以个人意志为转移，因此中国经济法学界对于经济法的定

① Fritz Rittner，Meinrad Dreher，*Europäisches und deutsches Wirtschaftsrecht*：*Eine systematische Darstellung*，Heidelberg：C. F. Müller GmbH，2008，S. 16-17.

② 罗尔夫·克尼佩尔．法律与历史——论《德国民法典》的形成与变迁．朱岩，译．北京：法律出版社，2003：10.

义应该突破近代民族国家的知识框架束缚[1]，会通之识殆需再三致虑于斯。笔者最近看到2007年德国学者维默尔、米勒合著的《经济法：国际的、欧洲的和国家的》（Norbert Wimmer，Thomas Müller，*Wirtschaftsrecht. International-Europäisch-National*，Wien-New York：Springer，2007）就是取法于费肯杰的经济法叙述范式。从20世纪90年代起，伴随着国际贸易摩擦的激烈化和美国对不公正贸易制裁的措施的运用，日本学者开始注重对外国经济法的比较研究便成为经济法学研究的一个重要转变趋势，许多经济法学者均出版了国际经济法著作，松下满雄的《国际经济法》即是其明证，以至于日本国际经济法学会最终从经济法学会分离出来，由研究国际经济法和经济法的学者共同成立了新的国际经济法学会。综上观之，经济法学者在定义经济法时应该尽量祛除自己的知识蔽障而使之具有普适性，否则这种定义很可能是一件无法穿的“紧身衣”。

费肯杰之所以采取这种定义方式，涉及的是一个工作方式问题，这种工作方式是通过有组织的思考所获得的，是实践其“推参阐述”的法学方法的表现。也就是说，这种定义方式背后有其法学方法论的支持。费肯杰的五卷本《法律方法比较论》被拉伦茨誉为“里程碑式不朽之作”（monumentalen Werk）[2]，奠定了费肯杰在法学方法研究方面举世无与伦比的权威地位。Synépeia analysis是费肯杰独创的一个概念，在许多法哲学著作中都有人征引、阐发和袭用，笔者就此专门向费肯杰求教，费肯杰作了详尽的解释，足足在稿纸上写了半页对此解释的关键语汇，谈了自己的思想发展心路历程。笔者根据费肯杰的现身说法，并结合拜读其《推参阐述和一个诸法律的推参阐述性定义》[3]和《在法律和正义中的思想模式：关于法律人类学研究的初步报告》[4]等著作，对此方略窥门径。这一概念初见于费肯杰《法律方法比较论》第5卷，第30、32页。[5]费肯杰自言其深受古希腊哲学的影响，此概念源于希腊synépeia（相当于德语Folgerung，Konsequenz，abgeleitet）。在英语

① 张世明. 法律、资源与时空建构：1644—1945年的中国：第2卷. 广东：广东省出版集团、广东人民出版社，2012：第2章.

② 拉伦茨的《法学方法论》之正文和陈爱娥的译文序均开篇引述费氏《法律方法比较论》的观点。

③ Wolfgang Fikentscher，Synepeik und eine synepeische Definition des Rechts，in：Wolfgang Fikentscher，Herbert Franke and Oskar Köhler（hrsg.），*Entstehung und Wandel rechtlicher Traditionen*. Freiburg-Munchen：Karl Alber，1980，S. 53-120.

④ Wolfgang Fikentscher，Modes of Thought in Law and Justice：A Preliminary Report on a Study in Legal Anthroplogy，Berkeley：Center for Hermeneutical Studies in Hellenistic and Modern Cultures，Graduate Theological Union and University of California，Berkeley，1988.

⑤ 《推参阐述和一个诸法律的推参阐述性定义》（Synepeik und eine synepeische Definition des Rechts）在1980年出版，见于沃尔夫冈·费肯杰、赫伯特·弗兰克、奥斯卡·科勒主编《法律传统的形成和变迁》（Wolfgang Fikentscher，Herbert Franke，Oskar Köhler（hrsg.），*Entstehung und Wandel rechtlicher Traditionen*，Freiburg im Breisgau：Alber，1980）。笔者在马克斯-普朗克知识产权、竞争法和税法研究所期间一读到这本小册子就为其思想所吸引，因为此系费肯杰在五卷本《法律方法比较论》的基础上深入研究、提炼，通过若干次会议的研讨打磨，最终形成的一生最精华的思想结晶，和波普尔

中，复数 synepeiks 被使用，用法类似于“ethics”（伦理学）、“cybernetics”（控制论）等，而在德语中多被用做单数（如同 Ethik，Kybernetik），即 Synepeik。费肯杰在对笔者解释时，为了使笔者对此不致误解，在稿纸上提笔如是写道：Synepeik＝consequential reasoning/arguing。据此笔者将此译为“推参阐述”。Synepeik 和批判理性主义（Kritischer Rationalismus）看上去相似，因为两者都主张不从公理出发，批判理性主义带有不可能得出逻辑上无异议的归纳性结论的印记。与此逻辑相一致，批判理性主义由此得出贯穿性理论的理性证明是不可能的结论。推参阐述与批判理性主义的做法一样不是仅仅试图在逻辑上重新检视某一既定理论的不同，而是揭示某一既定理论所设定的目的、所选定的原点及结果中隐藏的协调与冲突。对公理以及结果间前后关联的尝试性发掘会发生在推参阐述中，如有必要还可“每况愈下”及于历史结论及后果。推参阐述有意识地跨越演绎的逻辑界线而进入评判经验领域。就此而言，推参阐述超越了批判理性主义的框架，扩展到历史经验之中。其感兴趣的是能被观察、感觉到的经济、政治、法律、历史结果，有意识地从一种思维方式转移到另外一种思维方式，区隔和体系化这些思维方式，但承认它们所有均是人类思想获得结果的可能性工具。推参阐述思维首先没有追问这个理论的正确与否。为了考察某一理论内部前后一致的思想，它先姑且假定既定理论的正确性，远离价值认识论和其他认识论的争论，使认识论成为认识论的认识客体（Es macht Erkenntnistheorie zum Gegenstand von Erkenntnistheorie），坚决反对认识理论的合一化（erkenntnistheoretisches Synkretism）⑥，使一种可能略微类似于比较法的比较哲学方式成为可能（Die Synepeik ermöglicht also Eine Art Philosophie-Verglichung，entfert der Rechtsverglichung ähnlich）。美国学者苏珊·罗弗·布朗（Susan Love Brown）将费肯杰的推参阐述解释为“文化依赖认识论”（culture-dependent epistemology）⑦。

费肯杰在其两卷本《经济法》中讨论世界经济模式时就说明了这种推参阐述的方法。第一步，从这样一个假设出发：每种文化的思维方式都有其自身的经济模式可以利用，即使它是历史形成的和带有国民经济的铭记。如果特定的经济政策目标

的《猜想与反驳》（Karl Raimund Popper，*Conjectures and Refutations*：*The Growth of Scientific Knowledge*，New York：Basic Books，1962）、约翰·塞尔的《心灵、语言和社会》（John Searle，*Mind*，*Language and Society*：*Philosophy in the Real World*，New York：Basic Books，1999）一样短小精悍而魅力摄人。笔者将该文稿复印，回国后与我的博士生冯永明、孙哲利用半年时间已经将其译为中文//张世明，刘亚丛，王济东主编．经济法基础文献会要．北京：法律出版社，2012：33-108.

⑥ 费肯杰在对笔者解释时，引证了一句谚语，意谓人不能吃一个蛋糕而又拥有它，后查证其德文为应为：Man kann nicht einen Kuchen aufessen und ihn dennoch behalten，说的就是不同思维方式，用中国习语言之，即是“道不同不相谋”。

⑦ S. L. Brown，Modes of Thought：A Study in the Anthropology of Law and Religion，*Political and Legal Anthropology Review*，Vol. 20，No. 1，1997.

被设定，那么只需要追问，如何能够在既定的思维方式经济模式之内追求和实现有关的目标。如果它不可能被实现，则应该被追问，既定经济模式的规则是否可能未被正确地使用？一个经济模式首先只能从本身出发对其内在的一致性和效率能力加以考察。结果是正确的还是错误的，不依据通用的标准（诸如“西方的理性”），而是根据一个既定经济模式设定的前提条件。结果仅仅适用于模式内部。这个观点被称为“推参阐述Ⅰ”（Synepeik Ⅰ）。其次，评价者和比较观察者自然而然地面临这样的问题，如果某一经济模式“失灵”，这种失灵或许不仅仅由于思维模式前提错误地被使用，而是由于人们从错误前提出发。如果人们以另一个经济思维模式为基础，人们可能将得到其他结果。第二步，在经济领域进行思维模式的效率能力比较，在这里与第一步，即与在一个思维模式内部致力于推参阐述的、一致性的思考，是相分离的。这种“从外部”进行的思维模式的效率能力的评价在这里被称为“推参阐述Ⅱ”（Synepeik Ⅱ），是直觉和带有感情色彩的，但不完全是不合适的。“推参阐述Ⅱ”依据在于另一范围的其他外部评估尺度。第三步，从通用的标准出发并且由此使思维模式比较的评价得以可能。作为通用的评价基础的最小公分母可以被称为“推参阐述Ⅲ”（Synepeik Ⅲ）。在法学领域，在推参阐述Ⅲ的框架中涉及“文化间基本价值”（interkulturellen Grundwerte）。最后，人们还可以继续向前迈进一步，在推参阐述Ⅰ、Ⅱ和Ⅲ的基础上制定战略。这些战略可以是思维模式的保持也可以是思维模式的改变。显示什么行不通，已经是推参阐述Ⅳ（Synepeik Ⅳ）战略的一个实质部分。

第二节　时空延异：中国经济法学前史中可利用本土资源蠡测

时空问题目前在各个学科领域已开始引起高度关注，人们纷纷致力于将空间性从背景地位解放出来，将空间知识作为梳理现代复杂世界的方法，通过对时空问题的刮目相看也许能够搭建多学科对话的理想平台。

我国台湾地区学者苏永钦在研究经济法时反复强调国家幅员大小与法律制度设计相匹配的问题。他认为，经济法的理念偏重合目的性，尤其是国家经济整体的正确性，与一般财产法偏重对等公平、法律安定等理念不同，同时前者因地制宜的需求要比后者大。经济法较诸民商法之不同在于，不具有任意性和国际性，不能像民商法的立法者那样把外国现成的规定依样画一遍葫芦，就面对社会现实的立法学要求而言，经济法比任何其他法域也许都强烈得多。笔者对此深以为然。按照列伏斐尔（Henri Lefebvr）等人的观点，社会现实不是偶然成为空间的，不是存在“于”空间的，它在先决条件上和本体论上就是空间的，不存在没有空间化的社会现实，也不存在非空间的社会过程。笔者有一个很深刻的感触，在研究中国的法律、经济等问题时，中国作为“大国”的空间性往往被视若无睹，仅仅被作为无须赘言的背景衬托，而对其在社会各层面的深刻影响概未见。正是由于中国在历史上很早就出现“大一统”政治格局，在古代世界历史上是超大型国家，与西欧小国林立格局迥异，而治理大国与治理小国存在显著区别。中国古训云：“治大国若烹小鲜。”由于大国的空间范围大，其政治法律举措的覆盖面和辐射力与小国相比自不相侔，“放大效应”甚强，轻举妄动地更改政令则容易将烹煮于锅的小鱼弄烂，因此中国历朝历代统治者勤求至治多主以定静为宜，其最重要的社会目标即是“天下太平，长治久安”。稳定和谐的社会是中国历朝历代统治者孜孜汲汲的鹄的，历代君主的贤愚功过均以社会的治乱为准绳加以评判。正如林岗所说：“超大规模国家的社会转型有它自己的独特历程，史学界讨论近代史时对这一点并未给予足够的注意。国家的超大规模会带来一连串问题，例如我们今天可以绝对肯定的一点是这个过程特别漫长。如果日本近代化的时间表是用年（year）的单位的话，中国近代化的时间表则是用年代（decade）做单位的。”① 在现代化转型过程中，船小自然好掉头，近代中国现代化过程由于家大业大的包袱造成了转型的步履蹒跚和旷时费日。美国普林斯顿大学社会学教授罗兹曼（Gibert Rozman）网罗伯恩斯坦（Thomas P. Bernstein）等顶尖学者勠力合作编纂的《中国的现代化》（*The Modernization of China*，New York：Free Press. 1981）一书认为，中国人民对本民族文化的自豪感和中国文明具有站在世界发展前沿的能力，辽阔的疆域和众多的人口、统一的和相对集中化的行政的传统等，都将有利于中国的现代化。然而，我们也应该看到空间超大化使中国现代化转型所需时间甚多的另一层面。殷海光在《中国文化的展望》中探究康有为等推动变法维新运动之所以失败的原因时云：“康有为图功太急，缺乏历史感，把事情看得太容易。他对光绪皇帝说：‘变法的章程条理，皆已备具。若皇上决意变法，可备采择，但待推行耳。泰西讲求三百年而治，日本施行三十年而强，吾中国国土之大，人民之众，变法三年，可以自立；此后则蒸蒸日上，富强可驾万国。’我不知道康有为行的什么推理（reasoning）。较小的日本变法，‘施行三十年而强’，较大的中国变法，反而只要三年。慢说光绪皇帝只是一个有名无实的君主，即令他是康熙，他是威廉大帝，他是彼德大帝，以这样一个‘老大帝国’，在短短三年的时间以内要变法也变不了的。火车越长越难开动。”② 长于逻辑经验分析哲学的殷海光对康有为的变法时间观念表示匪夷所思。而且正是由于中国领域空间庞大，19世纪40年代以后，中国成为欧美各国远东政策众目睽睽、虎视鹰瞵的主要对象，各现代化先行国家视中国为见者有份的肥肉，这样领域空间狭小的日本所承受的侵略压力便相对减弱；因此许多外交史学者得出研究结论，日本是在印度和中国作出了牺牲的前提下实现了独立和近代化的。日本学者依田憙家（よだよしいえ）曾这样写道：日本的领土远远小于中国，而且四周被大海包围，因此处于江户时代中期的

① 林岗. 超大规模国家的近代化. 读书，2000（6）.

② 殷海光. 中国文化的展望. 上海：上海三联书店，2002：422.

交通工具的阶段，就比较容易形成统一市场。“而中国，由于是一个拥有广大国土的内陆国家，所以在当时的交通工具阶段就难以形成统一市场，因而也就缺乏实现近代化的重要前提。清王朝中央权力的软弱和割据倾向日趋强化，直至辛亥革命后出现了军阀割据混战的情况。但是，经过第一次世界大战，中国沿岸和内河的轮船航运以及铁路达到了相当发达的程度，于是正式形成了以中国本土为范围的统一市场，完成了近代化的重要前提。”① 由此不难看出，领域空间辽阔的大国实现现代化转型的时间与蕞尔小国相比不可同日而语。这种大国格局对于目前中国经济法律制度的现代化转型仍然具有我们学术界和一般老百姓均熟视无睹的巨大的影响力。

正是这样，我国台湾地区学者苏永钦先生在研究经济法时反复强调国家幅员大小与法律制度设计相匹配的问题。笔者对此深以为然。费肯杰先生在《经济法》第1卷谈及世界经济规制法时这样指出，越是小的国家，一般越会形成在国家和企业之间的利益共同体。反过来，国家越大，越是倾向于以反托拉斯法的手段和其他法律武器的抵抗政策驱动型经济。费肯杰先生讲过这样一个法律现象，即特别是在大国当中，国家规制经济措施通常不会产生跨国的域外效力。经济联系越紧密和国家越小，国家规制经济的域外效力越是经常不期而至，往往与在关税和贸易总协定意义上包罗甚广的非关税导致的贸易限制的概念发生联系。可见，小国的经济法律制度与大国的具有很大差异。有些学者在介绍日本经济法时对日本的产业行政指导制度下的政企协商与合作称羡不已，奉为圭臬，殊不知中国并不能削足适履于如费肯杰先生所言的小国模式。我们可以从瑞士、丹麦这些领土面积较小的国家的情形看出，这些国家不需要像美国、中国这样制定反垄断法并作为市场经济法律建设的拱心石，因为所谓“大象婚礼”（Elefantenhochzeiten）的巨型企业之间的结合、并购等在大国固可施以严苛禁限，但在小国则由于其本身领土空间狭小，唯恐自己的企业不能做大做强，能够有一家在世界上财雄势壮的大公司，是求之不得的幸事，鼓励之不遑，又讵忍干涉斫伤?② 正是这样，瑞士人最爱讲的一句话就是：“瑞士是

① 依田憙家．近代日本与中国日本的近代化——与中国的比较．上海：上海三联书店，1988：137.

② 拥有巨大的市场容量和潜在容量是大国经济的重要特点和优势。按照斯密定理，分工取决于市场范围。这一定理揭示了市场规模的重要性。在既定的技术水平条件下，规模经济会受到市场容量的约束。市场容量约束对规模经济产生的影响主要体现为总需求对企业产出总量和企业数量的约束，不同的总需求必然对应于不同的企业规模和企业数量。国内市场容量大的大国企业更容易实现规模经济，而在国内市场狭小的小国，一个企业纵然具有实现规模经济的能力，但囿于市场容量的约束，也往往难以实现规模扩张。小国企业产品的规模经济大多难以在国内市场上实现。关于“边界效应”的研究表明，在收入、距离、可替代的贸易机会等都相同的条件下，两个不同国家之间的贸易机会远低于一国之内两地区之间的贸易量。在存在较高贸易壁垒的情况下，对大国而言，由于国内市场容量大，因而在内部规模经济条件下，单个企业生产可以充分获益于规模经济，规避边界效应所带来的负面影响。这是因为，假设一种商品能够长期大规模生产，那么，规模经济就可能大幅度提升其经济效率。一般而言，大国经济内部的市场特征不会是均质的，往往会呈现出较大的内部差异性。这尤其为区域分工和区际贸易的发展提供了有利条件。相反，对于国内市场容量较小的小国而言，在国际市场存在贸易壁垒的情况下，由此产生的市场分割将严重妨碍小国企业生产规模的扩大以及国内的分工深化，难以实现内部规模经济和外部规模经济，从而无法利用规模经济涵养和提升竞争力。

一个特例。”吉娜·马莱在《美食的最后机会：快餐时代美味的悲剧宿命》（Gina Mallet，*Last Chance to Eat*：*The Fate of Taste in a Fast Food World*，Toronto：McClelland & Stewart，2005）一书中写道：在英国，超市对食品的垄断现象比北美更甚，因为前者地域狭小。当今整个英国就只有少数几家大型连锁超市，它们几乎占领了所有食品市场，其他小型企业全都被排挤在外。① 同样，荷兰长期以来也被认为是“卡特尔天堂（cartel paradise）”。直到1998年，竞争法在荷兰才实现从滥用到禁止的制度改变。由于领土空间的原因，这种小型国家不仅可以很方便地实行直接民主体制，而且在法律制度的设计上表现出明显的特殊性。而中国作为一个大国，在法律制度的设计上自然不可能与小国的模式相同，前几年中国通过的反垄断法对于市场经济的健康发展具有重要意义。美国法之所以存在对大企业疑惧不已、对企业竞争讴歌不止的反托拉斯民众基础，而诸如瑞士等小国之所以如同瓦尔特·施吕普所说“普遍存在于人们生活中的合作社思想（genossenschaftliches Denken）”② 导致对于卡特尔行为的宽容，原因即在于此。

正如毛泽东所说，“中国是一个大国——‘东方不亮西方亮，黑了南方有北方’，不愁没有回旋的余地。”③ “‘留得青山在，不愁没柴烧’，虽然丧失若干土地，还有广大的回旋余地。”④ 没有回旋余地，三十五计用完，第三十六计就用不上了。殆三十六计者，走为上计也。毛泽东这里所谓第三十六计用不上，无处可走之谓也。因为国土广大，革命者则可以在不利时避开敌人的战略重心，另辟蹊径，纵横捭阖，开拓出新的革命根据地。中国领土空间广大的事实不仅为中国人民抵御外国侵略者提供了“以空间换时间”的战略回旋余地，为中国共产党领导的革命事业提供了“东方不亮西方亮”的星火燎原机会，而且在市场经济条件下为当今的和平建设事业提供了得天独厚的庞大内需市场。由于中国领土空间广阔，地区之间经济发展不平衡在所难免。毛泽东同志在《论十大关系》中就从辩证法的角度阐述了沿海、内地之间的经济关系平衡问题。改革开放后，国家实行西部大开发战略、振兴东北老工业基地战略等，环渤海经济圈、长江三角洲流域经济圈、环北部湾经济圈等一大批功能整合经济区域纷纷出现。经济法律关系作为经济法所调整的社会关系之法律形式，依其三类对象基本分为三种类型，即经济管理法律关系、竞争法律关系、组织管理性的流转和协作法律关系。所谓组织管理性的流转和协作法律关系，主要是指各地区、各部门、各行业、各组织之间在财产流转、商品交换、生产协作等过程中发生的经济关系。平等的国家机关或

① 吉娜·马莱．美食的最后机会：快餐时代美味的悲剧宿命．杨博，译．重庆：重庆出版社，2006：182.

② 苏永钦．关于防止限制竞争立法的基本问题//苏永钦．民法经济法论文集．台北：著者自版，1988：372.

③ 毛泽东．毛泽东军事文集：第1卷．北京：军事科学出版社，中央文献出版社，1993：709.

④ 毛泽东．毛泽东军事文集：第2卷．北京：军事科学出版社，中央文献出版社，1993：335.

财政主体在行政或财政上不具有隶属关系，彼此之间以独立的主体身份进行平等的交往，在上级的协调指导下开展经济协作，本着市场主导、政府推动的原则，统筹协调，推进合作，互惠互利，实现对资源的有效调整。例如，苏沪津等沿海省市分别与新疆、广西、云南、西藏、宁夏、甘肃、陕西等西部省区的政府签订经济合作协议，建立长期稳定的对口协作关系；山东省政府与深圳市政府等合资兴建齐鲁钢铁基地；水电部与云南省政府等合资兴建水电站；等等。一方面，这样形成经济协作法律关系；既属于经济范畴，直接受价值规律所制约，并不因政府意志的加入而改变性质，当事人之间相互承诺、交易对价、由市场规律决定成交和价格、违约救济和实际补偿等客观要求应当贯穿于这类关系，不应由行政法调整；另一方面，它又不仅是一种横向的经济关系，而且是一种带有纵向的经济关系，直接体现政府意志或以政府意志为主导，具有计划管理经济的性质。① 这些关系往往是不同程度地与国家计划、产业规划、国际竞争以及社会整体利益密切相连，影响着社会主义市场的整体运行状况和全局利益安排，具有公私交融性质，应由经济法调整。其他大量的经济往来中的财产关系和一般性的经济协作关系，则均由民法调整。经济法主要调整宏观领域内的经济协作关系，主要调整全国性的，或者跨地区、跨部门的重要的经济协作关系。在中央协调下，各省之间跨区域经济协作合同绝非简单的民事合同，而是体现了国家干预意志的经济合同。在这种意义上，中国作为大国的领土空间结构决定了其经济法的发展必将是“广阔天地，大有作为”。

由于现代交通和通信、传媒技术的改变，不在场的东西日益决定在场的东西，大量的社会活动越来越可以借助于“在场可得性”降低（即行动者缺席）的系统性整合完成，社会关系从地方性的场景中“挖出来”并在无限的时空地带中“再联结”，呈现出一种“无地方性”或“脱域”的全球化图景。经济法学界和经济学界往往对中国经济法律制度近些年来在国际格局中受到外力压迫引起的变化并没有进行深入思考。中国加入 WTO 前后一段时间所谓“狼来了”的警告的确为国人口头禅，中国政府为了加入 WTO 和加入之后为了履行承诺的确曾经一度集中力量对于既存的与关贸总协定相违背的一些法律规定进行清理、调整和修改。但时过境迁，加入 WTO 之后的兴奋和新奇感觉逐渐消失后，喜新厌旧的心理使人们对于加入 WTO 之后国外对于中国法律和经济的无形压力所促成的变革习焉不察。事实上，中国近年的重大法律和经济制度变革固然是中国改革实践的智慧结晶，但外部体制性压力却是不容被置之度外的。马斯洛（Abraham Harold Maslow）的人生需求理论对于解释诸多学术问题的效力已经得到公认，但笔者在此并不想采取这一理论依赖路径，仅从人生的时间维度简单分为青少年需求、中年人需求和老年人需求三部分。质言之，青少年需求主要在于教育，中年人需求主要在于住房，老年人需求主

① 史际春，邓峰．经济法总论．北京：法律出版社，1998：54，184．

要在于退休养老和医疗保险。这些需求可谓国计民生的根本出发点，中国近年来的经济法律制度的重大变革在2002年以前有两个值得关注的方面：一个是以大学扩招为重点的教育产业化政策，另一个是以结束福利分房为重点的培育房地产市场政策。1999年推出的大学扩招政策，使中国的大学承载起了协助政府推进经济增长的任务；1998年，国务院发布的《关于进一步深化城镇住房制度改革加快住房建设的通知》宣布全国城镇从1998下半年开始停止住房实物分配，全面实行住房分配货币化，从此买房成了中国人最大的一项消费。这两项政策及其配套法律法规的背后的政府谋利动机应该说是比较明显的，其出台与当时亚洲金融风暴蔓延的国际局势压力有关，对症施治于人生青少年和中年阶段主要需求，通过这种消费刺激对国家财力的积累和充盈产生了明显效果。但正是基于国家本位取向，2002年前的政策和法律对于惠泽百姓方面的作为比较消极，因此在人生第三大需求部分，即老年人退休养老和医疗保险问题上关涉政府从口袋掏钱，政府在这方面就不像在教育产业化、培育房地产市场上举措踊跃。前些年，特别是在农村，脆弱的生命的权益面对医疗保险空空如也的制度缺场，高额医疗费用往往使人们难以负担。在德国，"生存照顾"① 在1945年以后就变成被认可的国家任务。然而，中国农村医疗保险法律制度在2002年后取得了长足进步，这和政府本身的观念改变、此前国家的教养生聚有关，但也和加入WTO后外国保险业逐步涉入的压力不无关系。因为政府即使从自身利益出发，也有必要做大做强本国保险企业，与其肥水流入外人田，不若自己及早跑马圈地，因为这种医疗保险市场的开发本身也是一块巨大的蛋糕。再举一个事例，2002年前，中国农村由于税费法律制度问题经常引发农民和地方基层的矛盾，尽管中央政府的态度斩钉截铁，投入大量人力物力，但乱收费现象一直难以遏止，经常闹得乡里之间鸡犬不宁，民怨沸腾。2005年，第十届全国人大常委会第十九次会议通过了从2006年1月1日起废止农业税条例的决定草案，从公元前594年鲁宣公颁布"初税亩"算起在我国已走过2 600年历史的农业税最终宣告终止，这样釜底抽薪之后农民不但无须交税，而且还可以得到国家农业补贴，于是局面顿然改变，过去那种厉禁不止的向农民乱收费的现象成为历史遗迹。这种法律制度的变革显然是和国际上发达工业化国家的农业法律制度接轨。事实上，随着加入WTO，为了消除贸易壁垒，反补贴制度将对我国农业竞争力产生越来越深刻的影响，中国的政策和法律制定者并非没有看到这一

① "生存照顾"（Daseinsvorsorge）最早是由福斯特霍夫在其名著《行政作为给付主体》（Ernst Fosthof, *Die Verwaltung als Leistungsträger*, Stuttgart：Kohlhammer，1938）中提出的概念。正如奥托·迈尔所说，"警察国家中的法，是一个概括的名词，使得所有的管理都成为可能"。（Zitier nach Hans J. Wolff；Otto Bachof；Rolf Stober，*Verwaltungsrecht*，Bd. 1，10. Aufl.，München：Verlag C. H. Beck，1994，S. 77ff.）降及近代法治国理念大行其道，德国法律开始转向国家和社会的二元性分离，行政法的任务限于消极保障人民不受国家过度侵害之自由。福斯特霍夫提出服务行政理论，且主张干涉行政与服务行政并称的"新行政法学"的转折，在德国其实同时具有断离性和继承性。

点，在这种历史转折关头作出如此抉择无疑正当其时。国内和国外之间的诱因互动关系昭然可见。

中国法学界关于“本土资源”的话语主题的形成无疑是由北大法律系教授朱苏力所导引的。朱苏力从国外留学回来后出版了《法治及其本土资源》一书，遂如风拂湖面而吹皱一池春水，引起广泛讨论。朱苏力在书中指出：“中国现代法治不可能只是一套细密的文字法规加一套严格的司法体系，而是与亿万中国人的价值、观念、心态以及行为联系的；要建立法治，在一个维度上看，就是要重新建立人们在社会生活中对他人行为的确定预期（政府行为也正是通过一个个具体的个体的行为完成的）。”① 在朱苏力看来，法律像历史和文化一样，源自创造它的人们的生活，并永远属于他们自己，中国法学研究的方法目前仍相当落后，从应然命题到实然命题，必须充分考量中国的国情。他认为：“本土资源并非只存在于历史中，当代人的社会实践中已经形成或正在萌芽发展的各种非正式的制度是更重要的本土资源。传统也并不是形成文字的历史文献，甚至也不是当代学者的重新阐述，而是活生生地流动着的、在亿万中国人的生活中实际影响他们的行为的一些观念；或者从行为主义角度来说，是他们的行为中体现出来的模式。”②

其实在中国法学界，比朱苏力更早提出中国法学的本土化的是梁治平，他认为“本土化”的本义应该是关注已身的经验，把一套关于社会的知识牢牢建立在此一经验的基础之上。③ 香港《中国社会科学季刊》在 20 世纪 90 年代围绕中国社会科学本土化展开讨论，朱、梁均积极投身其间。此次讨论是延续 20 世纪 30 年代社会学界费孝通、吴文藻等先贤的话头④，而改革开放后我国的社会学界旧话重提以及旅美华裔学者蔡勇美等人研讨“社会学中国化”（Sinicization of sociology）则对这一问题的研究进行了先行的理论开拓。与朱苏力的本土资源理论异说争鸣的是田成有、史青的《法治中几个老问题的新见解》。此二人说：“主张本土化的基本依据是本土资源的优势，以及这种优势得到积极的利用。本土资源的优势除了实效性强以外，其他都是在反驳本土资源落后这一前提时模模糊糊形成的。这种反驳其实是基于这样一逻辑，即正因为本土资源实用，所以它并不落后；同样，西方模式并不见得实用，所以它也不见得先进。这种逻辑在根本上是站不住脚的。现存实用，就永远实用吗？本土化重视习惯惯例，似乎只要是习惯，只要还发挥着实效，就必然符合现实情况，就可以有效转化。其实转化不仅意味着国家对某种习惯的确认，还意味着这种习惯在其他地方也形成习惯。在这个意义上讲，本土化的过程和西化的过程没有什么两

① 朱苏力．法治及其本土资源．北京：中国政法大学出版社，1996：19.

② 同①14.

③ 梁治平．梁治平自选集．桂林：广西师范大学出版社，1997：221.

④ 在 20 世纪三四十年代，吴文藻在其主编的社会学丛刊的总序里，就曾指出促使社会学中国化的重要性。

样。只不过，我们往往把对习惯的转化看成改良，而把制度的西化看成是变革罢了。”①

朱苏力留学于美国，深受美国社会法学的影响，他与庞德的思想是一脉相承的。庞德在《法律的任务》(Roscoe Pound, *The Task of Law*, Lancaster, Pa.: Franklin and Mar shall College, 1944) 中说：“只有能够受理性考验的法才能坚持下来，只有基于经验或被经验考验过的理性才能成为法的永久部分。经验由理性考验，而理性又受经验的考验。舍此之外，在法律体系中，没有任何东西能站得住脚。法是通过理性所组织起来的经验，由政治上有组织社会的造法或颁法机关正式公布，并受到社会强力的支持。”② 这段话恰好是对本土资源论的有力的阐释。而且从其他资料中可以看出，这位曾在1949年前担任过中华民国司法部高级顾问的洋法家大师对中国本土资源的利用也是非常重视的。庞德在1946年所写的《改进中国法律的初步意见》中说：“我对全世界现代法典都熟悉，中国法典的制定是很好的，民法及民事诉讼法足以跻身于最优良的现代法典之林。”③ 庞德认为，中国在寻求“现代化”法律制度时不必放弃自己的遗产。④ 朱苏力认为避免以西方模式为蓝本的意蒂牢结成为中国现代法治建立的障碍，就应该遵循“尽人力，听天命”原则而不是按图索骥，可以说是哈耶克的“自发秩序”或“扩展秩序”的投影。朱苏力的理论资源来自吉尔兹的“地方性知识”(local knowledge)，吉尔兹说：“法律就是地方性知识；地方在此处不只是指空间、时间、阶级和各种问题，而且也指特色 (account)，即把对所发生的事件的本地认识与对可能发生的事件的本地想象联系在一起。”⑤ 在由话语/权力等级体系构成的世界文化圈中，中国文化作为第三世界的边缘话语受到霸占着中心地位的西方话语的“后殖民文化统治”，这是尽管令我们羞于启齿但亦不容讳言的事实。我们诚然同意知识是有人称的而不是什么四海皆准的“上帝意志”，我们也同意不能将中国历史变成某种或若干种西方社会和历史理论的注脚，但应该看到，中国学术的非殖民化正如黄仁宇在《放宽历史的视界》中所言，不能“只顾到上头，没有看到脚底，好像写下一纸文书，就可以命令一个走兽，立即脱化而成为一个飞禽”⑥。

如同20世纪20、30年代那场经济性的大萧条一样，20世纪60、70年代在西方社会发生了一场精神性的大萧条。这场精神性大萧条在一股所谓的“后现代主义”中得到了淋漓尽致的表现，诸如德里达、利奥塔、福柯等后现代主义者都一拥

① 田成有，史青. 法治中几个老问题的新见解. 现代法学，1999 (3).

② 庞德. 法律的任务. 沈宗灵，董世忠，译. 北京：商务印书馆，1984：110.

③ 中国台湾“司法行政部”编辑. 中华民国民法制定史料汇编：下册. 1976年刊行：943-944.

④ 高道蕴，高鸿钧，贺卫方，主编. 美国学者论中国法律传统. 北京：中国政法大学出版社，1994：4.

⑤ 吉尔兹. 地方性知识：事实与法律的比较透视. 邓正来，译//梁治平编. 法律的文化解释. 北京：生活·读书·新知三联书店，1994：74-171.

⑥ 黄仁宇. 放宽历史的视界. 北京：生活·读书·新知三联书店，1988：190.

而上地重视起现代性所否认或忽视的一切，看重在现代性之后尤其是之外的一切，诸如不确定性、片段性、非原则性、异质性、虚构性等。① 他们从消极性和否定性上来反省现代性，且不放过现代性犯下的每一个罪恶和过错。他们抨击现代性造就的一切，认为现代性已经不再是一股解放的力量，相反，它成了“奴役、压迫和压抑的根源”②。由于中国现代化的特殊历史定位，因而前现代的、现代的和后现代的各种相互冲突的文化精神得以分别获致某种存在的根据；而且常常因现代新儒学和后现代主义在文明发展时代存有巨大时差但又有相似的或相近的文化价值取向，二者不仅在中国现代化进程中共存，而且参伍错综或形成奇特的联姻。如刘作翔在《世纪之交中国法学研究问题前瞻》中所言，世纪之交的中国法学“腹背受敌”，在“现代”和“后现代”的语境中寻找自身的坐标，开拓突围的新路。“不论是崇尚理性主义的现代法治理论，还是批判理性主义的后现代法律话语，其实都并非源于中国本土。我们面临的只是自己的问题，我们拥有的也应该是自己的问题意识。这才是我们能够把握的也应该把握住的东西。”③

1999 年第 3 期的《法学研究》发表了李昌麒、鲁篱二人的《中国经济法现代化的若干思考》，该文认为：现代经济法具有三个重要表征，即有限理性假设、适度干预以及经济民主。“然而，审视我国传统文化的特质，则无法寻求与前述表征契合的本土法资源。”因此，经济法现代化难以在我国传统文化中寻求发展的土壤。“我国传统法文化中有许多认识构成了对我国经济法现代化的观念滞碍。这主要反映于人治观念、控权意识的缺漏、等级观念等等。”因此，“中国经济法的现代化主要应以西方现代经济法作为自身发展的目标视域”④。朱苏力则认为：我们不能断言“中西之‘法’的差别最多只是‘大苹果’和‘小苹果’或‘红富士’与‘黄香蕉’之差别，而不是苹果和橘子的差别；因此是可比的。而如果两者无法相比，一切深藏心底的文化认同以及‘奋起直追’的努力都可能受到重创”⑤。这里的确有梁漱溟在 1922 年出版的《东西文化及其哲学》中提出的中西方法律代表了法律发展中的两种“路向态度”而非简单是社会发展的不同阶段的问题。这也正是人们“落入苹果树不长梨子般错置了问题”⑥ 以及法律、文化等移植过程中“橘逾淮北而为枳”现象的原因。不过，朱苏力所谓中国法学本土化言易行难，可谓樱桃好吃树难栽。其实，主张返本出新的现代新儒学也不是不明了儒学在现代文明冲击之下花果飘零的境遇，主张建立一些适合国情的“实质”

① 张国清. 中心与边缘. 北京：中国社会科学出版社，1998：5.

② Pauline Marie Rosenau，*Post-modernism and the Social Sciences*，Princeton NJ：Princeton University Press，1992，p. 6.

③ 刘作翔. 世纪之交中国法学研究问题前瞻. 法学研究，1999，21（4）.

④ 李昌麒，鲁篱. 中国经济法现代化的若干思考. 法学研究，1999（3）.

⑤ 朱苏力.“法”的故事. 读书，1998（7）.

⑥ 张维安. 政治与经济——中国近世两个经济组织之分析. 台北：桂冠图书公司，1990：54.

或"扎根理论"来解释中国社会[①]的人们也并非不清楚舶来品在中国土壤上安家落户、生根开花乃至枝叶扶疏、硕果欲坠的路途的艰难。目前，外国学者大多不重视"本土固有文化"（indigenous-culture）这一概念，而以"本地文化"（local culture）代替"本土固有文化"，以求转识成智。但中国学者对本土化问题仍如孔子时代"两小儿辩日"争论不休，其实"中学为体，西学为用"的争论长达一百年也是未定之辞，这种命题处于"二律背反"的状态端赖我们秉持实践理性往前走就会随时间而钧旋毂转，恰如清人赵翼诗中所云"满眼生机转化钧，天工人巧日争新"[②]。吉卜林诗中云："东方是东方，西方是西方，它们永远也不会汇合。"[③] 但我国当代学者汤一介指出，一种有生命力的文化在它与其他文化发生关系时，从中国哲学的角度看，它往往呈现为"非有非无""非常非断""非实非虚"的。"如果用中国哲学的这种思维方式来看文化之间的'墙'的问题，说'在有墙和无墙之间'或尚非确切，而应说'在非有墙与非无墙之间'才更为准确。"[④] 现代语境决定论反对传统的语言工具论：不是人役使语言，而是人受语言役使。人的运思不仅受到语言的牵动，而且被严格地局限在所用语言的语境之内。我们努力学习其他民族的语言以求成为跨语境的话语者，但我们的"心得"最终仍是某种或某几种语境化的产物，孙悟空尽管大闹天宫却依然逃不出如来佛手心。中国学术本土化不是有无和黑白的区分，而只是程度上的差异而已。"中国化"的目的是以中国社会历史背景和文化传统的特性为基点，去发掘中国社会的元素和特征，以从事社会理论架构的发现和证验。梁启超说得好："舍西学而言中学者，其中学必为无用，舍中学而言西学者，其西学必为无本。无用无本，皆不足以治天下。"[⑤] "熊蹯驼峰，固可登俎，春盘苜蓿，亦可成味"[⑥]，如陈寅恪所主张的那样，"惟偏蔽之务去，真理之是从"[⑦]，不必自设畛域，是非丹素。对西方经济法学的生搬硬套的教条主义者而言，恰如日本学者伊藤虎丸（いとうとらまる）所言，他们虽然不断像好学生一样接受西方近代思想，但就其将西方思想当作外来权威而接受这一点上而言，他们的精神状态却还是前近代的。王国维对当年学界情形曾这样精辟地指出："今之君子，非一切蔑古，即一切尚古。蔑古者出于科学上之识，而不知有史学；尚古者出于史学上之见地，而不知有科学；即为调停之说者，亦未能知取舍之所以然。京师号学问渊薮，而通

① 阮新邦．后设理论、个人观与社会科学本土化//中国社会科学季刊（香港）．1996：夏季卷（总第15期）．

② 赵翼．瓯北集：卷二十八．李学颖，曹光甫校点．上海：上海古籍出版社，1997：1375.

③ Rudyard Kipling，The Ballad of East and West，in：*Collected Verse of Rudyard Kipling*，New York：Doubleday，Page & Co.，1907，p. 136.

④ 汤一介．在有墙和无墙之间——文化之间需要墙吗？//乐黛云，勒·比雄主编．独角兽与龙——在寻找中西文化普遍性中的误读．北京：北京大学出版社，1995：18.

⑤ 梁启超．西学书目表后序//梁启超．梁启超全集．北京：北京出版社，1999：86.

⑥ 梁启超．梁启超全集：第5册．北京：北京出版社，1999：2650.

⑦ 陈寅恪．金明馆丛稿二编．上海：上海古籍出版社，1980：304.

达诚笃之旧学家，屈十指以计之，不能满也；其治西学者，不过为美雁禽犊之资，其能贯串精博，终身以之，如旧学者，更难举其一二。”① 在笔者看来，正如毛泽东同志曾经批评一些人所说，身为中国人，对于自己的历史，“对于自己的祖宗，则对不住，忘记了”②，茫然无知，这是一种不能忍受的难堪的羞辱，那种认为现代中国经济法难以在传统文化中寻找发展的土壤的论断，未免是对中国文化发展施以腰斩酷刑的断案判词。中国经济法学可以从其前史中汲取如下几方面的营养。

一、经济自由应该与政府干预恰当结合

在古代中国，大国政治空间的生产和维持固然会产生明显的收益并可能在一定程度和范围降低社会成本，但所需要的成本也是可观的。由于可利用的经济资源不充分，因而中国古代法律往往表现出塞尔兹尼克（Philip Selznick）等所谓的“压制型”特征，泛刑主义普遍，民事内容刑事处罚普遍而致两者难以泾渭分明，这就构成了人们通常诟诋的专制或集权的面相；同时由于社会经济资源对大国体制的维持捉襟见肘，政治因陋就简，不可能深入广大的民间社会，因此这又往往形成其所谓自由放任的面相。为了实现民殷物阜、政通人和，中国古代王朝统治者运用燮理阴阳、调和鼎鼐的政道较诸西方历史上的小国的统治者自然不是同一个意境。

我国目前经济学十分活跃的学者盛洪说：“经济自由主义本是中国文明的传统。老子讲过‘无为而无不为’，孔子则说‘因民之所利而利之’。这一传统为我们带来

① 王国维.《国学丛刊》序//王国维. 观堂集林 外二种. 石家庄：河北教育出版社，2003：702. 摩登时代的大门一旦开启，现代的“撒旦”也被释放出来。唯新是趋、咸与维新在转型时期似乎具有不言自明的天然的、绝对的合法性，保守的旧习惯和势力固然对新事物的引进构成重重障碍，激进的现代主义思潮往往亦并不温良谦恭，绝无移位思考的回旋余地，因此这个转型期的某些现象是如此的“modern”以致亢进过度，而又在某些方面显得如此固陋落后。在欧洲的大地上，笔者时常看到各种大学的历史长达几百年之久，其厚重的历史让中国人每每感到压抑。德国的现代大学制度应该说是自洪堡改革以后，但许多大学的历史却都追溯及数百年之前，其实当时那些所谓的西方大学甚至比不上中国古代的府学，更不用说中国古代全国性的太学——国子监。每当此时此刻，我就多少有些怨诽戊戌维新所谓硕果仅存的京师大学堂的建立造成的历史的割裂。新旧水火不相容，于是无所旁倚地另立堂构，企图布新以除旧而已。但循循旧儒充斥的国子监的权威自此被一笔勾销，旧势力焉能不负隅相抗？京师大学堂的仅存硕果在今日仍使我等苦果备尝。我们的大学没有历史！国外人到中国以后往往称誉中国非常“现代”，中国的新闻媒体不知道这种称誉的真实含义，拿来作为中国经济建设发展迅速的证据而沾沾自喜，其实，外国人所说的中国人“非常现代”含有中国人比较不成熟的意味，与现代西方社会已经成熟理性相对称，有时甚至是对中国有新无旧的批评。千叶正士在《法律多元》中就认为，法律多元是法律文化的必要形式。一个社会—法律主体的法律文化正是在这样的多元结构中保持着自己的同一性。按照千叶正士的观点，移植外国法产生的文化危机并不亚于移民所面临的文化危机，因为其文化同一性可能被严重地破坏乃至被抹杀。中国目前许多法律问题的产生都与社会转型时期的文化脱序不无关系。

② 毛泽东. 毛泽东选集：第3卷. 北京：人民出版社，1991：797.

了千年之利。走上计划经济的弯路，起因于对经济自由主义价值的抛弃；而市场化的改革，以及随之而来的我国经济的崛起，必然带来我国文明的复兴，连同它的经济自由主义的传统。"① 显然，盛洪把西方源于古典资产阶级经济学的经济自由主义概念加以广义的扩展解释。重农学派的代表人物魁奈（François Quesnay）的名言：Laissez-faire，laissez-passer，le monde va de lui même！（让我们干，让我们走，世界处在真本性!）即后来经济学中所谓的"自由放任"概念的来源之一。然而，目前学者研究发现，魁奈这位"西方孔子"的思想源于中国，是重农学派根据老子的"无为"直译的词语。② 早在先秦时期，中国思想界就出现了对经济生活的"国家干预说"和"市场调节说"的争论。侯家驹在《中国经济思想史》中指出："在经济思想上，法家和儒家是相对的：一个趋于统制经济，政府干预人民经济生活；一个趋于自由经济，政府应该顺应自然法则。但由于儒家是主张政府顺应自然，亦是注意政府扮演的角色，是以，二者亦有些许相通之处，尤其是荀子思想中掺杂有不少法家观念，所以，其弟子韩非能集法家理论之大成，李斯能集法家事功之大成。"③ 如果说孔、孟所主张的经济法律政策尚属于有计划性的自由经济范畴，那么司马迁则主张比较纯粹的自由经济。司马迁作为我国伟大史学家自无疑义，而他的经济自由主义思想却不为一般人所熟谂。他肯定人的物质欲望，作出与"经济人"假设异名同指的诊断，提出"故善者因之，其次利道之，其次教诲之，其次整齐之，最下者与之争"④ 的著名的"善因论"，主张社会分工自然形成和自然调节学说，与亚当·斯密的"看不见的手"理论十分相近。日本学者桑田幸三（くわたこうぞう）在其《中国经济思想史论》中说："司马迁的分工理论，与亚当·斯密的分工理论有不少共同点。进一步说，熊彼特的思想，他的动态论、发展理论的内容，在《货殖列传》中已经有了。司马迁确是一位仰之弥高的伟人。"⑤ 出

① 刘军宁等编. 公共论丛：市场逻辑与国家观念. 北京：生活·读书·新知三联书店，1996：10.

② Christian Gerlach：Wu-Wei in Europe-A Study of Eurasian Economic Thought，in：H-Soz-u-Kult，09.12.2005，源于 http://hsozkult.geschichte.hu-berlin.de，访问时间：2008 年 4 月 20 日。亚当·斯密是经济自由主义的倡导者，期望在自律的个人自由基础上建立起一种自发调节的社会经济秩序，因而倡导一种"自然的简单明了的自由体系"，也在著作中受魁奈影响采用法语"Laisser（Laissez）faire，Laissez Passer"这一表述。自由主义经济的形式又被称为放任自由主义（laisser-faire-Liberalismus）。自由放任的口号法文为：laisser faire，laisser aller，le monde va de lui même！费肯杰在《经济法》中言此语出自阿尔让松伯爵（Marquis d'Argenson）。凯恩斯《劝说集》（John Maynard Keynes，*Essays in Persuasion*，London：MacMillan & Company，1931）中对此的研究颇为独到，认为"自由放任主义"（laissez faire）这个词语在英国的广泛使用，是由富兰克林博士众所周知的段落带来的。

③ 侯家驹. 中国经济思想史. 台北："中央"文物供应社，1987：160. 孟子所述的著名寓言故事"揠苗助长"几乎妇孺皆知，其文云："宋人有闵其苗之不长而揠之者，芒芒然归，谓其人曰，今日病矣，予助苗长矣。其子趋而往视之，苗则槁矣。天下之不助苗长者寡矣。以为无益而舍之者，不耘苗者也；助之长者，揠苗者也，非徒无益，而又害之。"（杨伯峻译注.《孟子译注》. 北京：中华书局，1960：62.）我相信这则寓言对当今各种主义的经济法律政策都可以提供各取所需的有益镜鉴。

④ 司马迁. 史记：卷一百二十九. 货殖列传. 北京：中华书局，1959：3253.

⑤ 桑田幸三. 中国经济思想史论. 沈佩林，等译. 北京：北京大学出版社，1991：中文版序言 2-3.

身于爱尔兰而在香港中文大学执教的经济学家L. 杨格在《市场之道：司马迁与看不见的手》一文中提出一个令香港和英国学界众声哗然、令大陆某些学者新奇的观点：亚当·斯密的"看不见的手"是剽窃与抄袭之作，他盗用了中国古代司马迁的主张。在杨格看来，司马迁在亚当·斯密之前就在《货殖列传》中提出了市场机制概念和"看不见的手"的等价隐喻。① 诚然，斯密《国富论》的名言——"我们每天所需的食物和饮料，不是出自屠夫、酿酒家或烙面师的恩惠，而是出于他们自利的打算"② ——似乎在重复《韩非子》的作者两千年前说过的话"医善吮人之伤，含人之血，非骨肉之亲也，利所加也"③，但这种断章取义的比较不能说明任何问题。

中国古代其实也有类似凯恩斯通过扩大消费以增加就业的主张。《管子》一书颇类凯恩斯《就业、利息及货币通论》的理论，主张根据轻重之术通过运用货币工具，采取国家控制货币供应量以货币的藏发和聚散来左右物价，进而调节市场。《管子·轻重篇》提出，在水旱灾荒之年，百姓不能种田了，官府就修建宫室台榭，招收那些养不起猪狗的贫苦百姓来做工，并说这不是为了观赏玩乐，而是一种政策。《管子·侈靡篇》甚至声称：为了百姓有工作，"富者靡之，贫者为之"，可以"雕卵然后瀹之，雕橑然后爨之"④，这可谓将刺激消费、扩大需求的理论阐发至极。这与当年凯恩斯主张为了扩大就业可以花钱让人挖坑然后再填埋的离经叛道之论如出一辙。北宋仁宗年间，范仲淹在杭州，于灾荒之年，"纵民竞渡"，自己也日出宴于湖上，自春至夏，居民空巷出游，复号召寺院大兴土木，修缮敖仓吏室，日役千夫，从而"贸易饮食，工技服力之人，仰食于公私者，日无虚数百万人"⑤，通过刺激消费度过荒年。这简直是美国罗斯福新政的"中国古典版"。目前德国经济法中所谓"抽屉项目"(Schubladenprojekten)，特别是通过建筑业在危机期间内将经济景气重新带动起来，在性质上与范仲淹的措施几无不同。沈括在记述此事后说，此后"岁饥发司农之粟，募民兴利，近岁遂著为令"⑥。早在春秋时期，著名政治家范蠡就主张在市场价格自发波动的基础上通过国家对供求关系的调节使物价波动限制在既有利于生产又有利于流通的幅度内。他说："夫粜，二十病农，九十病末。末病则财不出，农病则草不辟矣。上不过八十，下不减三十，则农末俱利。平粜齐物，关市不乏，治国之道也。"⑦ 张兴智、徐雪琪指出："美国在公

① Leslie Young, The Tao of Markets: Sima Qian and the Invisible Hand, *Pacific Economic Review*, Vol. 1, Iss. 2, 1996. 我国著名经济学家王亚南在1949年前就对杨格的发现的"抄袭说"进行了否定。王亚南. 中国经济原论. 北京：中国经济出版社，1999：298.

② 亚当·斯密. 国民财富的性质和原因的研究（上卷）. 郭大力，王亚南，译. 北京：商务印书馆，1972：14.

③ 张觉译注. 韩非子译注. 上海：上海古籍出版社，2016：189.

④ 管仲. 管子. 房玄龄注. 刘绩补注. 刘晓艺校点. 上海：上海古籍出版社，2015：236.

⑤⑥ 沈括. 梦溪笔谈：卷十一. 赵德荣，译. 北京：中国画报出版社，2011：106.

⑦ 司马迁. 史记：卷一百二十九. 货殖列传. 北京：中华书局，1959：3256.

元二十世纪推行‘平价补贴’政策，与中国公元前五世纪所实行的‘平粜’‘平籴’政策，从内容到形式都有惊人的相似，而中国的平抑粮价措施比美国早了两千五百年!”① 的确，范蠡、管仲等人的思想令人不由得联想起美国农业法中的某些措施和德国的《促进经济稳定和增长法》的宗旨。由此可见，尽管中国古代历史上出现过司马迁的“善因论”和管仲的“轻重论”至今仍令后学高山仰止的光辉理论，但中国古代朝廷主流的经济法律思想往往“劣币驱逐良币”，政府干预在漫长的历史长河中并非如《管子》所说的“轻重调于数”，经常不到位或者错位。

降及近代，严复翻译亚当·斯密的《国富论》(译为《原富》) 和穆勒的《自由论》(译为《群己权界论》)，其受西方思潮影响的经济自由主义一目了然。他认为，价值规律的作用可以使“中外食货，犹水互注，必趋于平”②，主张“民之生计，只宜听民自谋，上惟无扰，为裨至多”，只有让人们“廓然自由，悉绝束缚拘滞”，才能“上下相安而以富”③。近代思想家梁启超也十分推崇司马迁的“善因论”，认为司马迁的思想“与西士所论，有若合符。苟昌明其义而申理其业，中国商务可以起衰”④。不过，梁启超在游历欧洲后已发现放任自由竞争的资本主义经济体制的流弊，认为斯密的经济自由思想是“治当时欧洲之良药，而非治今日中国之良药也”。如当时欧美许多人对垄断的利弊起初十分模糊一样，梁氏有时说在垄断的统治下，中小资本家“苟非摇尾蒲伏于大资家之膝下，而绝不能以自存”“此实未来之黑暗世界，前途之恐怖时代”⑤，有时又认为托拉斯是一种“自由合竞的干涉”，调和了资本家之间竞争所引发的矛盾。从梁启超的思想中，我们已经看到他对经济法理念的把握仅有一步之遥。

二、“抑兼并”与“不抑兼并”

现代经济法学非常重要的两大派别是“反垄断法中心说”和“非反垄断法中心说”。诚然，《孟子·公孙丑下》中有这样的话：“古之为市也，以其所有易其所无者，有司者治之耳。有贱丈夫焉，必求龙断而登之，以左右望而罔市利，人皆以为贱，故从而征之。征商自此贱大夫始矣。”⑥ 学术界认为，这也许是世界上第一次指出独占的存在，更是第一次提出反独占方法，即课税，希望以赋税方式维护市场上的自由竞争。不过在笔者看来，与现代社会以工商业为主导不

① 张兴智，徐雪琪．先秦国家对经济的干预．贵州民族学院学报，1992 (3).
② 王栻主编．严复集：第1册．北京：中华书局，1986：104.
③ 斯密．原富：上册．严复，译．北京：商务印书馆，1981：50-51.
④ 梁启超．《史记·货殖列传》今义//梁启超．梁启超全集：第1册．北京：北京出版社，1999：116.
⑤ 梁启超．《饮冰室合集》文集：第4册．北京：中华书局，2015：891.
⑥ 杨伯峻译注．孟子译注．北京：中华书局，1960：103-104.

同，我国传统封建社会是以农业为主导产业，对于现代经济机制来说创造自由竞争的环境至关重要，故以反垄断为要着；而对于传统农业经济机制来说，创造自耕小农的生存空间事关王朝存亡继绝的国脉之所在，故抑兼并问题兹事体大。由于兼并的标的在农业社会是土地，因而田制在古代无疑具有相当于现今竞争机制的重要意义。中国古代由井田、限田转到要求“力业相称”的认识发展脉络，颇似从完全竞争、垄断竞争、可行性竞争到有效竞争的理论模式的推衍。

中国古代的田制不能不从井田制讲起，而《孟子》一书可谓最早的可靠文献。孟子认为：“夫仁政，必自经界始。经界不正，井地不钧，谷禄不平，是故暴君汙吏必慢其经界。经界既正，分田制禄可坐而定也。”① 张宇燕在《经济发展与制度选择——对制度的经济分析》中说，“经界”，用现代经济学的标准概念表述，即产权明晰化。② 按此理解，孟子简直是科斯产权理论之始祖。孟子阐述井田制具体内容为：“方里而井，井九百亩，其中为公田，八家皆私百亩，同养公田，公事毕，然后敢治私事。”③ 在商鞅变法时，秦国地广人稀，草不尽辟，因此开阡陌，废井田，允许土地买卖，尊奖并兼之人，信并兼之法，遂进取之业，谈不上要抑兼并。汉代初年经景帝到武帝，由于政府在经济上采取无为而治的放任政策，加上商人力量兴起，兼并豪党之徒，武断于乡曲，气焰十分嚣张。董仲舒遂主张限民名田，认为“古井田法虽难卒行，宜少近古，限民名田，以澹不足，塞并兼之路”④。从此以后，中国封建国家土地制度以占田限田制为主，授田制为辅。但兼并浪潮并没有因为限民名田而消退，反而愈演愈烈，社会矛盾日趋尖锐，因此王莽上台后用强力手段改革，实行“王田制”，宣布“今更名天下田曰‘王田’，奴婢曰‘私属’，皆不得买卖。其男口不盈八，而田过一井者，分余田予九族邻里乡党。故无田，今当受田者，如制度。敢有非井田圣制，无法惑众者，投诸四裔，以御魑魅，如皇始祖考虞帝故事”⑤。王莽改制虽为制止日益剧烈的土地兼并，但满脑子周公之道的复古思想而欲恢复井田制，逆历史潮流而动，遭到朝野反对或对法令的规避。在东汉，依靠出身于南阳豪强集团的地主阶级总头目刘秀来主持并实施危害其本阶级利益的“度田”，实不啻与虎谋皮，其不彻底及失败本是题中之义，故东汉末年“苍天已死、黄天当立”不能不说是破产的编户农民对这个不抑兼并的腐败政府的愤懑与拒斥。自北魏至唐中叶的均田制不是对历史的、传统的田制的简单继承，它与以往朝代所推行的田制的最大不同点，在于它第一次把过去授田制、占田限田制两大制度分别实行的状况，改革和发展成将授田与限田统一于同一土地制度中，授田与

① 杨伯峻译注．孟子译注．北京：中华书局，1960：118．
② 张宇燕．经济发展与制度选择——对制度的经济分析．北京：中国人民大学出版社，1992：156．
③ 杨伯峻译注．孟子译注．北京：中华书局，1960：119．
④ 班固．汉书：卷二十四．食货志．北京：中华书局，1962：1137．
⑤ 班固．汉书：卷九十九．王莽传．北京：中华书局，1962：4111．

限田紧密结合为一体。就均田制的整体立法精神而言，限田的意义大于授田。① 这对抑制兼并无疑是产生了作用的，唐代繁荣与此有相当的关系。宋承续唐“法制隳弛”而“田制不立”，不抑兼并的宋代土地买卖盛行，辛弃疾词有“千年田换八百主”之句。② 在王安石时代，大官僚大地主大商人三位一体的现象已日益严重，这一点远非桑弘羊时仅禁止官僚经营、商人地主多无官职爵秩而尚号称“素封”的情况可与之相比，因此王安石的抑兼并不仅仅一般地扫及“富工豪贾”以及“擅万物之利”的贱民兼并势力，而主要的是把矛头针对那些以商业为兼并之方、增兼并之资的大官僚大地主大商人等所谓“贵、强、桀、大”者。③ 在宋代，张载提出“治天下不由井田，终无由得平”④；明末清初的思想家黄宗羲也认为“故吾于屯田之行，而知井田之必可复也”⑤。但反对恢复井田制的也不乏其人，苏洵就认为“井田成而民之死，其骨已朽矣”⑥，主张限田；叶适也说即使“文武周公复出而治天下，亦不必为井”，应该“因时施智，观时立法”，从而“兼并不抑而自已”⑦。大体上，宋代所谓的“抑兼并”，主要已不是指抑制大土地私有制的膨胀，而重点在于“兼并之人”赋税不均这一问题。明代海瑞曾说：“欲天下治安，必行井田，不得已而限田，又不得已而均税。”⑧ 这种由井田、限田转到要求“力业相称”的认识发展脉络，在笔者看来颇似从完全竞争、垄断竞争、可行性竞争到有效竞争的理论模式的推衍。

清华大学教授秦晖对中国历史上抑兼并与不抑兼并的见解独到。秦晖认为，汉以后，法儒（受法家影响之儒）主张“抑兼并”，就是要强化朝廷的经济垄断，其直接结果就是国家财政，尤其是中央财政的“汲取能力”极度膨胀而形成所谓“国富民穷”之局。与抑兼并“右贫抑富”的道义理由相对，不抑兼并以所谓“官不与民争利”为冠冕堂皇的伐人守己理论依恃，但他们实际上是害怕权贵与老百姓一同被“抑”，所谓“不抑兼并”实际上意味着国家应当放手让权贵们攫取私人财富，其结果通常是“国与民俱贫，而官独富”⑨。从总体上看传统形式的“抑兼并”与“不抑兼并”之间强分伯仲、褒此贬彼是没有多少理由的，根本问题在于传统经济过程没有确立“过程的公正”。因为“权力捉弄财产”的封建经济不可能讲“过程的公正”，无论专制朝廷的“公权力”还是贵家势要的“私权力”都既不讲规则公

① 李埏，武建国．中国古代土地国有制史．昆明：云南人民出版社，1997：218.

② 辛弃疾．最高楼//邓广铭．稼轩词编年笺记：卷三．上海：上海古籍出版社，1978：271.

③ 吴慧．富国智慧．北京：中国青年出版社，1995：60.

④ 张载．张载集．经学理窟·周礼，章锡琛点校．北京：中华书局，1978：264.

⑤ 黄遵羲．明夷待访录．田制二．北京：中华书局，1981：25.

⑥ 苏洵．田制//曾枣庄，刘琳主编．全宋文：第43册．上海：上海辞书出版社；合肥：安徽教育出版社，2006：102.

⑦ 叶适．叶适集（《水心别集》卷七，民事下），刘公纯等点校．北京：中华书局，1961：655-657.

⑧ 张廷玉等撰．明史：卷二百二十六．北京：中华书局，1974：5933.

⑨ 同⑧5936.

平更不讲起点公平，于是国家的“自由放任”会放出无数土皇帝与土围子，却放不出一个中产阶级，而国家的经济统制也只会“与民争利”，却统不出个理性调控机制。① 从中国古代抑兼并与不抑兼并的斗争中笔者引出的结论是：经济法学界流行的观念意识将美国以罗斯福新政为标志的政府干预经济与反垄断的立法想当然地视为一体，这是一种虚幻的主观武断，其实二者是有区别的。中国学术界大多喜欢谈论多一些自由竞争还是多一些国家干预，谈论改革的各种“目标模式”，但很少谈“过程的公正”，而重要的是起点平等的竞争与“掌勺者私占大饭锅”后的“竞争”的区别绝非问一句“你是否拥护竞争”所能化解的，否则与中国历史上关于“抑兼并”与“不抑兼并”的争论本质上并无二致。

的确，“三个和尚没水吃”深刻反映了现代经济学的外部性问题。1985年日本经济学家小宫隆太郎（こみやりゅうたろう）在对我国的企业作了一番考察后断言道：“中国不存在企业，或者几乎不存在企业。”② 这语惊四座的论断对作为行政机构附属物或“算盘珠”的国有企业的剖析入木三分。但是，股份制在一些良心被收买的大款经济学家不遗余力的鼓吹下一度曾如火如荼，游弋于权力经济中的一些掌权者们，在改革的旗帜下，戏剧性地将权力参与分配这套“寻租”老把戏演绎至前所未有的水平和规模，使得许多地方的“股份制改造”不啻社会主义公有制的一次大规模的免费午餐。有权力的人、会行骗的人暗度陈仓，把偌大的国有资产“糊弄”到私有制去，国有资产像无主绝产被疯狂地鼠窃狗偷。这如同一个宗法式大家庭难乎为继时，可能发生的最具爆炸性的矛盾往往不是要不要“分家”之争，而是怎样分配“家产”之争。由此可见，实际生活中，只有具体、特定的法律（laws），而无法律本身（law）。每一特定的法律都有特定的时间度、空间度和与之相关的事实度。如外国学者所言：“生活在纯法律的氛围中而与全部尘世间和人的因素绝缘的法律僧侣，不可能形成适用于有血有肉和变动不居的社会的可行原则。”③ 那些终日处心积虑“条陈”“上奏”的经济学家和耽于庙廊法学的经济法学研究者是不能体察民隐的。然而，经济体系中的“地下法律”在许多国家已经形成对法律体系的严重挑战，中国沿海地区民间资本市场问题绝非对“地下钱庄”的打击所能根治的，这就表明了罔恤民情的经济法律在草根社会并无市场。

三、官营经济

刘海年在《中国古代经济法制之研究》一文中说：“秦汉以后，各王朝根据需

① 秦晖. 中国经济史上的怪圈：“抑兼并”与“不抑兼并”. 战略与管理，1997（4）.

② 小宫隆太郎. 竞争的市场机制和企业的作用——日中比较研究//吴家骏，汪海波主编. 经济理论与经济政策. 北京：经济管理出版社，1986：378.

③ Pound，The Need of a Sociological Jurisprudence，*Green Bag*，Vol. 19，1907.

要和阶级、阶层力量对比不同，禁榷的范围广狭有别。对盐、铁、酒、茶等，王莽六榷，金代十榷，最广；清代惟榷盐茶，最狭；禁榷之制不仅关系国家对重要物资和商品的控制，能带来巨大的经济利益，也是稳定社会秩序和巩固政治统治之需要。"① 据《汉书·地理志》记载，西汉在地方上设的盐官，分布于二十六郡（国），共32处，主要是在滨于渤海、黄海之区和西北、西南的产池盐、井盐之地。铁官分布于40郡（国），共45处，几乎遍于全国。昭帝始元六年（公元前81年），在检讨汉武帝以来现行政策的盐铁会议上，儒生认为理民之道在于本农而已，要求国家退出工商业阵地，将商业放给私人经营。反对盐铁专卖者批评说："卒徒工匠，故民得占私且鼓铸煮盐之时，盐与五谷同价，器和私而中用。今县官作铁器，多杂恶，用费不省，卒徒烦而力作尽"，并且由于经营管理不善，"今总其原，壹其买，器多坚铿，善恶无所择"②。这些话历历如绘，活生生地道出了古今中外官营事业的通弊。宋仁宗时著名学者李觏也揭露盐、茶专买中的负面因素："公盐贵而污，私盐贱而洁"，造成官盐滞销；公茶质量滥恶，民不肯买，以致堆在仓库里腐败变质，官府的投资"息未收而本或丧矣"，私茶则相反，"来有甚远，价有甚贵，而人争取也，味美也。涂有甚险，法有甚重，而人争贩之者，私厚也"③。对于官营经济，中国历史也有政府采取私有化的法律措施的情况。例如，北宋初期五十余年，并无鬻卖官田之举。最早出卖的官田是户绝没官田。真宗大中祥符八年（公元1015年）敕令："户绝田并不均与近亲，卖钱入官。肥沃者不卖，除二税外，召人承佃，出纳租课。"④ 政和元年（公元1111年），宋廷以户部侍郎范坦奏言，掀起了赵宋政权建立以来大规模出卖官田的第一个高峰，除"应副河防、沿边招募弓箭手或屯田之类并存留"以外，"凡市易、抵当、折纳、籍没、常平、户绝、天荒、省庄、废官职田、江涨沙田、弃堤退滩、濒江河湖海自生芦苇荻场，圩埠湖田之类"，均在出卖之列。⑤ 然而这种非理性的尽鬻官田之举由于来自各方面阻力未及一年就告停止。政和二年（公元1112年）四月十七日徽宗下诏说："有司建言，系官田宅一切卖鬻，苟目前之利废长久之策，厚赏滋奸，民以烦扰，豪强兼并，佃户失业。"⑥ 南宋时期鬻卖官田有四次高潮，主要集中在高宗、孝宗两朝。尽管南宋政府采取类似招标的方式，但豪民滑吏沆瀣一气，上下其手，使南宋一代卖官田弊端百出。鬻卖官田之后，国家就不能从这些土地上取得大额的地租，而仅能征收到小额的赋税。结果南宋末年，在蒙古贵族强兵压境的情况下，为了解决日益加剧的财政危机，贾似道为首的官僚又不得不于理宗景定四年（公元1263年）

① 刘海年. 中国古代经济法制之研究. 南京大学法律评论，1996（2）.

② 桓宽. 盐铁论注译. 白兆麟注译. 合肥：安徽大学出版社，2012：171.

③ 李觏. 李觏集. 王国轩点校. 北京：中华书局，1981：148.

④ 刘琳，刁忠民，舒大刚等校点. 宋会要辑稿. 上海：上海古籍出版社，2014：5951.

⑤ 同④5962.

⑥ 同④5964.

颁布"公田法"，"将官户田产逾限之数，抽三分之一回买，以充公田"①，致使天下嚣嚣不定。笔者并不企图用历史上官营经济的法律政策以古喻今，但前几年经济改革中曾出现的一窝蜂地卖国有企业产权所造成的失误是触目惊心的。刘文华在《国有大中型企业综合改革问题探讨》中就指出，有的人对国有经济嘴上说主导，心里却动摇，认为"国有企业不如'老乡'（乡镇企业），不如'老外'（外商投资企业），也不如'老板'（私营企业），以后不要再搞了"，这是绝对错误的。作为共和国经济长子的国有大中型企业既是改革的对象，更是改革的主力军，绝不能大唱"卖"字经。② 历史学家黄仁宇在其《万历十五年》中提出了一个"数目字上管理"（Mathematically Manageable）的概念。史际春在研究经济管理责任时就借用了这一概念，认为在中国这样一个长期都未能实现"以数目字管理"的国度，如果不强调责任制，则国家经济管理机关及其工作人员就有可能滥用权力或推过揽功，难以实现形式理性化。笔者十分同意史老师的观点，因为没有牙齿的老虎无法成为百兽之王，没有责任负荷作后盾的法律势必被视若具文，对国有企业那些穷庙富方丈、弄垮企业却一拍屁股异地为官者决不能"心太软"，"以数目字管理"是不能依赖个别"父母官"和其他各级官员的良心和能力的。只有真正落实经济责任制，才能使国有企业摆脱困厄之境而昂首阔步。笔者认为，经济法学界人们各自都认为自己握灵蛇之珠，对当前经济改革开药方，但实行起来往往效果不彰。实际上，中国与苏联的改革不同，一方是动外科手术的"休克疗法"，另一方是舒筋活血、退热祛寒的"中医疗法"，经济法学要真正对症施药，就必须经过细致的望、闻、问、切，用毛主席的话说就是"大兴调查研究之风"③，只要调查清楚了，问题也就解决了。因此，在笔者看来，中国经济法学今后很重要的一翼就是利用法社会学的方法深入研究调查经济法律运行机制，从经验材料中点点滴滴构筑实质理论。

第三节 在规范与价值之间：人本主义经济法学的私见

以立法形成法是制定法的任务，以思想形成法是法学的任务，这两者是不同的。但是如果认为只有法典是全能的，不是法学从法典中获得生命而是法典从法学中获得生命，那么事实上法典就一无是处，而法学则无所不能。④ 基于此，笔者同意法学的实践性品格和教义法学的本质。教义法学的本质决定了法

① 冯琦原编，陈邦瞻纂辑，张溥论正．宋史纪事本末：第4册．北京：中华书局，1955：852.

② 刘文华．国有大中型企业综合改革问题探讨．法学杂志，1995（4）.

③ 毛泽东．大兴调查研究之风（1961年1月）//毛泽东．毛泽东文集：第8卷．中共中央文献研究室编．北京：人民出版社，1999：233.

④ 霍尔斯特·海因里希·雅科布斯．十九世纪德国民法科学与立法．王娜，译．北京：法律出版社，2003：109.

学家以具体务实的制度设计和改良为主要任务的生存状态①，这才是“内在观点之法学”或“法学之内的法学”。即便如自由法学运动所倡导的宗旨亦仅为“科学之自由探究”（la libre recherché scientifique），绝非泛滥无归的野性思维表现工具。此外，笔者也同意中国目前法学研究有必要重视“问题法学”，既不是好高骛远地临渊羡鱼而产生拟制几何学公理体系的乌托邦幻想，也不是进行以各种“伪问题”为伪装的无灵智的实体法律规范注释，而是对现实法律材料带着真正问题意识而进行有限的理论建构。这种类似波普尔所谓的“零碎工程学”的问题思考（Problemdenken）恰是促使经济法逐步形成自洽性体系的同时保持一定体系开放性的根本途径。正如埃塞尔所说，在所有法文化中，“发现问题、形成原则和确立体系三者之间的循环”周而复始②，具有历史性的法律正是如此发展出来的。

从语源学角度而言，英语和德语中“事实”一词都是从拉丁语 facta 派生出来的，facta 的本义即是“被制造出来的东西”，亦即“虚构的”东西，而不是“实际的”东西，具有人的主体性参与和渗透。一切社会事实都是人文化成之物，与自然科学研究的自然造化之物迥然异质，是一种具有“价值相关性”（wertbezogenheit）的文化事实，有学者将其称为一种“价值事实”（werthafte Tatsache）是不无道理的。由于一切价值原则均与时俱变、因地而歧，表现为空间上的“异”和时间上的“延”，依附于特定的时空场景，因而由法律原则构成的体系不可能放诸四海而皆准、行之万世而不蔽，只能是一种动态的结构化。我们甚至可以说，即便体系的可变性被视为“变例”，而体系的开放性亦宜为其固有的“秉赋”。

俗语云：愚者千虑，必有一得。不过对于笔者来说，这种一得之见并不敢僭妄地以真理或定论自居，它仅仅是一种“语语自我心中爬剔而出”的由衷之言、本真之见或者说就是作为研究中懒得继续思考下去之处的所谓“结论”。在本书第一版中，笔者在结尾部分把自己对中国经济法学的学术信仰贞定于“人本主义”的理念基础之上，以此把此前的研究和探讨作一个停顿的小结而将自己不成熟的青涩之果贡献于学术祭坛之上，并准备接受人们的抨击与审判。笔者当时在撰写博士论文时几乎无人提出人本主义的法学理念。在刚刚将市场经济作为党和国家的方针政策确定下来的年代，市场经济是法治经济的口号甫经政府当局所认可，但法应该是什么样的法，并不明确，似乎认为法律制定得越多越好，对老百

① 笔者颇为欣赏大卫·休格曼（David Sugarman）的观点：“法律职业者是意识形态的重要零售商。例如，他们把委托人的筹划恰如其分地整合到一种总体性的社会生活秩序安排之中。”David Sugarman, Simple Images and Complex Realities; English Lawyers and Their Relationship to Business and Politics, 1750-1950, *Law and History Review*, Vol. 11, No. 2, 1993.

② Josef Esser, *Grundsatz und Norms in der richterlichen Fortbildung des Privatrechts*, 4. Aufl., Tübingen: Mohr Siebeck, 1990, S. 7.

姓越严厉越能体现市场经济是法治经济的特色。① 1999年以后沈阳、上海、北京等城市一度政尚猛厉，纷纷出台被人们通俗地演绎为"撞了白撞"的"行人违反交规，事故责任自负"法规，理直气壮地把交通畅通的价值看得比人的生命价值还高。加之当时在国营企业股份制改造过程中，国有财产被有权有势者巧取豪夺，原先被称为当家做主的工人农民不是下岗就是成为在私有化后新老板们的刀俎鱼肉，因此笔者出于学术良心提出人本主义经济法的主张。在1997年我第一次提出人本主义经济法时，有位老师曾说，现在讲什么人本主义，不如讲资本主义，谁有钱谁就说话算数。无论如何，我至今仍然坚持自己的学术价值取向而不改初衷。大约在2004年后，我感到比较欣慰的是，以人为本的理念被社会和政府广为接受，现在已经深入人心并成为耳熟能详的格套之词。尽管中国官方话语的生产机制极为特殊，笔者人微言轻对于这种理念的正统意识化毫无影响，但我为自己较早对此问题的关怀感到非常自豪。对人类来说，丧失了超然存在，人类便不可能成其为人类。②"漫漫长夜的守更人"更是卡尔·曼海姆对知识分子特征的最经典的概括。③

① "法化"（legalization；Verrechtlichung）又被一些学者译为法现象化、法律化、法制化、规范化，这是与"非法化"（delegalization；Entrechtlichung）、"反法化"（anti-legalization；Gegenvertechtlichung）等概念相对而言的。德国学者自20世纪70年代以来对过分法律化问题展开的争论，寻找各种能自我治愈创伤的社会力量，具有对法律万能主义和法律系统负荷过重的症候的反思意义。"法之极，恶之极"（Summum ius summa iniuria）的流弊值得中国法学界关注。在法律中，法密如织并非好事，相反应该是如常言所说，"天网恢恢，疏而不漏"，简而不陋。在改革开放之初，当时人们为了强调向西方学习，提出培养几百万律师、几百万会计师等目标，拿美国平均多少人有一名律师、而中国平均几百人才有一名律师之类数据为证。其实，这样的目标模式是存在问题的。所谓西方的概念就是一个泛概念，欧洲大陆国家和英美国家就是两种迥然异质性的文化。从哲学角度而言，英美是经验主义哲学发达的国度，而欧洲大陆国家则以理性主义为其传统；从经济制度而言，英美国家推崇自由主义，欧洲大陆国家的计划色彩则较为明显；从法律制度而言，一为判例法系，一为大陆法系。律师只是在美国比率才比较高，这是因为其采取"大司法调整主义"所致。而在采取"小司法调整主义"的日本，甚至英国的律师都没有那么多。因此，以西方为范式的法制建设不能单纯以美国的情况为蓝本。再者，社会科学的学科划分本身是没有客观标准的。以美国和德国相比较而言，德国是社会学的发源地之一，马克斯·韦伯即其代表，但目前在德国，社会学并不像美国那样发达，这就是存在学科替代性的问题。德国人是先规则后行动，如德语云，Erst wägen，dann wagen！美国人则是实用主义的摸着石头过河的探索，是判例法国家。因此德国人花很大力气研究法律，其法律实际上起到了一部分社会学的功能。且不说法社会学本身的问题，德国的法律研究就是在进行社会工程的设计与校正。而美国人不拘一格地大胆探索，等到出现问题再进行社会学的事后校正。在我看来，美国的律师其实起着社会工作者的功能。这一趋势其实在美国建国后表现的比较明显。法国历史学家、社会学家托克维尔经历美国之旅后在其世界名著《美国的民主》（Alexis de Tocqueville，*De la démocratie en Amérique*，Paris：Charles Gosselin，1835—1840）一书中就指出：美国司法制度如此深入人心，以至于"复杂的社会政治问题，最终都可转化为法律问题，并随时间逐渐降温"。此外，学科的建构其实很大程度取决于人力资源结构的分布，德国许多人文社会学科的研究者在其大学主修和辅修专业制度下往往具有法学训练的知识储备，因此在研究成果的空间分布中表现出地地道道的法律帝国主义。

② 雅斯贝尔斯. 历史的起源与目标. 魏楚雄，俞新天，译. 北京：华夏出版社，1989：250.

③ Karl Mannheim，*Ideology and Utopia*：*An Introduction to the Sociology of Knowledge*. Translated by Louis Wirth and Edward Shils，London：Routledge & Regan Paul，1936，p. 10.

我们做学问不是为了一己的消遣娱乐，而必须将人格尊严作为终极关怀。否则，大术不立，小规不正，正如民国法学家蔡枢衡所说，学问本身不必再问——问了怕也未必真识货。

人本主义在英文中为 humanism，是一个集合概念，有学者将 humanism 称为唯人主义，以与唯物主义和唯心主义相埒。概括说，凡主张以人为本的思想都属于人本主义。在西方，人本主义源远流长。希腊早期智者派代表人物之一普罗泰戈拉（Protagoras）声称：人是万物的尺度，是存在的事物存在的尺度，也是不存在的事物不存在的尺度。14 世纪发源于意大利的文艺复兴时期的人文主义（I'Umanesimo）是后来资产阶级革命时期的人道主义（I'Umni taxsmo）的前身。在前者，人文精神是通过丰富而曲折的人文学术方式为呈现的，是表达性、理想性的；而在后者则是以直接的思想理论方式为标志的，是论证性的甚至是社会政治实践的。路德维希·费尔巴哈（Ludwig Andreas Feuerbach）公开声明自己的哲学是“人本主义”。现代哲学上的人本主义肇始于 19 世纪中叶，主要包括以叔本华、尼采为代表的唯意志论，以狄尔泰（Wilhelm Dilthey）、伯格森（Henri Bergson）为代表的生命哲学，以海德格尔、萨特为代表的存在主义以及弗洛伊德（Sigmund Freud）的精神分析学、法兰克福学派的社会批判理论等诸多学派。

余英时指出：“所谓‘人文主义’（humanism）在西方思想界一直都占不到很高的地位。萨特的人文主义中的‘人的尊严’只剩下一个空洞的选择自由，事实上则人生只有空虚与彷徨。海德格尔（Heidegger）反驳萨特‘存在先于本质’说，认为人文主义低估了人的特殊地位。所谓人的特殊地位是指人必须依附于至高无上的‘存有’（Being）。但他的‘存有’则是一个最神秘不可解的观念。”① 与此相对，儒家是人本主义者，直接继承周公“重人”思想并予以发展。孔子用“仁”字来界定“人”字，孟子认为“天下之本在国，国之本在家，家之本在身”②，因而特别强调加强个体人格修养的意义，提出“人皆可以为尧舜”③ 的口号以及发展仁、义、礼、智四端的主张。荀子也说“涂之人可以为禹”④，都是强调人有价值自觉的能力。中西方人本思想是一个复杂问题，我们必须对“史识剪刀”的杀伤力怵惕悚惧而思负其过。例如，学者云：“中国人本思想注重群体的利益，强调人的社会责任和义务。希腊人本思想则注重个人自由，强调的是个人在社会上应有的地位和

① 海德格尔在标题为《人文主义书简》这篇极有名的文章中，一反传统对人文主义无条件地肯定的态度，认为人文主义潜在地其实是把人推到了万事万物的中心，俨然要把人的地位“神化”，在某种意义上是人类中心主义（anthropocentrism）。他在文章中提出了“人是存在的牧者”（der Mensch ist der Hirt des Seins）的理论。

② 杨伯峻译注．孟子译注．北京：中华书局，1960：167.

③ 同②276.

④ 安小兰译注．荀子．北京：中华书局，2007：279.

权利。"[①] 但余英时对中国思想史不愧深造有得，认为中国儒家传统并非如常见所云是集体本位，而是个别主义（personalism），与英文个人主义或个体主义（individualism）相区别。"社会上的个体是特殊的，因而是抽象的。个人则是具体的，每一个个人都是特殊的，即所谓'人心不同，各如其面'，'物之不齐，物之性也'。'礼'或人伦秩序并不否定法制和制度的普遍性和客观性，但却不以此为止境，法律和制度的对象是抽象的、通性的'个体'，因而只能保障起源的公平或'立足点'的'平等'。'礼'或人伦秩序则要求进一步照顾每一个具体的人。"[②] 不过，余英时在对儒家人本主义和西方人本主义作出类型学的分判（即前者为内在超越，而后者为外在超越）的同时，没有进行历时性的考量。其实，孔子强调天道远、人道弥而重视人事和"事人"时，并没有使儒家的人文精神仅仅成为一种一切始于人、终于人的世俗精神，所以康熙年间程朱理学重登独尊的宝座，在天理的宰制下存天理而灭人欲，儒家人道原则只剩下表面的空壳，内里却是对人道的扼杀，以致戴震惊呼"理学杀人"的酷烈。这和西方人本主义思潮涨落跌宕的规律是十分相近的。笔者在这里不能旁涉过远，只想指出：人本主义在中西方都是一笔丰富的遗产，而非可蔑弃者也。

马克思指出："人的依赖关系（起初完全是自然发生的），是最初的社会形态，在这种形态下，人的生产能力只是在狭窄的范围内和孤立的地点上发展着。以物的依赖性为基础的人的独立性，是第二大形态，在这种形态下，才形成普遍的社会物质变换，全面的关系，多方面的需求以及全面的能力的体系。建立在个人全面发展和他们共同的社会生产能力成为他们的社会财富这一基础上的自由个性，是第三个阶段。"[③] 应该说，人文主义对市场经济的确立产生过巨大作用，正是人文主义开路，张扬个性，解放思想，确立了文化的精神，形成了文化的传统，才产生了资本主义市场经济胜利大进军。人文主义是市场经济的前提、保障和标志。中国的市场经济目前之所以没有成熟地确立起来，就在于人文主义没有确立起来。中国两千余年封建专制是对中国人的压制，人完全变成空壳，人被阉割以致在精神上爬不起来。随着目前商品经济的作用，经济无序竞争变成"谁比谁无耻、谁比谁更黑"的竞赛，人往往不把自己当作活生生的人，而作为一件待价而沽的商品，交换的需要成为人身上的基本驱动力。正如法兰克福学派的弗洛姆（Erich Fromm）所说，"他的目标是在市场上成功地出卖自己"[④]，他的身体、头脑和灵魂就是他的资本，他在生活中学习和工作，就是对它投资，让它生利；

① 徐杰令，王永本．中西方古代人本思想比较研究．齐齐哈尔师范学院学报，1997（3）．笔者需要指出的是，权利这一概念在西方起源是很晚的。

② 余英时．文史传统与文化重建．北京：生活·读书·新知三联书店，2004：473-474.

③ 马克思，恩格斯．马克思恩格斯全集：第46卷（上）．中共中央马克思、恩格斯、列宁、斯大林著作编译局编译．北京：人民出版社，1979：104.

④ 弗洛姆．健全的社会．欧阳谦，译．北京：中国文联出版公司，1988：143.

人的品质、人格、技术、知识、情感都溶化在商品中，转化为有利于在人格市场上形成更高价格的因素，进行有利可图的交易，人只知道尽力适应外界的需要，体验不到自我的存在，成为没有自我的商品，因此弗洛姆感叹说："19世纪的问题是上帝死了，20世纪的问题是人死了。"① 我国处在社会主义初级阶段，而完善社会主义市场经济法治并不是为了束缚人，而是为了调动人的积极性，使之真正释放主体的能量而在社会经济活动中发挥出最大的效益，并最终保障每一个人的成长。正如我国现代著名法学家吴经熊所说："法律是理想与现实的契合点，就仿佛莲花，它的根深深地植入泥土，而花苞和花瓣向天空伸展。法律是一种把物质利益的摩擦转化为理想物之光的艺术。"② 经济学界有许多学者看到社会主义市场经济增长不是无情的增长（ruthless growth），不是无根的增长（rootless growth），也不是无未来的增长（futureless growth）。经济法学界也有一些开眼的人也把给人以终极关怀，以成就人、尊重人作为经济法的最高祈向。日本经济法学中探讨人权已成为时尚，中国经济法学者吕忠梅在《论经济法的边缘》中则这样写道："经济法的人性标准是'君子'标准，它要求个人不仅做到'利己利人'，而且还要'损己利人'；而民法的人性标准至多是'中人'标准，它只要求个人做到不'损人利己'就行了，他可以在法律允许的范围内追求自身利益的最大满足。"③ 笔者既对吕忠梅的观点戚戚焉有同感，又为中国目前经济法学界缺乏"人"，"人"七零八落，因而既鲜有以"人"为研究的主体又不以"人"为研究对象而戚戚然感到寂寥。

夫"学问"者，学以解问也，有了真问题才能有真学问，对于伪问题的求解只能得一个虚数。中国经济法学界长期为经济法的定义争论不休。但是，费肯杰在其世界名著《经济法》中就指出：法律概念本身并不构成独立存在。如果不考虑其背后存在的法律目的而被创造，或者它们的抽绎令法律的目的落空，则它们旋生即死。如果人们将法律概念从法律目的中剥离，则形成耶林所描述的"概念华盖"④。拉德布鲁赫也曾经说："定义不能从单一的法律现象中归纳出来，而是要从法律理念中推导出来。它的本质不是法学的，而是'先法学的'（vorjuristisch），也就是说，是处于法律科学关系中的先验本质。法律概念不是一个平常的、偶然的一般概念，而是一个必然的一般概念，并不是因为单一法律现象能够被归入法律，法律才是法律，而是恰恰相反，是因为法律的概念包含了法律现象，法律现象才是'法律的'现象。并非法律现象民主地确定了超越自我的法律概念，而是法律概念'从上帝的仁慈'，也就是从理念的仁慈中得到的

① 弗洛姆．健全的社会．欧阳谦，译．北京：中国文联出版公司，1988：370.

② 转引自王健．超越东西方：法学家吴经熊．比较法研究，1998（2）.

③ 吕忠梅．论经济法的边缘．法商研究，1995（4）.

④ 沃尔夫冈·费肯杰．经济法：第1卷．张世明，袁剑，梁君，译．北京：中国民主法制出版社，2009：第2章Ⅲ.

超越仁慈的统治。”[①] 作为新康德主义者的拉德布鲁赫的这种观点和康德的名言“思维无内容是空洞的，直观无概念是盲目的”（Gedanken ohne Inhalt sind leer, Anschauungen ohne Begriffe sind blind）[②]，对于目前中国经济法学的研究可以说是切中时弊，促使我们究心于经济法学的终极关怀。按照拉德布鲁赫的观点，法律规范也是文化法则（Kulturgesetze），而不是自然法则，前者包含应然，后者包含必然（Müssen）。这样的文化法则最终以绝对价值的实现为指向（所谓“价值关涉”），但它们并不等同于这些价值。在拉德布鲁赫看来，法律的概念首先应是先验的，它不是法律科学的结果，而是法律科学的工具。不是对经验法律现象之偶然性的体现，相反，法律思想的必然性范畴，正义、合目的性和安定性构成法律概念的内在规定性。法律作为一种文化现象，作为人类的杰作，它既带有尘世的重负，也具有天堂的引力。拉德布鲁赫的思想切切致虑于关怀“人的尊严”乃至人权。康德对于人异化为机器上的齿轮深怀杞忧，强调：人必须作为自己的目的之物受到尊重，任何人都不能被当作他人的工具而使用。拉德布鲁赫更清晰地认识到，在社会的现实中，所有权是对人的支配力，在赋予权力的债权关系的经济中心是资本；所有权的自由与契约的自由被结合在一起，是社会强者的独裁的自由，是社会弱者的对独裁的隶属。按照拉德布鲁赫的观点，在权力基础之上可以建立的可能是必然，但是绝不可能是应然和效力。由于不公正或不道德的法律，因而实证主义苍白无力，而极端冷漠无情必会扼杀法的生命。所有将人作为劣等人（Untermenschen）对待、否认人具有人权的法，都不具有法质（Rechtsqualität），缺乏法的本性，是拉德布鲁赫所说的“恶法”（Schandgesetze），而恶法非法。总之，法律概念只能作为追求法律理念的现实来确定，经济法只有在人本主义的定向引导下才能定位和定义。

在20世纪90年代，我国理论界和实践中有人以西方企业中经营阶层权力的强化趋势为根据，认为中国国有企业的兴衰存亡关键在于是否为企业寻找出一个“灵魂”，即有胆、有识、善于经营管理的企业家，有的地区甚至提出所谓“能人战略”“一切权力归厂长”的口号，有的学者公开表明不赞成经济民主，将经济民主视为误区，认为企业是一个经济单位，要对人负责。如果说国外的企业相当成功的话，有一个原因就是它非常独裁。在一些经济法学者看来，经济民主这一概念并非理性的产物，而只是一种政治意识形态的衍生物，在根本上即已违反权力与责任相配合的原则。由于缺乏人本主义思想，有人认为要把企业建设得像花园、管理得像监狱，结果使职工从主人翁变成了“主人空”，普遍产生失落感、冷漠感、危机感。我国1993年《公司法》规定，国有独资公司董事会成员当中应有公司的职工代表，董事会的职工代表由职工民主选举产生。但是，在股份有

① 拉德布鲁赫．法哲学．王朴，译．北京：法律出版社，2005：35.

② Immanuel Kant, *Kritik der reinen Vernunft*, Berlin: Verlag von Theodor Knaur Nachfolger, 1920, S. 50.

限公司的组织机构中却无此规定。这说明我国立法机关当时对人本主义的精神原则并没有深刻认识。正因如此，周舫在《股份制企业中的民主管理》中认为，将职工视作“经营者为实现利润最大而根据产品市场和劳动力市场的价格信号随意组合的生产要素”的观点，在这个注重权利的时代是逆时而动的，因为“人是目的，而不是手段”①。严复将“中国尊主，而西人隆民”② 作为近代中国国势衰微的症结所在。民惟邦本，本固邦宁。本理则国固，本乱则国危。“周虽旧邦，其命惟新”③。中国在民族复兴的历史语境中必须强调以民为本，谋求使民“相安相养”之道，否则，一旦官僚、立法者摆脱了法律确信的束缚，法律成为竞逐利益的工具，正义跟着富人私奔，实证法律也就失去公共意识对它的确认，经济可持续发展终将难以为继，甚至于危机四伏。金融危机期间我国房地产市场中暴露出的“财阀民主”就是明证。里费尔在《法哲学和国家哲学基本问题：政治的哲学人类学》中这样写道：“现代科学和民主思想不是偶然地同时产生的，而是由于它们源于一个和相同的原因，科学……基本是民主的，因为科学在原则上是每个人可以企及的……”④ 经济法学的产生和存在价值均在于经济自由和民主的维系不辍。尽管“物本”或者说“资本”等“非人主义”对人本主义的生存空间加以拒斥，但经济法学提倡人本主义并非陈义过高的疏阔空论。中国知识分子不能像毛泽东所说尽当“梁上君子”⑤。否则，中国经济法学除了重复“经济法是国家干预经济活动的法律手段（das gesetzliche Instrumentarium）”之外蠕蠕不进，使“学”与“术”相疏离，最终大道默默而小道切切。早在民国年间，蔡枢衡就一针见血地指出：“在形式主义的支配下，法学不贫困是偶然的。因而被人看不起，却是内在的必然性之表现。”⑥ 这种批评对于我们目前经济法研究的确具有针砭时弊之效。

费肯杰本着“世界上如果没有激情就无法完成任何事情”（daß in der Welt nichts ohne Begeisterung gelingt）的信念，撰写其世界名著《经济法》。他在该书德文版前言中明确指出：“每本书都有其激情，并且即便它假托没有什么，它也具有非常强烈的激情。本书的激情从格言中汲取而言。它希望重申‘合法化自由’（legalize freedom）这一在1968年以后某个美国自由主义者为了反对民主的官僚化无意间提出的口号。它也适用于经济：自由必须为被供给的和想要发展的每个人可诉求的权利。在所有的照料者被分配以最广义的财产权利——‘产权’

① 周舫．股份制企业中的民主管理．中外法学，1995（6）．

② 王栻主编．严复集：第1册．北京：中华书局，1986：3．

③ 朱熹．四书章句集注．北京：中华书局，1983：5．

④ Hans Ryffel，*Grundprobleme der Rechts-und Staatsphilosophie．Philosophische Anthropologie des Politischen*，Neuwied und Berlin：Luchterhand，1969，S. 447．

⑤ 中共中央文献研究室编．毛泽东著作专题摘编：下册．北京：中央文献出版社，2003：1680．

⑥ 李贵连．二十世纪的中国法学．北京：北京大学出版社，1998：64．

之后，才涉及自由及其与财产的关系。”① 费肯杰的论文《在现代民主形成中基本价值和“日用常行”的对立》反映了其在这方面的主要思想。他认为，法者所欲建立合乎体系正义（Systemgerechtigkeit），应该具有一种框架引导功能（Rahmenziehungfunktion）。经济法绝非单纯被加以法律之名的经济（Wirtschaftsrecht ist daher niemals bloß rechtlich benannte Wirtschaft）。它是实现在规范意义上一个既定的经济宪法的法律规范总和，其一则调整经济的一般基础，一则调整在经济这一基础之上的干预，各个不同的经济宪法与其自身的经济法相对应。② 费肯杰既有秉承德国理性思维的传统，体系严密庞大，又作为第二次世界大战后较早赴美国留学深造的德国法学家之一，深得英美分析法学的精髓三昧，剖析问题如同庖丁解牛奏刀騞然，加之其长期丰富的法律实务经验，各种案例资料信手拈来，因此在实证法分析与理论建构之间游刃有余，挥洒自如。汉娜·阿伦特（Hannah Arendt）被誉为历史上第一个探讨极权主义的哲学家，追溯极权主义在西方历史中的原生性与因果性，试图恢复人的真实条件以扭转现代世界“非人化”的倒逆境况，有《极权主义的起源》（*The Origins of Totalitarianism*，Boston：Houghton Mifflin Harcourt，1973）与《人的条件》（*The Human Condition*，Chicago：University of Chicago Press，1958）等著作享誉学界。尤其是汉娜·阿伦特的《人的条件》比较集中地思考马克思主义思想的劳动观，在这一问题领域成为极有影响力的著作。③ 费肯杰是否受到过汉娜·阿伦特的影响，笔者未遑向费肯杰当面请教，但两人的思想显然是非常契合的。支出伦理（Ethik des Aufwands）与偏好伦理（Ethik der Präferenzen），尤其是在秉持特殊尺度的立场上的劳动伦理（der Arbeitsethik）在费肯杰经济法理论中具有不容忽视的地位。费肯

① 德文原文为：Jedes Buch hat sein Pathos，und ein arges Pathos hat es，wenn es vorschützt，keins zu haben. Das Pathos dieses Buches ist dem Motto zu entnehmen. Es will das Schlagwort “legalize freedom” wiedergeben，das sich in den Jahren nach 1968 irgendein amerikanischer Liberaler einfallen ließ，um gegen die Bürokratisierung der Demokratie zu protestieren. Es gilt auch für die Wirtschaft，daß Freiheit anrufbares Recht sein muß für jeden，der versorgt sein，wie für jeden，der sich entfalten will. Nach all der Pflege，die das Recht dem Eigentum im weitesten Sinne，den，property rights”，zuteil werden ließ，geht es jetzt um die Freiheit und um ihr Verhältnis zum Eigentum. 这段德文原文是极其美妙的，细细读之，觉一字一句皆扪之有棱，且处处为民请命，义正词严，颇类林肯葛底斯堡演说中所谓“民有、民治、民享”政府（The government of the people by the people for the people）的名言掷地有声的韵味，可惜笔者功力不济，殊未能得原语之神情。

② Wolfgang Fikentscher，Der Gegensatz von Grundwerten und，täglichen Dingen “bei der Entstehung der modernen Demokratie，Der Präsident des Niedersächsischen Landtags（hrsg.），*Schriftenreihe des Niedersächsischen Landtages*，5. Heft，November 1978.

③ conditio humana（应作 condicio humana）是指人之存在或人之本质的一般条件（allgemein die Bedingung des Menschseins und die der Natur des Menschen），是哲学特别是哲学人类学以及各种社会学科中的研究对象，旨在从全人类的宏观视野出发，以全人类的未来作为共同的认同和关怀对象，厘清人之为人的必不可少的条件（conditio humana überhaupt）。康德、海德格尔的著作中都使用这一术语进行各自理论的论证。

杰通过推参阐述的方法分析世界经济宪法，对于1945年《联合国宪章》（Charter of the United Nations，UN-Charta）、1948年《世界人权宣言》（The Universal Declaration of Human Rights，UDHR）①、1966年《公民权利和政治权利国际公约》（The International Covenant on Civil and Political Rights，ICCPR）和《经济、社会和文化权利国际公约》（The International Covenant on Economic，Social and Cultural Rights，ICESCR）中作为世界经济宪法一部分的经济人权进行绵密细致的分析。他为论证这种以人为本的经济法理念，甚至追根溯源至最早的民族国家荷兰的建立，认为这一“国家创立”也是萦怀于人的信仰自由和人格的尊严和价值的保护框架，基本权并非事后引进的国民对抗主权国家的保护工具，而从一开始就被现代主权国家作为基本人权的保护机制而发明。② 如前所述，费肯杰经济法体系颇类于德国民法潘克顿法学体系，而这一体系可以追溯至罗马法学家盖亚斯（Gaius）的人法—物法—诉讼法（Persones-res-actione）系统。在“经济人法（Wirtschaftspersonenrecht）”中，费肯杰积极主张以经济人格权（Das Wirtschaftliche Persönlichkeitsrecht，WPR）作为经济自由秩序的核心概念。在财产权利方面，费肯杰批评世界经济法中有体财产保护相对于无体财产保护而言被忽视，其对于人的关怀也彰彰甚明。

据笔者现在所知，世界上有两部国际性法律是由费肯杰主持起草的，一个是国际技术转移行为规范（Code of Conduct on the Transfer of Technology，TOT-Code），一个是联合国卡特尔行为规范（UN-Kartell-Kodex，该法具体工作由其助手约瑟夫·德雷克舍完成）。这些都是很关键的法律，使在全世界空间范围的经济生活在无形中受到这些国际法律的规范影响。费肯杰在其世界名著两卷本《经济法》中在世界经济法部分讨论发展性援助问题时，就曾经指出，无论如何，将西方工业化经济的思想移植到发展中国家，所到之处便惠泽无疆，这种思想是错误的。仅一条道路的修建就可能让富有传统的乡村文化土崩瓦解。根据一般性观察，发展性援助项目不仅导致风景和资源（例如森林）的破坏，而且导致农村劳动力外流、失业增加和社会、家庭危机。所有这些并不能构成拒绝发展性援助思想本身的理由。然而，它要求在将来从根本上更加仔细协调发展方案与区域环境，特别是人文和社会领域的关系。③ 贸发会议第一任总干事劳尔·普雷维什（Raul Prebisch）曾寄希望于发展援助这种通过当地上层来进行的所谓“涓滴效应”（trickle down effect），但费肯杰在孔兹-哈勒施坦、科莱因厄、彭泽林、施特劳布协助下撰写的

① Resolution 217（Ⅲ）Universal Declaration of Human Rights，in：United Nations，General Assembly，Official Records Third Session（Part Ⅰ）Resolutions（Doc. A/810），71.

② Wolfgang Fikentscher，*Methoden des Rechts in vergleichender Darstellung*，Ⅳ，Tübingen：Möhr Siebeck，1975，§34.

③ 沃尔夫冈·费肯杰. 经济法：第1卷. 张世明，袁剑，梁君，译. 北京：中国民主法制出版社，2009：第9章第1部分Ⅲ.

《技术转移国际行为规范草案：对第三世界发展的研究》中断言，即使在发展援助后才“抵达”的所谓的“涓滴效应”如果在上层的手中被引导，也是不符合现实的。发展性援助“传递”到真正贫穷者是一个有待解决的问题。因为多数发展中国家由位崇势雄的官僚、家庭或其他精英所支配，不能排除发展性援助有益于在发展中国家原本富裕的人士而不是广大的民众。① 费肯杰借用弗里茨·罗伊特（Fritz Reuter）语“贫穷源自贫穷”（Armut käme von der Povertät），对于与“富裕的循环”并存的贫穷恶性循环表现出高度关切。

费肯杰作为德国新自由主义第二代代表人物，对于民主德国社会主义经济法具有根深蒂固的抵触情绪，但对于其积极的方面也大加赞赏，认为：“劳动者”在全民所有制企业可以总是说他至少是这个企业“所有者”的一员，即使仅仅很小部分是为自己工作，但他可能有这样的感觉，在某种程度上，他是自己的主人。必须为别人、为工厂主或者一个匿名社会“资本家”工作以获取面包的感觉，对其而言烟消云散。尽管联邦德国共同决定被适用于企业在生产资料的所有权，但就一种经济体制、所有权的适用而言，参与利用至少在心理上与是共有者不可同日而语；当家做主问题（Herr-im-Haus-Problem）不能通过平等的共同决策被解决。基于联邦德国企业法和公司形式的体制对雇员这种主人翁心理需求的满足表现为空白，费肯杰建议，除其他的目前被使用的公司形式之外，应该有考虑到这种心理需求的公司形式和合作社形式可供使用，可能某些产业部门除适宜于“市场经济的全民所有制企业”（VEB der Marktwirtschaft）之外无更好的形式。与费肯杰如此殷殷致意于人本主义的经济法学理论形成鲜明的对比，中国经济法学近年来关注本土化问题者不乏其人，但“鞍钢宪法”问题“墙内开花墙外香”，在国内学术界却鲜人问津，而过去我国“两参一改三结合”为日本一些企业所借鉴，德国经济法学界对雇员“共同决定权”的研究在整个经济法学研究中具有十分吃重的分量，这值得我们深入检讨和反思。

对法律体系的认知必须将法律规范、法律事实和法律价值纳入考察的视野，单纯的法律规范分析不足济事。黑格尔认为，作为一门科学的“体系的开端”必须是这个“体系的根据或原则”，只有在这样的根据或原则里，才可能“找到它的以后的规定”，才有可能运用从抽象上升到具体的方法。正如德国法学家赫克等人所指出的，纯粹为了阐述或易于概观的目的而构筑的“外部体系”殊不足道。殆为维持法律之逻辑一贯性、体系性而悍然不顾社会事实，洵属舍本逐末之举。这种流于概念法学、机械法学的范式无视社会或法律目的，早已为当年耶林等所扬弃，当今中国学人以18世纪德国古典法学的思维范式攘诋新兴的经济法本身不啻欲令时间倒流。法律体系的建立不在于徒具规整精严的外在形式，不是“平等”或

① Wolfgang Fikentscher, assisted by H. P. Kunz-Hallstein, Chr. Kleiner, F. Pentzlin, W. Straub, *The Draft International Code of Conduct on the Transfer of Technology-A Study in Third World Development*, Weinheim: Wiley-VCH Verlag, 1980, S. 140.

“不平等”法律关系非此即彼的形式逻辑疑决技术所能剖断分明的，否则连民法、刑法和行政法的三足鼎立都无法解释得圆满具足。进而言之，价值并非永恒不变的，其中也包含了时间价值的“发”（延伸）和空间价值的“展”（扩展），而这正是经济法学术话语空间得以开展及其开放的体系得以翕辟成变的根本原因所在。

按照德国法学家恩吉施（Karl Engisch）、埃塞尔和卡纳里斯（Claus-Wilhelm Canaris）等人的观点，逻辑学上的公理式演绎的体系（das axiomatischdeduktive System）根本不适用于法学，因为这种体系要求两个条件，即作为体系基础的公理的无矛盾性和完整性，又因为是法律原则而非抽象概念乃构筑体系真正的要素，而规范之后的各种评价原则是无论如何都不能满足上述两项要求的。易言之，“原则并非一律适用绝无例外，而且其彼此间可能适相矛盾反对；同时它们也不主张其具有专一适用性，亦即，不可用‘当而且只有当……则……’的形式来描绘这些原则；唯有透过其彼此相互补充、互相限制的交互作用，原则的固有意义内涵才能发展出来；为了实现这些原则，必须透过一些具有独立实质内容的下位原则，及个别评价行为而将之具体化”①。经济法之所以能够打破传统法律部门划分的“理性垄断”（das Rationalitäts-monopol）而不屈不挠地存在和发展，正在于“我思故我在”，正在于其具有自身独特的价值理念和原则。这也正是构建经济法体系的灵魂和出发点之所在。

拉德布鲁赫的相对主义法哲学对于经济法学体系的建构的启迪意义在于，不同学术观点的阐发应该在坚持己见的同时彼此包容与尊重。拉德布鲁赫曾经引用瓦尔特·拉特瑙的一句话对此做了精彩的说明：“我们不是作曲家，而是演奏家。每个人都喜欢演奏乐器，能演奏多好，就演奏多好；只要所有的琴弦响起，他就允许演奏变奏曲。所有乐器都是同等重要的；没有人操心音律是否和谐，这是由另一个人来负责的。”② 拉德布鲁赫的相对主义主张的价值判断是在信仰自由基础上的价值多元主义。一方面，这相对主义并没有实现相对，而具有一个普遍的道德标准，易言之，其“宽容”是绝对的；另一方面，宽容也不是无可无不可的观点，甚至是主观主义，因为自我成为唯一的标准也就意味着宽容的结束。经济法学研究者并不是放弃主体性与主观性，以至于不汤不水。相反，按照韦伯的观点，不好好主观，反而不能客观，好的主观不单无害于客观，反而有益于客观。社会科学研究中所谓“价值自由”的实质意义应该是“在价值判断上的自由态度”，并不排斥“价值相干”（value-relevance）。恰如拉德布鲁赫的忠实弟子考夫曼（Arthur Kaufmann）所说，拉德布鲁赫过早缴枪而没有清楚地验证个人价值（Individualwerte）、集体价值（Kollektivewerte）、行动价值（Werkwerte）这些法的最高价值，从一开始就放弃

① Canaris, *Systemdenken und Systembegriff in der Jurisprudenz: Entwickelt am Beispiel des deutschen Privatrechts*, Leipzig: Verlag von Duncker & Humblot, 1983, S. 52.

② 拉德布鲁赫. 法哲学. 王朴，译. 北京：法律出版社，2005：13.

了与所有不相信这些东西的人的交往和对话[①]，因此于尔根·哈贝马斯等的现代商谈理论将这方面的研究大大向前推进了一步。哈贝马斯将商谈理论引入伦理学领域，构建了话语伦理学；将其运用到政治领域，提出了话语民主理论。哈贝马斯所说的"沟通理性"（communicative reason or rationality）基本上指通过关于事实、规范及经验的言语沟通达到相互理解后，必能确立行动主体所共同遵循的行动或价值规范。尽管有人对哈贝马斯的理性商谈理论的可行性提出质疑，将之视为一种乌托邦，但哈贝马斯辩解说："绝不能把乌托邦与幻想等同起来，幻想是建立在无根据的想象上，是永远无法实现的；而乌托邦则蕴含着希望，体现了对一个与现实完全不同的未来的向往，为开辟未来提供了精神动力。乌托邦的核心精神是批判，批判经验现实中不合理、反理性的东西，并提出一套供选择的方案。"[②] 在我们看来，哈贝马斯的理性商谈理论和费肯杰的推参阐述理论之间存在诸多高度契合性。

法律制度、法律规则作为与无情性事实相对应的社会制度性事实必然涉及某种集体意向性，无论马克思主义法学主张法律为统治阶级意志表现，还是历史法学派坚持法律为"民族精神"的升华，都是将法律视为一定的集体意向所赋予的一种"地位功能"。从某种意义而言，法律的本体论并不能脱离法律的认识论而孑然独存，法律体系亦不可能不依赖于法学体系的外部实在。正如斯太格缪勒（Wolfgang Stegmüller）所说的那样："我可以用一种比喻来说：我们在话语和行为之间打进楔子的一切努力都是徒劳的。因为在这里说出来的话语就是行为。"[③] 自从国际学界出现"语言学转向"之后，To say something is to do something（"说话即行事"）已经成为当下颇为风行的理论和观念。奥斯汀在《如何用语词做事》（John L. Austin，*How to Do Things with Words*：*The William James Lectures Delivered at Harvard University in* 1955，Oxford：Clarendon Press，1962）中指出，任何一个现实的言语行为既是语谓行为（locutionary acts），又是语用行为（illocntionary acts），还是语效行为（perlocutionary acts），述行语常常是创造制度性事实的。按照这种语用学的观点，在社会的和制度性的实在中，语言不仅用于描述指称、分析事物，而且部分地参与事实的建构；语言本身是一种制度性实在，同时又通过一种执行话语和建构性规则来创造和建构制度性实在。[④] 利奥塔指出："19和20世纪已经让我们承受了如此之多的恐惧。为了缅怀那种总体和统一，为了概念和感觉以及明了的和可传达的经验之间的和谐一致，我们已付出了极高昂的代价。"[⑤] 在后现代理

① 阿图尔·考夫曼，温弗里德·哈斯默尔. 当代法哲学和法律理论导论. 郑永流，译. 北京：法律出版社，2005：22.

② 章国锋. 哈贝马斯访谈录. http://www.frchina.net/data，[2008-12-08].

③ 斯太格缪勒. 当代哲学主流：下卷. 王炳文，等译. 北京：商务印书馆，1992：76.

④ J. R. Searle，*Mind*，*Language and Society*：*Philosophy in the Real World*，New York：Basic Books，1998，p. 109.

⑤ Jean-Francois Lyotard，*The Postmodern Condition*，Minneapolis，MN.：University of Minnesota Press，1984，p. 81.

论看来，西方的每个毛孔都透着形而上学，使人们无一例外地呼吸着形而上学的空气，已经成为理论结构的奴隶。结构形成的一个教条般的法则即是将历史主义和还原论埋葬，以结构自身的超验性可以大胆地放逐历史。① 事实上，社会科学比自然科学更深地蕴含在现代性之中，因为对社会实践不断修正的依据，恰恰是关于这些实践的知识，而这正是现代制度的关键所在。正是这样，卡尔·波普尔就认为："所有的科学都建立在流沙之上。"② 德勒兹（Gilles Deleuze）指出："今天我们生活其中的时代充满了残垣断瓦等不完整的对象——我们不再相信存在着原初的总体性，或者是在未来某一天里等待我们的最后的总体性。"③ 为了虚假的审美概念，"把法学夸张到法的数学，归纳到逻辑推理的概念法学是一种谬误，是基于对法本质的误解"④。后现代在某种程度上也可以说是一个反体系的时代。反体系即反对任何人为设定的理论前提和推论，否定人能达到事物的总体本质。现代世界是个"诸神互竞"的世界，从不同的信仰出发，不同理论可以作出不同的、自成体系的解释。这种见仁见智的百家争鸣恰是经济法学体系结构化的前提条件，对于与理性主义的封闭体系观念相关的自然法和实证主义的超越，主要是通过敞开体系得以实现，并且以"在敞开的体系中论证"为其指导纲领。此外，因为法律"材料"几乎完全受时代所限，且因而处于持续变更的状况。唯有"开放的体系"才可能存续，所以我们对经济法学只可以作有体系的但非"完整"的言说。社会科学原本很难以对错言之，而须以令人信服的力度强弱相衡量，它只是在一定话语规则和范式下的言说行为而已。经济法学体系的建构亦然。我们对于自以为是的学术攻击不以为然，甚至于可以径行直道而对之不屑一顾，不过对于"费厄泼赖"的学术批评自然应当虚怀若谷，唯有如切如磋的相互砥砺方能使经济法学体系趋于严密完备。

所谓内在体系和外在体系也可以说是中国本土的学术概念意义上的"体"和"用"。"体"是本质，"用"是表现。无"体"则无"用"，无"用"则无"体"。"体"必然有其"用"，"用"必然有其"体"。"体"必然是某种"用"之"体"，"用"必定是某种"体"之"用"。体用不二而有分，虽分而仍不二。凡"用"必包含其"体"，凡"体"必包含其"用"。"体"决定"用"，"体"规范"用"，"体"指导"用"；"用"反映"体"，"用"体现"体"，"用"辅助"体"。失其"体"即失其"用"，获其"用"当获其"体"。老子云："天得一以清，地得一以宁，神得一以灵，谷得一以盈，万物得一以生，侯王得一以为天下贞。"⑤ 孔子则强调"吾

① 汪民安．福柯的界线．北京：中国社会科学出版社，2002：114.

② Karl Popper，*Conjectures and Refutations*：*The Growth of Scientific Knowledge*，London：Routledge，1962，p. 34.

③ Gilles Deleuze，*Anti-Oedipus*，Minneapolis：University of Minnesota Press，1984，p. 42.

④ 长谷川国雄．世界名著便览．天津编译中心，译．北京：世界知识出版社，1992：229.

⑤ 语出《老子·三十九章》，引自冯达甫译注．老子译注．上海：上海古籍出版社，1991：92.

道一以贯之"①。朱熹和陆九渊在淳熙二年（1175年）著名的"鹅湖之会"辩论中就将有无"一以贯之"之道作为道学、俗学之别。西谚曰：光是羽毛不成鸟（The feather makes not the bird）。经济法学体系之能否成立，亦关键在于有无自身独立的价值作为其灵魂。史际春一直强调经济法学这门"学科的基本品格"，即此之谓也。目前，尽管私法和公法不再被视为一种像其当初表现的那样的紧张关系②，但有许多德国学者仍然固守传统的理念将经济法作为一个法规搜集器皿。经济法和劳动法一样往往被视为公法领域和私法领域的"插花地"（eine "Gemengelage" von Privatrecht und öffentlichem Recht）。例如，著名的维基百科（Wikipedia）就如是言：经济法是国家对于在经济生活中有关各方相互之间及其相对于国家的法律关系加以调整的所有私法、刑法和公法的法律规范和措施的总和，是一般用于经济交往的法律的上位概念以及经济政策的法律基础。经济法由以下三个要素组成：经济宪法（Das Wirtschaftsverfassungsrecht）、经济行政法（Das Wirtschaftsverwaltungsrecht）和经济私法（Das Wirtschaftsprivatrecht）。③ 罗尔夫·斯特博在《德国经济行政法》中所持的观点与前述观点相近，认为经济法"可以分为经济私法、经济刑法和经济行政法，由于经济法的立法背景及其体系方面的缘故（所谓的整体法律制度的经济特色），这种划分曾受到批评。然而，把这些实体法律部门综合成为一个统一的经济法的做法是行不通的"④。在过去，日本战后经济法学之所以长期出现所谓"经济干涉法说"（経済に対する国家の統制または干渉の法とする経済法理論）和"独禁法＝经济法说"（独禁法を中心に置く経済法理論）的对立，一个主要原因就在于将独占禁止法仅仅作为一种经济政策法律工具还是作为整个自由竞争经济体制的灵魂的不同。德国法学家阿施曼把经济法的存在视为"对私法的批判"，他悲观地评述经济法是德国法律人的一项失败尝试，导致整个法学的"破产"⑤。然而，即便败叶满山也须有一收束。正如朱熹所说，心诸支离无个主宰处，与义理自不相亲。经济法只有具备自身的内在灵魂，才能由物象见精神，主一无适，理事互融，明体达用，道至文成，不乱不杂，光明四达，照用有

① 语出《论语卷八，卫灵公第十五》，引自杨伯峻译注. 论语译注. 北京：中华书局，2008：161.

② G. Rinck, Das Wirtschaftsrecht im-abklingenden-Spannungsfeld zwischen öffentlichem und privatem Recht, *Wirtschaftsrecht, Beiträge und Berichte aus dem Gesamtbereich des Wirtschaftsrechts*, 1972, S. 5ff.

③ 资料来源：http://de.wikipedia.org，（2009－01－16）. Das Wirtschaftsrecht ist die Gesamtheit aller privatrechtlichen, strafrechtlichen und öffentlich-rechtlichen Rechtsnormen und Maßnahmen, mit denen der Staat auf die Rechtsbeziehungen der am Wirtschaftsleben Beteiligten untereinander und im Verhältnis zum Staat einwirkt und ist der Oberbegriff für das Recht des Wirtschaftsverkehrs sowie die rechtliche Grundlage der Wirtschaftspolitik. Das Wirtschaftsrecht besteht aus drei Elementen: Das Wirtschaftsverfassungsrecht, Das Wirtschaftsverwaltungsrecht, Das Wirtschaftsprivatrecht.

④ 罗尔夫·斯特博. 德国经济行政法. 苏颖霞，译. 北京：中国政法大学出版社，1999：11.

⑤ Heinz-Dieter Assmann, *Wirtschaftsrecht als Kritik des Privatrechts. Beiträge zur Privat-und Wirtschaftsrechtstheorie*, Königstein: Athenaeum Verlag, 1983.

余，自不虑其茫无津涯了。与阿施曼的观点相反，笔者将经济法学视为“朝阳学科”，同时认为中国经济法学体系的建构是一种结构化的过程，且这个过程任重而道远，士不可不弘毅，必须坚持以人为本的理念。笔者希望以梁启超下面的一段话寄托对中国经济法学在 21 世纪的新航程的期待——“旭日方东，曙光熊熊，吾其叱咤羲轮，放大光明以赫耀寰中乎！河山伏流，狂涛怒吼，吾其乘风扬帆，破万里浪以横绝五洲乎！”①

① 王德峰编选．梁启超文选．上海：上海远东出版社，2011：104.

主要参考文献

中文著作

阿尔弗雷德·S. 艾克纳主编. 经济学为什么还不是一门科学. 北京：北京大学出版社，1990.

阿尔弗雷德·洛罗塞. 战后欧美关系. 刘其中，等译. 上海：上海译文出版社，1986.

阿莱克西·雅克曼，居伊·施朗斯. 经济法. 宇泉，译. 北京：商务印书馆，1997.

阿图尔·考夫曼，温弗里德·哈斯默尔. 当代法哲学和法律理论导论. 郑永流，译. 北京：法律出版社，2005.

埃尔曼. 比较法律文化. 贺卫方，高鸿钧，译. 北京：生活·读书·新知三联书店，1990.

埃里克·罗尔. 经济思想史. 陆元诚，译. 北京：商务印书馆，1987.

爱德蒙·柏克. 自由与传统. 蒋庆，王瑞昌，王天成，译. 北京：商务印书馆，2001.

爱里克·松尼曼编. 美国和德国的经济与经济法. 南京大学中德经济法研究所，译. 北京：法律出版社，1991.

安东尼·德·雅赛. 重申自由主义. 陈茅，等译. 北京：中国社会科学出版社，1997.

班固. 汉书. 北京：中华书局，1962.

北京大学哲学系外国哲学史教研室编译. 西方古典哲学原著选译. 北京：生活·读书·新知三联书店，1957.

北京民国大学出版部. 北京民国大学一览. 北京：北京民国大学消费社，1923.

本尼迪克特. 菊花与刀：日本文化的诸模式. 孙志民，马小鹤，等译. 杭州：浙江人民出版社，1987.

彼得·马赛厄斯，悉尼·波拉德主编．剑桥欧洲经济史：第8卷．王宏伟，钟和，译．北京：经济科学出版社，2004.

波多野鼎．日本统制经济概要．舒贻上，译述．北平：国立华北编译馆，1948.

伯纳德·施瓦茨．美国法律史．王军，等译．北京：中国政法大学出版社，1990.

伯纳德·施瓦茨．行政法．徐炳，译．北京：群众出版社，1986.

博登海默．法理学——法哲学及其方法．邓正来，姬敬武，译．北京：华夏出版社，1987.

布哈林．过渡时期经济学．余大章，郑异凡，译．北京：生活·读书·新知三联书店，1981.

曹士兵．反垄断法研究．北京：法律出版社，1996.

查尔默斯·约翰逊．政府到底该干什么？——有形与无形的手之争．安佳，肖遥，译．昆明：云南教育出版社，1989.

查尔斯·霍顿·库利．人类本性和社会秩序．包凡一，王湲，译．北京：华夏出版社，1982.

车耳．第三条道路——法国经济计划化的理论与实践．沈阳：辽宁人民出版社，1988.

陈安明．中国行政法学．北京：中国法制出版社，1992.

陈汉楚．蒲鲁东和蒲鲁东主义．南京：江苏人民出版社，1981.

陈明章．私立燕京大学．南京：南京出版有限公司，1982.

陈锐雄．民法总则新论．台北：三民书局，1982.

陈守一．法学研究与法学教育论．北京：北京大学出版社，1996.

陈卫平，施志伟．生命的冲动：柏格森和他的哲学．上海：生活·读书·新知三联书店上海分店，1988.

陈文和主编．嘉定钱大昕全集：第7册．南京：江苏古籍出版社，1997.

陈秀山．现代竞争理论与竞争政策．北京：商务印书馆，1997.

陈寅恪．金明馆丛稿二编．上海：上海古籍出版社，1980.

出水宏一．日本西德经济比较．赵纪元，译．长春：吉林人民出版社，1983.

大木雅夫．比较法．范愉，译．北京：法律出版社，1999.

戴奎生．竞争法研究．北京：中国大百科全书出版社，1993.

戴维·米勒，韦农·格丹诺主编．布莱克维尔政治学百科全书．中国问题研究所等，译．北京：中国政法大学出版社，1990.

丹尼斯·M. 帕特森．法律与真理．陈锐，译．北京：中国法制出版社，2007.

丹宗昭信，伊从宽．经济法总论．吉田庆子，译．北京：中国法制出版社，2010.

登特烈夫．自然法——法律哲学导论．李日章，译．台北：联经出版事业公司，1984.

邓广铭．稼轩词编年笺记．上海：上海古籍出版社，1978.

东北沦陷十四年史总编室，日本殖民地文化研究会编．伪满洲国的真相：中日学者共同研究．北京：社会科学文献出版社，2010.

杜慎编选．福柯集．上海：上海远东出版社，1998.

端木正．端木正自选集．广州：广东人民出版社，2007.

恩格斯．反杜林论．中共中央马克思、恩格斯、列宁、斯大林著作编译局编译．北京：人民出版社，1970.

范键．德国商法．北京：中国大百科全书出版社，1993.

方以智．东西均．北京：中华书局，1962.

方以智．易馀．张昭炜校，北京：九州出版社，2014.

费尔南·布罗代尔．法兰西的特性．顾良，张泽乾，译．北京：商务印书馆，1994.

费尔南·布罗代尔．资本主义论丛．顾良，张慧君，译．北京：中央编译出版社，1997.

弗洛姆．健全的社会．欧阳谦，译．北京：中国文联出版公司，1988.

福克纳．美国经济史．王锟，译．北京：商务印书馆，1964.

傅殷才，颜鹏飞．自由经营还是国家干预——西方两大经济思潮概论．北京：经济科学出版社，1995.

高道蕴，高鸿钧，贺卫方主编．美国学者论中国法律传统．北京：中国政法大学出版社，1994.

格·伊尔尼茨，狄·吕布克主编．马克思恩格斯论哲学史．陈世夫，唐松阳，张世广，等译．西安：陕西人民出版社，1988.

龚自珍．龚自珍全集．上海：上海人民出版社，1975.

顾准．顾准文集．贵阳：贵州人民出版社，1994.

郭廷以，王聿均编．马超俊，傅秉常口述自传．北京：中国大百科全书出版社，2009.

国家工商行政管理局条法司编．现代竞争法的理论与实践．北京：法律出版社，1993.

国立莫斯科大学，斯维尔德洛夫法学院编．经济法．中国人民大学苏联东欧研究所，译．北京：中国人民大学出版社，1980.

国务院学位委员会办公室编．中国社会科学家自述．上海：上海教育出版社，1997.

何勤华．当代日本法学：人与作品．上海：上海社会科学院出版社，1991.

何勤华主编. 20世纪外国经济法的前沿. 北京：法律出版社，2002.

贺卫方主编. 中国法律教育之路. 北京：中国政法大学出版社，1998.

赫蒂根. 欧洲法：第5版. 张恩民，译. 北京：法律出版社，2003.

黑格尔. 法哲学原理. 范扬，张企泰，译. 北京：商务印书馆，1961.

黑格尔. 小逻辑. 贺麟，译. 北京：商务印书馆，2004.

亨利希·海涅. 论德国. 薛华，海安，译. 北京：商务印书馆，1980.

洪谦主编. 西方现代资产阶级哲学论著选辑. 北京：商务印书馆，1964.

洪逊欣. 法理学. 台北：三民书局，1985.

侯家驹. 中国经济思想史. 台北："中央"文物供应社，1987.

胡代光. 西方经济学的演变及其影响. 北京：北京大学出版社，1998.

胡国成. 塑造美国现代经济制度之路. 北京：中国经济出版社，1995.

胡适. 中国哲学史大纲. 北京：东方出版社，1996.

黄仁宇. 放宽历史的视界. 北京：生活·读书·新知三联书店，1988.

黄仁宇. 中国大历史. 北京：九州出版社，2007.

黄右昌. 罗马法与现代. 北平：京华印书局，1930.

黄煜文. 傅柯的思维取向——另类的历史书写. 台北：台湾大学文学院印行，1990.

黄遵羲. 明夷待访录. 北京：中华书局，1981.

霍布斯鲍姆. 极端的年代. 郑明萱，译. 南京：江苏人民出版社，1998.

霍尔斯特·海因里希·雅科布斯. 十九世纪德国民法科学与立法. 王娜，译. 北京：法律出版社，2003.

吉娜·马莱. 美食的最后机会：快餐时代美味的悲剧宿命. 杨博，译. 重庆：重庆出版社，2006.

坚金，布拉图斯主编. 苏维埃民法. 李光谟，等译. 北京：法律出版社，1956.

蒋晓伟. 中国经济法制史. 北京：知识出版社，1991.

纐缬厚. 我们的战争责任：历史检讨与现实省思. 申荷丽，译. 北京：人民日报出版社，2011.

金岳霖，等. 形式逻辑简明读本（修订版）. 北京：中国青年出版社，1978.

金岳霖学术基金会学术委员会编. 金岳霖学术论文选. 北京：中国社会科学出版社，1990.

金泽良雄. 经济法概论. 满达人，译. 兰州：甘肃人民出版社，1985.

靳希平. 海德格尔早期思想研究. 上海：上海人民出版社，1995.

井上清. 昭和五十年. 北京大学亚非研究所，译. 天津：天津人民出版社，1979.

久保亨. 走向自立之路：两次世界大战之间中国的关税通货政策和经济发展.

王小嘉，译. 北京：中国社会科学出版社，2004.

卡尔·哈达赫. 二十世纪德国经济史. 扬绪，译. 北京：商务印书馆，1984.

凯恩斯. 劝说集. 蔡受百，译. 北京：商务印书馆，1962.

康马杰. 美国精神. 南木，等译. 北京：光明日报出版社，1988.

柯提斯·J. 米尔霍普. 法律与资本主义：全球公司危机揭示的法律制度. 北京：北京大学出版社，2010.

科佩尔·S. 平森. 德国近现代史. 范德一，林瑞斌，等译. 北京：商务印书馆，1987.

克劳斯·格林. 联邦德国的社会市场经济：构想·发展·问题. 冯文光，裘挹红，译. 北京：中央编译出版社，1994.

孔祥宇. 现代评论派与1920年代的中国自由主义. 北京：中国政法大学出版社，2012.

拉德布鲁赫. 法哲学. 王朴，译. 北京：法律出版社，2005.

拉普捷夫. 经济法的理论问题. 中国人民大学法律系民法教研室，译. 北京：中国人民大学出版社，1991.

拉普捷夫主编. 经济法. 中国社会科学院法学研究所民法经济法研究室，译. 北京：群众出版社，1987.

勒内·达维德. 当代主要法律体系. 漆竹生，译. 上海：上海译文出版社，1984.

李昌麒. 经济法：国家干预经济的基本法律形式. 成都：四川人民出版社，1995.

李工真. 德意志道路——现代化进程研究. 武汉：武汉大学出版社，1997.

李觏. 李觏集. 王国轩点校. 北京：中华书局，1981.

李贵连. 二十世纪的中国法学. 北京：北京大学出版社，1998.

李明勋，尤世玮主编. 张謇全集. 上海：上海辞书出版社，2012.

李品昂. 经济管制立法的理论与实际. 台北：华欣文化事业中心，1976.

李强. 自由主义. 北京：东方出版社，2015.

李埏，武建国. 中国古代土地国有制史. 昆明：云南人民出版社，1997.

李秀清，何勤华. 外国法与中国法：20世纪中国移植外国法反思. 北京：中国政法大学出版社，2003.

理查德·霍夫施塔特. 美国政治传统及其缔造者. 崔永禄，王忠和，译. 北京：商务印书馆，2010.

理查德·莱亚德，约翰·帕克. 俄罗斯重振雄风：新俄罗斯经济政治指南. 白洁，等译. 北京：中央编译出版社，1997.

枥仓正一. 满洲中央银行十年史. 长春：满洲中央银行，1942.

梁慧星，王利民. 经济法的理论问题. 北京：中国政法大学出版社，1986.

梁慧星. 民法解释学. 北京：中国政法大学出版社，1995.

梁启超. 清代学术概论. 上海：上海古籍出版社，2005.

梁启超. 饮冰室合集. 北京：中华书局，1989.

梁启超. 中国历史研究法（外二种）. 石家庄：河北教育出版社，2000.

梁治平. 梁治平自选集. 桂林：广西师范大学出版社，1997.

廖义男. 企业与经济法. 台北：自印行，1980.

列宁. 列宁选集. 中共中央马克思、恩格斯、列宁、斯大林著作编译局编译. 北京：人民出版社，1972.

列宁. 哲学笔记. 北京：人民出版社，1974.

林纪东. 法学绪论. 台北：五南图书出版公司，1978.

林纪东. 行政法. 台北：三民书局，1977.

刘北成编著. 福柯思想肖像. 上海：上海人民出版社，2001.

刘春茂. 中国法律体系与法学原理. 北京：法律出版社，1997.

刘放桐等编著. 现代西方哲学. 北京：人民出版社，1995.

刘军宁等编. 公共论丛：市场逻辑与国家观念. 北京：生活·读书·新知三联书店，1996.

刘瑞复. 经济法：国民经济运行法. 北京：中国政法大学出版社，1994.

刘文华. 中国经济法基础理论（校注版）. 北京：法律出版社，2012.

卢森贝. 政治经济学史：第3卷. 郭从周，译. 北京：生活·读书·新知三联书店，1960.

陆季藩. 合作法制. 桂林：青年书店，1942.

路德维希·艾哈德. 来自竞争的繁荣. 祝世康，穆家骥，译. 北京：商务印书馆，1983.

吕世伦主编. 列宁法律思想史. 北京：法律出版社，2000.

吕世伦主编. 西方法律思潮源流论. 北京：中国人民公安大学出版社，1993.

罗伯特·考特，托马斯·尤伦. 法和经济学. 张军，等译. 上海：上海三联书店，1991.

罗尔夫·克尼佩尔. 法律与历史——论《德国民法典》的形成与变迁. 朱岩，译. 北京：法律出版社，2003.

罗尔夫·施托贝尔. 经济宪法与经济行政法. 谢立斌，译. 北京：商务印书馆，2008.

罗杰·巴克豪斯. 现代经济分析史. 晏智杰，译. 成都：四川人民出版社，1992.

罗香林. 傅秉常与近代中国. 香港：中国学社，1973.

罗竹风主编. 平心文集. 上海：华东师范大学出版社，1985.

马尔萨斯. 政治经济学原理. 厦门大学经济系翻译组，译. 北京：商务印书馆，1962.

马君硕. 中国行政法总论. 上海：商务印书馆，1947.

马克思，恩格斯. 马克思恩格斯全集. 中共中央马克思、恩格斯、列宁、斯大林著作编译局编译. 北京：人民出版社，1979.

马克思. 哲学的贫困：答蒲鲁东先生的贫困的哲学. 北京：人民出版社，1961.

马克思. 资本论. 中共中央马克思、恩格斯、列宁、斯大林著作编译局编译. 北京：人民出版社，2004.

马歇尔. 经济学原理. 陈良壁，译. 北京：商务印书馆，1965.

曼弗里德・布尔. 理性的历史——德国古典哲学关于历史的思考. 王步涛，译. 北京：社会科学文献出版社，1992.

毛泽东. 毛泽东军事文集. 北京：军事科学出版社，中央文献出版社，1993.

毛泽东. 毛泽东文集. 中共中央文献研究室编，北京：人民出版社，1999.

毛泽东. 毛泽东选集. 北京：人民出版社，1991.

米海依尔・戴尔玛斯-马蒂. 世界法的三个挑战. 罗结珍，郑爱青，赵海峰，译. 北京：法律出版社，2001.

米列伊科夫斯基. 现代资产阶级政治经济学批判. 郑伟民，等译. 北京：商务印书馆，1985.

米也天. 澳门法制与大陆法系. 北京：中国政法大学出版社，1996.

摩莱里. 自然法典 自然法律的一直被忽视或被否认的真实精神. 黄建华，姜亚洲，译. 北京：商务印书馆，1982.

牧野英一. 法律之矛盾与调和. 张蔚然，译. 北京：春秋书店，1932.

内野达郎. 战后日本经济史. 赵毅，等译. 北京：新华出版社，1982.

倪正茂. 法哲学经纬. 上海：上海社会科学院出版社，1996.

潘静成，刘文华主编. 中国经济法教程. 北京：中国人民大学出版社，1999.

潘维和，刁荣华主编. 中西法律思想论集. 台北：汉林出版社，1984.

庞德. 法律的任务. 沈宗灵，董世忠，译. 北京：商务印书馆，1984.

佩里・安德森. 绝对主义国家的系谱. 刘北成，龚晓庄，译. 上海：上海人民出版社，2016.

平特纳. 德国普通行政法. 朱琳，译. 北京：中国政法大学出版社，1999.

蒲鲁东. 贫困的哲学：第 1 卷. 徐公肃，任起莘，合译. 北京：商务印书馆，1961.

蒲鲁东. 什么是所有权. 孙署冰，译. 北京：商务印书馆，1982.

普列汉诺夫. 论一元论历史观之发展. 博古，译. 北京：生活・读书・新知三联书店，1961.

千叶正士. 法律多元——从日本法律文化迈向一般理论. 强世功，等译. 北京：中国政法大学出版社，1997.
钱穆．现代中国学术论衡．北京：生活·读书·新知三联书店，2009.
钱锺书．管锥编．北京：中华书局，1986.
钱锺书．钱钟书作品集．北京：中国工人出版社，2003.
秦郁彦．日本官僚制研究．北京：生活·读书·新知三联书店，1991.
权五乘．韩国经济法．崔吉子，译．北京：北京大学出版社，2009.
萨缪尔森．经济学：下册．高鸿业，译．北京：商务印书馆，1982.
萨伊．政治经济学概论．陈福生，陈振骅，译．北京：商务印书馆，1963.
桑田幸三．中国经济思想史论．沈佩林，等译．北京：北京大学出版社，1991.
上海社会科学院法学研究所编译．国外法学知识译丛·经济法．北京：知识出版社，1982.
邵建东．竞争法教程．北京：知识产权出版社，2003.
沈阳市文史研究馆编．沈鸿缀羽．北京：中华书局，2005.
沈宗灵．现代西方法理学．北京：北京大学出版社，1992.
史际春，邓峰．经济法总论．北京：法律出版社，1998.
史际春．探究经济和法互动的真谛．北京：法律出版社，2002.
世界知识出版社编辑．美国经济论文选：1．北京：世界知识出版社，1957.
司马迁．史记．北京：中华书局，1959.
斯密．原富：上册．严复，译．北京：商务印书馆，1981.
斯太格缪勒．当代哲学主流：下卷．王炳文，等译．北京：商务印书馆，1992.
寺田浩明．权利与冤抑：寺田浩明中国法史论集．王亚新，等译．北京：清华大学出版社，2012.
苏俊雄．现代法律学研究的新方向．台北：正中书局，1980.
穗积陈重．法律进化论．黄尊三，等译．北京：中国政法大学出版社，1997.
孙大权．中国经济学的成长 中国经济学社研究：1923—1953．上海：上海三联书店，2006.
孙国华主编．法理学教程．北京：中国人民大学出版社，1994.
孙皓晖主编．经济法学原理．西安：陕西人民出版社，1987.
孙田秀春．劳动法总论．林众可，盛沛东，译．上海：华通书局，1930.
泰·德萨米．公有法典．黄建华，姜亚洲，译．北京：商务印书馆，1982.
谈锡永主编．中论导读．北京：中国书店，2007.
汤唯．法社会学在中国：西方文化与本土资源．北京：科学出版社，2007.
陶和谦主编．经济法学．北京：群众出版社，1995.
陶希圣．法律学之基础知识．上海：新生命书局，1929.
滕利贵．伪满经济统治．长春：吉林教育出版社，1992.

田尻育三等．岸信介．北京大学亚非研究所，译．长春：吉林人民出版社，1980.

汪晖．死火重温．北京：人民文学出版社，2000.

汪民安．福柯的界线．北京：中国社会科学出版社，2002.

汪涌豪．中国古代文学理论体系：范畴论．上海：复旦大学出版社，1999.

王德滋主编．南京大学百年史．南京：南京大学出版社，2002.

王夫之．周易外传．王孝渔，点校．北京：中华书局，1962.

王国维．观堂别集：卷四　民国丛书第4编．上海：上海书店，1992.

王国维．人间词话．合肥：安徽人民出版社，2013.

王键．中国近代的法律教育．北京：中国政法大学出版社，2001.

王劲松，王运明主编．中国新经济法学．北京：中信出版社，1995.

王明权主编．中国经济法情报概览．武汉：武汉出版社，1989.

王栻主编．严复集．北京：中华书局，1986.

王书江主编．外国商法．北京：中国政法大学出版社，1987.

王伟．中国近代留洋法学博士考：1905—1950．上海：上海人民出版社，2011.

王亚南．中国经济原论．北京：中国经济出版社，1999.

威廉·爱·洛克滕堡．罗斯福与新政：1932—1940．朱鸿恩，刘绪贻，译．北京：商务印书馆，1993.

维辛斯基．国家和法的理论问题．北京：法律出版社，1955.

卫挺生，杨承厚．中国现行主计制度．上海：商务印书馆，1946.

卫挺生．财政改造．上海：上海太平洋书店，1929.

卫挺生．卫挺生自述小传．出版地与出版者不详，1947.

维辛斯基，等．苏维埃法学中的几个问题．石健，等译．北京：法律出版社，1955.

温晋锋．行政法学概论．南京：南京大学出版社，1998.

沃尔夫冈·费肯杰．经济法．张世明，袁剑，梁君，译．北京：中国民主法制出版社，2009.

吴汉洪．西方寡头市场理论与中国市场竞争立法．北京：经济科学出版社，1998.

吴廷璆主编．日本史．天津：南开大学出版社，1994.

小科布尔．上海资本家与国民政府（1927—1937）．杨希孟，武莲珍，译．北京：中国社会科学出版社，1988.

徐国栋．民法基本原则解释．北京：中国政法大学出版社，1992.

雅斯贝尔斯．历史的起源与目标．魏楚雄，俞新天，译．北京：华夏出版社，1989.

亚当·斯密. 国民财富的性质和原因的研究：上卷. 郭大力，王亚南，译. 北京：商务印书馆，1972.

亚当·斯密. 国民财富的性质和原因的研究. 郭大力，王亚南，译. 北京：商务印书馆，2011.

颜厥安. 规范、论证与行动——法认识论文集. 台北：元照出版公司，2004.

杨伯峻编著. 春秋左传注：修订本. 北京：中华书局，1990.

杨伯峻译注. 论语译注. 北京：中华书局，2008.

杨伯峻译注. 孟子译注. 北京：中华书局，1960.

杨灿明. 市场结构与政府经济行为. 武汉：湖北教育出版社，1997.

杨栋梁，等. 近代以来日本经济体制变革研究. 北京：人民出版社，2003.

杨联华主编. 外国法制史. 成都：四川大学出版社，1992.

杨仁寿. 法学方法论. 台北：三民书局，1987.

杨时中. 公和论. 上海：世界和平社东方部，1934.

杨振山，斯奇巴尼主编. 罗马法·中国法与民法法典化. 北京：中国政法大学出版社，1995.

叶适. 叶适集. 刘公纯等点校，北京：中华书局，1961.

叶远胜主编. 中国经济改革理论流派. 郑州：河南人民出版社，1994.

伊姆雷·托卡托斯，等. 批判与知识的增长. 周寄中，译. 北京：华夏出版社，1987.

依田憙家. 近代日本与中国日本的近代化——与中国的比较. 上海：上海三联书店，1988.

殷海光. 中国文化的展望. 上海：上海三联书店，2002.

余英时. 文史传统与文化重建. 北京：生活·读书·新知三联书店，2004.

俞天任. 谁在统治着日本. 北京：东方出版社，2012.

约翰·雷. 亚当·斯密传. 周祝平，等译. 北京：华夏出版社，2008.

曾陈明汝. 商标法原理. 北京：中国人民大学出版社，2003.

张佛泉. 自由与权利：宪政的中国言说. 北京：清华大学出版社，2010.

张国键. 商事法论. 台北：三民书局，1980.

张国清. 中心与边缘. 北京：中国社会科学出版社，1998.

张强. 垄断与竞争——美国反托拉斯政策剖析. 天津：南开大学出版社，1994.

张世明，刘亚丛，王济东主编. 经济法基础文献会要. 北京：法律出版社，2012.

张世明，王济东，刘亚丛主编. 经济法体系化与方法论：竞争法的新发展. 北京：社会科学文献出版社，2012.

张世明. 法律、资源与时空建构：1644—1945 年的中国：第 1—5 卷. 广东：

广东省出版集团，广东人民出版社，2012.

张世明. 中国经济法历史渊源原论. 北京：中国民主法制出版社，2002.

张寿民主编. 外国经济法制史. 上海：华东理工大学出版社，1996.

张廷玉等撰. 明史. 北京：中华书局，1974.

张维安. 政治与经济——中国近世两个经济组织之分析. 台北：桂冠图书公司，1990.

张文显. 法学的基本范畴研究. 北京：中国政法大学出版社，1993.

张宇燕. 经济发展与制度选择——对制度的经济分析. 北京：中国人民大学出版社，1992.

张载. 张载集. 章锡琛点校. 北京：中华书局，1978.

张则尧. 比较合作社法. 南京：中国经济书刊生产合作社，1947.

张中义主编. 藁城教育志. 石家庄：河北人民出版社，2002.

章学诚. 文史通义. 上海：上海古籍出版社，2015.

赵翼. 瓯北集. 李学颖，曹光甫校点. 上海：上海古籍出版社，1997.

郑景元. 农村信用社法律问题研究. 北京：知识产权出版社，2011.

郑彭年. 日本西方文化摄取史. 杭州：杭州大学出版社，1996.

郑玉波. 法学绪论. 台北：三民书局，1981.

中村隆英，尾高煌之助编. 日本经济史：6 双重结构. 许向东，张雪，译. 北京：生活・读书・新知三联书店，1997.

中共上海市委党史办公室编. 1921—1933 中共中央在上海. 北京：中共党史出版社，2006.

中共中央马克思，恩格斯，列宁，斯大林著作编译局资料室编. 伯恩施坦言论. 北京：生活・读书・新知三联书店，1966.

中共中央文献研究室编. 毛泽东书信选集. 北京：人民出版社，1983.

中共中央文献研究室中央档案馆编. 建党以来重要文献选编（1921—1949）. 北京：中国文献出版社，2011.

中共中央文献研究室中央档案馆编. 建党以来重要文献选编. 北京：中央文献出版社，2011.

中国法学会. 中国法学图书目录. 北京：群众出版社，1986.

中国经济法诸论编写组. 中国经济法诸论. 北京：法律出版社，1987.

中国人民大学法律系经济法教研室编著. 中国经济法教程. 北京：中国人民大学出版社，1985.

中国人民大学苏联东欧研究所编译. 苏联经济法论文选. 北京：法律出版社，1982.

中国社科院法学研究所民法经济法研究室编. 经济法理论学术论文集. 北京：群众出版社，1985.

中国政治法律学会资料室编. 政法界右派分子谬论汇集. 北京：法律出版社，1957.

中央人民政府法制委员会. 中央人民政府法令汇编：1949年—1950年. 北京：法律出版社，1982.

周奎正，等. 中国当代经济法论纲. 北京：北京经济学院出版社，1993.

周林彬. 法律经济学论纲——中国经济法律构成和运行的经济分析. 北京：北京大学出版社，1998.

朱苏力. 法治及其本土资源. 北京：中国政法大学出版社，1996.

朱苏力. 阅读秩序. 济南：山东教育出版社，1999.

朱熹. 四书章句集注. 北京：中华书局，1983.

朱熹. 吕祖谦纂. 近思录集释. 张京华辑校，长沙：岳麓书社，2010.

朱正编选. 胡适文集. 广州：花城出版社，2013.

左大培. 弗赖堡经济学派研究. 长沙：湖南教育出版社，1988.

中文期刊论文

巴甫洛夫. 苏维埃法律科学四十年来的发展. 吴大英，译. 政法译丛，1958 (1).

北川善太郎. 日德法学一百年. 李毅多，译. 中外法学，1992 (4).

碧海纯一. 现代日本的法学. 周健，译. 比较法研究，1988 (2).

陈汉章. 苏联经济法学派与民法学派五十年的争论及其经验教训. 中国法学，1985 (2).

陈汉章. 苏联经济法学派与民法学派五十年的争论及其经验教训. 中国法学，1985 (3).

陈乃新. 经济法的重要范畴：剩余权与经济安全权. 法商研究，1998 (6).

陈荣华，何友良，阎中恒. 试论中华苏维埃共和国临时中央政府的诞生及其历史意义. 江西社会科学，1982 (1).

程信和. 发展，公平，安全三位一体——经济法学的基本范畴问题探析//华东政法学院学报，1999 (1).

戴维·J. 格贝尔. 欧洲竞争法故事中的某些德国角色. 王晓晔，译//环球法律评论，2001 (4).

丁邦开. 论经济法的调整对象. 南京大学学报，1991 (4).

董保华. "广义社会法"与"中义社会法"——兼与郑尚元，谢增毅商榷//东方法学，2013 (3).

金福海. 论不正当竞争的两种法律控制模式. 山东法学，1998 (1).

董延林. 试论经济法产生的理论条件. 学术交流，1992 (2).

范健，王涌，张晨. 当代中国经济立法的回顾与展望. 安徽大学学报，

1996 (3).

方福前. 论凯恩斯理论与罗斯福“新政”的关系. 经济理论与经济管理, 1998 (3).

方流芳. 中西公司法律地位历史考察. 中国社会科学, 1992 (4).

方腾高. 大失衡: 14 年中国经济法制建设的忧患. 中外法学, 1994 (1).

丰奇光伟. 日本的经济法. 陈德民, 译. 国外法学译刊, 1980 (1).

格·施里克尔. 欧洲不正当竞争法的新发展. 乔云, 译. 外国法译评, 1995 (4).

鸿常夫. 战后日本商事法的回顾和展望. 沙银华, 译. 法治论丛, 1992 (4).

晋庸. 德意志新经济法中之劳动法. 法律评论 (北京), 1926, 4 (14) (15).

久保欣哉. 分权型经济法的基本设想. 周剑龙, 译. 国外法学动态, 1989 (3).

孔德周. “纵横统一论”是科学的经济法基础理论. 政法论坛, 1997 (1).

拉普捷夫. 经济法的对象. 梁溪, 译. 法学译丛, 1984 (4).

拉普捷夫. 经济法——经营活动法. 李亚南, 译. 外国法译评, 1993 (4).

拉普捷夫. 经济改革条件下的经济法. 陈汉章, 译. 世界法学, 1986 (2).

拉普捷夫. 经济机制改革的法律问题. 外国法译丛, 1988 (1).

李昌麒, 鲁篱. 中国经济法现代化的若干思考. 法学研究, 1999 (3).

李凤圣. 论科斯定理的矛盾. 社会科学战线, 1998 (3).

李国海. 论现代经济法产生的法哲学基础. 法商研究, 1997 (6).

李建华. 我国经济法学研究的反思和深化——关于经济法学研究的几个问题. 法制与社会发展, 1997 (5).

李金泽, 丁作提. 经济法定位理念的批判与超越. 法商研究, 1996 (5).

李景禧. 社会法的基础观念. 法学杂志, 1937, 9 (6).

李开国. 苏联东欧国家经济法理论剖析: 上. 外国法学研究, 1989 (2).

李开国. 苏联东欧国家经济法理论剖析: 下. 外国法学研究, 1989 (3).

李秀清. 试论苏联经济法理论对中国的影响. 政治与法律, 2002 (3).

梁慧星. 市场经济与公序良俗原则. 中国社会科学院研究生院学报, 1993 (6).

林岗. 超大规模国家的近代化. 读书, 2000 (6).

林榕年, 叶秋华, 王云霞. 1997 年外国法律史学研究的回顾与展望. 法学家, 1998 (1).

刘抱愿. 注释法学界应唾弃之耶?. 法律评论, 1934 (7) (8) (9) (10).

刘海年. 中国古代经济法制之研究. 南京大学法律评论, 1996 (2).

刘惊海. 有关经济法学的几个问题. 吉林大学社会科学学报, 1994 (6).

刘瑞复. 哲学方法论与经济法科学体系的建立. 哲学研究, 1984 (3).

刘士俊. 经济法理论研究中的辩证思维方式. 法学杂志，1994 (4).

刘文华. "纵横统一说"是经济法的理论基础. 经济法制，1986 (1).

刘文华. 国有大中型企业综合改革问题探讨. 法学杂志，1995 (4).

刘文华. 论民法与经济法的协调发展. 经济法制，1990 (8).

刘文华. 中国经济法是改革开放思想路线的产物. 法学杂志，1999 (2).

刘作翔. 世纪之交中国法学研究问题前瞻. 法学研究，1999，21 (4).

卢上需. 经济法理论研究的缺陷. 法学评论，1992 (1).

陆季藩. 社会法意义之商榷. 法律评论，1936，13 (38).

吕忠梅. 论经济法的边缘. 法商研究，1995 (4).

罗伯特·B. 塞德曼. 评阿兰·沃森的法律移植：比较法的方法. 王晨光，译. 中外法学，1989 (4).

罗向阳. 康芒斯，也应作为前经济分析法学的代表. 外国法学研究，1988 (4).

玛丽-洛尔·杰利奇. 欧洲已经美国化：竞争规则的视角. 袁玲，译. 北大商业评论，2007 (3).

梅斯特梅克. 经济法. 王晓晔，译. 比较法研究，1994 (1).

南陔. 苏俄的经济法. 现代评论，1927，6 (141).

帕特森. 斯宾塞与法律进化论. 邱怀芬，摘译. 梁国剑校. 海外法学，1987 (1).

齐虹丽. 日本经济法理论的形成与发展——从统制经济法到以竞争为核心的经济法. 法学杂志，2004 (3).

齐珊. 经济法是一个重要的独立活动部门. 法学研究，1979 (4).

乔治·J. 斯蒂格勒. 经济学的进程与发展. 李青原摘译. 世界经济译丛，1983 (9).

秦晖. 中国经济史上的怪圈："抑兼并"与"不抑兼并". 战略与管理，1997 (4).

邱本，董进宁. 论经济法的宗旨. 法制与社会发展，1996 (4).

邱本. 论经济法的基础. 吉林大学社会科学学报，1993 (1).

荣礼瑾. 加强社会主义法制是实现新时期总任务的重要保障. 学术研究，1978 (2).

阮新邦. 后设理论、个人观与社会科学本土化. 中国社会科学季刊（香港），1996 (15).

沈荣钦. 法律与经济学的方法争议. 月旦法学（台北），1996 (8).

盛洪. 又读科斯. 读书，1996 (3).

史际春，邓峰. 经济法的价值和基本原则刍论. 法商研究，1998 (6).

史际春. 关于公司，企业的若干考证和辨析. 法学家，1996 (4).

史际春. 经济法，法律部门划分的主客观统一. 中国法学，1998 (3).

史际春. 社会主义市场经济与我国的经济法——兼论市场经济条件下经济法与民商法的关系问题. 中国法学，1995 (3).

史际春. 在改革开放和经济法治建设中产生发展的中国经济法学. 法学家，1999 (1).

苏永钦. 经济法——已开发国家的任务与难题. 中国论坛，1974 (223).

孙亚明. 经济法应否成为独立的法律部门. 法学研究动态，1982 (13).

田成有，史青. 法治中几个老问题的新见解. 现代法学，1999 (3).

王保树. 经济体制转变中的经济法与经济法学的转变. 法律科学，1997 (6).

王保树. 市场经济与经济法学的发展机遇. 法学研究，1993 (2).

王健. 超越东西方：法学家吴经熊. 比较法研究，1998 (2).

王雨本. 经济法社会责任本位理论是社会管理创新的思想基础. 法学杂志，2012 (11).

王正泉. 苏联法学界关于经济法问题的争论. 法学杂志，1981 (6).

吴建斌. 经济法的困扰和出路. 南京大学学报，1991 (4).

徐国栋. 市民社会与市民法——民法的调整对象研究. 法学研究，1994 (4).

徐杰令，王永本. 中西方古代人本思想比较研究. 齐齐哈尔师范学院学报，1997 (3).

徐孟洲. 经济法规的若干理论问题. 中国人民大学学报，1992 (5).

颜厥安. 法概念与实践理性——德国法理学理论近年发展之介绍. 月旦法学，1995 (7).

杨紫烜. 论新经济法体系. 中外法学，1995 (1).

伊萨耶夫. 二十年代苏联法学体系中的经济法. 陈绥，译. 法学译丛，1985 (5).

张乃根. 论市场经济的立法取向. 法学，1993 (5).

张守文. 经济法学的法律经济学分析. 法学研究，1992 (5).

张蔚然. 劳动法与经济法之关系. 法律评论，1936，13 (43).

张则尧. 租税法之基本认识. 税务旬刊，1979 (199).

赵磊. 剩余索取权的归属——理论分歧与现实变化. 江汉论坛，1997 (5).

郑强. 法律移植与法律变迁——析阿兰·沃森法律社会理论. 外国法译评，1997 (3).

舟田正之. 经济法问题. 朱遂斌，译. 国外法学资料，1982 (4).

周舫. 股份制企业中的民主管理. 中外法学，1995 (6).

周林彬. 市场经济立法的成本效益分析. 中国法学，1995 (1).

周振鹤. 当饭菜吃还是当衣服穿. 读书，1995 (2).

朱苏力. “法”的故事. 读书，1998 (7).

子青．河北留日学务报告．河北留东年刊，1934（1）．

中文文集论文

陈樱琴．台湾百年经济法的光明面与黑暗面//台湾法学会编．台湾法制一百年论文集．台北：台湾法学会印行，1996．

邓保同．结构主义反垄断立法不适用于我国//漆多俊主编．经济法论丛：第2卷．北京：中国方正出版社，1998．

邓蜀生．罗斯福“新政”述评//中国美国史研究会．美国史论文集．北京：生活·读书·新知三联书店，1980．

丁冰．略谈剩余索取权与年薪制//胡代光等主编．当前外国经济学的新动向与我国经济学的发展．北京：经济科学出版社，1998．

海尔穆特·库勒尔．《德国民法典》的过去与现在．孙宪忠，译//梁慧星主编．民商法论丛：第2卷　谢怀栻先生从事民法五十周年特辑．北京：法律出版社，1994．

何力．垄断资本主义时期经济法制的发展与凯恩斯经济学说//林榕年，李启欣主编．外国法制史论文集．广东：中山大学出版社，1990．

吉尔兹．地方性知识：事实与法律的比较透视．邓正来，译//梁治平编．法律的文化解释．北京：生活·读书·新知三联书店，1994．

杰克·赫什利佛．扩张中的经济学领域．肖琛，译//外国经济学说研究会编．现代国外经济学论文选：第14辑．北京：商务印书馆，1992．

李景禧．法学明珠——《法律评论》追忆//薛君度，熊先觉，徐葵主编．法学摇篮：朝阳大学（增订版）．北京：东方出版社，2001．

罗伯特·海尔布伦纳．向亚当·斯密致敬！//商务印书馆编辑部编．现代国外经济学论文选：第4辑．北京：商务印书馆，1982．

米索顿·弗里德曼．亚当·斯密与当今的联系．李运宽，译//外国经济学说研究会编．现代国外经济学论文选：第4辑．北京：商务印书馆，1982．

能田五十．日本比较法学的过去和现在．姚洪其，译//图马诺夫编．国外比较法学论文选辑．王正泉，译．北京：群众出版社，1986．

芮沐．经济法和国际经济法问题//关怀主编．经济法文选．北京：法律出版社，1981．

苏永钦．关于防止限制竞争立法的基本问题//苏永钦．民法经济法论文集．台北：著者自版，1988．

汤一介．在有墙和无墙之间——文化之间需要墙吗？//乐黛云，勒·比雄主编．独角兽与龙——在寻找中西文化普遍性中的误读．北京：北京大学出版社，1995．

王妍．中国经济法三十年之回顾——苏联经济法对中国的影响及俄罗斯经济法现状//吴志攀主编. 经济法学家：2008. 北京：北京大学出版社，2009.

小岛武司. 比较法在移植外国法律中的第二任务. 王志勇，译//沈宗灵，王晨光主编. 比较法学新动向——国际比较法学会议论文集. 北京：北京大学出版社，1993.

小宫隆太郎. 竞争的市场机制和企业的作用——日中比较研究//吴家骏，汪海波主编. 经济理论与经济政策. 北京：经济管理出版社，1986.

伊·唐丘克等. 科学机关和法律机关讨论苏共中央关于法律科学的决议. 吴大英节，译//中国科学院法学研究所编. 法学研究资料：第 2，3 辑. 北京：中国科学院法学研究所，1965.

德文著作

Ambrosius, Gerold. *Staat und Wirtschaftsordnung: Eine Einführung in Theorie und Geschichte*. Stuttgart: Franz Steiner Verlag, 2001.

Assmann, Heinz-Dieter. *Wirtschaftsrecht als Kritik des Privatrechts. Beitröge zur Privat-und Wirtschaftsrechtstheorie*. Königstein: Athenaeum Verlag, 1983.

Badura, Peter. *Wirtschaftsverfassung und Wirtschaftsverwaltung, Ein exemplarischer Leitfaden*. Tübingen: Mohr Siebeck, 1978.

Bartling, Hartwig. *Leitbilder der Wettbewerbspolitik*. München: Vahlen, 1980.

Böhm, Franz. *Wirtschaftsordnung und Staatsverfassung*. Tübingen: J. C. B. Mohr, 1950.

Borchardt, Fikentscher. *Wettbewerb, Wettbewerbsbeschränkung, Marktbeherrschung*. Stuttgart: Enke, 1957.

Born, Karl Erich, Bruno Gebhardt. *Handbuch der deutschen Geschichte*, Bd. 3, Von der Französischen Revolution bis zum ersten Weltkrieg. Stuttgart: Klett-Cotta, 1978.

Canaris. *Systemdenken und Systembegriff in der Jurisprudenz: Entwickelt am Beispiel des deutschen Privatrechts*. Leipzig: Verlag von Duncker & Humblot, 1983.

Cassirer, Ernst. *Die Philosophie der Aufklärung*. Tübingen: J. C. B. Mohr, 1932.

Cox, Helmut (hrsg.). *Handbuch des Wettbewerbs: Wettbewerbstheorie Wettbewerbspolitik Wettbewerbsrecht*. München: Verlag Franz Vahlen, 1981.

Darmstaedter, Friedrich. *Das Wirtschaftsrecht in seiner soziologischen Struktur*. Berlin-Grunewald: Dr. Walther Rothschild, 1928.

Diestelkamp, Bernhard. *Zwischen Kontinuität und Fremdbestimmung: Zum Einfluss der Besatzungsmächte auf die deutsche und japanische Rechtsordnung 1945 bis 1950: Deutsch-Japanisches Symposion in Tokio vom 6. bis 9. April 1994*. Tübingen: Mohr Siebeck, 1996.

Ehmke, Horst. *Wirtschaft und Verfassung*. Karlsruhe: C. F. Müller, 1961.

Eichler, Herrmann. *Wirtschaftsrecht: Eine systematische Studie*. Nürnberg: Andreas Abraham, 1950.

Emmerich, Volker. *Kartellrecht*. 6Aufl., München: Verlag C. H. Beck, 1991.

Esser, Josef. *Grundsatz und Norms in der richterlichen Fortbildung des Privatrechts*. 4. Aufl., Tübingen: Mohr Siebeck, 1990.

Eucken, Walter. *Grundlagen der Nationalökonomie*. 8. Aufl., Berlin: Springer, 1956.

Eucken, Walter. *Grundsätze der Wirtschaftspolitik*. Tübingen: J. C. B. Mohr.

Feuerbach, Paul Johann Anselm. *Kleine Schriften vermischten Inhalts*. Nürnberg: Theodor Otto, 1833.

Fröhler, Ludwig. *Das Wirtschaftsrecht als Instrument der Wirtschaftspolitik*. Berlin: Springer Verlag, 1969.

Geiler, Karl. *Die wirtschaftsrechtliche Methode im Gesellschaftsrecht*. Berlin: Verlag von Franz Vahlen, 1927.

Goldschmidt, Hans. *Reichswirtschaftsrecht*. Berlin: Heymann, 1923.

Habermas, Jürgen. *Zur Rekonstruktion des Historischen Materialismus*. Frankfurt am Main: Suhrkamp, 1976.

Haussmann. *Rechtstaat und Wirtschaftslenkung*. Basel: Verlag für Recht und Gesellschaft, 1938.

Hedemann, J. W. *Reichsgericht und Wirtschaftsrecht. Ein Bild deutscher Praxis*. Jena: Verlag von G. Fischer, 1929.

Hedemann, Justus Wilhelm. *Grundzüge des Wirtschaftsrechts*. Mannheim: J. Bensheimer, 1922.

Hedemann. *Deutsches Wirtschaftsrecht: Ein Grundriss*. Berlin: Junker und Dünnhaupt, 1939.

Heine, Heinrich. *Zur Geschichte der Religion und Philosophie in Deutschland*. Berlin: Aufbau Varlag, 1959.

Herdzina, Klaus. *Wettbewerbstheorie*. Köln: Kiepenheuer und Witsch, 1975.

Horn, N., J. Kocka. *Recht und Entwicklung der Großunternehmen im* 19. *und frühen* 20. *Jahrhundert. Wirtschafts-, sozial-und rechtshistorische Untersuchungen zur Industrialisierung in Deutschland, Frankreich, England und den*

USA. Göttingen: Vandenhoeck, 1979.

Huber, Ernst Rudolf. *Wirtschaftsverwaltungsrecht*. Bd. 1, Tübingen: Mohr Siebeck, 1953.

Kant, Immanuel. *Kritik der reinen Vernunft*. Berlin: Verlag von Theodor Knaur Nachfolger, 1920.

Kantzenbach, Erhard. *Die Funktionsfähigkeit des Wettbewerbs*. Göttingen: Vandenhoeck und Ruprecht, 1967.

Kaskel, W. *Begriff und Bestandteile des Wirtschaftsrechts*. Berlin: Stilke, 1921.

Kaufmann, Arthur, Winfried Hassemer (hrsg.). *Einführung in Rechtsphilosophi und Rechtstheorie der Gegenwart*. Heidelberg: C. F. Muller Juristischer Verlag, 1981.

Koschaker, Paul. *Europa und das römische Recht*. 2. Aufl. München: C. H. Beck Verlag, 1953.

Kraft. *Interessenabwägung und gute Sitten im Wettbewerbsrecht*. München, Beck, 1963.

Krause. *Grundlinien ökonomischen Denkens in Deutschland 1848–1945*. Berlin-Ost: Akademie Verlag, 1990.

Kroeschell, Karl. *Rechtsgeschichte Deutschlands im 20. Jahrhundert*. Göttingen: Vandenhoeck & Ruprecht, 1992.

Lange, Heinrich. *Vom alten zum neuen Schuldrecht*. Hamburg: Hanseatische Verlagsanstalt, 1934.

Langen, E. *Das Kartellgesetz: Gesetz gegen Wettbewerbsbeschränkungen mit Erläuterungen für die Praxis*. Neuwied: Luchterhand, 1957.

Laufs, Adolf. *Rechtsentwicklungen in Deutschland*. Berlin: De Gruyter, 1973.

Mayer, Leopold. *Kartelle, Kartellorganisation und Kartellpolitik*. Wiesbaden: Betriebswirtschaftlicher Verlag Gabler, 1959.

Mertens, Kirchner, Schanze. *Wirtschaftsrecht: Eine Problemorientierung*. Reinbek bei Hamburg: Rowohlt-Verlag, 1978.

Mohnhaupt (hrsg.). *Rechtsgeschichte in den beiden deutschen Staaten (1988–1990). Beispiele, Parallelen, Positionen*. Frankfurt am Main: Klostermann, 1991.

Morsiani, G. S. *Bericht über das italienische Wirtschaftsrecht*. Brüssel: Amt für Amtliche Veröffentlichungen der Europäischen Gemeinschaften, 1973.

Müller, Susanne. *Kleine Geschichte der SPD-Darstellung und Dokumentation 1848-1983*. Bonn: Verlag Neue Gesellschaft, 1983.

Müller-Armack, A. *Auf dem Weg nach Europa*. Tübingen: Rainer Wunderlich, 1971.

Neumann, Carl W. *Historische Entwicklung und heutiger Stand der Wettbewerbstheorie*. Königstein im Taunus: Athenäum Verlag, 1982.

Nörr, Knut Wolfgang. *Zwischen den Mühlsteinen. Eine Privatrechtsgeschichte der Weimarer Republik*. Tübingen: Mohr, 1988.

Nörr, Knut Wolfgang. *Zwischen den Mühlsteinen: Eine Privatrechtsgeschichte der Weimarer Republik*. Tübingen: Mohr Siebeck, 1988.

Nussbaum, Arthur. *Das neue deutsche Wirtschaftsrecht. Eine systematische Übersicht über die Entwicklung des Privatrechts und der benachbarten Rechtsgebiete seit Ausbruch des Weltkrieges*. Berlin: Springer, 1920.

Ott, Alfred E. und Harald Winkel. *Geschichte der theoretischen Volkswirtschaftslehre*. Göttingen: Vandenhoeck & Ruprecht, 1985.

Piepenbrock. *Der Gedanke eines Wirtschaftsrechts in der neuzeitlichen Literatur bis zum ersten Weltkrieg*. Köln: Carl Heymanns Verlag, 1964.

Radbruch, Gustav. *Einführung in die Rechtswissenschaft*. Leipzig: Quelle und Meyer, 1929.

Rauschenbach, Gerhard. *Wirtschaftsrecht mit Kartellrecht*. Stuttgart: Kohlhammer, 1965.

Reich, Norbert. *Markt und Recht: Theorie und Praxis des Wirtschaftsrechts in der Bundesrepublik Deutschland*. Darmstadt/Neuwied: Luchterhand, 1977.

Rinck, Gerd. *Wirtschaftsrecht*. 5. Aufl., Köln: Heymann, 1977.

Rittner, Fritz, Meinrad Dreher. *Europäisches und deutsches Wirtschaftsrecht: Eine systematische Darstellung*. Heidelberg: C. F. Müller GmbH, 2008.

Rittner, Fritz. *Wirtschaftsrecht mit Wettbewerbs-und Kartellrecht: Ein Lehrbuch*. Heidelberg-Karlsruhe: Müller Juristischer Verlag, 1979.

Rückert, Friedrich. *Werke*, Bd. 1. Leipzig und Wien: Bibliographisches Institut, 1897.

Ryffel, Hans. *Grundprobleme der Rechts-und Staatsphilosophie. Philosophische Anthropologie des Politischen*. Neuwied und Berlin: Luchterhand, 1969.

Sandmann. *Die Entwicklung von Begriff und Inhalt des Wirtschaftsrechts durch die Rechtswissenschaft in der Weimarer Republik*. Frankfurt am Main: Peter Lang, 2000.

Schickling. *Entscheidung in Frankfurt, Ludwig Erhards Durchbruch zur Freiheit*. Stuttgart: Seewald Verlag, 1978.

Schiller, K. *Der Ökonomie und Die Gesellschaft, Das freiheitlichen das soziale Element in der moderne Wirtschaftspolitik, Vortrage und Aufsätze*. Stuttgart: Gustave Fischer, 1964.

Schmoller. *Über einige Grundfragen des Rechts und der Volkswirtschaft. Ein offenes Sendschreiben an Herrn Professor Dr. Heinrich von Treitschke*. Berlin: Verlag von Georg Reimer, 1875.

Stammler, Rudolf. *Rechtsphilosophie*. 3 Aufl, Berlin: de Gruyter, 1928.

Steindorff. *Einführung in das Wirtschaftsrecht der Bundesrepublik Deutschland*. Darmstadt: Wissenschaftl. Buchgesellschaft, 1977.

Tettinger, Peter J. *Rechtsanwendung und gerichtliche Kontrolle im Wirtschaftsverwaltungsrecht*. München: Vahlen, 1980.

Tilmann, Winfried. *Wirtschaftsrecht*. Berlin: Springer-Verlag, 1986.

von Gierke, Otto. *Die soziale Aufgabe des Privatrechts*. Frankfurt am Main: V. Klostermann, 1943.

Vorländer, Karl. *Immanuel Kants Leben*. Hamburg: Felix Meiner Verlag, 1974.

Westhoff, Emil. *System des Wirtschaftsrechts*, Band I: Wesen und Grundzüge, zugleich ein Beitrag zur Reform des Rechtsunterrichts an Wirtschaftshochschulen. Leipzig: Hirschfeld, 1926.

Westhoff, Emil. *System des Wirtschaftsrechts*. Bd. 1, Wesen und Grundlage, Leipzig: C. L. Hirschfeld, 1926.

Wieacker, Franz. *Privatrechtsgeschichte der Neuzeit unter besonderer Berücksichtigung der deutschen Entwicklung*. Göttingen: Vandenhoeck & Ruprecht, 1952.

Wiedmann, W. *Der Begriff "Monoplizing" in einem rechtsvergleichenden System von Wettbewerbsbeschränkungen*. München: Florentz, 1982.

Wimmer, Norbert, Thomas Müller. *Wirtschaftsrecht: International-Europäisch-National* (Springers Kurzlehrbücher der Rechtswissenschaft). Vienna: Springer, 2007.

Wolf, Erik. *Das Problem der Naturrechtslehre*. 3. Aufl., Karlsruhe: C. F. Müller, 1964.

Wolff, Hans J.; Otto Bachof; Rolf Stober. *Verwaltungsrecht*. Bd. 1, 10. Aufl., München: Verlag C. H. Beck, 1994.

德文期刊论文

Autenreich, Karlheinz. Neues Beurteilungskonzept zur Strukturbetrachtung und Besonderheiten der Versicherungswirtschaft in der Fusionskontrolle. *Wirtschaft und Wettbewerb, Zeitschrift für Kartellrecht, Wettbewerbsrecht und Marktorganisation*. Bd. 33, H. 11, 1983.

Baudenbacher, Carl. Machtbedingte Wettbewerbsstörungen als Unlauterkeitstatbestände. *Gewerblicher Rechtsschutz und Urheberrecht*. 1981.

Binder, Julius. Zur Lehre vom richtigen Recht. *Archiv für Rechts-und Wirtschaftsphilosophie*. Bd. 22, H. 1, 1928.

Böhm. Die Wirtschaftsordnung als Zentralbegriff des Wirtschaftsrechts. *Mitteilungen des Jenaer Instituts für Wirtschaftsrecht*. H. 31, 1936.

Bullinger, Martin. Staatsaufsicht in Verwaltung und Wirtschaft. *Veröffen-tlichungen der Vereinigung der Deutschen Staatsrechtslehrer*. Bd. 22, 1965.

Dnistrjanskyi, S. Die Stellung des Wirtschaftsrechts im Rechtssystem. *Archiv für die civilistische Praxis*. Bd. 137. H. 1, 1933.

Gurvitsch, Georges. Proudhon und die Gegenwart. *Archiv für Rechts-und Wirtschaftsphilosophie*. Bd. 21, H. 4, 1928.

Hämmerle, Hermann. Wirtschaftsrecht als Disziplin. *Zeitschrift für die gesamte Staatswissenschaft*. Bd. 97, 1936.

Hedemann, J. W. Ein Wort des Abschieds. *Mitteilungen des Jenaer Instituts für Wirtschaftsrecht*. H. 32, 1937.

Hedemann. Geschichte des Jenaer Instituts für Wirtschaftsrecht. *Mitteilungen des Jenaer Instituts für Wirtschaftsrecht*. H. 32, 1937.

Hoppmann, E. Zum Problem einer wirtschaftspolitisch praktikablen Definition des Wettbewerbs. Grundlagen der Wettbewerbspolitik. in: H. K. Schneider. *Grundlagen der Wettbewerbspolitik*. Berlin: Duncker & Humblot, 1968.

Huber, Ernst Rudolf. Der Streit um das Wirtschaftsverfassungsrecht. *Die Öffentliche Verwaltung*. 1956.

Kaskel, W. Begriff und Bestandteile des Wirtschaftsrechts. *Recht und Wirtschaft*. 10Jg, H. 11, 1921.

Kaskel, W. Gegenstand und systematischer Aufbau des Wirtschaftsrechts als Rechtsdisziplin und Lehrfach. *Juristische Wochenschrift*. H. 55, 1926.

Krause, Hermann. Bericht über Aufgaben und Stand des Wirtschaftsrechts. *Deutsche Rechtswissenschaft*. 1937.

Lutz, Friedrich A. Bemerkungen zum Monopolproblem. *ORDO: Jahrbuch für die Ordnung von Wirtschaft und Gesellschaft*. Bd. 8, 1965.

Meyer-Cording. Gute Sitten und ethischer Gehalt des Wettbewerbsrechtes: Grundsätzliches zu § 1 UWG. *Juristen Zeitung*. Bd. 19, H. 9, 1964.

Mohnhaupt, Heinz. Justus Wilhelm Hedemann und die Entwicklung der Disziplin "Wirtschaftsrecht". *Zeitschrift für Neuere Rechtsgeschichte*. H. 25, 2003.

Radbruch, Gustav. Gesetzliches Unrecht und übergesetzliches Recht. *Sued-*

deutsche Juristenzeitung. Bd. 1, H. 5, 1946.

Raiser, L. Der Gegenstand des Wirtschaftsrechts. *Zeitschrift für das gesamte Handelsrecht und Wirtschaftsrecht*. Bd. 143, 1979.

Ritter, Carl. Wirtschaftsrecht, *Weltwirtschaft: Ein Jahr-und Lesebuch*. Bd. 1, H. 3., 1906.

Rittner. Neueste Privatrechtsgeschichte und Wirtschaftsrechtsgeschichte. *Zeitschrift für neuere Rechtsgeschichte*. 1991.

Rumpf, Max. Der Sinn des Wirtschaftsrechts. *Archiv für die civilistische Praxis*. H. 120 1922.

Schmoller, G. Die soziale Frage und der preussische Staat. *Preussische Jahrbücher*. Bd. 33, H. 4, 1874.

Westhoff, Emil. Das Wirtschaftsrecht und seine philosophische Grundlage und seine Bedeutung als Lehrfach. *Zentralblatt für Handelsrecht*. 1927.

德文文集论文

Günther, Ebrhard. Die geistigen Grundlagen des sogenannten Josten-Entwurfs. in: Heinz Saubermann (hrsg.). *Wirtschaftsordnung und Staatsverfassung: Festschrift für Franz Böhm zum* 80. *Geburtstag*. Tübingen: Mohr Siebeck, 1975.

Hayek, Wettbewerb als Entdeckungsverfahren. in: F. A. v. Hayek, *Freiburger Studien: Gesamte Aufsätze*. Tübingen: Möhr Siebeck, 1969.

Hedemann, J. W. Vom Industrierecht zum Wirtschaftsrecht. in: Kölner Rechtswissenschaftlichen Fakultät (hrsg.). *Festschrift für Heinrich Lehmann zum sechzigsten Geburtstag*. Berlin: Weidmann, 1937.

Hedemann, Justus Wilhelm. Das Wirtschaftsrecht. Rückblick und Abschied, in: Rolf Dietz, Nipperdey, Hans Carl und Eugen Ulmer (hrsg.). *Beiträge zum Arbeits-, Handels-und Wirtschaftsrecht: Festschrift für Alfred Hueck zum* 70. *Geburtstag* 7. *Juli* 1959. München/Berlin: Verlag C. H. Beck, 1959.

Klausing. Wirtschafsrecht. in: Friedrich Klausing, Hans Carl Nipperdey, and Arthur Nussbaum (hrsg.). *Beiträge zum Wirtschaftsrecht*. Marburg: Elwert, 1931.

Mohnhaupt, H. Justus Wilhelm Hedemann als Rechtshistoriker und Zivilrechter vor und während des Nationalsozialismus. in: M. Stolleis-D. Simon (hrsg.). *Rechtsgeschichte im Nationalsozialimus, Beiträge zur Geschichte einer Disziplin*. Tübingen: Mohr, 1989.

Nörr, Knut Wolfgang. Auf dem Wege zur Kategorie der Wirtschaftsverfassung: Wirtschaftliche Ordnungsvorstellungen im Juristischen Denken vor und nach dem Ersten Weltkrieg. in: K. W. Nörr & B. Schefold & F. Tenbruck (hrsg.). *Geisteswissenschaften zwischen Kaiserreich und Republik. Zur Entwicklung von Nationalökonomie, Rechtswissenschaft und Sozialwissenschaft im 20. Jahrhundert.* Stuttgart: Steiner, 1994.

Rittner, Fritz. Zur Systematik des Wirtschaftsrechts. in: Harms, Heckelmann, Knöpfle, Teichmann (hrsg.). *Entwicklungstendenzen im Wirtschafts- und Unternehmensrecht: Festschrift für Horst Bartholomeyczik zum 70. Geburtstag.* Berlin: Duncker & Humblot, 1973.

Schlecht, O. Die Genesis des Konzepts der sozialen Marktwirtschaft. in: O. Issing. *Zukunftsprobleme der sozialen Marktwirtschaft.* Berlin: Duncker und Humblot, 1981.

Stollies, Michael. Wie entsteht ein Wissenschaftszweig? Wirtschaftsrecht und Wirtschaftsverwaltungsrecht nach dem Ersten Weltkrieg. in: H. Bauer-D. Czybulka-W. Vosskuhle, Kahl-A. (hrsg.). *Umwelt, Wirtschaft und Recht. Symposion für Reiner Schmidt*, Tübingen: Mohr Siebeck, 2002.

日文著作

宮坂富之助『現代資本主義と経済法の展開』成文堂、1973年.

伊藤正己『アメリカ法入門』日本評論新社、1961年.

井上清『昭和の五十年』講談社、1976年.

鵜飼信成『行政法の歴史的展開』有斐閣、1952年.

岡崎哲二・奥野正寛『シリーズ現代経済研究（6）現代日本経済システムの源流』日本経済新聞社、1993年.

加藤周一『雑種文化 日本の小さな希望』講談社、1974年.

家永三郎『美濃部達吉の思想史的研究』岩波書店、1964年.

丸山泰男『戦争の時代と一橋』如水会学園史刊行委員会、1989年.

菊池勇夫だ編『社会法综説——労働法 社会保障法・経済法——（下）』有斐閣、1959年.

吉永榮助『经济法学の基础理论』中央経済社、1974年.

久保欣哉『独占禁止法通論』三岭書房、1994年.

橋本文雄『社会法の研究』有斐閣、1957年.

金沢良雄『経済法』〈法律学全集（52—Ⅰ）〉有斐閣、1980年.

金沢良雄『経済法の史的考察』有斐閣、1985年.

兼子仁・村上順・磯部力『フランス行政法学史』岩波書店、1990年.

向井鹿松『統制経済原理』改造社、1933年.

江上勲『経済法・獨占禁止法概論』税務経理協会、1989年.
高橋岩和『ドイツ競争制限禁止法の成立と構造』三省堂、1997年.
高田源清『経済法』〈改訂版〉評論社、1955年.
高田源清『満州及支那の組合制度』叢文閣、1941年.
高田清源『日本経済法・上巻』評論社、1963年.
今村成和『独占禁止法』有斐閣、1978年.
根岸哲『独占禁止法入門』有斐閣、1983年.
坂本義和・R. E. ウォード（編集）『日本占領の研究』東京大学出版会、1987年.
山之内靖・ヴィクター・コシュマン・成田龍一編著『総力戦と現代化』柏書房、2000年.
小島康裕『大企業社会の法秩序』勁草書房、1981年.
小林英夫『「日本株式会社」を創った男——宮崎正義の生涯』小学館、1995年.
小林英夫編著『満洲 その今日的意味』つげ書房新社、2008年.
松下満雄『経済法概説』東京大学出版会、1986年.
沼田稲次郎『市民法と社会法』日本評論新社、1953年.
沼田稲次郎『社会法理論の総括』勁草書房、1975年.
上塚司編『高橋是清経済論』千倉書房、1936年.
水田義雄『西欧法事始』成文堂、1967年.
星野英一『民法論集』第6巻、有斐閣、1986年.
正田彬・金井贵嗣［ほか］『現代経済社会と法』三省堂、1990年.
正田彬『経済法』日本評論社、1966年.
正田彬『独占禁止法』日本評論社、1966年.
石田文次郎『オットー・ギールケ』〈社會科學の建設者人と學說叢書〉三省堂、1935年.
占部都美『企業形態論』白桃書房、1968年.
川井克倭『競争政策法概論』高文堂出版社、1995年.
孫田秀春・常盤敏太『新訂労働法通義』鳳舎、1964年.
孫田秀春『労働法の起点——労働法の開拓者たち』高文堂出版社、1970年.
孫田秀春『労働法通義』評論社、1929年.
丹宗晓信・伊从宽『経済法総論』青林書院、1999年.
丹宗昭信・厚谷襄児『現代経済法入門』法律文化社、1981年.
丹宗昭信「社会法理論の発展」菊池勇夫編『社会法綜説（上)』有斐閣、1959年.
丹宗昭信『経済統制』田中二郎・原龙之助・柳瀬良乾編『行政法講座第六巻

行政作用』有斐閣、1966 年.
竹内昭夫［ほか］『現代の経済構造と法』筑摩書房、1976 年.
中川和彦『ラテン・アメリカ商事法』千倉書房、1973 年.
津曲蔵之丞『日本統制経済法』日本評論社、1942 年.
田中英夫『英米法と日本法』東京大学出版会、1988 年.
田中耕太郎『改正商法総則概論』有斐閣、1935 年.
田中誠二『新版経済法概説』（再全訂版）千倉書房、1978 年.
藤田勇『法と経済の一般理論』日本評論社、1980 年.
富山康吉『現代資本主義と法の理論』法律文化社、1969 年.
布村勇二『経済法——公正競争の法』ミネルヴァ書房、1968 年.
米谷隆三編『経済法の諸問題』有斐閣、1941 年.
穂積陳重『法窓夜話』河出書房、1951 年.
峯村光郎『経済法』三和書房、1953 年.
峯村光郎『経済法の基本問題』慶応義塾大学法学研究会、1959 年.
峯村光郎『法と統制経済』東洋书館、1931 年.
峯村光郎『法哲学』評論社、1950 年.
本城武雄・大坪稔編著『現代社会と民法』京都嵯峨野書院、1989 年.
毎日新聞社学芸部『戦後日本の発見— 20 年の理想と現実』大和書房、1965 年.
末川博編『統制法規全集』有斐閣、1945 年.
野口悠紀雄『1940 年体制—さらば戦時経済』東洋経済新報社、2002 年.
野田良之『フランス法概論』有斐閣、1970 年.
利谷信義『日本の法を考える』東京大学出版会、1985 年.

日文期刊论文

喜多了祐「一橋商法学の形成と米谷博士の企業法論」『一橋論叢』第 89 巻第 4 号、1983 年.
橋本文雄「経済法の概念」『経済論叢』第 27 巻巻第 2 号、1928 年.
高瀬雅男「カルテルの法構造と経済法」『鹿兒島経大論集』第 14 巻第 4 号、1974 年.
今村成和「経済法について」『北大法学論集』第 18 巻第 2 号、1969 年.
山之内靖「戦時動員体制の比較史的考察一今日の日本を理解するために」『世界』第 513 号、1988 年 4 月.
出口雄一「戦時・戦後初期の日本の法学についての覚書（1）—『戦時法』研究の前提として—」『桐蔭法学』第 19 巻第 2 号、2013 年.
小杉榮一「経済法」『経済』第 218 号、1982 年 5 月.

松岡英夫「日本保守主義の五大特色」『中央公論』第 95 巻第 13 号、1980 年.

松岡正美「『経済法』理論における問題点——『商法＝企業法』論と『独禁法＝経済法”論の周辺」『法律時報』第 39 巻第 6 号、1969 年.

正田彬「経済法における経済的従属関係」『法学研究』第 39 巻第 12 号、1967 年.

正田彬「経済法の社会法的性格——その生成と与問題点」『法学研究』第 26 巻第 1 号、1953 年.

正田彬「富山さんと経済法研究」『法学雑誌』第 32 巻第 4 号、1986 年.

正田彬「労働法と経済の関係についての試論」『労働法』第 24 号、1964 年.

村上順「フランス行政法学の生誕一復古王政期行政裁判制度論争を中心として一」『神奈川法学』第 19 巻第 2. 3 号、1983 年.

丹宗昭信「金沢良雄著『経済法〔新版〕(法律学全集 52—1)』」『民商法雑誌』第 84 巻第 2 号、1981 年.

丹宗昭信「経済法（学）の独自性——『統制』概念による経済法の統一的体系化の試み——」『経済法』创刊号、1958 年.

丹宗昭信『学説百年史・経済法』ジユリスト四〇〇号記念特集・学説百年史、1968 年.

池島宏幸「現代法としての独禁法：わゆる経済法との連関を中心として」『早稲田社會科學研究』第 12 巻、1973 年.

田中裕明「ヨーロッパ競争法の歩みとドイツ法の役割」『神戸学院法学』第 34 巻第 4 号、2005 年.

内田耕作「富山康吉経済法学の系譜——周忌に寄せて」『法律時報』第 58 巻第 8 号、1986 年.

福光家慶「経済法の概念」『神戸法學雜誌』第 3 巻第 2 号、1953 年.

峯村光郎「ルメ“ルフ フン ィェ リンヶ”と目的法学」『法学研究』第 11 巻第 2 号、1932 年.

名和田是彦「加古祐二郎の法哲学と法体系論の課題」『法学志林』第 88 巻第 2 号、1991 年.

鈴木竹雄「経済統制法と商法」『国家学会雑誌』第 57 巻第 1 号、1943 年.

黑板駿策「経済法の基礎的考察」『早稲田法学』第 13 巻第 1 号、1933 年.

英文著作

Alan, Peacock and Hans Wilgerodt (eds.). *German Neo-Liberals and the Social Marke Economy*. New York: The Macmillan Company, 1989.

Allen, Carleton Kemp. *Law and Orders: An Inquiry into the Nature and Scope of Delegated Legislation and Executive Powers in England*. London: Stevens and Sons, Ltd., 1945.

Armentano, Dominick T. *Antitrust and Monopoly: Anatomy of a Policy Failure*. New York: Wiley, 1982.

Barry, Donald D. *Soviet Law after Stalin: Social Engineering Through Law*. Alphen aan den Rijn: Sijthoff & Noordhoff, 1978.

Baumol, W. J., J. Panzar and R. Willig, *Contestable Markets and the Theory of Industry Structure*. San Diego: Harcourt Barce Jovanovich, Inc., 1982.

Berman, Harold J. *Law and Revolution: The Formation of the Western Legal Tradition*. Cambridge, Massachusetts: Harvard University Press, 1987.

Blackford, Mansel G., K. Austin Kerr. *Business Enterprise in American History*. Boston: Houghton Mifflin, 1986.

Bloch, Marc. *The Historian's Craft*. Manchester: Manchester University Press, 1954.

Blum, John Morton. *The National Experience: History of the United States*. New York: Harcourt College Publishers, 1981.

Bork, Robert H. *The Antitrust Paradox: A Policy at War with Itself*. New York: The Free Press, 1993.

Bourdieu, Pierre and Loïc Wacquant. *An Invitation to Reflexive Sociology*. Chicago: University of Chicago Press, 1992.

Browder, Earl. *Report to the Tenth National Convention of the Communist Party on Behalf of the Central Committee*. New York: Workers Library Publishers, 1938.

Bryce, James V. *Studies in History and Jurisprudence*. New York: Oxford University Press, 1901.

Butler, William E., Peter B. Maggs. *Law after Revolution: Essays on Socialist Law in Honor of Harold J. Berman*. New York: Oceana Publications, Inc., 1988.

Calleo, David. *The German Problem Reconsidered: Germany and the World Order, 1870 to the Present*. Cambridge, Massachusetts: Harvard University Press, 1978.

Carr, Edward H. *The Soviet Impact on the Western World*. London: The Macmillan Company, 1946.

Clark, John Betes and John Maurice Clark. *The Control of Trusts*. New York: The Macmillan Company, 1912.

Clarkson, Kenneth W., Roger LeRoy Miller. *Industrial Organization: Theory, Evidence, and Public Policy*. New York: McGraw-Hill Book Company,

1982.

Coase, R. H. *The Firm, the Market and the Law*. Chicago: The University of Chicago Press.

Cohn, Norman. *The Pursuit of the Millennium: Revolutionary Millenarians and Mystical Anarchists of the Middle Ages*. London: Temple Smith, 1970.

Deleuze, Gilles. *Anti-Oedipus*. Minneapolis: University of Minnesota Press, 1984.

Dubofsky, Melvyn. *The United States in Twentieth Century*. New York: Prentice Hall, 1978.

Edwards, Corwin D. *Cartelization in Western Europe*. Washington D. C.: Bureau of Intelligence and Research, US Department of State, 1964.

Eribon, Didier. *Michel Foucault*. trans. By Besty Wing, Cambridge, Massachusetts: Harvard University Press, 1991.

Fainosod, Merle et al. *Government and the American Economy*. New York: W. W. Norton & Co., Inc., 1959.

Finkelstein, Joseph, Alfred L. Thimm. *Economists and Society: The Development of Economic Thought from Aquinas to Keynes*. New York: Harper & Row, 1973.

Fogel, Robert, Geoffrey Elton. *Which Road to the Past?: Two Views of History*. New Haven, Conn.: Yale University Press, 1983.

Foucault, Michel. *The Archaeology of Knowledge*. London: Routledge, 1972.

Friedman, Lawrence M. *The Legal System: A Social Science Perspective*. New York: Russell Sage Foundation, 1975.

Galbraith, John Kenneth. *Economics in Perspective: A Critical History*. Boston: Orion Hardbacks, 1987.

Gerber, David. *Law and Competition in Twentieth Century Europe: Protecting Prometheus*. London: Oxford University Press, 2003.

Glaser, Wolfgang. *Americans and Germans*. München: Moos & Partner, 1985.

Goldman, Eric. F. *Rendezvous with Destiny: A History of Modern American Reform*. New York: Vintage, 1962.

Gray, John. *Liberalism*. Milton Keynes: Open University Press, 1986.

Hofstadter, Richard. *The Age of Reform: From Bryan to FDR*. New York: Alfred A. Knopf, 1963.

Hofstadter, Richard. *The American Political Tradition: And the Men Who Made it*. New York: Vintage, 1954.

Holmes, Oliver Wendell. *The Common Law*. Boston: Little, Brown & Co.,

1881.

Ickes, Harold L. *The Secret Diary of Harold L. Ickes*, Vol. Ⅱ: The Inside Struggle 1936－1939. New York: Simon and Schuster, 1954.

Johnson, Chalmers. *Miti and the Japanese Miracle: The Growth of Industrial Policy*, 1925－1975. Stanford: Stanford University Press, 1982.

Kaser, Max. *Roman Private Law*. translated by R. Dannenbring Softcover, Pretoria: University of South Africa, 1984.

Kelsen, Hans. *General Theory of Law and State*. Translated by Anders Wedberg. Cambridge: Harvard University Press, 1945.

Kuhn, Thomas S. *The Structure of Scientific Revolutions*. Chicago: The University of Chicago Press, 1996.

Kuhn, Thomas. *The Essential Tension: Tradition and Innovation in Scientific Research*. Chicago: The University of Chicago Press, 1977.

Kukathas, Chandran. *Hayek and Modern Liberalism*. Oxford: Clarendon Press, 1989.

Leuchtenburg, William E. *Franklin D. Roosevelt and the New Deal* 1932－1940. New York: Harper & Row, 1963.

Lyotard, Jean-Francois. *The Postmodern Condition*. Minneapolis, MN.: University of Minnesota Press, 1984.

Mannheim, Karl. *Ideology and Utopia: An Introduction to the Sociology of Knowledge*. Translated by Louis Wirth and Edward Shils, London: Routledge & Regan Paul, 1936.

Mannheim, Karl. *The Ideological and Sociological Interpretation of Intellectual Phenomena*. New York: Oxford University Press, 1971.

Manning, D. J. *Liberalism*. London: Dent & Sons, Ltd, 1976.

McClellan, Woodford. *Russia: A History of the Soviet Period*. Englewood Cliffs, New Jersey: Prentice Hall, 1986.

Merryman, John Henry. *The Civil Law Tradition*. Stanford: Stanford University Press, 1909.

Miller, David. *Liberty*. London: Oxford University Press, 1991.

Morris-Suzuki, Tessa. *A History of Japanese Economic Thought*. London: University of Oxford, 1989.

Mowrer, Edgar A. *This American World*. New York: J. H. Sears & Co., 1928.

Nonet, Philippe, Philip Selznick. *Law and Society in Transition: Toward Responsive Law*. London: Routledge, 2001.

Nove, Alec. *Political Economy and Soviet Socialism*. London: George Allen & Unwin, 1979.

Patterson, Edwin W. *Jurisprudence: Men and Ideas of the Law*. New York: The Foundation Press, Inc, 1953.

Pinson, Koppel S. *Modern Germany: Its History and Civilization*. New York: The Macmillan Company, 1955.

Popper, Karl. *Conjectures and Refutations: The Growth of Scientific Knowledge*. London: Routledge, 1962.

Posner. *Economic Analysis of Law*, 2d dition. Boston: Little Brown and Company, 1977.

Posner. *The Problem of Jurisprudence*. Cambridge, Mass.: Harvard University Press, 1990.

Rosenau, Pauline Marie. *Post-modernism and the Social Sciences*. Princeton NJ: Princeton University Press, 1992.

Rosenman, S. I. (ed.). *The Public Papers and Addresses of Franklin D. Roosevelt*. Vol. 4, New York: Random House, 1938.

Sarton, George. *A Guide to the History of Science; A First Guide for the Study of the History of Science, with Introductory Essays on Science and Tradition*. Waltham, Mass.: Chronica Botanica Co., 1952.

Schwartz, Jesse G. *The Subtle Anatomy of Capitalism*. Santa Monica, Calif.: Goodyear Pub. Co., 1977.

Searle, J. R. *Mind, Language and Society: Philosophy in the Real World*. New York: Basic Books, 1998.

Stephen, Frank H. *The Economics of the Law*. Brighton: Wheatsheaf Books Ltd, 1988.

Stigler, George J. *The Theory of Price*, 3rd. ed. New York: The Macmillan Company, 1966.

Strauss, Leo. *Natural Right and History*. Chicago: University of Chicago Press, 1953.

Tsurumi, Shunsuke. *A Cultural History of Postwar Japan, 1945 - 1980*. London [u. a.]: Routledge, 1987.

Unger, Roberto Mangabeira. *Law in Modern Society: Toward a Criticism of Social Theory*. New York: Free Press, 1976.

Watson, Alan. *The Making of Civil Law*. Cambridge: Harvard University Press, 1981.

Whitney, Simon N. *Anti-trust Policy: American Experience in Twenty In-*

dustries, Vol. I. New York: The Twentieth Century Fund, 1958.

Willett, Ralph. *The Americanization of Germany, 1945-1949*. London: Routledge, 1989.

Young, Louise. *Japan's Total Empire: Manchuria and the Culture of Wartime Imperialism*. Berkeley: University of California Press, 1998.

Zevin, B. D. (ed.). *Nothing to Fear: The Selected Addresses of Franklin Delano Roosevelt*, 1932-1945. Boston: Houghton Mifflin, 1946.

英文期刊论文

Anscombe, G. E. M. On Brute Facts. *Analysis*. Vol. 18, No. 3, 1958.

Brown, S. L. Modes of Thought: A Study in the Anthropology of Law and Religion. *Political and Legal Anthropology Review*. Vol. 20, No. 1, 1997.

Callmann, Rudolf. Unfair Competition and Antitrust: Coexistence within Complementary Goals. *Antitrust Bulletin*. Vol. 13, 1968.

Clark, John. M. Toward a Concept of Workable Competition. *American Economic Review*. Vol. 30, No. 2, 1940.

David, René. The Civil Code in France To-Day. *Louisiana Law Review*. Vol. 34, No. 5, 1974.

Demsetz, Economics as a Guide to Antitrust Regulation. *The Journal of Law and Economics*. Vol. 19, No. 2, 1976.

Fikentscher, United Nations Codes of Conduct-New Paths in International Law. *American Journal of Comparative Law*. Vol. 30, 1982.

Fink, Eric M. Post-Realism, or the Jurisprudential Logic of Late Capitalism. A. Socio-Legal Analysis of the Rise and Diffusion of Law and Economics. *Hastings Law Journal*. Vol. 55, No. 4, 2004.

Ickstadt, Heinz. Uniting a Divided Nation: Americanism and Anti-Americanism in Post-war Germany. *European Journal of American Culture*. Vol. 23, No. 2, 2004.

Kennedy, Paul. The Next American Century?. *World Policy Journal*. Vol. 16, No. 1, 1999.

Keynes, John Maynard. The General Theory of Employment. *The Quarterly Journal of Economics*. Vol. 51, No. 2, 1937.

Kroes, Rob. America and the European Sense of History. *Journal of American History*. Vol. 86, No. 3, 1999.

MacCallum, Gerald C. Negative and Positive Freedom. *The Philosophical Review*. Vol. 76, Iss. 3, 1967.

Mattei, Ugo. Why the Wind Changed: Intellectual Leaarship in Western Law. *American Journal of Comparative Law*. Vol. 42, 1994.

Montes, Leonidas. Das Adam Smith Problem: Its Origins, the Stages of the Current Debate, and One Implication for Our Understanding of Sympathy. *Journal of the History of Economic Thought*. Vol. 25, Iss. 1, 2003.

Natrajan, Balmurli. Legitimating Globalization: Culture and Its Uses. *Journal of Transnational Law and Contemporary Problems*. Vol. 12, No. 1, 2002.

Pound, The Need of a Sociological Jurisprudence. *Green Bag*. Vol. 19, 1907.

Raiser, Thomas. Theory of Enterprise Law in the Federal Republic of Germany. *American Journal of Comparative Law*. Vol. 36, No. 1, 1988.

Rowe, F. M. The Decline of Antitrust and the Delusions of Models: The Faustian Pact of Law and Economics. *Georgetown Law Journal*. Vol. 72, 1984.

Rule, Charles F. An Antitrust Enforcement Policy to Maximize the Economic Wealth of All Consumers. *The Antitrust Bulletin*. Vol. 32, No. 4, 1988.

Sacco, Rodolfo. Legal Formants: A Dynamic Approach to Comparative Law (Installment Ⅱ of Ⅱ). *The American Journal of Comparative Law*. Vol. 39, No. 2, 1991.

Schmitthoff, The Concept of Economic Law in England. *The Journal of Business Law*. Vol. 17, 1966.

Searle, John R. Meaning, Mind and Reality. *Revue internationale de philosophie*. No 2, 2001.

Sugarman, David. Simple Images and Complex Realities; English Lawyers and Their Relationship to Business and Politics, 1750 - 1950. *Law and History Review*. Vol. 11, No. 2, 1993.

Wiegand, Wolfgang. The Reception of American Law in Europe. *American Journal of Comparative Law*. Vol. 39, No. 2, 1991.

Young, Leslie. The Tao of Markets: Sima Qian and the Invisible Hand. *Pacific Economic Review*. Vol. 1, Iss. 2, 1996.

法文著作

Comte, Auguste. *La Philosophie Positive*, Vol. 3, résumé par Emile Rigolage. Paris: Ernest Flammarion, 1910.

Kleck, Véronique. *Numérique & cie: sociétés en réseaux et gouvernance*. Paris: Éditions Charles Léopold Mayer, 2007.

Proudhon. *Idée générale de la Révolution au dix-neuvième siècle*. Paris: Garnier frères, 1851.

Proudhon, Pierre-Joseph. *De la capacité politique des classes ouvrières*. Paris: E. Dentu, 1865.

Morelly, Étienne-Gabriel. *Code de la Nature, ou le véritable Esprit de ses Loix*. Paris: Paul Masgana, 1841.

Dézamy, Théodore. *Code de la communauté*. Paris: Prévost, 1843.

Bilger, François. *La Pensée économique libérale dans l'Allemagne contemporaine*. Paris: Librairie générale de droit et de jurisprudence, 1964.

Vlachos, Georges. *Droit public économique français et communautaire*. Paris: Armand Colin, 1996.

Foucault, Michel. *Les mots et les Choses: une archéologie des sciences humaines*. Pairs: Gallimard, 1966.

Delvolvé, Pierre. *Droit public de l'économie*. Paris: Précis Dalloz, 1998.

Svoboda, Karel. *La notion de droit économique: étude sur les conceptions récentes du droit économique en France et dans les pays socialistes*, Publication du centre européen universitaire, collection des mémoires, No. 18. Nancy: Université de Nancy, Centre européen de Nancy, 1966.

法文期刊论文

Hamel. Vers un droit économique. *Économie contemporaine*. n° 1, 1951.

Foucault, Michel. Des Espaces Autres. *Architecture, Mouvement, Continuité*. n°. 5, 1984.

Jacquemin, Alexis. Le droit économique, serviteur de l' économie?. *Revue trimestrielle de droit commercial*. n° 2, 1972.

Jacquemin. Le droit économique, serviteur de l' économie?. *Revue trimestrielle de droit commercial*, 1972.

后　记

时间：在距今大约200年前。地点：中国河北。在幽深的山谷间，料峭的山风又冷又硬，一位儒生意态淡定自若，踽踽而行，且走且看。与其同行的还有两匹骡子和两匹马。他似乎是寄情山水的游人，但每每在路旁的残碑断石前驻足观详，甚至摹拓抄录。

此人即是中国历史上著名的学者顾炎武。

顾炎武，江苏昆山人，世称亭林。讲求经世之学，究心一代掌故，考制度得失，生民利害，与前史旁推互证，而折其中于六经。游历所至，以骡马载书自随，凡西北阨塞，东南海陬，必呼老兵退卒询其曲折，与平日所闻不合，即发书检勘。或径行平原大野无足措意，则马上默诵诸经注疏，偶有遗忘，即又发书熟读之。自少读书，有所得辄记之。其有不合，时复改定，积三十余年乃成一编。取子夏之言，名曰《日知录》。其所撰《天下郡国利病书》百二十卷，垂二十年始就，不空言泥古，斟酌损益有关于国计民生者，注意广求实证，高见卓识流淌于文字之间，为中国学术史上标志性成果。

顾炎武的治学经历告诉后进者，学问是一辈子的事业，只有不断精益求精，萃数十年之精神，揣摩研究，几经删润，才能达到圆神方智的化境。过去的古人做学问往往都是一辈子不断修订自己的作品，一辈子都在积累之中，以致当其生命终结时，作品仍处于未定稿阶段。但在学术史上，往往只有这种一生相伴的未定稿才能最后能够垂诸久远。顾炎武虽然对自己的《日知录》和《天下郡国利病书》充满自信，但对于自己的作品一直是生命不止，修改不息，鞠躬尽瘁，死而后已，并希望后人能够续而传之。援笔成篇后不易一字者固然令人歆羡，但文必改而后工才是真正的不刊之论。

本书原是笔者在中国人民大学法学院读书期间的博士论文。回想起当时写作的艰辛，的确非笔墨所能形容。是时，女儿刚刚出世不久，既要照顾家庭，又要完成自己的本职工作，还要撰写博士论文。而且，本研究课题最大的客观困难是语言问题。如果说研究方法尚有主观选择的空间，那么语言的隔膜则足以使研究顿兵于坚城之下。日语、德语、英语、俄语都是本研究课题必备的工具，因为德国和日本是世界上经济法学研究最为发达的两大重镇，所以通晓德语和日语尤为关键。正是由于中国法学界很少有人掌握德语和日语，学习外语须积以时日而非朝夕之功，故而至今无人致力于这种投资成本极大的学术课题研究而往往从事大量低成本的重复建设。尽管每每觉得啃外国字码的道路荆天棘地，往往不堪卒读而欲废书不观，但这种头痛欲裂的感觉过后又不得不捡拾起书本知难而进，个中滋味非笔墨所能尽状。本选题牵涉德文、日文、英文等语种资料，当时有人就曾经认为这个题目很难搞，估计我根本做不下来。但是，凭着自己的顽强努力，我最终啃下了这个硬骨头，起码对得起自己的学术良心。我从那时开始养成了喝咖啡的习惯，因为每天晚上只有将小孩哄睡以后才能开始写作，而此时已经人困马乏，必须靠咖啡提神。这个习惯持续至今，所以目前这一书稿的修订工作也不得不在咖啡的刺激下完成。

中国人民大学经济法学博士生导师刘文华指出，该项研究成果“不仅在法制史学方面突出了经济法史的研究方向，而且也为经济法学理论方面填补一块仅已勾画粗略线条的空白。整个经济法学界应该感谢张世明同志的劳动成果”。中国人民大学经济法学博士生导师史际春指出，经济法学是法学家族中的后起之秀，目前学术上对其尚存诸多争议，聚讼纷纭。我一直以为，要使经济法能够站得起、立得住，仅对有关具体经济法律制度进行研究是不够的，而须对经济法学的概念、范畴和基本理论进行系统深入探讨，以奠定其作为一门学科的基本品格。张世明同志不畏艰辛，对法学及经济法学界存在的避重就轻倾向和不时滋生蔓延的畏难情绪不以为然，独辟蹊径，对经济法学的理论渊源和流变进行研究，着重梳理经济法学术发展的脉络。此课题兼及法学、社会经济和历史的辩证思维，涉及德日英俄诸语种文献。研究难度和工作量很大，但又是建构经济法学理论所必不可少的一项基础性工程，因此凸显其意义和价值所在，令该书在众多浅显雷同的经济法出版物中崭露头角、独树一帜。

在目前青年学生个性张扬、许多书籍出版后在网上被贬斥和酷评的时代，中国民商法律网（中国人民大学法学院主办）的自由论坛上却有这样的评论：“张世明老师的《经济法学理论演变研究》，是不是最好的书我不敢担保，但是确实好。你还可以看看湖南派对经济法基础理论的研究，很厉害……”① 目前许多高校经济法专业研究生课程均将该书列为必读参考书，此可见于郑州大学教授程宝山承担教育部下达的起草经济法教学大纲“关于《学习研究参考书目》的说明”和网上一些关于研究生课程招生和教学计划介绍。目前该书被经济法学界同行的引用率较高②，在一定程度上得到学术界的认可。不少观点引起学术界同行的关注和

① 中国民商法律网——论坛．http://www.civillaw.com.cnhttp，[2005-02-01].

② 据笔者随手可以查阅到资料显示，引用本书的论文有：徐孟洲．论中国经济法的客观基础和人文理念．法学杂志，2004（4）；王全兴，管斌．经济法与社会法关系初探．现代法学，2003（2）；李曙光．经济法词义解释与理论研究的重心．政法论坛，2005（6）；王先林，吴建农．垄断的一般界定与反垄断法所规制的垄断．安徽大学学报(哲学社会科学版)，2002（1）；刘新林．垄断与经济法产生关系新探．贵州警官职业学院学报，2004（1）；刘明易．经济法以社会的和谐发展为己任——兼评《经济法基本问题研究》．兰州学刊，2004（1）；常健．现代性、经济法理念与经济法治——科学发展观语境下的解析与重塑．现代法学，2005（6）；涂缦曼．也谈经济法的产生和发展．新学术，2007（2）；

讨论。

本书初版于2002年，当时尽管出版社发行力量和体制存在一些问题，但该书第一版在2006年就难以在坊间买到，所以在2008年我对该书进行全面修订出版了第二版。世界著名法学家沃尔夫冈·费肯杰写道："我敢说此第二版乃当之无愧的学术成功"。东京大学教授、关税暨贸易总协定争端解决小组成员和WTO上诉机构创始成员松下满雄指出："该书是这一主题最为全面深入的考察之一。"在2015年，第二版也已经售罄。第二版问世后，承蒙学界同仁厚爱，该书先后获得北京市经济法学会二十年优秀学术成果奖和钱端升优秀法学成果奖。虽然这些奖项不如我在出版《法律、资源与时空建构：1644—1949年的中国》五卷本后获得的一些奖项分量来得重，但我非常看重并将此书作为自己代表作之一的原因是，由于此书属于该领域的基础性研究，具有较大的研究发掘空间，单凭通晓一种语言无法从事此研究，所以世界上几乎没有人全面涉足该领域并建立品牌，随着个人研究的深入和不断的资料积累，不断超越自我，本书仍具有多次修订再版（如史际春所言"有望成为一版再版的传世之作"）的可能，用一生的精力去打磨这样一部经济法学术史并使之能在这一学科的学术史发展长河中留下不可磨灭的痕迹是值得的。2016年赴日本东京大学访学期间，中国民主法制出版社的负责同志急匆匆打电话找我，我爱人通过短信告知此事，我发送电子邮件给该负责同志，以为其可能有私事相托，但联系不方便，就拖延到回国才打电话，原来出版社已经重印再版了我翻译的费肯杰两卷本《经济法》，担心未经过允许引起法律纠纷，我倒是对此不以为意，提及拙著《经济法学理论演变研究》与费肯杰的著作当时几乎同时出版，

（续前）倪才龙，祝红霞．论社会中介组织的新一类经济法主体地位．时代法学，2006（4）；赖朝晖．民主式的经济干预体系——《德国经济行政法》之启示．比较法研究，2005（2）；徐伟敏．企业合并的反垄断控制若干问题的思考．山东大学学报（哲学社会科学版），2002（4）；杨三正．论经济法的人本主义理念．云南社会科学，2004（4）；陶清德．适应现代市场经济必须取消农业税——我国农村税制改革的出路思考之一．甘肃理论学刊，2004（6）；刘水林．经济法的观念基础与规则构成：对"需要国家干预论"的反思与拓展．现代法学，2006（1）；何文强．经济自由与国家干预．云南社会科学，2007（1）；陆静．试论大陆法系经济法的演进规律及其主要特征．理论学刊，2008（1）；闫海．国家·市场·人权——经济法的人权观导论．前沿，2007（2）；甘强．简论经济法研究方法．重庆广播电视大学学报，2003（4）；王利军．经济法的公私融合性解析．甘肃社会科学，2004（6）；邢国威．经济法概念的经济理性视角初探．中华女子学院学报，2002（6）；刘水林．经济法观念史解释——为什么是摩莱里．华东政法大学学报，2008（5）；韩灵丽，李占荣．经济法社会性背景的法理学考察——兼论德国经济法的社会市场经济背景．政法论坛（中国政法大学学报），2004（6）；秦国荣．维权与控权：经济法的本质及功能定位——对"需要干预说"的理论评析．中国法学，2006（2）；仲春．西方国家近现代经济法产生与发展的经济学基础．甘肃教育学院学报（社会科学版），2003（1）。引用本书的专著主要有：蒋安．经济法理论研究新视点．北京：中国检察出版社，2002；张晨．经济法学．北京：清华大学出版社，2004；李永成．经济法人本主义论．北京：法律出版社，2006；叶明．经济法实质化研究．北京：法律出版社，2005；魏琼．西方经济法发达史．北京：北京大学出版社，2006；等等。我非常感谢诸位学者对笔者这部著作的厚爱与垂青，各位学者对本书的肯定是对本人最大的鼓励和鞭策。

现在市面上已经买不到，许多学生上课作为参考资料很不方便，询问出版社是否愿意修订再版。不料，目前部分出版社由于大量依赖高校课题经费资助出版而变得怠惰，前两版均未支付出版补助而且支付稿费，到头来希望第三次修订再版时出版社却提出出版资助的惯例。所幸的是，中国人民大学出版社法律分社的方明博士主动约谈笔者，愿意为出版学术精品著作提供帮助，将此书纳入出版计划。尽管此书的原出版社版权已经超过合同约定且通过电子邮件明确发出要求再版要约而对方未积极回应，但新签约出版社希望在修订出版时将书名在保持原来总体格局前提下略作调整，所以拙著《经济法学理论演变研究》目前题作《经济法学理论演变原论》。所谓原论者，含义有三方面：其一是原先之论著，与原书一脉相承；其二是原创之论，自始即立志述而且作，在第三次修订时更当奋发扬励；其三是与此前《经济法学理论演变研究》第一版同时出版的姊妹篇《中国经济法历史渊源原论》相呼应。在与中国人民大学出版社签约后，原出版社负责人又在一次沟通中提出愿意再版该书，但木已成舟，驷马难追。

就本人内心而言，敝帚自珍乃是人之常情，也希望能够一版接着一版修订再版。目前学术研究竞争激烈，不进则退，必须与时俱进，始终保持处于研究第一线，否则将逐渐委顿落伍。在学术场域中，人无我有，人有我优，人优我精，洵为保持核心竞争力的不二法门。再次修订，不仅是对读者负责，而且是对自己负责，对学术负责。固然，笔者在撰写博士论文期间花费了不少心血，对前两版也进行了认真的修改，但毕竟代表的是本人过去的认知水平，不应裹足不前。此外，任何创作都是一种遗憾，校雠如同秋风扫落叶，至再至三，也难免鲁鱼帝虎的发生。事实上，一部著作能够接二连三再版，这对作者而言不啻莫大的荣幸，因为这其实给予作者能够改正自己错误的千金难买的机会。许多著作只能成为一次性跳跃，可以说无缘改过自新。此书第二版修订得益于我此前翻译费肯杰《经济法》两卷本和在德国弗赖堡大学法律系经济法研究所，在德国马克斯-普朗克知识产权、竞争法和税法研究所（慕尼黑）从事学术研究，在第二次修订再版后的数年间，我主编了《经济法学基础文献会要》（2012年，法律出版社）、《经济法体系化与方法论：竞争法的新发展》（2017年，社会科学文献出版社），编辑校注刘文华《中国经济法基础理论》（2012年，法律出版社）等，这些基础性工作为本书此次更换出版社后的全面修订再版奠定了基础，而我在东京大学访学期间基本上就是专注于收集经济法学基础理论和竞争法相关资料，这些新资料也在此次修订中得到部分体现。此次修订版的许多相关论述与过去相比变化很大，读者可以自鉴覆按。在最初写作时，我和当时许多人一样，不会使用电脑，而且笔记本电脑当时尚未出现，论文打印是由专门的排版公司制作，所以错讹较多。此次修订自己的书稿就明白了技术进步对研究方式的改变如此巨大，无怪乎民国时期报纸杂志的错讹在所多见。在当初写作时，我将所有复印资料使用后均整理装订成册，此次修订将所有引文一一重新检对，获益匪浅。需要说明的是，本书第一次出现的外国人名、书名均夹注外文，但由于笔者不懂俄文，知之为知之，不知为不知，无法为读者提供方便。此外，遵循最为相关原则，笔者仅对于经济法学术发展具有直接、重要意义的学者标注了生卒年。为了节省篇幅和方便汉文阅读习惯，遵循最为毗邻原则，在随即出现引文的脚注中包含完整的人名时，在正文中不再夹注。对凡实质性引文均予以出注，但对引号内文字非引文者不予出注。

这本书献给生我、养我、教我并且至老仍日日牵挂我的父母双亲大人。父亲生前对我的学业进步殷殷瞩望，赋诗勉励我在学术的道路上不断争取上进。

男儿一生须自强，
学海无涯可远航。
探幽发微赏奇文，
钩玄钓沉谱华章。
含辛茹苦攻书山，
呕心沥血铸辉煌。
剑胆琴心学人魂，
上下求索迎曙光。

虽然我的学问根底尚浅，不能副其所望，但这毕竟是在我的博士论文基础上出版的一部作品，希望聊以表达对父母如海深恩的感激。在艰难的学术道路上，我会把握好自己的方向，以虽千万人吾往矣的气魄努力拼搏，聚精会神，寸阴是竞，有恒无间，干出一番大事来。在马克斯一普朗克知识产权、竞争法和税法研究所（Max-Planck-Institut für Geistiges Eigentum，Wettbewerbs-und Steuerrecht）从事学术研究期间，我感受到不同于大学的浓厚研究氛围。马克斯·普朗克（Max Karl Ernst Ludwig Planck）是量子力学的创始人，获得诺贝尔物理学奖早于爱因斯坦，慧眼洞识爱因斯坦狭义相对论之重要性，自己也对狭义相对论的完成作出了重要的贡献。爱因斯坦1929年获得德国物理学会奖（即马克斯·普朗克奖）的颁奖者就是马克斯·普朗克，普氏还长期担任爱因斯坦上司。爱因斯坦后来所就职的美国普林斯顿高等研究院其实就与马普所具有“家族相似性”，都是高于大学的专门从事研究的研究机构。马克斯一普朗克知识产权、竞争法和税法研究所的图书馆就是一个学术工厂，在那里基本上每个人都在用电脑敲敲打打写博士论文和专著，殚精竭虑，仿佛过去炉火熊熊铁匠铺里的打铁人抡着榔头叮叮当当锻打于砧板之上的情景。钢铁是怎样炼成的？我想答案就在于这种不断地锻打、回炉与淬砺之中。

此书开始动笔于1998年，在2018年年初又重新修订。1998年写作时，我的小孩刚刚出生，如今已经上大学了；2018年修订时，帮助我校对的博士研究生孙瑜晨到教室找我，将其校改的此书第二版交给我后匆匆赶往医院照料临产的爱人，我仿佛看到自己当初写作时的身影。所感慨的是时间流逝如白驹过隙，所能聊堪自慰的是此书在经济法学界经过20年仍然存在市场价值。在本次修订过程中，笔者除了亲自增删修改五遍之外，拜托孙瑜晨、连雨晴、龙俊、陆琦、陈雨菲五位博士或硕士研究生分别对书稿进行了文字校改，诸生均是悟性功力出众的拔尖人才，对于此次修订工作的遂行贡献良多。笔者对帮助过此书出版的各位编辑和师友的深恩大德永怀难忘，在此深表谢忱。虽然本人此次修订本书的态度是比较认真的，但由于资质鲁顿，学识龠陋，错误在所难免。希望诸位方正之家能够不吝赐教。

张世明

2018年初春人大明法楼706室

图书在版编目（CIP）数据

经济法学理论演变原论/张世明著. —北京：中国人民大学出版社，2019.1
21世纪法学研究生参考书系列
ISBN 978-7-300-26517-9

Ⅰ.①经… Ⅱ.①张… Ⅲ.①经济法-法的理论-研究生-教材 Ⅳ.①D912.290.1

中国版本图书馆CIP数据核字（2018）第280865号

21世纪法学研究生参考书系列
经济法学理论演变原论
张世明 著
Jingjifaxue Lilun Yanbian Yuanlun

出版发行	中国人民大学出版社		
社　　址	北京中关村大街31号	**邮政编码**	100080
电　　话	010－62511242（总编室）		010－62511770（质管部）
	010－82501766（邮购部）		010－62514148（门市部）
	010－62515195（发行公司）		010－62515275（盗版举报）
网　　址	http://www.crup.com.cn		
	http://www.ttrnet.com(人大教研网)		
经　　销	新华书店		
印　　刷	北京宏伟双华印刷有限公司		
规　　格	170 mm×250 mm　16开本	**版　　次**	2019年1月第1版
印　　张	29.5插页3	**印　　次**	2019年1月第1次印刷
字　　数	625 000	**定　　价**	88.00元
